Friedrich-Wilhelm Marquardt

Das christliche Bekenntnis zu Jesus, dem Juden

Eine Christologie

Band 2

Chr. Kaiser

CIP-Titelaufnahme der Deutschen Bibliothek

Marquardt, Friedrich-Wilhelm:
Eine Christologie / Friedrich-Wilhelm Marquardt. – München : Kaiser
Bd. 2. Das christliche Bekenntnis zu Jesus, dem Juden. – 1991
ISBN 3-459-01838-0

Umschlag: Ingeborg Geith, München
Notengrafik: Gudrun Mau
Gesamtherstellung: Breklumer Druckerei Manfred Siegel KG
Printed in Germany

Inhalt

Band 2

Teil II – Daß ein Jude unser Herr sei

Teil II. Daß ein Jude unser Herr sei

§ 5 Christologische Fragen und die Frage der Christologie

VORSÄTZE *Jesu Verkündigung lehrt uns mit Wort und Tat, wie wir in seinem Sinne nach der Tora leben können. Inmitten solcher Lebensversuche überfallen uns die Fragen nach diesem »Sinn«: danach, daß und wie er selbst das Gesetz Mose »erfüllte«, wie er das konnte – wer er also ist. Die christologische Frage entsteht demnach im Tun der Tora; sie ist da eine offene Frage.*
Johannes der Täufer stellt die christologische Frage: »Bist du, der da kommen soll, oder sollen wir eines anderen warten?« Und Jesus gibt sie an uns weiter: »Was dünket euch um Christus?« Beides sind wirkliche, d.h. von der Antwort zehrende und so erst recht: offene Fragen.

Warum denn »Christologie« – Theoriebildung, Lehre, Logik, Wissenschaft von Christus? Genügt es nicht, Jesus zu verkündigen und ihm nachzufolgen?

1. Christliche Lebensversuche wecken christologische Fragen

Viele antworten, wenn man sie fragt, was ihnen Jesus bedeutet, z.B. so: Er hat Worte, auf die man sein ganzes Leben lang hören kann, ohne daß sie alt würden. Seine *Gleichnisse* etwa sind unausschöpflich. Sie sprechen von einer Fülle des Augenblicks, der plötzlichen Zeit, die wir noch nie erfahren haben – wir: denen der gelebte Augenblick dunkel ist und entzogen, da wir keine Sekunde seiner Herr werden. Wir leben rückwärts und vorwärts, aber nie: jetzt. Doch Jesus spricht uns in seinen Gleichnissen gerade solchen Augenblick zu: volle Zeit, in der mitten aus dem Gleichmaß der Alltagsmühe um Saat und Ernte plötzlich Halm und Ähre sprießen, und noch einmal plötzlich Frucht zum Sicheln gereift ist (Mk 4,26–29). Das Kleinste – plötzlich kann es das Größte sein (ein Senfkorn: plötzlich ein Baum bis zum Himmel hinan: Mk 4,30–32). – Überall im Leben sind verborgene Schätze vergraben (wie z.B. eine Perle) – plötzlich findest du etwas davon, unfaßbar beglückend für dich; und da gibst du alles andere dafür hin, willst aus keinen anderen (materiellen, geistigen, seelischen) Ressourcen mehr leben als aus der einen überraschenden und überwältigenden Entdeckung (Mt 13,44–45). – Oder: Plötzlich geht dir in der wogenden Gleichgültigkeit des Lebens ein Maß auf; du fängst an zu begreifen, was faul ist an dir und der Welt, – lernst Faules von Gutem unterscheiden, – verlierst das stickige Pathos der Ausgewogenheit deiner Urteile (Mt 13,47–48). – Oder: Du hast gut »gesät«, – einen guten Ansatz gemacht in irgend einer Beziehung oder in irgendeinem Interesse deines Lebens: hast besten Willen und Vermögen und Gewissen eingesetzt. Plötzlich, als die Saat aufgeht, zeigt sich Unkraut zwischen dem Weizen – das Reine ist dir nicht gelungen, dir eigentlich Fremdes ist mit untergekommen. Sollst du dich als Purist gebärden, Prinzipienreiter gegen dich selbst, – willst du dich dem allgemeinen Sauberkeitszwang, dem Druck der Unkrautbekämpfung unterwerfen? Nein doch, sagt Jesus, »laßt beides miteinander wachsen«, denn Unkrautvertilger bedrohen auch die gute Saat; erst nachher, »zur Zeit der Ernte«, möge das Unkraut ausgelesen, gebündelt, beiseitegeschafft werden – bis dahin habt ihr Zeit, die Dinge miteinander wachsen zu lassen (Mt 13,24–30); euch wird diese Zeit *gegeben.* – Oder: Du hast einen »Sauerteig«: ein kleines Teilchen subversive Kraft. Und dann setzt du das ein – plötzlich sind drei Scheffel (100 Liter) Mehl davon durchsäuert und backfertig (Mt 13,32). – Ein Freund klingelt dich aus dem Schlaf. Er hat plötzlich jemanden zum Übernachten bekommen, der hat Hunger; dein Freund hat nichts da, ihm anzubieten. Hast du etwas?, ruft er durch die Tür. Ich reagiere wütend: Mensch, mitten in der Nacht – hier schläft doch alles schon, hau ab. Aber der klingelt Sturm, und das geht mir auf die Nerven. Ich steige aus dem Bett und reiche ihm raus, was er braucht – wütend, aber trotzdem. Also: sich den Schlaf rauben lassen! (Lk 11,5–8). – Oder: Da haben sie doch auf der Straße einen Kanaken zusammengeschlagen; keiner guckt hin, aber du siehst es, fühlst einen Druck im Bauch und im Kopf, kümmerst dich um ihn, übernimmst sogar Behandlungskosten beim Arzt für ihn (Lk 10,33–37). Ich kann doch den nicht liegenlassen auf der Straße!

Will sagen: Jesus kann einen mit seinen Gleichnissen scharf machen für Augenblicke des eigenen Lebens, sensibel[1] für banal scheinende Situationen, – kann uns darin üben, Momente nicht zu verdösen. Er haßt Lethargie, Wegblicken, – hetzt auf gegen Gleichgültigkeit dir selbst und der Umwelt gegenüber. Sagt: Im heißen Augenblick kann Gott sein. So etwas hat unsereiner immer nötig, denn in den Knochen steckt uns eher: Abschlaffen, Erlebniskälte, Absence, Unfähigkeit, auch Unwilligkeit, akzentuiert, ekstatisch zu leben – aus uns »herauszukommen«. Dagegen provozieren die Gleichnisse Jesu. Daß man seine eigenen Tage und Stunden verpaßt – das wäre das Schlimmste: wie im Kleinen, so im Großen. Daß Jesus gekommen ist, und die Zeit ist erfüllt –

1. Vgl. D. Flusser, Neue Sensibilität im Judentum und christliche Botschaft, in: Bemerkungen eines Juden zur christlichen Theologie, München 1964, 35ff.

das ist der objektive Kerngehalt der christlichen Botschaft (Mk 1,15). Daß Israel diesen gefüllten Augenblick versäumt haben könnte – diesen seinen Tag (Lk 19,42) –, ist eine Schreckensvision, die Jesus bis zu Tränen quält. Die kleinen Augenblicke und die großen Entscheidungen der Zeit hängen zusammen.

Oder man hört Jesu *Bergpredigt*. Die Frage, wo man da selbst unterkommt, ist nie ein für allemal entschieden. Gehöre ich denn zu denen, die er unter Verheißung stellt? Bin ich geistlich arm, sanftmütig, barmherzig, reines Herzens, um Gerechtigkeit willen verfolgt (Mk 5,3–11)? Ich lehne ab, das allegorisch zu deuten, bloß um mich da unterzustellen. Das kann hart sein, wenn man dann zugeben muß: *Andere* sind selig gepriesen, nicht ich, – Leute, die wortwörtlich geschmäht, angegriffen, verfolgt sind. Ich stehe bestenfalls *neben* den Gesegneten Jesu. Allerdings kann gerade das gut sein, denn die Völker sollen sich ja schon seit Abraham Glück wünschen mit dem Namen der Gesegneten Gottes (Gen 12,3). Vielleicht sind die »geistlich Armen« solche, die durch den Geist dazu motiviert wurden, sich den Armen an die Seite zu stellen, sich »herunterzuhalten zu den Niedrigen« (Röm 12,16), solidarisch mit Verfolgten. Dann sind wir mitbetroffen von den Verheißungen Jesu. Dann aber auch mitberufen zu der Radikalität der Bergpredigt: heraus aus der bescheidenen Privatheit – Salz der Welt, Licht für alle werden, also: universal verantwortlich (Mt 5,13–16). Empfänglich für eine Potenz, die aus dem Traditionsgestein der Gebote Gottes Lava der Freiheit herausbrechen spürt. Was heißt hier das Gebot »nicht töten«? Das ist es doch, was die Kriegsdienstverweigerungsbehörden von mir hören wollen, darauf wollen sie mich festlegen. Jesus lehrt mich ganz etwas anderes: dem Gegner willfahren, darum gehts; Nicht-töten ist doch bloß die negative Kehrseite der heißen Freiheit: Versöhnung mit dem Gegner; Verweigerung ist wirklich nur eine kleine Konsequenz, nicht Jesu Hauptthema (Mt 9,21–26). – Gebot der »Nächstenliebe«; ja natürlich, das versteht sich, und wir sind froh um jede kleine Regel und Propaganda für Humanität in unserer Gesellschaft. Aber auch das ist doch nur die allgemeinste Formel. Jesu Geist unterweist uns in *Feindes*liebe, das ist der heiße Kern der Nächstenliebe (Mt 5,43–48). – Und das will ja gar nicht nur für mich gelten. Bei der Bergpredigt hören die Jünger zu; aber eine Volksmenge ist Mithörer (Mt 5,1): Jesus will, daß die Öffentlichkeit mit urteilsfähig wird und Jesu Radikalismus bei den Jüngern einklagen kann; die Welt als Mithörer des Evangeliums hat ein Anrecht auf den radikalen Christen; so weiß der Christ, daß er nicht nur Gott, sondern auch der Volksmenge sich selber schuldet.

Ein Leben lang ist man damit beschäftigt, so etwas auszuloten und auf sich selbst anzuwenden. Der Anspruch des Christseins geht hier aufs ganze, aufs Lebensganze. Was soll da: Christus-Theorie?

Oder: *Nachfolge*. »Ein jeder sei gesinnt, wie Christus auch war« (Phil 2,5).

Er schimpfte nicht zurück, als er gescholten wurde (1Petr 2,23). Er widerlegte nicht, sondern schwieg still, als über ihn gelogen wurde (Mt 26,63). Er schlug nicht zurück und ließ nicht zurückschlagen, als er geschlagen wurde (Mt 26,52–53). Schließlich: Er verstand seine Gottesgleichheit nicht als Privatbesitz, sondern entäußerte sich jeder Form von Überlegenheit, nahm Sklavengestalt an, erniedrigte sich aus einem potentiellen Befehlshaber in einen Gehorsamspflichtigen und Abhängigen – bis hin zum politischen Kriminellentod am Kreuz (Phil 2,6–8). – Das ist eine »Gesinnung«, an der jene allzu typologisierende Unterscheidung Max Webers zwischen einer »Gesinnungs«- und einer »Verantwortungsethik« scheitern muß, und hat natürlich auch nichts zu tun mit »Gesinnung« als einem innerlichen Wohlwollen, das auch dann zählt, wenn es zur Verwirklichung gar nicht kommt. Das griechische Wort, das nur schlecht mit »Gesinnung« übersetzt ist – φρονεῖν –, meint von der Wurzel her: gesammelte geistige und seelische Tätigkeit mit somatischer Komponente, also eine geistig-seelische Engagiertheit, die – so sagen die Griechen – aufs »Zwerchfell« gehen, wir würden sagen: einem auf den Magen schlagen kann. Nachfolge verlangt solche Daseinskonzentration bis ins letzte: also bis dorthin, wo das Wort »Nachfolge« in den Jesus-Schriften seine Spitze erreicht: »Wenn jemand mit mir gehen will, verleugne er sich selbst und nehme sein Kreuz auf sich und folge mir nach« (Mt 16,24). Das muß nicht sofort den Sinn der jüdischen Heiligung des Namens, des kiddusch ha-schem, also des Martyriums haben. Jesus mutet keinem zu, *sein* Kreuz zu tragen; dem Simon von Cyrene ist es auf dem Weg nach Golgatha ja auch nicht von Jesus auferlegt worden, sondern von römischen Soldaten (Mt 27,32). Aber eine Grundform der Kreuzes-Nachfolge gilt wohl für alle: »Das erste Christusleiden, das jeder erfahren muß, ist der Ruf, der uns aus den Bindungen dieser Welt herausruft«[2] – also Barmen II, 1934: »Wie Jesus Christus Gottes Zuspruch der Vergebung aller unserer Sünden ist, so und mit gleichem Ernst ist er auch Gottes kräftiger Anspruch auf unser ganzes Leben; durch ihn widerfährt uns frohe Befreiung aus den gottlosen Bindungen dieser Welt zu freiem, dankbarem Dienst an seinen Geschöpfen« – mit der harten moralischen, gesellschaftlichen und politischen Konsequenz: »Wir verwerfen die falsche Lehre, als gebe es Bereiche unseres Lebens, in denen wir nicht Jesus Christus, sondern anderen Herren zu eigen wären, Bereiche, in denen wir nicht der Rechtfertigung und Heiligung durch ihn bedürften« – in der Beanspruchung der Ganzheit des Daseins, und dies in allen Wirklichkeitsbereichen, ist Barmen II ein Kreuz-Nachfolge-Wort.

Oder Worte von der *Heilkraft* Jesu und von seinen Wundern. Niemand

2. D. Bonhoeffer, Nachfolge, München 1961, 65.

wird die Anfechtung durch die quaestio facti leicht los: Wandelte er nun auf dem See Genezareth, ja oder nein? Man kann diese Frage zu verdrängen, theologisch zu kritisieren versuchen: in unserer Intellektuellen-Kultur auf der nördlichen Halbkugel der Erde kann sie nicht zum Verstummen gebracht werden, springt sie immer wieder auf, und wäre es: aus dem Unbewußten. Man spürt: Allegorische, symbolische, metaphysische Deutungen stechen nicht. Andererseits überliefern die Jesus-Schriften die Wunder als »Zeichen« (z.B. Joh 2,11; 4,25) und sagen damit: Sie ergeben keinen Sinn in sich selbst; sie bezeichnen etwas anderes und jemand anderen; auf das, was sie zeigen wollen, kommt es an, nicht auf sie in sich selbst (z.B. nicht auf »die Auferstehung« käme es an – auf den Auferstandenen). Dennoch: Daß solche Zeichen gerade durch *Natur-* und *Heilungs*wunder gegeben werden, gehört zu dem, was sie zeigen wollen. Aber wie fassen wir das, und: was geht es uns an, wenn wir hören: »Dieser gebietet dem Winde und dem Wasser« (Lk 8,25)? Haben wir nicht genug Naturunterwerfung? Aber andererseits kann ein solches Wort Utopien erwecken; gewiß nicht: daß »der Geist« einmal »der Materie« Herr werden könnte, aber: daß Jesu Wort und Wirken übers Seelische und Geistige auch an das Physische heranreichen, – daß Sündenvergebung wirklich heilt (Mt 9,6), auf die Beine bringt, blinde Augen sehen, taube Ohren hören, Tote auferstehen läßt (Mt 11,5) – als reale Utopie. – Die Wundererzählungen bedeuten immer die Frage: Was wagst du eigentlich zu *hoffen*? Machen dich rationale Kontrollen nicht zu eng, die deine Hoffnung *so* weit nicht ausschweifen lassen? Aber was ist »Realismus« der Weltbetrachtung, wenn er Hoffnung nicht zuläßt? Er läßt dann wenigstens ein Element an Realität nicht zu und darf dann nicht beanspruchen, ganz »realistisch« zu sein. Und was wäre andererseits »Realismus«, der nicht mit der Verstellung aller Wirklichkeitserkenntnis – auch der wissenschaftlichen – durch Sünde, d.h. durch aktiven Widerspruch gegen Gott, rechnete und Sündenvergebung eben zu einem unverstellten Zugang zum Wirklichen brauchte? »Wertfreiheit« auch nur der wissenschaftlichen Beobachtung des Wirklichen ist schlechte, weil ontologisch unwirkliche Utopie, sie klammert Gott aus: den Wirklichen, der alles Wirkliche verwirklicht. »Heilkraft und Wahrheit« – so ein Buch-Titel von E. Rosenstock-Huessy[3] – haben miteinander zu tun.

Mit dem Angedeuteten hoffen wir etwas von der Aktualität nachgezeichnet zu haben, die die Jesus-Überlieferungen heute bei vielen haben. Das nur »Angedeutete« bezieht sich vor allem darauf, daß wir hoffen, damit einigermaßen die Auswahl richtig getroffen zu haben, in der Jesus für viele in unse-

3. E. Rosenstock-Huessy, Heilkraft und Wahrheit. Konkordanz der politischen und der kosmischen Zeit, Stuttgart 1952.

rem Kulturkreis (noch oder wieder) wichtig ist. Die Auswahl ist das Charakteristische. Nicht berücksichtigt ist dabei alles, was mit einem Glauben an Jesus zu tun hat. Daß dies bei vielen heute nicht mehr im Vordergrund steht, kennzeichnet vielleicht die Lage. Das, was in dieser Auswahl fehlt, ist aber gerade das, worum es in der Christologie geht.

Fehlt denn überhaupt etwas, wenn wir »mit« Jesus, »aus« Jesus (in dem angedeuteten Sinne) leben? Fehlt dem Leben »mit« oder »aus« Jesus etwas, wenn wir nicht auch »an« ihn »glauben«? Mit dieser Frage gehen wir noch einmal die genannten Elemente eines »heutigen« Jesus-Verhältnisses durch.

Wir haben Jesu *Gleichnisse* unter ethischem Interesse gelesen, als Bildstoff für ein Verhalten, das uns voll leben hilft; so sprechen sie uns an. Aber ein Bezug aufs Ethische erklärt die Gleichnisse überhaupt nicht als Gleichnisse »des Himmelreichs«. Nach noch nicht lange vergangener Gleichnistheorie[4] verfehlt eine ethische Deutung den Sinn der Gleichnisse völlig. Herkömmliches exegetisches Verständnis hat den Bildstoff auf das rein Formale reduziert: Er bietet bloß Vergleiche für das Himmelreich. Was in der sog. »Bildhälfte« der Gleichnisse erzählt wird – die »story« –, hat inhaltlich mit dem Reich Gottes nicht das mindeste zu tun; Gleichnisse haben nur einen springenden Punkt des Vergleichs, und keineswegs liegt der im bildhaften Ablauf einer Gleichniserzählung, sondern (in der Hauptsache) im »Kontrast«: Klein – Groß, Jetzt – Dann, kleinmenschlicher Lebensalltag – alle Zeitbedingungen aufhebende Endzeit; vom Wunder des *plötzlichen,* unberechenbaren Kommens des Gottesreiches handeln danach die Gleichnisse, nicht inhaltlich von analogen Erfahrungen oder Strukturen zwischen unserem Leben und dem Gottesreich. Inzwischen sehen Schriftausleger die Bedeutung der Gleichnisse etwas anders. Das, was verglichen wird – die story, das Bild –, hat mit dem, mit dem verglichen wird – dem Gottesreich –, der Sache nach etwas zu tun[5]. Der sich stören lassende Nachbar hat schon etwas zu tun mit dem Reich Gottes, wie der Störer der Nachtruhe auch. Die stories der Gleichnisse schildern Analogien zu dem, was das kommende Gottesreich ausmachen wird. Es sind Analogien zwischen menschlichem und göttlichem Verhalten, und zwar so, daß in dem menschlichen Verhalten jetzt und hier sich schon solche Kräfte und Verhaltensweisen im voraus abbilden, die für das Gottesreich natürlich und typisch werden sollen. Das besagt: Das Gottesreich wird nicht so sehr als ein zukünftiger neuer *Zustand* zu erwarten sein, sondern wird gekennzeichnet von einem anderen *Verhalten,* mithin auch von anderen praktischen Verhältnissen

4. A. Jülicher, Die Gleichnisreden Jesu, I u. II Teil, Freiburg/Leipzig/Tübingen ^{2}1899.
5. E. Linnemann, Gleichnisse Jesu, ^{4}1966. – H. Weder, Die Gleichnisse Jesu als Metaphern, ^{2}1980.

– verglichen mit den jetzt üblichen. So können und wollen uns Gleichnisse Jesu auf ein gottesreichgemäßes Reagieren und Handeln schon jetzt hinstoßen.

Aber diese heute neugewonnene ethische Dimension der Gleichnisse einmal vorausgesetzt – auch damit sind sie noch nicht Gleichnisse des Himmelreichs. Denn nie wird das Himmelreich Inbegriff eines menschlichen Verhaltens sein und darin etwa aufgehen. Es geht um Gleichnisse, nicht um Gleichungen. Das Reich Gottes hat nach der Verkündigung Jesu noch andere Dimensionen. Die mögliche Gleichnishaftigkeit unseres Handelns und Verhaltens ist doch nur die sehr bescheidene Konsequenz einer großen, von uns nicht zu schaffenden, auch nicht analog darstellbaren, uns vielmehr vorgegebenen Voraussetzung: des Herrschens, Wirkens, Handelns und Sich-Verhaltens Gottes. Bei aller Gleichnisfähigkeit unseres Verhaltens zu Gottes Verhalten (die nicht bestritten werden sollte) führen uns die in den Jesus-Schriften überlieferten Gleichnisse doch noch in andere Dimensionen, als solche einer einfachen Beziehung zwischen dem, was in ihrer »Bildhälfte« und in ihrer »Sachhälfte« sich ausspricht. Die neutestamentlichen Gleichnisse versetzen uns keineswegs in die Unmittelbarkeit *unserer* Lebensführung zum Gottesreich. Sie problematisieren sie gerade und bringen das Verhältnis der Gleichnishörer zum Gleichniserzähler mitten zwischen beide Gleichnishälften ein; man kann es auch so sagen: Die Jesus-Schriften unterscheiden ihre Gleichnisse von anderen Gleichnistraditionen durch einen konsequenten Bezug des ganzen Vergleichungsvorgang auf das Verhältnis zwischen Jesus und seinen verschiedenen Hörern. Erst in diesem Bezug vermag aus einem (ethisch bezogenen) Prozeß des Vergleichens ein Gleichnis des Himmelreichs zu werden und erfüllt sich der Sinn dessen, was in den Jesus-Schriften überhaupt ein Gleichnis will. Es hat einen entscheidenden inneren Bezug auf den Erzähler und seine Hörer.

Dies wird an den neutestamentlichen Texten deutlich, die von den Exegeten etwas abschätzig als »Gleichnistheorie« der Evangelien bezeichnet werden, also z.B. an Mk 4,10–12. Es geht da um die in den Evangelien immer wieder vorgetragene sonderbare Behauptung: Jesu Gleichnisse seien nicht verstanden worden (4,13) – obwohl doch gerade Gleichnisse dazu da sind, etwas in einfacher, anschaulicher, jedermann zugänglicher, verstehbarer Form auszusagen. Was geht da denn vor?

»Und als er allein war, fragten ihn die, welche um ihn waren, samt den Zwölfen über die Gleichnisse. Da sprach er zu ihnen: Euch ist das Geheimnis des Reiches Gottes gegeben, jenen aber, die draußen sind, wird alles in Gleichnissen zuteil ...« (Mk 4,10–11a). Danach besteht ein Unterschied zwischen solchen, »die um ihn sind«, und anderen, »die draußen sind«. Nur denen draußen gelten die Gleichnisse – man kann daraus folgern: Die, die Jesus nahestehen, verstehen alles in direkter Form, ohne Gleichnis-Verpackung. Dann wären Gleichnisse eine pädagogische Sprachform, und es gäbe zweierlei Sprachen: die direkter und die indirekter Rede vom Reiche Gottes. Doch so einfach ist die Bedeutung der Gleichnisse in den Jesus-Schriften nicht gemeint. Denn der angefangene Satz über die Leute draußen, zu denen in Gleichnissen gesprochen wird, geht weiter: »... auf daß sie mit Augen sehen und nicht erkennen und mit Ohren hören und nicht verstehen, damit sie nicht etwa umkehren und ihnen vergeben werde« (Mk 4,12b); wir wählen für unsere Besinnung die sachlich schwerere Version des Markus, der, wie Lukas, das Gleichnis-Motiv mit dem prophetischen Verstockungsziel verbindet, während demgegenüber Mt 13,13 das Problem erleichtert und die Gleichnisse als *Antwort* auf Jesus begegnende Verstockung deutet (weil die Leute verstockt sind, erfahren sie alles nur in Gleichnissen). Das Verstehen des Himmelreiches hat danach etwas mit Prädestination zu tun; und im Zeichen dessen, was einem (von Gott) »gegeben« wird, also: im Zeichen von Erwählung und Verwerfung stehen hier die Gleichnisse. Erwählte verstehen ohne Gleichnisse, Verworfene verstehen nicht einmal mit der Verstehenshilfe von Gleichnissen, ja womöglich sollen Gleichnisse sogar einem Nichtverstehen dienen. Das ist ein überhaupt nicht aufzulösender Gedanke. Wir müssen als Hörer der Jesus-Schriften das genauso betroffen und vor den Kopf gestoßen hinnehmen, wie einst die Hörer des Propheten Jesaja betroffen den steilen Prädestinatianismus seiner Berufung hinnehmen mußten; denn auch Jesaja wurde nicht berufen zu retten, sondern zu verstocken (Jes 6,10). Nur eines können wir »klären«: Es muß in den Gleichnissen für »die draußen« um das Gleiche gehen wie das, was den Jesus Nahen auch ohne Gleichnis »gegeben« wird. Das ist das μυστήριον, Geheimnis der Gottesherrschaft. Die Evangelien lassen den Inhalt dieses Geheimnisses geheimnisvoll stehen; auch wir werden es nicht lüften. Nur daß das nicht-offenbare Geheimnis auf Jesus in Person weist – in welchem Sinne auch immer –, kann nicht fraglich sein. Denn unter allem, was die Jesus nahen Menschen wissen, ist doch Jesus-selbst das, was ihnen »gegeben« ist zu wissen. Das heißt aber: Die Gleichnisse zielen mit dem, was sie sagen wollen, auf Jesus-selbst. Sie definieren mit keinem Buchstaben, in welchem näheren Sinn solches Verweisen zu verstehen ist, – geben keine »christologischen« Inhalte – etwa über eine besondere Füllung des Reich-Gottes-Gedankens mit dem Wirken, Leben, Sterben Jesu. Will man von einem christologischen Tatbestand bei den Gleichnissen Jesu sprechen, besteht er in einem offenen, undefinierten Verweisen auf Jesus in Person. Gerade dies Offene gibt Raum für Gottes Erwählen und Verwerfen in unserem Nicht-Verstehen oder Verstehen. Völlig *vorbei* an den Gleichnissen aber sind wir, wenn wir sie auf anderes als im Kern auf Jesus hin verstehen wollten. In unmittelbarer, z.B. ethischer Beziehung von Menschentum und Gottestum wären wir jedenfalls an den Gleichnissen vorbei, wie die Jesus-Schriften sie uns zu verstehen geben. So leiten Jesu Gleichnisse uns zur Christologie. Christologie entsteht hier – fern aller vorgegebenen Inhaltlichkeit, darum auch fern aller Theorie – als dasjenige Fragen, in das wir geraten, wenn wir unser Handeln und Gottes Handeln im Sinne der Gleichnisse Jesu in Vergleich bringen. Inwiefern wäre denn eine Schlafstörung durch einen störenden Nachbarn im Ernst ein Gleichnis des Himmelreichs zu nennen? Das versteht sich doch, wenn wir den Vergleich mit dem Gottesreich nicht als anmaßenden ideologischen Schnörkel mißbrauchen wollen, nicht von selbst und gewiß nicht im einfachen Rückschlußverfahren – etwa: Gott läßt sich stören, schläft und schlummert nicht (Ps 121,3) – so auch ich. Inwiefern kann ich Mensch mich überhaupt mit Gott vergleichen? – das ist eine in den Gleichnissen Jesu implizierte christologische Frage. Sie nicht stellen, hieße die Gleichnisse verfehlen.

Oder wir denken an die *Bergpredigt*. Sie ist gerade in den letzten Jahren, im Zusammenhang mit den Kämpfen um die atomare Nachrüstung in der Bundesrepublik in ihrer ethischen Verbindlichkeit mit Recht wieder entdeckt worden. Sie wurde dadurch befreit aus jener Babylonischen Gefangenschaft, in die sie schon die mittelalterliche Kirche, aber auch wieder Luther und die auf ihn bauenden Kirchen getan haben: um Fürsten und Politiker von ihrer Verbindlichkeit zu befreien. Plötzlich fühlen sich nicht mehr nur einzelne Heilige, sondern Gruppen und Mengen von Christen von ihren Weisungen gebunden – auch auf politischem Feld. Da in der Demokratie alle Menschen, so auch alle Christen, Souveräne des Staates sind, haben sich die ethischen Rahmenbedingungen für das Verständnis der Bergpredigt heute fundamental verändert, und frühere Antworten genügen auch in der Theologie nicht mehr. Die neue Verbindlichkeit der Bergpredigt spiegelt dies wider. In den Gesprächen der letzten Jahre darüber ist nun aber die schwingende Achse dieser Jesus-Lehre häufig übersehen oder banalisiert worden: das Ich, das sich in dieser Lehre setzt.

Man wird alle diese Weisungen nicht im Sinne der Jesus-Schriften verstehen, wenn man nicht bedenkt, daß sie am »Gekommensein« Jesu hängen. Über eine fundamentale Bedeutung der Worte vom Kommen Jesu werden wir unten ausführlich zu sprechen haben; sie werden ein Element unserer Christologie bilden (vgl. unten § 9). Hier geht es nur um die Erinnerung, daß die Bergpredigt Jesu uns nicht – so wenig wie seine Gleichnisse – in Unmittelbarkeit von Weisung und Antwort angeht, genauer: daß wir sie dann nicht im Sinne ihres uns überlieferten Wortlauts auffassen, wenn wir die Vermitteltheit, Indirektheit nicht beachten, in der sie uns zugedacht ist. »Meinet nicht, daß ich gekommen bin, das Gesetz oder die Propheten aufzulösen. Ich bin nicht gekommen aufzulösen, sondern zu erfüllen« (Mt 5,17). »Erfüllen« heißt nicht vorrangig: Ich bin gekommen, dem Gesetz und den Propheten einen neuen oder ihren alten radikalen Sinn zu geben. Mag das in dieser Aussage auch mitschwingen – das ist doch nicht ihre primäre Bedeutung. Denn »Erfüllen« ist ein Tatbegriff (ehe er allenfalls nachträglich auch zu einem Deutebegriff werden kann). Jesus sagt, daß er »gekommen« sei, alle die Weisungen selbst zu leben, zu tun und zu »erfüllen«, die er nun auszugeben beginnen will. Damit stellt er sein Lehren unter das Vorzeichen seines eigenen Lebens unter dem Gesetz. Das meint gewiß auch: Alle die folgenden Weisungen, so schwer und einen Menschen überfordernd sie aussehen mögen, sind menschlich erfüllbar. Ich bin »gekommen«, sie zu erfüllen. Irgendeine theoretische Unerfüllbarkeitsfigur kann die Bergpredigt danach nicht mehr aufbauen. Aber die Unterstellung der Weisungen Jesu unter das Wort von seinem Gekommensein besagt noch mehr: Sie können deswegen im Lichte ihrer prinzipiellen Erfüll*barkeit* ausgegeben werden, weil Jesus sie schon erfüllt *hat.* Mithin begegnen sie uns nicht mehr als *nackte* Forderungen, sondern als Verheißungen einer Teilgabe am Gesetz-erfüllenden Leben Jesu. Der eigentliche Wert der Bergpredigt besteht darin, daß sie nicht alte oder neue Gebote, sondern Verheißungen einer Teilgabe des Lebens Jesu an die ausbietet, die aus dem Gesetz und den Propheten leben wollen. Das nimmt ihr jeden Krampf des Müssens und macht ihre Gebote zu Weisungen der Freiheit. Denn so haben wir es nicht mit einem Gebotswortlaut auf der einen Seite und auf der anderen Seite mit unseren starken oder schwachen Erfüllungskräften (und dementsprechend: radikalisierenden oder erleichternden Deutekunststücken) zu tun, sondern mit personaler Beziehung zu dem gekommenen Jesus. Diese Beziehung besteht freilich nicht vor oder jenseits *unseres* Hörens und Tuns der Bergpredigt. Sie besteht im Vollzug dieses Hörens und Tuns. Indem wir auf die Bergpredigt hören und sie tun, hören und tun nicht wir selbst das Gesetz und die Propheten, »erfüllen« nicht wir selbst das Gesetz, sondern hören, tun und erfüllen wir das Unsere in Teilnahme an Jesu Hören, Tun und Erfüllen des Gesetzes.

Diese Vermitteltheit bleibt nicht ohne Konsequenzen. Das allen Weisungen voranstehende »Ich bin gekommen« Jesu setzt sich fort in den berühmten »Ich aber sage euch«-Sätzen (Mt 5,22.28.32.34.39.44). Sie sind in ihrer radikalen antithetischen Form bisher als Gesetzeskritik und Gesetzesradikalisierung Jesu aufgefaßt und so zu einem auch von uns heute zu beachtenden antigesetzlichen und antijüdischen Fundament des Christseins gemacht worden – völlig falsch. In den sog. Antithesen spricht Jesus gleichsam Grunderfahrungen seiner eigenen Gesetzeserfüllung aus. Er sagt hier, was es für ihn bedeutet hat, das Gebot »Du sollst nicht töten« zu »erfüllen«; es hieß faktisch und praktisch, schnell seinen Gegnern zu willfahren, solange sie mit ihm unterwegs waren (5,25). Und das Gottesgebot, den Nächsten zu lieben, konnte er – faktisch und praktisch – nur so erfüllen, daß er auch seine Feinde liebte und für die betete, die ihn verfolgten. Das sind alles keine antithetischen Prinzipien zum Gesetz, keine radikaleren Deutungen des Gesetzeswortlauts – es sind Ausdrücke eines existentiellen Verstehens Jesu; indem er »unter das Gesetz getan« lebte, erfuhr er, daß es für ihn so gemeint gewesen ist, wie er es »erfüllt« hat. In der Bergpredigt gibt er diese seine Erfahrung nicht theoretisch weiter als »neue Beiträge zur Gesetzesdiskussion« – etwa mit dem Anspruch: so und nichts anders ist das Gesetz gemeint; das »Ich« der sog. antithetischen Formeln wäre u.E. mißverstanden, wenn man es als Ausdruck einer neuen gesetzlichen Autorität verstehen wollte. Es ist das Ich des Gekommenen, mithin das Ich im ganzen Umfang dessen, wozu er »gekommen« ist (also Ich seines Lebenswerkes), und so: das an die Menschen hingegebene Ich, Ich seiner Lebensteilgabe. Wir aber nehmen am Leben des Gekommenen teil, indem wir durch *unser* Hören, Tun und Erfüllen der Bergpredigt teilnehmen an *seinem* Hören, Tun und Erfüllen des Gesetzes und der Propheten.

So bedeutet auch die Bergpredigt (wie wir es bei den Gleichnissen fanden) einen impliziten christologischen Tatbestand. Das Ethische ist nicht recht erfaßt ohne das Christologische. Wer zum Ich Jesu kein Verhältnis hat, könnte an der Bergpredigt vorbei leben und handeln – und ein Eidesverweigerer »aus religiösen Gründen« z.B. wäre im Sinne der Bergpredigt ein Widerspruch in sich selbst, weil Jesus gerade das Beibringen religiöser Gründe (Schwören beim Himmel, bei der Erde, bei Jerusalem oder beim eigenen Haupt) in seiner Erfahrung dessen, was das Gesetz will, vergangen ist (5,33–37).

Das Christologische *im* Ethischen ist beim *Nachfolge*-Gedanken nun nicht mehr nur implizit, sondern explizit gegeben. In Phil 2,5–11 haben wir ein klassisches Beispiel dafür, wie in den Jesus-Schriften christologische Argumentation mitten in ethischer Weisung auftaucht, also gar nicht lehrhaft-selbstzwecklich dargeboten, sondern argumentativ in paränetische Zusammenhänge eingeführt wird. Schon mit Phil 1,27 beginnt ein paränetischer Teil, der bis 2,18 fortgeführt wird. Dahinein ist das Christuslied von der Erniedrigung des Gottgleichen als Motiv für die ethischen Weisungen eingeschlossen. »In Demut achte einer den anderen höher als sich selbst, jeder nicht nur mit dem Blick auf das Seine, sondern jeder auch mit dem Blick auf das, was des andern ist« – so lautet der engste Weisungszusammenhang in Phil 2,3–4. Die ethische Weisung, die Angelegenheiten des Mitmenschen höher einzuschätzen als die eigenen, wird nun fortgesetzt mit der Erinnerung an die Verhaltensweise Christi: »Diese Gesinnung hegt in euch, die auch in Christus Jesus war, der, als er in göttlicher Gestalt war, . . . entäußerte er sich . . .« (Phil 2,5ff). Gerade bei Paulus kann man das immer wieder beobachten. Die große Aussage über

Jesus als Judendiener in Röm 15,8 begründet die Ermahnung, daß Starke und Schwache in Rom einander aufnehmen sollen zum Lobe Gottes (Röm 15,7). Die große christologische Aussage, daß Christus nicht selbstgefällig existiert hat, begründet nachträglich die Weisung, daß jeder von uns dem Nächsten zu Gefallen leben solle (Röm 15,2–3). Nicht unwichtig scheint, daß die christologischen Aussagen an solchen Stellen den ethischen immer erst folgen. Das erlaubt uns nicht so einfach, von ethischen »Konsequenzen« aus christologischen »Voraussetzungen« zu sprechen; diese logische Anordnung entspricht vielfach nicht dem Gefälle des biblischen Sprechens; dort fällt vielmehr die Nachträglichkeit des christologischen Arguments gegenüber dem ermahnenden und anweisenden ethischen Sprechen, so auch eine Unterordnung oder: Hintanordnung der christologischen Aussage der ethischen gegenüber auf. Das ist grundjüdischer Sprach- und Denkstil. Und wir leiten daraus die Beobachtung ab: *Vielfach entsteht in den Jesus-Schriften die christologische Frage erst im Zusammenhang der Weisungen des Tuns, die Haggada steht innerhalb der Halacha, verkürzt: das theoretische Argument folgt dem praktischen Bedürfnis.* Das verbietet uns nicht, unsererseits anders zu verfahren und etwa die Logik von christologischer »Voraussetzung« und ethischer »Konsequenz« zu versuchen. Ungenügend wäre aber eine dogmatische Absolutsetzung dieser Logik gegenüber der so anderen sprachlichen und logischen Ordnung der Bibel; deren Sachlichkeit sollen wir würdigen und nicht durch zu große Selbstverständlichkeiten unserer logischen und ontologischen Modelle verdrängen. Wir jedenfalls wollen versuchen, Christologie nicht abgesehen vom ethischen Text und Kontext zu entwerfen.

Und nun zur *Wunder*frage, die wir in einem Zusammenhang von »Heilkraft und Wahrheit« besprochen haben. Wir sagten: Die Wundererzählungen provozieren uns immer wieder zu der Frage: Was wagen wir zu hoffen? Und: Schließt rationaler Realismus die beiden humanen Elemente Hoffnung und die alles Wirkliche verzerrende Sünde ein oder aus? Von solchen Fragen aus kann uns jedenfalls die vielfache neutestamentliche Verknüpfung von Wunder und Sündenvergebung einleuchten.

Aber wieder gingen wir am Sinn der Jesus-Schriften vorbei, wenn wir dies nur als einen in sich wichtigen oder interessanten theologischen »Sachverhalt« erörten würden. Denn es geht bei allen Wundern und Heilungen letztlich nicht um irgendwelche außerordentlichen Wunderkräfte Jesu, durch die er sich Natur unterwerfen könnte, sondern um die Vollmacht dieses Menschen, zu tun, was allein Gott zu tun gebührt. Diese Vollmacht ist umstritten. – Jesus sieht den Glauben eines Gelähmten, der zu ihm gebracht wird. Er spricht zu ihm: Sei getrost, mein Sohn, deine Sünden sind dir vergeben. Jesus sagt nicht: Sei getrost, mein Sohn, ich vergebe dir deine Sünden, er spielt nicht Gott. Er stellt nur fest: Dir sind deine Sünden – nämlich von Gott – vergeben. Aber das Recht zu einer solchen Feststellung wird ihm bestritten. »Und siehe, etliche der Schriftgelehrten sagten bei sich selbst: Dieser lästert: οὗτος βλασφημεῖ«. Daraufhin heißt Jesus den Gelähmten aufstehen, sein Bett nehmen und nach Hause gehen: So will er zeigen, daß auch er – nicht nur ein Priester – berechtigt ist, Sündenvergebung festzustellen und sie kranken Menschen zuzusprechen. Die Volksmenge sieht das, erschrickt darüber, überwindet ihr Erschrekken aber durch einen Lobpreis Gottes, der solche Vollmacht »den Menschen«, τοῖς ἀνθρώποις gegeben hat (Mt 9,2–8) – den Menschen *zugute*, aber wohl auch: In der Stellvertretung dieses einen Menschen hat Gott »den Menschen« schlechthin solche Vollmacht gegeben.

Das Heilungswunder am Gelähmten steht hier im Dienst der Vollmachtsfrage: Was darf *dieser* Mensch, was darf mithin ein Mensch *überhaupt*? Die Vollmachtsfrage hat den Charakter einer Rechtsfrage. Aber da es zwischen dem, was allein Gott darf, und dem, was ein Mensch darf, keine entscheidende Instanz gibt, stellt sich die Vollmachtsfrage im Kern als eine christologische Frage. Die Volksmenge reagiert richtig, wenn sie den Fall durch ein Lob des Gottes beantwortet, der den Menschen de facto, nämlich im Tun dieses einen Menschen, solche Vollmacht gegeben hat: Vollmacht zur Feststellung und zum Zuspruch der Sündenvergebung, – damit aber auch Vollmacht zur Aufhebung des Sündenbannes, in den alles Fleisch gebannt ist. Der Zusammenhang von Naturwunder und Sündenvergebung hängt an dem Gedanken einer durch Sünde geknechteten Naturwelt, den wir auch aus Röm 8,19–22 kennen. Die utopische Kernfrage ist dabei die der Naturbefreiung, deren *konkrete* Form aber ist die Frage nach der den Menschen gegebenen Vollmacht, hier und jetzt und in concreto Gott zu beanspruchen für die Vergebung der Sünde. Das ist der heiße Kern eines Glaubens, der in Hoffnung lebendig ist.

Für ein mögliches Verständnis von Christologie besagt das: Es geht in ihr auch um die Nachfrage nach der den Menschen gegebenen Vollmacht gegenüber der Macht der Sünde und der von ihr noch nicht befreiten Natur. Zur richtigen biblischen Artikulation dieses Aspekts ist es aber geschickt, noch auf eine andere Auseinandersetzung über die Vollmachtsfrage zu blicken. Sie hat nichts mehr mit der Natur-, Sünden- und Wunderproblematik zu tun, sondern mit der öffentlichen Lehrbefähigung Jesu überhaupt. Sie wurde in seinen letzten Jerusalemer Tagen von Hohenpriestern und Ältesten des Volks in Frage gestellt. »In was für einer Vollmacht handelst du, und wer hat dir diese Vollmacht gegeben?« (Mt 21,23). Jesus verwickelt die, die seine Lehrbefähigung problematisieren, in Gegenfragen, die sie sprachlos machen (21,24–27). Das erlaubt ihm, die an ihn gerichtete Vollmachtsfrage offen zu lassen und sie nicht zu beantworten. »Da sprach auch er zu ihnen: So sage auch ich euch nicht, in was für einer Vollmacht ich dies tue« (21,27). Uns ist dies *Offenlassen* wichtig. Zwar kann in den Jesus-Schriften insgesamt kein Zweifel bestehen, daß Jesus tatsächlich von Gott mit höchster Vollmacht, zu handeln und zu lehren, ausgerüstet worden ist (Joh 5,27; 10,18 usw.), und die Volksmenge in Mt 9 hat das ja auch richtig erkannt und benannt und dafür Gott gelobt. Dennoch scheint uns die Zurückhaltung Jesu (nach den synoptischen Erzählungen) von grundsätzlicher Bedeutung für das Verständnis einer jeden Christologie. Christologie – so sehr sie auf Antworten aus ist – kann von einem grundsätzlichen Frage- und Fraglichkeitscharakter nicht absehen. Daß Jesus selbst die an ihn gerichtete Vollmachtsfrage offen läßt, gehört zur Sache der Christologie. Alle unsere Fragen nach Jesus zielen hinein in die Offenheit aller seiner eigenen Antworten. Kommen Menschen doch zu Antworten, dann nur so, daß diese ihnen »gegeben« werden, d.h. aber in Reflexionssprache ausgedrückt: Sie leben von einer Evidenz, die *Ereignis* bleiben muß. Das wiederum heißt: Es läßt sich ein Ort für die Evidenz christologischer Aussagen nicht ausgrenzen als ein eigener Bereich von Erfahrungen, Fragen, Antworten, Voraussetzungen und Konsequenzen – etwa als eigener Bereich eines theoretisch reflektierenden »Glaubens«. Unsere bisherigen Beispiele zeigen, daß christologische Fragen plötzlich und unvermutet auftauchen: mitten in menschlichen Versuchen, das Gerechte zu tun, – mitten in Nachfolge-Versuchen unseres Lebens, – mitten im problematischen Fragen nach dem, was den Menschen gegenüber dem Elend des kranken Mitmenschen und der von Menschensünden mitgebannten physischen Natur an Vollmacht gegeben ist. Dies sind nur Beispielfälle. Ihr grundsätzlicher Sinn besteht darin, daß Fragen der Christologie und womöglich die christologische Frage selbst – »mitten wir im Leben sind von dem Tod umfangen« – auftauchen können; daß sie dies aber können, zeigt, daß wir – unter Jesu Anleitung in der Welt der Bibel lebend – auf Schritt und Tritt von christologischen Fragen immer schon begleitet sind; wir werden daraus im nächsten Paragraphen Konsequenzen für den systematischen Ansatz unserer Christologie zu ziehen versuchen. Jedenfalls stellt sich die christologische Frage keineswegs als Sonderfrage des christlichen Lebens und Denkens heraus – etwa als eine nur für zünftige Theologen wichtige Frage, die für den »einfachen« Christen nichts tauge. Die christologische Frage scheint den Bewegungen des christlichen Lebens selbst immanent; das christliche Leben ist – als christliches – von ihr stets begleitet, ist mithin eine, nein: *die* christliche Lebensfrage zu nennen; aber sie bleibt – in ihrer grundsätzlichen Offenheit von Jesus her – eine heimliche Lebensfrage, die offengelegt wird in unvorhersehbaren Momenten. Dann drängt alles zu einem Christus-Bekenntnis. Aber niemand kann vorweg sagen, wie es dann lauten wird – geschweige denn, wie es lauten *muß*. Denn wer Jesus ist, ist genauso offen wie Gott. Gerade deswegen entsteht ja die christologische Frage. Uns wichtig ist hier nur, daß es eine offene Frage und also: eine wirkliche *Frage* ist.

2. *Die an Jesus und die von Jesus gestellte Frage der Christologie*

Haben wir bisher Beispiele dafür bedacht, wie es zu christologischem Fragen kommt, so entfalten wir nun das, was wir die christologische Frage selbst nennen möchten: die Frage als *Frage*.

Mt 11,2–6: »Als Johannes im Gefängnis von den Werken Christi hörte, ließ er ihm durch seine Jünger sagen: Bist du es, der da kommen soll, oder sollen wir auf einen anderen warten? Und Jesus antwortete und sprach zu ihnen: Geht hin und berichtet dem Johannes, was ihr hört und seht: ›Blinde werden sehend‹ und Lahme gehen, Aussätzige werden rein und Taube hören, Tote werden auferweckt und ›Armen wird die frohe Botschaft gebracht‹, und selig ist, wer an mir keinen Anstoß nimmt.«

Die christologische Frage wird von Johannes dem Täufer gestellt. Unmittelbar im Anschluß an unseren Abschnitt hören wir ein Zeugnis Jesu über die große heilsgeschichtliche Bedeutung dieses Menschen. In ihm verkörpert sich der Sinn der ganzen Geschichte Israels bis zu dem Augenblick, da mit Jesus das Himmelreich anbricht. »Alle Propheten und das Gesetz haben auf Johannes hin geweissagt«, heißt es Mt 11,13: also nicht etwa auf Jesus hin. Will sagen: Gesetz und Propheten, der Tenach, zielen eigentlich nicht auf einen Messias hin, sondern nur auf einen Vorläufer des Messias. Jesus drückt das aus mit den Worten: »und wenn ihr es annehmen wollt: Er ist Elia, der kommen soll« (11,14). Wir bemerken Vorsicht und Zurückhaltung auch hier: Johannes »ist Elia«: »wenn ihr es annehmen wollt«, d.h. wenn es euch möglich ist, in Johannes den Elia wiederzuerkennen. Elia, den Gott einst mitten aus seinem prophetischen Wirken herausgerissen und zu sich emporgerissen hat in den Himmel (2Kön 2,11), gilt im Judentum als ein Herold des erwarteten Messias. Seither lautet die Frage, ob man jemanden als Elia erkennen kann; dafür braucht es Augen, einen Willen, aber vor allem: gute Schriftkenntnis, die einen vertraut macht mit dem, was als wiederzuerkennender Elias denkbar ist und in Frage kommt. Jesus haben solche Augen, solcher Wille, solche Schriftkenntnis an Johannes haften lassen. Aber er fixiert seine Erkenntnis nicht dogmatisch, sondern setzt sie nur als Hinweis für andere ein; die anderen können ebenfalls – *wenn* sie es können, wenn sie »es annehmen wollen« – es ebenso sehen und bemerken. – Jesus jedenfalls hält ihn für den Größten unter allen, die von Frauen geboren worden sind, d.h. unter allen Menschen bisher, relativiert aber dies Urteil im gleichen Atemzug mit den Worten: »Doch der Kleinste im Reich der Himmel ist größer als er« (Mt 11,11); will sagen: Johannes, der Größte der vergehenden Zeit, muß zurücktreten hinter dem Kleinsten der neuen Reich-Gottes-Zeit, die Jesus angebrochen sieht. Immerhin: In Johannes hat, nach Jesu Sicht der Dinge, die bisherige Geschichte ihre besten Möglichkeiten erreicht. Er ist, so gesehen, eine Erfüller-Erscheinung; was in ihm da ist, ist das Beste, was bisher überhaupt dasein konnte.

Dieser Repräsentant und Zielpunkt des Gesetzes und der Propheten, der Heilsgeschichte, liegt, von Herodes festgehalten, im Gefängnis. Er ist dort nicht völlig von aller Außenwelt abgeschnitten und hört darum »von den Werken Christi« (11,2), d.h.: Er hört vom Wirken Jesu von Nazareth, – von dessen Predigt, die der seinen ja inhaltlich so sehr genau entspricht, – von dessen Wunder- und Heilandstaten, – vielleicht auch von seinen Anfeindungen und Streitgesprächen, – von seinen Erfolgen beim Volk und seinen Mißerfolgen. Johannes der Täufer hatte ja selbst Jünger, genau wie Jesus von Nazareth, und die waren auch in der Zeit seiner Gefangenschaft um ihn. So konnte er seine Jünger zu Jesus senden und sie in seinem Namen die Christusfrage stellen lassen. Sie selbst zu stellen, dafür waren ihm die Hände gebunden. Es war seine Frage, aber er teilte sie mit den Seinen, und so wurde die Christusfrage des Johannes nolens volens zu einer Gruppenfrage. Sie blieb nicht die Frage eines Einzelnen, keine Privatfrage.

Die Frage lautete: »Bist du, der da kommen soll?« Dies setzt die Erwartung eines Kommenden voraus. Wir hörten schon: Elia z.B. war ein solcher Erwarteter, »der kommen soll« (11,14); und vielleicht wurde auch der Messias in Israel als einer erwartet, »der da kommen soll«. Wir lernen hier, daß eine bestimmte Identität eines Erwarteten offenbar nicht feststand. Es wurde das »Kommen« Mehrerer in verschiedenen Funktionen erwartet, z.B. des Elia – eventuell als Messiasherolds, – daneben eventuell das eines Messias selbst. Festzustehen scheint nur die Formel von einem »Kommenden«; als wer er erwartet wird und in welcher Eigenschaft – das war variabel. Eben diese Variabilität drückt sich im zweiten Teil der Christusfrage des Täufers aus: »Oder sollen wir eines anderen warten?« Der Christus war verwechselbar, wie der Elia auch. Es werden ja viele χριστοί auftreten und Zeichen und Wunder tun, um, wenn möglich, die Auserwählten irrezuführen (Mk 13,22); und messianisch hochgespannte Menschen können hin- und hergejagt werden zwischen Leuten, die rufen: Siehe hier ist der Christus, siehe dort (Mk 13,21). Diese Verwechselbarkeit des Christus hat das Judentum mehr als zurückhaltend gegen allen Messianismus gemacht – als gebranntes Kind seiner eigenen Hoffnungen. Eben dies macht aber die Entwicklung einer Christologie zu einem prekären Unternehmen. Der Christus ist prinzipiell verwechselbar; die Festlegung auf einen einzelnen identischen Christus behauptet ein Wiedererkennen und Erkennen dessen, der da kommen soll, unter unabsehbar vielen geschichtlichen Möglichkeiten. Es bedeutet vor allem das Herausnehmen des Christus aus der Struktur der Erwartung und der zu ihr gehörenden grundsätzlichen Fraglichkeit, – also einen Übergang von der Christus*frage* zu einem Christus*bekenntnis,* – damit auch einen Übergang von der offenen Haltung gegenüber einer Antwort Gottes auf die Messiasfrage zu der Behauptung, diese Antwort nun mit vollster Gewißheit empfangen zu haben, so daß hier nichts mehr offen bleibt.

Eine solche Evidenzstruktur finden wir in der Antwort *nicht,* die Jesus den Jüngern des Johannes gegeben hat. Jesus sagt hier nicht: Jawohl, ich bin's, ihr braucht nicht mehr zu warten; die Christusfrage hat sich gelöst, sie ist in meinem Dasein beantwortet. Jesus antwortet mithin nicht »christologisch«. Er hält Johannes und seine Jünger in einer offenen Vergewisserungsweise fest. Sie sollen ihre eigenen Ohren aufsperren und sollen ihren eigenen Augen trauen. Die Christusfrage ist nicht autoritativ zu beantworten, sie bedarf des eigenen Urteilens der Fragenden; sie werden aus der Mühe des Fragens und Erkennens nicht entlassen; gerade Jesus – der die Antwort wirklich ist – schickt die Fragenden zurück in die Offenheit ihres Fragens: »Geht hin und berichtet dem Johannes, was ihr (selbst) hört und (selbst) seht« (11,4). Nicht Autoritätsglaube, sondern Ohren- und Augenzeugenschaft ist das Mittel zur Beantwortung der Christusfrage (sollte darum auch in einer Christo-logie spürbar bleiben).

An welche Gegenstände, welches Objekt verweist Jesus die Johannesjünger mit ihrer Christologie? Zum eigenen Hören fordert er sie zuerst auf: vor dem eigenen Sehen. Das Hören meint nicht ein Hörensagen, also nicht die Gerüchte und den Ruf, von denen Jesus bei den Leuten umgeben ist. (Mt 4,24; 9,26; 14,1; auch sie werden in der Frage der Christologie eine Rolle spielen; davon unten.) Vielmehr verweist Jesus zuerst an das Hören der Schrift. Sie ist der Eröffner derjenigen Realität, die für eine Beantwortung der Christusfrage allen anderen voran in Frage kommt. Dabei ist wichtig, wie Jesus hier an das Hören der Schrift verweist. Dem Schriftkenner deutlich erkennbar besteht der Vers 5 aus einer Zitatenkomposition aus verschiedenen Stellen des Jesajabuches; aber sie werden im Berichtstext des Matthäus gar nicht als Schriftzitate kenntlich gemacht, also z.B. nicht als ein bei Matthäus sonst öfter gebrauchtes Reflexionszitat, etwa mit der Formel eingeführt: »Das ist geschehen, auf daß erfüllet würde, wie geschrieben steht bei dem Propheten Jesaja«, oder dergleichen. Daß es sich um Schriftzitate handelt, bleibt dem Erkennen des Hörers Jesu überlassen, – gehört zum großen Offenheitsprozeß des Wiedererkennens, um den es in der Frage der Christologie, wie wir schon sahen, überhaupt geht. Dies aber ist um noch ein weiteres Moment zu differenzieren. Da Vers 5 nicht direkt als Schriftzitat kenntlich gemacht wird, Jesus also den Johannesjüngern hier nicht antwortet (wie an anderer Stelle: Joh 5,39: »Suchet in der Schrift ... sie ists, die von mir zeuget«), müssen wir hier mit einer unauflöslichen Verknüpfung des aus der Schrift zu Hörenden mit dem in der Jesus-Realität zu Sehenden rechnen. Beides hebt sich nicht voneinander ab. Also ist der Zusammenhang offensichtlich enger gedacht, als er im Verhältnis dessen, was die Schrift als »Verheißung« hören läßt, mit dem, was die Jesus-Realität dann als »Erfüllung« sehen läßt, ausgedrückt wäre. Wir verstehen Jesu Antworten V.5 als Hinweise auf eine Verleiblichung von Schriftworten in seinem Handeln, wie wir umgekehrt die Inhalte dieses Handelns als verleiblichte Worte der Schrift verstehen müssen. Schriftworte und Jesushandeln bilden hier eine (nicht schön, aber bezeichnend ausgedrückt) »inkarnatorische« Einheit – und zwar eine, die *nicht* sui generis, also nicht biblisch alleinstehend, genannt werden darf. Denn das biblische Konzept des Davar setzt überall die Einheit von Wort und Handlung und verlangt überall, in geschichtlichen Handlungen das Ergehen des göttlichen Wortes, wie im Ergehen des Wortes Gottes die ihm immanente und wesenhafte geschichtliche Handlung zu erkennen. Das aber führt zu jenem (uns heute leider fremden) Konzept des Wiedererkennens von ins Wort der Bibel eingegangener geschichtlicher Wirklichkeit in späterer geschichtlicher Realität. (Ein Konzept, das sich in den religionsgeschichtlichen Figuren eines Mose, Elia etc. »redivivus« ausdrückt; aber die religionsgeschichtliche Figur birgt in sich einen Sachverhalt geschichtlichen Verstehens, ohne den sich z.B. evangelisch gar nicht predigen läßt: Denn in evangelischer Predigt ist überall die Aktualität von vergangener Geschichte in der Gegenwart des Wortes von dieser Geschichte und in ihrer analogen Wiederholung vorausgesetzt. Was einmal geschehen ist, ist – eingegangen ins Wort – für allemal geschehen. Das ἐφάπαξ, Röm 6,10, meint nicht: etwas geschehe nur einmal und sei für immer genug, sondern: etwas ist einmal und darin und als solches »für« allemal geschehen; es kann allemal wieder geschehen, darin besteht seine einzigartige Kraft: nicht Vergangenheit werden zu können.)

In diesem Sinne in Jesu Wirken inkarnierte Schrift »hören« und »sehen« zu können, werden die Johannesjünger auf ihre eigene Beantwortung der Christusfrage zurückgestoßen, die ihnen Jesus nicht abnehmen will oder kann – obgleich er der richtige Adressat der Frage ist, denn er hat durch sein Wirken diese Frage, fast notwendig, erweckt.

Wir wollen zunächst den systematischen Gehalt dieser Johannesfrage noch einmal festhalten.

a. Adressat der christologischen Frage ist Jesus von Nazareth.

b. Sie ist gleichermaßen Frage eines einzelnen, wie die von Gruppen.

c. Sie entsteht in vollendeter Form in der bisherigen Israelgeschichte, d.h. in der Geschichte, in der nach dem Gesetz und den Propheten gefragt und gelebt wird, die aber stellvertretend für die Menschheitsgeschichte angesehen wird.

d. Die Frage wird nicht geweckt von irgendwelchen Gerüchten über Jesu Persönlichkeit, sondern von Mitteilungen über sein Wirken. Seine Praxis, seine Werke erwecken die Christusfrage.

e. Jesus beantwortet die Frage nicht, d.h. er gibt selbst keine christologische Antwort.

f. Er gibt die Christusfrage vielmehr an ihre Fragesteller zurück, an ihr eigenes Urteilsvermögen.

g. Das eigene Urteilsvermögen der christologisch Fragenden wird gewiesen auf das Hören der Schrift und das Sehen der Werke Jesu, und zwar auf die Einheit von beiden.

h. Damit wird die christologische Frage zur Frage nach einem Wiedererkennen Jesu in der Realität der Schrift und der Schrift in der Realität Jesu.

i. Die christologische Frage ist eine wesentlich offene Frage, weil der Christus grundsätzlich verwechselbar ist. Sie muß in dieser Offenheit belassen werden, solange sie Gott nicht selbst beantwortet.

j. Von daher stellt sich die Aufgabe einer Christologie als die Frage: ob Gott die Messiasfrage in bezug auf Jesus von Nazareth beantwortet hat, vorsichtiger: ob »man« sagen kann, oder: ob wenigstens »wir« sagen können, daß Gott sie beantwortet habe. In der ganzen Christologie geht es nicht um feste Behauptungen, sondern um ein Abwägen der Möglichkeiten, die Christusfrage als von Gott beantwortet zu verstehen. Der Gedanke, daß man statt auf Jesus auch noch auf einen ganz anderen zu warten hätte, begleitet die christologische Frage ständig: Sie ist die Anfechtung und damit die Grenze der Christologie.

Wir erweitern nun die Frage- und Fraglichkeitsstruktur der Christusfrage (und damit der christologisch zu entfaltenden Frage) um ein weiteres Moment, das uns die Jesus-Schriften anbieten. Wie wir bisher die Christusfrage als eine anvisiert haben, die von Mitmenschen an Jesus gerichtet wird, so gibt es im Neuen Testament eine Umkehrung des Frageverhältnisses: in der Christusfrage, die Jesus an die Jünger, und an sie mit Blick auf »die Leute« richtet.

Mt 16,13-17: »Als aber Jesus in die Gegend von Caesarea Philippi gekommen war, fragte er seine Jünger: Für wen halten die Leute den Sohn des Menschen? Da sagten sie: Etliche für Johannes den Täufer, andere für Elia, noch andere für Jeremia oder einen Propheten. Er aber sagte zu ihnen: Ihr aber, für wen haltet ihr mich? Da antwortete Simon Petrus und sprach: Du bist der Christus, der Sohn des lebendigen Gottes.«

Der Ort Caesarea Philippi ist in der Überlieferung der Jesus-Schriften fest mit der Christusfrage verbunden. Das hat nicht nur mit den Regeln der Merkbequemlichkeit mündlicher Traditionen zu tun – man merkt sich für das Weitererzählen eine Geschichte leichter, wenn man sich ein besonderes Kennzeichen, wie z. B. einen markanten Ort, einprägen kann; aber geographische Ortung hat in der Welt der Bibel sehr viel grundsätzlichere Bedeutung. In der Hebräischen Bibel stehen Orte des Heilsgeschehens meist mit der Vergewisserung des Verheißenen Landes zusammen – einer der Hauptverheißungen des Gottes Israels[6]. Das ist in den Jesus-Schriften nicht vergessen worden und hat sich mindestens im Gedanken einer konkreten Raum- und Zeitbedingtheit des Evangeliums erhalten. Die Reiserouten Jesu z. B. haben in den Evangelien durchaus heilsgeschichtliche Bedeutung; Jesus wird sehr früh auf einer dauernden Reise nach Jerusalem gezeigt: dem Heils- und Weltmittelpunkt zu. So steht es auch mit Caesarea Philippi, dem Ort des ersten Christusbekenntnisses. Die »Gegend« liegt am äußersten Rande des alten Israel-Gebietes, am Fuße des Hermon, bei den oberen Jordanquellen; und wenn schon seit alter Zeit Galilaea als das »Galilaea der Heiden« angesehen wird (Mt 4,15), weil es dort zu einer Zwangsvermischung der jüdischen Bevölkerung mit Schichten nichtjüdischer Eroberer gekommen ist, dann gilt das erst recht von dem äußersten Norden des Galil. Es ist Land, von dem es traditionell heißt, daß sein Volk im Finstern wandelt und dennoch ein großes Licht zu sehen bekommt (Jes 9,1-2 vgl. Mt 4,15-16). So ist es biblisch kein Zufall, daß gerade hier Jesus selbst die Messiasfrage aufwirft und daß es gerade hier, auf der Grenze zwischen Juden und Heiden, zum ersten Christusbekenntnis kommt. Grundsätzlich aber bedeutet das einen Hinweis auf eine Raumgebundenheit der Wahrheit. So wenig es gleichgültig ist, wann sie zur Sprache kommt, so wenig ist gleichgültig, wo das geschieht. Überzeitliche und überörtliche Wahrheit, so sehr abendländische Wissenschaft ihren Ehrgeiz darein gelegt hat, sie zu gewinnen, ist doch niemals biblisch. Das aber muß zurückwirken auf ein Verständnis der Jesus-Frage: Für wen halten – *hierzulande* – die Leute den Sohn des Menschen? Bei der grundsätzlichen Offenheit der Christusfrage, von der wir sprechen, ist damit zu rechnen, daß Antworten anderswo auch anders lauten können als nun gerade in dieser »Gegend«. Nicht zuletzt wird dies beachtet, wenn das eine Evangelium in vier Versionen von Evangelien überliefert worden ist und die eine Verkündigung des Apostels Paulus in wenigstens sieben verschiedenen, an mindestens sieben verschiedene Ortsgemeinden gerichteten Briefen.

Jesus will die Meinung der »Leute« wissen und erklärt damit die Leute für urteilsfähig in bezug auf seine Frage. So bekommt die Christusfrage etwas Po-

6. F.-W. Marquardt, Die Bedeutung der biblischen Landverheißungen für die Christen, TEH 116.

pulistisches. Jesus hält die Meinung der Leute für wichtig und will, daß die nicht unter der Decke verborgen bleibt, sondern laut zur Sprache kommt.

In der Matthäusversion fragt Jesus danach, was die Leute vom Menschensohn meinen, bei Markus und Lukas fragt er: »Für wen halten mich die Leute« (Mk 8,27; Lk 9,18). Die Frage scheint uns bei Markus und Lukas »christologisch« interessanter. Jesus brennt darauf, zu erfahren, was die Leute von ihm selbst denken. Er braucht zu seinem Selbstverständnis das Wissen, wie das Volk ihn einschätzt und benennt. Er versteht sich nicht nur als gesandt zum Volk, sondern eben darum möchte er sich auch vom Volk her verstehen können. Beides spielt ineinander: die Sendung zu allem Volk und die Möglichkeit, sich auch vom Volk her verstehen zu können. Was *erweckt* er beim Volk für Gedanken, was für Namen, mithin auch: welche Hoffnungen?

Die Antworten werden von seinen Jüngern den Leuten abgelauscht. Das ist die gleiche Struktur wie bei der Täuferfrage: Die Johannesjünger ermitteln für ihren Meister die Antwort Jesu, – hier ermitteln die Jesusjünger für ihren Meister die Antworten des Volkes. Eine Zwischenträgerschaft von Jüngern gehört wohl zur Struktur der Christusfrage dazu, gleich, wie herum sie gestellt wird.

Die Antworten, die sie Jesus zurückbringen, bestätigen die von uns schon geschilderte Erkenntnisstruktur. Einmal: Es gibt viele mögliche, aber keine eindeutige Antwort. Sodann: Auch hier handelt es sich um Antworten eines freien und gewagten Wiedererkennens, nicht einer dogmatisch-festen, an verfügbaren Kriterien ausgewiesenen Identität. Daß es die Erwartung eines Johannes redivivus, einer Zurückkehr des beim Volk beliebten Täufers Johannes gab, wissen wir aus der Nachricht, daß sein Mörder Herodes Antipas in ständiger Angst davor gelebt haben soll und Jesus für den von den Toten erweckten Täufer hielt (Mt 14,2); so etwas scheint man im Staatsvolk dieses Königs auch für möglich gehalten zu haben (und hätte dann sicher in Jesus so etwas wie einen Rächer des Johannes erwartet). Wie Jesus den Täufer für den wiederkommenden Elia hielt, so wurde er selbst vom Volk dieser Gegend dafür gehalten, als Messiasherold. Noch andere hielten ihn für noch-einmal-Jeremia, entsprechend z. B. einer Geschichte aus dem (apokryphen) 2. Makkabäerbuch, wo erzählt wird, es sei in betender Haltung »ein durch graues Haar und herrliche Gestalt ausgezeichneter Mann erschienen, umstrahlt von wunderbarer und ganz prächtiger Hoheit«. Und von ihm habe es geheißen: »Der Freund der Brüder ist dieser, der viel betet für das Volk und die heilige Stadt: Jeremias, der Prophet Gottes« (2 Makk 15,13-14): Jeremias also, Fürbitter, Bruderschaftler, Volksmann: einer, der dem Volk erscheinen kann – auch das übrigens innerhalb der »populistischen« Anlage dieser Messiasfrage ein »populistischer« Zug. Auch hier geht es also um Wiederholung und Wiedererkennen. – Wieder andere aber hielten Jesus schlicht für einen Propheten – in einer

Zeit, da es beklagenswerter Weise längst keine Propheten mehr gab (Ps 79,9; Klgl 2,9).

So sehen sie Jesus: unter höchst unterschiedlichen Namen, in sehr unterschiedlichen Erinnerungen und Erwartungen ihrer Geschichte - was ja auch heißt, daß sie sehr verschiedene Situationen für dringend lösungsbedürftig hielten: Rache für Johannes, - endlich Anfangenlassen der Wiedergeburt des Davidsreiches, - Gebetshilfe fürs Volk und für Jerusalem, - Gesellschaftskritik und Verheißung von Gotteshoffnungen durch einen berufenen Künder. Alle diese verschiedenen Situationen exponieren sich in den verschiedenen Namen der Hoffnungen des Volks in dieser Gegend.

Jesus läßt das stehen, sagt nichts dazu: nicht Ja, nicht Nein - er kommentiert nicht einmal; mag es im Volk so weiterwirken; auf christologische Exaktheit kommt es Jesus nicht an. Daß aber sein Wirken alle diese Hoffnungen erweckt, die womöglich gar nicht auf einen gemeinsamen Nenner gebracht werden können - auch das weist er nicht zurück.

Aber nun will er wissen: Wie sehen ihn die Seinen: »Ihr aber, für wen haltet ihr mich?« (16,15). Wieder gibt es keine direkte Antwort der Gefragten. Petrus allein antwortet, aber - müssen wir aus der vorher beobachteten Vermittlungsstruktur der christologischen Frageverhältnisse schließen - er antwortet für sie alle, die von Jesus gefragten Anhänger Jesu.

Kommt nun aus ihrem Kreise eine exakte Antwort? Bei den Exegeten treffen wir an dieser Stelle auf einige einschneidende Unterschiede im Verständnis. Die meisten stellen unseren Abschnitt unter die Überschrift: »Das Bekenntnis des Petrus« und sehen damit die solange offen gehaltene Christusfrage sich hier endlich lösen; Petrus hat das Richtige getroffen, er sagt, wie's ist. Nach der Matthäus-Version unseres Textes muß man es auch so verstehen, denn da preist Jesus den Petrus, seinen ersten Bekenner, selig, - bestätigt ihm, daß er dies Erkennen nicht von Fleisch und Blut haben kann, sondern nur von Jesu Vater im Himmel; und Jesus beantwortet dies Bekenntnis sogar damit, daß er dem Simon bar-Jona (so hieß Petrus in seiner Muttersprache) einen neuen Nenn-Namen, einen Symbolnamen gab: Petrus, Fels der Kirche. Wie aus Abram Abraham, - aus Jakob Israel , - aus Saulus Paulus wurde -so hier aus Simon bar-Jona: Petrus; Namenwechsel ist Lebenswechsel, Ausdruck einer Berufung. Weil die katholische Tradition auf diese Antwort Jesu die römische Lehre vom Primat des Petrus aufgebaut hat, ist dieser Text bei den Protestanten nicht selten als eine in das Evangelium von interessierter Seite nachträglich eingetragene Glosse ausgegeben worden. Man muß das nicht so sehen. Das Christus-Bekenntnis ist ja tatsächlich zum Grund der Kirche geworden, nicht nur der römischen, und nicht auf diesen Mann, sondern auf dem ihm von Jesu Vater gegebenen Bekenntnis baut die Kirche bis heute. Daß diese geschichtliche Entwicklung in das Wort mit eingegangen ist, ist nicht anzuzweifeln: nur handelt es sich nicht um eine römische Machenschaft.

Wohl aber ist die Beobachtung wichtig, daß die beiden anderen synoptischen Evangelien – Markus und Lukas – diese positive Antwort Jesu auf das Messiasbekenntnis des Petrus noch nicht kennen. Dadurch bekommt das Ereignis von Caesarea Philippi bei ihnen eine andere inhaltliche Bedeutung. Kaum hat Petrus ausgesprochen, was er von Jesus hält, da fährt Jesus ihn und die anderen Jünger an, »macht ihnen Vorwürfe«, bedroht sie, wie er sonst nur Dämonen bedroht (Mt 17,18), und gebietet ihnen völliges Verstummen; sie sollen unter keinen Umständen und zu niemandem περὶ αὐτοῦ, über ihn reden. Die Exegeten sehen darin ein Beispiel für eine theologisch-literarische Darstellungsform vor allem des Markus-Evangelisten, der die Offenbarung Jesu als des Christus hinauszögern will bis nach Ostern: Erst da ist Jesus ganz offenbar als Messias zu erkennen, vorher soll darüber Stillschweigen bewahrt werden. Aber Lukas, der eine solche Darstellungsform von einem »Messiasgeheimnis« nicht kennt, berichtet vom drohenden und Schweigen gebietenden Jesus ganz genau so (Lk 9,21), und darum genügt uns eine Erklärung von der »Theorie« des »Messiasgeheimnisses« aus nicht; hier wird von einem Sachverhalt erzählt. E. Schweizer gibt in seinem Markuskommentar unserer Stelle den Titel: »Das Mißverständnis des Petrus«,[7] und meint damit: Jesu Jünger haben zu früh Jesus als Messias bekannt, »zu früh« – nämlich noch vor dem Leiden und Sterben und Erwecktwerden Jesu (und ohne das kann ein Christusbekenntnis nur Ausdruck eines ganz falschen Messianismus sein: eines Messias ohne Leiden und Kreuz). Aber diese Deutung bleibt im Rahmen des »Messiasgeheimnisses«. Was mag aber ein Evangelist wie Lukas mit dieser heftigen Abwehrreaktion Jesu verbunden haben? Nehmen wir es grundsätzlich: Jesus will überhaupt nicht, daß »über ihn« geredet wird, und schon gar nicht, daß er fixiert und gebannt wird in irgendeine der geläufigen Hoffnungsfiguren. Er will nicht systematisiert werden, weder durch die Hoffnungen des Volkes, noch durch Bekenntnisse seiner Anhänger. Gegen jede Art von Titelei setzt er einen exorzistischen Zorn, der gewiß nicht aus Bescheidenheit resultiert. Wir spüren darin etwas, was wir nur dem 2. Gebot am Sinai vergleichen können: »Du sollst dir kein Bildnis noch Gleichnis machen . . .« (Ex 20,4) – von Gott nicht, aber vom Ebenbild und Sohn Gottes eben auch nicht.

So stoßen wir hier wieder auf die Struktur einer gewollten Offenheit, ja: auf das Gebot eines willentlichen Offenhaltens der Benennung Jesu, die u. E. Folgen verlangt für das Verständnis, die Anlage und Durchführung einer Christologie.

7. E. Schweizer, Das Evangelium nach Markus, NTD 1 (1967), 93.

Wir fassen zusammen.

1. Die biblische Grundform der christologischen Frage, die wir für unsere Arbeit gelten lassen wollen, ist sowohl eine Frage, die an Jesus, wie eine, die von ihm gestellt wird. Indem wir in Bezug auf Jesus die christologische Frage aufwerfen, müssen wir wissen und wollen das akzeptieren, daß wir zu solchen gehören, die Jesus nach sich selbst fragt und denen er doch verwehrt, ihn systematisch zu fixieren. Wenn man selbst gefragt ist, kann man nicht mehr einfach »historisch« oder »dogmatisch« antworten, d. h. nicht in letzter kategorialer Verantwortung vor geschichtlich oder dogmatisch gegebenen Normen. Dies gilt genauso für das Bekenntnis der Kirche wie für die in jeder theologischen Arbeit selbstverständlich auch mitlaufende Nötigung eines eigenen Sich-Bekennens. Die Geschichte von Caesarea Philippi zeigt, daß Jesus selbst gerade auch Bekenntnis und Bekennen fraglich macht – jedenfalls zu jener Zeit und an jenem Ort. Daraus ist nicht abzuleiten, daß wir zu unserer Zeit und an unseren Orten uns Jesus gegenüber unter gleichen Bedingungen befänden. Wohl aber lehrt uns die Erzählung, mit der Raum-Zeitlichkeit auch unseres Fragens und Gefragtseins von vornherein zu rechnen und den Anspruch allgemeiner Wahrheit – und wäre es auch nur der einer *kirchlich* allgemeinen Wahrheit – zu relativieren. Auch die Christusfrage – mit ihr die Christologie – hat ihre Zeit. Für uns wichtig ist freilich an diesen beiden Fragesituationen – der des Johannes und der des Jesus in Caesarea Philippi –, daß sie beide an den Brennpunkten des biblischen Wirklichkeitsverständnisses geortet sind, von denen wir in Teil I gesprochen haben: genau dort, wo Israel aktuell ist inmitten der Völker. Johannes repräsentiert mit seiner Frage an Jesus die Aktualität der Messiasfrage in Israel und seiner Welt der Bibel; Jesus wirft die Frage nach sich selbst nicht zufällig an der Grenze zwischen Juden und Heiden auf, dort wo Erez Israel ans alte Land Kanaan grenzt. Wir haben das Wichtige dieser biblischen Ontologie für uns heute, d. h. für die Aufgabe, eine Christologie des Juden Jesus zu versuchen, erörtert. Es ist unsere Wahl und Entscheidung, bedingt von dem Gesamtziel unserer Arbeit, diese beiden Messiasfragen von Mt 11 und Mt 16 auch systematisch als »Rahmenbedingungen« für unser Verständnis von Christologie zu setzen, und wir verstehen darunter zunächst nur: Wache für eine möglichst große Offenheit des Fragens zu halten, – Scheu vor festen Titeln Jesu zu pflegen, den neutestamentlichen wie denen der Dogmatik; freilich hat das zur methodischen Konsequenz auch Offenheit vor den canones des christologischen Dogma und dem Fragenkanon der dogmatischen Christologien.

2. Da wir die christologische Frage auch als eine Frage Jesu nach sich selbst auffassen, steht sie unter eigenen Erkenntnisbedingungen. In der Christologie, die das beachten möchte, kann Jesus nicht einfach Objekt einer Erkennt-

nis und darum auch nicht dem Gesetz der Objektivität menschlichen Erkennens unterworfen sein. Christologische Erkenntnis wird darum immer etwas haben von einer Teilnahme an Jesus, der nach sich selbst fragt. Wir wagen den Gedanken, daß wir in Christologie dem sich selbst fraglichen Jesus mit unseren Antworten beistehen wollen. Das macht ihn selbst zum Subjekt der Christologie, und die Art, wie wir »über ihn« sprechen, sollte doch etwas von dieser Beistandspflicht spüren lassen, in die wir dadurch genommen sind, daß Jesus uns für würdig und kompetent hält, ihm selbst Auskunft zu geben auf die Frage nach sich selbst.

Diese sehr stark personalisierende Überlegung setzt naturgemäß ein bestimmtes christologisches Jesus-Verständnis schon voraus: Jesus lebt, mit ihm auch wir. Der Gegenstand der Christologie ist kein toter Gegenstand, sondern lebendiges, uns berührendes und forderndes Dasein. Etwas von den Turbulenzen unbegriffenen Zusammenlebens, auf das ein Alles-auf-den-Begriff-bringen-Wollen auch zerstörend wirken kann, gehört wohl dazu. Ein Schmerz bei der Beschäftigung mit der dogmatischen Tradition ist der Ersatz des Kommunikativen durch das Begriffliche im Sprechen von Jesus. Vom kommunikativen Anspruch an das christologische Denken wußte Dogmatik immer dort, wo Sprache und Satzbildung der Theologie als Mittel des Lobpreises Gottes »doxologisch« verstanden wurden, wo letztlich selbst rein thetische Aussageformen als Fragen an Gott und als Gesänge zu seiner Rühmung gemeint waren und wo diese Meinung auch zu erkennen gegeben wurde und den Denk- und Sprechstil wenigstens auflockerte. Auch in der Theologie – und gerade in der Christologie – soll für uns gelten: Das Evangelium lebt mitten im Gesetz auf – die freie Personbeziehung Jesu zu uns und der unseren zu Jesus, also auch inmitten des »strengen« Geschäfts der Theologie.

3. Freilich zeigen uns unsere Rahmentexte auch die Vermittlungsstruktur der Zwischenträger. Die Jünger des Johannes wie die Jesu eilen hin und her zwischen Frager und Befragten. Völlig direkt verkehren sie doch miteinander nicht. Das Wort der schon ein wenig mehr als wir Verstehenden und Wissenden, der dem Johannes und der Jesus Nahen, bringt uns ja erst zusammen. Was sie »gehört und gesehen« haben, prägt den genauen Wortlaut der Fragen sowohl als der Antworten (sofern wir das Offenhalten der Fragen als die »Antwort« akzeptieren, um die es offenbar geht). Insofern kann keine Christologie frei von der Kirche sein, und Kirche ist der Raum, wo die felsigen Antworten überliefert werden, die nichts offenlassen. Um so mehr besteht die Aufgabe, die felsigen Antworten des kirchlichen Dogmas (Du »bist« Christus, der Sohn des lebendigen Gottes: Mt 16,16) immer wieder so ins Rollen zu bringen, daß die von der Kirche durch ihre lebendige Schriftauslegung neben dem Dogma ja auch überlieferten offenen Fragen wieder zu Gehör kommen, auf die die Felsenworte einmal Antwort waren. Keiner Dogmatik können die Antworten der Tradition ohne ihre Fragen dienen, und wir meinen, den Antworten zu dienen, wenn wir sie fraglich werden lassen: in dem Sinne, daß wir sie in die Fragen wieder aufzulösen versuchen, aus denen sie gewonnen sind. Das Petrus-»Bekenntnis« soll uns wieder umwittert erscheinen von den Johannes-redivivus- und Elia- und Jeremia- und Propheten - Hoffnungen Israels: und ihren möglichen Analogien auch in unseren Nöten und Hoffnungen. Antworten ohne Fragen erbringen Orthodoxie, - Fragen mit offenen Antworten helfen glauben, lieben und hoffen. Jesus-selbst hat sich in den Fluchtpunkt dieser Fragen gestellt und preist darum Petrus nicht etwa selig, weil er das Dogma begründet und tradiert, sondern weil er sagen kann, was kein »Fleisch und Blut« zu sagen weiß, was nur sein Vater in den Himmeln geben kann, und: weil er dies zu Jesus sagt, in Du-Form. Nicht »Dieser ist« Christus, sondern »Du bist« Christus - darin erfüllt sich Christologie.

§ 6 Thema und Aufgaben der Christologie

VORSÄTZE *Die großen Lehrüberlieferungen der Christologie haben von Jesus mit heidnischen, nicht biblischen Denkformen gesprochen; darin praktizierten die Kirchen ein Stück Weltmission. Fraglich daran ist, daß mit den antiken Begriffen von »Logos« und »Natur« zwar von der Person Jesu, aber nur ungenügend auch von seinem Wirken für uns geredet werden konnte – wenngleich z.B. in der Zeit des ökologischen Bewußtseins die Aussagen von geeinten göttlichen und menschlichen »Naturen« Jesu bisher ungeahnte ethische Erinnerungen erwecken könnten. Heidnische Denkformen verdrängen nicht nur biblische, sondern mit der biblischen Ontologie auch die Erkenntnis, daß unser Heil von den Juden kommt. Darum verstehen wir unsere Aufgabe dahin, Christologie als Lehre von der Gemeinschaft Gottes mit der um Israel versammelten Menschheit zu entwickeln. Nur in dieser ontologischen Ordnung läßt sich auslegen, was in Anwendung auf Jesus »vere Deus« und »vere homo«: »wahr Mensch und wahrer Gott« heißen kann.*

Nachdem wir uns nun einen biblischen und damit weiten und freien Bewegungsraum geschaffen haben zum Verständnis des christologischen Fragens und der an Jesus zu richtenden und von Jesus an uns gerichteten christologischen Frage – Was dünket euch um Christus? –, ist jetzt nach dem systematischen Ansatz zu suchen für die Entwicklung einer Antwort auf diese Fragen.

Historisch gesehen, hat der Gang der christologischen Gedankenentwicklung der Kirche im Laufe der Jahrhunderte immer tiefer in Denkvoraussetzungen und Denkinteressen hineingeführt, die auf *heidnischem* Boden gewachsen sind.

Zum Beispiel hat schon die Ausbildung einer Logos-Christologie im 2. Jahrhundert die Welt der Bibel schnell hinter sich gelassen. Wenn dort die Bedeutung Jesu von Nazareth mit dem Ausdruck »Wort Gottes« oder »Sohn Gottes« ausgesagt wurde, dann stand das zuerst deutlich und eindeutig im engen Zusammenhang mit dem schöpferischen Sprechen Gottes, von dem uns die Hebräische Bibel erzählt. Die berühmten ersten Worte des Johannes-Evangeliums: »Im Anfang war das Wort, und das Wort war bei Gott, und Gott war das Wort«, spielen bewußt an auf die ersten Aussagen der Hebräischen Bibel, die ebenfalls mit der Formel »Im Anfang« beginnen und dann Schlag auf Schlag von einem »Und Gott sprach ... und Gott sprach ... und

Gott sprach ...« erzählen. Das bereschit (das »im Anfang« von Gen 1,1) und das ἐν ἀρχῇ (das »im Anfang« von Joh 1,1) sind parallel zueinander gesetzt worden. Das Uranfängliche wird beide Male darin gesehen, daß Gott spricht: das Uranfängliche der Schöpfung von Welt und Mensch und das Uranfängliche des Lebens Jesu; die Schöpfung, wir alle, und Jesus haben tiefsten Grund in einem Sprechen Gottes. Davar – also ein Wort, das zugleich Handlung ist, nicht bloß verbales Gerede, sondern wirksames Tätigkeits-Wort – ist in der Hebräischen Bibel *das* Medium, in dem Gott sich den Menschen und aller Kreatur vermittelt. Die Führungen der Geschichte Israels gelten dort nicht etwa als Wirkungen einer sprachlosen Vorsehung, eines unartikulierten, eventuell gar magisch wirkenden Geschickes, sondern als Wirkungen des sprechenden Gottes. Er leitet die Geschichte des jüdischen Volkes inmitten aller anderen Völker durch immer neues Sprechen, und außer Sprechen hat Gott keine anderen Mittel, um in die Naturzusammenhänge und in die weltgeschichtlichen Zusammenhänge einzugreifen. Er spricht in Träumen zu Menschen; er läßt Menschen seine Engel, die reine Wortwesen sind, begegnen; er beruft Führer – Richter, Könige, Priester – und läßt sie seiner Weisungen innewerden; vor allem begleitet er die politische und soziale Geschichte des jüdischen Volkes durch Propheten, die Israel gegenüber nicht einfach das zu vertreten haben, was sie zu einer bestimmten Lage oder Entscheidungsfrage persönlich denken, sondern das, wovon sie in festgeprägter Formel sagen müssen: ko amar adonai, »so spricht der Herr«: und je nachdem, wie Könige und Priester, Besitzende oder auch das ganze Volk auf das menschlich vermittelte Wort Gottes reagieren, entwickelt sich ihr weltliches Geschick, die Führung und Vorsehung ihres Daseins. Genauso regiert Gott nach der Hebräischen Bibel auch die Völker. Sie haben das jüdische Volk in ihrer Mitte, das dauernd von Gottes Reden begleitet wird; und je nachdem, wie sie ihre Beziehung zu diesem Volk ordnen, ordnen sie zugleich damit ihre Beziehung zu dem zu Israel redenden Wort Gottes.

So kommt es dazu, daß dieses Volk, das Gott mit seinem permanenten Reden, mit Zuspruch und Anspruch begleitet, zugleich zum leibhaften Repräsentanten des Wortes Gottes in der Völkerwelt wird. Für das biblische Wortverständnis ist gerade dies sehr charakteristisch. »Wort« ist hier nicht nur eine »geistige Realität«, es hat eine permanente Tendenz auf Verleiblichung, und das macht seinen besonderen Gehalt aus. Die Adressaten des Wortes Gottes werden in der Bibel sofort mit Haut und Haaren zu Repräsentanten dieses Wortes anderen gegenüber, die Hörer des Wortes zu seinen Weitersagern und zu seinen Tätern. Wir spüren, daß in einem solchen Verhältnis im Grunde ein christologischer Tatbestand angesprochen ist; und wenn wir in Joh 1,14 hören, daß das Wort, das im Anfang bei Gott war, Fleisch geworden ist, dann ist das strukturell kaum etwas Außergewöhnliches in der Welt der Bibel, sondern nur ein konkreter, aktueller Fall dessen, was in der Hebräischen Bibel überall Davar, das Tätigkeits-Wort Gottes, wirkt. Wort Gottes ist es gerade darin, daß es von Menschen beantwortet wird, d. h. daß Menschen es hören, in sich aufnehmen und sich davon bewegen lassen mit der Gesamtheit ihrer inneren und äußeren Kräfte, in ihrem Empfinden, Denken und Handeln.

Ohne solche menschliche Antwort ist ein Wort gar nicht im Ernst Wort Gottes. Was Gott sagt, geschieht. Geschieht nichts, – bleibt ein Wort Gottes ohne Ja und Nein von Menschen im Vagen hängen, überwindet es uns nicht von innen heraus, – verpflichtet es uns nicht oder auch: reizt es uns nicht zu Widerspruch und Rebellion, – bleibt es nur eine offene Möglichkeit: dann ist es eben nicht ein wirkliches, nämlich wirkendes Wort, und schon gar nicht Wort »Gottes«. Denn ein Wesen, eine Macht, die nicht zum Ziele kommt, mag gewaltig, mächtig und wunderbar sein, wie sie will – sie ist nicht Macht »Gottes«. Wenn Gott nur eine Intention, eine Absicht, eine Idee bleibt ohne Wirkung in der Welt, ist er jedenfalls nicht der biblische Gott. Denn der ist nie nur Verheißung, – zu ihm gehört Erfüllung. Wenn Jesus im Johannesevangelium fleischgewordenes Wort Gottes genannt wird, wird damit wohl auch eine Aussage über ihn gemacht, vor allem aber darüber, daß Gottes Wort wirklich Gottes Wort ist, also im Gesamtleben dieses Menschen sich erfüllendes Wort; und Jesus ist also nicht nur Exponent einer Gottesmöglichkeit, sondern: eine Gotteswirklichkeit. Wir werden später auf die Wege der Verleiblichung des Davar in der Hebräischen Bibel noch einmal ausführlicher zu sprechen kommen (vgl. unten § 7,5). Hier dient uns diese Betrachtung nur dazu, einen biblischen Hintergrund aufzuzeigen, von dem sich nun die so ganz andere Welt einer Wort-Christologie seit dem 2. Jahrhundert abzeichnete.

Einer der bedeutendsten Dogmengeschichtler des Protestantismus, Adolf von Harnack, wiederholt öfter in der kurzen Lehrbuch-Fassung seiner Dogmengeschichte, daß die christliche Lehrentwicklung im ersten oder dritten Jahrhundert »des Bestehens heidenchristlicher Gemeinden« geschehen ist.[1] Die Abstoßung eines Judenchristentums und damit des Judentums und eine permanente Verchristianisierung des Alten Testaments gehören für ihn zu den stärksten Antrieben bei der Entwicklung des christlichen Dogmas und auch der Christologie, denen Harnack damit also dezidiert antijüdische Wurzeln zuspricht.[2]

1. A. Harnack, Dogmengeschichte, Tübingen [5]1914, 36.
2. Vgl. jedoch dazu den glatten Gegensatz in der These D. Flussers: »Die Grundlagen der Christologie sind insgesamt jüdisch und nicht hellenistisch. Doch konnte sich die Christologie in der nichtjüdischen Umgebung freier entwickeln, weil sie nicht durch ›reservationes mentales‹ an das Judentum gebunden war« (Thesen zur Entstehung des Christentums aus dem Judentum), in: Bemerkungen, 98. – Ferner: Der jüdische Ursprung der Christologie, 54ff.

Das gilt z. B. auch für ein nichtbiblisches Verständnis des Logos, des Wortes Gottes. Auf dem heidnischen Boden des alten griechischen Philosophierens und auch der späteren hellenistischen Religionen gab es ebenfalls ein starkes Interesse am Wortwesen der Wirklichkeit. »Wort« war hier ganz Verschiedenes, – bei den Stoikern z. B. die ewige Vernunft, die den Kosmos durchwirkt, – oder dasjenige Medium, mit dessen Hilfe sich Menschen, kraft des auch ihnen eingeborenen logischen Wesens, objektiv orientieren können über die Sinnhaftigkeit oder Gesetzlichkeit oder Vernünftigkeit alles Wirklichen. Aber auch für andere heidnische Verständnisse war eine Doppelsinnigkeit von Wort sehr wichtig: Es galt einerseits als göttliche, in Gott selbst lebendige ewige Daseinskraft, andererseits als etwas uns Menschen Eingeborenes, also als ein Medium, das die Entfernung von Transzendenz und Immanenz überbrückt.[3] Vor allem galt es als *Erkenntnis*mittel. Das heidnisch Höchste, Göttliche war Erkennen, Verstehen, Einsicht über die Dinge und in sie gewinnen. Gott hat Einsicht in alle Dinge, »er sieht durch«; wir streben nach Gott, weil auch wir nach Durchsicht streben. Das ist, wie wir spüren, etwas anderes als das biblische Tätigkeits-Wort, das geprochen, gehört, getan wird, mit seiner Tendenz auf Verleiblichung und weltliche Verwirklichung. Das heidnische Wort ist wesentlich »geistige Realität«,[4] nicht weltbewegende Kraft.

Die christlichen Theologen vom zweiten Jahrhundert an haben nun die biblische Wortbedeutung Jesu je länger, je mehr in diesem heidnischen Sinne gedeutet – eine Folge ihres zunehmenden Abstands von der Hebräischen Bibel. Jesus wurde dadurch wesentlich göttliches und vernünftiges Wesen, und das Heil, das man in ihm suchte, war Erkenntnis, Gnosis, nicht Befreiung von den weltgeschichtlichen Zwangsmächten Sünde, Tod und Teufel. Daseinserklärung trat als Heilsinhalt an die Stelle der urchristlichen subversiven Weltveränderung und der jüdischen Reich-Gottes-Hoffnung.

Diese Entwicklung war Ausdruck eines tiefgreifenden Assimilationsprozesses der Kirche, die die Daseins- und Denkformen der Bibel mehr und mehr verließ und in die Welt des Heidentums einwanderte. Sie tat dies nicht in der Absicht eines Verrats an der Bibel, sondern in besten Treuen als theologische Konsequenz ihrer Weltmission, mit der der auferweckte Jesus sie beauftragt hatte. Sie meinte: die Durchdringung der Welt mit dem Evangelium müsse auch geistige Konsequenzen im Denken und Sprechen der Kirche haben – durchaus verständlich und pragmatisch einsichtig, denn jede christliche Generation muß die Sprache ihrer Zeit zu sprechen versuchen. Und wenn die Heils-

3. Vgl. R. Bultmann, Das Urchristentum im Rahmen der antiken Religionen, Zürich 1949, bes. 151ff.

4. Vgl. das für die frühe dialektische Theologie, aber auch für M. Buber bahnbrechende Werk von Ferd. Ebner, Das Wort und die geistigen Realitäten, Wien ²1952.

bedürfnisse einer Generation aufs Geistige statt aufs Sinnliche, auf Erkenntnis und Meditation statt aufs Politische gerichtet sind, dann müssen Kirche und Theologie schon sehr bibelfest und ideologiekritisch scharf sein, wenn sie der Forderung: Das Christentum muß allgemein *verständlich* gemacht werden, widerstehen wollen.[5] Wir sind heute dabei, die Résistance-Kräfte wieder zu entdecken, die in der biblischen Form des Christentums enthalten sind, – werden uns aber keine Illusionen darüber machen, daß die überall zu beobachtenden ökumenischen Heimkehrversuche von der Dogmatik zu einer Biblischen Theologie auch ihre eigenen gesellschaftlichen Bedingungen haben: Eben im biblischen Daseinsverständnis suchen wir Kräfte der Résistance gegen den Lauf unserer Zeit und unserer Dinge heute, in der Form einer dialektischen Angleichung an unsere Lage, – aber nicht, um an sie anzuknüpfen, sondern um ihr widersprechen zu können; doch Anknüpfung und Widerspruch sind immer nur zwei Seiten derselben Medaille. Über diese Dialektik werden wir auch mit noch so guter neuer Biblischer Theologie nicht hinauskommen – es wäre denn: wir verleiblichten »das Wort, das gesprochen wird«, und folgten dem ernsthaft nach, der als das fleischgewordene (nicht als geistgewordenes) Wort in beiden Bibelteilen verkündigt wird.

Mit dem Hinweis auf den Gang einer Logos–, einer Wort-Gottes-Christologie in der Dogmengeschichte haben wir nur beispielsweise sagen wollen, warum uns ein unmittelbarer Anschluß unserer Christologie an die überlieferte schwierig scheint. Dies verstärkt sich noch, wenn man daran denkt, daß ja auch die an die Logos-Christologie anschließende *Naturen-Christologie* zur kirchlichen Denkregel, d. h. zum Dogma, geworden ist: Jesus Christus gilt da als Gottmensch, der zwei Naturen, d. h. zwei im Prinzip einander ausschließende Daseinsstrukturen und Ursprungsverhältnisse in sich vereinigt: die »Natur« Gottes und die »Natur« des Menschen, einen gleichzeitigen Ursprung aus Gott und aus einer Menschenmutter, – mit der Folge, daß ihm entweder (wie bei den Reformierten) ein *gleichzeitiges* Dasein im Himmel und auf Erden oder (wie bei dem größeren Teil der kirchlichen Tradition) ein vorzeitliches, präexistentes Dasein in himmlischer Natur, ein zeitliches und sterbliches Dasein in menschlicher Natur und ein postexistentes Dasein in irdisch-himmlisch geeinter Natur zugedacht wird. Schon unsere Reformatoren haben dieses Ausdenken von göttlichen und menschlichen Naturen als unnötige Spekulation zurückgewiesen: Die Geheimnisse Gottes sind dazu da, an-

5. Vgl. A. Gilg, Weg und Bedeutung der altkirchlichen Christologie, München 1955, bes. 22f.: »Alle Welt spricht vom Logos. Der Begriff liegt sozusagen in der Luft. Und er ist sicher ein seltsam schillernder, ein ordentlich komplexer Begriff ... Der Logosbegriff repräsentiert den geistig-religiösen Synkretismus in nuce.«

gebetet, aber nicht begrifflich definiert zu werden[6] (das meint: »Spekulation«). So denken auch Juden, wenn sie sich zu solchen Fragen (und damit immerhin zum *Kern* christlicher Theologie) auf Dtn 29,29 berufen: »Das Verborgene ist des Ewigen, unseres Gottes, das Offenbare ist unser und unserer Kinder, daß wir *tun* alle Worte dieser Lehre«; also: »Offenbarung« leitet uns zum Tun an; dagegen bleibe das verborgene Wesen Gottes ihm als seinem uns unerschwinglichen Geheimnis überlassen. Wir werden noch darauf zu sprechen kommen, warum gerade Heidenchristen diese jüdische (und humanistische) Regel bei aller Sympathie doch nicht befolgen können.

Kritisch betrachten wir am alten Zwei-Naturen-Denken viel weniger die Natur-Kategorie als vielmehr die Tatsache, daß in diesem christologischen Denkprojekt zwar das Verhältnis von Gott und Mensch in Jesus ausgesagt wird, daß aber daran das ganze Interesse auch hängen bleibt und die soziale Beziehung zu uns anderen Menschen – für unsere Augen jedenfalls – zu stark abgeblendet scheint. Es gibt hier eine Protestentscheidung unserer Reformatoren, hinter die wir u. E. nicht mehr zurückkommen, nämlich: Christologie soll sich nicht beschränken auf eine Lehre von der Person Jesu Christi – also nicht auf sein gottmenschliches Sein und das Bedenken von dessen Modalitäten –, sondern in sie hinein gehört auch die Lehre vom Werk Christi, von dem, was er für die Menschheit *getan* hat und tut. Und zwar – so ist die christologische Entwicklung nach der Reformationszeit weitergegangen – sollen die Lehren von der Person und dem Werk Christi gleichzeitig miteinander entwickelt werden und nicht in zwei aufeinanderfolgenden Schritten: a. De persona Christi, b. De munera Christi (so finden wir es in vielen Dogmatiken auch der protestantischen Orthodoxie des 17. Jahrhunderts wieder abgehandelt). Aber Person und Werk sind nicht auseinanderzureißen. Was ein Mensch wesentlich ist, erkennen wir nur aus dem, was er tut. Diese Allgemeinformel: Der Mensch ist, was er tut, oder jedenfalls: Der Mensch ist von außen erkennbar nur aus seinen Handlungen, ist natürlich ein sehr moderner Gedanke und besitzt in dieser Form eine anti-bürgerliche Spitze; denn eine Unterscheidung von Person und Arbeit, zwischen dem Menschen »als Menschen« und dem Menschen als Arbeiter oder Kapitalist, oder Frau und Mann, Akademiker oder Nicht-Akademiker, also eine Unterscheidung zwischen dem Menschen und seinen gesellschaftlichen Rollen gehört zur Ideologie der bürgerlichen Aufklärung: Menschsein geht nicht auf in den gesellschaftlichen Bezügen. Eine Aufhebung einer solchen Trennung von Person und Werk, Mensch und gesellschaftlicher Bedeutung gehört geschichtlich zu den Fortschrittszielen des

6. Ph. Melanchthon, Loci communes seu Hypotyposes theologicae 1521: Mysteria divinitatis rectius adoraverimus quam vestigaverimus.

Sozialismus. Darum ist es u. E. kein Zufall, daß gerade in der Christologie des Sozialisten Karl Barth erstmals nach langer Zeit wieder konsequent die getrennte Abhandlung der Lehre von einer Person und einem Werk Christi überwunden worden ist. Die Person Jesu wird hier christologisch nur als Täter seines Werkes beschrieben, so daß von Anfang an die Beziehung Jesus-Gott und die Beziehung Jesus-und-die-Menschen gleichwertig und gleichzeitig beschrieben wird. Barths Christologie beginnt in KD IV I mit einer Auslegung des Satzes, der in dem hebräischen Verheißungs-Namen Immanuel enthalten ist (Jes 7,14): »Gott mit uns«: das ist das Thema der Christologie – und also nicht nur: »Gott mit Jesus«. Andererseits sollte Christologie nicht in Soteriologie, d. h. in der Lehre von seinem Befreiungshandeln an den Menschen aufgehen: als dürfe man die Person hinter ihrem Werk und hinter ihrer gesellschaftlichen Rolle ruhig vergessen. In der bürgerlichen Unterscheidung von Mensch und gesellschaftlicher Leistung ist auch ein unverlierbarer Gewinn an Humanität enthalten. Der Mensch ist nicht *gleich* seinem Werk. Er bleibt als Täter seines Werks diesem auch gegenüber. Und ein Für-sich-sein-Wollen – ein einmal auch nur Ich-sein-Wollen, ohne dauernd abgeschätzt zu werden auf das, was ich leiste und »einbringe« in die Gesellschaft – gehört zum menschlichen Leben dazu, darf darum nicht als Raub der Privatheit am Allgemeinwohl kritisiert und bekämpft werden.

Für Gott und sein Werk und für Jesus und sein Wirken geht es aber in diesem Zusammenhang um noch ganz anderes. Denn was bringt Gott in die Welt und was schenkt Jesus der Menschheit anderes: als sich selbst? Das ist jedenfalls Kern und Spitze der christlichen Verkündigung. Heil im christlichen Verstand des Wortes ist Geschenk einer Gemeinschaft, die es vorher noch nicht gab: der Person-Gemeinschaft von Mensch und Gott und der Heiden mit einem Juden, Jesus. Mit dieser Person-Gemeinschaft ist uns »alles geschenkt« (Röm 8,32): Was man sonst noch spezifisch christlich als uns von Gott verheißenes und geschenktes Heil nennen will – z. B. Sündenvergebung, Befreiung von der Macht des Todes und damit von allen anderen Versklavermächten, Liebeserfahrung und Liebesfähigkeit, Freiheitswillen und Freiheitsbejahung, freies Gewissen, Überwindung alles Zwiespalts, aller Neigungen dazu, Selbstherrscher und mir mein eigener Gott zu sein –, das alles sind keine in sich und für sich bestehenden Werte; dies sind alles nur Auswirkungen des einen, einzigen Geschenks: daß Gott uns Jesus schenkt und mit ihm sich selbst zur Stiftung einer Lebensgemeinschaft. Alle sog. christlichen Heils»güter« sind nur Erfahrungsaspekte aus dem Zusammenhang dieser Lebensgemeinschaft: ohne sie sind sie verlorene, vage Ideen, Hypostasen unserer ungestillten Bedürfnisse, Projektionen von etwas, was sein könnte, sein sollte und müßte, aber nicht *Gaben*: die ja immer nur etwas Wirkliches, nicht etwas Erwünschtes sein können. Das biblische Heil ist die Aufhebung der menschlichen Einsamkeit im unendlichen Kosmos und der Verlorenheit des Menschen im Gewimmel der Masse Mensch durch Stiftung von Gottes- und Menschheitsgemeinschaft. Darum kommt es in einer christlichen Soteriologie, Befreiungslehre, so sehr auf die Feier des Subjekts an, auf das Sprechen nicht nur von den guten Gaben und Werten, die Gott uns gibt und vermittelt, sondern von dem Geber der Gaben, der selbst die Gabe ist. Also kann es christlich keine Befreiungslehre geben, die nicht zugleich Christologie wäre. In der Christologie sind Werk und Person untrennbar voneinander.

Nun ist aber die alte Zwei-Naturen-Christologie, um auf sie zurückzukommen, keineswegs so beziehungslos zur Soteriologie gewesen und gar nicht so metaphysisch-abgehoben von den geschichtlichen Menschen, wie es die Kritik der Dogmengeschichtler lange behauptet hat.[7] Wir bekommen heute z.B.. wieder einen Sinn für Natur und das Natürliche – auch wenn wir im Zeitalter der Naturwissenschaften Natur anders sehen und vielfach damit auch anderes meinen als die antiken Theologen. Dennoch: »Natur« war auch damals ein Ausdruck für das greifbar und umfassend Wirkliche im Sinne eines Naturbegriffs, den wir gerade in den Naturwissenschaften heute noch ähnlich angewendet sehen: Natur ist uns umgebende, uns bestimmende und auch uns selbst vielfach erklärende objektive Wirklichkeit. Naturwesen sind wir als Menschen aber auch selbst; vielfach wurde ja versucht, mit unserer körperlichen auch unsere seelische und geistige Seite eben naturwissenschaftlich zu erklären: durchaus mit Erfolg. Viele Grunderfahrungen des Menschseins hängen mit unserer Natürlichkeit zusammen, im Guten wie im Schlechten. Befreiung unterdrückter Natürlichkeit, z. B. im Sexuellen, in seelischen Gebärden und Verhaltensweisen, gilt in Zeiten von Emanzipation und Befreiung oft als ein gesellschaftliches Hauptziel. An der gesellschaftlichen Abtötung unserer Sinne leiden wir. Und die wichtigsten gesellschaftlichen Kämpfe heute – die ums Überleben der Gattung Mensch und um die Rettung des ökologischen Haushalts – sind Kämpfe um Natur. Das antike Naturendenken exponierte in der Auslegung des Jesusgeschehens zugleich Leiden an der Begrenztheit unserer Natur, z. B. an unserer Sterblichkeit, an Krankheit, Sklavenunterdrückung des Leibes und Tod, wie auch Hoffnung auf eine befreite Natur. »Menschliche« Natur war die uns nur zu bekannte erlittene, – »göttliche« Natur aber die von allen Fesseln des erfahrenen menschlichen Elends freie Natur. Das größte Heilsgut konnte für antike Christen darum die todesfreie, unsterbliche göttliche Natur sein, sie war höchste Utopie; heute können wir das Hungerleiden ermessen, das der Gattung Mensch damals gerade eine andere,

7. Vgl. A. Gilgs Zurückweisung herrschender dogmengeschichtlicher Urteile: aaO. 80ff.

neue Natur als Utopie abpreßte. Wir sind da völlig anders dran als die bürgerlichen Theologen vom Anfang unseres Jahrhunderts, die das Naturendenken als längst überholte Metaphysik abtaten, weil sie das wahre Leben nur im Geistig-Seelischen und nicht im Natürlichen suchten, – weil sie auch Natur immer noch behandelten als etwas Niedriges, das wir zu unterwerfen, auszubeuten, unter uns zu treten haben, auch im Persönlichen: mit Unterdrückung und Überwindung unserer eigenen niedrigen Natur. Die Antike steht uns heute mit ihrem Leiden an Natur und mit ihrer Utopie von einer neuen Natur offensichtlich näher als die bürgerlich-geistige Fortschritts- und Ausbeuterwelt des 19. und bisherigen 20. Jahrhunderts. Und wir können womöglich ganz gut verstehen, daß für die antiken Christen Naturleiden und Naturhoffnung so schlechthin wichtig waren, daß sie die Geschichte Gottes und Jesu in Naturbegriffen auszudrücken versuchten. Jesu Leiden und Sterben, die Berichte von dem gefolterten hungernden, dürstenden, blutenden und dem sterbenden Leib Jesu: das hat das ganze Elend unserer sterblichen und geschändeten Natur in sich. Zugleich aber begegnet in ihm göttliche, todesfreie, nicht unterdrückte Natur, eine die nicht den Geist und seine Ansprüche und Möglichkeiten als ihren Gegensatz und ewigen Widersacher erdulden muß (wie die Sklaven und Unterschichten, die zur Welt der geistigen Tätigkeiten und Freiheiten keinen Zugang hatten und haben), sondern Natur, für die auch Geist und Seele das befreiend Natürlichste von der Welt sind. Wenn die antiken Christen das höchste Heilsgut in ihrer eigenen θεοποίησις, Vergottung, d. h. in der Verwandlung ihrer sterblichen in eine göttliche, todesfreie, qualfreie Natur erhofften und das in Christus gegeben sahen, dann vermögen wir Heutigen etwas Befreiungstheologisches gerade an der alten Zwei-Naturen-Christologie wieder zu ahnen,[8] – werden gewiß das Bestreben nach »Vergottung«: zu sein oder zu werden wie Gott, als Triumph der Sünde mitten in der Christologie biblisch ablehnen müssen, – aber doch den Gedanken einer befreiten Gottesnatur als ein »sprechendes« und sinnvolles Symbol anerkennen können.

Aus diesen zwei Traditionsbeispielen – der Logos- und der Zwei-Naturen-Christologie – können wir lernen, daß in der Christologie, bei der Frage: Wer ist Jesus Christus für uns heute?, immer die tiefsten Hoffnungen der jeweiligen Generationen ausgedrückt wurden, z.B. eben: Erkenntnis von Logos, von der Vernunft alles Wirklichen gewinnen wollen, – oder Überwinden der sterblichen und gequälten Natur, – zu neuer Natur als einer Form eines neuen Menschseins verwandelt werden. Es ist also nicht nur so, wie Albert Schweitzer in seiner berühmten »Geschichte der Leben-Jesu-Forschung« gezeigt hat, daß in der modernen Erforschung des sog. *historischen* Jesus immer mehr die

8. Vgl. noch einmal die vorzüglichen Überlegungen A. Gilgs ebd.

Phantasien der jeweiligen Wissenschaftler die Überhand gewannen über gesicherte historische Daten. Beim *dogmatischen* Christus war dies genauso, und zwar mit theologischem Recht, weil eben Christologie von Soteriologie nicht zu trennen ist und weil niemand unbetroffen und uninteressiert von Christus lehren kann. Womöglich wirkt in den problematischen Ergebnissen der historischen Leben-Jesu-Forschung viel mehr dogmatische Tradition nach, als den jeweiligen theologischen Historikern bewußt oder lieb ist. Wie auch immer – eine Regel: Von Jesus können wir nur sagen, was er uns bedeutet, ist theologisch unvermeidlich.

Die Gefahr wildester Projektionen unkontrollierter Bedürfnisse ist dabei offen zu erkennen und zuzugeben. Gegen Karl Marx' These, daß alles, was wir von Gott in Christo sagen, nur Projektion unverstandener und falsch behandelter Nöte sei, läßt sich schwerlich etwas einwenden; das einzige Mittel dagegen, Jesus nicht in unseren Phantasien und Hoffnungen untergehen zu lassen, ja, ihn ganz zum Produkt unserer Phantasie zu machen, besteht darin, die ganze Bedürfnisstruktur von Heilshoffnungen, projizierten Heilsgütern und Wertschätzungen einzubringen in die Gabe der Gemeinschaft, die Gott uns in Jesus schenkt. Die *konkrete* Gemeinschaft mit einem Anderen, mit Gott, mit Jesus, relativiert und beschneidet unsere Heilsphantasien, und der Mensch mit religiösen Erlösungsutopien (aber natürlich auch der mit religiösen Angst- und Strafphantasien) muß auch die Gebilde seiner Seele und seines Herzens, seines Gehirns, seiner politischen Forderungen und gesellschaftlichen Leidenschaften einbringen in *diese* Gemeinschaft, um dann zu sehen, was daraus wird. Das Heil jedenfalls, das die Kirche zu verkündigen hat, ist konzentriert auf die Proklamation der in Jesus der Menschheit geschenkten Gemeinschaft. Darum kann es christlich nur eine Befreiungslehre geben, die Christologie ist.

Für unser Verständnis von den Aufgaben einer Christologie ist es also wichtig, *Christologie in einer ersten systematischen Definition als Lehre von der Gemeinschaftsbeziehung Gottes mit der Menschheit zu bestimmen.*

Wenn wir Menschheit sagen, müssen wir hier nun aber die fundamentale Differenz der biblischen Ontologie respektieren, die wir im ersten Teil entwickelt haben. Die eine Menschheit gibt es biblisch nur in der Gestalt der Existenz Israels inmitten der Völker, also in dem Unterschied, aber auch in der spezifischen Art des Zusammenlebens von Juden und Nicht-Juden unter dem Himmel vor Gott. Unsere christologische Grundbestimmung – Christologie sei Lehre von der Gemeinschaftsbeziehung Gottes mit der Menschheit – ist ja, wenn wir das in biblischen Worten sagen wollen, schlicht: Lehre von dem einen Bunde Gottes in Gestalt der vielen mit Israel und anderen Geschöpfen Gottes geschlossenen Bünde. Das heißt: Nach unserem Verständnis ist Christologie Bundestheologie oder, differenzierter: *Bündetheologie.* Wenn in ihr Jesus verstanden wird als der, in dem Gott Menschheitsgemeinschaft stiftet, ist dies in der Differenz der verschiedenen Bünde auszulegen, vor allem des einerseits mit dem jüdischen Volk und des andererseits mit den anderen Völkern geschlossenen Bundes. (Wir erinnern uns dazu vorerst nur der allgemein bekannten Ausdrücke Altes und Neues »Testament«, was ja alter und neuer »Bund« heißt, – bemerken nur gleich dazu, daß diese klassische Beschränkung auf nur zwei Bünde eine biblisch unzulässige Verkürzung im Dienst eines christlichen Vorurteils ist, das sich mit den Ausdrücken »alt« und »neu« zu erkennen gibt. Für uns ist jetzt nur wichtig, daß wir mit diesen – fragwürdigen – Ausdrücken, die uns mit jeder unserer vorfindlichen zweiteiligen Bibeln auf den Tisch gelegt werden, eine Erinnerung daran bewahren, daß die Zeugnisse vom christlichen Heil uns unter dem Stichwort des Bundes, ja mehrerer Bünde überliefert und bewußt gehalten werden: wie auslegungsbedürftig auch immer.)

Freilich ist die in Gestalt einer Christologie entwickelte Bundestheologie vorerst nur eine bestimmte Nuance des Bundestheologischen, die uns z. B. von Juden unterscheiden muß. In unserer Grundbestimmung der Christologie als Lehre von der Gemeinschaftsstiftung Gottes werden Juden gewiß etwas ihrer Erfahrung und ihrem Selbstverständnis Wichtiges erkennen können. Nur wird es ihnen fremd bleiben, Gottes Bundesgemeinschaft mit der Menschheit nun gerade christologisch begründet und ausgeführt zu sehen. Ihr Gemeinschaftsverhältnis mit Gott besteht nicht durch und in Jesus von Nazareth, und es muß ihnen absonderlich vorkommen, eine vollendete und umfassende Gott-Mensch-Gemeinschaft gerade in diesem einen Menschen aus Nazareth verwirklicht zu sehen. Sie haben ihren Bundesgrund bei ihrer Befreiung aus ägyptischer Sklaverei am Schilfmeer mitbekommen, besiegelt am Sinai, als sie dem Mose die Hand gaben auf die Tora, die er vom Wüstenberge mit herunterbrachte. Allerdings kannten sie neben diesem Bund immer auch von ihrem Gott geschlossene andere Bünde: vor allem Gottes Menschheitsbund mit dem aus der Sintflut geretteten Noah und seinen Archegenossen, aber auch den mit Abraham geschlossenen Bund, der nicht nur mit einem Volk, sondern mit vielen Völkern der Zukunft geschlossen worden war. Die mit Jesus von Nazareth entstehende Gemeinschaftsbeziehung Gottes mit einigen Juden und vielen Nichtjuden aus allen Völkern können Juden bestenfalls in der Fluchtlinie dieser vielen Völkerbünde sehen, aber nicht als den großen, fundamentalen Grundakt einer Gemeinschaftsstiftung zwischen Gott und der Menschheit, von dem wir in der Christologie sprechen wollen. Wir müssen uns also klarmachen: Wenn wir Christologie als Lehre von der Gemeinschaftsstiftung Gottes mit der Menschheit verstehen, können wir das zunächst nur auf die nichtjüdische Menschheit anwenden, also Christologie nur als eine theologische Lehre für Judenchristen und Nichtjuden betrachten.

Natürlich können wir uns aber damit nicht begnügen. Sprechen wir von Gottesgemeinschaft, dann müssen wir, wenn wir nicht die Bibel hinter uns lassen wollen, auch von Israel sprechen. Und erst recht müssen wir von Israel sprechen, wenn wir von der Menschheit sprechen. Es gehört zu den Fehlleistungen der überlieferten kirchlichen Christologie, daß sie wohl Christus für die Menschheit dachte (z. B. wenn sie ihn als vere homo, wahren menschlichen Menschen schlechthin bestimmte), daß sie aber die Juden in der Menschheit untergehen und in ihrer Eigenart als Repräsentanten und Zeugen Gottes vor der Menschheit verschwinden ließ. Damit wurde die Menschheit des vere Deus beraubt, – die Christologie bestimmte Gott ohne seine Israel-Bindung und begann damit ihren verhängnisvollen Lauf ins Heidnische; sie bemühte sich zwar, »Göttliches« an Jesus zu benennen – Sündlosigkeit, Allmacht (in den Zeichen seiner Heilungs- und Naturwunder), überlegene Vollmacht und Vergebungskraft –, aber versäumte zugleich, das vere Deus in seiner geschichtlichen Gebundenheit zu bestimmen. Bei beiden christologischen Formeln – dem vere homo und dem vere deus – hat ja das »vere« einen *kritischen*, nicht einen emphatischen Sinn. Vere homo meint nicht: Jesus war tatsächlich ein richtiger Mensch wie du und ich, obwohl er doch »eigentlich« etwas anderes, nämlich Gott war; und vere deus heißt nicht: Jesus war tatsächlich auch richtig Gott, obwohl er doch »eigentlich« nur ein Mensch war. Vielmehr ist kritisch gemeint: Jesus war der schlechthin menschliche Mensch; *anders als wir* erfüllte er die Verheißung vollendeter Humanität und lebte als Mensch, wie Gott ihn geschaffen hat. Und so meint »wahrer« Gott kritisch: *Anders als andere Götter*, anders auch als unsere Darstellungen, Begriffe und Ideale von dem, was ein Gott und das Göttliche sein müßten, war Jesus Gott, wie Gott selbst und von sich aus sein wollte, also ein sich erniedrigender, ohnmächtiger Gott, ein Gott nicht im Himmel über uns thronend, sondern mitten unter uns, Gemeinschaft suchend und pflegend in der Welt, – und vor allem Gott nicht als »Gott«: als das Absolute, – höchstes Gut, – ewiges Sein, – letzter Grund aller Dinge, – das Umfassende, – das Unbedingte – sondern als jüdischer Mensch. Diese kritische Spitze des vere Deus läßt sich mit irgendwelchen allgemeinen Gottesvorstellungen überhaupt nicht fassen. Gott in Personalidentität mit einem konkreten historischen Menschen kann man nur verständlich machen aus der Gottesverkündigung Israels, wo es zwar nie bis zu einer Personal*identität* von Gott und Mensch gekommen ist, aber zu einer Personal*union*, – zu einer unzerstörbaren Selbstbindung Gottes an eine historisch-konkrete Menschengemeinschaft in ihrer ganzen Relativität. Das vere Deus der kirchlichen Christologie besitzt geschichtliche Rationalität allein im

Zusammenhang mit der Abartigkeit des Gottes Israels im Vergleich mit allen Göttern und aller allgemeinen Göttlichkeit. Wo Christologie dieses Band kappt, verfällt die Bestimmung des vere Deus an heidnische Allmachts-, Herrschafts-, nationale und sonstige Überlegenheitsmythologien. Heute stehen wir u. E. vor der Aufgabe einer Rückbindung der Christologie an die zwischen Gott und Israel bestehende Gottesgemeinschaft, um von dorther den kritischen und nicht-mythologischen Sinn des vere Deus – vere homo neu zu gewinnen: nicht*heidnische* Aussagemöglichkeiten für die in Jesus von Nazareth gestiftete Welt- und Menschheitsgemeinschaft Gottes.

Diese Aufgabe stellt aber mehr als geistesgeschichtliche Anforderungen an unsere Christologie. In der Gottesgemeinschaft mit Israel geht es ja nicht einfach um ein Geistes- und Religionsband, sondern um eine »theopolitische« Einheit,[9] d. h. eine Einheit von Gottesbeziehung, Volk, nationaler Geschichte und Staat, will sagen: Dies Volk ist nur um Gottes willen geschaffen worden, und Gott hat sich selbst nach biblischem Zeugnis an die Gesamtgeschichte dieses Volkes gebunden und nicht nur an die jüdische Religion. Wir werden im nächsten Paragraphen darüber als über einen wahrhaft christologischen Tatbestand näher sprechen. Diese Bindungsform, in der Gott und Mensch umfassend aneinander gebunden sind, nötigt uns dazu, in das Nachdenken eine Christologie dieses Volkes in seiner Besonderheit mit einzuschließen. Zu nahe steht die von der Hebräischen Bibel bezeugte theopolitische Einheit des Gottesbundes mit Israel der Gott-Mensch-Einheit, von der die kirchliche Christologie im Nachdenken über Jesus und sein Wirken redet, als daß die Christologie nicht von der Einungserfahrung des Israelbundes her zu entwikkeln, diese dann umgekehrt aber auch vom Erkenntnisgewinn der Christoiogie her christlich neu zu verstehen wäre. So sehr wir also zunächst Christologie nur als eine »Lehre für Judenchristen und Nichtjuden« betrachten müssen, so sehr ist es unvermeidlich, in die Themenstellung der Christologie auch so etwas wie eine »Christologie Israels« aufzunehmen, und ebenso, an eine Bedeutung Jesu für die Juden wie für Judenchristen und Nichtjuden zu denken.

Wir müssen nun noch eine weitere systematische Grundfrage aufwerfen, nämlich: Sollten wir nicht heutzutage besser eine *Jesu*logie, eine Lehre von Jesus, als eine *Christologie*, eine Lehre von Jesus Christus, entwickeln: Verlangt das nicht z. B. die wissenschaftliche Redlichkeit, in der man zwar die Probleme des historischen Jesus in wissenschaftlichen Fragestellungen allgemein kommunizieren kann, aber nicht den Glauben an Jesus, der ja in jeder Chri-

9. Zum Begriff vgl. F.-W. Marquardt, Martin Bubers Gedanken von der Theopolitik, in: H.G. Geyer ua. (Hg.), »Wenn nicht jetzt, wann dann?«. Aufsätze für Hans-Joachim Kraus zum 65. Geburtstag, Neukirchen 1983, 197ff.

stologie vorausgesetzt wird? Wäre nicht eine Beschränkung auf Leben und Lehre Jesu von Nazareth vor seinem Tod und mit seinem Tod auch menschlich redlicher als eine Christologie, die ja traditionell die Bedeutung Jesu über die Grenzen des allgemein Menschlichen hinaushebt (z. B. von seiner Auferstehung und Himmelfahrt spricht, von seinem Sitzen zur Rechten Gottes, von seinem Sein aus Gott und in Gott, seinem ewigen Richteramt und seiner Zukunft bis in alle Ewigkeit)? Ehrlicher christlicher Glaube hat es heute – jedenfalls in unserem Kulturkreis – genauso schwer mit einem Jesus-Verständnis, das diese Grenzen des Menschlichen übersteigt, wie die nicht an Christus glaubende übrige Menschheit; jedenfalls macht es unserem Nachdenken keine geringere Mühe, das kirchliche Traditionsbild von Jesus zu verstehen, als irgendeinem beliebigen Nichtchristen. .

Nun wird natürlich letztlich kein Christ ohne eine Form von Grenzüberschreitung auskommen; denn irgendwie müssen wir ja uns und anderen erklären können, warum uns unter Milliarden Menschen der bisherigen Menschheit gerade dieser Eine so wichtig ist, daß wir an ihm hängen in einer für uns persönlich lebenentscheidenden Form. Inwiefern Jesus von Nazareth uns unbedingt angeht – »unbedingt« heißt: in einer durch nichts bedingten Selbstverständlichkeit unseres eigenen Lebens –, darüber denken wir ja doch nach, und es drängt uns, das auch ausdrücken zu können: Es ist ja gleichbedeutend mit der Frage, warum ich Christ bin. Und irgendwie komme ich dabei über kurz oder lang auf das Wort, mit dem die Menschheit bisher das letztlich für alle Wichtigste bezeichnete: »Gott«. Die Bedeutung, die Jesus für viele Menschen hat, kann mit psychologischen und soziologischen, politischen und kulturellen Motiven erläutert werden – wer es aber ernst mit seiner eigenen Jesus-Anhänglichkeit meint, weiß, daß solche Motive keine letztlich befriedigenden Gründe dafür sind, die existentielle Bedeutung Jesu zu erklären – jedenfalls dann nicht, wenn ich auch mich selbst nicht genügend erklärt finde durch die Summe aller einzelnen Komponenten, die auf mich einwirken und mich prägen: Elternhaus, Schule, Generationenlage und Gesellschaftsform, in der ich lebe, biologische Triebkomponenten, die gerade mich prägen usw. Ich weiß wohl, wenn ich stark über mich nachdenke, wie sehr ich ein zusammengesetztes Wesen bin, Ensemble einer Unzahl von erkennbaren und verborgen bleibenden Determinanten. Aber irgendwann stoße ich auch auf die Erkenntnis, daß das alles doch nicht ich selbst bin, so wie ich mich verstehe, wie ich sein möchte oder wie ich nach meinem eigenen Lebensplan sein muß. Mich selbst herausarbeiten aus den Komponenten, – aus einer Marionette von Bedingtheiten, aus einem zappelnden Bündel von ererbten und eingebläuten Traditionen ein Ich werden, das sich selbst bejahen kann, das nicht aus fremden, aufgenötigten Erfahrungen lebt, sondern eigene Erfahrungen *macht* – das ist erst das, worin ich den Grund meiner selbst finde. Wer sich aber als Christ versteht, wird sich niemals damit zufrieden geben, Jesus nur in den Traditionen und Komponenten, unter den Fremdbestimmungen des eigenen Lebens angesiedelt zu sehen. Für wen Jesus nur eine Traditionsbeziehung ist, ist noch nicht Christ. Für den Christen gehört Jesus an den Grund der eigenen Existenz, mit auf die Ebene der Selbstbestimmung und des freien Ich, das sich bejahen lernt. Und hier eben ist der Punkt, wo ich mehr als bloß einen historischen Jesus, mehr als einen Jesus der Vergangenheit brauche, der nur durch Tradition Gegenwart bekommt. Als Christ will ich von einem mich – selbst berührenden Jesus sprechen können, muß darum auch an einen die Grenzen seiner historischen Humanität überschreitenden Jesus denken können. Und das erweckt die Frage: ob und inwiefern man von dem vergangenen Jesus wirkende Gegenwart, eine heutige und überlegene Wirklichkeit aussagen kann; und zwar »überlegen«: den Grenzen seiner eigenen Historizität, – vor allem aber auch dem ganzen Ensemble von Determinationen und Traditionen, durch die er mich zwar als Überlieferungsgut und Erziehungsgut anrühren kann, das ich aber letztlich doch nicht als Grund meiner selbst anerkennen kann. Jesus muß eine Grundwirklichkeit sein können, und für diese Grundwirklichkeit hat die Menschheit eben das Wort »Gott« vorbehalten. So muß in irgendeiner Form Jesus mit dem, was das Wort »Gott« meint, zusammengebracht werden, wenn ich mir selbst als Christ auf den Grund kommen will. Und das ist der Punkt, wo eine denkbare Jesulogie unvermeidlich zu dem wird, was traditionell in der Christologie durchdacht und besprochen wird.

Dennoch kommt es darauf an, daß Jesus von Nazareth der einzige Gegenstand der Christologie bleibt. Um dies auch sprachlich immer in Erinnerung zu behalten, haben wir uns entschlossen, in dieser Christologie nicht den alten Bekenntnis- und Traditionsnamen »Jesus Christus« zu gebrauchen, sondern möglichst nur von Jesus oder Jesus von Nazareth zu sprechen; damit möchten wir den *Juden* Jesus in den Mittelpunkt rücken. Dies scheint geboten angesichts der Tatsache, daß Jesus in der Christologie zu lange zu selbstverständlich vom »ewigen Sohn Gottes«, der zweiten Person der Trinität her, gesehen wurde. Heute erklären viele Christen unseres Kulturkreises, mit diesem Gotteswesen Jesus nichts mehr anfangen zu können. Theologen werden sie dafür nicht tadeln, zumal sie selbst schon lange nicht mehr das Selbstverständliche an der Vorstellung von einem im jenseitigen Gott selbst wesenden Sohn Gottes erschwingen können. Ich gehöre nicht zu denen, die daraus folgern, daß auf diese »Vorstellung« in Zukunft zu verzichten sei. Es ist wahr: Uns fehlt heute die Voraussetzung der metaphysischen Daseinssicht, für die der Gedanke selbstverständlich war, daß im ewigen Sein Gottes gegenständliches Leben ist, – daß Gott sich selbst gegenübertreten, sich selbst begegnen, sich mit sich selbst beraten und besprechen kann (als ewiger »Vater« mit einem ewigen »Sohn«) und daß er, wenn er einmal aus sich selbst heraustritt, um sich uns Menschen zuzuwenden, dann »im Sohn« sich zu uns hinneigt und mit uns verkehrt. Diese Vorstellung vom in sich selbst personal gegliederten und kommunikativen Sein Gottes war in antiken Religionen, aber auch in der Philosophie der alten Zeit ganz gewöhnlich. Sie half u. a. das logische Problem zu beantworten, wie das ewige transzendente Sein, dessen wesentliches Kennzeichen z. B. für Aristoteles Unbeweglichkeit und Unveränderlichkeit sein mußte (im Gegensatz zu den vergänglichen, weil ständig wechselnden Bewegtheiten des irdischen Seienden), dennoch uns bewegen, berühren, an-gehen könne. Hierauf antwortete man wie selbstverständlich mit dem Gedanken, daß Gott aus sich heraustreten kann, ohne damit an seiner Göttlichkeit etwas zu verlieren.

Er hatte in sich selbst das Medium seiner Selbstvermittlung an die Welt. Dies Medium trug viele Namen, konnte »Sohn« heißen oder ewige »Weisheit« oder ewiges »Wort«; aber es war eigentlich das logische Problem der Selbstvermittlung des Seins an das Seiende, Gottes an die Welt, das damit ausgesagt werden sollte; und das Problem entstand, weil »Sein« oder »Gott« nach antikem Wirklichkeitsverständnis in absoluter Transzendenz gedacht werden mußten, als beständiger und nicht wankender Grund alles Daseins. Als das Christentum im 2. Jahrhundert die Welt der Bibel verließ, benutzte es die allergewöhnlichsten Fragestellungen und Vorstellungen seiner Zeit, um so von der überragenden Bedeutung Jesu zu sprechen. Dies ging deswegen besonders gut, weil in den Jesus-Schriften, aber auch schon in der Hebräischen Bibel sprachlich passende, ja gleichlautende Begriffe vorlagen. Jesus wurde ja im Neuen Testament auch »Sohn Gottes«, »Wort Gottes«, »Weisheit Gottes« genannt; was lag näher, als diese biblischen Ausdrücke mit den selbstverständlichen Inhalten und Fragestellungen der antiken Welt zu verknüpfen und zu identifizieren?

Daß die gleichen Begriffe in der Vorstellungswelt der Metaphysik und der Bibel etwas anderes bedeuten sollten, darum kämpften die antiken Theologen, indem sie unermüdlich klarzumachen versuchten: Der »ewige Sohn« Gottes, von dessen Existenz jeder antike Gebildete überzeugt war, ist identisch geworden mit Jesus von Nazareth, mit diesem irdischen, konkreten Menschen. Das war ein für die alte Welt unerschwinglicher und anstößiger Gedanke. Um ihn als das spezifisch Christliche festzuhalten, bekam das Kreuz Jesu eine besondere Betonung; ein gekreuzigtes »ewiges« Wort – diese Verkündigung war unterscheidend genug. Wie wenig die Theologen sich damit damals an den Geist der Antike ausliefern wollten, zeigt der Mut, mit dem sie behaupteten: Das, was alle Welt als Medium der Selbstvermittlung des ewigen Seins an die Welt kennt, das ist jetzt nirgendwo anders zu finden als im gekreuzigten und begrabenen Jesus von Nazareth, – er ist das Wort Gottes, – in ihm begegnet Gott, nirgendwo anders. Das ist ein exklusives Urteil und dient der Herausstellung des spezifisch Christlichen auf dem Hintergrund einer Assimilation an das Allgemeingültige der Zeit.

Allerdings ist es im Laufe der Entwicklung doch auch dazu gekommen, daß das assimilierende Motiv stärker wurde als das spezifizierende. Der große Theologe Origines z. B. hat die Auferstehung Jesu aus dem Tode ausgelegt als ein Geschehen, in dem der irdische Jesus von Nazareth alle bis zu seinem Tode wirksamen Kennzeichen konkreter Humanität, sein geschichtliches Einzelmenschentum, die schmerzenden Wunden seines gefolterten Leibes, seine Gottverlassenheit verloren hat und von Gott verwandelt wurde in das ewige Geistwesen des jenseitigen »Sohnes Gottes«, so daß hier eine Christologie entstand, die das Leben Jesu von Nazareth eigentlich nur als Übergangsperiode in der Geschichte des ewigen Gottwesens verstehen konnte und die Auferstehung als göttliche Rücknahme der konkreten Menschlichkeit Jesu. Bis heute hat das im orthodoxen Christentum des Ostens handfeste politische Konsequenzen, z. B. in der Frage des Verhältnisses der dortigen Kirchen zu Israel. Unser europäisches Argument: Jesus, der Jude, bindet uns in besonderer Weise an das jüdische Volk und seine Geschichte, lehnen sie als Häresie des abendländischen Christentums ab; selbst wenn es vor 2000 Jahren einmal eine Bedeutung des Jüdischen an Jesus gegeben haben sollte (was sie heilsgeschichtlich gar nicht bezweifeln), so sind durch die Aufhebung Jesu aus dem Tode ins ewige Gottesleben alle diese irdisch-weltlichen Kennzeichen und Bedeutungen nun ausgelöscht worden und gehen uns nichts mehr an. Der Heilige Geist weht ja nach östlicher Theologentradition nicht vom Sohn, nicht von Jesus zu uns her, sondern als direkte Gotteskraft vom ewigen Vater, die keiner geschichtlichen Vermittlung bedarf. Das abendländische filioque, d. h. das Dogma, daß Gottes Geist nicht nur vom Vater, sondern auch vom Sohne ausgehe und also nur Jesusgebunden, Jesus-auslegend wirke, trennt die Kirchen bis heute. Hier haben wir eine Christologie, für die Jesus nicht bleibend wichtig ist und sein Menschsein verschlungen worden ist vom Sieg des göttlichen Geistwesens über ihn. – So wenig es im ökumenischen Zeitalter opportun ist, dogmatische Unterschiede zwischen den christlichen Kirchen zu betonen – in der Frage der Bedeutung der geschichtlich-konkreten, also der jüdischen Menschlichkeit Jesu muß nach unserem Verständnis das alte Schisma der östlichen und westlichen Kirchen von uns aus aufrechterhalten bleiben. Wohl haben wir allen Grund, von unseren östlich-orthodoxen Geschwistern neu ihr Naturendenken zu lernen, an dem sie – anders als wir Abendländer – durch anderthalb Jahrtausende festgehalten haben. Aber ihnen gegenüber müssen wir darauf beharren, Jesus auch nach seiner Auferweckung Jesus bleiben zu lassen und ihr Konzept einer ϑεοποίησις, einer Vergottung, welche *Überwindung* der menschlichen Natur statt ihrer Heilung und Erneuerung bedeutet, als biblisch ungenügend abzulehnen. Im Gegensatz zu dieser orthodoxen Tendenz entscheiden wir uns dazu, daß es in jeder Perspektive der Christologie um den armen Juden Jesus von Nazareth geht: in bleibender Identität seines Lebens. Was ihn betrifft, kann der Himmel nicht zum Konkurrenzort für Nazareth und Kapernaum, zu Jerusalem und Golgatha werden.

Vielleicht ist es gut, nun im voraus die systematischen Aufgaben der Christologie, wie wir sie verstehen, in möglichst einfacher, alltagssprachlicher Form zu nennen.

Erstens. In einer Christologie sollen wir zu erkennen und auszusagen versuchen, was in Jesus von Nazareth Gott für die Menschen bedeutet, nämlich: Er verwirklicht »wahres« Menschsein.

Zweitens. In einer Christologie sollen wir zu erkennen und auszusagen versuchen, was in Jesus von Nazareth die Menschen für Gott bedeuten, nämlich: Er hat für immer gültig sein »wahres« Gottsein offenbart.

Drittens. In einer Christologie sollen wir zu erkennen und auszusagen versuchen, daß um dieser Bedeutungen willen Gott und Jesus auf ewig einander treu bleiben wollen, nämlich: Niemand kann Gott und Jesus mehr voneinander trennen.

Diese drei Sätze verstehen wir als systematische Sätze, d. h. sie geben Erkenntnisziele der folgenden Bemühungen an, nicht Erkenntniswege, die diese gliedern wollen.

Unser Ziel ist, *a.* Christologie und Soteriologie aneinander zu binden; darum fragen wir, was Gott in Jesus »für die Menschen« bedeutet.

b. Indem wir christologisch nach einer »Bedeutung« Gottes in Jesus für die Menschen fragen, streben wir an, in der Christologie das mitauszusagen, was uns und unsere Hoffnungen dieser Teil der Dogmatik angeht, also ein objektivierendes, von uns absehendes Sprechen so weit wie möglich zu vermeiden.

c. Wir suchen eine Erkenntnis dessen, was Gott in Jesus für die Menschen bedeutet »hat«, nicht um Christologie an Vergangenheit zu heften, sondern um der biblischen Verkündigung zu entsprechen, die uns die Jesus-Geschichte als perfekte, keine zwischen Gott und Mensch spielenden Wünsche mehr offenlassende Geschichte erzählt.

d. Die Betonung des »wahren« Menschseins und »wahren« Gottseins ist im Sinne des oben Ausgeführten kritisch zu verstehen, aber diese Kritik ist nicht »heilsgeschichtlich« gemeint: Jesus-Neuigkeiten aus dem »Neuen« gegenüber dem sog. »Alten« Testament, sondern anti-heidnisch im Sinne einer jüdisch-christlichen Abwehrfront gegen Mythologien.

e. Die Gott-Jesus-Einheit soll von vornherein bündnistheologisch gedacht werden: also als unkündbare Treue- und Untrennbarkeitsgemeinschaft zwischen beiden.

§ 7 Israel als »formale Christologie« (christologische Kategorienbildung)

VORSÄTZE *»Kündlich groß ist das gottselige Geheimnis: Gott ist offenbart im Fleisch« (1 Tim 3,16).*

Darum muß Theologie, die ihr Denken diesem Glaubensbekenntnis zur Verfügung stellt, bereit zu öffentlicher Verantwortung ihres Denkens sein. Sie macht sich öffentlich angreifbar, indem sie die Klageinstanzen (Kategorien) nennt, denen sie sich verantwortlich weiß, bei denen man also auch ihre Logik und innere Konsequenz einklagen kann.

Der Ort, an dem die Offenbarung Gottes im Fleisch »kündlich groß« geworden ist, ist die biblisch bezeugte und vom Judentum bis heute gelebte Geschichte Israels. So ist die Frage, ob und wie das christliche Bekenntnis zu Jesus, dem Juden, biblisch-jüdisch gedacht werden kann, die kategorische Frage schlechthin für eine diesem Bekenntnis entsprechende Christologie.

Die Hebräische Bibel und die jüdische Tradition sprechen von der Berufung des jüdischen Volkes und seiner Propheten, Könige und Priester in theologischen Formen, die Hans Urs von Balthasar dazu berechtigen, von Israel als »formaler Christologie« zu sprechen. In biblischen Erzählungen, Lobpreisungen und Lehren, die den Bund zwischen Gott und Israel feiern, gibt es in solcher Fülle und theologischen Konsistenz Phänomene und Assoziationen zu Fragestellungen, die wir aus der christologischen Grundaufgabe kennen, das »Gott war in Christus« (2 Kor 5,19) auszulegen, daß es systematisch geboten scheint, sie als »Elementarteilchen« für eine der Öffentlichkeit des Alten Testaments verantwortliche Christologie, also: als deren Kategorien zu gebrauchen.

Berechtigt und verpflichtet sind wir dazu, weil die Rückbeziehungen der Verkündigung der Jesus-Schriften auf die Hebräische Bibel und die von ihr bezeugte Geschichte fundamental sind. Das Neue Testament selbst macht das Alte zur öffentlichen Berufungsinstanz für den Sinn und die Berechtigung seiner Verkündigung, indem es Jesus von Nazareth »Messias« nennt, sein Wirken »erfüllend«: wie Wiederholungen der Wege und des Berufs Israels.

Jesus heißt »Sohn Gottes«: wie Israel – in gleicher innerer Bindung Gottes an beide, beider an Gott; in gleicher Verpflichtung des Sohnes, als Knecht Gottes unter den Menschen des eigenen Volks

und aller Völker zu wirken; im gleichen Geschichtssinn der toledot gezeugt, geboren und öffentlich bei Namen gerufen.
Gott ist »in Jesus«, wie er zugleich in Israels Mitte »wohnt« und »zeltet«: Immanuel – Gott mit uns. Und er ist inmitten Israels in eben der Dabeiseinsweise gegenwärtig, wie er es gleichzeitig in Jesus »war«: gegenwärtig wie im Himmel, also auch auf Erden.
Gott und Jesus fügen sich so zusammen wie Gott und Israel: In seinem Wort greift Gott nach beider Leib und läßt Israel in der Ganzheit von Leib, Seele und Geist als sein »Zeichen« inmitten der Völker leben, wie er Jesus in seiner Ganzheit von Leib, Seele und Geist leben läßt als sein »Wort« an alle.
»Formal« ist eine Christologie Israels nur insofern zu nennen, als die Sprache, in der die Hebräische Bibel vom Bund Gottes mit Israel spricht, das Wort ist, das Jesus zum Element der Zuwendung Gottes zu allen Menschen macht. Jesus ist nicht allein schlicht Jesus, sondern Jesus in die biblische Bezeugung der Wirklichkeit des jüdischen Volkes gefaßt und so mit Gottes Wort verbunden.

Unsere nächste Aufgabe besteht darin, Kategorien zu bilden für unsere Christologie.

1. Kategorien sind Klageinstanzen, bei denen man im öffentlichen Gespräch die innere Logik und Sachlichkeit eines Gedankenganges einklagen kann, um so die Gedankenbildung vor Willkür und subjektiver Verwilderung zu bewahren und sie allgemein einsichtig zu machen.

Als philosophischer terminus technicus ist der Begriff »Kategorie« relativ neu und erst seit dem 18.Jahrhundert geläufig; er bezeichnet die Begriffsform oder Denkform oder Anschauungsform eines Gedankens.

Die ἀγορά ist sowohl die Bürgerversammlung als auch der Ort, an dem sie zusammentritt: also der Marktplatz. Dies bringt in unseren Begriff den Gedanken vollster Öffentlichkeit ein. Wenn wir also in unserer Christologie einen eigenen Paragraphen der Entwicklung von Kategorien vorbehalten, entscheiden wir uns für Öffentlichkeit als ein Medium unserer Bemühung um ein christliches Verständnis Jesu von Nazareth.

Das war nicht immer so. Die erste systematische Zusammenfassung der evangelischen Lehre – Philipp Melanchthons »Loci communes« von 1521 – enthält schon in der Einleitung die sehr rigide Überzeugung, daß bestimmte Gegenstände des christlichen Glaubens nicht in den öffentlichen Disput, sondern in die lobpreisende Anbetung der Gemeinde gehören, nicht in die Theologie, sondern in den Gottesdienst: Mysteria divinitatis rectius adoraverimus quam vestigaverimus, die Geheimnisse der Gottheit beten wir lieber an, als daß wir sie auskundschaften.[1] Zu solchen Gottesgeheimnissen zählte Melanchthon neben der Lehre von Gott (de deo), von der Einheit Gottes (de unitate), von der Trinität Gottes (de trinitate), von dem Geheimnis der Schöpfung (de mysterio creationis) auch: de modo incarnationis, über die Art und Weise der Fleischwerdung des ewigen Wortes, und über eius naturas, über seine Naturen, also das, worum es in der Christologie geht. Im Hintergrund dieser theologischen Zurückhaltung stand die altkirchliche Arkandisziplin, d. h. die Sitte, die letzten, tiefsten Aussagen des christlichen Glaubens geheimzuhalten und nicht an die Öffentlichkeit preiszugeben. Das weist in die Zeiten der Christenverfolgung zurück, aber auch auf Einflüsse von antiken Mysterienreligionen, die sich als Geheimbünde von Eingeweihten verstanden. Tiefer Sinn der Arkandisziplin bestand aber auch darin, daß man die Heilssubstanz nicht philosophisch zerreden lassen wollte und den gottesdienstlichen Lobpreis als die im Grunde einzig angemessene Sprachform zur Aussage des Heilsgeheimnisses verstand, weil man sich da nicht über Gott, sondern *zu* Gott äußerte. Natürlich wurde im Laufe der Zeit die Arkandisziplin auch zu einem Trennungsmittel zwischen einem Klerus der Eingeweihten und einem ungebildeten Kirchenvolk und spiegelte so auch eine feudale Hierarchie wider. Noch bei uns klafft die Differenz zwischen den Theologen, die »theologisch« denken gelernt haben in einem spezifisch akademisch-gebildeten Sinn, und den Laien, die theologisch nur spontan und begrifflich unzünftig denken (wenn sie es überhaupt wollen und können).[2] In seinem Streit mit dem Humanisten Erasmus von Rotterdam über den freien oder unfreien Willen hat Martin Luther auf gezielter Öffentlichkeit der Diskussion bestanden, während Erasmus fürchtete, eine öffentliche Bestreitung eines freien Willens könne das Volk sittlich und religiös nur lähmen mit verhängnisvollen Folgen für den Zustand der gesamten Gesellschaft;[3] Luther dagegen fürchtete nicht den revolutionären Rumor, den ein scharf ausgelegtes Evangelium anstiften kann.[4] Aus ganz anderen Gründen hat Dietrich Bonhoeffer im Tegeler Zuchthaus über eine Erneuerung der Arkandisziplin nachgedacht: Theologische Diskussionen gehören in den inneren Kreis der Brüder, nach außen hat die Kirche sich ethisch-praktisch und politisch zu äußern. Man soll auch die Perlen des Glaubens nicht vor die Säue werfen: Am Deutschen Christentum hat man gesehen,

1. Melanchthon, Loci. Introductio: christiana cognitio.
2. Zu neueren Fragen um die Arkandisziplin vgl. A. Pangritz, Dietrich Bonhoeffers Forderung einer Arkandisziplin – eine unerledigte Anfrage an Kirche und Theologie, Köln 1988, bes. Kap. V, 315ff.
3. Erasmus, Diatribe seu collatio de arbitrio libero, Ia9–Ia11.
4. M. Luther, WA 18, 620ff.

was auf der Straße aus dem Evangelium werden kann und welche Verfälschungen dem Glauben drohen, wenn er mit gesellschaftlichen Bewegungen vermengt wird.[5]

Zum Problem von Theologie und Öffentlichkeit[6] haben wir also sehr verschiedene Traditionen und Argumente, die u. E. alle ihr Recht haben und zwischen denen man nicht ein für allemal entscheiden kann. Auch in dieser Frage hat alles Ding seine Zeit, und es ist *geistlich* zu erwägen, wie eine Theologie jeweils ihr Verhältnis zur Öffentlichkeit bestimmt. Wenn z. B. heute unsere Fakultäten um ihre Stellung an der Universität bangen und dafür ihrer sog. Wissenschaftlichkeit häufig zwanghaft und fetischhaft huldigen, muß man meist die Dimension des geistlichen Entscheidens vermissen und meint oft mehr einfachen Selbstbehauptungswillen zu spüren, als prophetisches Urteilen über die Situation auf der ἀγορά, in der Bürgerversammlung und auf dem Marktplatz. D. Schellong hat die Geschichte der neuzeitlichen protestantischen Theologie als Verlauf eines großen Anpassungsprozesses an die spezifisch akademische ἀγορά, die Universität, beschrieben[7] – ohne daß sie doch je dem atheistischen Vernunftpostulat der Öffentlichkeit hätte entsprechen können. Von Widerstandskräften aus den Quellen des Gottesgeheimnisses und der Anbetung und existentiellen Ergebung an den Gegenstand der Theologie war da kaum etwas zu spüren.

Umgekehrt wollen wir nun aber eine öffentliche Verantwortung der Christologie bejahen. Da, wo Jesus ihr Gegenstand ist, kann es nach unserem Verständnis nicht anders sein. Wohl hören wir immer wieder in den Evangelien, daß Jesus sich von der Öffentlichkeit zurückzieht: in die Wüste, an Orte des Gebets; und als das Volk ihn einmal, nach der Speisung der 7000, zum König machen wollte, entwich er aus der Öffentlichkeit (Joh 6,15). Aber anders z. B. als Johannes der Täufer, der im Wüstengebiet der Jordansenke stationär wirkte und die Leute zu sich herauskommen ließ, wandte Jesus sich sofort nach seiner Taufe und Berufung in die Städte und Dörfer des galiläischen Landes, wanderte dort mit seiner Botschaft umher, suchte also die Öffentlichkeit auf und führte ein öffentliches Leben. Folgerichtig brachte sein Todesweg ihn auch in die Zentren der Staatsgewalt, und die Kreuzesinschrift »Jesus Nazarenus Rex Judaeorum«, abgefaßt in drei Weltsprachen, diente der Veröffentlichung auch noch seines Todes und der Gründe dafür. Kleiner Jüngerkreis und Volksmasse blieben ständig aufeinander bezogen. Daraus schließen wir, daß

5. A. Pangritz, aaO.
6. K.G. Steck, Kirche und Öffentlichkeit, TEH 76.
7. D. Schellong, Bürgertum und christliche Religion. Anpassungsprobleme der Theologie seit Schleiermacher, München 1975.

eine Christologie, die Bemühung um ein christliches Verständnis dieses Jesus sein will, Öffentlichkeit ihrer Arbeitsverfahren bejahen sollte.

Selbstverständlich kann unser Versuch, Kategorien zu bilden und damit für den Marktplatz diskussionsfähig zu werden, nicht Unterwerfung unter den Allmachtsanspruch einer gottlosen Vernunft bedeuten und einer aus ihr sich entwickelnden Logik. Eben darum versuchen wir, selbst die Maßstäbe aufzubauen, an denen wir uns öffentlich überprüfen zu lassen bereit sind: auch von Nichtglaubenden; ihnen wird angeboten, daß sie der inneren Logik unseres Gedankenweges auch dann folgen können, wenn sie deren kategorialen Voraussetzungen nicht teilen.

Damit kommen wir zu einem zweiten Bedeutungsgehalt des Wortes Kategorie. Das Verb ἀγορεύειν heißt: öffentlich, also in der Bürgerversammlung auf dem Marktplatz reden. κατηγορεῖν heißt: öffentlich Gegenrede halten, also anklagen, opponieren – was zu einem ordentlichen Begriff von Öffentlichkeit dazugehört. ἡ κατηγορία ist dann der Anklagepunkt, um dessentwillen man opponiert. Will sagen: Mit der Bildung von Kategorien für unsere Christologie versuchen wir, einen Instanzenweg auszubauen, an den die sich halten können, die gegen unsere Christologie opponieren wollen. Und so ist überhaupt das Geschäft einer Kategorienbildung eine Einladung zum Gespräch, ein Durchsichtigmachen des eigenen Gedankenganges und seiner inneren Voraussetzungen, damit auch ein Mittel zu einer grundsätzlichen Selbstrelativierung der eigenen Aussagen: Denn ob man den eigenen Voraussetzungen treu bleibt, dafür kann man selten garantieren, aber durch Kategorienbildung öffnet man sich dem Kritiker und räumt ihm im voraus eine Kompetenz ein, mehr noch: seine Zugehörigkeit zum eigenen Gedankengang. Wer Kategorien bekanntgibt, erklärt damit, nicht allein auf dem Wege bleiben zu wollen.

2. In seiner »einsamen Zwiesprache« mit Martin Buber hat der Schweizer Jesuiten-Professor Hans Urs von Balthasar mehrfach den Gedanken geäußert »Israel ist seinem Wesen nach formale Christologie«.[8] Es gäbe im »Alten Bund« »Einübungen der Menschwerdung«, die erkennen lassen, »daß das Wort des Vaters durch die Gestalten des Bundes hindurch heilsökonomisch auf seine endgültige Fleischwerdung zuschreite«, und dies so deutlich, »daß das Judentum eine von Anfang an bestehende und immer klarere Christusförmigkeit aufweist«; der Gang der Geschichte Israels, wie sie von der Hebräischen Bibel bezeugt wird, nehme »für das Volksganze und für die repraesentativen Einzelnen in dessen Schoß immer deutlicher christologische Gestalt

8. H.U. v. Balthasar, Einsame Zwiesprache. Martin Buber und das Christentum, Köln/Olten 1958, 83.

an, indem zwei Wirklichkeiten einander begegnen und immer unauflöslicher ineinander verschmelzen: der Mensch, der seine Existenz auf das in ihm herrschende lebendige und reale Wort stellt, bis zu einem ›Aufgenommenwerden‹ in das Wort, bis zum Zeugnis des Lebens und Blutes – und das Wort Gottes, das immer weniger nur von außen und oben an den Menschen heranspricht, vielmehr die Sprache der ganzen Existenz annimmt, um konkreter, verständlicher, aus größerer Nähe zu reden«.[9] Statt von einer »Christusförmigkeit« des Judentums oder von Israel als »formaler Christologie« kann von Balthasar auch von »Israels christologischer Struktur« sprechen oder davon, daß Israel »zuinnerst messianische Strukturen« habe, »ohne selber der Messias zu sein«.[10] Diese Struktur eigne nicht etwa nur den Worten der Heiligen Schrift als Deuteworten für die Geschichte Israels, sondern »der historischen und gegenwärtigen Existenz seines Volkes«.[11] Sie sei dem jüdischen Phänomen so wesenhaft eigen, »daß die entscheidenden Umrisse des Christlichen sich bereits im Jüdischen abzeichnen, daß infolgedessen das Jüdische, auf sich selber reflektierend, sie in sich entdecken kann«;[12] Israel »müßte, auf sich selbst sich besinnend, das werdende Christliche erkennen«.[13]

Dieser Gedanke ist in letzter Zeit mehrfach zitiert worden, z. B. in Franz Mussners Traktat über die Juden, wo in seiner Fortführung eine Kapitelüberschrift lautet: »Jesus als Israel«.[14] Allerdings ist dort eine fruchtbare Weiterverfolgung des Gedankens nur erst anfänglich skizziert worden. Ist er ernst zu nehmen, kann er ja weitreichende Folgen für eine Christologie bekommen. Wenn nämlich das Judentum »formale Christologie« zu nennen wäre – was müßte das dann für eine Christologie inhaltlich bedeuten? Das ist die Frage, der wir in diesem Paragraphen nachgehen wollen. Allerdings müssen wir dafür zunächst den von Balthasarschen Gedanken kritisch bedenken.

Er stellt ja eine erstaunliche und u. W. noch nicht dagewesene These auf: Christologie wäre demnach nicht allein an Person und Werk Jesu zu gewinnen, an seinem Verhältnis zu Gott und den Menschen, sondern sie besäße ihre Grundlagen bereits im »Alten Bund«. Ja, mehr noch als ihre »Grundlagen«: ihre Form und Struktur. Eine messianische oder christologische Auslegung Jesu von Nazareth stünde danach unter einem Formgesetz oder wenigstens einer Formbestimmung, die nicht aus ihr selbst zu entwickeln wäre, sondern uns vorgegeben wäre in der Hebräischen Bibel.

9. AaO. 28f.
10. AaO. 30.
11. Ebd.
12. AaO. 28.
13. AaO. 83.
14. F. Mußner, Traktat über die Juden, München 1979, 210.

Unter »Altem Bund« versteht von Balthasar die Geschichte Israels in ihrem Gang durch die Zeiten, so daß auch das »Judentum« als Teil dieser Geschichte angesehen werden kann. Er versteht aber auch das jüdische Volk und seine Repräsentanten als formgebende Kräfte für eine Christologie.

Wie kann dies Volk im Gang seiner Geschichte zur Formgebung für christliche Christologie werden? Hierauf antwortet von Balthasar mit dem Ausdruck des »Heilsökonomischen«. Uns scheint dieser Begriff problematisch, weil er in sich eine Entwicklungsidee enthält: Israel und das Judentum entwikkeln sich zunehmend hin auf eine christologische Seinsgemeinschaft von Mensch und Wort Gottes; ihre Zeugniskraft besitzen sie demnach in einem beständigen Transzendieren über sich selbst hinaus:auf Jesus Christus hin. Das heißt aber: Als »formale Christologie« können Israel und das Judentum dann letztlich nur von Christus und dem kirchlichen Glauben her bezeichnet werden. Allerdings ist von Balthasar ernsthaft der Meinung – und darin vertritt er eine *starke* These –, daß eine jüdische Selbstreflexion einem christologischen Sinn der eigenen Existenz auf den Grund kommen müßte und also ohne Christusoffenbarung auf Christologie stoßen könnte. Doch schränkt er diesen kühnen Gedanken ein, indem er dabei, in der entwicklungsgeschichtlichen Denkfigur steckenbleibend, das, was Israel durch Selbstreflexion erkennen muß, »das werdende Christliche« nennt, nicht also eine eigene, ursprüngliche jüdische Potenz, die die Kraft hätte, dem christlichen Jesus-Bekenntnis die notwendige Form aufzuprägen. »Form« heißt bei von Balthasar doch eher eine »Möglichkeit«, die erst von ihrer Verwirklichung im Christus Jesus her ihre Prägekraft empfängt. Damit ist der Gedanke von Israel als »formaler Christologie«, auf die Juden durch Selbstreflexion auch ohne Jesus-Christus-Glauben kommen könnten, leider geschwächt. Er bleibt dennoch ein vorwärtsweisender Entwurf.

Seine Bedeutung sehen wir in folgendem: a. Er bringt zunächst sehr disparate Phänomene der Theologiegeschichte auf einen systematisch anregenden Begriff, indem er die immer neu unternommenen Versuche, Jesus heilsgeschichtlich auszulegen, seine Person und sein Werk also zurückzubeziehen auf die Hebräische Bibel und ihre Gegenstände, als Formwillen für die Christologie bestimmt. Wir werden nachher eine Reihe dieser Phänomene näher betrachten.

b. V. Balthasar behauptet als Systematiker, daß Christologie auf dem Boden des Neuen Testaments nichts Neues und gesamtbiblisch verankert sei. Indem er die Gott-Mensch-Einung als das christologische Zentralthema benennt und dies schon in der Hebräischen Bibel und im Judentum thematisiert sieht, verstellt er der Ableitung der christlichen Christologie aus dem Heidentum und seinen Problemen den Weg. Das, was Christen und Juden geschichtlich bisher am meisten voneinander getrennt hat – eben Christologie –, bekommt die Chance, ein Bindeglied zwischen ihnen zu werden.

c. Seine geistesgeschichtliche Befangenheit (das »werdende Christliche«) und sein »heilsökonomisches« Entwicklungsdenken werden durch von Balthasar selbst überflügelt durch die Aussage, daß er von einer christologischen Struktur des jüdischen »Volksganzen« und nicht nur der historischen, sondern gerade auch »der gegenwärtigen Existenz« dieses Volkes sprechen will. Damit wird neben biblischer Vergangenheit auch jüdischer Gegenwart die Kraft zugesprochen, formgebend für Christologie zu sein.

d. Vor allem wird durch die Ortung der Christologie am jüdischen Volk der Christologie ein historisches statt nur ein geistig-begriffliches Formgesetz mit auf den Weg gegeben und dadurch überhaupt die Dimension der Realität festgelegt, in bezug auf die über ein christliches Verständnis Jesu von Nazareth zu sprechen wäre. Haben z. B. Hegel und manche andere deutsche Philosophen die Realebene der christologischen Tradition im absoluten Geist und seiner Entfaltung gesehen, so verweist von Balthasar Christologie an die Realebene der jüdischen Geschichte in ihrem offenen Gang innerhalb der übrigen Welt- und Menschheitsgeschichte. Hier, nicht in der Selbstbewegung des Geistes, hat Christologie sich danach auszuweisen.

e. Die Formel von der »formalen Christologie« verlangt natürlich nach einer Weiterentwicklung im Sinne der genannten Frage: Was müßte das für eine Christologie inhaltlich bedeuten? Wie verhält sich der Jesus-Inhalt des christlichen Bekenntnisses zu seiner im jüdischen Volk vorgegebenen Form? Diese Frage haben weder von Balthasar noch Mussner noch bisher andere Theologen aufgenommen. Ihre Beantwortung steht also aus, und zuvor die Überprüfung der Bedingungen der Möglichkeit, Form und Inhalt von Christologie in dieser Art überhaupt zu unterscheiden.

Der Aufbau einer vom Inhalt zunächst selbständigen Form ist ja ein mehr als problematisches Unternehmen. Es fällt einem katholischen Theologen leichter als einem protestantischen, da ja die katholische Kirche z. B. im Aristotelismus dem theologischen Inhalt schon immer eine relativ selbständige Form vorzugeben pflegte, an die die biblischen Inhalte sich zu gewöhnen haben. Um die Form die Inhalte nicht vergewaltigen zu lassen, hat der Katholizismus das Doppelsystem einer formgebenden Natürlichen und einer inhaltgebenden Offenbarungstheologie entwickelt und einen inneren Zusammenhang beider systematisch darzulegen versucht. Wenn von Balthasar überhaupt von einer »formalen« Christologie, losgelöst von ihrem Jesus-Inhalt, sprechen kann, dann ist das eine katholisch gewöhnliche Denkfigur, die uns Protestanten nicht von vornherein geläufig ist, weil die Reformation uns die Ableitung aller Erkenntnis- und Wirklichkeitsformen aus dem Inhalt unseres Glaubens gelehrt hat und weil das – übrigens auch innerhalb des Protestantismus selbst – bis heute ein wichtiger Bekenntnisfall ist. In der Auseinandersetzung mit dem Nationalsozialismus mußte unsere Kirche neu lernen: Formen sind nie wertneutral; sie präjudizieren immer den Sinn, in dem Inhalte – so oder so geformt – wirken. Die völkische Form des Christentums z. B. war so harmlos nicht, wie die meisten Deutschen Christen selbst glauben mochten. Gerade was freie Formen betrifft, sind wir Protestanten in Deutschland gebrannte Kinder, und schon deswegen müssen wir mit Widerspruch rechnen, wenn wir dem katholischen Modell von Balthasars – unter den genannten Vorbehalten – kategorialen Rang in unserer Christologie einräumen wollen. Wer garantiert uns, daß eine jüdische Form des Christusbekenntnisses harmloser ist, als eine deutsch-völkische war? Darauf antworten wir vorerst nur mit der banal klingenden, aber in Wirklichkeit christologisch begründeten Auskunft, daß Jesu Verhältnis zu den Juden von seiner Wurzel her und so in ihm selbst ein anderes ist, als es zu den Deutschen und Japanern, Tschechen und Amerikanern, Arabern und Maoris je war. Das Judesein war ein Tatbestand in der Person und im Werk Jesu von Nazareth selbst; und von da aus gibt es ein Recht und eine Pflicht, im Volk Jesu Formbedingungen seines Existierens für alle zu suchen und zu benennen.

3. Wir sprachen von der alten Tradition, Jesus in irgendeinem Zusammenhang mit der Hebräischen Bibel oder dem jüdischen Volk und seinen Institutionen, mit der Geschichte Israels und seiner Prophetie auszulegen. Das ist seit biblischen Zeiten in immer neuen Anläufen unternommen worden; aber man kann nicht sagen, daß dies nach einem systematisch klaren Prinzip geschah. Im Gegenteil fällt die Vielfalt der Versuche auf, z. B. durch Bibelzitate, Bildung von Typologien (z. B. zwischen Adam und Christus), durch Übertragung von Hoffnungsnamen des jüdischen Volkes auf Jesus (Davidsohn, Menschensohn, Hirte usw.) die Bedeutung Jesu auszusagen. Ein organisierendes Zentrum dabei läßt sich schwer ausmachen; es macht alles eher einen schöpferisch-chaotischen Eindruck, so daß man sich nicht wundert, wenn in der Kirchengeschichte hin und wieder die Hebräische Bibel als verbindliches Buch der Kirche angezweifelt wurde: Eine unabweisbare »christliche«, und das heißt ja in Jesus begründete Notwendigkeit ließ sich bei dem Durcheinander des kirchlichen und gerade auch des christologischen Bibelgebrauchs nicht behaupten. Von systematischer Konsequenz war nur die Beharrlichkeit, mit der das durch die Jahrtausende geschah; ein christliches Verständnis Jesu von Nazareth ließ sich offenbar rein faktisch ohne solche Rückbezüge nicht denken, dazu war das Beispiel der Jesus-Schriften für die Theologie zu beredt.

Schon allein, daß in den Jesus-Schriften Jesus von Nazareth mit dem Beinamen »Christus« versehen wurde, verwies ja in die Welt der Bibel und der Geschichte Israels zurück: Ein sinnvoller Name konnte das nur sein, wenn Jesus in irgendeinem Sinn auf die messianischen Traditionen des jüdischen Volkes bezogen wurde – auf entsprechende Hoffnungen und Bewegungen. Die Verbindung des Namens Jesus mit dem »Titel« Christus war so eng, daß sie bald wie zu einem Eigennamen verschmolzen schienen. Mag das sein oder nicht: Immer wieder einmal konnte die ursprüngliche Bedeutung des Christus-Namens aufbrechen, und dann wurde Jesu Zusammenhang mit dem jüdischen Messianismus auch wieder neu erinnert und in seinen gesellschaftlichen Konsequenzen praktiziert. Freilich gab es – vor allem in der Neuzeit – auch Versuche, den Hoffnungstitel »Christus« seines jüdischen Zusammenhangs und Inhalts zu entkleiden und ihn zur Funktion einer beliebigen religiösen oder gesellschaftlichen, philosophischen oder seelischen Hoffnung zu machen. Jesus konnte dann von jeder Utopie aus als Hoffnungsträger oder Erfüllerfigur in Anspruch genommen und gedeutet werden; Kirchen- und Geistesgeschichte sind voller Beispiele dafür. Grundsätzlich hat z. B. Paul Tillich, der ja in seiner Theologie überhaupt einem starken Bedürfnis nach Formalisierungen biblischer Inhalte folgt, den Messiasbegriff seinem biblischen Mutterboden entfremdet und der Säkularisierung des biblischen Messianismus damit sowohl nachgegeben wie neuen Vorschub geleistet (Symbol des Neuen Seins).[15] Aber das halten wir für das Beispiel einer Entfernung Jesu aus dem ihm eigenen und wesentlichen Wirklichkeitszusammenhang und als Beitrag zu einer verhängnisvollen Entjudaisierung des christlichen Verständnisses Jesu von Nazareth, der wir mit unserer Arbeit entgegenwirken wollen.

Oder man denke, wie Jesus in den Jesus-Schriften in einen Zeitrahmen von Verheißung und Erfüllung gestellt wurde. Dabei war bei »Verheißung« immer an die Hebräische Bibel und die Geschichte des jüdischen Volkes gedacht: Dort wurden die Hoffnungen geboren, deren »Erfüllung« die christlichen Zeugen im Dasein und Wirken Jesu von Nazareth sahen. Vom zweiten Jahrhundert an wagten dann christliche Theologen allerdings, auch in der Heidenwelt Verheißungen zu benennen, die sie in Jesus erfüllt sahen; und noch dem Zürcher Reformator Zwingli z. B. lag daran, Jesus wie als Erfüller jüdischer, so auch heidnischer Erwartungen auslegen zu können.

Wahrscheinlich hat die Deutekategorie der »Erfüllung« einen Anhalt in einem Element der Verkündigung Jesu selbst, denn er predigte von einer »Erfüllung der Zeit« (Mk 1,15), die er als radikalen Bruch mit der bisherigen Wirklichkeit im ganzen und als Heraufkunft einer total neuen Daseinswirklichkeit auffaßte. Nach allem, was wir wissen, bedurfte Jesus dazu nicht des

15. Vgl. P. Tillich, Systematische Theologie Bd. II, Stuttgart ^{3}1958, 3. Teil, Die Frage nach dem Neuen Sein und der Sinn des Christus-Symbols, bes. 103ff.

Gedankens einer im Früheren liegenden Verheißung; das Frühere war ja zum Abbruch bestimmt und für Jesus kein Hoffnungsträger. Nur um so erstaunlicher ist, daß ein christliches Verständnis nach Jesu Tod ganz anders positiv auf das Frühere zurücksah und das Bedeutende Jesu gerade darin erkannte, daß er dem Früheren Sinn und Fülle gab über allen bis dahin bekannten und bewußten Sinn hinaus. Es ist nicht gut, in dieser positiven Umwertung der Vergangenheit nach Ostern ein Nachlassen radikaler Umbruchsenergie (womöglich als Folge der sog. »Parusieverzögerung«) zu sehen. Jesus war ja nicht jener abstrakt-radikale Weltenumbrecher, als den ihn ein modernes eschatologisches Denksystem gerne schildert, um so dem christlichen Glauben Transzendenzgehalt im nachmetaphysischen Zeitalter zurückzugewinnen. An Mose z. B. – dem Inbegriff jüdischer Tradition – hat Jesus keinen Moment gezweifelt. So war es offensichtlich sachgemäß, wenn die christliche Gemeinde ihn als einen sah, der alte Zeit mit neuem Gehalt »erfüllte«, aber nicht Geschichte entleerte und zermalmte, und wenn sie so in der alten Zeit verheißungsvolle Kräfte der Zukunft immer noch wahrnahm und christlich zur Sprache brachte. Nur so bewahrte sie dem christlichen Glauben seine Wurzeln in der geschichtlichen Realität.

Oder wir denken an die Darstellung der Kindheit Jesu im ersten Evangelium; hier existiert Jesus tatsächlich »als Israel« und wiederholt in seinem Lebenslauf die Urgeschichte des jüdischen Volkes: Die Flucht nach Ägypten, die das Kind Jesus mit seinen Eltern antreten muß, um vor dem kindermordenden Herodes auszuweichen, entspricht der Auswanderung der Jakobssippe nach Ägypten, weil das Land Israel sie nicht mehr ernährte (Mt 2,13.15 vgl. Gen 42 ff); und erst recht wiederholt sich in der Rückberufung der Jesus-Familie aus Ägypten nach dem Tod des Herodes die Befreiung der Kinder Israel aus der Fremde; darum setzt Matthäus Jesu Geschichte bewußt ins Zeichen des Exodus mit den Hosea-Worten: »Aus Ägypten habe ich meinen Sohn gerufen« (Mt 2,15; 2,19-21, vgl. Ex 12 ff).

Dies sind nur drei Beispiele unter vielen für Rückbindungen der Jesus-Geschichte an die Israel-Geschichte, die nach dem Neuen Testament für ein angemessenes christliches Verständnis Jesu vonnöten waren (im übrigen ist an die Ausführungen im ersten Teil über »Jesus in der Welt der Bibel« zu erinnern). Ins kirchliche Dogma haben diese neutestamentlichen Hinweise freilich keinen Eingang gefunden. Dort haben sich Sprach- und Denkformen der heidnischen Interessen zur Auslegung Jesu in den Vordergrund geschoben – auf Kosten der geschichtlichen Rückbindung an Israel. Dennoch haben die Theologen den Blick dafür nicht verloren – zu stark sprachen ja auch Analogien der Hebräischen Bibel für eine biblische Struktur des Jesus-Verständnisses.

Zu Rückbezügen Jesu auf die Hebräische Bibel waren die Zeugen der Jesus-Schriften in der Lage, weil sie dort viele Parallelen für das fanden, was ihnen an Jesus wichtig war – so viele, daß sie dort letztlich von nichts mehr als von Jesus sprechen hörten. Über die eigentümlichen Bedingungen, unter denen das geschah, ist später zu reden, wenn wir über die Wirkungen von Jesu Erweckung aus dem Tode nachdenken werden.

Kritische Betrachtung wird das Disparate, Unmethodische, begrifflich schwer Faßbare bei diesen Hör-Beziehungen der Christen zur Hebräischen Bibel nicht bestreiten. Nach dem Kriege hat es darum eine lebhafte hermeneutische Diskussion unter den christlichen Alttestamentlern gegeben, in der man versuchte, in das urchristliche Chaos bei der Bibellektüre Ordnung zu bringen. Das trug nach der nationalsozialistischen Zeit dazu bei, die seit fast 150 Jahren geschwächte Stellung der Hebräischen Bibel als Buch der Kirche zu festigen dadurch, daß man Modelle für ihre innere Verbindlichkeit, also für die Christus-Verkündigung schuf. Zu einer Einigung kam es dabei freilich nicht, und es entwickelten sich, kurz gefaßt, zwei Hauptversuche: einer, bei dem man an den radikalen Ergebnissen einer historischen Kritik des Alten Testaments festhalten und nicht das biblische Bild von der Geschichte Israels, sondern die von aller biblischen Deutung freie »wirkliche« Israel-Geschichte als den harten Kern dessen behaupten wollte, was die Christen unbedingt angehe; theologisch von Gewicht war da vor allem das erste Gebot des Gottes vom Sinai; die ganze Religionsgeschichte Israels konzentriert sich in allen Erscheinungsformen um das erste Gebot als den rocher de bronze der Weltbedeutung Israels; das kann man wie theologisch so auch historisch behaupten, – als Volk des ersten Gebots geht es die übrige Menschheit an. – Ein anderer Versuch dagegen wollte die Spannung festhalten, die zwischen der biblischen Deutung und der historisch-kritisch reduzierten Geschichte Israels besteht, wollte dadurch ein doppelpoliges Modell gewinnen: Biblisches Wort und weltgeschichtliche Realität Israels sind – in ihrer Widersprüchlichkeit – nicht auseinanderzureißen, sondern in ständig offener, lebendiger Beziehung zueinander zu halten; Wort = dictum und Wirklichkeit = factum gehören zusammen, und gerade diese unauflösliche Verknüpfung der beiden Pole ist das spezifisch Biblische; beide Wirklichkeitsdimensionen bedingen und durchdringen einander; die Hebräische Bibel ist das Dokument für immer neue Krisen dieses Verhältnisses, aber auch für sein immer neues Gelingen. Die Vielfalt der vielen, auch der einander widersprechenden Worte in der einen Wortdimension der Hebräischen Bibel und die gleiche Vielgestalt der Realitäten, auch der in sich widersprüchlichen in der einen weltgeschichtlichen Realität des jüdischen Volkes bleiben hier gewahrt; eine Reduktion auf einen einzigen Kernpunkt der Bedeutung des Alten Testaments – z. B. auf das erste Gebot –

wird vermieden, so daß dieser zweite Versuch theologisch reicher und historisch beweglicher scheint. Überdies hielt die Doppelpoligkeit von dictum und factum dem Denken eine Möglichkeit offen zur Annäherung an doppelwertige christliche Denkformen – wie z. B. die der protestantischen Rechtfertigungslehre: gerecht – und Sünder zugleich; vom verbum, Wort, geformter Glaube eines dem factum, dem Gesetz der Sünde und des Todes, noch nicht entrissenen Menschen –, so daß zum ersten Mal in der Theologiegeschichte strukturelle Beziehungen vom Alten Testament her zum Neuen hin gedacht werden konnten. Damit wurde zugleich das Gesetz einer bloß retrospektiven Geltung des Alten Testaments von der Alleinautorität des Neuen her durchbrochen.[16]

Gegenüber diesem großen Gewinn bleibt zweitrangig, ob der systematische Begriff, unter dem dieser Neubau einer christlichen Theologie des Alten Testaments weiterentwickelt wurde, schon genügt. Das neu entdeckte Verhältnis wurde unter dem Begriff der Typologie ausgearbeitet:[17] Man sah zwischen beiden Testamenten eine typologische Beziehung. Das griechische Wort »τύπος« (vom Verbum »τύπτειν«, schlagen, z. B. im Sinne von: Münzen schlagen) heißt ja eigentlich Prägeform, und ein typologisches Verhältnis zwischen den beiden Bibelteilen wäre danach ganz ähnlich den Überlegungen von Balthasars bestimmt: In der Hebräischen Bibel finden sich gewisse Prägeformen, die in den Jesus-Schriften aufgenommen und mit denen die Erzählungen von Jesus und der Geschichte seiner Jünger charakterisiert wurden. Dieser Beobachtung ist u. E. nicht zu widersprechen. Eine offene Frage ist, ob es Kriterien gibt, um nicht einer von Pinchas Lapide so genannten »Parallelomanie« zu erliegen und allen und jeden alttestamentlichen Gedanken christologisch oder ekklesiologisch oder soteriologisch zu »christianisieren«.[18] Zu große Unbestimmtheit wurde der typologischen Schriftauslegung nicht ganz zu Unrecht vorgeworfen. U. E. kommt es darum jetzt darauf an, den Gewinn dieses Versuchs festzuhalten und ihm darum deutlichere Kriterien zu schaffen, so daß Typologie als eine *kritische* Methode gehandhabt werden kann. Sie schien zu schnell und leicht in den Dienst einer protestantischen Wort-Theologie geraten, und die zweite Dimension – die des »Faktischen« – wurde bisher nicht mit gleicher Leidenschaft theologisch integriert, wie die erste des biblischen »Wortes«. Das lag gewiß auch daran, daß die Real-Dimension der Geschichte Israels in dem Bild, das die historisch-kritische Analyse davon entwickelt hat-

16. Vgl. den Sammelband Cl. Westermann (Hg.), Probleme alttestamentlicher Hermeneutik. Aufsätze zum Verstehen des Alten Testaments, München 1960.
17. Vgl. R. Bultmann, Ursprung und Sinn der Typologie als hermeneutische Methode, in: ThLZ 1950, 205ff.
18. Lapide/Luz, 53 u.ö.

te, zu eng gefaßt war, – auch daran, daß die protestantische Theologie sich mit weltlichen Realitäten immer schwer tut, wo sie (mit Recht) keine Natürliche Theologie zuläßt und stets unsicher bleibt über einen Glaubenssinn der nackten, verbal noch ungedeuteten Realität. Dies ist auch heute im sog. christlich-jüdischen Dialog noch ein unbewältigtes Problem. U. E. gehört als erster Schritt zu einer theologischen Annäherung an die Faktendimension der Geschichte Israels die Wahrnehmung des jüdischen Selbstverständnisses. Wie ein Volk seine Geschichte gedanklich und handelnd versteht, gehört immer mit zu ihrer Realität, ist ein Stück ihrer Wirkung, aber auch ein Element ihres Fortgangs. Damit soll nicht gesagt werden, daß ein geschichtliches Selbstverständnis immer ein verläßlicher Indikator für die Realität dieser Geschichte sei; wenn z. B. das heutige Selbstverständnis der Deutschen von ihrer Geschichte wirklich ihr objektives wäre, dann wären wir ein Volk ohne Geschichte und nur eine bewußtlos taumelnde Masse. Wo aber, wie z. B. im heutigen Israel, geschichtliches Selbstverständnis blüht, erweitert sich der Begriff des Historischen; er wird aus einer Bezeichnung für Vergangenheit zu einem Begriff für heutige Kämpfe und Gestaltungen, und die Menschen verstehen sich selbst als historische Subjekte, die, wie sie Geschichte haben, so sie auch fortführen und »machen«. So scheint es uns nötig, Gegenwart und Zukunft mit in einen weiteren Begriff von Geschichte aufzunehmen und also auch »historische Kritik« über die Analyse von Vergangenheit, auf die sie bisher alleine (historistisch) beschränkt bleibt, hinauszuführen auf eine Analyse und Kritik von Gegenwarts- und Zukunftshandeln. Erst dies erfüllt den Begriff »historische Realität«, und in die theologisch noch weitgehend leergelassene Dimension des rein Faktischen wird eine Bresche geschlagen: im Austausch mit menschlichem Selbstverständnis und in der Seinsbedeutung des Handelns. Ein gesamtbiblisches Struktur- oder Formmodell müßte also über die Grenzen des bisher »historisch« zu Erreichenden hinausgeführt werden; dann würde das factum nicht mehr hinter dem dictum zurückstehen, – die Deutung nicht mehr die Realität überwuchern, wie es leicht zur Gefahr des typologischen Schriftverstehens werden konnte (»Parallelomanie«!). Und zu einem historisch-kritischen Bild von der Geschichte Israels gehörte als ein Kriterium auch das hinzu, was das jüdische Volk *heute* aus ihr macht.

Im Folgenden gehen wir hinter das systematisch schon Erreichte, wie wir es soeben beschrieben haben, nun noch einmal zurück auf die disparaten, ungeordneten christologischen Phänomene in der Hebräischen Bibel – in der Absicht, vielleicht noch andere Gesichtspunkte für das Problem einer »formalen Christologie« aufzutun, vor allem auch: um uns nicht systematisch zu früh auf das Typologie-Modell einzuschwören.

Methodisch muß uns klar sein: Um etwas anderes als christologische *Asso-*

ziationen kann es sich in der Hebräischen Bibel und in anderen Texten der jüdischen Überlieferung nicht handeln; Christologie ist dort kein *Thema*, darum können wir von vornherein nicht mit einer Konsistenz ausgeformter christologischer Gedanken rechnen; anders gesagt: Das Disparate gehört zur Sache.

Dies gilt jedenfalls dann, wenn wir Christologie nicht prinzipiell umformen in eine Messianologie, in der das Jesus-Geschehen von vornherein als ein Weltveränderungsgeschehen gedeutet wird. Diese Möglichkeit ist nicht einfach von der Hand zu weisen; Christologie war in irgendeiner Form immer auch Weltveränderungslehre, wenn z. B. heute das Christusereignis als »eschatologisches« ausgelegt wird oder wenn in der Naturen-Christologie die alte Kirche, wie wir zeigten, die Heraufkunft einer neuen Gottesnatur feierte. Im biblischen Sinn hat Hans-Joachim Kraus seiner ganzen Dogmatik die Grundperspektive des kommenden Reiches Gottes gegeben und dabei auch die gesellschaftlichen und politischen Implikationen nicht gescheut, die zu einer Weltveränderungslehre gehören.[19] Aber auch Kraus hat seine Christologie nicht als Messianologie darstellen wollen; der Gegenstand von Christologie ist Jesus, nicht die Weltveränderung. Das liegt nicht zuletzt daran, daß Hebräische Bibel und jüdische Tradition auch keine »Messianologie« hergeben, die als gefügte Form der Deutung des Jesus-Geschehens vorgegeben werden könnte. Bibel und jüdische Tradition erweisen sich immer wieder als ungewöhnlich resistent gegen Systematisierungsversuche, und wer eine »Messianologie« aus den Quellen des Judentums entwickeln wollte, würde gerade bei bestem Gelingen schnell merken, wie bruchstückhaft sich das im Gesamten dessen ausnehmen würde, worauf es der Bibel und dem Judentum »eigentlich« ankommt. »Weltveränderung« ist im Judentum ein Kriterium für die Orientierung in der Zeit und hat als solches sein besonderes Gewicht gegenüber christlichen Weltvollendungs-Theorien bekommen, aber sie ist nicht direkt Thema, Gegenstand und Ziel des Judeseins; Judentum hat – ähnlich wie auch das Christentum – mindestens ebenso starke konservative, wie revolutionäre Grundtendenzen; seine größere Erdentreue, die heute viele Christen so anziehend und lehrreich finden, kann sich durchaus als Verhaftetsein ans Bestehende auswirken, wie umgekehrt die von vielen heute so kritisierte Transzendenzgeneigtheit des Christentums sich utopisch-revolutionär auswirken kann. Die Formen des Religiösen sind – politisch gemessen – immer ambivalent.

So muß es zunächst, wenn wir nach »formaler Christologie« in der Hebräi-

19. H.J. Kraus, Reich Gottes: Reich der Freiheit. Grundriß Systematischer Theologie, Neukirchen 1975.

schen Bibel fragen, bei dem Assoziationen-Modell bleiben. – Weil der Begriff der »Assoziation« systematisch unbefriedigend erscheint, sei hier der immerhin doch auch zu nennende Sinn dieses Begriffs kurz angedeutet. Assoziation heißt Gesellung und bezeichnet genossenschaftlichen Zusammenschluß. Wenn wir sagen: Die Jesus-Schriften pflegen mit der Hebräischen Bibel einen assoziativen Umgang, dann sagen wir zwar: einen begrifflich schwer fixierbaren, aber auch: einen gesellig-zusammenschließenden. Jede Assoziation leidet an Kriterienschwäche, jedenfalls, wenn man den Umgang von außen, »objektiv«, betrachten will. Anders steht es im inneren Verhältnis, wo die Assoziierten selbst zur Kritik aneinander dienen und so einer dem anderen Kriterium wird. Die neuzeitliche historische Kritik des Alten Testaments hat – unter diesem Gesichtspunkt – den Assoziierten, das Alte Testament, gestärkt gegenüber dem assoziierenden Neuen Testament. Das hat aber noch nicht genügt dazu, in der Theologie die Stimme der Hebräischen Bibel voll und gleich der Stimme der Jesus-Schriften zählen zu lassen. Dazu hilft heute erst die Stimme Israels, die dafür sorgt, daß nun nicht mehr die von den Jesus-Schriften geprägten und also unvermeidlich voreingenommenen Christen die Hebräische Bibel »zur Sprache bringen« müssen; sie hat in den Juden die ihr eigenen und ursprünglich zugehörenden *Sprecher*, und das ist heute, wenn wir es wahrhaben wollen, ein schwer zu unterschätzender Gewinn an Objektivität in der neu-alttestamentlichen Assoziation; wir haben heute ein *Kriterium* dieser Gesellung in leibhaftigen Kritikern, das verändert die hermeneutische Situation. Für unseren Zusammenhang heißt das: eher Zurückhaltung in weiterer theologischer Systematisierung des innerbiblischen Verhältnisses, als seine Forcierung – mit der Folge, daß wir zunächst allen Ernstes gerade das Unbestimmt-Bruchstückhafte einer »christologischen« Bedeutung des Alten Testaments, statt es zu beklagen oder als Beweis für ihre Unsinnigkeit zu werten, systematisch würdigen. Formal drücken wir das aus mit dem näher zu erläuternden Begriff der christlichen »Elementarteilchen«. Inhaltlich aber führt es uns zu einem festen Grenzbegriff für das Problem der »formalen Christologie«: Die Hebräische Bibel spricht nicht *von* Jesus Christus; aber es könnte sein, daß sie *zu* ihm spricht – im Sinne von: ihm hier und da zuspricht auf seinem Weg durch die Völker und die Zeit, den er mit den Seinen geht. Die Frage ist, wie wir als »die Seinen« das theologisch verstehen können.

Mit der Bezeichnung von christologischen Phänomenen in der Hebräischen Bibel und im Judentum als »Elementarteilchen« einer Christologie meinen wir zunächst: Es handelt sich wirklich nur um Partikel, deren christologische Bedeutung doch nur von der Tradition des Christentums her zu sehen ist; nur von dorther fügen sie sich so zusammen, daß sie überhaupt als christo»logische« auffallen, also in einer gewissen Strukturiertheit erkannt werden können. Von Balthasar spricht ja auch nur sehr vage von einem werdenden »Christlichen«, das durch jüdische Selbstreflexion müßte eingesehen werden können; »das Christliche« ist aber immer etwas empfindlich Unbestimmtes, und es ist vielleicht kein Zufall, daß von Balthasar seinen Gedanken doch nur eben genannt, aber nicht ausgeführt hat. Wir bewerten aber gerade den nur fragmentarischen Befund im Judentum grundsätzlich positiv. Er besagt nämlich, daß Hebräische Bibel und Judentum nicht über einen christlichen Leisten zu schlagen sind und ihren Eigensinn auch dann behaupten, wenn geistesgeschichtliche Betrachtung ein »werdendes Christliches« sollte feststellen können.

Aber das Partikelhafte ändert nun doch nichts daran, daß auch wir alttestamentliche und jüdische Spuren von Wirklichkeiten und Denkformen, die wir aus der christologischen Tradition kennen, für »elementar«, also grundgebend für unsere Christologie ansehen, in folgendem Sinne. *a.* Sofern Gegenstand und Inhalt der Christologie, wie wir oben (§ 6) sagten, nichts und niemand als Jesus von Nazareth ist, bedarf Christologie als Versuch eines »christlichen Verständnisses« (also eines bekennenden Verstehens) Jesu eines Grundes – wie jedes Denken. Die dogmatische Tradition kann dies nicht sein; sie ist als Auslegung des christlichen Bekenntnisses selbst nicht »elementar«. Elementare Gründe, sich zu Jesus zu bekennen, kann es nur in ihm selbst geben, und die weisen in seiner ursprünglichen Selbstbezeugung, die wir in den Jesus-Schriften haben, auf die Hebräische Bibel und die Geschichte des jüdischen Volkes zurück. Das ist unableitbar und durch nichts zu begründen als sich selbst. Aber so eben hat es die Bedeutung des Elementaren, uns Bindenden. – *b.* Daß wir im ersten Bibelteil nur christologische Partikel finden, verwehrt uns, sie als Gesetze eines theologischen Systems zu behandeln, wie es z. B. bestimmte Gestalten der protestantischen Lehre von Gesetz und Evangelium wollten, wenn sie das Alte Testament als Inbegriff des Gesetzes und alles Gesetzlichen vom Evangelium als der Wirklichkeit der Freiheit unterschieden, aber gleichzeitig die Bibelteile zu einer Einheit von Gesetz und Evangelium zusammendachten oder sonst durch theologische Überstrukturen zusammenzufügen versuchten. Die christologischen Elementarteilchen aus Tenach und Judentum schaffen uns vielfältige Sprachmöglichkeiten zur christologischen Benennung Jesu von Nazareth, aber keinen systematischen Überbau, in den Jesus einzustellen wäre. – *c.* Damit ist auch schon gesagt, daß sie sich als Formen nicht verselbständigen können gegenüber Jesus, dem einzigen Inhalt der Christologie. Wohl aber können sie uns helfen, unser christologisches Nachdenken über Jesus zu »orten« und ihm Sitze im Leben und in der Überlieferung Israels zu geben. Inwiefern Israel der makom, der »Ort« Jesu ist, wird im Laufe der weiteren Arbeit näher zu bestimmen sein; hier ist nur der

Begriff der »Ortung« zu nennen, der grundsätzlich eine Vielzahl von hebräischen loci communes, d. h.: Allgemein-Plätzen für die Aussprache und das Bedenken Jesu zuläßt. Einer nicht vollständigen Reihe solcher in ihrer Bedeutung auch nicht gleichwertigen »Orte« wenden wir uns nun zu.

1. »Sohn Gottes«

Eines der dogmatisch einflußreichsten Bekenntnisse zu Jesus nennt ihn »Sohn Gottes«. Die christlichen Neutestamentler stimmen heute weitgehend überein in der Erkenntnis, daß dieser Name in den Jesus-Schriften nicht im Sinne der späteren Zwei-Naturen-Lehre aufzufassen sei, also nichts über ein »physisches« Gottessohn-Sein Jesu aussagt. Ob mit dieser Negation nicht etwas krampfhaft der bürgerliche Unverstand gegenüber antikem Naturendenken mitschwingt, von dem wir oben sprachen, bleibe dahingestellt; wir werden heute die Abwertung der »physischen« Dimension im Kategorienhaushalt der Theologie nicht mehr so leicht nachvollziehen und hinnehmen können wie die uns unmittelbar vorangegangenen Generationen. Richtig bleibt aber, daß Vorstellungen von einer physischen, gleichsam materiellen, körperlichen Gottessohnschaft als – angebliche – Meinung des christologischen Dogmas weit verbreitet, doch in dieser Form alles andere als biblisch sind. Unsere Neutestamentler streiten über die historische Ableitung des Gottessohn-Gedankens: ob er über die palästinensische Urgemeinde eher der Welt der Bibel oder über die hellenistischen juden- und heidenchristlichen Gemeinden eher der Geisteswelt des Heidentums zugehöre; von »Sohn Gottes« ist hier wie dort die Rede, so daß – was die Ableitung betrifft – alles möglich scheint; die Waage neigt sich heute eher einer biblisch-jüdischen Herkunft und Bedeutung zu. Grob gesagt, kann man die Differenz inhaltlich in einem eher geschichtlich-funktionalen Verständnis dessen suchen, was »Sohn Gottes« meint (so in biblisch-jüdischem Sinn, wir werden das gleich an Beispielen erläutern), während eine »hellenistische« Ableitung die Gottessohnschaft durchaus eine durch die Kraft des Heiligen Geistes bewirkte »Wesens«-Bestimmung bedeuten könnte (die aber noch nicht »physisch« gemeint sein muß, sondern als eine Kraftausstattung, die freilich zu der betreffenden Person in Beständigkeit gehört). – In der Sicht der Neutestamentler entscheidend ist natürlich, daß »Sohn Gottes« die Bestimmung eines Verhältnisses zu dem als »Vater« gedachten Gott ist und seine Hauptbedeutung darin hat (und nicht – was sich z. B. auch denken ließe – funktional von dem Ver-Söhner-Werk dieses Sohnes her). »Sohn Gottes« beschreibe das Exklusiv-Verhältnis eines Einzelnen zu Gott.

Es ist auffallend, daß bei entsprechenden Analysen die Grundtatsache z. T.

nicht einmal erwähnt, in der Regel aber theologisch nicht befragt (gar fruchtbar gemacht) wird, daß in der Hebräischen Bibel das ganze Volk Israel »Sohn Gottes« heißt und daß, wenn außerdem dort auch Einzelne »Sohn Gottes« genannt werden, sie dies nur als Repräsentanten des Volkes sind.[20] Mag es bei der ausgepichten Art neutestamentlicher Untersuchungs- und Bewertungsmethoden unmöglich scheinen, den »Sohn Gottes« Jesus in eine Beziehung zu setzen zu dem »Sohn Gottes«: Volk Israel[21] – der Systematiker kann sich mit solch einem Ausfall einer Grunddimension biblischer Bedeutung nicht zufrieden geben und hat dann dem Neutestamentler gegenüber die Aufgabe, inhaltlichen Verdrängungen, die durch Kurzschlüsse historischer Methodik entstehen, entgegenzudenken. Natürlich darf das nicht historisch verantwortungslos geschehen. Aber in unserem Fall handelt es sich ja nicht nur um Verdrängung einer möglichen (oder unmöglichen) Deutung oder Bedeutung von »Sohn Gottes«; sondern um die Feststellung der Verdrängung eines beachtlichen biblischen Materialteils aus der Deutung von »Sohn Gottes«; und das ist vor allem ein Argument historischer Kritik an den Verfahrensweisen von historischen Kritikern.[22] – Aufgabe des Systematikers kann dann weiter nur eine allgemeine Reflexion auf einen möglichen Sinn einer Wiedereinholung des Verdrängten sein, ohne daß dies – im noch herrschenden Sinn des Historischen – schon als These zur Bedeutung etwa des Namens »Sohn Gottes« an dieser oder jener Stelle des Neuen Testaments vorzutragen wäre. Es muß im Verhältnis der theologischen Disziplinen zueinander nach einer zweihundertjährigen Phase historisch-kritischer Destruktion des Dogmatischen möglich sein, daß nun umgekehrt die Dogmatik auch den theologischen Historikern wieder etwas zu knacken gibt. In den Belangen des christlich-jüdischen Verhältnisses ist dies heute deswegen unvermeidbar, weil es hier um einen neuen historischen und ontologischen Gesamthorizont geht, der mit den auf die Beobachtung des kleinsten Details verfeinerten Mitteln historischer Kritik nicht mehr erfaßt werden kann, weil sie in einem ganz anderen ontologischen Horizont organisiert ist. Hier ist Dogmatik den historischen Disziplinen »Einwürfe« schuldig, ohne ihnen doch ihre eigene Verantwortung abnehmen zu können. Es muß dabei anerkannt werden, daß in dem vorhin genannten zu erwei-

20. ZB. F. Hahn, Christologische Hoheitstitel. Ihre Geschichte im frühen Christentum, Göttingen 1963, § 5 Gottessohn.

21. Anders O. Cullmann, Die Christologie des Neuen Testaments, Tübingen 1957, 279: »Zunächst wird das ganze Volk Israel ›Sohn Gottes‹ genannt.« Für eine Anwendung auf Jesus spielt das jedoch auch bei Cullmann keine spezifische Rolle, immerhin eine allgemeine: »Wir haben gesehen, daß das Volk Israel und sein König als die erwählten Instrumente zur Ausführung des göttlichen Heilsplanes diesen Namen trugen. Wenn Jesu Sohnesbewußtsein sich als *Gehorsam* äußert, so ist die Anknüpfung an die alttestamentliche Auffassung deutlich« (289f).

22. Vgl. dazu D. Flusser, Jesus, aaO., »Der Sohn«, 89ff.

ternden Sinn des Historischen solche »Einwürfe« ihrerseits historisch begründet sind und nicht etwa als spekulative Wucherungen abgetan werden dürfen. Die heutige Existenz des jüdischen Volkes und seine Selbstidentifizierung mit der Gesamtgeschichte Israels ist kein spekulatives »Phänomen«, sondern härteste weltliche und theologische Realität und verlangt danach, genauso zur Kategorie christlicher Theologie zu werden wie die Bibel und die Offenbarung Gottes, die von ihr zeugen; sie begegnet, zugespitzt, aber klar gesagt, als eine Gestalt des Wortes Gottes an uns.

Wir lesen in Ex 4,22, daß Gott Mose mit folgendem Botenauftrag zum Pharao von Ägypten gesandt hat: »So sollst du zum Pharao sagen: So spricht der Herr: Israel ist mein Sohn, mein Erstgeborener, und ich befehle dir: Laß meinen Sohn ziehen, daß er mir diene!« Mit den beiden Worten »Sohn« und »Erstgeborener« sind zwei Grundworte der Christologie verwendet, nur daß sie hier auf das ganze Volk Israel angewendet werden. Die Konsequenz aus der Benennung Israels als »Sohn«, und »Erstgeborener« seines Gottes ist der Befehl an den ägyptischen Weltherrscher, Israel in die Freiheit ziehen zu lassen. Offenbar charakterisiert das den »Sohn«. Er ist der, für den Gott vor den Weltmächten eintritt. Er ist der, der zur Gottesfreiheit bestimmt ist. Und darum ist er der, um den Gott selbst kämpft, um ihn aus der Gefangenschaft der ägyptischen Mächte zu befreien. – Der Zusammenhang von Israels Sohnesnamen mit seiner Berufung aus Ägypten ist auch vom Propheten Hosea hergestellt worden in dem Wort, das wir schon hörten und das Matthäus als Leitwort zur Verkündigung der Kindes-Geschichte Jesu gehört hat: »Als Israel jung war, gewann ich es lieb; aus Ägypten rief ich meinen Sohn« (11,1). Israel ist in seiner Frühzeit zum Sohn Gottes »geworden«, d. h. Sohnschaft bezeichnet ein geschichtliches Verhältnis, keines, das von Natur aus besteht.

Wie mit dem Urdatum des Exodus, ist Israels Sohnschaft auch mit anderen Daten seiner Grundgeschichte verknüpft, z. B. mit der Gabe des gelobten Landes. Jer 3,19 hören wir: »Ich hatte gedacht: Wie will ich dich setzen an Sohnes Statt und dir ein liebliches Land geben, das allerherrlichste unter den Völkern. Und ich sprach zu mir, »Mein Vater« werdest du mich rufen, von meiner Nachfolge dich nicht kehren«. – Wichtig ist schon die Form dieses Gottesspruchs. Gott »denkt«; man muß das sogleich biblisch gemäßer ausdrücken (weil »Denken« bei uns zu viel Theoretisches hat): Gott spricht über Israels Sohnschaft zu sich selbst. D. h.: Die Sohnschaft Israels ist eine Sache, die Gott nicht äußerlich ist, sondern die er sich selbst versprochen, zugesprochen hat, die *ihm im Verhältnis zu sich selbst wichtig* ist. Wir können das noch deutlicher sagen: Israels Sohnschaft beruht auf einer Willenserklärung und Willensentscheidung, die Gott sich selbst verspricht: »Wie will ich dich einsetzen unter den Söhnen« (so 3,19 in Bubers Übersetzung). Mit den beiden

Momenten vom Sich-selber-Zusprechen Gottes und der Willenserklärung ist die Rede von der Sohnschaft Israels als das Ereignis einer inneren Selbstbindung des Willens Gottes ausgedrückt. Der Zusammenhang zwischen beiden muß uns wichtig sein, weil es sich hierbei wirklich um eine christologische Figur handelt, d. h. um eine Sprachform, in der Israels Sohnschaft etwas ist, was Gott in seinem Verhältnis zu sich selbst unbedingt angeht. – Der Inhalt der Sohnschaft besteht in einer Einsetzung Israels an Sohnes Statt, also in einer Adoption, – also auch hier in einem geschichtlichen Akt, genauer: in einem Rechtsakt. Israel wird von Gott zum Sohn eingesetzt, heißt: Es wird erbberechtigt bei Gott. Das Vater-Sohn-Verhältnis ist demnach hier nicht ein biologisches Erzeuger-, sondern ein Rechtsverhältnis. – Was ist dies »Erbe«? Kein religiöses Vorrecht, überhaupt kein religiöses Verhältnis in geistigem oder seelischem Sinn, – etwas höchst Materielles: das Israel gegebene Land und für die einzelne Sippe in Israel ein gehöriger Anteil daran. Dies konkrete Stück Erde ist biblisches Heilsgut schlechthin; mehr Heil, schalom und Gerechtigkeit kann ein biblischer Mensch sich kaum vorstellen: Unter seinem Weinstock sitzend, erfährt er Gottes Erbarmen. Diese große Bedeutung hat das Land, weil es dem von Hause aus landlosen Israel von Gott verheißen und schon mit Abrahams Berufung zugesprochen worden ist. Israel hält bis heute an diesem Zuspruch fest. Darin ist es »Sohn« Gottes, daß Gott es auf diesem Stückchen Erde als Erben einsetzt. »Ich gab dir ein Wunschland, ein Eigentum der Zier« (d. h. ein Land, das dich ziert), und nun wird hinzugefügt: »vor den Zierden der Weltstämme«. Damit ist gesagt: Alle Weltstämme haben ein ihnen eigenes Land zur Zier. Vor ihrer aller Augen geschieht es, daß nun auch das landlose Israel ein Land bekommt zu seiner Zier. Will sagen: Die Adoption Israels zum »Sohn« Gottes ist ein innerweltliches und universales Ereignis. Es hat nicht nur eine Bedeutung für Israel allein, auch nicht nur eine für seine Beziehung zu Gott, zu ihm gehört auch der Kontext der Völkerexistenz und die Augenzeugenschaft der Weltvölker. Ohne diesen Kontext ist die Adoption nicht, was sie ist. Das hängt mit dem rechtlichen Charakter der Gottessohnschaft Israels zusammen: Sie ist ein öffentlich-rechtlicher Tatbestand. Bubers Übersetzung verdeutlicht das noch durch eine wörtlich entsprechende Übertragung; statt: »Wie will ich dich setzen an Sohnes Statt« (in der Zürcher Bibel), heißt es: »Wie will ich dich einsetzen (nämlich in das Erbrecht) unter den Söhnen.« Damit werden auch die anderen Völker als »Söhne« Gottes apostrophiert, aber Israel ist »unter ihnen« zu Gottes Erbempfänger eingesetzt. Das christliche Bestreben, eine universale Bedeutung Jesu auszusagen, bekommt von hierher seine Logik, und auch Paulus verbindet das mit dem Sohnesnamen, wenn er Röm 8,39 Jesus Christus den »Erstgeborenen unter vielen Brüdern« nennt: die gleiche Rechtsform und die gleiche soziale Bezugsform in der Aussage dort wie hier.

Die Einsetzung Israels in den Rechtsstatus des einen Sohnes unter vielen Söhnen durch die Gabe des Landes ist wie Geschenk, so Verpflichtung. Das sagt der zweite Teil unseres Gottesspruchs: »Ich sprach zu mir, ›Mein Vater‹ werdest du mich rufen, von meiner Nachfolge dich nicht kehren.« – Dazu zunächst: Uns wird immer rätselhaft bleiben, wie christliche Theologen auf die Behauptung kommen, die Gottesanrede »mein Vater« sei jüdisch nicht belegt und gehöre Jesus allein, – die sich darin aussprechende Intimität sei etwas Neues im Gottesverhältnis Jesu, – von »Unser« Vater spreche das Judentum, aber von »Mein« Vater nicht. Wir haben hier einen der Gegenbeweise. Es ist schlechthin Gottes Erwartung an Israel, von ihm als »Mein Vater« – Avi – angerufen zu werden. Dagegen macht man geltend: Es sei ein Unterschied, ob ein Kollektiv oder ein Einzelner zu Gott »Mein Vater« sage; aber das ist ein Beispiel für einen immer wieder bei Theologen vorkommenden Differenzierungswahn im Dienst eines christlichen Vorurteils, der sich versündigt an den Kategorien des biblischen Wirklichkeitsverständnisses und einem dem entsprechenden Denken. Auch im Neuen Testament gibt es nicht den modernen, privatisierten, aus seiner sozialen Gruppe gelösten Einzelnen, auch in der Kirche, die sich als »Leib Christi« versteht, leben die Einzelnen nur als Glieder des Leibes und sind in ihrer Einzelheit doch nur Glieder des Ganzen. Dietrich Bonhoeffer hat dafür den biblisch entsprechenden Begriff der »Kollektivperson« gebildet,[23] der meint: a. Ein Kollektiv ist neben anderen eine personale Einheit und Ganzheit, ihm eignen Züge dessen, was wir modern »Persönlichkeit« nennen; dies entspricht genau der Einsetzung Israels als »Sohn« unter den Söhnen anderer Weltstämme. b. Ein Kollektiv ist kein »kollektivistisches« Phänomen, in dem die Einzelnen untergehen, es lebt vielmehr in der Gliedschaft seiner Einzelnen, und sie ihrerseits verwirklichen sich als Einzelne in diesem Kollektiv. Über diese ontologische Struktur hinaus ist zur Feststellung des Sinns der Gottesanrede »Mein Vater« aber noch folgendes hinzuzufügen: Sie ist ja gottesdienstlicher Ruf, dem entsprechend, daß antike Kollektive immer zugleich politisch-gesellschaftliche und gottesdienstliche Gemeinschaften sind. In der Sprache des Gottesdienstes bekennt auch die christliche Gemeinde das »*Wir* glauben all an einen Gott« in der Form: »*Ich* glaube an Gott, den Vater«; die Vereinzelung des »Ich glaube« ist abkünftig und zuvor begründet in dem »Wir glauben«. In dem gleichen Sinne ist Gottes Erwartung,

23. D. Bonhoeffer, Sanctorum communio. Eine dogmatische Untersuchung zur Soziologie der Kirche, München 1954, 77ff. »Die ethische Kollektivperson«; 140ff: »Die Geisteinheit der Gemeinde – Die Kollektivperson«.

Israel werde ihn als »Mein Vater« anrufen, das Ich einer kollektiven und in einer kollektiven Personalität; und die Frage entsteht, ob das Ich Jesu und sein Gebetsruf »Mein Vater« zu verstehen sind als absolute Differenz zum betenden Kollektiv Israels oder ob es eine ausdifferenzierende »Erfüllung« der z. B. in Jer 3,19 ausgesprochenen Erwartung Gottes ist und so eine Aktualisierung des betenden Ichs Israels. Dogmatisch ist diese Frage jedenfalls zu stellen und nicht zu verschweigen. – Welche »Ich-Stärke« unter den Weltvölkern dazu gehört, den Gott Israels mit »Mein Gott« anzurufen, zeigt, daß das Personalsuffix Ich exklusiv gemeint ist: Gott erwartet, daß das zu seinem Sohn eingesetzte Israel nur ihn als Gott anruft. Diese – religionsgeschichtlich ungewöhnliche – Exklusivität ist die Kehrseite der Adoption, ihre Verpflichtung. Sie wird auch ausgedrückt mit der Nachfolge-Erwartung, die Gott seinem Sohn gegenüber ausspricht, auch sie ist natürlich exklusiv gemeint. Daß viele Einzelne in Israel Gottes Erwartung immer wieder enttäuschen und außer Gott auch anderen Göttern nachfolgen, dokumentieren Gesetz und Propheten in ihrer Kritik. Aber das hat die bleibende Erwartung Gottes nie enttäuscht; es bleibt ewig offener Anspruch des Gottes, der sich selbst an die Sohnschaft Israels gebunden hat, daß Israel ihn dennoch als »Mein Vater« anrufen werde. Eben so ist Jesus als »Sohn Gottes« der Repräsentant aller Selbstbindungen und Erwartungen Gottes an die Menschheit, der Bestand behält auch gegenüber aller Abgötterei in den menschheitlichen Gottesbeziehungen. Wie für den einzelnen Juden die kahal, die Gemeinde Israels, ontologischer Ort seiner Gottesbeziehung ist, so der »Sohn« Jesus für die der Menschheit.

Das ist nach zwei Seiten hin zu vertiefen. Zunächst, was das innere Engagement Gottes in der Sohnesbeziehung betrifft, Jer 31,20 – wieder ein Gottesspruch: »›Ist eigentlich Ephraim mein teurer Sohn, ist er mein Lieblingskind? So oft ich von ihm rede, muß ich immerfort seiner gedenken; darum stürmt mein Herz ihm entgegen, ich muß mich seiner erbarmen‹, spricht der Herr«; in Bubers Übersetzung: »Ist mir denn Ephraim ein so teurer Sohn oder ein Kind des Ergötzens?! Wie oft ich ja wider ihn rede, muß ich sein denken noch, denken. Drum wallt ihm mein Eingeweid zu, ich muß mich sein erbarmen, erbarmen: ist Sein Erlauten«. Buber streicht mit seiner Übersetzung zwei Leitworte dieses Spruchs heraus: »denken noch, denken« und »erbarmen, erbarmen«. – Wieder meint »denken« hier keine theoretische Tätigkeit; Gottes Denken wirkt sich sofort und in einem aus an dem Gegenstand seines Denkens: im Erbarmen mit Ephraim. Beide Doppelungen unterstreichen eine letzte Intensität der Beziehung Gottes zu Ephraim. – Ephraim ist der Name des Volksstammes, der traditionell auch für das Nordreich Israel gebraucht werden konnte. Dieser Gottesspruch gehört zum sog. »Trostbüchlein für Ephraim« (30,2), dem Volksteil, der zu Jeremias Lebzeiten schon seit hundert

Jahren seine politische Selbständigkeit verloren hätte; Gott gedenkt hier also an einen politisch längst verlorenen »Sohn«. Die Fraglichkeit dieses Gedenkens ist deutlich: Gott fragt sich ernsthaft, ob dieser Sohn seines Gedenkens denn wert sei; Freude macht er ihm ja nicht mehr und hat es auch früher kaum getan. Es gab genug Gründe, gegen Ephraim zu sprechen, ihn also zu richten. Und wirklich ist Ephraim zur Zeit dieses Gottesspruchs ein gerichteter Sohn Gottes. Dennoch: Gedenken und also Erbarmen! Gott kann und will seinen Sohn Israel über noch so viele Zeiten hin nicht vergessen, auch und gerade im Gericht und in seiner politischen Verlorenheit nicht; auch wenn Ephraim von Gott verlassen scheint, bleibt er doch nicht verlassen von Gottes Erbarmen. Das hängt mit der inneren Fixiertheit Gottes an seinen Sohn zusammen. Gottes »Eingeweide« wallen ihm zu; das ist ein metaphorischer, affektgeladener Ausdruck dafür, daß Gott nicht anders kann, als auch an seinem verlorenen und gerichteten Sohn zu hängen; er steht da unter einem inneren Müssen: »Ich muß mich sein erbarmen, erbarmen, ist Sein Erlauten.« – Auch wenn diese Vater-Sohn-Beziehung weit entfernt vom innertrinitarischen Denken des christlichen Dogmas ist – in den Ausdrücken vom intensiven Gedenken Gottes, von seinen Affekten für seinen Sohn, spricht sich eine *innere Gegenständlichkeit* der Bindung Gottes an seinen Sohn aus, von der man sich vorstellen kann, daß antike Heidenchristen es nicht als metabasis eis allo genos verstehen mußten, wenn sie später mit heidnischen Vorstellungen von der inneren Beziehung des ewigen Vaters zu seinem ewigen Sohn Ähnliches zu sagen meinten. U. E. ist es ebenso nötig wie möglich – vermittelt über die Begriffe von »innerer« Bindung, Notwendigkeit und Gegenständlichkeit –,zwischen der Schilderung des Vater-Sohn-Verhältnisses in den genannten biblischen Beispielen und dem, was in der dogmatischen Aussprache gemeint war, eine Parallele der Aussage*absicht* zu erkennen. Natürlich nicht in dem Sinne, daß Gott sich (nach Jeremias Wort) in einer zweiten »Person« seiner selbst so gegenständlich würde, wie das Trinitätsdogma es ausdrückte, aber doch so, daß seine Bindung an Israel ihn nicht nur ad extra, sondern zuvor ad intra, in sich selbst bindet – um die prophetischen Texte einmal mit termini der alten Dogmatik zu beschreiben. Von daher wird man sogar fragen dürfen und müssen, ob solche Strukturvergleiche nicht dazu helfen können, die trinitarischen Vorstellungen wieder bewußt zu machen als: eben Vorstellungen, also begrenzte Mittel eines Denkens und menschlichen Bestimmens der Beziehung zwischen Gott und seinem »Sohn«, die als solche keineswegs »die Sache selbst« sind, als die sie schon zu lange ausgegeben worden sind. Nicht was *in* diesen Aussagen des Dogma gesagt wird, ist das christlich Verbindliche, sondern was *mit ihrer Hilfe* bezeichnet sein soll, entscheidet. So gesehen, läßt sich sogar fragen, ob das, was das Dogma in seinen Formen meint, nicht sein Eigentliches, die »Sache selbst«, in dem hat, was uns im Alten Testament gesagt wird. Leider sind wir umgekehrt gewohnt, eher die Bibel mit der Kategorie bloß menschlicher »Vorstellungen« zu analysieren, im Dogma aber die Sprachform des »eigentlich« Gemeinten zu sehen. In dieser Situation kann ein Versuch natürlich nicht genügen, jetzt einfach den Spieß umzukehren und gegen den Strich der Tradition zu denken. Auch die biblischen Aussagen werden ja tatsächlich mit Mitteln menschlicher »Vorstellungen« gemacht – wie die dogmatischen. Dabei kann man nicht sagen, daß die eine oder andere Aussageweise »existentieller« zu uns spreche; gegen die Affektensprache des biblischen Anthropomorphismus im Reden von Gott gibt es keinen geringeren, auch von Theologen gehegten Widerwillen, als gegen das »Metaphysische« des Dogmas. Dennoch darf gefragt werden,. ob nicht die biblische Sprache, die von einer Menschengestaltigkeit Gottes geprägt ist,[24] sachlich doch angemessener ist als die Sprache der kosmischen Supermächte, die sich in altkirchlichen Hypostasen vom »ewigen Logos« und dgl. ausdrückt. Natürlich ist auch sie nicht »die Sache selbst«,-auch nicht, wenn sie in der Autorität von Propheten und Aposteln gesprochen wird. Aber auf jeden Fall ist sie »wahrer« (wenn einmal eine Quantifizierung erlaubt ist), als wenn man ein Patt zwischen den biblischen und dogmatischen Vorstellungen herstellte, um dann auf begriffliche Formalisierungen (wie z. B. »innere Gegenständlichkeit«) auszuweichen. Solche Formalisierungen sind allerdings brauchbare Hilfsmittel, um im Nachdenken vielleicht einen Schritt weiterzukommen. In unserem Fall also dazu, überhaupt unsere Frage nach einer Vergleichbarkeit der biblischen und dogmatischen »Vorstellungen« aufzuwerfen und sie so gegeneinander versuchsweise zu relativieren, – dann aber in der Tat auch dazu, ererbte Grundeinstellungen fraglich zu machen, – schließlich im Ziel auch dazu, systematisch neue Entscheidungen zu treffen und also eine Zweitrangigkeit des dogmatischen gegenüber dem biblischen Gedanken behaupten zu können. Damit soll der häufig thetische Charakter von Aussagen, die die *Autorität* der Bibel vor dem Dogma begründen, aufgelockert und als Frage ihres *sachlichen* Vorrangs neu zur Diskussion gestellt werden. Ob Gott mit wallenden Eingeweiden Ephraim entgegenstürmen, seinen geliebten verlorenen Sohn niemals vergessen wird oder: ob der ewige Vater Jesus in dem Gericht seiner Passion und seines Kreuzes nicht verlorengeben wird, indem er sich selbst in der väterlichen Beziehung zu seinem »ewigen Sohn« nicht verloren gibt, ist wirklich nur eine Differenz in der Vorstellung, keine in der Sache: was das Verhalten (gewiß nicht: was den Gegenstand) Gottes betrifft. Wohl aber ermöglicht dieser Ver-

24. Vgl. H.M. Kuitert, Gott in Menschengestalt. Eine dogmatisch-hermeneutische Studie über die Anthropomorphismen der Bibel, München 1967.

gleich aufs neue die Frage nach *unseren* Möglichkeiten, sachlich davon zu sprechen. Mag sein, daß uns ein hypostatisches Sprechen von der inneren Gegenständlichkeit Gottes in seinem Verhältnis zu seinem ewigen Sohn schwerer oder leichter fällt als ein anthropomorph-affektgeladenes. Beide Male geht es um die gleiche Sache: innere Personalität der Sohnesbeziehung Gottes; sie ist in beiden Sprachformen gemeint. Zwischen ihnen werden, wenn es sein soll, aber Kriterien entscheiden, die nicht in ihnen selbst gegeben sind. Gott bleibt immer über allen Vorstellungen von Gott, den biblischen wie den dogmatischen. Aber es könnte sein, daß Gott uns heute die hypostatische Denkform der dogmatischen Trinitäts- und Zweinaturenlehre verwehrt um einer neuen Begegnung mit Israel willen. Es könnte also geschichtliche Gründe geben, die *geistlich* oder »prophetisch« zu entscheiden und nicht zu verwechseln sind mit den *nicht* notwendig gebieterischen Assimilationszwängen an modernes Bewußtsein, an das »Wir heute«. Wir sagten ja: »Uns heute« können beide Denkweisen gleich ärgerlich werden. »Geistlich« heißt: Um neuer Wege Gottes in der Menschheit willen könnte das Ärgernis und Mißverständnis eines in Gott gedachten δεύτερος θεός, eines zweiten Gottes, aus der Aussprache der inneren Gegenständlichkeit Gottes heute zum Verschwinden bestimmt sein – wenn dafür gesorgt ist, daß sie als solche nicht (etwa durch Mythologiekritik) aufgehoben, sondern in ihrer sachlichen Notwendigkeit anerkannt bleibt. Die aber besteht in der Verkündigung, daß Gott bis in den Kern seiner selbst, seines »Wesens«, betroffen und berührt ist von seinem Verhältnis zu seinem »Sohn«,-abstrakter gesagt: daß er nicht über seine Beziehungen zu seinem Sohn erhaben bleibt.

Ein anderes Moment der Vertiefung des hebräischen Sohnes-Namens ist die Verpflichtung, die er enthält. Wir hörten schon, daß im Gottesspruch des Jeremia (31,20) »Sohn« und »Nachfolge« Gottes miteinander verknüpft waren und daß im Gottesspruch Ex 4,22 das Ziel der Befreiung des Sohnes Gottes aus Ägypten dahin lautete: »daß er mir diene«. Indem Israel zum »Sohn Gottes« berufen wird, wird es eben damit zum Dienst Gottes berufen; und der »Sohn« ist auch »Knecht« Gottes. »Ein Sohn ehrt seinen Vater«, heißt es sprichwortartig in Mal 1,6; das wird im hebräischen Stil des parallelismus membrorum ausgelegt mit dem anschließenden Gedanken: »und ein Knecht fürchtet seinen Herrn«. Der »Vater« kann auch »Herr«, der »Sohn« auch »Knecht« heißen. Das beschreibt ein Subordinationsverhältnis des Sohnes zum Vater, – ferner eines, das wieder nicht durch biologische Deszendenz gekennzeichnet, sondern über eine Arbeits- und Werkbeziehung vermittelt ist; denn eine Knecht-Herr-Beziehung ist von Arbeit geprägt.

Darin spiegeln sich antike und feudale Gesellschaftsstrukturen und die Organisation der Familie unter den Bedingungen von Ökonomie. Das ist neben der vorhin genannten juristischen Charakterisierung des Sohn-Vater-Verhältnisses also eine zweite gesellschaftliche Bestimmung, hinter der das nur physisch gedachte Abstammungsverhältnis zurücktritt, besser gesagt: in der das Biologische seine geschichtliche Form findet.

2. Zeugung und Geburt

Exkurs. Diese Beobachtungen sind u. E. systematisch wichtig, leiten sie uns doch zu einer ideologiekritischen Besinnung auf eine heutige Verwendung des Sohn-Gottes-Begriffes an. Die dogmatische Deutung hat den biblischen Sohngedanken in einer Weise biologisiert, die ihm nicht entspricht. Die Verbindung des Sohn-Gottes-Gedankens mit den neutestamentlichen Erzählungen von Jesu wunderbarer Geburt hat sehr schnell eine biologische und damit habituell-physische Bedeutung in den Vordergrund gespielt, die mit Sicherheit bei Matthäus und Lukas nicht so gemeint war und die wahrscheinlich auch das Denken des antiken Dogma mindestens nicht so einseitig bestimmte, wie es die spätere Rezeption und Dogmenkritik vorgab: Sowohl in den Zeugungs- und Geburtserzählungen der Jesus-Geschichten, wie in der Sprache des Dogmas (von einer »ewigen Zeugung« des Sohnes Gottes) sind die biologischen Termini noch ganz geschichtlich-funktional gedacht, d. h. sie bestimmen Beziehungen, nicht physische Produktionsverhältnisse. Erst die spätere Zeit eines feudalen und dann auch bürgerlichen biologischen Materialismus wertete die biologische Abstammung so hoch und zu einem Wert an sich – darin durchaus dem Rassismus vorauslaufend.

»Wir heute« befinden uns in einer kritischen Auseinandersetzung über die Geltung des biologischen Prinzips des Menschseins. Einerseits sind wir durch Aufklärung und politischen Kampf ein Stück vorwärtsgekommen in einer gesellschaftlichen Auffassung des Verhältnisses zu uns selbst als biologischen Wesen. Der nationalsozialistische Rassismus hat es uns gehörig ausgetrieben, in unserer Zeugung und einer darin spezifizierten »Sohnschaft« irgendeinen gesellschaftlich oder ästhetisch, politisch oder hygienisch artikulierten Wert zu sehen (lebensunwertes Leben!). Andererseits erleben wir derzeit eine biologische Reaktion des Katholizismus in der Frage von Empfängnisverhütung und Abtreibung, die von konservativen Regierungen, wie derzeit der unseren, unterstützt wird und übrigens gesellschaftlichen Zuspruch auch von linken politischen Strömungen erhält, die in einem neu-romantischen Zurück-zur-Natur-Denken und -Handeln der umfassenden Gefährdung der biologischen Natur durch Industrie und Technik (bis ins Genetische hinein) begegnen wollen. In der Tat hat die aufklärerische gesellschaftliche Funktionalisierung auch unserer eigenen menschlichen Natur zu ihrer mechanischen und chemischen

Unterwerfung geführt – mit enorm weitreichenden gesellschaftlichen Folgen; die Pille ist in einem ein Mittel freier Selbstbestimmung über die Folgen unserer sexuellen Akte, wie sie chemischer Zwang über die biologische Natur ist. Eine Befreiung des Zeugungsaktes zu einer eingriffslosen »Natürlichkeit« ist aber weder gesamtgesellschaftlich möglich (im Weltmaßstab wegen der Übervölkerung der Erde), noch gesellschaftlich im Sinne der Kultur individualer Selbstbestimmung, solange diese Weltgesellschaften nicht ökonomisch umorganisiert werden und mit anderen Lebensbedingungen auch andere Lebensmöglichkeiten erschließen. – Besonders geht uns Christen der religiöse Mißbrauch der biologischen Natur des Menschen zu Unterdrückungszwecken an. Der Katholizismus hat noch immer nicht den traditionellen Biologismus seines Sündenverständnisses – die Ortung der Erbsünde im Zeugungsakt – revoziert, und es gibt auch noch genug protestantische Pfarrer und Theologen, die überhaupt an der Verbindung zwischen der Sünde und einem durch die Gattung zwanghaft vermittelten Erbe festhalten, so daß über die christlich unvermeidliche Verkündigung der Sünde immer auch ein Element biologischer Repression weiter vermittelt wird; in der immer noch nicht wirklich revidierten Einstellung der Kirche zur Homosexualität fällt das besonders auf.

U. E. spielen alle diese Tatsachen mit eine Rolle, wenn wir heute einerseits die Traditionen der Sohn-Gottes-Bezeichnung verstehen, andererseits sie selbst verantworten wollen. Soviel haben wir durch diese Überlegungen jetzt schon gewonnen: Der Primat eines biologisch verstandenen Sohnes-Namens in der (problematischen) Rezeption des Dogma wird von den rein gesellschaftlich-funktionalen Bedeutungsmomenten gebrochen, die den *biblischen* Sohn-Begriff bestimmen; und unserer Erfahrung liegt der biblische Sinn heute wahrscheinlich doch näher als der biologische, der freilich noch viel Einfluß im Katholizismus und in konservativen Herrschafts- oder auch Befreiungsbestrebungen besitzt. Jedenfalls sind in der Hebräischen Bibel Recht und Arbeit, nicht Zeugung und Geburt die Bezüge, in denen das Verhältnis von Vater und Sohn aktuell ist.

Diese Erkenntnis läßt sich auch an hebräischen Termini belegen, die im Vorurteil der Tradition »biologisch« aufgefaßt wurden. Wir hörten in Ex 4,22 schon, daß Israel dort wie »Sohn«, so auch »Erstgeborener« Gottes genannt wurde – wie Jesus im Neuen Testament. Die Tradition ist in ihrem Verständnis hier besonders sichtbar die Gefangene der griechischen Bibelübersetzung. Dort wurde nämlich mit πρωτότοκος, Erstgeborener, ein hebräisches Wort übersetzt, in welchem weder ein Moment von Geburt noch von Erstgeburt enthalten ist: bechar, was schlicht »Erbe« heißt. Natürlich war es auch im alten Israel gesellschaftliche Regel, daß der Erstgeborene das Erbe seines Vaters antrat, nach alter patriarchalischer Sitte. Wir haben aber schon oben in Teil I hinreichend darauf aufmerksam gemacht, daß Gott in seinem Erwählungshandeln diese patriarchalische Sitte dauernd verletzt und durchbricht, indem er nicht den Erstgeborenen, sondern irgendeinen anderen der Erzväter-Söhne zur Fortsetzung der Heilslinie erwählt (vgl. Bd. 1, 281 ff.). Dies bedeutet eine spürbare Kritik und jedenfalls Relativierung eines Rechts, das aus erster Zeugung abgeleitet wird, mit der Folge, daß terminologisch überhaupt das biologische Zeugungsmoment zurücktritt und stattdessen der Rechtsbegriff des Erben eingesetzt wird. Daß in der griechischen Welt der LXX der biblische Begriff zum Geburtsbegriff rebiologisiert worden ist, ist ein Beispiel für den weltenweiten Unterschied zwischen griechischem und hebräischem Denken. Was, griechisch gedacht, »Erstgeborener« heißt, heißt hebräisch »Erbe«, – was dort Terminus der Geburt ist, ist hier Terminus des Rechts, und das gilt auch für die Jesus-Schriften, wo nur in Lk 2,7 der πρωτότοκος Jesus im Blick auf seine Mutter, also auf Geburt und Zeugung, bestimmt wird. Heißt Jesus sonst im Neuen Testament πρωτότοκος dann immer in der durchs Griechische entstellten hebräisch funktionalen Form.[25]

Ähnliches gilt überraschenderweise auch für die biblischen Aussagen von einer Zeugung des Gottessohnes. Besonders wichtig ist hier Ps 2,7, weil dieser Vers in den Jesus-Schriften zur Deutung Jesu ausdrücklich verwendet worden ist: »Kundtun will ich den Beschluß des Herrn: Er sprach zu mir: ›Mein Sohn bist du; ich habe dich heute gezeugt‹.« – Was wäre das für eine *biologische* Zeugung, über die ein Erzeuger mit seinem Sohn bereits am Tage der Zeugung sprechen könnte! Schon diese logische Absurdität läßt vermuten, daß es sich beim Zeugungsbegriff hier um etwas anderes als biologische Zeugung handelt. Historische Auslegung bestätigt das; es handelt sich nach Auskunft der Exegeten[26] um eine Königsproklamation in Israel, die nach Analogie vor allem ägyptischer Thronbesteigungsrituale gebildet sein soll. In Ägypten heißt ein König »Sohn Gottes«, und die Gottheit hat ihn »gezeugt«. Das ist dort in der Tat wohl mythologisch gedacht im Sinne physischer Gottessohnschaft des Königs. Die Formel »heute«, d. h. am Tag der Thronbesteigung, »habe ich dich gezeugt« mag also dieser Herkunft sein. Meint Ps 2,7 sie aber im gleichen mythologischen Sinne? Dagegen sprechen die übrigen Aussagen des Psalms, die von der überlegenen Unterwerfung anderer Könige anderer Völker durch den heute inthronisierten König sprechen. Auch dieser imperialistische Gedanke scheint formelhaft überliefert, aber nicht aus ägyptischen, sondern aus babylonisch-sumerischem Königsritual. Der neue König möge Unterwerfer fremder Throne und Gewalten, also Weltenherrscher und Großkönig werden

25. W. Michaelis, Art. πρωτότοκος, ThWNT VI, 877, 6–8.
26. Vgl. H.J. Kraus, Psalmen. 1. Teilband, Neukirchen 1960, z.St.

– das wird dort bei der Thronbesteigung einem neuen Herrscher gewünscht. Dort aber fehlt der mythologische Gedanke der Zeugung des Königs durch den Gott. So halten die Exegeten die Vorstellungen von Ps 2 für eine ägyptisch-babylonische Mischung, die Gesamtanlage des Psalms eher nach babylonischem Vorbild gefügt; der königliche »Sohn Gottes« ist Bezwinger fremder Gewalten; die ägyptische Zeugungsformel wird zwar zitiert, aber ist nur noch entmythologisiert zu verstehen: »Heute habe ich dich gezeugt«, meint in Ps 2 sachlich: »Heute habe ich dich öffentlich in dein königliches Sohnesamt eingesetzt«.

Sogar der durch und durch graezisierte Jude Philo hat an diesem gesellschaftlich-funktionalen Sinn des Zeugungsgedankens festgehalten und gleich alles ποιεῖν, Handeln Gottes, als ein γεννᾶν, Zeugen, bezeichnet. In diesem Sinn wurde der Gedanke göttlicher Zeugung auch im Neuen Testament auf Jesus angewandt. Apg 13,33 wird unser Psalmvers zitiert als Beleg dafür, daß Gott »Jesus auftreten« ließ. – Nach alten Handschriften von Lk 3,22 hat die Himmelsstimme bei der Taufe Jesu Ps 2,7 gesprochen: »Du bist mein geliebter Sohn, heute habe ich dich gezeugt«, so daß die Bezeichnung Jesu als Träger des Heiligen Geistes, die nach dieser Erzählung bei der Taufe geschah, als seine »Zeugung« durch Gott aufgefaßt wurde; daß andere Handschriften an dieser Stelle den Text verändert und statt »heute habe ich dich gezeugt« hingesetzt haben: »an dir habe ich Wohlgefallen«, ist wohl schon eine Reaktion auf ein späteres physisches Mißverständnis des Zeugungswortes, das durch Textabwandlung vermieden werden sollte. – Am Anfang des Hebräerbriefs wird das Zeugungswort ebenfalls zitiert (1,5). Offenbar ist hier die gedachte »Zeugung« Jesu durch den Vater als ein Vorgang beschrieben, der sich abspielte, bevor Gott seinen »Erstgeborenen« »in die Welt einführte« (1,6), also in der himmlischen Vorzeitigkeit. Damit wird Hebr 1,5 sicher ein Vermittlungsglied zu der späteren Vorstellung des Dogmas von einer »ewigen Zeugung« des ewigen Sohnes durch den ewigen Vater. Nur um so weniger kann das Zeugen hier biologisch gemeint sein. Hebr 1,5 drückt mit dem Zitat von Ps 2,7 die ihm in seinem antignostischen Kampf wichtige Überlegenheit Jesu über die Engel aus: Er steht Gott weit näher als sie, denn zu keinem der Engel hat Gott je gesagt, was er für immer zu Jesus gesagt und über ihn von Ewigkeit her proklamiert hat: »Ich will ihm Vater sein, und er soll mir Sohn sein«; das wehrt den häretischen Gedanken ab, Jesus sei kein richtiger Mensch, sondern ein himmlisches Wesen wie die Engel gewesen: das gerade nicht; er gehört zum Vater als Sohn, nicht als Engel. Daß der Verfasser des Hebräerbriefs Ps 2,7 nicht das Problem der *Genese* des Sohnes, sondern seine *Würde* im Vergleich mit anderen Mächten, Gestalten und Wahrheiten meint, zeigt sich auch 5,5, wo er sagt: »Christus hat sich nicht selbst für würdig gehalten, Hoherpriester zu werden«-der Vater hat ihn dessen gewürdigt, als er die Worte von Ps 2,7 zu ihm redete. Hier meint der Gedanke der Zeugung durch Gott: Würdigung durch Gott, statt Selbstqualifizierung Jesu für den Priesterdienst.

In eben diesem funktionalen Sinn ist aber u. E. auch die Zeugungsgeschichte Jesu zu verstehen, die der erste Evangelist erzählt. Er beginnt seine Schrift 1,1-17 mit einem βίβλος γενέσεως Ἰησοῦ Χριστοῦ, Buch der Zeugung Jesu Christi, und mit einer langen Genealogie. Damit stellt er sein Evangelium bewußt in den Wirklichkeitshorizont der Hebräischen Bibel, die ihrerseits nach dem Vorspann der Schöpfungsgeschichte in Gen 5,1 mit einem sefer toledot adam, Buch der Zeugungen Adams, des Menschen, beginnt und die Geschichte vom Werden Israels inmitten der Völker als Geschichte der Väter und Mütter Israels und ihrer Zeugungen und Geburten erzählt; indem die Kirche das Matthäusevangelium an den Anfang des neutestamentlichen Kanons gerückt hat, hat sie ihrerseits das ganze Neue Testament in den Wirklichkeitshorizont der Hebräischen Bibel gerückt.

Die Genealogie von Mt 1,1-15 erzählt stereotyp, wie ein Vater seinen Sohn »zeugte«, und damit ist natürlich der biologische Akt gemeint. Plötzlich im Vers 16 aber, der noch stereotyp beginnt: »Jakob zeugte den Joseph, den Mann der Maria«, unterbricht der Evangelist den stereotypen Stil und fährt fort: »aus der Jesus gezeugt *wurde*, der der Christus genannt wird«. An dieser untypischen Aussage ist zweierlei zu beachten: *a*. Nicht heißt es: »Joseph, der Mann der Maria, zeugte Jesus«, sondern: Jesus »wurde aus Maria gezeugt«. Der Wechsel von einem aktiven Zeugen zum passiven Gezeugtwerden verändert die Blickrichtung der Aussage im Vergleich mit den vorherigen: Dort lag das Interesse des Berichts auf den Erzeugern, hier plötzlich wird es auf einen Erzeugten konzentriert. – Hebräischer Sprache gemäß kann aber nun die Passivform eines Geschehens Ausdruck für ein Handeln Gottes sein; daß in der langen genealogischen Kette von Zeugungen Jesus »gezeugt wurde«, setzt stillschweigend voraus: Hier war Gott im Spiel, das eigentliche Subjekt des Geschehens – so aber, daß er nicht genannt wird und dadurch dem Geschehen selbst transzendent bleibt. Mit dieser plötzlich veränderten Sprachform wehrt Matthäus die heidnische Vorstellung ab, als wäre Gott in irgendeinem den Vätern Israels vergleichbaren Sinn Vater und Erzeuger Jesu. Es wäre absurd und unsachgemäß, wollte man an diese Aussage sexuelle Phantasien heften, was Wissenschaftler dann tun, wenn sie zu einer »näheren« Erklärung religionsgeschichtliche Parallelen aus dem Heidentum bemühen, in denen es von sexuell zeugenden Göttern nur so wimmelt; mit solcher Erklärungsgeilheit tritt man dem Juden Matthäus zu nahe, der ausdrücklich von Jesu Zeugung das nicht sagen will, was in solchen sog. Parallelen gesagt wird. Matthäus sagt in 1,16: An Jesus ist der Zeugungsakt nicht interessant; er ist kein Vater, sondern ein

Sohn Israels. Interessant an ihm ist allein, daß er erzeugt wurde und daß in seinem Herauskommen aus Maria in besonderer Weise Gott im Spiel war. – *b.* Diese besondere Weise wird in der zweiten Vershälfte als das besondere Ziel benannt, um dessentwillen Jesus gezeugt wurde; was Gott in dieser Zeugung zu suchen hat, ist das Ziel. Denn der Jesus, der aus seiner Mutter Maria gezeugt »wurde«, ist der, »der Christus genannt wird«. Wieder ist die passive Form auch dieser Aussage zu beachten. Jesus wurde nicht als Christus gezeugt, sondern er wurde dazu gezeugt, der zu sein, der Christus genannt wird. Seine Erzeugung hat ihre Spitze in seinem öffentlichen Genanntwerden.

Das gilt für biblisch-hebräisches Verständnis von Zeugung und Geburt überhaupt und belegt den zugespitzten *gesellschaftlichen* Sinn der biologischen Geburt. Jedes Geburtsgeschehen gipfelt in der öffentlichen Ausrufung des Namens des Neugeborenen; in der Identität seines Namens ist der Mensch gesellschaftliches Wesen und so erst Mensch. Das ist die *spezifische* Aufgabe des Vaters bei der »Zeugung« eines Kindes; dementsprechend erklärt der Engel der Verkündigung dem träumenden Joseph: Siehe, deine Frau Maria wird einen Sohn gebären, »und du sollst ihm den Namen Jesus geben« (1,21); das wird an dieser Stelle mit einem Zitat aus Jesaja begründet: »Siehe, eine junge Frau wird schwanger werden und einen Sohn gebären, und man wird ihm den Namen Immanuel geben« – wieder liegt die Spitze des Geburtsgeschehens in der Namensgebung, und wieder wird von ihr in passiver Form gesprochen: so wird er von der Öffentlichkeit genannt. Wie tief dieser Zusammenhang von Geburt und Namengebung in der hebräischen Wirklichkeit festliegt, kann man im Dreitakt der Schöpfungserzählung sehen: Gott sprach . . ., Gott machte . . ., Gott nannte »das Licht Tag und die Finsternis nannte er Nacht« (Gen 1,5), »und Gott nannte die Feste Himmel« (1,8); »er nannte das Trockene Land, und die Ansammlung der Wasser nannte er Meer« (1,10). Und eben so geschah es auch nach Lukas, daß, als acht Tage nach seiner Geburt um waren – das waren die Tage, nach denen man einen Sohn beschneiden muß –, »da wurde ihm der Name Jesus gegeben«, wurde also das neugeborene Kind in die Öffentlichkeit eingeführt, und erst darin vollendete sich seine Zeugung und Geburt: Jedermann kann ihn nun bei seinem Namen nennen. – In Mt 1,16 hat dies aber noch zusätzlich die Spitze, eine physisch, durch Zeugung vermittelte Messianität strikt auszuschließen: Jesus wurde aus Maria gezeugt, und Christus wurde er in der Öffentlichkeit genannt. Jesus von Nazareth ist danach der öffentlich so genannte Christus.

Um den theologischen Sinn der passiven Aussage Mt 1,16 »Jakob zeugte Joseph, den Mann der Maria, aus der Jesus gezeugt *wurde*, der der Christus genannt wird« noch deutlicher zu verstehen, blicken wir nun auf den Schluß des ersten Evangeliums. Auch dort steht eine Passiv-Formulierung im Mittelpunkt; Mt 28,6 sagt der Engel zu den Frauen, die er in Jesu Grabhöhle hineinruft: ἠγέρθη – Er ist »auferweckt worden, wie er gesagt hat«; und im hebräischen Leitwortstil gibt er ihnen, nachdem sie den Ort angesehen haben, an dem Jesus lag, den Auftrag, den Jüngern zu sagen, ὅτι ἠγέρθη ἀπὸ τῶν νεκρῶν, daß er »erweckt worden« ist von den Toten; auch hier ist das Passivum Umschreibung dafür, daß Gott in diesem Geschehen das verborgen handelnde Subjekt war. Uns interessiert die Formel: »wie er gesagt hat« in der Engelbotschaft. Das bezieht sich auf die im Evangelium vorher dreimal berichteten sog. Leidensankündigungen Jesu; sie enthielten auch eine Ankündigung des Ostergeschehens. Und hier nun kann man eine Veränderung des Markustextes durch Matthäus beobachten. Bei Markus kündigt Jesus dreimal an, er werde nach seinem Leiden und Tod »auferstehen«, ἀναστῆναι; eben diese Aktiv-Form hat Matthäus bei seiner Übernahme der Leidensankündigungen konsequent in die Passivform »erweckt werden«, ἐγερθῆναι umgewandelt. Das Osterereignis geschieht nicht aus eigener Wunderkraft des Leibes Jesu, wie die Markusversion will, sondern durch verborgenes Wirken Gottes am Leichnam Jesu. Auferweckung ist ein Beziehungsgeschehen zwischen Gott und Jesus, nicht ein magischer Akt der ungeschwächten Lebenskraft des Leibes des Toten. – Mit dieser Korrektur des Markus hat Matthäus aber womöglich eine Analogie zum Anfang seines Evangeliums herstellen wollen: Dem ἐγεννήθη, Gezeugtwerden, am Anfang soll das ἠγέρθη, Erwecktwerden, Jesu am Schluß entsprechen. Und damit wird ausgesagt: Das Leben Jesu ist im ganzen eines, in dem verborgen Gott als Subjekt wirkt; sein Ursprung in seinem Gezeugtwerden und sein Ziel in seinem Erwecktwerden ist nur als Passivum zu charakterisieren, es ist weder im Ursprung noch im Ziel durch eine Selbsttätigkeit dieses Menschen gekennzeichnet.

Mit diesen Bemerkungen haben wir herausgearbeitet, daß in biblischer Sprache »zeugen« ein terminus gesellschaftlicher Funktion ist, – daß aber auch in der sachlichen Vorstellung vom Anfang des Menschseins Zeugung und Geburt immer zusammengehören mit dem öffentlichen Ausrufen des Namens des Neugeborenen, also mit seiner Sozialisierung in der Gesellschaft, und daß das, wie in der Hebräischen Bibel, so im Neuen Testament auch für die Rede von der Erzeugung Jesu gilt.

3. Jungfrauengeburt

Damit ist noch nicht Stellung genommen zur Frage der sog. Jungfrauengeburt. Sie hat ihren Ort nicht im Matthäusevangelium, wo vor allem eine Zeugungsgeschichte Jesu erzählt wird, sondern im Lukasevangelium, wo vor allem eine Geburtsgeschichte Jesu erzählt wird. Aber auch dort ist die Erzählung so stark biblisch-jüdisch geprägt, daß zwar der biologische Aspekt unübersehbar deutlich zur Sprache gebracht, aber auch hier durchaus nicht als die Sache selbst erzählt wird; auch wenn bei Lukas von einem biologischen Wunder die Rede ist, steht auch dies im Dienst gesellschaftlicher Ziele. .

Wir betrachten den für das Dogma von der Jungfrauengeburt Jesu entscheidenden Text: Lk 1,26-38. Liest man die Verse 26-33 und dann wieder die Verse 36-38, könnte kein Mensch auf den Gedanken an ein biologisches Wunder kommen. Eine junge Verlobte, Maria, wird von dem Engel Gabriel in ihrem Haus in Nazareth besucht. Er begrüßt sie, nennt sie einen Menschen, dem Gott Gnade erweisen will, und kündigt als Inhalt des bevorstehenden Gnadenerweises an: »Der Herr ist mit dir« (1,28). Das ist eine Umsetzung des Namens Immanuel = Gott mit uns, den man als Jude aus dem Buch Jesaja kennt. Dort bietet Gott dem von der politischen Lage Judas mutlos gewordenen König Ahas ein Zeichen an, das ihn ermutigen und ihm das Vertrauen stärken soll, daß Gott ihn und sein Volk noch nicht verlassen hat: ein Zeichen, sei es tief aus der Unterwelt drunten oder hoch aus der Höhe droben (Jes 7,10). Ahas ziert sich; er will Gott nicht versuchen. Jesaja reagiert auf diese Resignation Gott gegenüber empört: »Ist es nicht genug, Menschen zu ermüden, daß ihr auch noch meinen Gott ermüdet?« (7,13). Und nun kündigt er auch ohne Zustimmung des Königs folgendes Gotteszeichen an: »Siehe, die junge Frau ist schwanger und gebiert einen Sohn, und gibt ihm den Namen Immanuel . . .« (7,14); es ist dieser Name – Gott mit uns –, der den Ahas ermutigen soll. Das Judentum hat dieses Kind nie messianisch gedeutet, – bei der jungen Frau an eine beliebige Schwangere aus dem Volk gedacht, die bei dieser Szene gerade in der Nähe stand, oder vielleicht auch an die Schwangerschaft irgendeiner dem Ahas und dem Jesaja gemeinsam bekannten Frau. Von einer Jungfrau war da nicht die Rede, sondern von einer jungen Frau, also auch von keinem Geburtswunder, sondern allein von der Ermutigung, die im Namen Immanuel liegt: Allem zum Trotz – Gott mit uns! Die Ermutigung dieses Namens spricht der Engel Gabriel der Maria zu: Sie wird die Substanz, der Sinn und Inhalt des ganzen Gnadengeschenks sein, das der Maria angekündigt wird. In dem, worauf sie zugeht, wird sich die Jesaja-Ahas-Geschichte von vor 700 Jahren wiederholen. Maria erschrickt das tief, – das griechische Wort spricht hier von einer Erschütterung und Verwirrung durch und durch. Wir müssen dies eigens bemerken, weil es geeignet ist, uns einen Gnaden-Romantizismus zu zerstören: Angekündigte Gnade kann als etwas *Schreckliches* erfahren werden; vielleicht hat auch Ahas deswegen das Angebot eines Gnadenzeichens von Gott abgelehnt. Maria wird davon offensichtlich in einen Zustand von Selbstentfremdung gestürzt, in ein unaufhörliches Nachdenken darüber, was das für ein Gruß sei, – was ihr damit bevorstehe und zugemutet werde. Der sensible Engel spürt diese Erschütterung sofort und ruft ihr darum zu: »Fürchte dich nicht, Maria, denn du hast Gnade bei Gott gefunden«. Worin besteht das Gnadengeschenk? (1,31) καὶ ἰδού, und siehe – das meint in der biblischen Sprache immer denjenigen Aufmerksamkeitserreger, der auf eine Gottesoffenbarung oder ein besonderes Gottesgeschehen hinweisen soll. Es folgt eine dreigliedrige Aussage: 1. du wirst in deinem Leib empfangen, 2. wirst einen Sohn gebären, 3. wirst seinen Namen Jesus nennen. Das ist bis ins Detail genau die Aussage des Zeichens, das Jesaja vor 700 Jahren dem König Ahas von Juda angekündigt hatte; auch dort die gleiche dreigliedrige Aussage, und beidemale das klassische Modell der Einheit von Zeugung, Geburt und Namengebung. – Aber in der Gabrielsankündigung kein Wort von einer wunderbaren Empfängnis oder Geburt; für jeden, der bis hierher gelesen hat, ist es vielmehr selbstverständlich, daß das erwartete Kind den Mann zum Vater haben wird, mit dem Maria verlobt ist und dessen Name Joseph ja (in 1,27) ausdrücklich vorher auch genannt war. – Die Gnadenankündigung Gabriels wird fortgesetzt: Dieser Sohn »wird groß sein« (Karriere machen) »und Sohn des Höchsten genannt werden« (wohl ein Messias -Titel), »und Gott der Herr wird ihm den Thron seines Vaters David geben« (denn Joseph war vorgestellt worden als Mann »aus dem Hause David«), »und er wird König sein über das Haus Jakob in Ewigkeit, und seines Königtums wird kein Ende sein« (1,32-33). Martin Dibelius sagt mit Recht: »Die Erzählung bleibt bis dahin vollkommen im Rahmen der jüdischen Gedankenwelt; auch die Sprache zeigt semitische Anklänge . . .«[1] Gabriel macht Maria schlicht mit der Aussicht bekannt, sie werde den Messias Israels gebären. Außer dieser – freilich gewaltigen! – geschichtlichen Tatsache ist an der Erzählung nichts Wunderbares.

Etwas biologisch Besonderes kommt nun erst in die Erzählung durch die Frage Marias an Gabriel: »Wie soll das zugehen, da ich von keinem Manne weiß?«, das meint: da ich mit Joseph noch keinen Geschlechtsverkehr gehabt habe. Die Aussage von einem biologischen Wunder wird also erst durch die grübelnde und verängstigte Frage Marias in die Erzählung gebracht. Diese junge Frau reflektiert über die Bedingungen der Möglichkeit ihrer eigenen Schwangerschaft; vielleicht war es das, was ihr seit dem ersten Gabrielsgruß wie ein Mühlrad im Kopf herumgegangen ist: Wie soll das in mir werden?

Und nun der eine Vers 1,35, der eigentlich das ganze Dogma von der Jungfrauengeburt tragen muß: »Der heilige Geist wird über dich kommen und die δύναμις ὑψίστου wird dich überschatten; deswegen wird das gezeugte Heilige genannt werden: Sohn Gottes«.

Dazu einige Beobachtungen. In der Tat wird hier der Name »Sohn Gottes«

27. M. Dibelius, Jungfrauensohn und Krippenkind. Untersuchungen zur Geburtsgeschichte Jesu im Lukas-Evangelium, in: Botschaft und Geschichte. Gesammelte Aufsätze, 1. Bd., Tübingen 1953, 16.

als *Folge* dieser besonderen Zeugung und Geburt genannt: διό, deswegen, weil es mit der Zeugung und Geburt so und so gegangen ist, wird er »Sohn Gottes« genannt werden. Aber wir fragen: Ergibt das einen physischen Begriff von »Sohn Gottes«, jenem Schreckgespenst bürgerlicher Bibel- und Dogmenkritik? Zunächst weiter: Wir beobachten die gewollt biblische Sprache auch in der Schilderung dieses scheinbar biblisch unmöglichen Vorgangs. Auch hier, wie in der Taufgeschichte, von der wir schon sprachen, wird ein Zusammenhang von Heiligem Geist und Zeugung hergestellt. In der Taufe freilich wurde Jesus in der Weise zum Sohne Gottes »gezeugt«, daß er selbst mit dem Heiligen Geist ausgestattet und dann von Gott öffentlich als sein Sohn proklamiert wurde; hier kommt der Geist über Maria, und fast unvermeidlich erweckt das die sexuelle Assoziation, als begatte Gott diese Frau, und sein Sperma sei sein Geist. Diese Vorstellung wird auch durch den Ausdruck im Parallelismus membrorum dieses Verses noch einmal geweckt: Die Kraft des Höchsten wird dich überschatten; das Verb ἐπισκιάζειν wird in der Bibel gebraucht für die Wolke, in der Gottes Gegenwart begegnet und Dinge und Menschen überschattet: z. B. Mose auf dem Berg des Herrn (Ex 24,15), oder die Stiftshütte (Ex 40,34), oder das in der Wüste wandernde Volk Israel (Dtn 1,33), oder die drei Jünger Jesu auf dem Berg der Verklärung (Mt 17,5); die Wolke schützt vor der verbrennenden Gegenwart Gottes, – aber im Schutzschild der Wolke kann Gott den Menschen auch ganz nahe kommen; so ist die Wolke ein Medium von Gottesgegenwart. Aber sie ist in der Bibel nicht, was sie beim syrischen Baal ist: regnende und befruchtende Wolke. Das ist sie auch in unserer Mariengeschichte nicht; hier begegnet ja Gott der Maria nicht in der Wolke, sondern er überschattet sie mit der Kraft, δύναμις, des Höchsten, in höchster Dynamik. – Wir bemerken: Eine Beschreibung des Zeugungsvorganges findet nicht statt, sondern eine Umschreibung. Diese bedient sich biblischer, nicht heidnisch-mythologischer (baalistischer) Termini. Das Ereignis der Zeugung wird nicht berichtet, es erscheint nur in der Form einer Ankündigung durch den Engel. Wir fragen: Ist in dieser umschreibenden, aber nicht beschreibenden, – ankündigenden, aber nicht berichtenden Erzählung dennoch eine göttliche Zeugung *gemeint*?

Wir werden die Frage nachher noch einmal aufgreifen. Zunächst ist nötig, die Perikope weiterzuverfolgen. Denn sie wird in 1,36-38 fortgesetzt mit der Engelsmitteilung: Nicht du allein wirst schwanger werden, auch Elisabeth, deine Verwandte, erwartet einen Sohn, und dies, obwohl sie bisher unfruchtbar hieß, στεῖρα, gebärunfähig, wurzelverstockt. Das heißt, auch ihr ist ein Wunder widerfahren; du, Maria, stehst damit gar nicht allein. Und darin bestätigt sich nur, sagt der Engel, was die Bibel ja immer sagt (Jes 55,11): »Kein Wort, das von Gott kommt, wird kraftlos sein«. Damit wird im Fall der Elisabeth die Öffnung ihres unfruchtbaren Leibes auf eine physische Kraft des Wortes Gottes zurückgeführt, also auf das, was im Hebräischen Davar ausmacht: Einheit von Wort und Wirkung, Wort und Tat, Wort und Geschehen. Erst auf diese Erinnerung an des Herrn Wort im Falle Elisabeth hin macht Maria sich von ihrer Angst und ihrem quälenden Grübeln frei, gibt also ihren Widerstand gegen die ihr angekündigte Gottesgnade auf, und sie sagt: »Mir geschehe nach deinem Wort.« Und der Engel schied von ihr (1,38).

Uns scheint die Verknüpfung der Maria- mit der Elisabeth-Geschichte theologisch sehr wichtig, und wir sind nicht einverstanden mit den Exegeten, die beide Erzählungen literarkritisch voneinander trennen. Mag es mit der literarischen Entstehungsgeschichte unserer Perikope stehen, wie es will: Lukas hat gewußt, warum er sie ineinander verwoben hat, – genauer: warum er die marianische Geschichte eingerahmt hat mit der Elisabeth-Geschichte (denn die Elisabethgeschichte, die nach der Maria-Geschichte in 1,36ff folgt, hatte in 1,5-25 vor der Maria-Geschichte schon ausführlich begonnen). Die Exegeten erklären: Die Verknüpfung beider Frauengeschichten sei geschehen um der beiden Männer willen, die von diesen Frauen ins Leben gesetzt werden: Johannes des Täufers, Elisabeths künftigem Sohn, und Jesu, Marias künftigem Sohn; das spätere Johannes-Jesus-Verhältnis bilde sich in der Geschichte ihrer beider Mütter schon im voraus ab. Mag das historisch *auch* sein – uns scheint es theologisch *nicht* das Entscheidende. Denn theologisch halten wir diese Verknüpfung für einen Beitrag zum besseren biblischen Verständnis der sog. Jungfrauengeburt und also zur Abwehr ihres naheliegenden heidnisch-mythologischen Mißverständnisses. Durch die Verknüpfung mit der Elisabethgeschichte wird nämlich auch die Mariengeschichte hineingezogen in den heilsgeschichtlichen Bedeutungs- und Wirklichkeitshorizont der Genesis-Erzählungen von den Müttern Israels. Von Elisabeth wird das ja mit dem Motiv ihrer nur von Gott aufzuhebenden Wurzelverstockung deutlich genug gesagt. Elisabeth steht eindeutig in der Reihe: Sara, Rebecca, Rahel usw. Durch Marias Verknüpfung mit ihr wird auch sie in diese Reihe der Mütter Israels gestellt, die das nur dadurch werden können, daß Gott ihre natürliche Unfruchtbarkeit heilt und es so nicht durch Natur, sondern durch Gnade zum Werden Israels inmitten der Völker kommen läßt. Das sagt noch nicht, daß von Maria gleiche natürliche Gebärunfähigkeit wie von Elisabeth und den Müttern Israels ausgesagt werden müßte, obwohl auch das nicht einfach auszuschließen ist: Die Umschreibungen von Lk 1,35 wären dann nur für den Fall der Zeugung des einen Sohns in Israel, auf den alle früheren Geburten heimlich immer hinzielten (für die Zeugung des Messias also), etwas eingehender als sonst ausgesagt. Wie immer man das aber bewerten will: Auf jeden Fall bedeutet das Bibelzitat in der Elisabeth-Erzählung 1,37, wo die Zeugung des

Johannes auf die Kraft des nicht leer zurückkommenden Davar Gottes zurückgeführt wird, einen entscheidenden Widerstand gegen ein mythologisches Mißverständnis der Marienzeugung 1,35. Wie Maria sich durch das Wort des Engels in ihrer Angst und in ihrem Widerspruch überwunden gibt, so ist es das biblisch bezeugte und vom Engel aktualisierte Wort Gottes, unter dessen Verheißung Maria mit Seele, Geist und Leib gestellt wird – in der vollen Einheit ihres Seins; und es sind nicht irgendwelche mythologischen Geistesspermata oder zeushaften Wolkenüberdeckungen, durch die ihr Leib den Sohn empfängt, sondern Gottes Wort.

Uns scheint wichtig, das ganz und gar Unheidnische, voll-Biblische in der Aussprache auch dieses prekären Gegenstandes herauszuheben. Aber freilich heißt das nicht, daß dadurch die Leiblichkeit des hier angekündigten Wunders bestritten würde. Durch den Elisabeth-Zusammenhang bekommt es nur jenen direkten biblisch-geschichtlichen Kontext, in dem es ja auch sprachlich spricht. – Biblisch ist es aber nun auch darin, daß Gott hier eben nicht nur auf Seele und Geist, sondern auch auf den Leib der Maria wirkt. Wäre es anders, würden das Geistig-Seelische und das Körperlich-Physische auseinandergerissen, dann wäre es in der Tat heidnisch; denn heidnisch ist das Zerreißen des Menschseins und die dualistische Behandlung seiner Kräfte. Die Erzählung von der Jungfrauengeburt bezeugt aber auch für Jesu Mutter, wie für die Mütter Israels vorher, die Ganzheit ihres Menschseins für Gott, mit Gott, durch Gott, d. h. die Ganzheit ihrer Humanität.

Damit kommen wir zu einer kurzen Skizzierung der *Bedeutung* der Jungfrauengeburt.

a. Karl Barth hat besonders stark als Spitze des Ganzen die Zurückstellung des Mannes Joseph – als eines Repräsentanten aller Männer – aus dieser Geschichte hervorgehoben. In ihr werden die Männer bewußt ausgeschaltet, und es geht gerade bei dieser Zeugung einmal nicht nach dem Willen des Mannes zu (Joh 1,13). In der Menschengeschichte pflegte bisher immer alles nach dem Willen der Männer zu gehen – »Männer machen Geschichte« –,und speziell in den sexuellen Beziehungen dominierten die Männer wie mit ihrem Trieb, so mit ihrem Willen. Barth sieht in der Ausschaltung des spezifischen Männertriebs und Männerwillens bei der Zeugung Jesu ein Zeichen für den Beginn einer neuen Welt mit neuen gesellschaftlichen Beziehungen und bekommt in dieser überraschenden und sehr modern klingenden Sicht recht durch eine Aussage des Johannesevangelisten, der auch für die Anhänger Jesu sagt, sie seien nicht aus Blut noch aus Fleischeswillen noch aus Manneswillen, sondern aus Gott gezeugt: Joh 1,13.[28] So wird auch die Erzählung von der Jungfrauengeburt als einer von

28. K. Barth, KD I,2, 187ff.

mehreren neutestamentlichen Texten subversiver Frauenbefreiung gelesen. – *b.* Gleichzeitig bezeugt das Stück den theologisch belangvollen Gedanken, daß Jesus seinen Ursprung und damit sein Wesen wie in einer Menschenfrau, so auch in Gott habe. Nach antikem Denken bezeichnet der Ursprung eines Menschen immer sein Wesen; besonders viele Beispiele für diese Anschauung finden sich im Johannesevangelium. »Was vom Fleisch geboren ist, das ist Fleisch, und was aus dem Geist geboren ist, das ist Geist« (Joh 3,6) »Wer aus Gott geboren ist, tut keine Sünde, weil dessen Lebenskeim in ihm bleibt und er kann nicht sündigen, weil er aus Gott geboren ist« (1 Joh 3,9). »Wir wissen, daß jeder, der aus Gott gezeugt ist, nicht sündigt, sondern die Zeugung aus Gott bewahrt ihn, und der Böse rührt ihn nicht an« (1 Joh 5,18). Und wessen Vater umgekehrt der Teufel ist, nimmt dessen Wesen an (Joh 8,44). Das klingt wie rassistischer Fatalismus: Zeugung besiegelt Schicksal, und vom Gesetz seiner Vererbung kann keiner sich lösen. Daß es in antiker Denkform nicht fatalistisch gemeint ist, ergibt sich daraus, daß bei Johannes Gott die Freiheit gibt, den eigenen Ursprung neu zu setzen, also Freiheit zu neuer Geburt, zu Wiedergeburt. Mit dem Gedanken der Wiedergeburt, der nicht nur christlich, sondern in der Antike verbreitet ist (die Riten der hellenistischen Mysterienreligionen waren weitgehend Wiedergeburtsriten), wird eine rassistische Konsequenz des Ursprungsdenkens als Mißverständnis abgewehrt. Gemeint ist überall nur: Was ich bin, ist immer abhängig davon, von woher ich komme, mich orientiere, ursprünglich mich verstehe. Wenn die Erzählung von der Jungfrauengeburt sagt: Jesus hat seinen Ursprung in seiner menschlichen Mutter Maria, aber eben zuvor auch in Gott, so wird gesagt: Er ist ursprünglich an Gott orientiert, lebt als Mensch ganz aus Gott und hat als Mensch zugleich ein ganz von Gott durchherrschtes, geprägtes Wesen. – *c.* Im Dogma ist noch mehr gesagt worden. Die Ausschaltung des Mannes aus der Zeugung Jesu, des Messias, besagt: Es gibt Jesus nicht ohne Gott. Jesu Gottesbeziehung ist nicht eine nachträgliche Verhaltens- oder Verhältnisbeziehung zu seinem Sein hinzu; sie ist mit dem Entstehen seines Seins selbst gegeben, und alle Modelle sind theologisch falsch, die uns erklären wollen: Jesus war Mensch, wie jeder Mensch, aber außerdem hatte er eine engste Beziehung zu Gott. Nein: Er existierte schon in ursprünglichster Beziehung zu Gott, indem er Mensch wurde; Gott ist in seinem Leben nicht sekundär, sondern primär, und ohne Gott gäbe es ihn gar nicht, eben weil er ja keinen menschlichen Erzeuger hat, sondern »nur« eine menschliche Gebärerin. In der Sprache der alten Christologie wird dieser Gedanke bezeichnet mit der Lehre von der Enhypostasie Jesu Christi: er hat seine Hypostase, Seinsweise, sein Subjekt in Gott und wäre ohne Gott kein existierendes Subjekt. Dieser dogmatische Gedanke dient dazu, eine volle und ursprüngliche Lebens- und Daseinseinheit von Jesus und

Gott auszusagen,und verhindert, daß Gott nur als ein zusätzlicher religiöser Schnörkel zur Existenz Jesu von Nazareth gedeutet wird. Anders gesagt: Die Lehre von der Enhypostasie Jesu Christi im ewigen Worte Gottes, d. h. in Gott selbst, hätte immer schon die Konstruktion eines sog. historischen Jesus verhindern können, also eines beliebigen Menschen, für den die Theologen auf z. T. abenteuerlichen Wegen und Umwegen eine göttliche Bedeutung nachträglich konstruieren müssen, wie sie es ja bis heute tun. Das Dogma bietet einen prinzipiellen methodischen Widerspruch zur modernen Theologie, indem es für vergeblich erklärt, einen Weg von Jesus zu Gott zu finden, wenn man den in der göttlichen Zeugung Jesu bekundeten Weg von Gott zu Jesus nicht zuvor gefunden hat. Die Lehre von der Jungfrauengeburt verhindert, Jesus nackt-historisch zu interpretieren; es kommt darauf an, ihn schon theologisch geboren, d. h. aus dem Wort Gottes gezeugt zu erkennen. – *d.* Über Barth hinaus bezeugt die Erzählung von der Jungfrauengeburt das spezifische Judesein Jesu. Nach talmudischem Recht ist Jude nicht, wer einen jüdischen Vater, sondern eine jüdische Mutter nachweisen kann. Diese Norm ist pragmatisch zu erklären: Im Falle eines Rechtsstreits ist die Vaterschaft eines Mannes damals gar nicht und heute immer noch schwer nachzuweisen, die Mutter hingegen ist öffentlich manifest. Gilt es, wie es für das Judentum wichtig ist, die jüdische Identität eines Menschen festzustellen, zählt darum die Mutter, nicht der Vater. Für Jesus gibt es den Mutternachweis: So ist er Jude. – *e.* Über aller Konzentration auf die Jungfrauengeburt sollte auch hier nicht die übliche geschichtlich-gesellschaftliche Spitze der Zeugungs- und Geburtsverheißung übersehen werden: die öffentliche Proklamation des Namens Jesu. Nicht auf den Umständen von Zeugung und Geburt liegt der Ton der Erzählung, sondern auf dem Inhalt der öffentlichen Proklamation, wie sie Gabriel in 1,32-33 schon vorweg vollzieht. Es handelt sich hier um eine Königsproklamation Jesu, und hier, wie in allen schon vorher besprochenen Stellen der Hebräischen Bibel, ist der Name »Sohn« – alle biologischen Sonderkomponenten einberechnet – gut biblisch Ausdruck für die Einsetzung in den öffentlichen Dienst: das Königsamt des Thrones Davids. – *f.* Damit ist eine wichtige letzte Erläuterung anzubringen. Unsere Erzählung hat ihr Vorbild deutlich in Jes 7,9. Dort war die junge Frau, ihre Schwangerschaft, die Geburt eines Sohnes und die Ausrufung seines Namens Immanuel dem mutlosen Judenkönig Ahas als ein »Zeichen« gegeben. Als Zeichen ist entsprechend auch unsere Erzählung zu verstehen. »Zeichen« heißt: Diese Zeugungs- und Geburtsvorkommnisse sind nicht die Sache selbst, um die es geht und an denen wir ein selbständiges Interesse nehmen sollen. Sie sind nur Zeichen. Wofür? Für das, was der proklamierte Name sagt: Immanuel – Gott mit uns. Es wäre nicht wohlgetan, die ganze Erzählung losgelöst von der Botschaft des Namens zu deuten. Die Zeugungs- und Geburtsvorkommnisse zeugen für den Inhalt dieses Namens Immanuel. Der von Maria zu proklamierende Name Jesu wird schon im Gabrielsgruß ins Licht des Namens jenes vor 700 Jahren verheißenen Kindes gestellt: Jesus wiederholt und legt Immanuel aus. Erste Adressatin dieser Wiederholung ist Maria: »Sei gegrüßt, du Begnadete. Der Herr ist mit dir« – mit Maria zuerst und von ihr her dann auch mit uns anderen allen. Maria ist die Frau mit der ersten Neuerfahrung des Immanuel; darin steht sie uns voran, und so gibt es also gute Gründe auch für eine evangelische Mitfreude mit Maria – so möchten wir den Sinn einer evangelischen Mariologie benennen. – g. Die Erzählung von der Jungfrauengeburt wird uns als »Zeichen« gegeben. Was heißt das für die quaestio facti, die Frage nach der nackten Tatsächlichkeit der Jungfrauengeburt? Wir können der Frage nicht ausweichen. Ist Gottes Handeln hier ein Natureingriff? Von einer *Sinn*haftigkeit des Gedankens, daß Gottes Wort auf die geistig-seelisch-leibliche Ganzheit des Menschseins wirkt, haben wir schon gesprochen. Aber Erkennbarkeit von Sinn ist noch keine Antwort auf die Frage, ob das, was als sinnvoll verstanden werden könnte, auch wirklich geschehen ist. Dazu ist zu sagen: Wir können einen solchen Natureingriff Gottes nicht denken, weil wir für solches Vorkommnis keine vergleichbare Erfahrung haben. Müssen wir dann die Vorstellung nicht preisgeben? Das wäre nichts Neues. Wir kennen alte Handschriften von Mt 1,16, in denen der Satz: »Jakob zeugte den Joseph, den Mann der Maria«, fortgesetzt wurde mit dem Satz: »Joseph aber, dem die Jungfrau Maria verlobt war, zeugte Jesus, den so genannten Christus«. Mit dieser Textkorrektur wurde der Sinn der Erzählung aber völlig verdorben; sie war nun nicht mehr Erzählung von einem Gottes-Zeichen, sondern von einer reinen Menschen-Tatsache. Wir halten am Text fest. Als »Tatsache« vermögen wir die Jungfrauengeburt nicht zu denken. Aber dafür wird die Erzählung auch gar nicht überliefert, sondern als »Zeichen«. Jeder Versuch, den Inhalt zu rationalisieren und z. B. durch allerhand medizinische Erwägungen über die Möglichkeit von Parthenogenesen denkbar zu machen, zerstört, so gut er gemeint ist, die Absicht des Textes. Die Parole »Und die Bibel hat doch recht« durch alle möglichen archäologischen oder sonst wissenschaftlichen Erklärungen zu erhärten, geht oft genug an der Bibel vorbei. Nicht etwa, weil es der Bibel auf Glauben statt Schauen ankäme; das wäre in diesem Zusammenhang ein viel zu oberflächlicher theologischer Rettungsversuch. Der Zeichen-Sinn der Erzählung und des auf ihr aufgebauten Dogma bedeutet uns, das uns Undenkbare zu *hören*, – in einem Zeichen von Gottesmächtigkeit über Natur eine Verheißung für eine Freiheit Gottes auch gegenüber den Grenzen der uns bisher bekannten Natur zu sehen, damit aber auch für eine künftige Naturbefreiung, von der sich auch Paulus z. B. in Röm 8,19-22 durchdrungen zeigte. Biblische »Zeichen« haben als ihr Pendant *nicht* absurde Gesetzlosigkeit, sondern schreckliche Hoffnungslosigkeit und Ermüdung gegenüber Gott, z. B. jene Ermüdung, die als Wirkungsort Gottes nur noch Geist und Seele des einzelnen Menschen begreifen möchte, während doch Gott, als er Jesus sandte, den κόσμος geliebt hat (Joh 3,16) – alles Dasein mit Einschluß des Ganzen der Natur. Die Erzählung von der Jungfrauengeburt ist eines der Zeichen, mit denen Gott in der Jesusgeschichte resigniert ermüdeten Glauben munter machen will und uns mehr zu hoffen geben will, als wir mögen: Unsere Natur wird in ihren bisherigen Grenzen nicht verkommen, und Gott bewegt auch Physis. Die existentielle Bedeutung der Erzählung von der Jungfrauengeburt heißt: Hoffnung – auf eine neue Wirklichkeit im ganzen, wie religiös und ethisch, so auch: natürlich.

Damit schließen wir den Exkurs. Er diente zu Überlegungen innerhalb der Beobachtung, daß biblisch der »Sohn« Gottes auch ein »Knecht« heißen kann und daß beide Bestimmungen ein geschichtliches Verhältnis bezeichnen, weil auch die in unseren Ohren biologisch klingenden Begriffe (wie »Zeugung« und »Geburt«) entweder synonym mit Begriffen gesellschaftlich-rechtlicher Investitur (»Zeugung«) sind oder (»Geburt«) in der öffentlichen Namengebung und also in der gesellschaftlichen Sozialisation ihre Spitze haben. Dabei bezeichnen beide Ausdrücke eine Nach- und Unterordnung des Sohnes im Verhältnis zum Vater, des Knechts zum Herrn. Aber wenn, wie wir zeigten, das Knecht-Herr-Verhältnis synonym gesetzt werden kann mit einem Vater-Sohn-Verhältnis, überträgt es auf diese Subordinationsbeziehung auch die Einzigartigkeit und Nähe eines Sohnes und Erben zu seinem Vater. Beide sozialen Beziehungsfiguren legen sich gegenseitig aus: Das Sohn-Vater-Verhältnis wird durch das Knecht-Herr-Verhältnis wesentlich als Sozialverhältnis bestimmt, umgekehrt die Knecht-Herr-Beziehung durch die Sohn-Vater-Figur als eine Beziehung einzigartiger Nähe.

Wir kehren nun zurück zu Aussagen über den »Sohn« als »Knecht« in der Hebräischen Bibel.

Das hebräische Wort heißt eved und hat in sich das Verbum avad: arbeiten. So ist also der eved der Arbeiter in der antiken Gesellschaft: der Sklave.[29] In der LXX wurde dies Wort fast ebenso häufig mit dem griechischen Wort δοῦλος = Knecht wie mit dem Wort παῖς = Kind übersetzt; auch das zeigt noch einmal, wie eng Sohnschaft und Kindschaft mit Arbeitsbeziehungen zusammengehören.

Wir hörten schon, daß »Sohn« Gottes Name wie für Einzelne in Israel, so für das ganze Volk ist. Genauso steht es beim »Knechts«-Namen. »Knecht

29. W. Zimmerli, Art. παῖς ϑεοῦ A. ThWNT V, 655,3.

Jahwes kann der einzelne nur werden, insofern er Glied Israels ist.«[30] Und Israel heißt Knecht Gottes spätestens seit Deuterojesaja.

Wir hören Jes 41,8f: »Und du Israel, mein Knecht, Jakob, den ich erwählt habe, Same Abrahams, meines Freundes, den ich geholt habe von den Enden der Erde her, berufen aus den fernsten Teilen, und zu dir gesagt: Mein Knecht bist du, ich habe dich erwählt und nicht verworfen . . .«. – Wir betrachten die Elemente dieser Gottesanrede. *a.* »Knecht« heißt das jüdische Volk nicht darum, weil es sich selbst auf diese Weise hochstilisierte, sondern in einer Anrede Gottes: »Mein Knecht bist du«. »Knecht Gottes« ist mithin kein Ausdruck eines selbstdefinierten jüdischen Erwählungsbewußtseins, sondern Israel heißt so daraufhin, daß Gott dies Volk so und als dies anredet. – *b.* Diese Anrede wird hier »Erwählung« genannt. Das ist der theologisch volle Begriff, der auch schon mit den Worten vom »Zeugen« des Sohnes oder mit der Proklamation seines Namens eigentlich gemeint war: Israel ist der Erwählte Gottes. *c.* Israel ist dies als Volk, d. h. in der Kontinuität seiner Geschlechter und in der typischen Ereignung ihrer Geschichte. – *d.* Beides: Geschlechterkontinuität und Typus der Geschichte dieses Volkes ist mit dem Namen Abraham verbunden, den Gott hier nicht Sohn oder Knecht, sondern »mein Freund« nennt. Das jüdische Volk entstammt der Zeugung Abrahams, des Freundes Gottes. Und die Geschichte dieses Volkes ist charakterisiert dadurch, daß sie die Geschichte Abrahams, seines Vaters, wiederholt. Wie Abraham einst von Gott berufen wurde aus Ur in Chaldaea, von den Enden der Erde her, so wird die in die babylonische Gefangenschaft verschleppte Führungsschicht des Volkes Israel jetzt, zur Zeit des Deuterojesaja, berufen, von jenem fernsten Teil der Erde, eben Babylon, her nach Hause zu kommen. (Die Fernen der Erde sind beide Male gedacht vom Herzen der Erde, von Erez Israel, aus.)

Die Nennung des ganzen Volkes als »Knecht Gottes« wiederholt sich im Kontext der sog. Knecht-Gottes-Lieder, einem literarisch und theologisch herausgehobenen Stück in der Verkündigung des Deuterojesaja, die im einzelnen schwer zu deuten sind. Es gibt vor allem zwei exegetische Streitfragen: *a.* Ist hier der Knecht Gottes ein Einzelner oder eine Kollektivperson? *b.* Was für eine Aufgabe hat er: ein königliches oder ein priesterliches oder ein prophetisches Amt? – Zur ersten Frage gilt heute in der *christlichen* Auslegung allgemein: Der Knecht Gottes ist zweifellos ein Einzelner, er hat nach 49,6 einen Auftrag an Israel: soll die Stämme Israels wieder aufrichten und die Geretteten Israels zurückführen ins Vaterland. Andererseits kann keiner die Augen davor verschließen, daß Deuterojesaja sonst, außerhalb dieser Lieder, das ganze Volk »Knecht Gottes« nennt. Darum liest *jüdische* Auslegung diese Texte *kon-*

30. AaO. 659,20f.

*text*gebunden, also selbstverständlich in kollektiver Deutung, als ein ewiges Dokument des Auftrags und der Leiden dieses Volkes inmitten der Völker. Der Streit läßt sich exegetisch schwer entscheiden. Wir werden grundsätzlich wieder urteilen, daß nach biblischem Wirklichkeitsverständnis Volk und Einzelne sich gegenseitig interpretieren und ohne einander nicht sein können. Eine Struktur des sozialen Ineinanderseins von Kollektiv und Einzelnem gehört ja auch zur Bildung des christlichen Selbstverständnisses: Es gibt den Glauben nicht ohne die Gemeinde und sie nicht ohne die in ihr sich versammelnden Glaubenden. Eins steht hier stellvertretend für das andere in einem ans Mystische grenzenden Zusammenhang (wie man denn in der Formel vom »In-Christus-Sein« der Christen eine »mystische« Formel zu haben meinte[31] – zu Unrecht in der Sache, denn die klassische Mystik kennt oft ein Aufgehen des einen im anderen, – das ist aber in der Bibel nirgend gemeint, – sie respektiert die Grenzen des Selbstbleibens auch in dem engsten Ohne-einander-nicht-sein-Können). So werden wir sagen müssen, daß der eine Knecht Gottes (der sog. Knecht-Gottes-Lieder) als Einzelner besonders akzentuiert stellvertretend das tut und leidet und ist, was das ganze Knecht-Gottes-Volk Israel im Prinzip selbst tut, leidet und ist. In unverwechselbarer Einzelheit exponiert und aktualisiert sich zuweilen Auftrag und Wesen aller. – Die *zweite* Frage nach dem *Amt* des Knechtes wird heute weitgehend mit der Funktion des prophetischen bestimmt – wobei allerdings das Prophetische nicht mehr als Einzelbetätigung eines Menschen neben anderen aufgefaßt wird, sondern als die Bestimmung einer Lebensganzheit. Der Knecht Gottes prophezeit nicht nur, er lebt als Prophet und ist also einer mit Haut und Haaren. Nicht nur seine Worte, auch sein Leben und Sterben sind zur Botschaft geworden. Über den Weg der Prophetie in Israel werden wir nachher eigens zu sprechen haben). Als Prophet hat der Knecht Gottes die Aufgabe, den Weltstämmen (den Gojim) Recht zuzuführen: die Wahrheit und Realitätsordnung des Gottes Israels (Jes 42,1.3.4). Zweitens soll er die Bewahrten Israels umkehren und nach Hause kommen lassen (49,6); mehr noch soll er den Weltstämmen zum Licht gegeben werden, »daß meine Freiheit werde bis an den Rand des Erdreichs« (49,6). Er soll innerhalb seines Volkes »den Müden weiden«,[32] den Matten ermuntern (Buber: Jes 50,4); soll aber vor allem das Lebensgeschick ertragen, dem ein Prophet Gottes wohl unvermeidlich ausgesetzt wird (50,6 ff; 52,13 – 53,12): Folter, Leiden, Tod und doch: Tröstung und Hilfe, schließlich sogar: öffentlicher Triumph durch Gottes Treue. Vor allem soll er als Stellvertreter leiden für die Sünden seines Volkes und die Sünden der Vielen (53,5.8.10.12).

Über die Häufigkeit einer Anwendung des Knecht-Gottes-Namens auf Je-

31. Vgl. A. Schweitzer, Die Mystik des Apostels Paulus, ^{2}1954.
32. G. v. Rad, Theologie des Alten Testaments. Bd. II, München 1960, 266.

sus im Neuen Testament gehen die Ansichten der Exegeten weit auseinander, zu leugnen ist sie nicht. Mt 12,18.21 haben wir eine lange Komposition aus verschiedenen (hebräischen und griechischen) Überlieferungen des ersten Knechts-Liedes mit der Spitze, daß Jesus durch seine Heilandstaten die Heiden überwinden wird zur Hoffnung auf Gottes Namen, wie das die Aufgabe des Knechtes Gottes je schon war. Viermal wird Jesus in der alten Überlieferung von Apg 3-4 παῖς θεοῦ genannt (3,13.26; 4,27.30). Joachim Jeremias fragt, ob in der himmlischen Taufstimme womöglich nicht Ps 2,7, sondern Jes 42,1 erklinge und ob dort nicht ursprünglich statt »du bist mein Sohn, der geliebte, an dem ich Wohlgefallen habe« zu hören gewesen sei: »Siehe mein παῖς, der mir gefällt, mein Geliebter, an dem meine Seele Gefallen hat.« Auch wie oft speziell Jes 53, das Lied vom stellvertretenden Leiden, auf Jesus übertragen worden ist, ist umstritten; wiederum gilt: Am Daß besteht kein Zweifel. Uns braucht der exegetische Befund im einzelnen nicht zu kümmern. Wichtig ist nur das Inhaltliche: Die Knecht-Gottes-Lieder ermöglichen die Deutung Jesu in seiner Wirkung auf die Völkerwelt und die Deutung seines Todes als stellvertretendes Sterben für die Sünden Vieler.

Was heißt nun in Bezug auf »Sohn« und »Knecht« Gottes: »formale Christologie«?

a. Zunächst nur das häufige Vorkommen der gleichen Namen in der Hebräischen Bibel und in den Jesus-Schriften. – Dies ist so formal, daß es keiner Aufmerksamkeit wert wäre, wenn die christliche Kirche diese zwei Schriftstücke nicht in einem einzigen Buch gesammelt und damit erklärt hätte, daß sie, was dort steht und was hier, in einer inneren, christlich notwendigen Beziehung begreift. Erst die kanonische Vereinigung der beiden Bibelteile weckt den Spürsinn, wie die Beziehung denn im einzelnen zu verstehen sei, und schließt die Bewertung von sprachlichen und sachlichen Parallelen als geschichtlichen Zufall ohne Bedeutung aus. Es ist aber auch der Kanon, der dem Dogmatiker in der Analyse und Deutung solcher Parallelen eine Verantwortung gibt, die ihn über die Grenzen hinausführt, innerhalb derer hier der Neutestamentler, da der Alttestamentler arbeiten; genauer: Die grundsätzliche Bedeutung vergleichbarer Phänomene im jeweils anderen Bibelteil sieht der Dogmatiker anders als die biblischen Exegeten. Betrachtet der Neutestamentler alttestamentliche Parallelen in der Hauptsache begriffsgeschichtlich, um eine mögliche Vorgeschichte des neutestamentlichen Griechischen im biblischen Hebräisch aufzuklären, so haben lange Zeit die wissenschaftlich arbeitenden Alttestamentler sich damit begnügt, die Hebräische Bibel als Zeugnis für historische und religiöse Kontexte vor allem für das Wirken Jesu darzustellen; erst nach dem Krieg haben vor allem die Vertreter der typologischen Sicht nach Linien gefragt, die vom Alten Testament ins Neue hinüberführen;

aber auch sie haben dies nur mit Vorsicht getan, weil sie sich damit einer Grenzüberschreitung der klassischen Aufgabe ihrer Forschungsdisziplin bewußt waren. Es ist der theologische Systematiker, dem von vornherein die Aufgabe zufällt, die Einheit des kirchlichen Kanons vorauszusetzen, um ihn nachträglich zu begründen und zu deuten. Diese Vorgabe eines kanonischen Zusammenhangs ist gleichbedeutend mit einem enorm starken theologischen Vor-Urteil, so daß auch der Dogmatiker zu größter Zurückhaltung in systematischen Konstruktionen angehalten ist. Dies ist ein Grund, weswegen wir den Begriff einer »formalen Christologie« behutsam ansetzen mit der banal erscheinenden Feststellung gleichen Wort- und Namensgebrauchs in beiden Bibelteilen.

b. »Formal« nennen wir die mögliche Beziehung aus einem allerdings entscheidenden inhaltlichen Grund. Wie immer eng oder locker der Sprachvergleich im einzelnen ausfallen mag – es bleibt die fundamentale inhaltliche Differenz, daß im Neuen Testament mit gleichen Namen und womöglich in gleichem Sinn von Jesus von Nazareth gesagt wird, was in der Hebräischen Bibel von anderen einzelnen Menschen oder dem Volk Israel ausgesprochen wird. Der Name Jesus von Nazareth ist schlechthin unterscheidendes Kriterium; von ihm her erscheinen noch so viele enge, ja engste Parallelen in der Aussage als nur »formal« – eben weil der Inhalt ein anderer ist. Bei dieser Feststellung ist eine umgekehrte Bewertung des Verhältnisses nicht einfach abzuweisen: Mit den Augen der Hebräischen Bibel gesehen, muß die Übertragung von Namen und Gedanken auf Jesus meistens rein spielerisch-formal wirken, wie eine Minderung oder Entleerung des urspünglichen Inhalts. Wir haben allen Grund, das Thema der »formalen Christologie« (aber überhaupt des neutestamentlichen Bibelgebrauchs) mit zwei Augen zu betrachten. Systematisch ist eine der Hauptaufgaben eine immer neue Reflexion auf Form und Sinn der Benutzung des Alten Testaments im Neuen. Dogmatisch wichtig ist nach heutigem historischen Erkenntnisstand und nach heutigen theologischen Bedingungen allein eine Würdigung der doppelten Beziehung beider biblischer Testamente aufeinander; das ist eine hermeneutisch noch keineswegs durchgesetzte Aufgabenstellung der Theologie, die systematisch immer noch die Bibel von hinten nach vorne liest (ohne daß das leider ein hebräisches Lesen von rechts nach links wäre!).

c. Wenn Jesus von Nazareth inhaltliches Kriterium einer fundamentalen Differenz ist, können in den Jesus-Schriften überlieferte Beziehungsfiguren wie z. B. die des Schriftbeweises oder die von »Verheißung und Erfüllung« nicht mehr in ihrem traditionellen Sinn dogmatisch verantwortet werden. Daß Jesus identische »Erfüllung« einer prophetischen »Verheißung« sei, läßt sich weder historisch behaupten, noch durch theologische Umschreibung bewahrheiten. Wir können sie positiv als Formen eines Schrift*gebrauchs* werten, und seine Notwendigkeit – nicht seine einzelnen biblischen Formen – sind das für uns Verbindliche. Die Notwendigkeit als solche ist jedoch sachlich anders zu begründen als in der Reproduktion dieser Formen.

d. Als auffallende formale Gemeinsamkeiten haben wir im Vorangehenden beobachtet: Parallelität in den Erzählweisen, – Parallelen in der Struktur des erzählten Geschehens, – vor allem: innere Relativität des erzählten Geschehens auf Gott. Z. B. wird vom Anfang des Menschseins erzählt im Dreischritt von Zeugung, Geburt und öffentlicher Namengebung; diese parallele Erzählform weist natürlich auf gleiches gesellschaftliches Verständnis der menschlichen Geburt in beiden Testamenten hin, also auf ein vergleichbares Wirklichkeitsverständnis im ganzen, das spezifisch ist gegenüber der Rezeption der Zeugungstermini des christologischen Dogma als denen einer »physischen Gottessohnschaft«. Wir betrachten das biblisch Spezifische aber als Kriterium entweder zur Deutung oder zur Kritik der Sprache des Dogma. – Als Beispiel für Strukturparallelen im erzählten Geschehen selbst nennen wir z. B. das Verständnis der »Zeugung« als Proklamation des Königsamts, der »Sohnschaft« als öffentliche Investitur ins Herrschaftsamt. Oder, theologisch belangreicher: die spezifisch biblische toledot – Struktur des theologisch relevanten geschichtlichen Geschehens. Was wir abstrakt »Heilsgeschichte« nennen, ist in beiden Bibelteilen die Geschichte der Zeugungen und Geburten in Israel, die die Regeln des Patriarchalismus und der biologischen Fruchtbarkeit durchbrechen. »Heilsgeschichte« ist per definitionem des biblischen Wirklichkeitsdenkens Geschichte der mit besonderer Hilfe Gottes fortgezeugten Generationen des jüdischen Volkes, und Jesus wird von Matthäus und Lukas bewußt in diese Kontinuität und in diesen Wirklichkeitshorizont gestellt. Damit wird aber der Sache nach eine Christologie des totalen und radikalen, »eschatologischen« Bruchs mit Israel und der Vergangenheit schon mit der ersten Seite des Neuen Testaments als biblisch unmögliches Modell gekennzeichnet. Was immer als Andersheit Jesu von Nazareth christologisch zu lehren sein wird – sie kann, wenn es beim Wort der Bibel bleiben soll, nicht im Bruch mit der Ontologie des Seins des jüdischen Volkes ausgesagt werden, zu dem – aus ihm seiend – Jesus gehört. Noch deutlicher: Jede christologische Aussage von Jesu Ursprung in Gott muß zur Aussage über seinen Ursprung dort werden, wo Gott Ursprung zu setzen gewählt hat: in den Generationen Israels. Wenn Jesus christologisch »Sohn Gottes« zu nennen ist, dann in Auslegung seiner Geburt in dem Volk, das Gott sich zuvor zum Sohn Gottes erwählt hat. – Von der inneren Relativität des erzählten Sohnesgeschehens auf Gott haben wir ausführlich gesprochen. Die Sohnschaft Israels berührt ihn nicht nur als äußere, sondern als innere Bindung seiner selbst. Wir sagten: Darin, daß er Israel sich zum Sohn gewählt hat, hat er sich selbst auf ewig zum Vater Israels bestimmt und sich damit in seinem Gotteswesen als Vaterwesen gegenständlichverbindlich gemacht. Gleichzeitig hat Gott, indem er sich an das Kollektivum des Volkes als seinen Sohn innerlich gebunden hat, die Völkerwelt zum Zeugen und Handlungsraum seiner selbst bestimmt und sich selbst als Vater dieses Sohnes – also als »Gott Israels« – öffentlich benennbar, haftbar und angreifbar gemacht. Das Verhältnis der Welt zu Gott als Vater steht und fällt mit ihrem Verhältnis zu Israel als Gottes Sohn. Beides, innere Verbindlichkeit der Sohnschaft Israels für Gott selbst und ihre Öffentlichkeit sind ein christologischer Tatbestand. Indem er zuerst an Gottes Verhältnis zu Israel in Erscheinung tritt bleibt er – nach unserer Definition – christologisch formal. Aber der christologische Inhalt der inneren Bedeutung, die Jesus für Gott hat, hat an Gottes Israelbeziehung eine geprägte Form. .

e. In dieser Anwendung verliert allerdings der Formbegriff sein allzu Formales. Wir haben im Vorausgehenden einen in der Christologie sonst völlig versäumten Gesichtspunkt besonders betont: den kollektiven Gebrauch des Sohnes- und Knechtnamens in der Hebräischen Bibel. Wenn Christologie bisher überhaupt ernsthaft aufs Alte Testament reflektierte, dann sofort immer auf Einzelne, die dort Sohn oder Knecht Gottes genannt werden. Wir haben diese Reflexion zunächst zugunsten einer auf den kollektiven Gebrauch zurückgestellt. Damit stellt sich christologisch die Aufgabe, den Sohn Gottes Jesus auszulegen in Reflexion auf den Sohn Gottes Israel: eine Aufgabe, die, wie wir nun schon sagen können, über eine Würdigung der historisch-biologischen Abkunft Jesu aus dem jüdischen Volk hinausgeht. Jesus und Israel sind in ihrer *gemeinsamen* Gottessohnschaft christologisch zu bedenken. – Dabei ist uns innerhalb der Hebräischen Bibel eine Verstehensform für das Verhältnis von Kollektiv und Einzelnen schon vorgegeben. Sie braucht also nicht für die Bestimmung des Verhältnisses zwischen Jesus und Israel erst eigens gebildet zu werden. Im Wirklichkeitsverständnis der Bibel waltet das *Gesetz eines pars pro toto,* ein Teil repräsentiert das Ganze; die sozialen Beziehungen werden ursprünglich im Stellvertretungsverhältnis erfahren und darum auch gedacht. Ohne diese – uns modernen Europäern besonders fremd gewordene – Realitätserfahrung kann man keinen Satz der Bibel verstehen. Sie ist auch, soweit wir das begreifen können, nicht durch Differenzierung übersetzbar und assimilierbar an unser Kategoriensystem, in dem Seinswirklichkeiten so weit wie möglich gegeneinander verselbständigt werden – und wäre es nur zum Zwecke ihrer gedanklichen Beherrschbarkeit. U. E. kann es keine biblisch orientierte Theologie geben, die die Daseinseinheit zwischen Einzelnen und Gemeinde, Mensch und Volk oder Mensch und gesellschaftlicher Gruppe nicht als Einheit a priori zu denken bereit ist. Natürlich bleiben immer wieder gemachte Versuche, diesem antiken Syndrom zu entgehen, verständlich, denn wir sollen nicht unter fremden, sondern unter unseren eigenen Voraussetzungen denken: gerade in der Theologie, die mit soviel uns von Hause aus Fremdem zu tun hat. Aber ehe man die eigenen Voraussetzungen (wenn man sie überhaupt als solche voll erkennen und festhalten kann) zum Maß aller Dinge macht, soll man gerade auch ontologisch in fremdem Feld zu siedeln versuchen, sich also einem anderen Verstehen und einer anderen Logik in der Aussprache des Seins des Seienden auszusetzen bemühen. Der Ehrgeiz der Ontologie, Wirklichkeit gerade jenseits aller Differenzen im Wirklichen selbst zu benennen, bleibt doch immer in den Grenzen der Sprachlichkeit aller Erfahrung und damit in den Grenzen der Erfahrungen selbst. Sie durch Formalisierungen zu überspielen, bedeutet in aller Regel nicht nur Entleerung an Gehalt, sondern, was schwerer wiegt, seine Entstellung und Verfremdung, die über kurz oder lang auch mit Leere an Erkenntnis zu bezahlen ist. Die Kette der Generationen Israels ist eben nicht in den Formalbegriff des »Ursprungs« zu formalisieren, und der »Sohn Gottes« ist eben weder Begriff, noch eine abgehobene Wirklichkeit über der lebendigen Beziehung zwischen dem erwählten Judenvolk und dem erwählten Jesus, mithin keine in Gott zu suchende oder zu setzende Hypostase. Will man den Dingen, wie die Ontologie, »auf den Grund kommen«, hat man sich nach unserem Verständnis auf fremdes Leben in seiner Fremdheit einzulassen und dies von den Voraussetzungen des eigenen Selbstverständnisses her zu verstehen zu versuchen: nicht aber mit dem erklärten Ziel, sich fremdes Leben anzueignen oder sich anzuverwandeln, sondern sich ihm auszuliefern, sich an es zu verlieren oder wenigstens im Abenteuer der Kommunikation der Fremden (im »Dialog«) Sprache, Begriffe, Sinn und Zusammenhang zu finden. Ontologische Grunderfahrung ist hier das Wiedererkennen des anderen in seiner Andersheit. Zu einem solchen Wiedererkennen gehört heute u. E. die Erfahrung eines sozialen Selbstverständnisses, das sich »ursprünglich« und nicht nachträglich von anderen her zu verstehen weiß. Daß der Sohn Gottes Israel für die christologische Aussprache Jesu als Sohn Gottes aus der Theologie bisher schlicht ausgefallen ist, daß dieser biblische Sprachzusammenhang auch rein philologisch beiseitegeschoben wurde, läßt sich u. E. nur als Bannung durch eine Ontologie erklären, die begriffslos, weil erfahrungslos ist für ein Denken des Selbstseins aus ursprünglicher Gemeinschaft mit anderen. – Hier aber, an der ontologischen Wurzel des Problems, schlägt natürlich die Kennzeichnung eines Verhältnisses von »formaler« zu »inhaltlicher« Christologie um in ein zweiseitiges sachliches Verhältnis, das als solches christologisch zu erarbeiten ist. Der Sohn Gottes Israel gehört zur Bestimmung dessen, was in Anwendung auf Jesus von Nazareth Sohn Gottes heißen soll. Die Parallelität der Namen deutet auf eine Parallele in der Sache. Eine Seinsweise Jesu als Sohn Gottes ist zu bestimmen aus ihrem Zusammenhang mit der Seinsweise des jüdischen Volkes als Gottes Sohn.

f. Wir haben vom Sinn dieser Parallele als »Ortung« der Bedeutung Jesu in der Geschichte Israels gesprochen; davon unten Näheres. Wir haben mehrfach auch für diese Beziehung die Begriffe einer »Wiederholung« und »Aktualisierung« des Ganzen im Einzelnen, des Früheren durch das Spätere benutzt. Beide Ausdrücke sprechen ein Zeitverständnis aus: Geschichte wiederholt sich, und alte Möglichkeiten werden neu aktuell. Zunächst bezeichnen beide Begriffe eine vielfach anzutreffende biblische Redeweise. Neue geschichtliche Geschehnisse erinnern unvermeidlich an ähnliche Vorkommnisse früher. Der Übergang der nach Erez Israel einwandernden Stämme über den Jordan wird so erzählt und sprachlich ausgedrückt, daß es unmöglich ist, sich nicht an den Durchgang Israels durch das Schilfmeer erinnert zu fühlen.[33] Genau die gleiche Erinnerung an Urereignisse der Geschichte Israels wird in Deuterojesajas Ankündigung der Heimholung der babylonischen Verbannten erweckt. Und noch einmal die gleiche in der Kindheitsgeschichte Jesu bei Matthäus. Ist das nur façon de parler, Sprechweise? Vielmehr: Diese Erinnerung soll ja geweckt werden; damit bekommt ein späteres Ereignis die Qualität, die ein früheres im einhelligen Urteil aller inzwischen hat. Das, was die Alttestamentler die heilsgeschichtlichen »Überlieferungen« Israels nennen, sind Prägeformen für viele spätere Geschichtserzählungen. Aber sind es nur Sprachformen? Sofern in diesen erinnernden Sprachformen von Gottes Handeln erzählt wird, ist auch vom gleichen Seinsgehalt des Erzählten die Rede. Dadurch wird die Selbigkeit des Gottes Israels da und dort, einst und jetzt bezeugt. Aber diese Selbigkeit wird nicht nur theoretisch behauptet. Dasselbe Subjekt des Geschehens kann da angenommen werden, wo es sich als dieses erweist. Und es erweist sich in parallelen Bedingungen, Abläufen, Orten des Geschehens. Die Bibel kennt keine abstrakte, nur eine sich erweisende, erkennbar machende Identität Gottes. Gott kontinuiert sich als treuer Wächter Israels in immer neuen Wiederholungen geschichtlicher Grunderfahrungen unter immer anderen historischen Bedingungen. Dabei geschieht es, daß ein Ereignis – wie z. B. der Exodus, der als Vergangenheit längst zu bloßer Erinnerung geworden ist – aktualisiert, aufgefrischt, erneuert wird in späterem Geschehen. So wird Gottes Treue nicht in religiösen Sätzen überliefert, sondern über Hunderte von Jahren hinweg in der Parallelität von Ereignissen erfahren.

Das ist nicht heidnische Wiederholung des immer Gleichen in einem ewigen Kreislauf, sondern Aktualisierung Gottes in erkennbarer Erneuerung der Geschichte Israels. Die Landnahme des Zionismus seit Ende des 19. Jahrhunderts weckt unvermeidlich Erinnerungen und Erfahrungen entsprechender

33. Vgl. H.-J. Kraus, Gottesdienst in Israel. Grundriß einer Geschichte des alttestamentlichen Gottesdienstes, München ^{2}1962, 181 ff.

biblischer Erzählungen. Schon in der Hebräischen Bibel wird hier von »Erfüllungen« gesprochen. Die Beziehungsfigur von Verheißung und Erfüllung besteht also nicht nur zwischen beiden Bibelteilen, sondern bereits vorher innerhalb der Hebräischen Bibel selbst (z. B. 1 Kön 2,27; Hab 2,3) und müßte in analogem Sinn gedeutet werden, also ohne Belastung von »Erfüllung« mit dem Schwergewicht des »Eschatologischen« als Letztendlichem.

g. Damit stellt sich für das Problem »formaler Christologie« die Frage, ob sie auch eine Differenz zwischen einem Echatologisch-Einmaligen in Jesus und den geschichtlichen Wiederholungen und Aktualisierungen der Hebräischen Bibel in sich schließe. – Auch hier ist wieder daran zu erinnern, daß in den Jesus-Schriften eine Letztendlichkeit Jesu nur in Formen geschichtlicher Wiederholung ausgesagt wird. Von ihm als heute so genanntem »eschatologischem Ereignis« wird doch nirgendwo in einer materiell neuen Form gesprochen. Was immer von ihm als dem Ersten und Letzten, A und O aller Dinge gesagt werden kann – es muß gesagt werden in Vorstellungen und Worten von immer schon Dagewesenem. Heißt er Richter, Retter, König, stellvertretend für alle Leidender und Sterbender, so heißt er das in altbekannten Funktionen und Strukturen. Das letztlich Neue ist gerade nur er selbst, in der Unableitbarkeit seines persönlichen Namens: Jesus von Nazareth. Selbst wenn er in Person und in den Konsequenzen seines Wirkens als Totalbruch mit der ganzen bisherigen Wirklichkeit verkündigt werden soll, bleibt die Sprache des Eschatologischen im Analogischen gebannt.

Das bleibt das systematische Problem am Bedenken einer »formalen Christologie«. Keine menschliche Sprache vermag etwas Extraordinäres an Jesus einzuholen. Wir sind sprachlich festgehalten in der ontologischen Differenz von alt und neu. Ist das nur eine Verlegenheit oder hat es theologisch-sachlichen Sinn?

Selbst wenn Jesus τέλος, Ziel und Ende aller Geschichte und überhaupt aller Dinge *ist* – wir können es als dieses noch nicht *sagen*. Daraus folgt aber, daß wir dann anderen gegenüber auch nicht so tun sollen, als ließe es sich behaupten. Daß Jesus ein unvergleichbares, unüberbietbares, letztendliches Ereignis ist, ist auch uns entzogen, indem wir es nicht anders als in der Sprache der Analogien aussagen können. Als Wirklichkeit ist es auch uns unfaßbar, steht es auch für uns noch aus. Das heißt: Anders als im Sinne einer Verheißung können auch wir es nicht aussagen. Als »Erfüllung« entzieht es sich unserer Erfahrung, darum unserem Begreifen, darum unserer Sprache. Als Theologen stehen wir mithin so etwas wie einem »eschatologischen Ereignis« Jesus wie Zacharias gegenüber: vom Engel der frohen Botschaft mit Stummheit geschlagen, unfähig zu reden »bis zu dem Tag, wo dies geschehen wird« (Lk 1,20). Die Unverfügbarkeit des Bruchs mit der Geschichte weist uns

Theologen aber notwendig zurück in ihre Kontinuität. Von allfällig Neuem können wir nur in der Treue zum Alten sprechen, darum vom Gottessohn Jesus auch nur in Treue zum Gottessohn Israel. Über etwas darüber hinaus sind wir mit Stummheit geschlagen und sollen uns darum nicht aufspielen, als könnten wir mehr sagen. :Wir können es nicht. Und darum können wir, wenn wir von dem sprechen wollen, was Jesus uns bedeutet, nur sprechen, indem wir vom Sohn Gottes als einem Sohn seines Volkes Israel sprechen.

Wir wenden uns nun einer ganz anderen biblischen Aussagestruktur zu, die wir als christologisches Elementarteilchen verstehen können.

4. Gott inmitten

In jenem Symbolnamen Immanuel, Gott mit uns, den der Prophet dem judäischen König Ahas zugesprochen hatte, drückt sich inmitten der Hebräischen Bibel ein intensiver Wille Gottes zur Gemeinschaft mit Israel und, vermittelt durch Israel, mit der ganzen Menschheit aus, – und zwar ein tröstender, den König als den Repräsentanten seines Volkes für seine Regierung und sein politisches Handeln ermutigender, Resignation bekämpfender und überwindender Dabeiseinswille Gottes. Seine überlegene Gottestranszendenz und seine verbrennende, jede Annäherung von Menschen an ihn abwehrende Unnahbarkeit machen es offenbar nicht unmöglich, daß er von sich aus permanente Annäherungsversuche an die Menschen unternimmt, in so vielfältigen Gestalten, aber so in Permanenz, daß diesen Gott ein profunder Wille zur Menschennähe auszeichnet. Immer wieder hören wir, daß er »inmitten« Israels, »mitten unter« diesem Volk dasein will; in festgeprägter und sich immer gleichbleibender sprachlicher Formel wird das ausgesagt.

»Jauchze und juble, Bewohnerin Zions. Denn groß ist in deiner Mitte der Heilige Israels« (Jes 12,6) – sein Dasein in der Mitte Israels mindert nichts an seiner Heiligkeit und Größe, bedeutet keine Einschränkung oder Begrenzung seines Gottseins. Gottsein und In-der-Mitte-Israels-Sein sind für ihn keine Seinswidersprüche. – »Ich werde mitten unter euch wandeln und will euer Gott sein, und ihr sollt mein Volk sein« (Lev 26,12).

»Mitten unter euch« ist Gott tätig dabei; er »west« nicht unter den Menschen in irgendeiner mystischen oder pantheistisch-allgemeinen An-Wesenheit; er teilt mit den Israeliten ihre charakteristische Daseinsform und »wandelt« darum unter ihnen, – bewegt sich, wie sie sich bewegen, – handelt, wie sie ihr Leben in Handlungen vollziehen (und nicht z. B. in Meditation oder sinnend – denkend, wie manche Griechen das Sein sich bildeten). Sein Dabeisein »unter euch« ist hier verknüpft mit der Bundesformel vom Sinai: »Ich will euer Gott sein, und ihr sollt mein Volk sein.« Das weist uns darauf hin, daß das Mit-Israel - und Mit-uns-Sein Gottes eine gebundene Dabeiseinsweise Gottes ist, keine willkürliche, vorübergehende. Ein olympisches Belieben und Vergnügen, sich einmal als Gott unter Menschen zu tummeln, dann aber auch wieder fern hinter olympischen Wolken zu verschwinden, ist des biblischen Gottes Dabeiseinsweise nicht. Er hat seiner Menschennähe im Bund mit Israel eine ihn und sie gleichzeitig verpflichtende Festigkeit und Verbindlichkeit gegeben. Israel kann sich auf Gottes Dabeisein verlassen.

Das Dabeisein des Gott-mit-uns hat eine Vielzahl von Strukturelementen, die uns zusammengenommen erlauben, von einer konsistenten Dabeiseinsweise des biblischen Gottes zu sprechen.

Es äußert sich z. B. in einem Willen zur Begegnung. Weil Sich-begegnen aber immer auch etwas allzu Zufälliges haben kann, ist im frühen Israel ein fester Ort zur *Begegnung* Israels mit seinem Gott geschaffen worden: das ohel moed, Zelt der Begegnung, der Zusammenkunft. Es stammt womöglich schon aus der frühesten Wüstenzeit der Stämme Israels; sie trugen es auf ihren Wanderungen immer mit sich und schlugen es zu Rasttagen außerhalb des Lagers auf. Nach dem Bericht Ex 33,7-11 konnte zunächst offenbar jeder, der den Herrn etwas fragen wollte, zum Zelt der Zusammenkunft hinausgehen in der berechtigten Erwartung, dort von Gott in einer nicht näher bestimmten, aber offenbar verläßlichen Weise Antwort zu erhalten. Der Bericht, so wie wir ihn jetzt haben, sieht Mose als Vermittler zwischen dem fragenden Genossen und Gott; er allein betritt das leere Zelt, das Volk schaut ihm nach, wenn er hineingeht; die Wolkensäule, in der verborgen Gott Israel ja während seines ganzen Wüstenzuges begleitet, läßt sich am Eingang des Zeltes nieder, - und drinnen redet dann Gott mit Mose, wie es heißt, »von Angesicht zu Angesicht, wie jemand mit seinem Freunde redet«. Und dann kehrt Mose wieder nach draußen zurück. So wie das hier geschildert ist, fungiert das Zelt wie ein kleiner, mitführbarer Sinai; denn auch dort sprach Gott mit Mose als Stellvertreter und Fürsprech seines Volkes; auch dort geschah dies von Angesicht zu Angesicht, d. h. in überwundener Distanz, die Gott und Mensch sonst voneinander trennt. In einem späteren Lied, das Gott selbst in den Mund gelegt worden ist, singt Gott seine Mose-Begegnung im Zelt sogar folgendermaßen aus: »Von Mund zu Mund rede ich mit ihm« (d. h. Mose ist im Zelt der Zusammenkunft nicht nur Hörer des Wortes Gottes; er hat dort auch etwas zu sagen, was er Gott hören läßt - also ist »echte« Begegnung gemeint), »nicht in Gesichten und nicht in Rätseln« (also nicht in Visionen oder Orakeln, den allgemeinen religiös-institutionellen Formen eines Verkehrs mit Gott), »und die Gestalt des Herrn schaut er« (Num 12,8); das ist für die Welt des Judentums eine unerhörte Aussage, aber sie steht doch in der Hebräischen Bibel nicht allein. Noch weitergehend heißt es, daß der Prophet Ezechiel (allerdings ausdrücklich in einer Vision) einen Thronenden sah, »eine Gestalt wie ein Mensch anzusehen« (Ez 1,26), so daß hier nicht nur von gestalthafter, sinnlich-plastischer, sondern sogar von menschengestaltiger Gottesbegegnung die Rede ist, wobei das Menschengestaltige nur als Vergleich gemeint ist: aber gerade dieser Vergleich betont etwas Interpersonales an der Gottesbegegnung im Zelt, und das schützt sie davor, bloß Umschreibung einer inneren Erfahrung zu sein, in der noch dazu der, der die Erfahrung macht, nur passiv dabei wäre. Begegnung ist hier eine Beschreibung voller Gegenseitigkeit und spezifiziert so den Sinn dessen, was es biblisch heißen soll: Gott-mit-uns; das ist nicht Einbildung oder Eingebung, sondern wahre Kommunikation zweier einander gegenübertretender Partner – explizite, nicht implizite Begegnung.

Die Dabeiseinsweise der Begegnung behält, bei aller Fixierbarkeit eines Ortes der Begegnung, doch die Freiheit des Überraschenden und Plötzlichen. Auch im Zelt ist Gott nicht verfügbar und manipulierbar; es ist immer ein Ereignis, wenn die Wolke sich am Zeltpfosten niederläßt. Zur Begegnung gehören die Bewegungen eines Kommens und Gehens der einander Begegnenden (auch die fragenden Menschen müssen ja erst hinausgehen vor das Lager, zum Zelt der Begegnung hin). Die weitaus meisten Aussagen in der Hebräischen Bibel, die vom Dabeisein Gottes mitten in Israel sprechen, bekunden einen Gotteswillen, in Israel *»zu wohnen«*, dort also einen festen Wohnsitz zu nehmen. Die mobile Dabeiseinsweise des Kommens und Gehens treibt zu auf eine festere Präsenz Gottes in Israel.

Wir hören Ex 29,45: »Ich will inmitten der Israeliten wohnen und ihr Gott sein, damit sie erkennen, daß ich, der Herr, ihr Gott bin, der sie aus dem Lande Ägypten herausgeführt hat, um mitten unter ihnen zu wohnen, ich, der Herr, ihr Gott.« Hier wird Gottes Wohnen inmitten der Israeliten als Ziel der Befreiung dieses Volkes aus ägyptischer Sklaverei geschildert. Israels Befreiung war nicht Selbstzweck, sondern zielgerichtet auf eine bleibende Gegenwart Gottes in Israels Mitte hin. Aber auch diese Gegenwart zielt noch über sich hinaus, auf eine doppelte Erkenntnis hin: *a.* Der gegenwärtige Gott erinnert daran, daß Israels Befreiung sein Werk war, nicht eine geschichtliche Leistung dieses Volkes. Was Menschen sich selbst, ihrem eigenen Können verdanken, hat es an sich, schnell Vergangenheit und vergessen zu werden. Wenn der gegenwärtige Gott ständig an die von ihm bewirkte Urgeschichte der Befreiung erinnert, wird sie nie zur Vergangenheit. Praesentia Dei repräsentiert, setzt beständig gegenwärtig das Ereignis der Befreiung, so daß sie sich in Israel nie vergißt. *b.* Zugleich aber richtet der präsente Gott das Erkenntnisziel, das in seiner Gegenwart gesetzt ist, auf sich selbst, auf sein Ich, sich als Herrn und Gott. Das Element der Personalität, das wir für die Struktur der Begegnung schon betonten, tritt hier noch deutlicher hervor. Alles, was in Israel sein soll und in Geboten gefordert wird, ist letztlich in nichts anderem begründet als darin, daß Gott es Israel gebietet, und dient allein dazu, ihn als Ich zu *bezeugen*. Ebenso ist alles, was man in Israel Erkenntnis nennt, letztlich konzentriert auf einen einzigen Inhalt: Israel soll ihn als Ich *erkennen*; das heißt aber praktisch: Es soll mit Herzen, Mund und Händen ihm zum Du werden und so mit ihm in bleibender Ich-Du-Beziehung leben. – Auch in Joel 2,27 bekommt Gottes Dabeisein mitten unter Israel als Erfahrungsziel das Ich seines Gottes: »Ihr sollt erfahren, ki be kerev Jisrael ani, daß drinnen bei Israel *ich* bin«, keiner sonst, und Ich anderswo nicht als dort.

Das Inmitten –, ja Drinsein Gottes in Israel schließt vieles ein. Z. B. Lev 26,11: »Ich werde meinen Wohnsitz unter euch nehmen und keinen Widerwillen gegen euch hegen«, »Ich gebe meine Wohnung in eure Mitte, meine Seele schleudert euch nicht ab . . .«, – will sagen: Gott überwindet in unserer Mitte sein Distanzgefühl, seine Fremdenfeindschaft, die er gegenüber den Menschen als Gott ja hegen könnte und gegen den Sünder wirklich auch hegt. Die Bereitschaft, seine göttliche Selbstdistanz zu den Menschen aufzuheben, gehört zum alttestamentlich bezeugten Gott. Und damit zugleich auch die Bereitschaft zur Treue: »Ich werde inmitten Israels Wohnung nehmen und werde mein Volk Israel nicht verlassen«: also mir keinen Wohnungswechsel mehr erlauben (1 Kön 6,13).

Praktisch wurde die Wahl Israels zum Wohnsitz Gottes im Bau des Tempels von Jerusalem manifest gemacht. Die Bibel erzählt vom heftigen Widerwillen Gottes, im Tempel sozusagen eingesperrt und dadurch gesellschaftlich verfügbar, zum platten »Mitbürger« der Stadt Jerusalem gemacht zu werden. Darin zeigt sich, daß eine religiös-institutionelle Ortung Gottes dem Sinn dessen widerspricht, was für Gott »wohnen« in Israel heißt. *Im Volk* will er »wohnen«, dabeisein, – nicht in einem Haus. Wohnen heißt für ihn gut orientalisch viel mehr, sich auf der Straße unter den Leuten bewegen, als zwischen den vier Wänden eines Hauses, gar in der Zelle eines Allerheiligsten. Darum war das »Zelt der Begegnung« für Gott doch ein angemessenerer topos als das sog. Haus Gottes.

Etwas unheimlich war den biblischen Menschen natürlich dieser Wille Gottes zur Distanzüberwindung schon. Man warf – wie in 1 Kön 8,27 bei Anlaß des Salomonischen Tempelbaus – die doch grundsätzlich gemeinte Frage auf: »Sollte Gott denn wirklich auf Erden wohnen?« Das empfand man denn doch als zu undialektische Transzendenzgefährdung. Und so kommt es, in der anschaulichen Erzählweise der Bibel, zu einer Kompromißbereitschaft Gottes bei Anlaß des Tempelbaus. Er läßt sich diesen Wohnsitz zwar zuweisen, aber gleichsam nur als Zweitadresse; er wohnt nicht direkt selbst in diesem Hause –

jedenfalls nicht so, daß er dort verfügbar zu fassen wäre. »Siehe, der Himmel und aller Himmel mögen dich nicht fassen, viel weniger dieses Haus ...« (1Kön 8,27). Es kommt zu einer Selbstunterscheidung, zu einer »Zwei-Setzung« Gottes.[34] »Mein Name soll daselbst wohnen« (1Kön 8,29), – das ist die Lösung des Transzendenzproblems, der Sorge, Gott könne in seinem Willen zur Distanzüberwindung den Menschen zu nahe treten. Unterschieden wird nun zwischen einer Seinsweise Gottes über dem Tempel und über allen Himmeln der Himmel, die ihn nicht fassen können, und einer freien Daseinsweise, einer Gegenwarts- oder Selbstvergegenwärtigungsweise Gottes darin, daß er inmitten Israels seinen Namen niederlegt. – Vom »Namen« wird hier, wie sonst überall in der Bibel, »hypostatisch« gesprochen, wie von einer selbständigen Wirklichkeit – einem Medium, das Menschen kommunizieren können durch Beten, Loben, Danken und Erkennen, ohne daß sie Gott selbst damit zu nahe treten. Umgang mit dem Namen Gottes ist einerseits die Form, in der Menschen wirklich Umgang mit Gott möglich ist, denn der Name ist Sein Name, der, bei dem er unverwechselbar und unterscheidbar er selbst ist; andererseits ist der Name ein doppelter Schutzschild, mit dem sündige Menschen sich vor der verbrennenden Gegenwart des Heiligen Gottes-selbst – und der heilige Gott sich vor sündigem Verfügungsdrang der Menschen schützen können. Außerdem hörten wir schon von der biblischen Bedeutung der Namengebung bei Menschen: Gott wird in seinem Namen öffentlich unter den Menschen kommunizierbar. Dazu legt er seinen Namen im Tempel von Jerusalem nieder. Und hier wieder entsteht, was wir ein christologisches Elementarteilchen nennen.

Von der Dabeiseinsweise Gottes (im Unterschied zu seiner erhabenen göttlichen Seinsweise) wird schon in der Hebräischen Bibel, dann erst recht im frühen Judentum unter vielen Ausdrücken gesprochen. Neben dem »Namen« können z.B. Gottes »Weisheit«, seine »Herrlichkeit«, vor allem sein Davar, sein »Wort«, relativ zu ihm verselbständigte Begegnungswirklichkeiten Gottes werden. Im Judentum hat sich gerade aus dem hebräischen Wort für das Wohnen Gottes mitten unter uns die Vergegenwärtigungsweise der Schechina gebildet (von schachan = wohnen). Überall, wo von Gottes Dabeisein erzählt werden soll, wird davon erzählt, daß Gott in der Schechina dabei ist – in ihr verborgen, wie dennoch in ihr gegenwärtig. In unserer abstrakten Theologensprache können wir dagen: Alle diese verselbständigten Ausdrücke sind Offenbarungsbegriffe und sagen die spezifische Spannung aller »Offenbarung« zwischen Verborgenheit und Erscheinen Gottes aus.

Was besagt diese »Zwei-Setzung« in der biblischen Offenbarungssprache?

34. Cl. Thoma, Christliche Theologie des Judentums, Aschaffenburg 1978, 192f.

– Vor allem eine *Gleichzeitigkeit Gottes im Himmel und auf Erden*, die also für sein Wirken auch eine Einheit des Raumes herstellt und letztlich Aufhebung der Grenzen des Raumes. Sein Wille geschieht, »wie im Himmel, so auf Erden«, in genauer Parallelität und Analogie. Cl. Thoma zitiert dazu einen aussagekräftigen Text jüdischer Tradition. Es geht um die Bedeutung von Num 7,1: »Und siehe, an dem Tage, da Mose die Errichtung der Wohnung (= Stiftshütte) vollendet hatte.« Den hebräischen Text dieses Verses kann man auch noch anders lesen, nämlich: »Wehe an dem Tage, da Mose die Errichtung der Wohnung vollendet hatte.« Der Interpret will wissen: Warum »Wehe«, – ist dieser Tag nicht Grund zur Freude? Antwort: »Damals entstand ein ›Wehe‹ unter den Dienstengeln. Sie sprachen: Nun entfernt er (Gott) seine Schechina von uns weg und läßt seine Herrlichkeit unten bei seinen Söhnen ruhen. Da sprach der Heilige, er sei gepriesen, zu ihnen: Richtet eure Gedanken nicht darauf. Meine Schechina ist immer mit euch in der Höhe ... Mit *leerem* Trost tröstete er sie – wenn man so sagen darf. Es ist ja zu unterscheiden: Die Hauptsache seiner Schechina ist unten auf der Erde«.[35] Also Schwergewicht unten: aber auch die Engel in der Höhe leben gleichzeitig in Gegenwart Gottes.

Diese Struktur der »Zwei-Setzung«, der Gleichzeitigkeit von Gottes Gegenwart »oben« und »unten«, erlaubt Aussagen von einer an Intensität schwer zu übertreffenden *emotionalen Solidarität* Gottes mit Israel. Dafür nur ein mit dem Wohnungsgedanken zusammenhängendes Beispiel aus dem ersten Talmud-Traktat: dort geht es gleich am Beginn um die Festsetzung von Tages- und Nachtzeiten des Gebets, für das Sch'ma Jisrael. Rabbi Eliezer lehrt: »Die Nacht ist in drei Nachtwachen geteilt; an jeder Nachtwache sitzt der Heilige, gepriesen sei er, und brüllt wie ein Löwe, wie geschrieben steht: ›Der Herr brüllt von der Höhe, und aus der Wohnung seines Heiligtums gibt er seine Stimme, brüllen brüllt er wegen seines Wohnorts‹«; in der »Höhe« brüllt er und zugleich in seinem »Heiligtum«. Warum brüllt er überhaupt? Das beantwortet Rabbi Jizchak ben Sch'muel im Namen Rabhs: »Die Nacht ist in drei Nachtwachen geteilt; an jeder Nachtwache sitzt der Heilige, gepriesen sei er, und brüllt wie ein Löwe, indem er spricht: Wehe, daß ich mein Haus zerstört, meinen Tempel verbrannt und meine Kinder unter die Völker verbannt habe« (b Brachot 3a). Gott brüllt, bis in Mark getroffen von dem Elend, in das er selbst sein Volk im Jahre 70 gestürzt hat, als er die Tempelzerstörung und die Deportation des Volkes von Jerusalem und Judäa zuließ. Dies hat ihn deswegen so tief berührt, weil dadurch die Achse von oben und unten, von Höhe und Tempel zerbrochen ist und so die Gleichgewichtsbeziehung zwi-

35. Ebd.

schen Gott und Israel spürbar ins Wanken geraten ist. Die Parallelität der Zeiten wird noch eingehalten; wenn Israel unten klagt, klagt im gleichen Moment Gott in der Höhe mit Israel; aber die Raumbeziehung ist gestört, so sehr, daß es in einer anderen Haggada heißen kann: Gott werde solange nicht mehr das himmlische Heiligtum betreten und draußen vor brüllen, solange es Israel auf Erden nicht vergönnt ist, das irdische Heiligtum in Jerusalem wieder zu betreten. Es ist die Gebundenheit an dies Gleichgewicht der Gott-Israel-Beziehung, die noch heute die radikalen Orthodoxen in Israel bindet; daß sie immer noch nicht den Tempelberg wieder betreten dürfen, zeigt, daß das Exil noch nicht aufgehoben ist und daß zwischen Gott und Israel die Dinge noch nicht wieder heil sind. Orthodoxer Radikalismus hat nur in seiner äußeren Erscheinungsform Züge eines jüdischen Nationalismus, von innen her ist es der Drang, Gott von den brüllenden Schmerzen seiner Entfremdung in der Höhe zu befreien. Gott und Mensch scheinen schickssalhaft aneinander gekettet; aber was wie Schicksal scheint, ist nur Folge letzter Solidarität Gottes mit seinem Volk. Von daher will uns scheinen, daß der biblische »Anthropomorphismus« alles andere als eine »primitive« Ausdrucksweise ist, die durch angeblich geistigere Vorstellungen zu überbieten wäre. Die Sprache einer emotionalen Solidarität Gottes mit Israel ist schon in der Hebräischen Bibel, aber verstärkt in der jüdischen Tradition sachlich notwendig und begründet in jener Bundesstruktur der Zusammengehörigkeit von Gott und Israel.

Die »Zwei-Setzung« der Gleichzeitigkeit Gottes wie im Himmel, so auf Erden mit ihrer Folge emotionaler Solidarität Gottes läßt freilich in der Hebräischen Bibel einen noch tieferen Grund erkennen: in der *Zwei-Setzung des Namens Gottes,* in dem er wie Israel, so auch zuletzt sich selbst gegenständlich ist. Gott hat ja dem Mose am Dornbusch in der Wüste seinen Namen offenbart als der »Ich werde dasein als der ich dasein werde«, eheje ascher eheje (Ex 3,14). Wir halten zwei Bedeutungen dieses Gottesnamens (»Jahwe«) fest. Wieder im talmudischen Traktat Brachot (9b) lesen wir als Auslegung des Namens: »Der Heilige, gepriesen sei er, sprach zu Mose: ›Gehe hin und sage den Israeliten: Ich war mit euch in dieser Knechtschaft. Ich werde mit euch in den Knechtschaften der Weltvölker sein‹«. Der Name Gottes ist der letzte Grund jenes merkwürdigen Phänomens der geschichtlichen Wiederholungen, von dem wir oben sprachen. Er verheißt, der Immanuel, der Gott mit uns zu sein in der babylonischen wie in der ägyptischen, wie in allen noch kommenden Unterdrückungen. Diese geschichtliche *Wiederholung ist Selbstauslegung des eheje ascher eheje,* denn dieser Name spricht in sich eine *Selbstwiederholung Gottes* aus, eine »Zwei-Setzung«, hier nicht zwischen oben und unten, sondern: wie einst – so dann; also eine Selbstwiederholung Gottes in der Zeit der Geschichte Israels. Das ist sein Name, mehr noch: sein Wesen, denn er ist, wie er heißt; sein Name charakterisiert sein Wesen, ja, da das Hebräische den heidnischen Wesensbegriff nicht kennt und im Namen das wirklich sieht, was jemanden wesentlich ausmacht, müssen wir sagen: Jene Selbstwiederholung ist für Gott wesentlich, macht Gott als Gott aus. Daß er das kann und verheißt: sich selbst wiederholen, macht seine göttliche Verläßlichkeit und Treue, aber auch die Gleichzeitigkeit seines Seins in der Höhe und inmitten Israels aus. Daß Gottes Sein wesentlich sein Dabeisein bei Israel ist, das ist die Verheißung seines Namens, sprich: seiner Gegenwart »inmitten« seines Volkes, oder mit Bubers Übersetzung: seines Drinseins in seinem Volk. So enthält sein Name: »formale Christologie«.

Inwiefern kann man das sagen? Die Jesus-Schriften haben sich an die Sprache der Hebräischen Bibel gehalten, wenn sie von Gottesbegegnung, -nähe, -gegenwart sprechen wollten. Aus dem Munde Jesu hören wir, daß das Reich Gottes (d.h. seine kraftvolle Selbstvergegenwärtigung in der Welt) ἐντὸς ὑμῶν sei, »mitten unter euch« (Lk 17,21). Frühere Übersetzer haben die sprachliche Parallele zum Alten Testament zerstört, wenn sie hier »in euch«, statt »mitten unter euch« übersetzten: wieder ein Beispiel für die Grenzen einer Ontologie, die soziale Beziehung nicht als seinsursprünglich denken kann und lediglich das Innere eines Ich als wirklichkeitssetzendes Maß kennt; das verfehlt das biblische Seinsverständnis.

Die Weise des Inmittenseins Gottes ist nun aber auch in den Jesus-Schriften mit der Erinnerung an die Begegnungen Gottes im Zelt ausgesagt worden. Daß Petrus, Jakobus und Johannes auf dem Berg der Verklärung drei Zelte errichten wollen – eines für Elia, eines für Mose, eines für Jesus – kommt nicht von ungefähr in einem Volk, das vom Zelt der Begegnung etwas weiß (Mk 9,5). – Im Hebräerbrief ist das urjüdische Parallelen-Denken der Analogie von oben und unten vielfach aufgenommen und auch aufs Zelt angewandt worden. Christus wird ja in diesem Brief im Amt des Hohenpriesters gesehen, d.h. seine christliche Bedeutung wird mit Kategorien der priesterlichen Amtshandlungen ausgelegt, leider mit polemischer Spitze gegen das ungenügende Priestertum in Israel. Eines der Mittel, durch die Jesus als besserer Hoherpriester gekennzeichnet werden soll, bedient sich der Bildwelt von einem himmlischen und einem irdischen Zelt der Begegnung. Das himmlische ist das wahre Zelt (8,2), Gott selbst hat es errichtet; das irdische ist zwar nach Gottes Willen aufgebaut, aber das sollte Mose, ein Mensch, machen, nicht Gott (8,5); es ist χειροποίητος, mit Händen gemacht. Allerdings: Das irdische Zelt gilt als Nachbildung des himmlischen (8,5), das drückt also wieder ein Achsenmodell aus. Im Unterschied zum irdischen Hohenpriester hat Christus mit seinem Tod das himmlische Zelt betreten und dort seinen Priesterdienst verrichten dürfen, das zeigt seine Überlegenheit.

Außer diesem Achsenmodell gibt es in den Jesus-Schriften noch eine andere Bedeutung von Zelten. Der Prophet Hosea hatte einst Israels zukünftiges Heil in seiner Rückkehr in die Wüste gesehen, denn die Wüstenzeit war Israels gute Zeit, in der die Kultur des fruchtbaren Landes und seiner Götter es noch nicht verführen konnte; in der Leere der Wüste war das Volk mit seinem Gott allein. Darum hat er als schönste Verheißung das Gotteswort gehört: »Und ich, der Herr, dein Gott von Ägypten her, will dich noch einmal in Zelten wohnen lassen wie in den Tagen der Vorzeit« (12,10). Auch hier wieder ein Wiederholungsmodell; das einfache Leben in Zelten, jenseits der gemauerten Kulturen, ist Verheißung. Seitdem hat Zelten Verheißungssinn für die Zukunft bewahrt bis ins Neue Testament. Der berühmte Spruch Jesu: Wir sollen uns Freunde machen mit dem ungerechten Mammon, wird begründet mit dem Satz: »damit sie euch aufnehmen in die ewigen Zelte« – sie: die Engel oder die personifiziert gedachten guten Werke, die ihr mit dem ungerechten Mammon getan habt. Zelten – das höchste Glück der Erdenkinder, zukünftige, »eschatologische« Lebensweise der Geretteten und Begnadeten. Auf dem Platz der ewigen Zelte wird nämlich auch das Zelt Gottes wieder stehen, und wir werden erleben: »Siehe, das Zelt Gottes μετὰ τῶν ἀνθρώπων, mitten unter den Menschen, und er wird zelten μετ᾽ αὐτῶν, in ihrer Mitte, und er-selbst Gott unter ihnen wird er sein« (Offb 21,3): Gott als Zeltbauer und Camper, – Zelt als Ort größter Nähe und intimsten Dabeiseins Gottes bei den Menschen, mitten unter ihnen: Schechina.

Doch noch wichtiger als der Raum des Zeltes ist die Tätigkeit des Zeltens. Der theologische Brennpunkt der biblischen Zeltterminologie ist sicher Joh 1,14, denn dort wird im parallelismus membrorum die Aussage: »Das Wort ward Fleisch« inhaltlich ausgelegt mit dem Satz: καὶ ἐσκήνωσεν ἐν ἡμῖν, »und zeltete unter uns«.

Dazu zwei Beobachtungen: *a.* Für unseren systematischen Zusammenhang ist die Feststellung dieses parallelismus membrorum sehr wichtig: eine Spitze in der Beschreibung dessen, was »formale Christologie« heißen kann. Die Aussage: »Das Wort ward Fleisch« scheint ja biblisch und jüdisch schlechthin unmöglich. Zwar haben wir den starken Willen von Gottes Menschennähe erkannt, – die Verbindlichkeit, die sie für Gott selbst und die Menschen in der Gestalt des Bundes hat, – die Wesenhaftigkeit, die sie als Auslegung des Namens Gottes und seiner Selbstwiederholungen in der Mitte Israels hat, – die gegenständlich-plastische Begegnungsform, ja sogar die menschengestaltige Visionsform gehört dazu. Aber das alles ist nicht dasselbe wie die neutestamentliche Verkündigung: »Das Wort ward Fleisch«. Das ist die christlich unterscheidende Botschaft, das Neue am Neuen Testament. Gewiß: Sie liegt in der Fluchtlinie der Gegenwartsweisen Gottes, die wir aus der Hebräischen Bibel kennen, und diese Botschaft ist ohne den biblischen Hintergrund überhaupt nicht zu verstehen – schon allein deswegen nicht, weil es ja einen feinen, aber beachtlichen Unterschied ausmacht, ob eine Fleischwerdung Gottes oder eine Fleischwerdung des Wortes Gottes verkündigt wird. Die biblische Unterscheidung zwischen Gott-selbst und dem »Namen« Gottes, seiner »Weisheit«, »Herrlichkeit«, seinem Davar (= Wort) ist wichtig zunächst zum Feststellen dessen, was Joh 1,14 – und damit die christliche Lehre – behauptet oder nicht behauptet. Das Christentum lehrt eine Fleischwerdung des Wortes Gottes in Jesus und versucht sensibel die Grenze einzuhalten, die hier im »monotheistischen« Alten Testament gezogen und vorgegeben ist. Der »Name« Gottes, das »Wort« Gottes usw. bezeichnen, wie wir unterscheidend sagen wollten, Dabeiseinsweisen Gottes, nicht die Seinsweise seiner selbst, – die Gestalt, in der er sich uns zuwendet, nicht die uns unbekannte, in der er an-und-für-sich-allein Gott ist. Selbstverständlich werden in Hebräischer Bibel und Judentum Gott und sein Name nicht voneinander getrennt. Es ist ja der Name Gottes, in dem er sein Wesen veröffentlicht und sich selbst gebunden hat. JHWH ist kein Deckname und kein Verschweigename des Gottes Israels, sondern der, unter dem er selbst sich kommunizierbar macht, so daß wir, wenn wir ihn bei diesem Namen anrufen, gewiß sein können, daß wir wirklich ihn damit anrufen, ihn selbst. Er hört auf diesen Namen. Er behält hinter seinem offenbarten Namen nicht noch einen uns unbekannten Eigennamen zurück. Die Unterscheidung zwischen einer Dabeiseinsweise und einer Seinsweise hat nur grenzbegrifflichen Sinn, d.h. sie dient der Abwehr des leicht möglichen Mißverständnisses, als gehe Gott total in seinen Beziehungen zu uns auf, als verlöre er sich darin, so daß wir es in der Gottesbeziehung schließlich doch gar nicht mehr mit einem Partner, einem Gegenüber zu tun hätten, sondern nur mit unserem eigenen Beziehungswesen, einem Widerschein unserer selbst, mit unserer Transzendenz, statt mit der seinen. Wir können auch ganz einfach sagen: Die Unterscheidung zwischen Gott und seinem Namen, Gott und seinem Wort, ist der Versuch, Gottes Freiheit zu wahren, ohne die er vielleicht Schicksalsmacht, aber nicht mehr der Gott wäre, wie ihn die Bibel bezeugt. Insofern kann man sagen: Es handelt sich um eine antiheidnische Unterscheidung, die Gott, nach dem Zeugnis der Hebräischen Bibel, selbst getroffen hat, um sich von den Göttern zu unterscheiden und sein spezifisches Gottsein zu behaupten.

Uns muß wichtig sein, diesen Vorgang »schon« im Alten Testament vollzogen zu sehen. Er wiederholt sich im Prolog des Johannesevangeliums, jetzt nicht im Verhältnis zwischen Gott und seinem Namen, sondern zwischen Gott und seinem Wort. Auf eine begrifflich fast nicht mehr zu fixierende Weise umspielt Joh 1,1–2 dieses Grenz- und Begrenzungsproblem. »Im Anfang war das Wort«, das ist eine Zeitbestimmung, sofern man »Anfang« als den ersten Augenblick in der Reihe aller folgenden Zeitaugenblicke auffassen will. Man muß das nicht. Der Anfang kann auch das sein, aus dem heraus ein Geschehen erst anfängt und das selbst als Quelle vor dem liegt, was dann aus ihm heraussprudelt; in diesem Sinne meint es vielleicht die lateinische Bibelübersetzung mit dem Wort »In principio erat verbum«: das Wort ist das Prinzip alles dessen, was im Johannesevangelium noch zu erzählen sein wird; die Vulgata hat hier nicht »in initio« gesagt. Wie immer man den Begriff »Im Anfang« fassen will – sachlich erinnert er an den ersten Satz der Hebräischen Bibel, und dort geschieht »im Anfang« die Erschaffung des Himmels und der Erde, wird also die von Gott unterschiedene Welt in die Existenz gesetzt. In eben diesem Anfang war das Wort, der Logos. Wie? nicht Gott? Doch: »und das Wort war bei Gott«. Gott war da nicht abstrakt, allein, sprachlos: bei Gott war »im Anfang« ὁ λόγος, das Wort, das bewußte, von uns vernommene, schon millionenmal gehörte, millionenmal gepredigte Wort Gottes. Gott und sein Wort gehören anfänglich zusammen, d.h. also wesentlich: Das Wort ist alles andere als ein nachträgliches Interpretament für Gott, es war vielmehr im Anfang bei Gott. Daß es das »war«, meint natürlich nicht Vergangenheit, sondern: so war es im Anfang schon, bei Gott war da das Wort. Also Gott nicht allein? Nein, Gott nicht allein, sondern schon ehe alles andere war, war bei ihm das Wort. – Aber wer oder was kann denn anfänglich bei Gott sein? Etwas anderes oder jemand anderes als Gott? Nein, das nicht, nur etwas, jemand, der selbst – zwar nicht ὁ ϑεός ist, Gott-selbst, aber ϑεός, göttlich, auch Gott, wie ὁ ϑεός. Zwischen ὁ ϑεός, der im Anfang war, und ϑεός, dem ὁ λόγος, der im gleichen Anfang »bei« Gott war, läuft die wohl zu beachtende Grenze zwischen Gott und dem Namen Gottes. Beide sind, in späterer dogmatischer Sprache ausgedrückt, gleich ursprünglich, d.h. sie sind beide »im Anfang«, beide offensichtlich gleichen Wesens, denn beide werden bezeichnet als ϑεός, nur differenziert es sich: Der eine ist der ὁ ϑεός (der ani, Ich, der hebräischen Erkenntnis), während der andere ϑεός ist; und während der eine ὁ ϑεός *ist*, war der andere πρὸς τὸν ϑεόν: bei ihm, ihm zugeordnet. Uns scheint unmöglich, dies Verhältnis als das einer Subordination, einer Unterordnung des ϑεός unter den ὁ ϑεός zu beschreiben; soll man schon abstrakte Begriffe bilden, könnte man allenfalls sagen: sie existieren einander koordiniert, zu- und zusammengeordnet. (Wobei klargestellt sein muß, daß zwar wir es sind, die sie in solchen *Begriffen* zusammenordnen; aber wir können dies nur, weil uns vom Evangelisten vorgesagt wird, daß sie bereits im Anfang, lange ehe wir denken und mit unseren Begriffen dazukommen können, koordiniert *sind*.)

Der Sinn von Joh 1,1–2 ist strukturell der gleiche wie das, was sich im Verhältnis zwischen Gott und dem Namen Gottes ausspricht. Der Name ist

Gott, insofern er sich öffentlich kommunizierbar macht unter den Menschen; und das Wort Gottes ist ebenfalls Gott, sofern er zu uns spricht. Die ersten Worte des Johannesevangeliums sagen also, daß Gott von Hause aus mit Menschen kommunizierendes, nämlich zu ihnen sprechendes, sie ansprechendes Wesen ist. Ihm eignet eine ursprüngliche Sozialbeziehung zu den Menschen, zwischen ihm-selbst und seinen Beziehungen zu uns besteht keine Differenz. Schon im Anfang, noch ehe wir geschaffen sind, um ihn hören zu können, hat er sich selbst dazu bestimmt, zu uns zu sprechen. Es gibt, was das Sprechen und Sich-Zuwenden Gottes zu uns Menschen betrifft, keine heilsgeschichtlichen Stufen: Erst ist Gott, und dann wendet er sich eines Tages uns zu und spricht mit uns: darum können wir das Verhältnis von Gott und Wort auch begrifflich nicht wie Substanz und Akzidenz oder Subjekt und Prädikat unterscheiden. Gott ist qua Wort von Haüse aus sprechendes Wesen, wie er von Hause aus qua schem, Name, von Menschen benennbares und ansprechbares Wesen ist.

Von diesem Wort wird 1,14 gesagt: »Und es ward Fleisch«, d.h. Mensch in der Sphäre der Sünde, unter der Macht des Widerspruchs gegen Gott; man kann umschreiben: Es wird »historisch«, es kommt dorthin, wo es nicht gehört, nicht angenommen und aufgenommen, wo ihm widersprochen wird und es selbst so in lauter Widersprüchlichkeit hineingezerrt wird. Fleischwerdung ist sicher auch: Menschwerdung, aber mehr als das wird hier ausgesagt. Der formale Gegensatz Gott – Mensch, der gegen diesen Satz Bedenken erregen könnte, ist nichts gegen den inhaltlichen Gegensatz, von dem hier geredet wird: daß das Wort dorthin kommt, wo es mundtot gemacht wird. Joh 1,14 erzählt darum eigentlich von einem Kriegsausbruch zwischen dem sprechenden Gott und einer Menschheit, die ihm das Wort verbieten will und wird. Es beginnt – davon erzählt das Evangelium – ein neuer Kampf (vielleicht ein Endkampf) um Gott als sprechendes Wesen und damit jedenfalls um den Gott der Bibel selbst. Diese Spitze soll im Johannesevangelium ausgesagt werden. Der Prolog ist kein christologischer Theorietext, sondern er macht den universalen Kampfhorizont auf, in dem das Leben Jesu spielt.

Behält die Differenz zwischen ὁ θεός und θεός: ὁ λόγος da überhaupt noch einen Sinn? Eigentlich nur einen einzigen: Wie die Differenz zwischen Gott in der Höhe und seinem im Tempel niedergelegten Namen dazu hilft, daß sein Name unter uns nicht zu Schall und Rauch werde und Gott in der Höhe nicht am Ende ist, wenn wir auf Erden den Namen Gottes mißbrauchen und unnützlich führen, so hilft die Differenz zwischen Gott und seinem Wort dazu, daß er als ὁ θεός nicht am Ende ist, wenn wir ihn hier dif-famieren, aus der Fama bringen, aus seinem guten Ruf unter den Leuten und aus des Volkes Stimme. Die Differenz, der Vorbehalt zwischen Gott, seinem Namen und Wort dient der Wahrung seiner Göttlichkeit in seinen Kämpfen auf Erden, hat also praktischen Sinn, Sinn in der Praxis Gottes, und hat nichts zu tun mit abstrakt-theoretischen Konstruktionen oder gar mit Angriffen auf die innere Einheit Gottes. Es ist dieser Zusammenhang, in dem die dogmatische Lehre von einer Gottheit Jesu ihren praktischen, ihren Kampfsinn hat; und man muß viel mehr, als wir heute tun, nachdenken darüber, ob man Jesus nicht entwaffnet und seiner Widerstandskraft beraubt, wenn man von seiner Gottheit nichts mehr wissen will. Aber davon ist später zu sprechen. Hier geht es nur darum, die an den Johannesprolog sich knüpfende klassische christologische Problematik in ihrer alttestamentlichen Struktur zu erkennen. – *b.* Dazu gehört nun auch der *parallelismus membrorum* von 1,14. Die Fleischwerdung des Wortes kann nicht nur strukturanalog, sondern auch direkt alttestamentlich ausgesagt werden. Es zeltete ἐν ἡμῖν, in unserer Mitte. Indem der Johannesevangelist diesen Parallelismus bildet, versucht er das Befremdliche der Botschaft von einer Fleischwerdung des Wortes biblisch verständlich zu machen, mehr noch: biblisch zu verantworten und zu »orten«. Das kann er nur, wenn er sagt: Prinzipiell kann diese Kunde in Israel und unter den ihm bekannten Voraussetzungen verstanden werden. Sie ist der Möglichkeit und Wirklichkeit nach nicht so extraordinär, außerhalb aller Ordnung, daß sie als etwas Unvorstellbares abgewiesen werden müßte. Daß Gott und der Name Gottes unter uns zelten, kann man seit jeher von *diesem* Gott wissen, sogar erwarten, denn das ist lange schon eine der schönsten Verheißungen. Fragen kann man darum nur: ob nun gerade Jesus von Nazareth das Zelt der Begegnung sei und: ob nur er es sei. Das ist eigentlich auch die jüdische Frage an die christliche Botschaft; nicht die Vorstellung vom zeltenden Gott ist jüdisch-fraglich, nur seine Ortung in Jesus.

Im jetzigen Zusammenhang scheint aber ein anderer Gedanke lehrreicher: das, *was uns logisch mit der Parallelismus-Bildung gegeben ist.* Offenbar waren die Evangelien in der Lage, ihre Botschaft in mehr als einer Sprache auszusagen, und sie legten Wert darauf, dies zu tun. Ihnen liegt an einer Beweglichkeit und Mehrdimensionalität ihres Sprechens im Dienst der Botschaft. Aber das ist für sie mehr als Stil, als der allein der parallelismus membrorum meistens gewertet wird; hier scheint *sachliche* Notwendigkeit die Sprache zu prägen. Nehmen wir Joh 1,14 als Beispiel, dann steht der Evangelist erkennbar unter einer Nötigung, das, was er als Verkündiger der neuen Botschaft sagen möchte, auch in der Sprache des überkommenen Botschafters auszusprechen: dasselbe, nicht etwas anderes. So wäre es möglich, das Neutestamentliche sofort auch alttestamentlich auszusagen und in dem Zeugnis von einer »Fleischwerdung des Wortes« dasselbe auszusprechen, was im Zeugnis von dem »Zelten« Gottes und seines Namens »inmitten«

Israels schon ausgesagt war. Es ist nichts anderes gemeint, beides meint dasselbe.

Theologisch ist das unerhört und bisher ungenutzt. Die Theologie hat bisher ihre Leidenschaft ins Unterscheiden gesetzt und darin gemeint, das Gebot der Wissenschaft zu erfüllen, die nur im Getrennten, Analysierten die Wahrheit finden zu können meint. Das macht freilich blind für das sachlich Notwendige an einer solchen Synthesis, wie sie die Form des parallelismus membrorum sprachlich anstrebt. Das zentrale christologische Stück will mindestens zweimal ausgesagt werden, einmal so, wie Johannes es zuerst sagt, einmal so, wie er es – nun biblisch-alttestamentlich – danach noch einmal sagen muß. Wieder ist zu sagen: Es ist biblisch *nicht* entsprechend, wenn wir dogmatisch die erste Satzhälfte von Joh 1,14 als die »eigentlich gemeinte«, die zweite dagegen nur als kommentierende und weniger eigentliche ausgeben würden. Die Kunde, daß Gott jetzt sein Zelt der Begegnung aufs neue unter uns aufgeschlagen hat und daß er den Mut hatte, dies nicht mehr nur unter seinen Freunden, sondern inmitten des »Fleisches«, das ihm widerstrebt, zu tun, schlägt ein neues Buch einer alten Geschichte auf. Und dogmatisch-christologisch bleibt es sich gleich, die Geschichte Gottes, des Zelters, durchzusetzen oder die der »Fleischwerdung des Wortes«. Das ist eine von den Dogmatikern bisher nie wahrgenommene Möglichkeit, zu der aber das Neue Testament uns selbst auffordert. Dogmatisch wird bisher nur *über* das Alte Testament gesprochen (in der Lehre von Schrift und Offenbarung), doch nie wurden die inneren Sachverhalte des Alten Testaments selbst mit den Kategorien des Dogmatischen durchdacht. Die Idee von Israel als »formaler Christologie« legt das nahe, und wir meinen, daß dies vom biblischen Befund her Verheißung hat: Jesus zu bedenken innerhalb der Zeltgeschichte Gottes. Doch haben wir uns nicht das etwa zur Aufgabe gestellt. Dogmatik erfüllt auch dann einen Sinn, wenn sie weiterreichende Aufgaben sichtet und benennt, die sie selbst noch nicht angreift und erfüllt.

5. *Wort und Leib*

In der Verkündigung der Fleischwerdung des Wortes geht es (mindestens auch) um seine Menschwerdung. Gottes Wort ist, seit Menschen es hören können, immer aus Menschenmund erklungen, so daß ein Nachdenken über den Zusammenhang von Gottes Wort und Menschenwort zu einer Hauptaufgabe der Dogmatik gehört. In unserem Zusammenhang interessiert uns aber ein Aspekt, der in den dogmatischen Verhandlungen dieses Zusammenhangs bisher nicht oder u.E. nicht genügend zum Zuge gebracht worden ist: die biblisch bezeugte Notwendigkeit des Gotteswortes, nach dem Leib seiner Zeugen zu greifen. Gewiß hat das in der Hebräischen Bibel nie bis zur Verkündigung einer Menschwerdung des Wortes Gottes geführt und schon gar nicht einer exklusiven, nur einen einzelnen Menschen meinenden. Aber wiederum ist zu sagen, daß die neutestamentliche Verkündigung auch hier in der Fluchtlinie des alt-biblischen Wortes liegt und ohne ihre Kenntnisnahme nicht zureichend zu verstehen ist.

Wir machen uns das am *Verhältnis von Wort und Leib bei den Propheten Israels* klar. Die weit überwiegende Mehrzahl der biblischen Überlieferungen von ihrem Wirken bewahren auf, was sie im Namen Gottes und nach eigener Einsicht in den aktuellen Willen Gottes zu Fragen ihrer bestimmten Lebenszeit und nahen Zukunft *gesagt* haben. Aber es ist kein Zufall, daß wir neben Logienüberlieferungen auch erzählende Überlieferungen von ihrem Wirken haben. Propheten sind demnach nicht nur als Redner des Wortes wichtig, zuweilen *auch* als seine *Täter:* darum hören wir auch von prophetischen Handlungen, durch die sie ihre Worte zeichenhaft-sinnenfällig gemacht haben. Diese sog. Symbolhandlungen sind sehr oft körperliche Demonstrationen. Micha läuft barfuß und nackt durch die Straßen, wehklagend und jammernd, und bildet damit im voraus das Elend ab, das Juda und Jerusalem bevorsteht wegen der Sünde der Tochter Zion (1,8.13). Wie einst die ekstatischen Propheten Baals sich mit Messern Wunden in ihre Körper einritzten, um sich von ihrem eigenen Blut in Baalsekstase bringen zu lassen (1Kön 18,28), so bringt auch Micha sich einmal »Einschnitt an Einschnitt« an seinem Körper bei, die Wunden sinnlich anschaulich machend, die dem jüdischen Volk in Gottes Gericht geschlagen werden (5,1). – Geschlagene drei Jahre lang ist auch Jesaja nackt und barfuß herumgelaufen, »als Zeichen und Vorbedeutung wider Ägypten und Aethiopien«, daß der König von Assyrien in ihre Länder einfallen und sie ins Exil verschleppen wird: »nackt und barfuß und mit entblößtem Gesäß« (Jes 20,3–4). – Jeremia hat sich Stricke und Joche machen und auf seinen Nakken legen müssen als Botschaft an alle Könige der Region, daß sie Überlebenschancen nur haben, wenn sie sich dem heranmarschierenden Großkönig von Babel unterwerfen (Jer 27,2.11–12). Lange Zeit hat man diesen Aufzug mitangesehen, dann erschien ein Gegenprophet, Chananja, riß dem Jeremia Joch und Stricke vom Hals, zerbrach das Joch und gab mit dieser Zeichenhandlung Entwarnung zu verstehen: Es wird uns von Babel her nichts passieren. Doch Gott gebot dem Jeremia, nun erst recht ein unzerstörbares eisernes Joch auf den Hals zu legen als Zeichen für die eiserne Härte, mit der Nebukadnezar von Babel seine Ziele doch verfolgen und erreichen wird. Jeremia behielt recht (Jer 28).

Ezechiel sollte öffentlich essen und trinken und dies mit konvulsivischen Körperzuckungen verbinden, ankündigend, daß die Bevölkerung von Jerusalem in verödetem und verwüstetem Land ihr Brot mit Kümmernis essen, ihr Wasser mit Entsetzen trinken werde (Ez 12,17ff.). – 190 Tage lang mußte Ezechiel, in Fesseln gebunden, auf der linken Seite seines Bettes liegen, ohne sich bewegen zu können, so die Schuld von 190 Jahren tragend; und noch einmal mußte er 40 Tage (für 40 Jahre) die Schuld des Hauses Juda, auf die gleiche bewegungslose Weise auf der rechten Seite liegend, demonstrieren (4,4ff.). – Einmal bekam er Befehl, sich eine Glatze schneiden und den Bart abnehmen zu lassen, die Scherhaare in drei Teile abzuwiegen, ein Drittel davon inmitten der Stadt zu verbrennen, ein Drittel mit dem Schwert öffentlich zu zerhauen, das letzte Drittel in den Wind zu pusten – Zeichen für Verbannt-, Getötet-, Zerstreutwerden der Bevölkerung; ein paar ganz wenige Haare soll er, vielleicht als Zeichen eines verschonten Rests, in den Zipfel seines Gewandes binden (5,1- 4).

Dies alles: Körperzeichen, Körper-Sprache, Körper als Medium der Mitteilung. Aber Gott beansprucht den Leib der Propheten noch viel umfassender. Zeugung von Kindern mit einer Frau, die an den sexuellen Baalskulten teilgenommen hatte, bekommt Hosea dreimal zum Auftrag; in seiner Botschaft dient das Bild der Ehe und ehelichen Treue der Bezeugung des unkündbaren Bundes zwischen Gott und Israel. Aber im Sinne der nun schon einige Male genannten Ganzheit dessen, was Zeugung in der Welt der Bibel heißt, kommt es auch hier nicht so sehr auf das sexuelle Symbol an (obgleich es in Bezug auf den Baalsdienst schon sprechend genug ist), auch bei Hosea haben Zeugung und Geburt ihre Spitze in der Namengebung, und die drei Namen der drei vom Propheten gezeugten Kinder ergeben erst das Zeugnis des Propheten an sein Volk: »Jesreel« heißt der erste Sohn, »denn in kurzem suche ich die Bluttat von Jesreel heim am Hause Jehus und mache dem Königreiche Israel ein Ende; an jenem Tage zerbreche ich Israels Bogen in der Ebene Jesreel«. Das zweite so gezeugte und geborene Kind ist ein Mädchen. »Gib ihr den Namen ›Nichtbegnadet‹; denn ich will dem Hause Israel hinfort nicht mehr gnädig sein.« Bald darauf zeugt Hosea ein drittes Kind, einen zweiten Sohn. »Gib ihm den Namen ›Nicht-mein-Volk‹; denn ihr seid nicht mein Volk, und ich bin nicht euer Gott« (Hos 1,2-9): Der arme Junge muß sein Leben lang einen Namen tragen, in dem die Bundesformel negiert und gekündigt klingt; wer ihn anspricht, muß damit den gekündigten Bund ansprechen und dies Schreckliche, Unerhörte in den eigenen Mund nehmen. Als so schrecklich wird das empfunden, daß es im biblischen Text dabei nicht bleiben kann. Sofort im Anschluß an diese Zeugungsgeschichte wird eine Zukunft angekündigt, in der die beklemmende Wahrheit dieser Namen aufgehoben werden wird. »Statt daß man zu den Kindern Israel sagt: Ihr seid nicht mein Volk, wird man dann zu ihnen sagen: Söhne des lebendigen Gottes«. Und dann wird es die Erlaubnis geben: »Nennt euren Bruder ›Mein Volk‹ und eure Schwester ›Begnadet‹« (1,10-2,1).

Eine gleiche Demonstration mit den Namen der von ihm gezeugten Kinder hat auch Jesaja vollziehen müssen: Zeugung, Geburt, Namengebung: Maher-Schalal - Chasch-Bas: Eilebeute - Raubebald, so heißt der Junge, »denn ehe der Knabe Vater und Mutter sagen kann, wird man den Reichtum von Damaskus und die Beute Samarias vor dem König von Assyrien einhertragen« (Jes 8,1-4). Nicht nur Wort und Leib des Propheten sind hier für die Botschaft beschlagnahmt, sie wird auch noch in seinen Kindern gegenständlich: »Siehe ich und die Kinder, die mir der Herr gegeben hat, wir sind Zeichen und Vorbedeutungen in Israel von dem Herrn der Heerscharen, der auf dem Berge Zion wohnt« (8,18). Zeugnis im Zusammenhang der toledot , Zeugungen und Generationen in Israel, das entspricht hebräischem Wirklichkeitsverständnis; von Gott her »wirklich« ist etwas erst in der Abfolge von wenigstens zwei Generationen und mehr. Und wenn man sagen kann: Mit den Namen für seine Kinder *gab* Jesaja Zeichen, die sein Wort versinnlichen sollen, so muß man im Blick auf diese Kinder sagen: sie *sind* mit Leib und Leben zu Zeichen *geworden.*

Diese Dimension mehr: von prophetischer Zeichen*gebung* zu prophetischer Zeichen*existenz* war besonders deutlich an Ezechiel sichtbar geworden. Gott läßt ihn zu den Fürsten und zu allen im Hause Israel sagen: »Sprich: Ich bin euch ein Wunderzeichen. Wie ich getan habe, so wird euch geschehen« (12,11). Ani mophetchem, ἐγώ εἰμι: die Sprachform, in der später der Johannesevangelist Jesus sprechen läßt, groß betontes, an die Spitze gestelltes »Ich bin«: euch ein Wunderzeichen, ein Erweis; das »Ich bin« meint: Ich mit Haut und Haaren, nicht nur in einzelnen Worten und Taten, sondern ich-selbst, ich-in-Person bin euch zum Zeichen. Was ich tue, wird euch geschehen. So wird dann Simeon im Lukasevangelium auch von Jesus sagen, daß er gesetzt sei »zu einem Zeichen, dem widersprochen wird« (2,34), und das ist auch dort etwas anderes als der Bericht von den vielen Zeichen, die Jesus tut. Noch zweimal muß in Gottes Auftrag verkündet werden, daß Ezechiel »euch zum Zeichen« werden wird (24,24.27) in folgendem Sinn: a. »Ganz wie er getan hat, werdet ihr tun, wenn es eintritt« (24,24), d. h. von Gott her wird sich eine unwiderstehliche Analogie herstellen zwischen dem zeichenhaften Tun und Ergehen des Propheten und dem Tun und Ergehen des ganzen Volkes; ihnen allen wird nachher geschehen, was zuvor dem einzelnen geschehen ist; in dieser Relation geschieht es, daß der Prophet zum Zeichen wird. Zeichen »ist« der Prophet, der Zeichen »gibt«, in dem Augenblick, in dem das von ihm Bezeichnete eintritt und zum Gesamtgeschick, zum Gesamtleben wird. Er wird zum Zeichen objektiviert dadurch, daß das individuell Zeichenhafte sich an allen wiederholt und erfüllt. *b.* Da erreicht dann das Zeichen auch das Ziel: »*Du* wirst zum Zeichen werden, und *sie* werden erkennen, daß ich der Herr bin« (24,27). Zu Gotteserkenntnis kommt es, nach Ezechiels Sicht, wenn Vorgezeichnetes eintritt. Aber das ist auch schon vor ihm Prophetenmeinung gewesen; schon Amos hatte gesagt: »Gott, der Herr, tut kein Ding, er habe denn seinen Ratschluß seinen Knechten, den Propheten, enthüllt« (Amos 3,7). Und Deuterojesaja: »Ehe es kam, ließ ich es dich wissen« (48,5). Gott begegnet Israel nicht unvorbereitet, und das ist wohl auch der Sinn prophetischer Zeichenexistenz, sie ist vorbereitende Existenz, in ihr warnt und kündigt Gott im voraus an einem einzelnen an, was bald Geschick aller sein wird. Und das ist das Spezifische am Gott Israels, an dem man ihn erkennen und von anderen Göttern unterscheiden kann (vgl. Jes 48,5). Es hängt tief mit dem Namen Gottes zusammen, dem eheje ascher eheje, das wir als das Wesen Gottes verstanden, der sich mitten in Israel selbst wiederholt.

»Zeichen sein« ist nicht metaphorisch gemeint, sondern eigentlich, ist Ereignis vor dem Ereignis. Zeichen ist ein Prophet, wie wir sagten, mit Haut und Haaren, also in ganzer Existenz. Darum können Propheten die Last ihres Berufs als Last ihrer Existenz bezeichnen. Jeremia verflucht mehrfach den Tag seiner Geburt wegen der unerträglichen Last des Prophetenamtes. »Verflucht der Tag, an dem ich geboren!, der Tag, da mich meine Mutter gebar, sei nicht gesegnet! Verflucht der Mann, der meinem Vater die Botschaft brachte: ›Dir ist ein Junge geboren!‹ und ihn damit hoch erfreute« (20,14). – Oder: »Wehe mir, Mutter, daß du mich geboren! einen Mann des Haders und Streits für alle Welt« (15,10).- Aber der Fluch auf den eigenen Geburtstag ist noch nicht das letzte; er hat einen tiefen Grund schon darin, daß Gott die Indienststellung des Jeremia bis in den Leib seiner Mutter zurückdatiert hat. Bei seiner Berufung zum Propheten hatte er hören müssen: »Und es erging an mich das Wort des Herrn: Noch ehe ich dich bildete im Mutterleibe, habe ich dich erwählt, ehe du aus dem Schoße hervorgingst, habe ich dich geweiht: zum Propheten für die Völker habe ich dich bestimmt« (1, 5). Das ist Prädestination, und der erste Ort ihres Vollzugs ist der Mutterleib, die Menschwerdung gerade dieses Menschen, und dies mit Einschluß der ganzen inhaltlichen Bestimmung dieses Menschseins: Prophet für die Völker der Welt ist er schon im Mutterleib, es gibt zu diesem Ziel seiner Existenz hin keine Entwicklung, er ist ab ovo, vom befruchteten Ei her, der er ist. Ebenso hat es auch der Gottesknecht des Deuterojesaja erfahren: »Von Geburt an hat mich der Herr berufen, meinen Namen genannt vom Mutterschoß an« (wieder: Geburt und Name! Jes 49,1).

Wer so bestimmt ist, muß in Ganzheit dienen. Die Verantwortung eines Menschen, den Gott zum Zeichen gesetzt hat, ist Verantwortung auf Leben und Tod. Ezechiel ist keineswegs nur zum Verkünder des Gotteswillens eingesetzt worden, sondern: »zum Wächter habe ich dich bestellt dem Hause Israel« (3,17). Das sieht praktisch z. B. so aus: »Wenn ich zum Frevler sage: ›Du mußt sterben!‹ und du verwarnst ihn *nicht* und sagst nichts, den Frevler vor seinem frevlen Wandel zu warnen, um ihn am Leben zu erhalten, so wird jener Frevler um seiner Schuld willen sterben, sein Blut aber fordere ich von dir« (3,18). – Dies enthält zwei Voraussetzungen. Einmal: Gottes Wort will den Verlorenen am Leben erhalten, das ist sein einziges Ziel; Wort Gottes heißt Lebensrettung, und ohne das ist ein Frevler unvermeidlich seinem Tod ausgesetzt. Zweite Voraussetzung: Für die Ausrichtung des lebenrettenden Wortes Gottes wird der Prediger verantwortlich gemacht; richtet er es überhaupt nicht aus, oder nicht so, daß es Leben retten kann, dann fordert Gott das verspielte Leben anderer, ihr Blut, vom Propheten ein. In den Augen Ezechiels hat nicht nur sein spezifischer Auftrag diesen Ernst bis aufs Blut. Das ist die Struktur alles Prophetenamtes; folgerichtig lautet Gottes Anklage gegen falsche Propheten im Munde des Ezechiel: »Gleich Füchsen in Ruinen sind deine Propheten, Israel. Sie sind nicht in die Bresche getreten und haben keine Mauer gebaut um das Haus Israel, daß es standhalte im Kampfe am Tage des Herrn« (13,4-5). Ex negativo haben wir in dieser Anklage noch einmal eine andere Beschreibung des prophetischen Amtes. Propheten sind dazu da, im Kampf um Israels Bewährung vor Gott »in die Bresche zu treten«, d. h. dort einzutreten, wo die Schlachtreihe des jüdischen Volkes Ausfälle (durch Sünden) zu verzeichnen hat. Oder – in anderem Bild: Sie sollen als Maurer wirken, die um das Haus Israel eine Schutzmauer hochziehen, damit es vom Feind geschützt leben kann (vom inneren und äußeren Feind zugleich, das ist in der Welt der Bibel eine Einheit). In diesen Aussagen werden Propheten zu *soteriologischen* Erscheinungen, zu Rettungsdiensten berufen. Und Gott verlangt das Leben aller dem Leben der Propheten ab; dadurch bekommt dies die Struktur von *Stellvertretung.*

Zur Ausübung dieses Amtes gehört, daß Propheten seit alters neben der Funktion der Verkündigung auch die der *Fürbitte* übernehmen müssen (die man eigentlich eher bei Priestern suchen möchte). Schon von ganz frühen Propheten hören wir das. Das ganze Volk wandte sich an Samuel: »Bete für deine Knechte zum Herrn, deinem Gott, daß wir nicht sterben ...« (1 Sam 12,19). So früh ging es schon um einen lebenrettenden Dienst des Propheten, und das Rettungsmittel war Fürbitte. Samuel betont, daß es für ihn unabweisbar ist, das zu tun: »Auch von mir sei es ferne, mich so an dem Herrn zu versündigen, daß ich abließe, für euch zu beten ...« (12,23). Er würde selbst zum Sünder, wenn er nicht für die Sünder betete. Wir hören, daß Samuel auch ohne Aufforderung des Volkes »die ganze Nacht zum Herrn schreien« konnte, wenn Gottes Entscheidungen ihm weh taten und er ihnen in den Arm fallen wollte

(15,10). Das zeigt, was Fürbitte auch heißen kann: Gott widersprechen. Dies ist aber zugleich auch ein Grund dafür, daß Gott sich solche Fürbitte strikt verbitten kann. Zu Jeremia sagt er einmal: »Du aber, bete nicht für dieses Volk, erhebe für sie kein Flehen, kein Gebet und dringe nicht in mich: denn ich erhöre dich nicht« (7,16). Ein andermal: »Bete nicht um Wohlergehen für dies Volk« (14,11). Ein drittesmal: »Und der Herr sprach zu mir: .Wenn gleich Mose und Samuel vor mich träten, mein Herz würde sich diesem Volk nicht zuwenden« (15,1). Es gibt Situationen, wo Gott sich nicht erbitten läßt und statt Leben Tod beschlossen hat über die Sünde seines Volkes. Da hat dann der Prophet nichts mehr zu suchen. Aber an diesen Verweigerungen kommt nur der Normalfall heraus: Stellvertretende Fürbitte ist das Mittel, das Gott seinem Volk gegen seinen eigenen Zorn in die Hand gegeben hat, damit er sich nicht hinreißen läßt gegen den Partner seines Bundes. Fürbitte ist so eine Bundesfunktion, und das wird nirgendwo so deutlich wie daran, daß, vor allem im 5. Buch Mose, auch Mose als Prophet und großer Fürbitter geschildert wird. Als er, vom Sinai herabsteigend, unten im Tal sein Volk tanzen sah um seinen Ersatzgott, den Goldenen Stier, da »fiel ich vor dem Herrn nieder, vierzig Tage und vierzig Nächte lang wie das erstemal, ohne Brot zu essen und Wasser zu trinken, um all eurer Sünde willen, die ihr begangen, da ihr tatet, was dem Herrn mißfiel, so daß es ihn reizte; denn ich fürchtete mich vor dem Zorn und Grimm, den der Herr wider euch hegte, so daß er euch vertilgen wollte. Und der Herr erhörte mich auch diesmal« (9,18-19). Alle Elemente sind auch hier versammelt, Fürbitte: gegen Gottes vernichtenden Zorn über Sünder, – Dienst der Lebensrettung, – »ich«, Mose, fürchte den Zorn, den Gott wider »euch« hegt, also: Verantwortungsbeziehung des einen Ich zu dem Euch der Vielen. Und hier besonders kommen schon die 40 Tage Einsamkeit hinzu, die später auch Jesus in der Wüste kennengelernt hat (Mk 1,13). Wenn aber Jesus vom Kreuz herab Fürbitte leistet: »Herr, vergib ihnen, denn sie wissen nicht, was sie tun«, dann steht auch er bis zu seinem letzten Atemzug im interzessorischen Dienst.

Die zwischen Volk und Gott exponierte, nach zwei Seiten verantwortlich gemachte Existenz der Propheten macht ihr Erleiden einer ekstatischen Innerlichkeit erklärbar, ihr oft außer sich geratendes Gefühl von der Unerträglichkeit einer solchen Existenz. Äußere Fakten wirken dabei mit: sich steigernde Erfolgslosigkeit dieser Art Verkündigung, – ständige Auseinandersetzungen mit einem anderen, assimilierten Typus von Prophetie, – das menschlich Unerträgliche daran, tiefer im Nein als im Ja stehen zu müssen, zwanghaft kritisch und so automatisch in den Widerspruch der Öffentlichkeit exponiert zu werden; aber vor allem leiden die Propheten an einer Anfechtung durch Gott, seinen Widerspruch zum Volk, der Widersprüche des Volkes gegen ihn und so am inneren Selbstwiderspruch eines nach beiden Seiten verantwortlich Gemachten; dies ist die *Anfechtung des Stellvertreters,* des Ich-Willens gegen den Du-Willen. Zeugnisse dieser inneren Situation der Propheten sind ihre Gebete, - Formen ihrer Reden, - ihre Bilder und Sensibilitäten, Ekstasen und Visionen, Auditionen und ihre menschlichen Störrischkeiten. Ohne daß es sinnvoll wäre, einen psychologischen Typus des Propheten herauszuarbeiten, drängt sich doch die Beobachtung einer Zwanghaftigkeit ihres Existierens auf. Jeremia hat erklärt, von Gott zur Übernahme dieses Lebensauftrags schlicht verführt, ja vergewaltigt worden zu sein: »Du hast mich verführt, Herr, und ich habe mich verführen lassen; du bist mit Gewalt über mich gekommen und hast mich vergewaltigt« (20,7). Ganz ähnlich war schon die prophetische Grunderfahrung des Amos gewesen: »Der Löwe brüllt - wer fürchtet sich nicht? Gott ruft - wer wird nicht sein Prophet«: (3,8). Von da versteht sich, daß neben dem Buch Jeremia eine eigene Schrift »Klagelieder des Jeremia« überliefert worden ist, und daß geistig-seelische Erfahrungen immer zugleich mit ihren körperlichen Komponenten geschildert werden: zwanghaftem Weinenmüssen (Jes 22,4), ständigem Jammernmüssen (»Ach, meine Brust, meine Brust! ich zittre, ihr Kammern des Herzens, es stürmt mir in der Seele, ich kann nicht schweigen«: Jer 4,19). Das Körperliche ist nicht metaphorisch gemeint, sondern wörtlich, jedenfalls ist die Grenze zwischen Metaphorischem und Eigentlichem fließend: Jeremia erzählt: »Stellte dein Wort sich ein, so verschlang ich's« (15,16), das ist Bild; aber Ezechiel hat tatsächlich eine Schriftrolle aufgegessen, so wie Gott ihm das befohlen hatte: »Da öffnete ich meinen Mund, und er gab mir die Rolle zu essen und sprach zu mir: Menschensohn, speise deinen Leib und fülle deine Eingeweide mit dieser Rolle, die ich dir gebe. Da aß ich sie, und sie wurde in meinem Munde so süß wie Honig« (3,2-3) - eine materielle *Einung* von Wort und Leib.

Es wundert nicht, in dieser Welt nun neben der interzessorischen Stellvertretung in der Fürbitte auch auf *stellvertretendes Tragen der Schuld* des Volkes durch einen prophetischen Einzelnen zu stoßen. Wir hörten schon von der Fesselung Ezechiels ans Bett; sie war mehr als eine symbolische Handlung, war in der Dauer von 190 und 40 Tagen die richtige Tortur einer Fesselung durch Israels und Judas Schuld, ein stellvertretendes Leiden und Tragen von Schuld (4,4-8). Auch Jeremia hat sich selbst verstanden »wie ein zahmes Lamm, das zur Schlachtbank geführt wird; ich ahnte nichts« (11,19), und sein Lebensweg mutet auch wie eine fast durchgehende Passionsgeschichte an: Er sieht sich sehr oft von Menschen umgeben, die Pläne gegen ihn schmieden (11,19), ihn auf Gefahr der Todesdrohung unter Berufsverbot stellen (11,21). Wie später bei Jesus führt auch bei Jeremias seine Drohung gegen den Tempel zu seiner Verhaftung und zu einem Prozeß, in dem er von Kollegen und Priestern als des Todes schuldig angeklagt, von den Fürsten und allem Volk allerdings freigesprochen wird (26). – Aber das war nicht das erste, nicht das letzte Mal. Schon vorher war er nach der sinnbildlichen Zerschmetterung eines Kruges im Hinnom-Tal vom Oberpriester Pashur zur Prügelstrafe verurteilt und vorübergehend in den Block geschlossen worden (19 – 20,6). Und später wird er wegen landesverräterischer Predigt verhaftet, gefoltert, zuerst ins Gefängnis, dann in eine schlammige Zisterne geworfen, daraus von einem äthiopischen Beamten befreit (37 – 38,13); nicht lange danach wurde er nach Ägypten zwangsdeportiert (43), dort verlieren sich seine Spuren. Jeremia hat sein Prophetenschicksal theologisch nicht gedeutet oder hochstilisiert, er hat sich nur dagegen gewehrt und dessen Sinnlosigkeit oft beredten Ausdruck verliehen.

Alle diese Lebens- und Leidens-Zeichen prophetischer Existenz schießen wie in einem Brennpunkt in den vier Liedern vom Knecht Gottes zusammen, die im Buche des Deuterojesaja erhalten sind. Wir wissen nicht, wer das war, nicht einmal, ob es sich um einen Einzelnen oder das Kollektiv des jüdischen Volkes handelt; jüdische Auslegung zieht die kollektive Deutung heute weit vor, christliche neigt zur Deutung auf einen Einzelnen; wir sagten schon, daß wir, biblischem pars-pro-toto-Denken gemäß, hier das eine für das andere stehen sehen.

Sicher eignen dem Knecht Gottes aber Züge, die wir von den anderen Propheten her kennen. Auch er ist Botschafter, Gott hat ihm die »Zunge eines Jüngers« gegeben, »daß ich verstehe, den Müden zu weiden« (50,4), »Kunde« hat er zu bringen unter Könige und Völker (53,1). Das setzt auch bei ihm wie bei allen Propheten voraus, daß Gott ihm alle Morgen »das Ohr weckt, wie ein Jünger zu hören« (50,4), denn auch er hat nur zu sagen, was er zuvor gehört und von Gott gesagt bekommen hat; so hat Gott seinen »Mund zum scharfen Schwert gemacht« (49,2). Über das zu Redende hinaus hat freilich auch er Handlungsanweisungen bekommen: die Stämme Jakobs aufrichten, die Geretteten Israels aus babylonischer Gefangenschaft zurückbringen (49,6).

Aber weniger als bei anderen Propheten erschöpft sich der Auftrag im Reden und Handeln, mehr als bei ihnen allen ist das Leben des Gottesknechtes im ganzen ein berufenes und von Gott eingesetztes Leben. Auch er ist berufen, Prophetie zu *sein*: »Zum Licht der Völker will ich dich machen«, dazu ist er eingesetzt, wie Ezechiel vor ihm und Jesus nach ihm. Daß die Völkerwelt Horizont seiner Existenz ist, das ist neu gegenüber den anderen, deren Wirkung auf Israel beschränkt war, wenngleich auch ihr Blick und ihre Prophetie sich schon weit in der Welt umschaute und sog. Völkersprüche enthielt; aber das diente doch nur der Erkenntnis Israels. Erst der Gottesknecht ist gesetzt zum Zeichen für Viele, für alle, soll Licht der Völker sein, gar »Bundesmittler für das Menschengeschlecht« (49,8). Jesu johanneisches »Ich bin das Licht der Welt« (8,12) und die Weitergabe der Lichterstaffel an seine Jünger in der Bergpredigt – »Ihr seid das Licht der Welt« (Mt 5,14) –, das ist beim Gottesknecht des Deuterojesaja angezündet worden: »Zum Lichte der Völker will ich dich machen«.

Als gesetztes Zeichen ist auch dieser von Geburt an berufen und bei seinem Namen genannt vom Mutterschoß an (49,1). Wie seine biblischen Vorgänger hat er die seelischen Depressionen dieses Berufs durchmachen müssen: »Ich aber dachte: vergeblich habe ich mich gemüht, fruchtlos und nichtig meine Kraft verschwendet« (49,4). Aber mehr als sie alle zusammen hat dieser für sein Wort seinen Leib hinhalten nüssen. »Meinen Rücken bot ich denen, die mich schlugen, meine Backe denen, die mich rauften. Nicht habe ich mein Angesicht geborgen vor Schande und Speichel« (50,6), das ist die *Passionsgeschichte*, die auch Jesu Passion zeugte (vgl. oben Bd. 1, 162 ff.), kein verstecktes, sondern öffentliches, vor aller Augen gelittenes Leiden. Im großen 4. Lied (Jes 52,13 – 53,12) hören wir Reaktionen von Öffentlichkeit darauf: Verachtung (53,3), Ekel (53,2). Aber diese Passion führt durch Leiden in den Tod und ins Grab (53,8-9). Und es gibt Zeugen dieser Passion, denen an ihrem Gang aufgeht, daß dieser da stellvertretend litt für »uns«. Wie der römische Centurio unter Jesu Kreuz – als er erkennen und bekennen mußte: »Wahrlich, dieser ist Gottes Sohn gewesen« (Mt 27,54) – müssen sie ihre Erkenntnis mit einem »Fürwahr« beginnen, der Formel des Widerlegten und Umgestimmten, »er trug unsere Krankheiten, hatte unsere Schmerzen auf sich geladen«, »war um unserer Sünden willen durchbohrt, zerschlagen worden um unserer Schmerzen willen« (53,4-5). »Um unseretwillen« ist noch nicht: »an unserer Stelle«; es kann das einfach noch heißen: In Konsequenz unserer Handlungen hat er den Tod gefunden. Aber die Passionzeugen des Gottesknechtes sagen mehr: »Die Strafe lag auf ihm zu unserem Heil, und durch seine Wunden sind wir genesen« (53,5); das ist stellvertretendes Strafleiden, das heißt: Eine Strafe, der wir hätten von Rechts wegen ausgesetzt werden müssen, hat er so auf sich genommen, daß wir von ihrer Übernahme verschont worden sind.

Und nun ist von diesem zu hören, was von keinem Propheten vor ihm zu hören war, eine Gottesproklamation, die sein Sein *über den Rand des Grabes hinaus* verfolgt: Weil er sein Leben als Schuldopfer für die Vielen eingesetzt hat, darum soll er einer triumphalen Zukunft entgegensehen: Dieser Mann »soll Nachwuchs sehen« (das Heil in Israel schlechthin), soll – wenngleich tot – »lange Tage leben«; Gott wird seine Pläne in seine Hand legen, und da werden sie gut aufgehoben sein. Er wird ihm »die Vielen zuteilen«, und sie werden ihm zufallen, und »Gewaltige wird er als Beute austeilen«, d. h. die Herrschenden werden ihm zur Beute, die er verteilen kann, wohin immer er will (53,10.12).

Ist das Auferweckung aus dem Tode – oder Erfolg des Toten? Die Dimensionen dessen, was wir von Propheten bisher vernommen haben, werden hier gesprengt; was hier gezeichnet wird, geht ins Unfaßbare und Offene, mit bisheriger historischer Kenntnis nicht zu Umreißende. Daß neutestamentliche Zeugen von hier Sichtweisen für die Bedeutung Jesu geholt haben, daß dieser Gottesknecht und Jesus gleichsam einander erkannten, ist gut verständlich. Aber natürlich war der Gottesknecht weder ein vorausgesehener, »prophezeiter«, noch ein vorausgelebter, »präexistierender« Jesus. Er war ein Eigener und uns Unbekannter. Aber gerade so kann er »in« Jesus erinnert werden. In der Wiederholung des Lebens, Leidens und Sterbens Jesu bekommt manches Anonyme, bisher in der Geschichte Israels namenlos Gewirktes und Erlittenes einen Namen – mir scheint dies von außerordentlicher christologischer Bedeutung. Gerade darin, daß Jesus nicht ein originales, eigenes Leben lebt, sondern wie vor ihm schon andere und neben ihm manche namenlose Juden, liegt seine Bedeutung ; er lebt wie sie, nur daß in ihm unbekanntes Leben zu einem Namen kommt – »deswegen hat ihm Gott auch einen Namen gegeben« (Phil 2,9); die Anonymität des Wirkens und Leidens von jüdischen Gottesknechten findet in Jesus ein Ende; durch ihn wird diese Lebensart weltbekannt und weltwirksam.

Sammeln wir noch einmal das, was wir über Wort und Leib der Propheten sagten. Zu ihrem Wort gehören ihre Taten. Um ihres Wortes willen sind sie selbst in Person zum Zeichen gesetzt. Ihr Wort ist Wort von Menschen, die Gott dazu berufen, mehr noch: im Mutterleibe und noch davor prädestiniert hat. Im Wort verkündigt der Prophet nicht nur, da wird er auch von Gott verantwortlich gemacht für das Leben seiner Hörer. Er hat den Auftrag, Gottes Wort an sie zu richten, aber auch ihr, der Menschen, Wort an Gott weiterzugeben in der Interzessio, der Fürbitte. In Ausrichtung des Wortes stößt der Prophet überall auf politischen und seelischen Widerstand und wird in inneres und äußeres Martyrium gestoßen. Es gab Propheten wie Jeremia, deren Lebensweg ein Passionsweg war und ins Nichts führte. Über einen anonymen Propheten, den Gottesknecht, hören wir sogar von einer neuen triumphalen Wirkung, die Gott ihm über das Grab hinaus geschenkt hat.

Das sind alles *Elemente* des Christologischen, d. h. Strukturen, die für die Aussprache der Bedeutung Jesu von Nazareth wichtig sind.

Ehe wir das Verhältnis von Wort und Leib der Propheten und dasselbe Verhältnis am christologisch ausgelegten Jesus von Nazareth weiter vergleichen, kommen wir auf ein dogmatisches Lehrstück, das für unseren Zusammenhang wichtig zu sein scheint.

Im Zentrum der dogmatischen Christologie steht die Lehre von der *as-*

sumptio carnis. In ihr sollte die Frage beantwortet werden, wie Jesus – ein Mensch wie du und ich, existierend in der Welt der Sünde, des Fleisches, unterworfen seinen machtvollen Bedingungen – zugleich Sohn Gottes sein konnte. Das geschah dadurch, lautete die Lehre, daß das ewige Wort Gottes, der ewige Sohn, die zweite Person der Trinität, diese Lebensbedingungen in eine Einheit mit sich selbst aufnahm, als es Jesus von Nazareth in sich aufnahm. Das geschah bei dem, was man die Fleischwerdung des Wortes nannte.

Dies Geschehnis von Joh 1,14 wurde dogmatisch also von zwei Seiten her beschrieben: einmal »von oben nach unten« in einer Aussage von der Erniedrigung des ewigen Wortes Gottes in das Fleisch hinein; um damit aber nicht eine Entleerung und Selbstpreisgabe des Gotteswortes in einen von der Sündenmacht gezeichneten Menschen hinein zu behaupten, hat man denselben Vorgang auch noch andersherum beschrieben, »von unten nach oben« eben in Gestalt der Lehre von einer Aufnahme des »Fleisches« in die Einheit des Wortes Gottes. In dem einen Geschehnis von Joh 1,14 sahen die alten Dogmatiker sich also eigentlich zwei Bewegungen vollziehen: Erniedrigung des Wortes Gottes unter die Bedingungen irdischer Realität, zugleich aber Erhebung dieser Realität in die Einheit des Wortes Gottes.

Mit dem Gedanken der assumptio carnis war sachlich folgendes gemeint: Jesus ist in einem: erniedrigter Gott und erhöhter Mensch. Diesen Gedanken hat intensiv Karl Barth in den Bänden IV seiner Kirchlichen Dogmatik durchgeführt. In unserem Zusammenhang interessiert uns noch nicht die Perspektive des erniedrigten Gottes, sondern die des erhobenen Menschen. (Das geschichtliche Zeichen der Erhöhung des Menschen Jesus ist die Erzählung von seiner Himmelfahrt, wir nennen sie hier nur erst und legen sie noch nicht aus; sie demonstriert aber ad oculos den Sachverhalt, von dem wir hier sprechen wollen.) Der Mensch Jesus ist vereinigt worden mit Gott, genauer gesagt: mit dem zu uns redenden Gott, also mit Gottes Wort. In dieser Einung wurde er in Person zum Wort Gottes an die Menschheit schlechthin gemacht.

Die alten Dogmatiker drückten das so aus, daß sie sagten: Jesus hat als Mensch gar keine eigene Wirklichkeit gehabt. Durch die Einung mit dem Wort Gottes war dieses selbst die Lebenskraft des Menschen Jesus. Er existierte also nicht bloß als Bringer, Verkündiger und Zeuge des Wortes Gottes, als dessen Funktionär. Er war mit Haut und Haaren, so wie die Propheten »zum Zeichen gesetzt« worden waren, seinerseits zum Wort Gottes gesetzt worden. Er spricht nicht nur *durch* seine Worte zu uns – er spricht uns *als* Wort Gottes an. Er besitzt eine sprechende Existenz. Er ist zum Wort-Gottes-in-Person geworden, wie die Propheten zu Zeichen-Gottes-in-Person. Die in der assumptio carnis geschehene Einung von Jesus und Wort Gottes ist unauflösbar. Jesus ist nichts außer sprechendes Wort Gottes. Sein Leben bedeutet nichts anderes als: In ihm spricht uns Gottes Wort an.

Die Dogmatiker wollten damit auch sagen: Da Jesus aufgenommen worden ist in die Einheit des Wortes Gottes, spricht Gottes Wort außerhalb Jesu nicht zu den Menschen. Wort und Jesus sind exklusiv aneinander gebunden. Um diese Exklusivitätsbehauptung zu einem vernünftigen Gedanken zu machen, gingen die alten Theologen mit ihrer Lehre noch einen Schritt weiter. Sie sprachen nicht nur von der Einung des Wortes Gottes mit dem einen Menschen Jesus von Nazareth, sondern von assumptio »carnis« = des Fleisches = alles Fleisches = des Fleischs schlechthin. Damit meinten sie ein Doppeltes:

a. »Fleisch«, das sind die gottfeindlichen Widerstandsstrukturen, die um jeden Menschen herum wirksam sind und ihn zugleich von innen her prägen. Jesus hat sie gebrochen, als er sich ihnen in seinem Tod unterwarf und als Gott ihn aus dieser Unterwerfung befreite und ein Leben schuf: frei von den Widerstandszwängen der Gegengöttlichkeit.

Indem die Widerstandsmächte gebrochen wurden, bekam das Wort Gottes und in ihm Gott selbst freien Raum in der Wirklichkeit; Gott und die befreite Menschheit schlechthin, für die Jesus stand, konnten geeint, verbunden, verbündet leben. »Assumptio carnis« beschreibt eigentlich diese Durchbruchs- und Befreiungsgeschichte: Mit Jesus wurden alle Menschen befreit von ihren Widerstandszwängen gegen Gott.

b. Damit war aber eine neue Situation hergestellt: Von widergöttlicher Realität konnte nun überhaupt nie mehr als von einer eigenen, in sich gefestigten, Gott gegenüber sich behauptenden Potenz gesprochen werden. A priori jede Realität – z. B. die politische, naturwissenschaftlich-gesetzliche, einzelseelische, triebhafte – ist jetzt nur noch unter dem Gesichtspunkt ihrer Einung mit Gott zu betrachten. Unmöglich ist damit z. B. eine wissenschaftliche Weltbetrachtung oder menschliche Daseinsanalyse geworden, wenn sie ohne ihre theologische Perspektive behandelt wird. Jeder wissenschaftlichen Objektbetrachtung und jedem praktischen Objektverhältnis fehlt ein Element an Realität, wenn das Objekt nicht unter dem Blickpunkt gesehen wird, daß es aufgenommen worden ist in die Einheit mit dem Worte Gottes. Im Wort Gottes haben z. B. Atomphysik, Genbiologie und -technik, Strahlenphysik, haben Tiefenpsychologie und Sozialpsychologie, juristische Normen und politische Wertsetzungen, habe ich-selbst (liebend, mich und andere quälend, scheiternd und optimistisch neu anfangend) einen ersten und letzten Realitätsbezug. Dieser ist analytisch nicht zu erheben. Die Realität des Wortes Gottes ist nicht in den Dingen durch Forschung zu entdecken, aber synthetisch ist eine letzte Beziehung zu behaupten; und das ist es eigentlich, was die alten Dogmatiker mit ihrer Lehre von der assumptio carnis meinten und ansteuerten.

Ist es das, was der Zusammenhang von Wort und Leib der Propheten auch meinte? – Ganz sicher haben einige von ihnen das Wort Gottes verleiblicht. Insofern sagt, wie wir oben schon erklärten, die Rede von der Fleischwerdung des Wortes nichts biblisch und jüdisch Undenkbares und Fremdes. In Gestalt der Propheten hat das Wort immer nach Menschenleibern gegriffen, und die mußten dann den Dienst des Wortes Gottes verkörpern. Haben sie es auch selbst verkörpert, wurden sie aufgehoben in die Einheit des Wortes Gottes? Das ist jüdisch nie behauptet worden. Könnte man es – den Befund in der Hebräischen Bibel vor Augen – dennoch behaupten?

Vom Gottesknecht lautet ein Wort Gottes: »Siehe da, mein Knecht, an dem ich festhalte, mein Erwählter, an dem meine Seele Wohlgefallen hat. Ich habe meinen Geist auf ihn gelegt, daß er die Wahrheit unter die Völker hinaustrage« (Jes 42,1).

Das »Siehe da« ist Demonstrationsformel, Gott demonstriert mit den folgenden Worten vor dem Forum der Menschen öffentlich für seinen Knecht; bei der Taufe Jesu hat die Gottestimme mit ganz ähnlichen Worten für Jesus demonstriert.

Am Gottesknecht wird Gott »festhalten«. Sagt das, in einem Beziehungsbegriff ausgedrückt, sachlich etwas anderes als Einung eines Menschen mit Gott?

Nähe und Einung werden wie beim Gottesknecht auch bei der Taufe Jesu damit bezeichnet, daß Gott auf ihn seinen Geisthauch gibt – wie dort, so hier. Geist ist Kraft der Einung, gewiß nicht die Einung selbst, als die sie die Trinitätslehre schildert, die den ewigen Vater und den ewigen Sohn geeint sieht im Geist der dritten Weise des Er-Selbst-Seins Gottes.

Und Wort der Einung ist beidemale, daß Gott Wohlgefallen hat, daß »meine Seele gnadet«: hier dem Gottesknecht und da Jesus; das ist eine Figur tiefster innerer Beziehung zwischen Gott und seinem Knecht in der Kraft des Geistes.

Worin liegt aber die *Differenz* zwischen dem Gottesknecht und Jesus? Das Dogma spricht, wie Paulus, von der gebrochenen Macht der gegengöttlichen Universalgewalten Sünde, Tod und Teufel und meint letztlich das mit der Lehre von der assumptio carnis. Auch der Gottesknecht steht fürs Universale, ist ja zum Licht der Völker, zum Bundesmittler für sie erwählt, wird »viele Völker in Erstaunen setzen, und Könige werden vor ihm ihren Mund verschließen. Denn was ihnen nie erzählt ward, schauen sie, und was sie nie gehört, das werden sie gewahr« (52,15)- die Könige, Repräsentanten jedenfalls der politischen Mächte und Gewalten, sie werden ihm »zur Beute« (53,12), denn er trug ja die Sünden der Vielen, d. h. aller (53,12). Am Knecht Gottes zerbrechen jedenfalls die bisherigen Strukturen der *politischen* Welt (während von der kosmischen, natürlichen Realität hier nicht die Rede ist),die in der Lehre von der assumptio carnis mitgemeint wird. Aber das versetzt ja »die Völker« und damit alles in ein völlig neues »Licht« und öffnet dem Herumschauen und Herumhören in der Wirklichkeit nie gewußte Dimensionen.

Wäre also zu sagen: *a.* In Beziehungsbegriffen wird vom Knecht Gottes strukturell dasselbe gesagt, was in metaphysischen Begriffen und Vorstellungen in der Lehre von der assumptio carnis von Jesus gesagt worden ist? *b.* In geschichtlich-politischen Begriffen (Zum-Verstummen-gebracht-werden der Könige durch das im Knecht Gottes begegnende »scharfe Schwert« des Wortes) wird strukturell dasselbe gesagt, was in metaphysischen Begriffen von der Einung der Bedingungen alles Menschseins (des »Fleisches«) mit dem Worte Gottes in der Lehre von der assumptio carnis gesagt worden ist?

Die Differenz wäre nur diese, daß die Dogmatiker das »Wort Gottes« als ein Wesen des In-Seins in Gott gedacht haben, während Bibel und Judentum den Davar als ein Wesen des Außer-sich-Seins Gottes verstehen?

Die Differenz bleibt: Hebräische Bibel und Judentum können nicht sagen, daß Gott diese ganze Geschichte seiner erwählten Knechte und Söhne »in sich hat«. Seine Geschichte mit Israel bleibt offene Beziehung und ist (noch nicht) zu seinem »Wesen« geworden. Er eint sich immer wieder mit seinen »Söhnen« und sie sich mit ihm; so ist von *Einung* zwischen Gott und Mensch in Israel zu sprechen, nicht von jener *Einheit*, von der das christologische Dogma mit Blick auf Jesus von Nazareth spricht. Gingen also »formale Christologie« und »inhaltliche Christologie« so auseinander, daß zwischen der Israel-Geschichte und der Jesus-Geschichte zwar Parallelen bis ins kleinste Detail zu erkennen wären, daß aber Israel als *offenen* Prozeß beschreibt, was die Christen als zur *Vollendung gekommenes* Wesen bestimmen müssen?

Über Bedingungen dieses »Müssens« bleibt hier zu reden.

An der christlichen Botschaft ist ihr »eschatologischer« Ruf nicht zu überhören. So wie die Zeugen des Neuen Testaments aus Jesus das Wort Gottes haben sprechen hören, stehen Jesu Leben und Wirken, auch sein Leiden und Sterben und sein Erwecktwerden aus dem Tode im Zeichen des τετέλεσται, eines »Es ist vollbracht«, (Joh 19,28.30); die Zeit *ist* »erfüllt« (Mk 1,15), Jesus *ist* »A und O, Anfang und Ende« (Offb 1,8; 21,6; 22,13).

Die Frage ist nur, wie wir diese Botschaft zu verstehen und wie wir ihr handelnd und denkend zu entsprechen haben. Der christliche Kanon, in dessen klarem theologischen Gestaltungswillen gerade die letzte Schrift – die Offenbarung des Johannes – Jesus als »Anfang und Ende«, als »Ersten und Letzten« verkündigen muß, schließt doch nicht absichtslos mit dem Gebetsruf: Ἀμήν, ἔρχου κύριε Ἰησοῦ: Amen. Veni Domine Jesu; die Exegeten belehren uns übereinstimmend darüber, daß dies ein Gebet aus ältester, noch aramäisch sprechender christlicher Gemeinde sei: Maranatha, also: Amen, ja komm Herr Jesu (Offb 22,20). So steht nach dem letzten Wort des christlichen Kanons Jesus als »der Letzte« auch den Christen noch bevor, und die »eschatologische« Botschaft, also das, was Christen von Jesus in »schlechthiniger« Weise zu hören haben, lehrt sie flehen und beten, daß Jesus als »der Letzte«, als »das O«, als der Vollender »komme«. »Erfüllung der Zeit« kann, wenn wir die christliche Botschaft in ihren eigenen Grenzen halten – in denen des Kanons –, *nicht* »Ende der Geschichte« heißen, denn mit *dem* Letzten steht das Letzte noch aus. Ein Mensch, der einmal die christliche Bibel von der ersten bis zur letzten Seite durchgelesen hat und nun das Buch zuschlägt, wird hinaus in sein Leben und in die Welt entlassen mit dem Gebet, es möchte kommen, was gekommen ist, – möchte werden, was geworden ist, – möchte sich ereignen, was geschehen ist, – möchte wahr werden, was verkündigt wurde; »Amen, das ist: Es werde wahr« (Martin Luther). Mit dem letzten Buchstaben der Bibel hat der Christ das Zeugnis von Jesus gehört, ihn selbst aber noch nicht gesehen, – hat seine Geschichte bedacht, sie aber noch nicht erfahren, – ist von ihr angerührt, aber noch nicht hingerissen worden. Nicht nur Jesus steht dem Bibelleser bevor, er steht sich selbst noch bevor als Mensch, der sagen kann: »Christus, der ist mein Leben« (EKG 316,1).

Das »Es ist vollbracht«, das Jesus, sterbend, am Kreuz seufzen mußte, hat vor allem die schmerzhafte Bedeutung: Es ist durchgestanden, durchgelitten, es geht jetzt zu Ende; gemeint sind damit *zuerst* seine Körperschmerzen und die seelische Tortur, aber *dann* auch alles das, was ihn hat leiden machen, beides: Gott und Menschen – alles, was ihm von beiden Seiten auferlegt worden ist, also: »das Ganze«. Jesus hat sich widerstandslos Gott überlassen und dem Geschehen seines Willens. Wenn Helden es schätzen, »aufs Ganze« zu gehen – Jesus ging »durchs Ganze«. Und dies, weil in der Tat Gott »aufs Ganze« gehen wollte: Er liebte die Welt, den Kosmos, nicht nur Israel, auch die Gojim, – nicht nur Jesus und seine Jünger, sondern auch seine und ihre Verfolger, – nicht nur die Menschen auf seinen Wegen, sondern auch die anderen auf je »ihren« Wegen (vgl. Jes 53,6), und er stritt um ihr Recht, aber auch um das seine. Aber sie alle wurden doch nicht das von Gott geliebte »Ganze«. Jesus mußte durch die Widersprüche hindurch, die das Ganze zerrissen, trat in den Riß, der *alles* zerreißt: den Riß zwischen den Menschen und Gott. Dies ist, in der schrecklichen Abstraktionssprache der Theologie ausgedrückt, das »Eschatologische« seines Daseins und Wirkens.

Wie fassen wir das – wir: immer noch verloren ans unheilvoll zerrissene Leben, immer noch nicht heraus aus unserem existentiellen Haß gegen Gott und die Daseinsganzheit seiner Liebe, gerade auch in der theologischen Wissenschaft immer noch besessen vom Zwang, »Trennungen zu machen« (Jud 19), statt – in einer kleinen Analogie zu der großen Liebe Gottes – alles Getrennte sich wiederfinden zu lassen, wenigstens vorwegnehmend in Gedanken?

Zu sprechen ist hier von dem *Erzübel*, dem Geburtsfehler der christlichen Theologie, die, als sie die eschatologische Botschaft des Evangeliums hörte, die das Verlorene sucht und findet, diese doch auslegte, indem sie Verlorenes nun erst recht für verloren erklärte, ja zum Inbegriff des Verlorenen überhaupt machte. Es geschah, daß die frohe Botschaft des »Es ist vollbracht«, statt als allem Volk widerfahren, als *einem* Volke *nicht* widerfahren ausgelegt wurde: dem der Juden. Die eschatologische Botschaft vom geheilten Ganzen wurde unter Ausschluß des Judentums gedeutet. Das jüdische Volk wurde zum negativen Demonstrationsobjekt für diese Botschaft gemacht, ihnen wurde gezeigt (und an ihnen wurde geistig, seelisch und physisch exekutiert), daß alle eins geworden sind, sofern sie an Christus glauben, daß nur sie – dies eine Volk unter allen Völkern – im Unheil verharren, indem sie nicht an Christus glauben. Das von Jesus Vollbrachte sei nur an ihnen immer noch nicht vollbracht, – das durch und mit Jesus Geeinte habe nur bei den Juden noch den Gegensatz des Zerrissenen, – die alles umspannende Liebe habe nur bei ihnen noch ihre Hasser. Am Judentum hat die christliche Verkündigung dauernd einen Bruch im Sein feststellen wollen, eine Grenze der Wirkung und des Werkes Jesu. Und die Theologie hat diese Verkündigung nicht etwa korrigiert, wie es ihre Pflicht gewesen wäre, sondern sie denkend immer weiter bestärkt und das jüdische Volk zum Symbol, ja zum Realbegriff einer ontologischen Differenz zwischen Sein und Nichtsein gemacht. War das etwa eine zutreffende Auslegung und Übersetzung des »Es ist vollbracht« von Golgatha ins theologische Denken?

Wir können es so nicht sehen. Denn am Kreuz von Golgatha, als Jesus sein »Es ist vollbracht« rief, war wirklich die Heilung des Ganzen gemeint und auch wirklich erkämpft worden. Also, wenn es ernst gemeint sein sollte: *mit Einschluß* aller Gottlosen, aller Feinde der Menschen und auch aller Gegner Jesu. Jesus wurde ja inmitten von »Schächern« gekreuzigt, anderen für todeswürdig erachteten Mitmenschen. Sein Kreuz in ihrer Mitte war schon in sich ein Zeichen dafür, daß er in den Riß gestellt wurde gerade auch gegenüber dem Abschaum der Menschheit. Einem von seinen Mit-Delinquenten durfte er überdies versprechen: »Wahrlich, ich sage dir, heute wirst du mit mir im Paradiese sein« (Lk 23,43); das bezeugt, was das Werk des Todes Jesu ist: Er nimmt auch noch letzte Verlorene mit in seinen Durchbruch von der Todeswelt in die neue Lebenswelt. Ganz genau so ist die Fürbitte des Gekreuzigten zu verstehen für alle die, die gegen ihn gehandelt und daran mitgewirkt haben, ihn ans Kreuz, vom Leben in den Tod zu bringen: »Vater, vergib ihnen, denn sie wissen nicht, was sie tun« (Lk 23,34); der sterbende, ohnmächtige Jesus leistet hier noch im letzten Augenblick das Prophetenwerk der intercessio für seine Feinde, befiehlt sie der Vergebung Gottes und verhindert so, daß im Gedenken an seinen Tod ein bitterer Rest sich staue gegen solche, die politisch und theologisch dafür verantwortlich zu machen wären. Das Vergebungsgebet Jesu wollte die Bildung einer Dolchstoßlegende verhindern, einer Beschuldigungstheorie über seine »Niederlage«. Sein Tod sollte nicht als irgendeines Menschen Schuld, sondern als aller Menschen Schuld*befreiung* verkündet werden. Gerade dieses Werk des Gekreuzigten aber hat die Kirche zurückgestoßen, als sie es in Anwendung auf die Juden nun doch zu einer theologischen Dolchstoßlegende kommen ließ – mit allen seinserschütternden Folgen, die solche Legenden nun einmal zu haben pflegen. Der christliche Antijudaismus wurde – weit davon entfernt, ein notwendiges Gebot einer rechten theologia crucis zu sein – eine fundamentale Verleugnung des Werkes des gekreuzigten Jesus, eine Verachtung des Heils der Welt, das er erlitten und »vollbracht« hat.

Natürlich sind in den Jesus-Schriften Aussagen überliefert, die Menschen – und auch: Juden – verantwortlich machen für Jesu Tod und sie darum ins Zeichen des Gerichts und Verderbens stellen. Aber niemals hätten Kirche und Theologie gering werten dürfen, daß die Worte der Beschuldigung nur im Zusammenhang des Werkes der Ent-Schuldigung, der Verkündigung von der am Kreuz getanen Vergebung der Sünde, überliefert worden sind, daß die letzten Worte Jesu am Kreuz, seine Fürbitte in der Kraft seines stellvertretenden Leidens und Sterbens, alle Beschuldigung überwinden, daß Jesus dort nach Kol 2,14 die Schuldschrift ein für allemal durchgestrichen und ans Kreuz geheftet hat.

Der Ausschluß der Juden aus der Verkündigung des geheilten Seins ist die offene Schuld der Christen am Kreuze Jesu. Sie sind es, die das Sein zerreißen, jede Art geistiger, seelischer, politischer Dualismen zu verantworten haben und darum auch geschlagen, ja gestraft sind mit einer heillosen Logik der Zerrissenheit – eben der Logik des ungeheilten Seins, festgehalten in ewigen Diastasen von »Wort« und »Wirklichkeit«, »Gesetz« und »Evangelium«, im Zwang von Antithesen und Negationen und noch nicht bezwungen von einer Heilkraft der Wahrheit.

Das hat nicht zuletzt einen Grund darin, daß die Theologie sich des biblischen *Kanons* schämt als eines zugleich kritischen wie konstitutiven Maßes ihres Denkens. Ließe sie sich den Kanon wirklich Richtschnur sein, dann besäße sie im Ausschluß der rein antijüdischen Literatur des frühen Christentums aus der Sammlung der Jesus-Schriften ein unbestechliches Kriterium für eine *positiv*-dialektische Deutung der judenkritischen Stimmen der Bibel. Ohne dies aber verfällt Theologie an den Ungeist negativer Dialektik und einer entsprechenden negativen Ontologie, die mit der »Torheit des Kreuzes« nichts zu tun hat.

In der Fleischwerdung des Wortes, am Kreuz von Golgatha, also dort, wo der Gekreuzigte Gott um Vergebung für alle bittet, da ist jene eschatologische Ganzheit und Endgültigkeit erlitten und erstritten worden, die wir theologisch nur als eine ontologische Ganzheit denken können, als die Heilung des Risses zwischen Sein und Nichtsein, zwischen dem Leben und der Sünde mitsamt ihrem Tod, so auch: als Heilung der Zerrissenheiten zwischen den armen Menschengruppen, die hier als »Zeugen des Lebens« einen christlichen Glauben darstellen müssen, dessen sie doch nie mächtig sein können, dort als »Zeugen des Todes« Demonstrationsobjekte für einen jüdischen Unglauben hergeben müssen, den doch kein Mensch auf der Erde, kein Engel im Himmel ihnen andemonstrieren kann.[36] Die eschatologische und ontologische Ganzheit, die Gott in der Fleischwerdung des Wortes geschaffen hat, ist repräsentiert in der biblischen Ganzheit des christlichen Kanons. Wieviele historische Brüche sich in seinen Schriften und Schriftteilen dem forschenden Auge zeigen mögen: Gerade der christliche Glaube steht unter der Erlaubnis, sie geheilt zu sehen. Für unseren Zusammenhang heißt das: Die neutestamentliche Christologie der Kirche darf (und soll) erkennen, daß der verkündigte Jesus von Nazareth in der formalen Christologie der Hebräischen Bibel und Israels die ihm eigene Wirklichkeit hat – die seines jüdischen Lebens in den »Schriften« und aus ihnen. *Das* eschatologische »Ereignis« ist Jesus von Nazareth darin, daß sein Leben und Dienst *an* allen ein Leben und Dienst *zusammen* mit allen denen ist, die vor ihm, neben ihm, mit ihm zu gleichem Leben und Dienst unter den Gojim berufen waren und sind. Jesus steht unter gleicher Sendung wie Israels Propheten. Gott ist in ihm gegenwärtig, wie er je zu zelten verheißen hat unter Israel inmitten der Völker. Er leidet als einer von ihnen, und Gott leidet in ihm, wie er in jedem Leiden Israels sonst leidet: wesensbetroffen. Nur daß Leiden in Israel, je tiefer es erlitten wird, um so unsäglicher wird, um so anonymer – Jesu von Nazareth Leben, Leiden und Wirken aber einen Namen bekommen hat, der über alle Namen ist, weltöffentlich ausgerufen, vernehmbar und so von den Völkern beantwortbar gemacht wor-

36. Gegen entsprechende Unterscheidungen in der Erwählungslehre K. Barths in KD II,2. – Vgl. F.-W. Marquardt, Die Entdeckung des Judentums für die christliche Theologie. Israel im Denken Karl Barths, München 1967.

den ist. Das ist Jesus für Israel: Er dient Israel darin, daß Gott durch ihn Antwort der Völker auf das Leiden des Volkes der Gottesknechte bewirkt.

Genau da aber kreuzen sich Offenheit und Vollendung des Eschatologischen. Der Name, den Gott Jesus von Nazareth gibt, wird dann wirklich »über alle Namen« sein, wenn die Völker Antwort auf Jesus geben, indem sie mit Israel in ihrer Mitte Frieden machen, wenn sie mit Gott über die Getto-Mauer springen, die sie um dies Volk hochgezogen haben, um stattdessen zu jener prophetischen Schutz-Mauer zu werden, die Israel schützt – auch vor ihnen, den Jesus-Anhängern selbst. Der Friede Israels ist das Zentrum und die Substanz des Eschatologischen. Dafür steht Jesus unter den Völkern . Die Offenheit des Eschatologischen aber, das Noch-Nicht des Heils, besteht darin, daß Israel dies Jesus-Heil noch nicht erfahren hat, weil wir es Israel noch nicht haben erfahren lassen, weil wir das in Jesus sprechende Wort noch nicht beantwortet haben auf jenes Wort im Worte hin, das nur hört, wer im Logos Jesus den Davar Israels hört.

6. *Dogmatische Traditionen formaler Christologie*

Die Bedeutung, die in der Bibel Israel für die Christologie hat, erschöpft sich nun nicht in den Formelementen, die wir bisher zur Sprache gebracht haben. Der christlichen Lehrtradition war ja bis ins 18. Jahrhundert hinein die enge Verflechtung der Jesus-Schriften mit der Hebräischen Bibel nie so problematisch, wie sie uns heute durch die historische Bibelkritik geworden ist. So nimmt es nicht wunder, daß es auch in der Dogmatik Traditionen gibt, die aus dieser Beziehung gebildet wurden.

a. Jesus als Beamter (Die Lehre vom munus triplex)

Haben uns die bisher erörterten biblischen Elementarteilchen Beispiele von Sprach- und Denkformen für christologische Aussagen über die *Person* Jesu von Nazareth gegeben (»Sohn Gottes«, »Knecht Gottes«, Anwesenheit Gottes »mitten unter uns«, Verleiblichung des »Wortes« Gottes), so erörtern wir nun ein, vor allem im Protestantismus klassisch gewordenes, Element für die dogmatische Darstellung seines *Werkes*: die Lehre von einem dreifachen Amt Christi (munus triplex). Sie gehört spätestens seit dem 17. Jahrhundert zum Bestand evangelischer Dogmatik und dient der Ordnung alles dessen, was Jesus zum Heil der Menschen *getan* hat. Danach hat er in allen seinen Taten die alttestamentlichen Funktionen des Königs in Israel, des Priesters im Tempel von Jerusalem und des Propheten im jüdischen Volk gleichzeitig ausgeübt und in sich zusammengefaßt.

Mit Recht kann man fragen, ob solche Zusammenfassung nicht die Breite des von Jesus überlieferten Wirkens allzu sehr einenge und dadurch unzulässig typisiere. Schleiermacher z. B. beklagte das Fehlen des Bildes vom Hirten unter diesen Funktionen[37]. Der neutestamentliche Reichtum von Aussagen über Jesu Wirken ist mit dieser Lehre also nicht voll erfaßt. Wir werden sehen, daß sich aus solcher Verkürzung auch innere Schwierigkeiten bei einer genaueren Bestimmung dieser biblischen Ämter ergeben, wenn sie auf Jesus angewendet werden: Ihre Grenzen geraten dann so ins Fließen, daß man fragen kann, ob sie überhaupt noch einen genaueren Erkenntniswert besitzen.

Dennoch erweist diese Lehre gerade für unseren Zusammenhang ihren Wert. Denn sie zeigt, daß nicht nur für die Zeugnisse der Jesus-Schriften ein Rückbezug der Christologie auf die Hebräische Bibel unentbehrlich war, sondern auch für eine viel spätere dogmatische Reflexion. Schleiermacher hat mit einigem Widerwillen gerade diese Bedeutung der Ämterlehre erkannt und schließlich auch anerkannt. Er relativierte freilich die biblischen Befunde dafür zunächst historisch, sagte, daß diese Darstellung des Werkes Christi »mehr der ursprünglichen Entstehungszeit des Glaubens angehört – wo es allerdings notwendig war, das Antijudaisierende des Christentums unter der jüdischen Form selbst zur Darstellung zu bringen«[38], will sagen: Um Christus den Juden in einer für sie verständlichen Weise entgegensetzen zu können, haben die neutestamentlichen Zeugen das Werk Christi in einer »jüdischen Form« geschildert. Für Schleiermacher ist damit klar, daß diese Lehre sich nicht eignet, »ein beständiger Typus der Lehre zu sein«, und daß speziell uns heute diese Formen allein »nicht genügen« können, weil wir – meinte Schleiermacher – unser Verständnis Jesu von Nazareth nicht mehr Juden gegenüber zu verantworten haben und überhaupt unter dem Auftrag stehen, »die Sache« des Glaubens »aus unserm eignen christlichen Bewußtsein« zu entwickeln, ohne dabei nach rechts oder links zu schielen. Dennoch gebührt uns, »uns eine Kontinuität mit jenen ursprünglichen Darstellungen zu bewahren«, da nun einmal »die erste Begriffsbildung des Christentums auf die Zusammenstellung des neuen Gottesreiches mit dem alten basiert war«.[39] Genau so sehen wir es auch, fügen freilich hinzu, daß wir – anders als Schleiermacher in seiner Zeit – für unsere Zeit eine Verantwortung der christlichen Lehre vor dem Judentum für geschichtlich und sachlich gleich notwendig halten, besonders, wenn es um Christologie geht, also um das christliche Bekenntnis zu Jesus, dem Juden. Gerade die von Schleiermacher als nur begrenzt wichtig angesehene »jüdische Form« dieses Lehrstücks ist für unser Verständnis sehr wichtig.

37. Fr. Schleiermacher, Der christliche Glaube. 2. Bd., Berlin 1960, § 102.
38. AaO. 105.
39. AaO. 106.

Über die *Reihenfolge*, in der die Ämter Jesu abzuhandeln sind, besteht in der Tradition keine Übereinstimmung. Das hängt nicht zuletzt damit zusammen, daß eine Lehre vom Prophetenamt Jesu länger umstritten war. Besonders Johannes Calvin hat es vertreten und seit seinem Genfer Katechismus von 1537 konsequent den anderen beiden Werken des Königs und Priesters zugeordnet. Auf lutherischer Seite gab es Vorbehalte auch aus politischen Gründen; denn als »Propheten« traten Kräfte des linken Flügels der Reformation auf, die Luther und die Seinen als Schwärmer bekämpften; ihnen sollte jeder Legitimationsgrund entzogen werden. Da aber die Ämter Christi alle als Vermittlungsämter zwischen Gott und Mensch aufgefaßt wurden (Officium Christi consistit in opere mediatoris inter Deum et homines, quod est finis incarnationis: »Das Amt Christi besteht im Werk des Mittlers zwischen Gott und Menschen, und das ist das Ziel der Fleischwerdung«: Johann Gerhard III,576)[40], konnte eine Lehre von Christi Prophetie leicht als Vermittlung des Auftrags zur Prophetie auch an Menschen verstanden werden; dagegen besaß das Luthertum Hemmungen, die der Calvinismus sich gerade verbat. Aber der biblische Befund war doch so, daß schließlich auch das Luthertum sich der Dreigestalt der Ämterlehre anschloß.

Was die Reihenfolge betrifft, kann man bei Calvin selbst jedenfalls *eine* feste Ordnung immer erkennen: Vom König Jesus spricht er stets, bevor er vom Priester Jesus spricht. Das bedeutet einen Vorrang des Reich-Gottes-Gedankens, der mit dem Königsamt Jesu verbunden gedacht wird, vor der Auslegung des Opfers Jesu, das mit seinem Priesteramt verbunden wurde. Wir können das umschreiben: Die Vergebung der Sünde, die uns mit dem Tod Jesu geschenkt wird, steht in der Klammer der mit dem Gottesreichsgedanken gegebenen Weltveränderung. Und das königliche *Leben* Jesu ist das bleibende Wort vor seinem priesterlichen *Sterben*. Offen war für Calvin, ob das prophetische Handeln Jesu, das ja vor allem sein Wortwirken ist, vor oder nach seinem Lebens- und Todeswirken bedacht werden soll, ob also – kurz gesagt – sein Leben und Sterben von seinem Wort *her* oder auf sein Wort *hin* ausgelegt werden sollten. In der letzten Ausgabe seines Hauptwerks, der Institutio Religionis Christianae von 1559, hat er entschieden, mit der Darstellung des prophetischen Amtes zu beginnen mit besonderen Hinweis auf die »ununterbrochene Reihe« von Propheten, in der Gott »einen nach dem anderen gesandt und sein Volk nie ohne diese heilsame Lehre gelassen und nie vorenthalten hat, was zum Heile genügte« (II 1). Das heißt: Der Beginn mit Jesus als Propheten machte es Calvin augenfällig möglich, Jesus in die Kontinuität der Geschichte Israels einzustellen. Das ging mit dem Prophetenamt deswegen leichter als mit

40. Zit. bei Chr. E. Luthard, Kompendium der Dogmatik, Leipzig ^{8}1889, 215.

den anderen, weil hier nichts an der Substanz des Begriffs im Dienste Jesu verändert werden mußte, während die Begriffe des Königs und Priesters neue Bedeutungsmomente brauchten, wenn Jesus in ihr Amt trat.(Wir werden das genauer besprechen.)

Trotz dieser drei guten Überlegungen Calvins schließen wir uns ihnen nicht an. Denn wir wollen im folgenden versuchen, etwas deutlicher als die alten Theologen den Grund dieser Lehre in den Jesus-Schriften zu betrachten. Und da gehört eine Berücksichtigung der theologisch höchst *kritischen* Bedeutung dazu, die alle diese Ämter in der Geschichte Israels hatten. Ihre Anwendung auf Jesus bekommt theologische Deutlichkeit erst angesichts der Kritik Gottes an der Entstehung des Königtums in Israel und seiner Entwicklung, - angesichts der Verflochtenheit des Priesteramts mit der Sünde und seines Verfalls an sie, - angesichts der kritischen Rolle, die die von Gott berufenen Propheten Israels sowohl gegenüber den Königen, wie gegenüber den Priestern, wie auch dem prophetischen Berufsstand gegenüber spielen mußten. »Ämter« sind in Israel problematische und kritische Phänomene, werden meist in Widerspruch verwickelt mit dem spontanen, charismatischen Geist, der ganz anders zur Führung des Volkes und zum Wirken im Namen Gottes qualifiziert als die Institutionen. Die Art, wie Jesus als Inhaber solcher Ämter Israels zu sehen ist, muß u. E. etwas von diesem Problem erkennen lassen. Das ist in den Lehren vom munus triplex bisher nicht gezeigt worden. Sie arbeiteten mit einem zu affirmativen Amtsverständnis, das wir heute aus besserer Bibeleinsicht problematisiert sehen. So dürfte es sich heute z. B. von allein verstehen, daß der König nicht ohne den Propheten gelassen werden kann, der Mächtige nicht ohne seinen Kritiker: weswegen wir dem König nicht mehr, wie Calvin, den Priester auf dem Fuß folgen lassen, sondern den Propheten (was neben aller exegetischen und theologischen Notwendigkeit auch eine politische Entscheidung in sich schließt: Dem Thron folgt *nicht* der Altar, sondern der Narr in Christo). Da wir aber überdies von der Bibel her gehalten sind, das Leben Jesu als das Vorzeichen zu sehen, unter das Gott seinen Tod gestellt hat, scheint uns eine Schlußstellung des priesterlichen Amtes Jesu gerechtfertigt: wobei das letzte Wort von Leiden und Kreuz Jesu umgekehrt die sachliche Bedingung für die Besonderheit begründet, in der Jesus als König herrscht und sein Zeugnis als Prophet ablegt.

α) Das munus regium: Jesus, »der Juden König« und darin »König aller Könige«

In der dogmatischen Lehre vom Königsamte Jesu war allezeit der Königstitel und die königliche Funktion an die Bedeutung Jesu für die *Kirche* gebunden worden, und sie wurde ausdrücklich darauf auch beschränkt. Alle Vertreter dieses Lehrstücks legten Wert auf Jesu Wort (Joh 18,36), daß sein Reich nicht von dieser Welt sei, so daß sein Königsamt lediglich als Schutzamt für die Kirche auszulegen war und keinen Anspruch auf irgendeine Gestalt politischen Führertums zum Inhalt hatte, mithin auch nicht als politisches Konkurrenzgebilde zu anders geführten Mächten, Gestalten und Wahrheiten zu denken war. Calvin betonte immer wieder: Jesu Königtum beziehe sich auf ein geistliches und ewiges Reich, nicht auf ein, wie er es nannte, »fleischliches«.[41] Auch noch 350 Jahre später beeilte sich Schleiermacher, in diesem Zusammenhang Luthers Zwei-Reiche-Lehre ausdrücklich zu bejahen und hier jedes Mißverständnis abzuwehren.[42]

Wir müssen das zunächst zu verstehen versuchen. Wenn Jesus im Amte eines Königs gesehen werden sollte, dann meinte das ja das Amt eines Königs *in Israel*, also im erwählten Volke Gottes. Obwohl die Dogmatiker kaum zur biblischen Grundlage des munus regium Christi Stellung genommen haben, dürfen wir stillschweigend ihre Meinung voraussetzen, daß Jesus die Amtsbezeichnug als »Davidssohn« und »Messias« bekam. Ein König im erwählten Gottesvolk ist aber nun gewiß nie dasselbe gewesen wie das, was etwa Luther als Karl V. oder Friedrich den Weisen oder was Calvin als Franz I. von Frankreich kannten (dem er seine Institutio widmete). Es ist diese Andersheit des *Gottes*volkskönigs, die in der Unterscheidung von der Königsherrschaft Christi über die Kirche von anderen Königtümern und Regierungsgewalten in der Welt ausgedrückt werden soll. In Israel geht es nicht um das Gottesgnadentum des feudalen christlichen Abendlandes, sondern um das Königtum Gottes – was zweierlei ist. Darum ist die Kirche als Analogie zum Königtum Sauls und Davids und Salomos und ihrer Nachfolger aufgefaßt worden, nicht zu irgendeinem Imperium, auch nicht dem Heiligen Römischen Reich Deutscher Nation; und Jesus kann Davidssohn und König nur als Gouverneur der Kirche oder – mit Schleiermacher – der »Gemeinschaft der Gläubigen« heißen, der civitas Dei, aber nicht einer civitas terrena (Augustin).

Diese Klarstellung ist zunächst nur zu begrüßen. Sie entzieht Jesus von Nazareth z. B. jeder Legitimation einer »civil religion«, auch jedem Theokratie-Experiment, und wahrt das Politische als Säkulares. Überdies macht sie hinreichend deutlich, daß die Sicht Jesu als eines Königs nur aus dem Zusammenhang mit der Geschichte Israels entwickelt werden kann, aus keinem anderen Daseins- und Denkhorizont – z. B. auch nicht aus der konstantinischen Reichsideologie, in deren Folge das Christusbild ja zu dem eines Pantokrators

41. J. Calvin, Institutio religionis christianae II 15.3.
42. Fr. Schleiermacher, Der christliche Glaube, § 105.

gemacht worden ist, thronend wie ein Caesar in den Kirchenkuppeln hoch über den Häuptern der Menschen und mit Reichsapfel und Szepter oder Schwert in Händen.[43].

Die Frage ist nur, ob die in solcher Verdeutlichung mitlaufende Beschränkung des Sinns, von einem Königtum Christi zu sprechen, biblisch genügend fundiert ist. Hier bestehen Zweifel, die darin gründen, daß die theologischen Lehrer bei ihrer Entwicklung des munus regium auffallend zurückhaltend in der Beibringung biblischer Beweisgründe waren.

Das ist sonderbar, weil ja die Jesus-Schriften durchaus ein Königtum Jesu von Nazareth kennen. Wir hören von Jesus als König in seinen Kindheitsgeschichten,- in einem Speisungsbericht,- in der Passionserzählung und nicht zuletzt in den lobpreisenden Visionen des letzten Buches der Bibel. Freilich: Was wir dort vom König Jesus vernehmen, ist nicht dazu angetan, ihn in besonderem Glanz und in weltlicher Majestät zu entdecken. Als ein Konkurrent auf der Ebene von Welt-Macht kommt ein König Jesus danach wirklich nicht in Betracht.

Aber das schloß ja auch in der Entwicklung dieses dogmatischen Lehrstücks eine *indirekte* politische Bedeutung nicht aus. Wir können im Gegenteil eine zunehmende »Politisierung« des Lehrgedankens vom Königtum Christi und damit deutliche gesellschaftliche Einflüsse auf seine Geschichte beobachten, wenn wir zunächst nach dem *praktischen* Sinn fragen, den die Theologen damit verbunden haben.

Calvin folgerte aus der Königsherrschaft Jesu die Weisung, daß »wir denn in unserem Leben unter Elend und Mangel, unter Kälte und Verachtung, unter Schmach und aller anderen Not fröhlich durchhalten und mit dem einen zufrieden sein (sollen), daß uns unser König nie verlassen wird, daß er uns nie seine Hilfe in unserer Not versagt, bis wir unseren Kampf durchgekämpft haben und zum Triumph gerufen werden« (II, 15.4); das beschreibt deutlich Jesus, den König der Hugenotten, von Verfolgten also, die ihre Jesusgefolgschaft nicht anders in die Tat umsetzen können als im Durchstehen ihrer Leiden. Natürlich ist auch das ein Politikum, so sehr ein zielbewußt durchgehaltener Glaubenswiderstand zu allen Zeiten ein Politikum ist. Die Form dieses Widerstandes ist freilich gezeichnet von der Dialektik der Ohnmacht: der Freude *im* Elend, dem Frieden *im* Mangel. Aber es ist deutlich, daß für Calvin dies keine politische Beschwichtigung und Ruhigstellung der Christen bedeutete: Er hat diese Dialektik ausdrücklich als *Kampfform* in der Gefolgschaft des Königs Jesus beschrieben und so vor einem unpolitischen Mißverständnis

43. R. Hernegger, Macht ohne Auftrag. Die Entstehung der Staats- und Volkskirche, Olten/Freiburg 1963, bes. 264ff.

geschützt. Das Königtum Christi war bei ihm politisch so ernst gemeint, wie 1525 Luthers Ruf an die Bauern im gleichen politisch subversiven Sinne ernst gemeint war: »Leiden, Leiden, Kreuz, Kreuz ist der Christen *Recht*, das und kein anderes«:[44] »Wir haben doch gnug an unserm Herrn, der uns nicht lassen wird, wie er verheißen hat«; wenn die Bauern ernsthaft dies Christen-Recht des Leidens wahrnähmen, »so solltet ihr bald Gottes Wunder sehen, daß . er euch würde helfen, wie er Christo getan hat, den er nach Vollendung seines Leidens so gerächt hat, daß sein Evangelium und Reich mit Kraft, zu Trotz allen seinen Feinden, durchdrang und überhand nahm«.[45] Luther rang mit den Bauern also darum, daß sie um ihre Rechte im Gefolge der Königsherrschaft Christi kämpften und darum die Chancen ihres Kampfes dort suchten, wo auch Christus seine Chance bekam: im Durchhalten des Leidens; wie wenig auch Luther (ähnlich Calvin) an eine Abwiegelungsparole, sondern an eine Kampflosung dachte, zeigt die Benennung des Leidens als positives »Recht« der Christen (und nicht als Pflicht einer Unterwerfung). – Dieses dialektische Kampfverständnis der beiden Reformatoren hat sein großes Vorbild im paulinischen Apostelwirken: »In allem werden wir bedrängt, aber nicht in die Enge getrieben, in Zweifel gesetzt, aber nicht in Verzweiflung, verfolgt, aber nicht verlassen, zu Boden geworfen, aber nicht vernichtet; allezeit tragen wir das Sterben Jesu am Leibe herum, damit auch das Leben Jesu an unserem Leibe offenbar werde« (2 Kor 4,8-10). Wir werden sehen, wie diese Dialektik dem entspricht, was vom Königtum Jesu zu sagen ist.

Daneben nun Schleiermachers praktische Folgerungen aus der Königsherrschaft Christi – eine andere Zeit, eine andere gesellschaftliche Situation: Berlin um 1830. Was ist überhaupt ein König? Schleiermacher wollte das ausdrücklich nicht exegetisch beantworten, sondern aus der zu seiner Zeit »noch nicht untergegangenen Erinnerung« daran, daß der Begriff eines Königs immer im Gegensatz stand zu dem von Tyrannen mit ihrer unumschränkten Herrschaft, andererseits allerdings auch zu einer demokratischen Obrigkeit, die nur eine begrenzte Macht und diese auch nur durch Übertragung von den Regierten selbst besitzt. Die Herrschaft Christi gehört dagegen zu jenem wahren Königtum, das auf einem »beseelenden Prinzip« beruht und vom »Interesse« der Beherrschten selbst freiwillig getragen wird – ein Interesse, das z. B. einen schwachen König bedauert (wie etwa vor den Freiheitskriegen die Schwäche Friedrich Wilhelms III. im Volk von Preußen bedauert wurde, als er gegen Napoleon die Waffen nicht ergreifen wollte). Wirkliches Königtum ist nicht

44. M. Luther, Ermahnung zum Frieden auf die zwölf Artikel der Bauernschaft in Schwaben, WA 18,310.
45. AaO. 312.

Selbstherrschaft, es gehört einem freien Gemeinwesen zu. Dies gilt besonders für die Königsherrschaft Christi, die ganz nur im Verein der Gläubigen lebt. Als König hat Jesus, sagt Schleiermacher, weder Vorgänger in Israel noch Nachfolger in Rom. Denn sein Reich ist nicht von dieser Welt, und er schaltet nicht unmittelbar über die Dinge dieser Welt; nur das Innere der Menschen ist sein Herrschaftsgebiet, darum übt er auch eine Herrschaft, die ohne Zwang, Lockung und Drohung auskommt.[46]

»Nicht unmittelbarer« Bezug zu den Dingen der Welt heißt aber: Mittelbare Weltbedeutung hat die Königsherrschaft Christi doch. Das Reich ist nicht etwas erst Jenseitiges, und Jesus *wird* nicht erst ein König, er *ist* es schon. Zu seinen Lebzeiten hat er sein Gemeinwesen mit Gesetzen und Verhaltensregeln regiert und Diener zur *Erweiterung* desselben ausgesandt. Das hat eminent weltliche Bedeutung. Denn durch das Wirken dieses vom König Christus geführten Gemeinwesens nimmt der Gegensatz der Welt gegen die Kirche ab, durch christliches Zeugnis werden die Bestandteile der Welt sich »allmählich« in Bestandteile der Kirche verwandeln, das Böse wird Schritt für Schritt überwunden, das Gebiet der Erlösung in der Welt erweitert. Wie ist das möglich? Schleiermacher erreicht hier eine an den 2. Satz der Barmer Theologischen Erklärung von 1934 heranreichende Erkenntnis. Hieß es dort, daß Jesus Christus Gottes kräftiger Anspruch auf unser ganzes Leben sei, so daß es keine Bereiche unseres Lebens mehr gebe, in denen wir nicht Jesus Christus, sondern anderen Herren eigen wären, so lesen wir bei Schleiermacher, daß Christus die Gemeinde der Gläubigen »ganz beherrschen« wolle, »mithin auch jedes Glied derselben sich ganz und in allen Teilen seines Lebens als einen von Christo Regierten beweisen solle« – »ganz und in allen Teilen seines Lebens«.[47] Freilich bleibt ein Unterschied: Während in Barmen 1934 die »Gemeinde von Brüdern« als solche sich unter die Königsherrschaft Christi gestellt sah (eigentlich: im Sinne Schleiermachers), hat Schleiermacher doch letztlich nur den Einzelnen betroffen gesehen vom Königsgebot Jesu, so daß schließlich das Verhältnis von Kirche und Welt wirklich nur indirekt davon berührt wurde.

Es dauerte jedoch im 19. Jahrhundert nicht lange, bis in ganz anderen Zusammenhängen als denen der Christologie eine Theologie des Reiches Gottes entstand, die zum Kennzeichen des Kulturprotestantismus und damit der Form des evangelischen Glaubens im spätbürgerlichen Zeitalter wurde.[48] Ethisches Interesse und eine am innerweltlichen Entwicklungsdenken orientierte Eschatologie verbanden sich zum Gedanken einer zunehmenden Welt-

46. Fr. Schleiermacher, Der christliche Glaube, 105.
47. Ebd.
48. Vgl. Chr. Walther, Typen des Reich-Gottes-Verständnisses. Studien zur Eschatologie und Ethik im 19. Jahrhundert, München 1961.

überwindung, von der schon Schleiermacher im Zusammenhang mit dem munus regium Christi gesprochen hatte. Diese Reich-Gottes-Theologie entfaltete sich in zwei Flügeln, einem eher bürgerlichen, wo Weltüberwindung die Konzentration des Glaubens auf individuelle Innerlichkeit meinte, – daneben einem sozial-orientierten, wo »das Böse« der zu überwindenden Welt im gesellschaftlichen Unrecht der Zeit gesehen wurde und Reich-Gottes-Theologie (mehr reformistisch als revolutionär) eine Weltverbesserungs-Theologie meinte; hier gehören genauso das amerikanische Social Gospel, die holländische Reichstheologie, der französische und englische Frühsozialismus wie der Schweizer Religiöse und deutsche Christliche Sozialismus hin. Ein Satz wie der des Safenwiler Pfarrers Karl Barth: »Jesus Christus ist die Soziale Bewegung und die Soziale Bewegung ist Jesus Christus in der Gegenwart« steht in diesem Rahmen und bewahrt den christologischen Zusammenhang dieser Bewegung.[49] Barths weiterer Weg zeigt, daß es bei einer solchen glatten Identifizierung von Jesus und Sozialer Bewegung nicht bleiben konnte, das konnte weder für ein entwikkeltes Verständnis Jesu noch für die Soziale Bewegung im 20. Jahrhundert gut sein. Aber daß umgekehrt die lutherische Zwei-Reiche-Lehre den Anforderungen unseres Jahrhunderts theologisch und politisch nicht mehr gewachsen war, stellte sich spätestens während der Zeit des Nationalsozialismus heraus, in der die Bekennende Kirche ihr Selbstverständnis im Zeichen der Königsherrschaft Christi neu zu begründen lernte und das munus regium Jesu mehr und mehr auch zu politischen Demonstrationen »vor der Welt«[50] anleitete. Im Zusammenhang mit der 1. Atomdiskussion haben 1958 die Kirchlichen Bruderschaften sich nicht gescheut, Jesus Christus nun auch als Herrn der Welt (und nicht mehr nur der Kirche) zu bekennen: »Ihm sind auch alle Bereiche des Lebens untertan, in denen die Menschen Wahrheit suchen, Recht setzen und Macht ausüben. Das ist zwar der Welt noch verborgen, der Kirche aber im Glauben gewiß« – mit der praktischen Folge: »Es gibt keine Werte und Ordnungen, Prinzipien und Ideale für das menschliche Leben, durch die das eine Wort Gottes, Jesus Christus, gedeutet, begrenzt oder suspendiert werden kann; ihre Anerkennung und Anwendung bedürfen und unterliegen vielmehr stets der Begrenzung, Interpretation und Korrektur durch ihn«. Auch das politische Dasein ist dem Anspruch des Glaubensgehorsams nicht entzogen.[51]

49. K. Barth, Jesus Christus und die soziale Bewegung, in: Der freie Aargauer. Offizielles Organ der Arbeiterpartei des Kantons Aargau, 23. Dezember 1911, 2. Blatt.
50. Apologia Confessionis Augustanae, in: Die Bekenntnisschriften der evangelisch-lutherischen Kirche, Göttingen 1930, Art. IV Von der Rechtfertigung (Antwort auf die Argumente der Widersacher), 197,55f.
51. E. Wolf / H. Kloppenburg / H. Simon (Hg.), Christusbekenntnis im Atomzeitalter?, TEH 70, 15.

Aber mit welchem Recht konnte dies Lehrstück so entwickelt werden? Zu seiner Überlieferung gehörte die Unterscheidung zwischen einem regnum *potentiae*, d. h. einem Herrschaftsbereich der Macht und Gewalt, wie das für Gesellschaft, Staat und Politik charakteristisch ist, – einem regnum *gratiae*, d. h. einem Herrschaftsbereich der Gnade, wie sie sich im Zeugnis des Evangeliums und der Heilsgeschichte ausbreitet, – und einem regnum *gloriae*, d. h. der göttlichen Herrschaftsweise der Zukunft, in der alle Mächte, Gestalten und Wahrheiten endgültig entmachtet, als Widersacher Gottes beiseitegeschafft sein werden, in der es andere Götter neben Gott nicht mehr geben wird: Zukunft der endgültigen Gottesherrschaft, die wir Menschen nur noch als eine herrschaftsfreie Wirklichkeit erfahren werden.

Schleiermacher hat mit der ganzen Tradition im regnum gratiae die entscheidende Herrschaftsform des Königs Jesus gesehen, also im kirchlichen Wirkungsbereich. Die Bereiche gesellschaftlicher und staatlicher Macht und das künftige Reich der Herrschaftsfreiheit dienten ihm im Grunde nur als Grenzbegriffe zur genaueren Bestimmung des Machtbereichs der Gnade. Immerhin: Diese Grenzbegriffe wurden doch immer wieder auch als Grenzbereiche gedeutet, die ans Gnadenreich Jesu grenzen und von seiner Nachbarschaft nach beiden Seiten indirekt beeinflußt werden. Hätten doch die Theologen des deutschen Protestantismus christologisch deutlicher gedacht: Die Engigkeiten und praktischen Schäden ihrer Zwei-Reiche-Lehre hätten vermieden werden können, wenn sie die in der Christologie begründete *Drei*-Reiche-Lehre in ihrer politischen Urteilsbildung zum Zuge gebracht hätten. Statt der unfruchtbaren Dialektik und gesetzlichen Antithetik von Kirche und Staat, Gottesreich und Weltreich, Evangelium und Politik, der Herrschaft der Gesetzlichkeiten hier – des freien Evangeliums dort, hätte dann klargestellt werden können: Christus ist Herr in allen drei Bereichen. Das regnum potentiae ist gekenzeichnet nicht durch Heiligung von Eigengesetzlichkeiten, sondern von der Nachbarschaft und den Wirkungen des verkündigten und praktizierten Evangeliums Jesu, das alles auf sich relativiert, was im regnum potentiae geschieht. Vor allem aber hätten die evangelischen Christen mit Blick auf das regnum gloriae das Ziel einer machtfreien Wirklichkeit gekannt und dies auf der gleichen Ebene vor Augen behalten, wo auch die Macht und die Gnade herrschen, also dort, »wo Menschen Wahrheit suchen, Recht setzen und Macht ausüben«: in der Wissenschaft, in der Gesellschaft, in der Politik des Staates.

Die Unsicherheiten im praktischen Gebrauch der Drei-Reiche-Lehre beruhen u. E. auf dem schon angedeuteten Mangel dieses ganzen Lehrstücks: seiner unzureichenden *biblischen* Fundierung. Die Lehre vom königlichen Amt Jesu wurde rein dogmatisch konstruiert. Grundlage war der Zusammenhang von Christus und den Christen, die Tatsache, daß Christus nicht für sich existiert, sondern sich eine Gemeinde von Schwestern und Brüdern gesammelt hat, in deren Mitte er anwesend ist, mit deren Hilfe er in der Welt wirkt, die zugleich sein Herrschaftsmittel wie sein Herrschaftsbereich ist. Dort wird er als König erkannt, anerkannt und öffentlich bekannt, und das gilt als Vorwegnahme zukünftiger Erkenntnis und Anerkenntnis durch alle Menschen. Aber was über das Königtum Jesu abgesehen von der Gemeindewirklichkeit seines Existierens ausgesagt wurde, bildete sich am wenigsten aus den biblischen *Königs*aussagen, viel mehr an denen von Herr und Knecht, Hirte und Herde, Haupt und Gliedern.

Da das spezifisch Königliche fehlte, war es möglich, das entsprechende Werk Jesu in allen den Ereignissen seines Weges zu begründen, die ihn als Überwinder von Sünde, Tod und Teufel schildern. Im Luthardtschen Kompendium der Dogmatik werden als Inhalte des munus regium die vier Sätze des Apostolischen Glaubensbekenntnisses angegeben: »Hinabgestiegen in das Reich des Todes, am dritten Tage auferstanden von den Toten. Aufgefahren in den Himmel.Er sitzt zur Rechten Gottes« – und in diesen Handlungen erweist er sich als König. »Hinabgestiegen« ist er »in das Reich des Todes« – um dort, wie Luther erklärte, die Hölle zu zerreißen und das Reich des Teufels zu zerstören. Jesu »Auferweckung« war danach der Sieg, den Gott über die Versklavermacht des Todes errungen hat. Dem Tod wurde der Stachel gezogen, der Hölle der Sieg genommen (1 Kor 15,55). »Aufgefahren in den Himmel« – da wurde er über die Grenzen von Raum und Zeit erhoben, wurde wie zum überlegenen Herrn der Erde, so auch zum Herrn des Himmels und aller seiner guten oder bedrohlichen Mächte, die nun durchherrscht waren von der Ohnmacht und der Befreiung des für uns Gekreuzigten und Auferweckten, so daß er »über« uns nichts anderes mehr *ist* und *sein wird*, als er »mitten unter uns« *war*; seine einmalige irdische wurde da zur ewigen Geschichte, und vom Jenseits her begegnet uns seitdem nur noch die Geschichte Jesu von Nazareth. »Er sitzt zur Rechten Gottes« – und so herrschen Gott und Jesus von Nazareth in einem Regierungsbündnis. Norm alles göttlichen Herrschens und Richtens bleibt auf ewig das Leben Jesu und was er für uns bedeutet. Gott kennt kein anderes Maß als dieses jüdische Leben. Das Göttliche, Jenseitige ist das Menschliche schlechthin – »schlechthin«: nämlich das Menschliche dieses Menschen. Kurz: »König« heißt Jesus als Überwinder von Sünde, Tod und Teufel und: der abstrakten Gottesmacht einer potentia absoluta.

Direkt biblisch ist das alles nicht. Wohl gibt es in den Jesus-Schriften Aussagen von einer königlichen Hoheit Jesu. Gleich am Anfang des letzten Buches der christlichen Bibel wird Jesus Christus ein »Herrscher über die Könige der Erde« genannt (Offb 1,5) – weswegen Fr. Engels, wie wir oben hörten, das ganze Buch als ein frühchristliches politisches Widerstandsdokument las, in dem Jesus als Gegenkönig ausgerufen worden ist gegen den römischen Imperator.[52] Das dürfte wohl politisch zu direkt geschlossen sein. Uns interessiert an dieser Stelle nur erst zweierlei: 1. Der Name des »Königs« Jesus wird in diesem Vers zusammengenannt mit dem Namen des »treuen Zeugen«, also des Propheten, und ferner mit dem Namen dessen, der uns »durch sein Blut von unseren Sünden erlöst hat« und uns so wie zu einem »Königreich«, so auch zu »Priestern für Gott, seinen Vater,gemacht« hat (Offb 1,5). Ein munus triplex Christi – das Amt des Königs, verbunden mit dem des Propheten und Priesters – deutet sich in diesem Vers schon an (innerhalb des Neuen Testaments allein hier), ist also nicht *nur* eine dogmatische Konstruktion. 2. Tatsächlich wird an dieser Stelle der Königsname Jesu zusammengebracht mit der Auferweckung von den Toten, wenn er hier heißt: der »Erstgeborene der Toten und der Herrscher über die Könige der Erde«.

Dazu gehört auch die Aussage im 17. Kapitel des Offenbarungsbuches, wo »das Lamm« als »Herr der Herren« und »König der Könige« bezeichnet wird. Das verbindet den Königsgedanken mit dem Tod Christi. So haben wir an diesen beiden Königs-Stellen Beispiele, wie die »Ämter« Christi Abgrenzungen gegeneinander verlieren und ineinanderfließen. Das macht allzu bestimmte Festlegungen schwierig, dürfte aber tiefere Gründe haben. Denn die neutestamentlichen Königsaussagen, so disparat und schwimmend sie erscheinen, haben doch ein sie alle zusammenhaltendes Zentrum: in der *Passionsgeschichte Jesu.*

Mit dieser Feststellung ist soviel schon im voraus klar: Das Neue Testament führt uns mit seinen König-Jesus-Aussagen in die *vorösterliche irdische* Geschichte Jesu hinein, während seine dogmatisch formulierten Königswerke alles Werke nach seinem Tode sind.

Das zentrale, alle anderen Aussagen konzentrierende Königswort in den Jesus-Schriften ist die Kreuzesüberschrift: »Der König der Juden« (Mk 15,26). Bei aller christlichen Bekenntnisdemonstration, die die Überlieferung dieses sog. Titulus auch bedeutet, umschreibt er doch geschichtlich zuverlässig eine der »Ursachen« für den Tod Jesu. Ein politisches Motiv hat ja historisch eine Rolle in diesem politischen Prozeß gespielt, der mit dem Vollzug der römischen, d. h. der politischen (nicht einer jüdisch-religiösen) Todesart der Kreuzigung endete. Das christliche Bekenntnis hat dies als Königsmotiv festgehalten. Im Prozeß Jesu war die Königsfrage also ernst gemeint und stand ohne metaphorischen Beigeschmack zur Diskussion und Entscheidung. Jesus wurde als Königsprätendent angeklagt, verurteilt und exekutiert, und sein

52. Fr. Engels, Das Buch der Offenbarung, 164ff.

Kreuz stand zwischen den Kreuzen zweier zelotischer jüdischer Unabhängigkeitskämpfer. Über diesen politischen Aspekt von Prozeß und Tod Jesu gibt es heute unter den Bibelwissenschaftlern kaum noch einen Streit, und man wird daran nicht vorbeigehen dürfen, wenn man über das munus regium Christi sprechen will.

Strittig ist: ob die Anschuldigung Jesu als Königsprätendent Gründe in seinem Wirken hatte oder ob sie ein gesuchter, leerer Vorwurf war, und ferner: ob Jesus vor Pilatus diese Rolle angenommen, abgelehnt oder offen gelassen hat. Nach Lukas wurde Jesus dem Pilatus als Volksführer, vor allem als Anstifter zum Steuerstreik vorgeführt (Lk 23,2.5), wohl deutlich erzählt mit Hinblick auf den berühmten Disput über die Frage, ob es halachisch erlaubt sei, dem Kaiser Steuern zu geben oder nicht (Mk 12,14); nicht einmal Bultmann hat dies als eine »Gemeindebildung« eingestuft, sondern als ursprüngliche Überlieferung anerkannt.[53] Und wer Steuern erheben kann, herrscht. Nun hatte Jesus die Steuerfrage als eine Fangfrage durchschaut und für unsere Ohren entsprechend mehrdeutig beantwortet: »Gebt dem Kaiser, was des Kaisers ist, und Gott, was Gottes ist« (Mk 12,17). Eben diese Mehrdeutigkeit wiederholt sich im Pilatus- Verhör. Wäre Jesus Aufwiegelung zum Steuerstreik nachzuweisen, dann wäre das ein Politikum ersten Ranges und die Kombination nicht unerklärlich, die Pilatus vornahm, als er die Steuerstreik-Anklage aufgriff mit der Frage: »Bist du der König der Juden?« (Mk 15,2); denn Steueraufruhr ist überall erster Schritt eines Umsturzkonzepts im ganzen, erster Schritt einer materialisierten Loyalitätsverweigerung gegenüber denen, die jetzt herrschen. Jesus hatte geantwortet: σὺ λέγεις, das kann heißen: »du *sagst* es« im Sinne von: Jawohl, so ist es, ich bin König der Juden; es kann aber auch heißen: »*du* sagst es« im Sinne von: das sagst du, nicht ich; und das kann meinen: nein, ich akzeptiere diesen mir zugeschobenen Titel nicht, – es kann auch meinen: ich hätte das von mir aus nie so gesagt, du trägst die Verantwortung dafür, wenn du mich einen »König der Juden« nennst. Im Sinne der neutestamentlichen Überlieferung scheint das vage »weder Ja noch Nein« am ehesten wahrscheinlich, genau wie im Falle der Zinsfrage. Jeder hat die Frage selbst zu beantworten, was »des Kaisers« und »was Gottes« ist, und ebenso muß einem jeden die Antwort auf die Frage offenbleiben, ob Jesus der Juden König »ist«.

Denn solche Titel sind ja nicht anspruchslos gegenüber dem, der sie gebraucht; man *unterstellt* sich Jesus als König, wenn man ihn dafür hält und erklärt; man streitet dann ja als sein Knappe oder Untertan für ihn und ist selbst bereit, sich jedem Prozeß zu stellen, der gegen solchen Königsanspruch angestrengt wird – mit Einschluß aller Folgen einer Verurteilung in dieser Sache.

53. R. Bultmann, Die Geschichte der synoptischen Tradition, 25.

Mit »Titeln« kann man leicht um sich werfen – auch und gerade mit sog. christologischen »Hoheitstiteln«; aber die jeweils dazugehörige Devotion »durchzustehen« (mit Calvin zu reden), steht auf einem anderen Blatt. Jesus nimmt einem die Nachfolge nicht ab, damit aber auch nicht die Verantwortung für das Ansehen, in das man ihn stellt oder öffentlich gestellt sehen möchte. In allen Benennungen Jesu engagiert man sich selbst.

Das ist aber eine Verbindlichkeitsstruktur gerade auch für den Königstitel in Anwendung auf Jesus. Es sind in den Jesus-Schriften immer *andere*, die Jesus »König« nennen, sei es, um ihn damit vor der Öffentlichkeit zu denunzieren, sei es, um ihn wirklich auch zum König zu machen, beide Momente finden sich in den evangelischen Erzählungen.

Denunziatorisch klingt die Ironie in der Frage, die Pilatus nach dem Verhör an die Volksmenge richtet: »Wollt ihr, daß ich euch den König der Juden freilasse?« (Mk 15,9). Denunziatorisch ist genauso die Verspottung Jesu durch die römischen Soldaten in der Burg Antonia, als sie anfingen, ihm zu huldigen mit den Worten: »Heil dir, König der Juden« (unnachahmlich spöttisch von J. S. Bach in der Matthäuspassion komponiert: »Sei gegrüßt, lieber Judenkönig«: Mt 27,29). Das alles sagt auch: Als König im Sinne Davids und der anderen Könige Israels und Judas ist Jesus von Nazareth wirklich nicht zu erkennen. Der Johannes-Evangelist, bei dem das Königsmotiv eine herausragende Rolle spielt, hat das Denunziatorische besonders sinnenfällig geschildert. Nach dem Verhör läßt Pilatus Jesus aus dem Verhandlungsraum hinausführen und setzt sich selbst auf den Richterstuhl, an einem Ort, der »Steinpflaster«, auf hebräisch Gabbatha heißt. Als Richter im Namen des Kaisers hoch über seinem Untersuchungsgefangenen thronend, sagt er da zu den Juden, von oben herab : »Da seht euren König« (Joh 19,14), will sagen: Ein Blick genügt, um diesen da zu durchschauen, daß der nimmermehr ein König in Israel sein kann, so wie er ausschaut.

Um so stärker wirken dann jene Ereignisse, in denen Jesus zum *König gemacht* werden soll oder wie auch immer als ein König gesucht, gefunden und angesehen wird. Natürlich sind auch die Kindheitsgeschichten der Evangelien Bekenntniserzählungen des christlichen Glaubens. Wenn wir dort hören, daß die Magier aus dem Morgenland sich in Jerusalem umhören: »Wo ist der neugeborene König der Juden? Wir haben nämlich seinen Stern gesehen im Morgenlande und sind gekommen, ihm zu huldigen« (Mt 2,2), dann war es offenbar dem christlichen Glauben innerlich notwendig, Jesus gerade in Jerusalem als König der Juden suchen zu lassen, und zwar als »neugeborenen«, d. h. als einen Neuen in der langen Folge der Könige in Israel. Daß damit bei dem König Herodes nackter Schrecken vor einer neuen, die seine gefährdenden, Dynastie ausgelöst wird (Mt 2,3), zeigt, daß das Königtum Jesu vom christlichen

Glauben tatsächlich als ein Gegenkönigtum geschildert werden konnte gegen die jetzt herrschende Macht und daß dies dem Glauben offenbar wichtig war. Als König empfängt dann das Krippenkind auch königliche Huldigung, d. h. Jesus wird als gesuchter König der Juden auch gefunden; in der Logik dieses Suchens und Findens liegt es, daß die Königsfinder – durch Gottesweisung dazu ausdrücklich angehalten – ihren Heimweg antraten: strikt an dem noch regierenden Vertreter der gegenwärtigen alten Macht, an Herodes *vorbei.*

Aber was ist die Kraft, Jesus ausgerechnet als König zu suchen? Davon erzählt die Kindheitsgeschichte des Lukas, wo der Engel Gabriel Maria die Empfängnis und Geburt des messianischen Königs ankündigt: »Gott der Herr wird ihm den Thron seines Vaters David geben, und er wird König sein über das Haus Jakob in Ewigkeit, und seines Königtums wird kein Ende sein« (Lk 1,32-33). Das ist eine deutliche Anspielung auf die berühmte Nathansverheißung an den König David: »Wenn einst deine Zeit um ist und du dich zu deinen Vätern legst, dann will ich deinen Nachwuchs aufrichten, der von deinem Leibe kommen wird, und will sein Königtum befestigen ...; dein Haus und dein Königtum sollen immerdar Bestand vor mir haben; dein Thron soll in Ewigkeit feststehen« (2 Sam 7,12.16). – Natürlich ist das Gemeindedogmatik – was sonst? Die Frage heißt, in welchem Sinne die neutestamentliche Gemeinde Jesus einen König nennen wollte und warum ihr das überhaupt wichtig war. Wirklich nur, um ihrem antijüdischen Sinn einen jüdischen Ausdruck zu verleihen?

Wir sagten: Im Johannesevangelium ist das Königsmotiv mit besonderem Nachdruck verwendet worden. Auch dort hat es den Schwerpunkt in der Erzählung vom Prozeß Jesu. Aber vorher hören wir in Joh 6,15, daß die Leute nach der Speisung der Fünftausend zu Jesus gekommen seien, um ihn gewaltsam wegzuführen und ihn »zum König zu machen«. Es lohnt sich, die Aussage im Detail anzusehen. Die Szene wird mitgeteilt in der Gebrochenheit der Sicht Jesu. Jesus sieht das alles in einer ihm eigenen inneren Kenntnis (γνούς) auf sich zukommen. Sie »wollen« kommen, zögern im Augenblick noch, sind noch nicht da, aber Jesus sieht sie im Begriff, zu ihm zu kommen. Wozu? Um ihn zu »rauben«, wegzureißen, unter Anwendung von Gewalt Hand an ihn zu legen. Dabei verfolgen sie die Absicht, ihn zum König zu machen. Ein Volkskönig »von unten«; Leute, die er gespeist hat und die darum gewiß bei allem, was sie daraufhin zu tun im Begriffe stehen, ein »beseelendes Prinzip« und ein erkennbares »Interesse« haben – Schleiermachers Bedingungen für das, was wirklich einen König ausmacht. Leute freilich auch, die bei diesem Vorhaben nicht ohne Gewalt auskommen, mindestens nicht ohne die, die sie ihm antun müßten, wenn sie ihn »wegreißen« wollten von dem Ort und der Art, in denen er bisher gewirkt hat. Er müßte gewaltsam zu etwas gemacht werden –

nicht: was er nicht *ist* (das will Johannes gerade nicht sagen), wohl aber zu etwas, was er nicht sein *will*. Diese Königsmachergeschichte gipfelt darin, daß Jesus – dies alles auf sich zukommen sehend – sich dem durch Flucht entzieht.

Wir haben in den Evangelien noch eine Königsmacher-Geschichte. In allen vier Erzählungen vom Eselseinritt in Jerusalem hat das Königsmotiv einen festen Platz. Jesus wird da von den Festtagsmassen als König gefeiert. Bei Markus noch unpersonal: Gelobt wird da »die kommende Herrschaft unseres Vaters David« (Mk 11,10); bei Lukas wird der Kommende bejubelt, »der König« (Lk 19,38); bei Johannes wird das überlieferte »Gelobt sei, der da kommt im Namen des Herrn«, ergänzt durch den Zusatz: »und der König Israels« (Joh 12,13). Was aber bei diesen drei Evangelisten Zurufe der Menge an Jesus sind, das ist beim ersten Evangelisten altbiblisch objektiviert worden; ist der ganze Eselsritt als solcher eine Erfüllung prophetischer Verheißung, kombiniert aus Jes 62,11 und Sach 9,9: »Sprich zur Tochter Zion: Siehe, dein König kommt zu dir sanftmütig und reitend auf einer Eselin und auf einem Füllen, dem Jungen des Lasttiers« (Mt 21,5). Wie auch immer. Auch hier machen die Leute Jesus zum König durch Akklamation, und der erste Evangelist ist nicht gefeit vor der Frage: ob Jesus das nicht wirklich sei – die Sprachwelt der hebräischen Welt will dafür sprechen, aber sie spricht sich doch nur aus in der Akklamation der Leute von der Straße. Der Johannesevangelist hat genau diese Ambivalenz festgehalten mit der Bemerkung: »Dies verstanden seine Jünger zuerst nicht. Aber als Jesus verherrlicht war, da erinnerten sie sich, daß dies über ihn geschrieben stand und daß man ihm dies getan hatte« (Joh 12,16) – beides: daß es geschrieben stand und daß man's ihm angetan hatte, ihn zun König zu machen.

Eben dies Motiv der Ambivalenz findet sich bei Johannes wieder darin, daß Jesus beim Pilatusverhör die Frage: »Bist du der König der Juden?« mit der Rückfrage beantwortet: »Sagst du das von dir aus, oder haben es andere über mich gesagt?« (18,34). Das ist der Test auf den Ernst jeder Titulierung, von der wir oben sprachen: Leutegeschwätz oder wahre, eigene Erkenntnis? Wenn Pilatus nicht vom Hörensagen, sondern aus eigener Erkenntnis Jesus mit dem Königtum in Israel zusammenbringen könnte, dann wäre Jesus der König der Juden: ihm, dem Erkennenden, auf jeden Fall. Darauf erwiderte Pilatus: »Bin ich etwa ein Jude?« (18,35), will sagen: Stehe ich Römer etwa in dem Erkenntnis- und Verstehenshorizont, unter dem seelischen Prinzip und in dem freien Interesse, in dem überhaupt so etwas wie ein »König der Juden« noch irgendwie relevant sein könnte? Doch nicht. »Dein Volk und die Hohenpriester haben dich mir tradiert« (18,35). Jesus und das Königtum kommen nur abgeleitet vom jüdischen Volk zusammen, eine weltgeschichtliche Figur im Sinne des römischen Imperialismus kann Jesus gar nicht sein. Sein Reich, sagt er in 18,36, sei nicht von dieser Welt: nicht von der der Pilatus-Maßstäbe, aber natürlich auch nicht von »dieser« Welt, sofern in ihr noch jüdische Maßstäbe, assimiliert an Weltmaßstäbe, gelten sollten. Von »dieser« Welt nicht: nicht von der Welt dieser Qualitäten, also nicht vom olam hasseh. Wohl aber (hören wir, auf seine Sprache lauschend): Von »jener« Welt anderer Maßstäbe ist sein Reich, von der Welt, in der auch der Römer Pilatus Jesus wie ein Jude verstehen könnte, vom olam habbah also, – von der Welt, die »kommt«, wie er »gekommen« ist. In diesem Sinne, da und dort wärest du also doch ein König?, fragt Pilatus zurück. Und hier nun lautet Jesu Antwort nicht mehr ambivalent: Du sagst es, sondern: »*Du* sagst es, ja: βασιλεύς εἰμι, ich *bin* ein König« (18,37).

Dies Ja ist jüdisch inakzeptabel. Die Hohenpriester verlangen von Pilatus eine Abänderung des Titulus über dem Kreuz. »Schreibe nicht: Der König der Juden, sondern, daß jener gesagt hat: Ich bin der König der Juden«, ein Ansinnen, das Pilatus verweigert: »Was ich geschrieben habe, das habe ich geschrieben« (19,21), so daß zuguterletzt der Römer, und wäre es nur in der Sturheit seiner bürokratischen Unbeweglichkeit, *eigene* Erkenntnis behauptet hat, die von der der jüdischen Repräsentanten abweicht. Jesu »Ich bin es« und des Pilatus irreversibles »Was ich geschrieben habe, das habe ich geschrieben« stützen einander; aber das bringt, mit jüdischen Augen gesehen, dieses doppelte Ja, das jetzt so klar schien, doch wieder in die Ambivalenz: in die Zwielichtigkeit des zwar von einem Teil des Volkes zum König Gemachten, aber als König nimmermehr Erkennbaren, darum als König Denunzierten, Angeklagten, Getöteten, der sich seinem Königsein durch Flucht und Verschweigen entzog und es doch war – wie seine Anhänger erst hinterher erkennen und begreifen konnten, als er nämlich wirklich erhöht wurde: nicht mehr durch verbale Akklamation, sondern in der schmerzhaften Verwirklichung seines Königseins: erhöht ein paar Meter über den Erdboden, erhöht ans Kreuz. In seinem Tod sah der Johannes-Evangelist Jesu Inthronisation zum König Israels (8,28). Dies ist das *biblische* Zeugnis vom König Jesus. *Was folgt daraus* für ein Verständnis des munus regium? Jesus ist ein König, der sich als König entzieht. Er ist ein König, der sich als König verschweigt. Er ist ein König, der sich als König ans Kreuz erhöhen läßt. Kurz: er ist *ein König*, der *in der Negation alles Königlichen* lebt und stirbt.

Gerade dies scheint im Zusammenhang der Geschichte des Königtums in Israel von Bedeutung. Älteste Bewertung hatte ja die Entstehung eines Königtums in Israel – zustandegekommen während der existenzbedrohenden Kriege mit den Philistern – als eine Verwerfung Gottes überliefert. Gott selbst wollte König in Israel sein und war es auch, wenn man es mit den Augen Martin Bubers betrachten will,[54] von altersher. Eine theokratische »Tendenz«

54. M. Buber, Königtum Gottes, jetzt in: Werke. 2. Bd., München/Heidelberg 1964, 485ff.

sorgte dafür, daß der Gott Israels nicht durch Stellvertreter, sondern in menschlich unbeherrschbarer, in ihren Formen und Gezeiten immer neuen Dabeiseinsweise über die Stämme Israels »herrschte«, wesentlich dadurch, daß er sie auf ihren Wegen begleitete, ihnen vorauseilend oder ihnen auf dem Fuße folgend in Feuer- oder Wolkensäulen, »mitten unter ihnen« weilend in seiner unfaßbaren Gegenwart über der Bundeslade, im Zelt der Begegnung, später dort, wo er von ihnen frei ausgewählte und mit seiner Geisteskraft ausgerüstete Führer, Richter, erstehen und auch wieder gehen ließ, so daß es zu keiner menschlichen Amtsform und Verfestigung des Königtums Gottes kommen konnte. Seinem eigenen Führertum unterstanden alle Genossen des Israelbundes in Gottunmittelbarkeit, und Theokratie war etwas anderes als Hierokratie, die doch nur Pfaffenherrschaft im angemaßten »Namen Gottes« bedeutet. Israel hat diese freie Gottesführung eines Tages nicht mehr aushalten können, als zu anarchisch empfunden und darum vom Propheten Samuel die Einsetzung eines Königs verlangt, »daß er uns regiere, wie es bei allen Völkern der Brauch ist« (1 Sam 8,5). »Doch Samuel«, dem Mann Gottes, »mißfiel es«, und er »betete zum Herrn«. »Der Herr aber sprach zu Samuel: ›Willfahre dem Begehren des Volkes in allem, was sie zu dir sagen; denn nicht dich, sondern mich haben sie verworfen, daß ich nicht König über sie sein soll‹« (1 Sam 8,6-7).

Eine fundamentale Ambivalenz in dieser Antwort: Gott akzeptiert ein weltliches Königtum in Israel zugleich mit seiner eigenen Verwerfung als König Israels. Uns interessiert hier nicht die Auswirkung dieser Ambivalenz im Laufe der Geschichte der Könige in Israel und Juda und überhaupt: in der politischen Geschichte dieses Volkes bis zum heutigen Tage. Das Grundsätzliche ist wichtig. Die Hinnahme seiner Verwerfung als König in Israel hat nie einen Verzicht auf den unmittelbaren Führungsanspruch Gottes in seinem Volk bedeutet. Dagegen spricht nicht nur die Providenz in den Führungen des jüdischen Volkes. Dagegen spricht die gleichzeitig mit dem Königtum in Israel erweckte Prophetie, von der ein wesentlicher Bestandteil immer aktuelle politische Kritik und darin ein Mittel der Gegenregierung Gottes war. Dagegen spricht auch der prophetische Geist in den Geschichtserzählungen der Hebräischen Bibel, gerade über die Königszeit, wo alle historischen Überlieferungen nur zusammen mit sehr strikten Gottesurteilen über den Verlauf im ganzen und im einzelnen weitergegeben werden. So daß man nicht übertreibt, wenn man sagt: Die Durchsetzung des Königtums in Israel ist immer gezeichnet geblieben von der mit ihr identischen Verwerfung eines ursprünglichen und direkten, unvermittelten Königtums Gottes. Im Auf und Ab der politischen Geschichte Israels bricht diese Wunde immer wieder auf, und Israels politische Geschichte ist von ihrer theologischen Seite her immer neu die Geschichte der Verwerfung Gottes als König.

Uns scheint, daß die neutestamentliche Benennung Jesu als des Königs der Juden, die deutlich erkennbar ihr Zentrum in der Passionsgeschichte hat, auf diesem Hintergrund zu lesen ist. Ohne dies wäre der Königsname für Jesus nicht gut zu verstehen und bliebe das Urteil David Flussers richtig: »Jesus von Nazareth als verkappter Prinz ist eine unmögliche Wirklichkeit«.[55] Aber die Erzählung von seiner *Verwerfung* als König macht Sinn. Denn sie demonstriert für das alte Königtum Gottes. Der als »König der Juden« verworfen wird, bezeugt *Gott* als »König aller Könige«. Gerade indem Jesus sich seinen Königsmachern entzieht, sich als König verschweigt, denunzieren und exekutieren läßt (ohne dagegen seine Diener kämpfen zu lassen, wie es Joh 18,36 ausdrücklich heißt), erweist er sich als der, der das Königtum an Gott *zurückgibt*, dem es allein gebührt. Die Ambivalenz der Erzählungen über den König Jesus besitzt ihren Sinn in der Dialektik der Sache, um die es beim munus regium offenbar geht. Jesus muß »König der Juden« heißen, um Gott sein Königtum zu erstatten. Wir meinen, daß diese Denkform auch im Hintergrund der berühmten Aussage des Paulus in 1 Kor 15,24-28 steht. Dort heißt es, daß am Ende »das Reich Gott, dem Vater, übergeben wird«, und das geschieht so, »daß sich auch der Sohn dem unterwerfen wird, der ihm alles unterworfen hat, damit Gott sei alles in allem«. So etwas klingt wie eine Antwort auf den alten Bruch im Regierungssystem Israels: Es muß einen König geben, der sich um der Königsherrschaft Gottes willen als König selbst negiert und abschafft. Dies war Jesus im Zeugnis der christlichen Gemeinde. *Das munus regium Christi dient der Restitution des Königtums Gottes.*

Hat also die Rede vom König Jesus nur symbolischen oder metaphorischen Sinn? Doch wohl nicht. Denn im Prozeß und Tod Jesu reicht das Königsmotiv ins tiefste Historische hinein. Nicht, daß Jesus ein Königssohn oder auch nur ein Anwärter auf den Königsthron gewesen wäre: Er war es weder genealogisch noch seinem Anspruch nach. Als »Davidssohn« ist er von anderen in Jerusalem begrüßt worden, zum König haben interessierte Leute ihn machen wollen, als König haben seine Gegner ihn denunziert und haben ihn die Römer exekutiert. Er selbst war und wollte das alles nicht. Aber er war nun doch historisch in das politische Problem Israels hineingefangen worden und hat es als dieses erlitten und durchgestanden. Das Vorkommen des Pontius Pilatus im christlichen Credo bewahrt diese Historizität und der Königstitel Jesu auch.

Was sind Auftrag und Werk Jesu in diesem Amt?

55. D. Flusser, Jesus in Selbstzeugnissen, 16.

1. Offensichtlich ist er auch dazu gekommen, den Menschen als *Projektionsziel* ihrer Wünsche und Bedürfnisse zu dienen. Das ist eine Struktur seines Lebens »für euch und für Viele« in allem, was er tut. Für sein Leiden und Kreuz ist das innerhalb der Versöhnungslehre immer schon so beschrieben worden: Er ist das Lamm Gottes, das der Welt Sünden »trägt«, dem sich die Menschheit mit ihrer ganzen Not und Last zumutet und aufbürdet, auf den wir alle unsere Sorgen »werfen« können und wirklich auch werfen. Gerade in Not und Tod steht er »an unserer Stelle«. Dieser Aspekt ist für das Königtum Jesu bisher nicht angewendet worden. Aber die Beobachtung, daß in den Jesus-Schriften der »Ort« des Königs Jesus seine Passion ist, erlaubt doch eine Zuordnung dieses Aspekts auch zum munus regium.

Nur daß offenbar zum Königtum Jesu gehört, sich zur Zielscheibe auch einfachster *materieller* Bedürfnisse machen zu lassen. Er hat Hungernde gespeist, und gerade dies hatte ja das Bedürfnis geweckt, diese Quelle gegen Durst und Hunger offenzuhalten auf Dauer, sie, wenn es geht, zu institutionalisieren. Darum wollen sie ihn zum König machen. Wenn der Johannesevangelist Jesus als das lebendige Brot verkündigt, das vom Himmel gekommen ist, wird diesem Wunsch in bestimmtem Sinne auch nachgegeben (Joh 6,33 u. ö.). Daß der Mensch nicht vom Brot allein lebt (Mt 4,4), bleibt wahr und hindert doch nicht, daß Jesus sich bewegen läßt von der einfachen Frage: »Wo sollen wir Brot kaufen, daß diese essen?« (Joh 6,5). »Mich jammert des Volks; denn sie verharren schon drei Tage bei mir und haben nichts zu essen« (Mk 8,2).

Es versteht sich fast von selbst, daß damit Mißverständnisse auf Mißverständnisse sich häufen über den wahren Auftrag Jesu; gerade Joh 6 dokumentiert das ausführlich. Das munus regium wäre mißverstanden als diakonisches Werk. Dennoch dürfte die Dublette im Markus-Evangelium theologisch wertvoll sein, nach der Jesus einmal fünftausend, und dann noch einmal viertausend Menschen gespeist hat (Mk 6,30-43; 8,1-9); so etwas wäre noch nicht »erklärt«, wenn es lediglich als literarischer Unfall heruntergespielt würde. Die Doppelung zeigt vielmehr, als ein wie starkes Motiv wir die Speisungen für das christliche Verständnis Jesu von Nazareth ansehen sollen. Und gegen alle zu leichte Symbolisierung und Spiritualisierung des von Jesus gegebenen Lebensbrots kommen gerade diese Speisungsgeschichten auf.

Das schließt nicht ihre tiefen heilsgeschichtlichen Zusammenhänge aus, sondern ein. Johannes hat im Brotkapitel seines Evangeliums gleich zwei Beziehungen zur Geschichte Israels hergestellt. Das Brot wird zum Thema, weil »das Passa nahe war« (6,4): das Fest des Brotes der Befreiung und als solches »das Fest der Juden«. Brotfrage und Freiheitsfrage gehören in den Augen des vierten Evangelisten zusammen, und beide hängt er Jesus an. Die andere altbiblische Beziehung ist die auf die Ernährung des in der Wüste verhungernden jüdischen Volkes durch das Brotwunder des Manna (6,31.49). Auch das ist Brot bitterster leiblicher Not.

Will sagen: Das ganze Kapitel Johannes 6 ist zutreffend verstanden, wenn die biblische Leib-Seele-Geist-Einheit verstanden und nicht durch eine vergeistigte Deutung des »Brotes des Lebens« überspielt wird. Joh 6 zeigt, daß Jesus sich zum Projektionsziel der Brotfrage, der materiellen Bedürfnisse des Volkes, hat machen lassen. Und nicht zuletzt daran hat er seinen Tod gefunden, wie Johannes ihn mit den Worten sagen läßt: »Das Brot, das ich geben werde, ist zugleich mein Fleisch, das ich geben werde für das Leben der Welt« (6,51). Daß »die Leute« deswegen kommen, ihn gewaltsam wegführen und zum König machen wollen (6,15), ist eine deutliche Auswirkung seines Wirkens und gehört als solche zu seinem Werk als König: mit Einschluß aller Mißverständnisse, die das auch bedeutet. Daran, daß Jesus diese Rolle auch annimmt, zeigt sich, daß »die Leute« seiner auch in dieser Rolle bedürfen und daß sie also auch so zu ihm gehört.

Gleiche Projektion läßt er sich beim Einzug in Jerusalem gefallen, wenn er, anders als seine Jünger, vor den Konsequenzen nicht flieht, die seine Begrüßung als »König Israels« – wieder: durch »die Leute« – zeitigt. Stand er in den Speisungserzählungen unter vital-materieller Projektion, so hier, viel weiter gespannt, unter einer politischen: eben der inmitten römischer Kolonialherrschaft über das jüdische Volk als »König der Juden« sich anklagen, verspotten, verurteilen und hinrichten zu lassen. So sehr die evangelischen Berichte davon auch Projektionen des christlichen Glaubens an Jesus sind, sind sie zugleich historische Erinnerung daran, daß das jüdische Volk eines neuen David-Königs tief bedürftig war und seinen Bedürfnissen historisch vielfältigen Ausdruck verschaffte. Einer davon war sicher die Geschichte Jesu von Nazareth. Gerade darin, daß sie erfolglos blieb, trägt sie auch das historische Echtheitszeichen Israels.

Mit dieser Überlegung bejahen wir systematisch die Projektionsfigur, die spätestens seit L. Feuerbach im Dienste der Religionskritik und auch der Kritik des Christentums gebraucht wurde.[56] Man braucht nicht erst auf Feuerbachs Berufung auf eine Fülle von Projektionsfiguren bei Luther einzugehen (»Worauf du nun dein Herz setzt, das ist eigentlich dein Gott«),[57] die Evangelien schildern entsprechende Vorgänge im Leben Jesu ausdrücklich und offenbar bewußt. Dabei könnte Feuerbach an den Evangelien durchaus Recht bekommen, wenn er solcherlei Projektionen als Ausdruck »falschen Bewußt-

56. In: L. Feuerbach, Das Wesen des Christentums.
57. M. Luther, Der große Katechismus deutsch. Das erste Gepot, WA 30 I,133.

seins« kritisiert. Die neutestamentlichen Zeugen sehen das überall dort genau so, wo sie (wie z. B. eben in Joh 6) in einen Streit über angemessenes oder »falsches«, unangemessenes Bewußtsein in den auf Jesus gerichteten Projektionen der elenden materiellen und politischen Realität ausführlich streiten. Leider sind es oft »die Juden«, die bei Johannes und Paulus, aber auch bei den drei ersten Evangelisten, dazu herhalten müssen, die dauernd mißverstehenden Bedürfnisse zu artikulieren, und überhaupt müssen »die Juden« dauernd die Ontologie eines Selbstmißverständnisses der Menschen angesichts Jesu repräsentieren; sie werden dadurch unerträglich funktionalisiert. Nur: Das Feuerbach-Marxsche Thema des »falschen Bewußtseins«, sich ausdrückend in Projektionen auf Jesus und Gott, statt in entschlossener Selbsthilfe, ist ein Fundamentalthema schon in den Jesus-Schriften – mit dem einen, freilich wichtigen Unterschied, daß im Neuen Testament Jesus dasteht als einer, der sich zu einem solchen Projektionsziel hergibt. Damit wird nicht nur anerkannt: Die Menschen brauchen das – und daß Jesus sich dem stellt, ist ein barmherziges Ja zu denen, die sich nicht selbst helfen können. Damit wird auch gesagt: Ihnen wird in dem Chaos ihrer Mißverständnisse der Wirklichkeit und vor allem auch ihrer darin sich auswirkenden Selbstmißverständnisse wirklich geholfen. Denn der, auf den projiziert wird, *kann* helfen. Er nämlich kann, was falsch ist an den auf ihn projizierten Bedürfnissen, verwandeln, um sie so zu stillen und zu erfüllen. Den sie zum König machen wollten, der entzieht sich dem und wirft sie damit auf den Vater zurück, der »euch das wahre Brot gibt aus dem Himmel« (Joh 6,32).

2. Damit haben wir schon einen zweiten Gesichtspunkt zur Beschreibung des Werkes genannt, das Jesus im Amt des Königs wirkt: Er gibt sich her zu tätiger und leidender *Negation von Herrschaft*, sowohl der, die ihm angetragen wird, wie der, die über ihn und sein Volk Israel verfügt wird.

Daß er sich seinen Königsmachern entzog, haben wir jetzt deutlich genug betont. Er entzieht sich damit der Gewalt, die man ihm antun würde, wenn man ihn zur Volks-Institution in Israel machte. Damit bewahrt er sich in seiner Unverfügbarkeit und bleibt so ein dauerndes Zeichen gegen das, was man z. B. auch im christlichen Abendland aus ihm gemacht hat, auch gegen seine heute noch spürbare Fesselung durch ein Volkskirchentum, das ihn als einen Wert in einer gesellschaftlichen Vielwerte-Ordnung festhalten will. Sein Machtverzicht ist Verzicht auf Selbstverteidigung bei seiner Gefangennahme (Joh 18,36; Mt 26,52-53); er verzichtet auf Selbstrechtfertigung durch sein Schweigen im Verhör vor den Hohenpriestern (Mt 26,63); er schalt nicht wider, da er gescholten wurde (1 Petr 2,23).

Aber vor allem: Er desavouierte sich selbst, als er sich zuletzt vor Pilatus doch nicht als König verleugnete und so zur lächerlichen Figur zugleich vor

Pilatus wie vor dem Volk machen ließ – lächerlich: in seiner offensichtlichen Machtlosigkeit, erst recht in seiner Ambivalenz den erhobenen Denunziationen gegenüber. Er erträgt die Zwielichtigkeit, nicht sein zu können und sein zu wollen, wozu die Leute ihn gerne machen möchten, und doch sich als der bekennen zu müssen, als der er von Pilatus erkannt und am Kreuz gegen den Willen seines eigenen Volkes und seiner Sprecher fixiert wird – das Zwielicht des Wortlauts: »Du sagst es: Ich bin ein König« (Joh 18,37). Will sagen: Jesus desavouiert Herrschaft, indem er sein Königtum preisgibt an ein einfaches, kleines Du-Ich-Verhältnis zwischen einem römischen Statthalter und sich selbst – und dies: coram publico, in öffentlicher Verhandlung. Nicht einmal er selbst objektiviert sich über die kleine Situation hinaus. Und erduldet die Situation bis zur Selbstnegation in der Stunde seiner Erhöhung ans Kreuz.

Jesus wirkt als König in der Selbstdesavouierung der Macht.

3. Diese Aufgabe kann er nur erfüllen, indem er sich hineinziehen läßt ins Spiel der politischen Interessen und Mächte und davor nicht flieht. Die neutestamentliche *Passionsgeschichte* ist in ihrem Kern die Erzählung von einem *Prozeß* und gilt den Historikern gerade in dieser Form als die literarisch älteste zusammenhängende Einheit in den evangelischen erzählenden Überlieferungen.

Heute ist leider einer »politischen« Theologie nicht mehr genügend bewußt, daß sie ihren wahren Grund in einer Prozeßgeschichte hat, in der »Welt der Angeklagten« (W. Jens),[58] des Rechts, der Richter, der Gefängnisse und Folter, der Widersprüche zwischen Gesetzesbuchstaben und Öffentlicher Meinung, zwischen Besatzungsrecht und dem der Autochthonen und der Bürokratie verschiedener Instanzen. Wir suchen heute die Rechtfertigungen des Politischen im Ethisch-Absoluten, vorbei an den Strukturen vorgegebener Herrschaft, sind dabei oft etwas schnell bei der Hand mit eschatologischer Begeisterung. Jesus, der im munus regium das politische Amt ausgeübt hat, hat es gerade darin begründet, daß er – anders als seine Jünger – vor dem »Staatsapparat« nicht floh, sich ihm ausgeliefert und vor ihm verantwortet hat. Gerade darin hat er wirkliches Königtum, wirkliche Politizität praktiziert und die Selbstdesavouierung der Macht am Orte der Macht selbst, in ihren Stufen und Mechanismen demonstriert: im Haus des Hohenpriesters, im Haus des Pilatus, in der Burg Antonia, am Steinsitz Gabbatha, an der Geißelsäule, auf dem Hinrichtungshügel. So dient das munus regium Jesu der Wahrung gerade eines politischen Realitätsprinzips vor zu behender Leichtlebigkeit im Siegeszug des Reiches Gottes durch die Welt.

Dabei wird nicht nur das Leiden eingeschärft als ein im Zusammenhang po-

58. W. Jens, Nein – Die Welt der Angeklagten, 1950.

litischen Handelns derzeit noch unvermeidliches Element, und zwar nicht nur das Leiden der Opfer, sondern gerade auch das Leiden der Helfer: dies ist das eigentliche, jedenfalls das existentielle Politikum; denn die Welt ist noch so, daß Hilfe, die den Helfer nichts kostet, noch nicht wirkliche Hilfe ist. Erst Hilfe, die sich dem »System« stellt, schickt sich an, die Wurzeln der Hilflosigkeit zu berühren.

Wichtiger ist, daß Jesus sein Zeugnis zu etwas Kohärentem, Gegenständlichem, Widerständigem gerade dadurch werden läßt, daß er sich den Institutionen stellt. Hierdurch erst wird seine Passion zu einem munus regium, zu einem »Amt« und Dienst, erhält jene institutionelle Bedeutung, die es in sich durchaus nicht hat (weswegen er historisch wirklich kein König der Juden »war«), aus dem Prozeß, der ihm in den Institutionen gemacht wird. Als Gefangener und Angeklagter und Verurteilter spielt er seine erste wirklich »welt«-geschichtliche, wirklich politische Rolle. Erst sein Prozeß definiert ihn »bürgerlich«. Erst in seinem Prozeß steht er wirklich auch als »König« zur Diskussion. Die Paradoxie gehört zur Sache: »Amtlich« König heißt er erst und nur im Prozeß, nur dort »ist« er es wirklich, und so wird etwas Institutionelles an seinem Königtum begründet erst in der Mühle der Institutionen. Erst wenn dieser paradoxe institutionelle Zusammenhang des munus regium begriffen und bejaht wird, erst wenn wirklich der Prozeß des Systems der Ort des politischen Gottesdienstes wird, begegnen wir der »Königsherrschaft Christi«.

Hier auch findet der *Herrschaftsgedanke* seinen Sinn. In Idiosynkrasie gegen Phänomene und Begriffe der »Herrschaft«, des »Amtes«, des »Dienstes« hat sich zumal in der Geisteswelt der Bundesrepublik ein antiautoritäres Syndrom gebildet. Es ist verständlich in der für unsere Gesellschaft charakteristischen Ungleichzeitigkeit, nämlich als retrospektive Bewältigung der Vergangenheit; eine antiautoritäre junge Generation steht deswegen unter retrospektivem Zwang und Legitimationsdruck des nationalsozialistischen Imperfektum, weil die Generation der direkt verantwortlichen Eltern und vor allem Großeltern Buße versäumt hat; dadurch wirkt auch die politisch-geistige Perspektive noch der zweiten und dritten Generation nach der Befreiung verzerrt und asynchron. Utopisch-politischer Elan ist eine zeitlose Antwort unter dem weiterwirkenden Bann der Vergangenheit, dazu gehört abstrakte Herrschaftsverneinung (nicht Herrschaftskritik): das eingekreiste große (A) an den Brandmauern unserer Städte. So sehr das munus regium Jesu wirklich Herrschaftsfreiheit in Aussicht stellt, wird dies seine Würze und Süße nur für den haben, der Herrschaft nicht im Prinzip negiert hat. Der Anarchist wird voraussichtlich an der Herrschaftsfreiheit des Gottesreiches ebenso leiden wie an den Herrschaften bisher, sofern er seinen Anarchismus nicht als fortdauernden Prozeß der *Differenzierung* von Herrschaft praktiziert hat und sich empfänglich gehalten hat dafür, daß das Königtum Gottes noch etwas anderes sein wird als die Königsherrschaft Christi, diese wieder etwas anderes als die Herrschaft des Caesar oder seines Statthalters oder die des Hohenpriesters oder die der mündig gewordenen Volksmassen usw. Wir werden hier mit dem hohen Lied der Demokratie zurückhaltend sein, die in ihrer westlichen wie in ihrer östlichen Form am ehesten von der Aufgabe fortlaufender Herrschaftsdifferenzierung weiß und darin allen anderen Regime-Formen überlegen ist, vor allem allen: die auf Selbstherrschaft Einzelner oder von Cliquen beruhen. Wie aber Jesus von Nazareth sein munus regium wahrnimmt, begründet er Herrschaft in *Herrschaftsdifferenzierung*. Er »herrscht« als König in der Art, wie er sich in dem Prozeß über sein Leben und seinen Tod bewegt und den Institutionen begegnet. Er »herrscht«, indem er nicht flieht. Er »herrscht«, indem er hier schweigt, dort redet. Er »herrscht«, indem er den Machthaber unter Rückfrage stellt und in den Dialog ruft: »Sagst du das von dir aus oder haben es dir andere über mich gesagt?« (Joh 18,34) (Man muß die Herausforderung begreifen, die diese Rückfrage Jesu an das Urteilssystem des Pilatus bedeutet: Bist du Marionette, »Charaktermaske«, oder ein Mensch freier und eigener Einsicht auch nur in deinen Fragen und Grundannahmen über mich? Siehst du mich selbst oder nur das Bildnis und Gleichnis, das die Leute dir von mir überliefert haben?) Er »herrscht«, indem er sich selbst erklärt vor Gericht. Er »herrscht« unter seinem dornengekrönten Kopf, der die Wahrheit ans Licht bringt, in seinem Durst- und Verlassenheitsschrei am Kreuz und in den Antworten von Tätern darauf: »Seht ein Mensch« (Joh 19,5) und: »Wahrlich, dieser ist Gottes Sohn gewesen« (Mt 27,54). »Herrschaft« heißt hier jenes »Durchstehen«, von dem Calvin gesprochen hatte, nämlich die Prozesse der Institutionen nicht fliehen und sie durchstehen. Das begrenzt ihre Herrschaftsgewalt und setzt ihnen eine andere Mächtigkeit entgegen: die des Helfers der Menschen, aller Helfer der Menschen, die mit dem Gesetz in Konflikt kommen oder auch nur mit der Macht, – zuerst und zuletzt: die in Jesus gegenwärtige Mächtigkeit Gottes. Das munus regium Jesu hat darin seine Spitze, daß es Gott nicht hinter dem weltlichen Gericht (als irgendeinen metaphysischen Legitimationsgrund für herrschendes Recht) sieht, daß es ihn vielmehr vor Gericht stellt und Gott sich verantworten läßt vor den Institutionen der weltlichen Herrschaft. In Jesus stellt der ihn begleitende Gott sich dem Gericht: das ist die Wahrheit und Kraft des munus regium Jesu.

4. Wir sagten: Jesus übt sein Amt, indem er vor dem Gericht nicht flieht und auf Gegengewalt verzichtet. Diese Freiheit hat nur einer, der der Macht und Herrschaft nicht bedarf, auf sie in keiner Form angewiesen ist und darum auf sie verzichten *kann.*

Jesus kann sich dem Prozeß stellen, weil er sich dort nicht selbst behaupten muß und ihm genug ist, die Macht, die er braucht, in Gottes Händen zu wissen, nicht in den eigenen.

Natürlich besaß nach den evangelischen Zeugnissen auch Jesus Wirkkräfte. Er predigte »gewaltig« und vollmächtig, nicht wie die Schriftgelehrten (Mt 7,29), »gebot« dem Fieber (Lk 4,39), den unsauberen Geistern (Mk 1,27), dem Wind und dem Wasser (Lk 8,25). Aber im Prozeß übergab er seine gebieterischen Kräfte dem Vater in eben dem Sinne, in dem er mit seinem letzten Atemzug seinen Geist in die Hände seines Vaters befahl (Lk 23,46). Er wirkte in seiner Passion in jener Kraft, die in den Schwachen mächtig ist (2 Kor 12,9).

Was für eine Kraft ist das?

Sie wird als weltliche, gesellschaftliche und politische Ohnmacht erfahren, als Leiden, Erfolglosigkeit und Niederlage; dazu gehört auch geistige und seelische Kraftlosigkeit. Die Kraft, die in den Schwachen mächtig ist, wäre in biblischem Sinne nicht zureichend bestimmt, wenn sie als Kraft der unanfechtbaren Innerlichkeit des äußerlich gequälten Menschen beschrieben würde. Mag z. B. in Luthers Zwei-Reiche-Lehre die Bedeutung, die dort dem »inneren Menschen« im Gegensatz zum »äußeren Menschen« gegeben wird, ernsthaft als Potenz des Widerstands gemeint gewesen sein – für Jesus in seinem Prozeß ist auch noch solche innerliche Potentialität zu bestreiten. Das Gebet seiner Gottverlassenheit, die Preisgabe des ihm eigenen Geistes an Gott macht fraglich, ob diejenigen Dogmatiker gut beraten waren, die nur von einer Passion der menschlichen, nicht auch der göttlichen Natur Christi sprechen wollten. Jesus war vorbehaltlos ausgeliefert in den Prozeß, den wir ihm machten. Da gab es keine reservatio mentalis und auch kein heimliches Kraftreservoir oder Kräftepotential mehr, das man etwa in seiner verborgenen »göttlichen Natur« hätte annehmen dürfen. Er litt ganz, er litt als der, der er war; er selbst erlitt seine Ohnmacht. Die Kraft, die in den Schwachen mächtig ist, können wir nirgendwo psychologisch oder ontologisch aufspüren und dingfest machen. Es war die Kraft Jesu, sich zu überlassen.

Wem? Eine Antwort: Jesus konnte seine Passion durchstehen darin, daß er sich Gott überließ, ist richtig, aber zu allgemein. Sie kann in drei Momenten genauer benannt werden.

a. Jesus überließ sich Gott, indem er sich dem Willen Gottes überließ. Sein Kampf mit Gott in Gethsemane (Mt 26,36.46) war ein Ringen darum, sich in den Willen seines Vaters zu schicken, und das meinte gewiß auch: in diejenige allereigenste Vorsehung (providentia specialissima), die Gott gerade mit dem letzten Wegstück Jesu verbunden hatte. Aber der oft geläufige Ausdruck, Jesus habe sich dort in Gottes »Fügung« »geschickt«, ist zu psychologisch: was Jesu Verhalten betrifft, – zu fatalistisch: was Gottes Willen in dieser Geschichte meint. Der Inhalt des ersten Gebets heißt: »Doch nicht wie ich will, sondern wie du willst« (Mt 26,39). Da setzt Jesus allerdings seinen Willen und Gottes Willen deutlich gegeneinander. Aber daß nicht sein, sondern Gottes Wille geschehe, ist doch eine, wenngleich paradoxe, Willenserklärung Jesu in diesem Gebet. Die Gethsemane-Erzählung ist Zeugnis von einer freien Übergabe des Willens Jesu an den Willen seines Vaters und darin auch eine Selbstentmachtung Jesu, sofern jeder Wille ein Element von Macht ist.

b. Das aber heißt: Jesus hat den Willen Gottes nicht als allgemeine Schicksals- und Fügungsmacht, sondern als Weisung Gottes erfahren. Die mizwa, das Gebot Gottes, ist die Kraft, die in dem Schwachen mächtig ist. Man kann das am Verhältnis des zweiten zum ersten Gethsemanegebet erkennen. Dort betete Jesus: »Mein Vater, ist es möglich, so gehe dieser Kelch an mir vorüber« (Mt 26,39); hier spricht er noch so, als wäre die Berufung, sich dem Prozeß zu stellen, eine offene Möglichkeit. Beim zweiten Male heißt es: »Mein Vater, wenn dieser Kelch nicht an mir vorübergehen kann, ohne daß ich ihn trinke, so geschehe dein Wille« (26,42). Dort: εἰ δυνατόν ἐστιν, hier: εἰ οὐ δύναται: In dieser Differenz entscheidet sich der Unterschied von Gottes Willen als Geschick und Gottes Willen als Weisung. Die Kraft, die in den Schwachen mächtig ist, ist die Kraft, sich Gottes Fügungen zu überlassen, aber mehr noch: Gottes Weisung. Jesus folgte der Weisung.

c. Ganz Gottes Willen überlassen hat er sich aber dort, wo Weisung und Fügung zusammenkommen: Jesus hat sich dem »Tun-Ergehenszusammenhang« überlassen, hat *getan,* was *er* tun sollte und wollte, als er sich dem Gericht stellte, und er hat sich *Gott überlassen,* als er sich widerstandslos und widerspruchslos dem überließ, was aus dem ihm gebotenen Tun als Konsequenz folgte. Jesus, der das Gericht nicht floh, floh nicht die Folgen seines Wirkens. Er überließ sich Gott, indem er den Konsequenzen seiner Taten nicht auswich. Er ließ es geschehen, daß seine Taten ihm nachfolgen konnten in sein Leiden. Das ist die Kraft seines Königtums. Er haftet öffentlich und läßt sich behaften für seine Herrschaft. Er dankt nicht ab, geht nicht ins Exil, schluckt keine Giftkapsel. Indem er sich stellt, überläßt er sich Gott und dem Urteil der Menschen.

5. Eines solchen »Königs« bedürfen wir. Denn wir – inmitten des Lebens vom Tode umfangen – stehen damit unter einem Zwang der Lebensbehauptung, aus der alle menschliche Herrschaft und Gewalt ihr drückendes und unterdrückendes Wesen erhält. Auf die zerstörende Gewalt des Todes antworten wir, indem wir Zwangsstrukturen bilden, um ihr zu begegnen und uns Menschen so Lebensmöglichkeiten zu sichern. Daß alle menschliche Gewalt und Herrschaft als solche von Gott sei, läßt sich geschichtlich nicht sagen. Es geht darum, daß sie es *werde* und so ihr Wesen ändere. Inhaltlich: daß aus dem

Prinzip des Schutzes vor dem Tod, der Quelle aller Aggressionen und Gewalten, eine Förderung und Feier des Lebens inneres Herrschaftsprinzip werde. Alle sog. weltlichen »Ordnungen« und »Institutionen« sind Schutzwerke gegen die Wolfsnatur der Menschen. Diese aber entspringt der Existenzangst, deren Wurzel Todesangst ist.

Genau hier liegt nun aber auch die Wahrheit der alten dogmatischen Lehre vom munus regium Christi, wenn sie es mit der Auferweckung Jesu von den Toten, – der Überwindung der Hölle, – der Eroberung des Himmels durch das Jesus-Leben schilderte. Es hat schon seine Richtigkeit, wenn nach der Erzählung des Johannesevangelisten Jesu Jünger sein Königtum erst nach seiner »Verherrlichung« begriffen (Joh 12,16). Die verwirrende Paradoxie, in der er sein Königsamt führte, offenbarte ihren Sinn erst mit Ostern. Für die Herrschaft des Lebens über jeden Tod demonstrierte Jesus, als er durch sein Tun und Leiden Gott alle Gewalt in seine Hände gab und so das *Königtum Gottes restituierte.*

β) *Das munus propheticum: Jesus, »der Prophet, der in die Welt kommen soll« (Joh 6,14)*

Unsere klassischen Dogmatiker verstanden Jesu prophetisches Amt als ein Lehramt, sie nannten ihn in gleichem Sinne doctorem et prophetam, einen Doktor und einen Propheten (so z. B. der reformierte Theologe Joh. Heinrich Heidegger im Jahre 1700).[59]

Ein *Gelehrter* war Jesus danach als ein Mensch, der aus der Tiefe seiner Gemeinschaft mit seinem himmlischen Vater und aus ihrer beider Verbindung durch den Heiligen Geist heraus ewig belehrt war, – mehr noch (das betonte vor allem Fr. Schleiermacher): als ein Lehrer der Menschen, der zugleich ein *Lernender* und Lehrling Gottes blieb.[60] Als Lehrer gab er nur weiter, was ihn sein Vater lehrte und was er in seiner Gottesgemeinschaft lernte. Wir können dabei z. B. an Worte des johanneischen Jesus denken. Da hatten ihm einmal »die Juden« jedes Gelehrtentum abgesprochen; weil sie ihn als ordentlichen Schriftgelehrten nicht ansehen konnten, nannten sie ihn geradezu einen Analphabeten. Jesus wehrte sich dagegen mit der Erklärung: »Meine Lehre ist nicht mein, sondern dessen, der mich gesandt hat; wenn jemand seinen Willen tun will, wird er erkennen, ob die Lehre aus Gott ist oder ob ich von mir aus rede« (Joh 7,15-17). Damit nahm er für sein Lehren einen eigenen Lehrtypus in

59. Zit. bei Heppe/Bizer (Hg.), Die Dogmatik der evangelisch-reformierten Kirche, Neukirchen 1958, 367.
60. Fr. Schleiermacher, § 103.

Anspruch. Er wollte gar nicht Schriftgelehrter und Textausleger sein, Wisser und Deuter von γράμματα, Buchstaben (7,15). So konnte und wollte er auch nicht, wie ein ordentlicher Schriftgelehrter in Israel, mit eigenem Namen einstehen für seine Lehre. Sie ist nicht sein (7,16), er lehrt nicht Menschentradition, sondern aus Gottes Autorität. Allerdings doch nicht autoritär, sondern nachprüfbar für jeden, der will, durch »Praxiskontrolle«: »Wenn jemand seinen Willen tun will, wird er erkennen, ob die Lehre aus Gott ist« oder nicht (7,17). Jesus ist für den Johannesevangelisten also ein Gesandter, und »was der gesehen und gehört hat, das bezeugt er« (Joh 3,32), wie ja auch der Geist der Wahrheit, den Jesus, wenn er »gehen« wird, senden will, »nicht von sich aus reden« wird, sondern »was er hört, wird er reden« (Joh 16,13). Das hat Kennzeichen des Prophetischen, denn die Propheten in Israel redeten ja auch nicht aus eigenem Antrieb eigene Gedanken, auch ihr Wort war nur »Botenwort«,[61] ihnen von ihrem Auftraggeber wörtlich in den Mund gelegt, wenn er sie »sandte »; und indem sie ihre Botschaft stereotyp mit der Formel einleiten mußten: »So spricht der Herr«, gaben sie zu erkennen, daß auch sie nur in der Autorität Gottes redeten, nicht aus freien Stücken und nicht in Eigensinn. Indem Jesu »Lehre« und »Rede« die eines Gottesgesandten ist, unterscheidet sie sich von dem Gelehrten nach Art der Schriftgelehrsamkeit und gewinnt Ähnlichkeit mit dem Reden der Propheten.

Doch gibt es Unterschiede. Auch Propheten sind Lernende; sie müssen sich die Botschaft, mit der Gott sie beauftragt, Wort für Wort einprägen und auswendig lernen. Verglichen damit ist Jesu Lernen von anderer Art. Schleiermacher spricht von einem Lernen des Lehrers Jesus, um Nachdruck darauf zu legen, daß er, wenn er lehrt, nicht nur ein Medium und Instrument des Wortes Gottes ist, in seinem Lehren wirkt Jesus in voller Beteiligung an seiner Botschaft – Schleiermacher sagt: in »Selbsttätigkeit« (nicht nur »Empfänglichkeit«).[62] Was Gott Jesus hören läßt, daß er es als Prophet lehre, ist eine Lektion, die er selbst gelernt hat – in einem Lernprozeß, der ihn durchformt hat, so daß er in Person einstehen kann für die Botschaft, die auszurichten Gott ihn sendet. Gottes Wort ist auch sein Wort, ja sogar: das Wort, das er *ist*. Denn was Jesus zu »lernen« hatte, können wir am besten als *ein Erlernen seiner selbst* in der ihm von Gott aufgetragenen Sendung bezeichnen.

Im Neuen Testament wird Jesus freilich nur spärlich als ein Lernender geschildert. Als Zwölfjähriger saß er »unter den Lehrern« im Tempel von Jerusalem, wo er allerdings nicht »lehrte« (wie es die fromme und nicht bibelfeste Erinnerung oft ausdrückt), aber »ihnen zuhörte und sie fragte« (Lk 2,46), al-

61. Vgl. Cl. Westermann, Grundformen prophetischer Rede, München 1960.
62. Fr. Schleiermacher, 110f.

so: lernte, wie man jüdisch lernt, durch »Einsicht und Antworten« (2,47), also in Rede und Gegenrede, »dialogisch«. Das freilich war gerade die Lernform der Schriftgelehrsamkeit, und »die Juden« von Joh 7 könnten dazulernen, wenn sie sich von den Jerusalemer »Lehrern« von Lk 2 bestätigen ließen, daß Jesus doch auch »die Schriften kennt«, also in ihrem Sinne durchaus kein »Ungelehrter« ist (Joh 7,15).

Aber Jesus ist nach dem Zeugnis der Jesus-Schriften in eine noch entschieden härtere Lehre genommen worden. Er hat nämlich »in den Tagen seines Fleisches«, »wiewohl er der Sohn war, an dem, was er litt, Gehorsam gelernt: ἔμαθεν ἀφ ὧν ἔπαθεν (Hebr 5,7.8). Er wurde ein in seiner Passion »Lernender«, lernte in der Schule des Leidens. Nun ist das freilich menschlich, aber nicht jeden macht die Leidensschule zum Lehrer und Propheten. Daß sich Jesu »Lehre schon in seinem Lernen« bildete, wie Schleiermacher sagte,[63] Lernen und Lehren bei ihm also nicht Stadien eines Werde- und Reifeprozesses, sondern eine ursprüngliche Einheit waren, liegt daran, daß er an seiner Passion lernte, »obgleich er Sohn« war, καίπερ ὤν υἱός, Gottes Sohn: als solcher an sich weder lernbedürftig noch prädestiniert zu leiden. Er aber mußte sich als ein solcher »Sohn« selbst erlernen, der nicht von reicher, himmlischer Weisheit und Gnosis erfüllt, auch nicht in Vollkommenheit göttlicher Selbsterkenntnis leben und wirken sollte, sondern eben als gelernter Leidender. Auch hier sehen wir Vergleichbares und Unvergleichbares mit früheren Propheten. Wir erörterten oben schon, daß Gott auch die Propheten Israels nie nur als Wort-Botschafter gebrauchte, er griff auch nach ihrem Leib und Leben und machte auch sie in Person zu Zeichen und Botschaft. Die großen Propheten der Hebräischen Bibel sind auch große Leidende, wie Jesus, »der Sohn«. Nur war das Leiden der Propheten eine Folge ihres Berufs. Von Jesus aber erklärt der Prediger des Hebräerbriefs, daß er seinen Beruf, als »Sohn« zu wirken, gerade im Leiden lernte. Denn im Leiden lernte er »Gehorsam«, τὴν ὑπακοήν, und es war im Grunde keine andere Botschaft, die er weitergeben und »lehren« sollte, als Gehorsam »den Gehorsamen«: in Auswirkung seiner eigenen im Leiden erlernten τελειότης, Vollendung (Hebr 5,9).

So kommen wir durch unseren Blick in die Jesus-Schriften sehr schnell auf eine Dimension im Verständnis Jesu als Lehrer und Prophet, die unsere dogmatischen Vorfahren so deutlich gar nicht im Auge hatten: Indem Jesus als Lehrer lehrt, lehrt er das, als was er sich selbst erlernt hat. Verwendet man dafür gleichsinnig den Ausdruck »Prophet«, so müssen wir sagen: Auch als Prophet verkündigt er sich selbst, nämlich das, was er »lernen« mußte: als »Sohn« »gehorsam« zu sein.

63. AaO. 111.

Merkwürdig ist, daß die dogmatische Tradition Jesus unter dem Namen eines Propheten vorzüglich doch wie einen *Schrift*-Gelehrten angesehen hat. *Inhalte* seines prophetischen Wirkens unterteilte man nämlich nach einer prophetia legalis und einer prophetia evangelica, also: nach Strukturen der Heiligen Schrift; so vor allem wieder der schon genannte Joh. Heinrich Heidegger, aber auch Schleiermacher nimmt dies Schriftmotiv auf.

Als Prophet legt Jesus den Sinn jener Gerechtigkeit aus, die die in der Hebräischen Bibel überlieferte *Tora* Israels meint, wenn sie die Menschen im Tun der Weisungen unterrichtet. Dabei wird immer vorausgesetzt, daß Jesus aus der Tiefe seines Einsseins mit Gott dazu mehr und Bestimmteres zu sagen weiß, als man in Israel bisher faktisch wußte. Zwar wird nicht bestritten, daß der Israel-»Bund der Werke« (foedus operum) den Menschen nicht nur einzelne Verhaltensschritte vorschreibt; wer den Weisungen des Gesetzes treu folgt, ist eben darin Gott recht, ihm eignet »Gerechtigkeit« in seinem Verhalten geradezu wie eine Seinsweise, er darf sich als ein »Gerechter« verstehen, wie wir es oft z. B. in den Psalmen hören, wo Menschen sich Gott – lobend, dankend, auch: trotzend – als Gerechte darstellen. Aber unsere Dogmatiker waren der Ansicht, der Prophet Jesus könne darüber hinaus noch etwas anderes von Tora und Gerechtigkeit sagen. Das Mehr daran drückten sie zwar nicht mit anderen, aber mit überbietend quantifizierender Verwendung der alten Begriffe aus. Auch Jesus lehrt danach jene Gerechtigkeit, die im Zusammenhang mit dem Tun der Tora steht, nur ist er befähigt, »wahre« Gerechtigkeit zu lehren. Das muß das bisherige Verständnis nicht zu einer Unwahrheit herabwürdigen – einem solchen abstrakten Antithesezwang unterlagen unsere Dogmatiker nicht, sie dachten dialektischer.

Was also befähigte den Propheten Jesus, »mehr« sagen zu können, als irgendein anderer Israelit »ohne Falsch«?

Die Antwort darauf ist weder leicht noch selbstverständlich, und wir sollten uns heutzutage nicht mehr so leicht mit dem Positivismus eines reinen christlichen Gegensatzes zur Welt Israels begnügen, sollten darauf verzichten, eine andere Qualität einfach zu *setzen*, die mit Jesus gegeben sein soll. Sie wäre erst einmal nachzuweisen (jedenfalls wenn wir dem antijüdischen Zwang entrinnen wollen, den wir im ersten Paragraphen dieses Buches als Erbe der abendländischen Wissenschaft beschrieben haben).

Daß Jesus »mehr« als üblich in Israel sagen kann über Tora und Gerechtigkeit, läßt sich nach den Darstellungen unserer Dogmatiker *nicht* durch irgendeine tiefere Reflexion über dieses Verhältnis darlegen. Weil dies eine Behauptung gegen den Strich dessen ist, was uns geläufig ist, müssen wir leider zunächst mit einer Kette von Negationen und Ausschlüssen argumentieren, ehe wir Raum für die Antwort haben. Man faßt dies Mehr nicht phänomenologisch, – nicht z. B. in der Annahme eines sensibleren oder radikaleren Selbstverständnis des Menschen »vor Gott«, der auf eigene Werke gar nichts mehr geben will, – nicht durch Aufweis eines tieferen Sündenbewußtseins bei Jesus, als es in Israel üblich gewesen wäre, – auch nicht durch Abwertungen, gar Lächerlichmachen jüdischen Tora-Lebens (wie protestantische Theologie es bis zum Überdruß und bis heute noch tut), als wollten sich »die Juden« durch das Tun des Gerechten Gottes Heil »verdienen« und als mißbrauchten sie die Tora zum »Heilsweg«, d. h. als ein Mittel zu selbstgerechter Heilsbeschaffung. Die Klassiker unserer Dogmatik (im 17. Jahrhundert) konnten besser als ihre späteren Nachfolger auf solche polemischen Argumente weitgehend verzichten, brauchten ihr Verständnis Jesu nicht abzusichern und verständlich zu machen dadurch, daß sie die Welt des Alten Testaments und Israels nur als negative Folie des Neuen zeichneten. Ihr genauer Blick für die neutestamentliche Verkündigung verwehrte ihnen das. Denn dort sahen sie, daß, was mit Jesus mehr oder neu kommt, nur durch eine Anschauung *Jesu* zu begreifen ist, nicht durch eine Kritik des Alten. Auf Jesu »bessere Gerechtigkeit« (Mt 5,20) läßt sich gar nicht durch Reflexion einer »schlechten« alten spekulieren, sondern *nur in Nachfolge* Jesu. Jesu Nachfolge Gottes und unsere Nachfolge Jesu allein können darstellen, was der Gehalt der prophetia legalis ist. Sie wird im Tun und in aktuellen Weisungen zum neuen Tun gegenständlich, statt in theologischer Kritik des Alten. Eben deswegen ist ja, wenn davon die Rede sein soll, von einem Werk der *Prophetie* zu sprechen, statt von irgendeiner kritischen oder affirmativen Schriftgelehrsamkeit. Das Verhältnis Jesu zu seinem Volk und zu dessen religiösem Selbstverständnis – wir ziehen die Linie gleich weiter aus: auch das Verhältnis der Christen zu den Juden – kann letztlich kein theologisches sein, also: kein kritisches; als theologisches ist es eher unwahr als wahr. Es kann nur ein *prophetisches* sein, nämlich ein praktisches, in welchem Jesus und die Nachfolger Jesu ihr Verständnis von Tora und Gerechtigkeit faktisch leben, verwirklichen, bezeugen und beglaubigen. Als ein theologisches kann es nur in *Selbst*-Kritik der Jesus-Leute ausgedrückt werden, d. h. als Einschärfung dessen, wie nun gerade Jesus die Tora gehört und als ein Gerechter gelebt und gelitten hat. Theologische Aufgabe ist hier nur, die Kategorie des Prophetischen zu wahren und sie zu schützen davor, in ein kritisch-polemisches Schriftgelehrtentum verfälscht zu werden. Aber das nötigt uns, schärfer als unsere dogmatischen Lehrer Prophetie und Schriftgelehrsamkeit, also den Propheten vom Doktor zu unterscheiden. Jesus jedenfalls übt prophetia legalis *nicht* in Kritik, sondern im Tun des Gesetzes, statt durch Kontroverstheologie dadurch, daß er sein Verständnis des Gotteswillens *lebt*, den die Tora Gerechtigkeit nennt.

Ebenso steht es mit seiner prophetia *evangelica.* So nannten alte Dogmatiker nicht etwa eine zweite Prophetie neben der prophetia legalis, nicht eine Verkündigung des Evangeliums neben der des Gesetzes. Der Ausdruck bezeichnet vielmehr das rein Prophetische an Jesu Verständnis von Tora und Gerechtigkeit. Das Evangelische ist das spezifisch Jesuanische eines Lebens aus dem Gesetz. *Daß und wie Jesus* die Tora und ihre Gerechtigkeit lebt, das ist die prophetia evangelica; sie ist das Leben und der Weg Jesu, des Juden, *als* Prophetie, als seine Selbstverkündigung. Ob und inwiefern dies ein anders als üblich gelebtes Leben, ein anders als üblich ausgelegtes Gesetz ist, mag, wenn es überhaupt entschieden werden muß, Gott entscheiden. Daß und wie Jesus lebt, »unter das Gesetz getan« (Gal 4,4), das ist seine prophetia evangelica.

Wir wiederholen: Unsere Dogmatiker haben die eben betonte Differenz von Prophetie und Theologie nicht so strikt beachtet, wie wir es für richtig halten möchten. Sie haben das prophetische Wirken Jesu doch eher wie das eines schriftgelehrten Doktors der Theologie geschildert und seine »bessere Gerechtigkeit« lieber kritisch-theologisch, als nur praktisch und nur in der Selbstverkündigung Jesu aufzuweisen versucht Sie rückten Prophetie zu nahe an »Lehre« – und dies auch in einem zu allgemeinen und theoretischen Sinn dieses Wortes. Wir werden gleich zu zeigen versuchen, daß sie darin der Bibel nicht genügend entsprachen. Aber zu ihren Gunsten ist zunächst festzustellen, was uns erlaubte, ihnen bis hierher zu folgen. Indem sie Jesu Verhältnis zur Tora und ihrer Gerechtigkeit nämlich als Werk seiner Prophetie darlegten, haben sie u. E. der sog. protestantischen Rechtfertigungslehre und der ihr zugehörenden Verhältnisbestimmung von Evangelium und Gesetz ihren zutreffenden Ort bestimmt: Evangelium und Gesetz stehen in einem prophetischen, also praktischen Verhältnis zueinander, nicht in einem ontologischen und kategorialen *gegen*einander (wie es der Hauptstrom lutherischer Theologie sah), und zwar in einem im prophetischen, also: offenen, freien, herausfordernden, noch lange nicht abgeschlossenen, insofern auch nicht übersehbaren, ständig aktuellen Wirken Jesu. Es läßt sich nicht systematisieren; da es aber gerade in protestantischer Theologie zum theologischen System gemacht worden ist, muß heute die alte Lehre von Jesu prophetia legalis systemkritisch ausgelegt werden.

Was meint hierbei »prophetisch«?

Unsere Dogmatiker gaben zwei einander deutende Antworten. *1.* Jesus als Prophet *veröffentlicht* Gottes Pläne, und 2. macht er sie *einleuchtend.* Die »Teile« des prophetischen Werkes, formulierte Johannes Wolleb 1626, seien »consilii divini promulgatio et ... mentis illuminatio«.[64]

Im Wort promulgatio vermuten Lexikographen ursprünglich ein pro-*vul-*

64. J. Wolleb, Christianae Theologiae Compendium, lib I, Cap. XVII § 2.3.

gare verborgen;[65] dann bedeutete die Veröffentlichung (= promulgatio) der Gottespläne, daß sie unter die Leute gebracht werden, und darin bestünde der eine Teil des prophetischen Auftrags Jesu. Wirklich unter die Leute kommen Gottes Ratschlüsse freilich nur, wenn sie ihr Rätselhaftes, uns Verborgenes, über unsere Köpfe Hinweggehendes verlieren und wenn es jemandem gelingt, sie den Leuten verständlich zu machen, so daß sie sie nicht als äußere Schicksale, sondern von innen heraus begreifen; Jesus ist der Mann, der das kann; und das zu tun, ist der andere Teil seines prophetischen Auftrags.

Im Sinne der uns überkommenen Dogmatik soll damit ein »*eschatologischer*« Charakter der Prophetie Jesu ausgedrückt werden. Sie ist durch nichts mehr überbietbar, ist Gottes jetzt veröffentlichtes und zu verinnerlichendes, auch sein zeitlich und sachlich letztes Wort an die Menschheit. Darum soll auf die Prophetie Jesu keine andere mehr folgen. Sie soll - z. B. nach Schleiermacher - als »zureichend« und »zugleich unerschöpflich« angesehen werden, so daß »Christus zugleich als der Gipfel und als das Ende aller Prophetie erscheint«[66] - »Gipfel« in der Reihe der Propheten Israels, »Ende« in Jesu prophetischer Unüberbietbarkeit und folglich im Abbruch dieser Reihe.

Leider können wir nicht bezweifeln, daß unsere Theologen das »Eschatologische« so gemeint haben. Es ist uns nie recht gelungen, das, was wir neuzeitlich mit dem schrecklichen Kunstwort des »Eschatologischen« meinten, allein *sachlich* zu bestimmen; immer wurde es mit Urteilen über den Lauf der Zeiten verbunden,die wie empirische historische Erklärungen klangen und wie End-Lösungsmodelle auf der Ebene der Zeit. »Gipfel« aller Prophetie ist Jesus dann in einem entwicklungsgeschichtlichen Urteil, und »Ende« eben als Beendigung göttlicher Erweckung weiterer Prophetien nach Jesus (u. E. ein Urteil im anmaßenden Vorgriff auf Gottes aus dem Nichtsein ins Sein rufenden Geist).

Zur Kritik dieser Verwendung des Begriffs des »Eschatologischen« ist vor allem zu sagen: Sie verkennt, was Theologie vermag und was nicht. »Theologie« nennen wir das menschliche Bemühen, dem Glauben nachzudenken. Sie kennt darum keinen anderen Stoff als den, der die Glaubenden beschäftigt. Sie kennt aber diesen Stoff auch nur so, *wie* er die Glaubenden beschäftigt. Theologie kann, wenn sie bei sich selbst bleiben will, nur in dem Denk- und Urteilszusammenhang arbeiten, den die Glaubenden haben. Alle ihre Urteile vollziehen Glaubensurteile nach; alle Sätze, die sie bildet, sind Sätze, in die glaubende, hoffende, liebende Menschen das ihnen Wichtige einsetzen und so zur Sprache bringen. Auch der Ausdruck »eschatologisch« kann dann nur sa-

65. Stowassers Lateinisch-Deutsches Schul- und Handwörterbuch, Berlin/Leipzig 1938, 617.
66. Fr. Schleiermacher, aaO.

gen, was Glaubende von ihrer, der ihnen eigenen Zeit, von ihrem spezifischen Zeitverhältnis verstehen, und der Begriff ist vor dem Mißverständnis zu bewahren, als wäre er »historisch« gemeint. »Eschatologisch« kann demgemäß Jesu Prophetie heißen, weil nach derzeitigem Erkenntnis- und Wissensstand Gott die christliche Gemeinde keine andere Prophetie hören läßt, – weil für sie Jesu Prophetie wirklich so »unausschöpflich« und »unausgeschöpft« wirkt, daß sie bisher kein Bedürfnis empfindet, auf eine andere Stimme als diese zu hören. Diese Stimme bindet noch.

Unausschöpflich ist Jesu Prophetie für die christlich Glaubenden aber gerade deswegen, weil in der seinen auch alle bisherige Prophetie Israels abermals sich vermehmen läßt, weil in Christus alle Gottesverheißungen Ja und Amen sind – »Amen: das ist: Es *werde* wahr« (M.Luther). »Eschatologisch« kann Jesu Prophetie heißen, weil sie also für die Ohren der Christen eine ganz von der Prophetie Israels *erfüllte* Prophetie ist, weil in ihr der alte Ernst des Gotteswillens, die alte Schärfe der Gotteskritik, die alte Verheißung der Gottestreue aufs neue aktuell, zu einem Werdenden wird; nichts erscheint daran »überholt«, und von Abbruch und Beendigung der Prophetie Israels durch die Prophetie Jesu kann keine Rede sein, wo ja gerade durch ihn das prophetische Werk aufs neue getan wird und, wer immer auf Jesus hört, unters Wort gerät, so wie Gott es eben nicht nur durch Könige und ihr Regieren, Priester und ihren Gottesdienst, sondern gerade auch durch Propheten und ihr Reden und Bezeugen ausgerichtet haben will. Das Kunstwort des »Eschatologischen« ist als Kategorie zur theologischen Erfassung von Zeit u. E. in diesem Sinne neu zu strukturieren. Es ist nicht wahr, daß in Jesus alle Zeit versinkt, erst recht ist nicht wahr, daß in ihm insbesondere die Zeit Israels zu leerer Vergangenheit wird. Die Sprache des Neuen Testaments spricht dagegen, denn es spricht von Jesus in der Sprache Israels und der von Israel zu erreichenden Völker. »Prophet« ist dort kein beliebiger Begriff, weil die Berufung zum Propheten kein beliebiger, mit anderen zu verwechselnder Dienst ist. »Eschatologisch« darf die Prophetie Jesu genannt werden, weil sie »sammelt« und nicht »zerstreut« (Mt 12,30), weil uns mit Jesus ein Prophet erweckt worden ist und nicht ein apokalyptischer Buchhalter, der die Endabrechnung der Geschichte Israels aufmachen soll. Daß Jesus »Prophet« heißt, verbietet von selbst, ihn in einen anderen Dienst berufen zu sehen als den, der uns von den Propheten Israels her bekannt ist, und diesen Dienst anders ausgerichtet zu sehen, als es in Israel nun einmal der Fall ist. In Jesu Prophetie geht die Prophetie Israels *weiter.* Und zu fragen ist nur, wie bei jedem Propheten in Israel: Wann hat er wo, was, wem als jetzt entscheidenden Willen Gottes unter Einsatz seiner selbst zu sagen?

Befragen wir in diesem Sinne die Prophetie Jesu, gewinnen die Aussagen von der Veröffentlichung (promulgatio) und dem Eindrücklichmachen (illuminatio) der Gottespläne durch Jesus ihren Sinn, wird es möglich, das »Eschatologische« in seiner *sachlichen* Bedeutung auszusagen und die *Zeit* Jesu aus dem *Auftrag* Jesu zu verstehen. Wenn Jesu Prophetie *promulgatio*, umfassende Veröffentlichung der Ratschlüsse Gottes ist, dann richtet sie sich ohne Einschränkung an jedermann, ihr Adressat sind dann alle, denn Öffentlichkeit – das sind alle. Insofern unterscheidet sie sich von früheren Prophetien in Israel. Israels Propheten hatten die Adressaten ihrer Botschaft in den verschiedenen Ständen und Klassen des Hauses Israel und des Hauses Juda: in den Königen und Priestern, in anderen Propheten und in den Besitzenden, auch im Volk als ganzem. Freilich: In den prophetischen Überlieferungen finden wir auch eine Menge sog. »Völkersprüche«, Worte über und an Fremdvölker gerichtet; deren konkreter geschichtlicher Charakter wird uns in der Bibel freilich nicht ebenso deutlich, wie die Worte an die Klassen des jüdischen Volkes; denn im Unterschied zur Botschaft, die an Israel sich richtet, haben wir kaum Erzählungen davon, ob und wie Israels Propheten ihre Worte unter fremde Völker gebracht haben und ob und wie diese darauf reagiert haben; die Jona-Novelle bildet hier eine Ausnahme von der Regel. Die z. B. in Jer 46 – 50 gesammelten Worte gegen die Gojim klingen eher so, als ob auch sie lediglich für die Ohren Israels bestimmt gewesen wären, dazu dienend, Israel zu vergewissern, daß auch die anderen Völker von seinem Gott richtend und beglückend angesprochen werden, daß Gottes Wirken an Israels Grenzen nicht haltmacht. Doch spürt man auch eine Tendenz, daß der Dienst der Propheten eigentlich anders als nur implizit auch anderen Völkern dienen soll. Schon die erste Bestimmung seines munus propheticum, die Jeremia bei seiner Berufung durch Gott erhält, heißt: »Zum Propheten für die Völker habe ich dich bestimmt«, zum navi le gojim (Jer 1,5); die Spitzenstellung dieser Bestimmung drückt sicher auch eine Spitze an Bedeutung des Prophetenauftrags für Jeremia aus. Ähnliches ist vom Gottesknecht beim Zweiten Jesaja zu hören, wenn Gott ihn zum or gojim, zum Licht der Völker (Jes 49,6), sogar zum Bundesmittler für die Völker (Jes 49,8) beruft. Jüdische Auslegung begnügt sich vielleicht zu bald mit der Deutung: hier würden Propheten zum guten Beispiel für alle Welt berufen, also nur zu impliziter Wirkung unter den Gojim. Gewiß ist das die biblische Grundform. Das ganze Gott-Israel-Verhältnis enthält ja eine pars-pro-toto-Struktur, die Völker begegnen Gott nur, indem sie Israel begegnen, preisen Gott, indem sie ihn um Israels willen preisen. Israel ist »Mittler« zwischen Gott und den Völkern, insofern es beispielhaft inmitten der Völker lebt, aber auch *zwischen* Gott und den Völkern; abstrakt-theologisch gesagt: insofern es die entscheidende Gegenständlichkeit Gottes für die Gojim ist. Aber das weckt ja nur, wie das Jona-Buch zeigt, um so mehr die Frage, ob es nicht auch eine direkte, unvermittelte geschichtliche Beziehung der Gojim zu Gott gibt, und so auch: ob Gott nicht auch an sie seine Prophetie richtet – nicht nur an Israel mit Blick auf sie, auch nicht nur an sie mit Blick auf Israel, sondern ebenso an sie wie an Israel, mehr noch: an sie gleich unmittelbar wie an Israel.

Die Lehre von Jesu Prophetie als promulgatio will offensichtlich dies als das neue und besondere Adressatenverhältnis der Prophetie aussagen. Sie richtet sich grenzenlos an alle, bedeutet damit zwar weder eine prinzipielle Erweiterung noch eine prinzipielle Korrektur der Prophetie in Israel, aber die volle Anwendung aller ihrer bisherigen Möglichkeiten: Zugleich Wächterdienst im Hause Israel (vgl. Ez 3,17) wie Prophetie le gojim zu sein. Diese *Gleichzeitigkeit* ist die Zeitbestimmung des Wirkens Jesu, – Gleichzeitigkeit das an seinem Wirken erkennbare Moment, das dem Begriff des »Eschatologischen« Gehalt gibt; und »Erfüllung« der Zeit ist, von hier aus gesehen, volles Ausschöpfen aller den Zeugen Gottes je zu ihrer Zeit aufgetragenen Möglichkeiten *jetzt*, *volles* Auswirken der Prophetie Gottes. Daß die Zeit als »erfüllt« verkündigt wird, ist Ausdruck davon, daß die Prophetie Jesu den Gotteswillen jetzt an alle richtet und ihn darin »promulgiert«, veröffentlicht. Das Soziologische bestimmt den Sinn des Zeitlichen, als dessen Gehalt.

Ähnliches ist von dem zweiten Kennzeichen, das die Dogmatiker der Prophetie Jesu gegeben haben, zu sagen: *illuminatio*. Jesu Prophetie leuchtet ein. Der Geist, in dem sie ausgerichtet wird, movet fideles, bewegt die Glaubenden, ut et mente capiant et corde velint, daß sie gleicherweise mit ihrem Kopf begreifen wie in ihrem Herzen wollen und bejahen, was sie durch Jesu Prophetie »gelehrt« bekommen (so Amandus Polanus 1624).[67] Jesu Prophetie eignet etwas Selbstverständliches, Evidentes. Sie wirkt nicht den Skandal, den frühere Propheten fast zwangsläufig bei ihren Adressaten erzeugten. Das ist mit Blick auf Jesu Ende eine gewagte Behauptung, verständlich nur, weil unsere Dogmatiker das prophetische Amt Jesu aus der Einheit seines ganzen Weges heraus dachten; sie galt ihnen nicht nur als Prophetie dessen, der Gehorsam im Leiden lernen mußte, sondern auch als Prophetie des Jesus, den Gott hat überwinden lassen, also als die dessen, der gelitten hat, gestorben ist, begraben wurde, aber auch als die dessen, der am dritten Tage auferweckt wurde von den Toten. Die *Überzeugungskraft* seiner Prophetie ist Auswirkung der *Lebenskraft* Jesu, der mit dem Tod zugleich alle Kräfte, die Gottes Wort widerstehen, besiegt und entmachtet hat. Die Aussage von dem Einleuchtenden der Prophetie Jesu ist also nicht mit einem Verweis auf besondere Rationalität, Humanität, Volkstümlichkeit, Einfachheit oder sonstwelche Eigenschaften seiner Verkündigung zu begründen, sondern der Erfahrung, daß sich in ihr

67. Zit. bei Heppe/Bizer, 357.

uns Sündern, uns vom Tod immer noch gezeichneten Hörern Jesu seine Überwinderkraft mitteilt, die gleich ist mit der Kraft seines befreiten Lebens; dies behält er nicht - wie einen Raub - für sich allein, sondern er macht es wirksam unter denen, die ihn hören. Insofern eignet der Prophetie Jesu etwas Unwiderstehliches, als sie Teilgabe des Lebens Jesu, Teilgabe also von unser aller neuem Leben ist.

Wir können dies auch anders kennzeichnen: Sein prophetisches Wort führt bereits die Antwort seiner Hörer mit sich, trägt sie in sich. Es ist nicht nur ein *be*zeugendes, sondern ein von vornherein *über*zeugendes Wort. Es stellt seine Hörer nicht, wie andere ernste Worte, »in die Entscheidung«; es fordert nicht, sondern *wirkt* sich Gehör, schenkt die ὑπακοή, den Gehorsam, nach dem es ruft. Darin unterscheidet es sich vom Kerygma, dem Heroldsruf, von »gut Neuzeitung«, »gut Geschrei« (Luther). Prophetisches Wort Jesu hat schon für sich gewonnen in dem Augenblick, in dem es erklingt. Als Israel rief: »Wir wollen tun und dann hören« (Ex 24,7) - Tun vor Hören (vgl. Prolegomena S. 220 ff.) -, da vernahm es das Wort des Mose als Prophetenwort in dem Sinne, in dem unsere Dogmatiker die Prophetie Jesu verstanden: Wort, das für sich schon eingenommen hat in dem Moment, in dem es erklingt.

In dieser, seine Wirkung bereits in sich tragenden Kraft des Prophetenwortes können wir es als ein Wort kennzeichnen, das eine ihm gemäße und für es empfängliche Wirklichkeit nicht voraussetzt, sondern begründet. Jesu Prophetenwort ist in diesem Sinne - wie das des Mose - *Gründerwort*; und dies erlaubt, es wiederum mit dem Begriff des »Eschatologischen« zu belegen: wenn wir dessen zeitliche Bedeutung auch hier (wie bei der promulgatio) vom soziologischen Sinn her begreifen, den die Merkmale von mens und cor, Kopf und Herz, an sich haben.

Kopf und Herz: Sensorien für Jesu Prophetie - in Jesu eigener Sprache: »Wer Ohren hat zu hören, der höre« (Mt 11,15), in der Sprache des Paulus: Es ist der »innere Mensch«, der dem Gesetz Gottes zustimmt (Röm 7,22). Nichts Äußeres tritt vermittelnd zwischen Wort und Mensch. Das schien vor Jesus anders. Da erging die Prophetie über die Institutionen des Bundes. Seine Amtsträger und Verantwortlichen waren ihre primären Adressaten, und in der Regel waren sie es in diesen Eigenschaften. Dies galt auch, wo das ganze Volk prophetisch bedroht, gescholten oder unter Verheißung gestellt wurde, ihm widerfuhr dies nicht als Masse von Menschen, sondern als Bundesgenossen Gottes. Auch die Prophetie Johannes des Täufers war noch »Standespredigt«: Die Volksmenge wurde gescholten in ihrer Berufung auf Abraham als Stammvater, - die Zöllner sprach er an auf ihr Berufsethos, ebenso die Soldaten, - den Fürsten Herodes wies er zurecht wegen seines Umgangs mit seiner Schwägerin »und wegen all des Bösen, das Herodes getan hatte« (Lk 3,7ff;

12f; 14; 19). Und sogar Jesus redete noch in der Bergpredigt anders zu den Armen, anders zu den Reichen (Lk 6,20.25). Allerdings zeigt uns die Bergpredigt-Version des Matthäus, wie nun nicht mehr *nur* die gesellschaftlichen Rollen des Bundes Inhalt und Ziel der Prophetie Jesu bestimmen, sondern auch die inneren Voraussetzungen und Folgen des Menschseins in diesen Rollen ans Licht des Willens Gottes geholt werden. Es ist schade, daß die Dogmatiker dies Doppelverhältnis zwischen gesellschaftlicher Rolle und »innerem Menschen« nicht genügend erkannt oder berücksichtigt haben. Für sie galt die Tatsache, daß Jesus sich prophetisch an den inneren Menschen wendet, als historisches Unterscheidungsmerkmal und Kennzeichen des völlig Neuen und »Eschatologischen« bei Jesus. Das ist falsch. Richtig dagegen ist, daß das Kennzeichen der prophetischen illuminatio als Auslegung der promulgatio Kopf und Herz, Ohren und alle Sensorien des inneren Menschen zum besonderen Ziel der Prophetie Jesu erklärte, weil dadurch die größte Allgemeinheit des Wirkens Jesu unter allen Menschen ausgedrückt werden konnte. Unsere gesellschaftlichen Rollen, unsere davon geprägten guten oder bösen Eigenschaften trennen uns voneinander. Soldaten sind anders dran als Könige, Zöllner anders als die Leute, Juden als Gottes Bundesgenossen anders als Gojim. Die Institutionen machen sie zu je anderen Menschen, da findet sich kaum Gemeinsames. Gemeinsam hingegen haben alle Menschen einen Kopf und ein Herz und andere Sensorien des »inneren Menschen«. Sie werden dadurch nicht zu Menschen »an sich«, und es war ein Irrweg, wenn Theologie Jesus zum Künder der Innerlichkeit machte, als wäre sie für den Menschen allein wesentlich. Das Innere ist nicht der Gegensatz zum Äußeren, es ist gerade nur der allen Menschen gemeinsame Horizont, in dem Jesus seine Prophetie »erfüllen« kann: an alle gerichtet zu sein. In diesem Sinne nennen wir die Bestimmung des »inneren Menschen« eine soziologische. Und auch sie hat ihre »eschatologische«, ihre Zeitbedeutung darin, daß sie grenzüberschreitende Prophetie ist, die jetzt – nach soviel »Standespredigt« – grenzenlos alle meint und erreicht. Daß Jesus ὑπὲρ πολλῶν, für die Vielen, für alle lebt, leidet, stirbt, das macht das Eigene seiner Prophetie aus, und das ist es, was die Christen bisher für etwas Unerschöpfliches halten – es genügt, *dies* zu sagen und eine Voraussage zu *scheuen*, die von Gott nicht autorisiert wäre (nichts also als eine willkürliche Prognose): daß Jesu Prophetie die letzte auch in der Zeit war. Jesus selbst hat anderes gesagt und uns mindestens sich selbst in noch einer Wirkweise in Aussicht gestellt, die sehr wohl auch zur Prophetie Israels gehört (vgl. nur Jes 40,1): der des Trösters (Joh 14,16) – wie ja überhaupt das biblische Zeugnis von Jesus als Propheten ihn in einer Weise mit Zukunft, mit sich selbst als einem Kommenden verbindet, die unmöglich mit dem Gedanken schon abgegolten sein kann, daß Jesus Erfüller vergangener Prophetie sei

– womit allein unsere Dogmatiker ihn bisher bestimmt haben. Als Prophet ist Jesus viel weniger der einst Vorausgesagte, – das Schema »Weissagung und Erfüllung« als klassische Struktur der Lehre von der Prophetie Jesu schließt viel zu kurz, – als Prophet sagt Jesus sich selbst »voraus«, indem er ansagt, mit uns zu sein alle Tage bis an der Welt Ende (Mt 28,20). Diesen Kern am biblischen Zeugnis von Jesus, dem Propheten wollen wir jetzt erst erheben.

Daß Jesus ein Prophet sein soll, sitzt längst nicht so fest in den evangelischen Erzählungen und in den übrigen Jesus-Schriften wie sein Königtum in der Königsüberschrift, im Pilatus-Verhör, in den Königsmachergeschichten usw. Jedenfalls haben wir keine typische Prophetenerzählung von ihm, nichts davon, daß er als ein Prophet berufen, sich gegen solche Berufung gewehrt hätte, herausfordernd vor Volk, Könige und Priester getreten, als ein Prophet getötet worden wäre. Indem wir uns solcher Prophetenerzählungen aus der Hebräischen Bibel erinnern, wird uns freilich sofort bewußt, daß wir inhaltlich *Ähnliches* auch von Jesus erzählt bekommen, nur nicht direkt als von einem Propheten; so sollten wir als ersten neutestamentlichen Befund festhalten, daß, wenn Jesus dort als Prophet erscheint, dies nur in eigentümlich *indirekter* Form geschieht.

Dem entspricht, daß er selbst sich nie einen Propheten nennt, aber – was schwerer wiegt – uns ist auch kein Gotteswort überliefert, das ihn als Propheten anspräche, wie wir es z. B. im Falle Jeremias zu hören bekamen (Jer 1,5). Wollten wir etwa die Tauferzählung als eine Berufungsgeschichte Jesu deuten, wäre er unter dem Namen des »Sohnes« berufen worden, auf den wir hören sollen, nicht dem eines Propheten (Mk 1,9.11).

Das Indirekte zeigt sich auch daran, daß nur »die Leute« ihn mit dem Namen eines Propheten bezeichnen, und auch dies eher vage und wenig bestimmt. Der König Herodes, beunruhigt von gewissen Nachrichten über Jesus-Bewegungen in seinem Herrschaftsbereich und vom schlechten Gewissen des Mörders überzeugt, es hier womöglich mit einem Wiederaufleben Johannes des Täufers zu tun zu haben, ließ recherchieren, um wen es sich da eigentlich handle; er bekam ein Bündel undeutlicher Antworten, eine davon hieß: »Er ist ein Prophet wie irgendeiner von den Propheten« (Mk 6,5): eine anonyme Auskunft ohne prononcierte Bedeutung; damit soll Jesus durchaus nicht in der Reihe der großen Propheten Israels gesehen werden, von denen die Hebräische Bibel berichtet. Allerdings: Das Motiv eines Jesus, der als »irgend so ein« Prophet den König beunruhigt, hat doch etwas biblisch Spezifisches; das haben früher in Israel die »wahren« Propheten meistens getan. Natürlich wird das bei Markus anders erzählt. Jesus ist ja nicht mit einer prophetischen Sendung zum König gegangen, wie einst etwa Jesaja zu Ahas oder Jeremia zu Zedekia. Der König wird vom reinen Hörensagen durch Jesus beunruhigt, also auch dies: nur indirekt. Aber immerhin: Jesus wirkt auf den König wie ein Prophet, und das gibt auch dieser vagen Aussage einen erkennbaren Sinn.

Dazu kommt etwas anderes. Die Aussage: »Er ist ein Prophet wie irgendeiner der Propheten« charakterisiert etwas Massenhaftes am Phänomen der Prophetie, das wir aus früherer Zeit in Israel ebenfalls kennen. Die von der Bibel herausgestellten Propheten waren immer nur Einzelne unter Vielen. Nur durch die Inhalte ihrer jeweiligen Botschaften unterschieden sie sich von anderen. Jedenfalls ist es uns bis heute nicht möglich, prinzipielle Unterschiede zu fixieren zwischen denen, die in der Bibel einen Namen bekommen haben, und der Masse anderer. Sie gehören für unsere Augen weitgehend ununterscheidbar zusammen; im Auftrag des Gottes Israels sprechen alle; und frühere Unterscheidungen, daß »wahre« Propheten Unheilspropheten, »Lügenpropheten« notorisch nur Heilspropheten gewesen seien, die den Leuten und ihren Herrschern bloß nach dem Munde redeten, dafür sogar eingestellt gewesen seien, lassen sich heute nicht mehr halten. Auch Jesus gehört nach der Auskunft Mk 6,5 zunächst nur zu einer Masse unbekannter Propheten, und nichts anderes hebt ihn in diesem Textzusammenhang heraus, als daß Herodes von seinem Wirken offensichtlich beunruhigt wurde.

Nach Mk 8,28 ist dies wohl eine unter den Leuten verbreitete Ansicht. Denn auch als Jesus selbst Erkundungen über die öffentliche Meinung, sein Wirken und seine Person betreffend, einholte, erhielt er unter vielen anderen auch die Antwort: »Einer von den Propheten« – in gleicher Undeutlichkeit. »Prophet« wäre also der größte Allgemeinbegriff, unter dem man sich in der Öffentlichkeit auf Jesus einen Reim machen kann; die »Volksmenge« »hielt ihn für einen Propheten« (Mt 21,46).

Zweierlei fällt allerdings auf, und das sollte nicht unterschlagen werden. Der Eindruck des Propheten drängt sich auf, wenn von Jesus irgendeine öffentliche *Unruhe* ausgeht und deswegen *Ängste* geweckt werden. Bei seinem Aufsehen erregenden Einzug in Jerusalem, als »die ganze Stadt« »in Bewegung kam«, rief sich die Volksmenge zu: »Das ist der Prophet Jesus aus Nazareth in Galiläa » (Mt 21,11). Als – nach dem gleichen Matthäus-Kapitel – Hohepriester und Pharisäer sich in Gleichnissen Jesu identifiziert fanden und davon so gereizt wurden, daß sie ihn festzunehmen versuchten, ließen sie es aus Angst vor der Volksmenge, denn die hielt ihn für einen Propheten (Mt 21,46). »Prophet« wird der Name Jesu, wenn er provoziert und etwas im Volk in Bewegung bringt. Der Johannesevangelist erzählt, Reden Jesu hätten im Volk, jedenfalls bei denen, die sie gehört hätten, die Meinung hervorgerufen: »Dieser ist in Wahrheit ein Prophet« (Joh 7,40). Andere urteilten anders und erklärten: Nein, »der Christus« (Joh 7,41). Auch hier beobachten wir, daß Jesu Wirken sehr verschiedene Möglichkeiten hervorruft, ihn zu benennen und zu verstehen; aber wir dürfen sie nicht als gleichgültig ansehen. Für Johannes haben diese verschiedenen Benennungen nämlich eine brisante Sprengkraft, und er berichtet, daß »daraufhin«, d. h. auf die Differenz in der Frage, ob Jesus Prophet oder Messias sei, »seinetwegen eine Spaltung im Volke entstand« (Joh 7,43) – sogar in der sich daran anschließenden Gewaltfrage: »Etliche aber von ihnen wollten sich seiner bemächtigen; doch legte niemand Hand an ihn«: die Gewaltfreien setzten sich noch einmal durch (Joh 7,44); auch nach Mt 21,46 hatte ja das Volksurteil, Jesus sei ein Prophet, Gewaltbereitschaft erzeugt, gegen ihn: einen Propheten mit solch beunruhigenden Wirkungen.

Daneben hören wir von einzelnen Menschen, die gute Erfahrungen mit ihm gemacht hatten und dies nur mit seiner prophetischen Kraft erklären konnten. Die Samaritanerin, die er bis auf die verborgene Kernwahrheit ihres Frauenlebens erkannt hatte, reagierte mit dem Ausruf: »Herr, ich sehe, daß du ein Prophet bist« (Joh 4,19); Prophet ist Jesus hier, weil er an die Wurzelwahrheit eines Menschen herankommt. Die 5000 Menschen, die er wunderbar gespeist hatte und die ihn, wie wir hörten, darauf zum König machen wollten, benannten ihn mit dem Wort: »Dies ist in Wahrheit der Prophet, der in die Welt kommen soll« (Joh 6,14); Prophetie und Königtum rücken in Jesus nahe zusammen. Ein Blinder war an einem Schabbat geheilt worden – nach Johannes abermals ein Anlaß zu einer Spaltung im Volk. Man interessiert sich für das Urteil des Betroffenen: »Was sagst *du* über ihn, daß er dir die Augen aufgetan hat: Er aber sagte: Er ist ein Prophet« (Joh 9,17). Aussagen von einer Volksspaltung »um seinetwillen«, d. h. um der verschiedenen Benennung und Beurteilung Jesu willen, sind um so wichtiger, je deutlicher sie die zwischen der Kirche und dem jüdischen Volk bestehende Lage zur Zeit, in der Johannes schrieb, widerspiegeln. Das jüdisch-christliche Verhältnis ist ein von verschiedener Einschätzung Jesu belastetes, im jüdischen Volk einen tiefen Riß verursachendes Verhältnis: ein Politikum also. Ungespalten positiv lautete das Urteil bei »allen«, die bei der Erweckung des Jünglings von Nain dabeiwaren, »Furcht ergriff sie alle, und sie priesen Gott und sagten: Ein großer Prophet ist unter uns aufgestanden«; Lukas deutet dies Volksurteil durch einen parallelismus membrorum: »und Gott hat sich seines Volks angenommen« (Lk 7,16). Damit gibt der dritte Evangelist dem prophetischen Wirken Jesu einen hochgreifenden theologischen Sinn: Gott hat Jesus nicht nur inmitten seines Volkes zum Propheten erweckt, sondern dies zum Wohl des jüdischen Volkes, zum Kampf gegen den Tod in seiner Mitte, zu seiner Lebensförderung getan. Im großen Propheten Jesus hat Gott sein Volk »besucht« (ἐπεσκέψατο) – ein Leitwort schon am Anfang des Lukas-Evangeliums, im Lobgesang des Zacharias, der,für seinen Sohn Johannes dankend, den Herrn, den Gott Israels, preist, denn er hat in dieser Geburt sein Volk »besucht« (Lk 1,68: ἐπεσκέψατο). Beide, Johannes der Prophet und Jesus der Prophet, gehören zum Besuchsdienst Gottes bei Israel – wodurch gerade auch Jesus als Prophet der Treue Gottes zum jüdischen Volk dient.

Offensichtlich in ähnlichem Sinne kann nun an anderer Stelle, Lk 9,8, Jesus ausdrücklich »einer der *alten* Propheten« heißen, und Mt 16,14 wird sogar gefragt, ob er nicht womöglich Jeremia sein möchte »oder einer der Propheten« dieser großen Klasse. Beide Aussagen wollen Jesus ausdrücklich in die Reihe der früheren Propheten Israels einordnen und können dies, weil ihnen die merkwürdige Vorstellung von »wiederkehrenden« Vätern und Propheten offensichtlich geläufig ist, die in der Hoffnung des jüdischen Volkes seit langem lebt. Wie Herodes eine Wiederkehr seines Mordopfers Johannes befürchtet, so erhofft das Volk eine Wiederkehr des Jeremia, und so erhofft man ja überhaupt im »Messias« die Wiederkehr eines Davidsohns. Ein eigenartiges Verhältnis zur Geschichte drückt sich darin aus. Vergangenheit, und währte sie schon ein halbes Jahrtausend oder länger, kann ihre Opfer nicht behalten. Es gibt Wirklichkeiten, die nicht Geschichte werden können. Biblische Hoffnung lebt zu guten Stücken davon. Nach der Bibel gibt es keine Möglichkeit, die Akten speziell über die Geschichte Israels zu schließen. Denn der Gott Israels ist »der Gott Abrahams und der Gott Isaaks und der Gott Jakobs«, ein von Menschennamen gezeichneter Gott; gerade als solcher ist er »nicht ein Gott von Toten, sondern von Lebendigen« – ein Glaubensbekenntnis, dem Lukas die Erläuterung hinzufügt: »denn ihm leben sie alle« (Lk 20,38b). Gott hat sein eigenes Leben im Leben, das auch noch die Toten ihm leben. In dieser Lebensbeziehung der Toten des jüdischen Volkes zum lebendigen Gott gründet die Hoffnung der Auferweckung von den Toten und so auch die Hoffnung von wiederkehrenden Vätern und Propheten. Dies ist kein Gedanke, den nur Lukas vertreten hätte, er gehört zu den Traditionen des Judentums, aber innerhalb der Jesus-Schriften hat Lukas ihn mit besonderer Bewußtheit aufgenommen.

Hierher gehören vor allem die Zeugnisse, die Lukas in der Apostelgeschichte den Petrus und den Stephanus ablegen läßt. Beide erinnern in zwei großen Reden ihre Hörer an eine Verheißung, die einst Mose seinem Volk gegeben hatte: »Einen Propheten wie mich wird dir der Herr, dein Gott, erstehen lassen aus der Mitte deiner Brüder – auf den sollt ihr hören«, in Bubers Verdeutschung: »Einen Künder jeweils gleich mir wird ER dein Gott dir aus deinem Innern, aus deinen Brüdern erstehen lassen, auf ihn sollt ihr hören« (Dtn 18,15). Dies Wort hat bereits in der Hebräischen Bibel einen eigentümlichen Zusammenhang, den Lukas erfaßt, in die Rede des Petrus übertragen hat und der u. E. ein entscheidendes Moment für ein Verständnis Jesu, des Propheten, bietet, das dogmatisch bisher noch nicht hinreichend bedacht wurde.

Einst, am Gottesberg Horeb, hatte Gott mit dieser Verheißung die Resignation, ja den Widerwillen der Volksversammlung der Israeliten überwunden, die sich weiterer Gottesnachfolge entziehen wollte: »Ich möchte die Stimme des Herrn, meines Gottes, nicht mehr hören und dieses große Feuer nicht länger sehen, daß ich nicht sterbe«. Gott – diese Worte offenbar ein wenig hintenherum deutend – erwiderte: »Gut ist, was sie geredet haben« (er nahm diesen Widerspruch als *Bitte* Israels um einen Mittler auf, um sich vom Gellen seiner Stimme, vom Brennen seines göttlichen Feuers zu entlasten), und so gab er die Verheißung an Mose: »Einen Propheten wie *dich* will ich ihnen aus der Mitte ihrer Brüder erstehen lassen« (Dtn 18,15-18). *Mose,* dem Propheten, wird Sukzession in Israel verheißen – je und je, wenn Israel einen Propheten braucht. – Diese Horeb-Geschichte wird in Dtn 18 in Form einer Erinnerung erzählt. Die Situation in diesem Kapitel selbst ist eine andere. Was am Horeb einst Gott -angesichts des überlasteten Volks – dem Mose verheißen hatte: *Er* werde, wenn's not tut, Nachfolger finden, das sagt jetzt Mose dem Volk weiter, das er an der Schwelle zum verheißenen Lande stehen und tief gefährdet sieht von dem, was ihm dort an Versuchungen bevorstehen wird. Mose wird, wie er weiß, dann nicht mehr dabeisein, um mit seiner Prophetie Israel dann noch zu richten und zu schützen. Ihn treiben die Gefährdungen seines Volkes durch die fremden Götter und Riten Kanaans um. Er weiß und sagt, daß Gott für Israel aber »anderes verfügt« hat. Und da nun, im Blick auf die Zukunft und ihre Gefährdungen, erinnert er sein Volk an Gottes ihm einst gegebenes Versprechen und gibt das jetzt weiter: »Einen Propheten wie *mich* wird dir der Herr, dein Gott, je und je erstehen lassen aus der Mitte deiner Brüder« (Dtn 18,14).

Der Textzusammenhang Dtn 18,14ff übermittelt dem jüdischen Volk nicht nur die Gottesverheißung eines immer neuen Propheten »wie« Mose einer war, er erzählt auch die Geschichte der ersten Weitervermittlung dieser Verheißung. Was Gott (für Israel) dem Mose verheißen hat, eben das gibt Mose jetzt an Israel weiter. Diese Verheißung Gottes wirkt nicht »abstrakt« nur in der Treue des lebendigen Gottes, sondern dadurch, daß ein Mensch andere Menschen daran erinnert und sie von Situation zu Situation weitergibt. Berufung eines Propheten, jedenfalls eines »wie« Mose, begründet auch Tradition, und durch Tradition behält sie Wirkung. Ein »wie« Mose berufener Prophet kündet nicht nur Zukunft, er verantwortet sie durch stete Erinnerung an die Verheißung Gottes, die seine stets neue Erweckerkraft verheißt. Prophetie nach der Art, in der Mose Prophet ist, ereignet sich in einem Zyklus von Verheißung und Erinnerung an Verheißung, sie öffnet Zukunft durch Erinnerung. Dieser Zyklus von Zukunft aber bereitet eine talmudische Erfahrung und Logik vor, die später im Wort des ersten Talmud-Traktats unübertrefflich prägnant formuliert wurde: »Wollest auf das Alte hören, so wirst du auf das Neue hören.« (b Brachot 40a). Das Neue, die Kraft der Zukunft, ist schlechterdings nicht entgegengesetzt dem Alten, der Vergangenheit. Novus in vetere latet (das Neue ist bereits im Alten verborgen da) – so hat auch Joh. Calvin die biblische Logik des Neuen erfaßt. Im Alten haben, hören wir das Neue, in der Erinnerung an Verheißung schließt Mose Israels Zukunft auf.

Eben das läßt, nach gleicher Logik, der lukanische Petrus Jesus, den Propheten, tun. In seiner Rede an die »israelitischen Männer« von Jerusalem verkündigt er zuerst das Werk Christi als Zielpunkt aller bisherigen Prophetie in Israel. »Gott hat das, was er durch den Mund aller Propheten vorherverkündigt hat, daß nämlich sein Christus leiden werden, . . . erfüllt.« (Apg 3,18). Für Petrus ist das Grund zur Buße (3,19), mehr noch dazu, daß nun endlich die seit Ewigkeit von allen Propheten angekündigten »Zeiten der Erquickung« eintreten und in ihnen dann die ἀποκατάστασις πάντων Ereignis werden kann: die »Herstellung« und Aufrichtung alles dessen, was je in der Zielrichtung der Verheißungen Gottes gelegen hatte. Hier nun läßt Lukas den Petrus Dtn 18,14 zitieren, offensichtlich so, daß jetzt Jesus der dem Mose versprochene Prophet wird. Er, der die *Erfüllung* aller früheren Prophetie war, wird jetzt selbst zum Propheten der ἀποκατάστασις πάντων, und zwar im vollen Umfang des prophetischen Auftrags: Heil für die Folgsamen, Unheil jeder Seele zu verkünden, »die nicht auf ihn hört« (3,22). Die Erfüllung der Prophetie macht Jesus zum Propheten. Was aus früherer Prophetie längst zur Vergangenheit geworden ist, wendet Jesus, der Prophet, jetzt den kommenden Zeiten zu. Er läßt älteste Prophetie Israels aufleben, gibt ihr Zukunft; sie kann »Erfüllung« alter Verheißung also nicht darin genannt werden, daß er sie in sich endigen läßt, sondern nur darin, daß er ihre Zukunft verkündigt und ihr Zukunft schlicht dadurch gibt, daß er sie jetzt aufnimmt. Jesus, der im Ziel lag, wird zum Ausgangspunkt, er, das O, wird zum A. Dies ist der Zyklus, in dem die Rede von einem munus propheticum erst ihren vollen Sinn ergibt.

Noch etwas gehört dazu. Gott hatte dem Mose verheißen, er werde Israel immer einen Propheten »aus euren Brüdern« erstehen lassen, Buber: »aus deinem Innern, aus deinen Brüdern« (Dtn 18,15) oder: »aus dem Innenkreis ihrer Brüder« (Dtn 18,18). Ein Prophet ist ein jüdischer Prophet (nur Bileam war die Ausnahme, die diese Regel bestätigt: Num 22-24). Lukas liegt daran, für Jesus die Regel zu bestätigen. Jesus ist nicht nur Prophet, der sich auch *an* Israel richtet, er gehört gerade als Prophet zum Innenkreis ihrer Brüder. Prophet ist Jesus, der *Jude;* er gehört zu denen, die »Söhne der Propheten und des Bundes« sind, den Gott mit den Vätern des jüdischen Volkes geschlossen hat, zumal mit Abraham, zu dem Gott sprach: »Und durch deine Nachkommenschaft werden alle Geschlechter der Erde gesegnet werden« (Apg 3,25). Jesus, gehörend zu seinesgleichen, den »Söhnen der Propheten und des Bundes«, ist der Prophet, der durch seine Prophetie »alle Geschlechter der Erde segnet«. In dieser lukanischen Perspektive bekommt das munus propheticum Jesu seine stärkste neutestamentliche Bestimmung.

Andere Akzente, die wir der älteren Lehre von einem munus propheticum Jesu gegeben haben, führen zu anderen Bedeutungen und praktischen Folgen. In der dogmatischen Tradition überragt die Erklärung alles andere, daß Jesu Prophetie – alles bisher im Namen Gottes Verkündigte überbietend – selbst unüberbietbar sei. Calvin: »Die prophetische Würde, wie sie Christus innehat, soll uns also auch zu der Einsicht führen, daß in der Lehre, wie er sie uns gegeben hat, alle Weisheit in vollkommener Fülle. beschlossen ist« (II, 15,2). Als Prophet läßt Jesus uns – aus der Tiefe seiner Gemeinschaft mit dem himmlischen Vater – veritas coelestis vernehmen, Himmelswahrheit (Joh. Wolleb)[68] – mit der Folge, daß wir durch Christus unübertrefflich unseres Heils vergewissert werden. Jesu Prophetie gibt den Glaubenden Gewißheit und Vollendung für immer. Sie gibt versiegelndes und abschließendes Wort Gottes. Wer sich als Christ zum Zeugen der Prophetie Jesu berufen läßt, bekommt dadurch festen Grund unter die Füße, darf sich des Beistands des Geistes sicher sein, der Jesu Prophetie durchwirkt und von ihr ausstrahlt auf ihre Zeugen. Vor allem wird er gefeit gegen jeden *Veränderungsdruck,* dem die Zeugen Jesu sich von den Zwängen der Zeiten und inneren Assimilationsbedürfnissen an die je eigene Zeit ausgesetzt fühlen. Das ist eine wichtige praktische Folgerung, die Calvin am prophetischen Wirken Jesu hervorgehoben hat. »Dabei ist es ganz gewiß, daß durch die vollkommene Lehre, die er gebracht hat, aller Prophetie ein Ende gemacht ist«, (was heißen soll:) »wer sich also mit dem Evangelium nicht zufrieden geben will und allerlei Fremdartiges darannäht, der schmälert das Ansehen Christi und seiner Lehre« (II, 15.12). Jesu Prophetie wahrt die Identität der Gottesverkündigung.

Aber das eben ist Wirken des Geistes, dessen eine Wirkform (neben denen des königlichen und priesterlichen Dienstes) Jesu Prophetie ist. Des Geistes sind wir uns aber nie in einer »Kategorie des Habens« sicher, niemand von uns »hat« den Geist, Geist befindet sich nicht in unserem »Besitz« (und zurückzuweisen ist der theologische Jargon, wenn er einen »Geistbesitz« der christlichen Gemeinde behauptet). Gerade weil dort, wo die christliche Theologie ihre Sprache anknüpft an die Welt Israels, dies zu oft in der Pausbäckigkeit des stolzen Besitzens geschah, liegt uns an dem Nachweis, daß die biblische Rede von Jesu Prophetie zu keinem christlichen Besitzerstolz berechtigt. In diesem Sinne formulieren wir nun unsere Einsicht in das, was die Prophetie Jesu bewirkt, wenn sie bei uns veröffentlicht und uns einleuchtend wird.

1. Die Erinnerung, daß ein Lehrer, wenn er wirklich einer sein will, vor allem

68. J. Wolleb, Cap. XVIII § 1.5.

ein selbst Lernender ist, verdanken wir Schleiermacher, dem *Pädagogen*. Sie ist insofern ein Produkt modernen Geistes, als sie die feudale, ständische Differenz zwischen Lehrer und Lehrling, Wissendem und Erwerbendem aufhebt. *Wenn* das prophetische Amt Jesu nun schon (bereits seit Calvin) so eng mit der Anschauung eines lehrenden Jesus verbunden wird, dann ist eine Übertragung pädagogischer Erkenntnis auf die Konturen dieses Amtes nicht nur ein Gewinn an theologischer Modernität, sondern Öffnung einer Dimension, die der (biblisch nicht sofort einleuchtenden) Verknüpfung Sinn gibt. Die Rückversetzung des Lehrers in einen Lernenden macht die Kraft des Prophetischen in diesem Lehramt aus. Wenn Lehren aus Wissen möglich wird, öffnet Prophetie das Wissen für das, was kein Auge je gesehn, kein Ohr je gehört hat (Mt 13,16 vgl. EKG 121,3), was niemand sich von sich her ausdenken, aus eigener Erfahrung sagen kann, was in dem exklusiven Sinn nur als Wort *Gottes* laut werden kann, – in dem die Propheten Israels, und als einer von ihnen Jesus, Wort Gottes sagen können. Prophetie macht die Lehre zu etwas, für das der Lehrende selbst erst geöffnet werden, hörfähig, »gehorsam« gemacht werden muß, – dessen Wahrheit er weder schon hinter sich haben, noch – als verinnerlichte – etwa bereits in sich tragen könnte, – dessen Bewahrheitung auch er nur erst entgegengehen kann: ein Ereignis, auf das auch er nur hinweisen kann, kurz: das auch ihn zum noch nie endgültig Belehrten, sondern zu einem Lernenden macht.

Gegenwärtige kirchliche Erfahrung stützt die Lerngestalt des Prophetischen. Albrecht Schönherr hatte den Kirchen in der DDR zur Selbstverständigung in ihrer gesellschaftlichen Situation den Begriff der »Lerngemeinschaft« vorgeschlagen. Noch wissen wir nicht, was das heißt. Die Formel ist darin »prophetisch« zu nennen, daß sie die Glieder der christlichen Gemeinde aufforderte, in etwas ihr Selbstverständnis zu gründen, was sie noch nicht weiß und erst lernen muß. Im Zusammenhang, in dem Schönherr davon sprach, brachte die gesellschaftliche Entwicklung in der DDR die Kirche in die Lage, sich fundamental als Nicht-Wissende zu begreifen und als Gemeinschaft erst lernen zu müssen, was es heißt, Gemeinde im Sozialismus zu sein. Im Sinne Schönherrs wäre es sicher falsch, dies nur als ein kirchenpolitisches Lernziel zu begreifen; das hätte nichts Prophetisches. Die Formel meinte etwas Umfassendes, etwas, was Kirchen und Christen heutzutage überall in der Welt herausfordert: sich als Kirche vom Grunde her neu zu erlernen. Dies aber geht nur in der Form, in der D. Bonhoeffer – einst Schönherrs Vikarsvater – das Lernziel formulierte: »Wer ist Jesus Christus für uns heute?«[69]. Das ist nicht die Frage nach einer »modernen« Chri-

69. D. Bonhoeffer, Brief vom 30. 4. 44, in: Widerstand und Ergebung, 178: »Was mich unablässig bewegt, ist die Frage, was das Christentum oder auch wer Christus für uns heute eigentlich ist.«

stologie, sondern die prophetische Frage Jesu nach sich selbst: unter uns veröffentlicht und eingeprägt. Jesus beteiligt uns an der Frage nach sich selbst, es ist diese Beteiligung, die uns zu Lernenden macht. Wir halten sie heute für so ernst, daß wir die Trias von Glaube, Hoffnung und Liebe, die Paulus verkündigt hat (1 Kor 13,13), im gleichen geistlichen, charismatischen und darin radikalen Sinne gerne um das Lernen als eine Verhaltensweise zu Jesus erweitern würden, die im Lernen Jesu Grund hat. Wenigstens aber sollte *Lernen als eine Seinsweise des Hoffens* gelehrt werden, in das uns Jesu Prophetie einweist.

Dabei wäre das idealistische Mißverständnis des Lernens abzuweisen. Gewiß hat Schleiermachers Einführung des Lerngedankens in die Christologie Vorgänge in der Vorliebe der deutschen Klassiker für das Immer-strebend-sich-Bemühen als eine Vorbedingung von Erlösung. Lessing wie Goethe haben darin den höheren Wert gegenüber dem Wahrheitsbesitz gesehen[70]. Ihre Problematisierung von Wahrheitsbesitz ist richtig, die Aufgabe für theologischen Gebrauch aber ungenügend gestellt. Für sie galt Lernen als Wert in sich, unendliches Streben und Suchen als der Wahrheit allein angemessenes Verhalten. Dies war aber nicht mehr Schleiermachers Gedanke, der an das Lernen des Lehrers dachte, der lernt, um dann aber auch als Belehrter mit Gewißheit lehren zu können. Schleiermacher projiziert das prophetische Lernen nicht ins Unendliche. Er entspricht hier vielmehr jenem Lerngedanken, der, auf biblischem Boden gewachsen, u. E. heute wie nie die größte Herausforderung an das Selbstverständnis und die Methode der christlichen Theologie geworden ist: dem *jüdischen* Lernen.

Uns muß hier genügen, eine spezifische Differenz zwischen Juden und Christen zu benennen, die darin besteht, daß »Lehren« die Kirche konstituiert, »Lernen« aber das jüdische Volk erhält. Töricht wäre, daraus eine umfassende Phänomenologie der Differenz zu entwickeln: für die Augenschein freilich spräche. Uns kommt es hier nur darauf an – dies allerdings dringlich –, das prophetische Amt Jesu als eine Einweisung von Christen auch in ein jüdisches »Lernen« zu aktualisieren. Hat Lehren den Schwerpunkt in dem, was zu lehren ist, also: in Vergangenheit, so Lernen in dem, was zu lernen ist, also: in Zukunft. Jesus, der Prophet, erinnert uns daran, daß es auch für Christen eine ihnen allzu unbekannt gewordene *Zukunftsweise des Wissens* gibt; sie lehrt uns lernen und schickt uns in die Schule, die noch keine Scholastik kennt.

2. Während unsere älteren theologischen Lehrer Jesu Prophetie als etwas

70. G.E. Lessing, Eine Duplik 1778: »Nicht die Wahrheit, in deren Besitz irgend ein Mensch ist oder zu seyn meint, sondern die aufrichtige Mühe, die er angewandt hat, hinter die Wahrheit zu kommen, macht den Werth des Menschen. Denn nicht durch den Besitz, sondern durch die Nachforschung der Wahrheit erweitern sich seine Kräfte, worin allein seine immer wachsende Vollkommenheit besteht. Der Besitz macht ruhig, träge, stolz –«.

Abschließendes, alle Gottesgeschichte in sich Zusammenfassendes, auf ihre Spitze und ihren Sinn, ihr »Eigentliches«, hin darstellten (ihren »geistlichen« Sinn, in alter Sprache ausgedrückt), lehrt uns die Bibel, sie als etwas Öffnendes zu begreifen. Damit meinen wir nicht nur, daß Jesus uns die Augen öffnet für den Sinn alles dessen, was Gott uns je bedeuten wollte. Mehr meinen wir, daß seine Prophetie uns wirklich Unerhörtes öffnet: uns selbst nämlich für Gott und seine Verheißungen, also: für Zukunft.

Sie öffnet uns *für* das, was sie uns verheißt. Dessen sind wir bedürftig. Zwar beschreibt heutige Anthropologie Menschen im Unterschied zu Tieren als offene Wesen, die erst durch ihre grenzenlose Lernfähigkeit die Menschwerdung des Menschen befördern können und so wenig durch Triebe schon »festgestellt« sind, daß sie nach ihrer Geburt sofort verloren wären, wenn sie nicht täglich neu zu leben »lernten«. Auch für Utopien und alles, was ein »Prinzip Hoffnung« uns nachsagen kann, sind wir empfänglich, denn sie hausen in uns: sei es als Gegenbilder unserer vitalen Ohnmacht, sei es als Ergebnis gattungsgeschichtlicher Erfahrungen. Doch diese Offenheiten unseres Wesens und unserer utopischen Vermögen öffnen uns noch nicht für die Verheißungen der Propheten Gottes. Denn diese erklären uns im tiefsten, daß unser Leben mit Christus verborgen ist in Gott (Kol 3,3), dort geborgen und bewahrt auf einen kommenden Tag. Dies aber ist etwas anderes als die Hoffnungsfigur des homo absconditus, den Ernst Bloch philosophisch erspähte; der war ein in sich selbst verborgener Mensch, wesenhaft charakterisiert von dem, was ihm noch fehlt und er jetzt noch nicht ist; dementsprechend dachte Bloch eine Philosophie des Noch-nicht-Seins, und sie meinte Utopie im genauen Sinne des Wortes, mit dem Ton auf der Verneinung der ersten Silbe, ein Philosophieren von dem Menschen nirgend-wo. Davon unterscheidet sich Jesu Prophetie fundamental. Denn sie sagt uns, wo wir sind: in ihm – und dafür öffnet sie uns. Nicht nur, daß kein Mensch als solcher auf die Idee käme, seinen Ort überhaupt »in« einem anderen Menschen, und nun ausgerechnet: in dem Menschen Jesus, zu haben. Auch das beliebt uns nicht, weder von Natur noch geschichtlicher Erfahrung her, in Jesus unser eigenes Leben *verborgen* zu sehen. Ist unser Leben Instanz und Medium aller Evidenz von Wirklichkeitserfahrung, bedeutet das ja auch, daß mit der Verborgenheit unseres Lebens auch die Evidenz *alles* Wirklichen mit Jesus nur in Gott zu suchen ist. Jesu Prophetie beinhaltet allerdings: Dort, wo sie zu suchen ist, ist sie auch zu finden, dort *ist* unser Leben – und dort soll es bleiben; Jesus verheißt uns nicht eine Aufhebung dieser Verborgenheit. Wofür sie uns öffnet, ist gerade nur, daß wir eben diese Verborgenheit bejahen, begreifen, denn in ihr sind wir geborgen; so öffnet Prophetie uns dafür, in Jesus für immer unser Leben führen zu wollen.

Nun geben die Propheten Israels und Jesus vielfältigere Verheißungen, und es scheint uns seit langem ein Mangel evangelischer Theologie, zumal ihrer Eschatologie, daß sie wenig Sinn für die Konturen einer neuen Wirklichkeit im ganzen behalten hat, die uns in den vielen politischen, gesellschaftlichen und sinnlichen Verheißungsbildern biblischer Prophetie gegeben werden. Losgelöst von unserem in Jesus verborgenen Leben, werden sie freilich zu Splittern beliebiger Utopien, ort-los. Aber in der Prophetie Jesu dienen sie zur Auslegung des ganzen in ihm gelebten Lebens, zur Darstellung, daß in Gott wirklich »alles neu« ist (Offb 21,5); in dieser Funktion sind sie unverzichtbar, denn sie »lehren« uns, daß uns nicht ein mystisches Versinken in ihm in Aussicht gestellt wird und daß die wesenhafte Verborgenheit unseres Lebens in Gott keine Zurücknahme der Wirklichkeit unseres Lebens meint, sondern neues Leben.

Dies aber macht möglich, daß Jesu Prophetie, die uns *für* das öffnet, was sie uns verheißt, auch *durch* das öffnet, was sie uns verheißt. In der Welt der biblischen Prophetie leben wir keineswegs nur auf unsere Zukunft hin, sondern längst von ihr her; Jesu Prophetie ist nie nur Ankündigung, sondern Teilgabe an dem, was er »kündet«. Dadurch aber wird die prophetische Öffnung unseres Lebens zu einer vollen Seinsweise: der, deren Name Hoffnung und deren Siegel jenes »Amen« ist, das nach hebräischem Wortlaut und Luthers Lied (EKG 241,9) nichts heißt als »Amen, das ist: Es werde wahr« – das schönste Wort der Bibel, das, indem es alles bestätigt, was Gott je hat hören lassen, uns in unsere geöffnete Zukunft treibt.

3. Wir hörten: Jesus kommt vor allem dort zum Namen eines Propheten, wo von ihm eine Bewegung ausgeht und um seinetwillen öffentliche Unruhe entsteht. Dies gehört zum Merkmal des prophetischen Amtes in Israel. Propheten wirken skandalträchtig, und daß Paulus Jesu Wirken als Torheit für Gojim, Ärger für Juden beschreiben konnte (1 Kor 1,23), beschreibt es als prophetisches Werk. Das unterscheidet die biblische Sicht doch weit von der Süße jener »Weisheit in vollkommener Fülle«, die mit Calvin die früheren Theologen in der Prophetie Jesu entdeckten. Nichts unvollkommener und unerfüllter als wahre Prophetie in der Bibel. Sie bringt noch jedes Haus mit sich selbst in Uneinigkeit (Mt 12,25) und gefährdet so seinen Bestand. Prophetie spaltet – eine Wahrheit, die wir nicht weiter dogmatisch überspielen, sondern auszuhalten lernen sollen.

Vermutlich ist dies einer der Erfahrungsgründe dafür, daß in den Kirchen ein munus propheticum Christi immer noch von kaum verhülltem Mißtrauen umgeben ist und daß Theologie in ihrer auf Einheitsprinzipien des Denkens eingeschworenen Systematik in dieser Sache am wenigsten beredt erscheint – beides im Geist von Schadensbegrenzung. Das munus propheticum Jesu ist sein kirchenkritisches Amt – wird es auch nur theologisch aktuell *gelehrt* (und noch gar nicht ausgeübt), wirkt es in der Konsequenz schon als institutionalisierte Bedrohung der Kircheneinheit; denn auch hier stimmt: »Ein Prophet gilt nirgend weniger als in seinem Vaterland« (Mt 13,57). Es ist gerade ihr Öffentlichkeitscharakter, der Prophetie beunruhigend macht: ihr Wesen als promulgatio. Prophetie im Arcanum, hinter verschlossenen Türen, läßt sich schwer denken. Das Gefährdende an ihr besteht gerade darin, daß sie im Namen Gottes ein Außerhalb jeder geschlossenen, für sich und nur ihrem eigenen Gesetz lebenden Gesellschaft als zukunftsbestimmend aufruft: gegen den König in Israel den fremden Großkönig, – gegen die Reichen die Armen, – gegen das Volk der Juden die Gojim, – und gegen die Gojim Israel, – gegen die Kirche die »Welt« und (wenn es gut geht) die Kirche auch einmal gegen die »Welt«. Prophetie provoziert mit der Verkündigung, daß Gott seine Wahrheit von *zweier*, einander oft sehr fremder Zeugen Munde bewahrheiten läßt (Dtn 19,15) und daß Jesus Kinder auf Marktplätzen pfeifen läßt, nach denen eine ganze Generation tanzen soll (Mt 11,16f).

Uns berührt dies in keiner Beziehung so sehr wie in der Spaltung, die um seiner verschiedenen Benennung und Bedeutung willen im jüdischen Volk erzeugt wird. Uns betrifft das munus propheticum Jesu heute wie in der Frage der politischen Predigt mindestens so im christlich-jüdischen Verhältnis. Denn der Jesus, der Juden und Christen verbinden könnte (und wirklich auch verbindet), trennt sie doch auch. Gerade die Christologie war bisher immer ein Spaltpilz in unserem Verhältnis, und wie es scheint: ein unvermeidlicher. Denn so wenig Jesus gerade als ein Prophet *zwischen* uns stehen müßte (was er als König und Priester bisher zwangsläufig tut), so muß er es doch, solange sein Prophetenamt nur als ein Aspekt seiner Messianität gelehrt wird. Wir haben bisher diesen Aspekt unserer dogmatischen Tradition soweit wie möglich zurückgestellt. Aber an dieser Stelle müssen wir doch darauf eingehen, daß grundsätzlich die Lehre von den drei Ämtern Jesu als *Funktion seiner Salbung mit dem Geist Gottes* und als Ausübung seines Messiasberufes vorgetragen worden ist. Das bedeutet eine fundamentale Verwandlung dessen, was in Bibel und Judentum sowohl ein Messias, als auch ein König, ein Prophet und ein Priester sind. Diese Lehre vom munus Christi triplex ist dadurch Ausdruck und Mitursache einer ungeheuren Verwirrung der biblischen und jüdischen Umrisse aller dieser Begriffe. Es ist das mindeste, wenn Otto Weber sagt, »daß die Lehre vom ›Amt‹ Christi zwar eine Fülle biblischer Begriffe zur Sprache bringt, aber in ihrer entfalteten Form nicht Exegese, sondern ›Interpretation‹ des biblischen Gesamtzeugnisses ist, ... ein Erzeugnis der Dogmatik ...«[71]. Mag man dies, innerchristlich bleibend, mit Mühe noch rechtfertigen wollen:

71. O. Weber, Grundlagen der Dogmatik. 2. Bd., Neukirchen 1962, 196.

Im Verhältnis zu Israel ist diese Lehre in bisheriger Form ein systematischer Beitrag zur Sprachenverwirrung und vertieft die Spaltung ohne Not. Wir versuchen aber, der Prophetie Jesu gerade darin in der Anlage unserer Darstellung der Ämterlehre zu entsprechen, daß wir, des Elends der Spaltung bewußt, die »seinetwegen« im jüdischen Volke entstand, soweit wir es vermögen, zu einem biblischen, also: einem jüdisch kommunizierbaren Sinn der Begriffe zurückkehren, durchaus nicht in der Meinung, so jene Spaltung heilen zu können, wohl aber in dem Wunsch, unsere Theologie wenigstens wieder sprachfähig zu machen für einen Austausch mit denen, von denen Jesus, der uns verbindet, auch trennt.

Grundsätzlich aber lehrt uns die Prophetie Jesu, in der Spaltung auszuharren. Zu lernen haben wir, daß neben uns andere leben, die Gottes Wort anders hören als wir, und daß wir damit rechnen müssen, daß Jesus, der Prophet, sie gegen uns aufrufen könnte, die wir meinen, durch Jesus, den Propheten, gegen sie aufgerufen zu sein. Das heißt aber: Das prophetische Amt Jesu relativiert die Theologie der Kirche auf andere Theologie, und dies ist nicht Ausdruck eines uns gefallenden Relativismus, sondern Folge des im prophetischen Amt Jesu liegenden Anstoßes. Ob Jesus ein Prophet oder der Messias ist, war ein großer Streit in der Erzählung von Joh 7,41ff und einer der Augenblicke der Spaltung im Volk. Die Spaltung klafft, solange wir den gordischen Knoten einfach durchhauen und den Gegensatz dogmatisch weiter so überspielen und harmonisieren wie in der klassischen Ämterlehre. Es ist – »Vorstellungen« von einem »messianischen Propheten« hin und her – Ausdruck eines gesunden Volksempfindens, hier ein Entweder-Oder zu setzen: Prophet oder Messias. Uns aber sollte Jesus nicht kleiner werden, wenn wir ihn als Propheten und (in diesem Zusammenhang) *nicht* als Messias begreifen. Denn, was der Messias sein wird, gehört zum Inhalt der Prophetie Jesu, also der Zukunft, damit erst recht: was er, Jesus, sein wird, wenn er der Messias sein wird.

4. Propheten greifen nur selten die Gojim an, aber konsequent das Heidnische, wenn es sich im Gottesvolk einnistet. Wir hörten: Mose hat die Verheißung eines Propheten wie ihn aktualisiert, als er sein Volk von heidnischer Zukunft bedroht sah (Dtn 18,9ff). Wir verstehen Jesu Prophetie als das Werk dessen, der die, die einst »Feinde« waren, verwandelt und versöhnt und zur »Hoffnung des Evangeliums« gebracht (Kol 1,21-23), aus dem Block der Gojim herausgebrochen hat. Genauso verstehen wir sie als seinen immer neuen Widerspruch gegen alle innere Paganisierung der Kirche, ihres Verhaltens und Lehrens. In diesem Amt leidet er am tiefsten an den Christen und der Kirche. Woraus zweierlei folgt: *a.* Um der Schärfe dieser Seite seines Amtes – seines antiheidnischen Zeugnisses – willen ist es nötig, ihn als *jüdischen* Propheten zu begreifen und jeden Allgemeinbegriff eines »Prophetischen« aus der Ent-

wicklung dieser Lehre auszuscheiden. In Jesus spricht der Gott Abrahams, Isaaks und Jakobs, nicht der Philosophen Gott, und Kirche und Theologie lernen, wenn Jesus sie prophetisch heimsucht, ihre eigene Verborgenheit mit Christus in Gott als das einzige Evidenzpostulat bejahen, dem sie folgen. *b.* Um der Schärfe dieser Seite seines Amtes willen bekennen Kirche und Theologie aber vor allem: »Jesus Christus, wie er uns in der Heiligen Schrift bezeugt wird, ist das eine Wort Gottes, das wir zu hören, dem wir im Leben und Sterben zu vertrauen und zu gehorchen haben. Wir verwerfen die falsche Lehre, als könne und müsse die Kirche als Quelle ihrer Verkündigung außer und neben diesem einen Wort Gottes auch noch andere Ereignisse, Mächte, Gestalten und Wahrheiten als Gottes Offenbarung anerkennen« (Barmen 1): nicht als Quelle ihrer Verkündigung, aber als deren Provokation durch die Prophetie Jesu schon.

γ) Das munus sacerdotale: Jesus, der zu Lebzeiten niemals Priester geworden wäre (Hebr 8,4)

Die alten Lehrer des dreifachen Amtes Christi haben Jesus von Nazareth auch darin als Messias Israels bezeugen wollen, daß sie ihm neben dem Amt der königlichen Führung und des prophetischen Lehrens auch das Amt des Gottesdienstes in Israel zusprachen. Sie erklärten sein Wirken und Handeln als das eines Priesters in Israel, ja sogar: als das eines Hohenpriesters.

Von allen Aufgaben Jesu sahen sie darin seine wichtigste, weil sie damit Jesu Leiden und Sterben, das »Wort vom Kreuz« (1 Kor 1,18), die Mitte evangelischer Verkündigung, meinten ausdrücken zu können: die Quelle alles Heils der Welt, dasjenige Werk, durch das Jesus »Gott den Herrn uns wieder zum Freunde macht« – so beschrieb es Calvin in seiner Institutio (II 15.3).

Worin nun freilich unsere Dogmatiker die Versöhnung erblickten, die Jesu Tod für uns war, darüber gab es nie eine einhellige Meinung. Eine unübersehbare Vielzahl von Deutungen stehen in der Theologiegeschichte unvermittelt nebeneinander, und es ist sicher kein Zufall, daß nicht einmal das Apostolische Glaubensbekenntnis, das die großen christlichen Kirchen der Welt miteinander bekennen, etwas von der Heilsbedeutung des Todes Jesu aussagt: Es nennt die für unser Heil wichtigen Ereignisse des Lebens und Sterbens Jesu, aber nicht, was sie uns bringen wollen oder gebracht haben. Dies zu erwägen, bleibt den Glaubenden überlassen; nur *daß* der Tod Jesu von Gott her uns zum Heile gereiche, wollen und können die Kirchen verbindlich erklären, d. h. gemeinsam, mehr nicht.

Darum ist es nicht nötig, an dieser Stelle den ganzen Umfang der Lehrtraditionen von der christlichen Bedeutung des Todes Jesu zu bedenken. Nur beispielsweise und um die Vielfalt der Erfahrungen anzudeuten, die Christen mit dem »Wort vom Kreuz« gemacht haben, nennen wir einige Typen der Versöhnungslehre.[72]

In der Alten Kirche haben Theologen Jesu Tod vor allem als ein Ereignis innerhalb des großen *Machtkampfes* zwischen Gott und den gottfeindlichen Weltmächten aufgefaßt: vor allem mit dem Tod und dem Teufel. Jesu Sterben wurde dadurch als ein weltgeschichtliches, d. h. ein alle Welt angehendes, öffentliches Geschehen verstanden. Die politischen Mächte Roms, die Jesus einst den Prozeß gemacht hatten, waren nun zu Repräsentanten aller größten Feinde des Menschengeschlechts geworden. Sie, die Jesus zum Tode verurteilt hatten, blieben als Agenten der Großmacht des *Todes* in Erinnerung, die nicht nur einzelne Völker (wie s. Zt. das jüdische), sondern alle Menschen aller Zeiten sich versklavt; und die Agenten des Kaisers von Rom, die im Prozeß Jesu die Verantwortung hatten, waren nun nur noch kleine Symbole des Großkönigs *Satan,* der überall zu jeder Zeit herumstreicht wie ein brüllender Löwe und sucht, wen er verschlinge (1 Petr 5,8). Für die Christen der Antike, vor allem für die, die vor der Konstantinischen Wende lebten, war dies ein offener Kampf. Natürlich zweifelten auch sie nicht daran, wer dabei den Sieg behält. Aber sie kannten noch keinen Heilstriumphalismus, gehörten ja auch selbst noch gar nicht zu den Siegern der Geschichte, und so lag ihnen näher, das Christusheil als Ergebnis eines großen *Tauschhandels* zwischen Gott und seinen Widersachern zu denken oder als eine List, mit der Gott die Überhand gewann über seine Gegner. Jesus gab dem Teufel seine Seele und sein Leben als Lösegeld dafür, daß er die Menschen freigab aus seiner Gefangenschaft. Schon in den Jesus-Schriften selbst sind diese antiken Vorstellungen verwendet worden; was wir »Versöhnung« nennen, heißt in der Sprache der griechischen Bibel καταλλαγή, und das ist »Tausch«; und was wir »Erlösung« nennen, heißt in der griechichischen Bibel λύτϱον, und das ist »Lösegeld«. Hauptworte unserer Versöhnungslehre entstammen also einer antiken Wirklichkeitssicht, die von Handel und Wandel, von Markt und Warentausch und Geld viel mehr als vom Staat und der politischen Macht oder von Religion und ihren Einflüssen geprägt war. Daß zwischen Gott und seinen Widersachern eine Handels- und Tauschbeziehung mit allen marktüblichen Überlistungen besteht und daß der Tod Jesu ein entscheidender Posten in diesem Geschäft sein soll, das ist nur ein Hinweis darauf, daß die biblischen Zeugen und die Theologen der Alten Kirche davon sprechen wollten in den Kategorien, die die beherrschende Wirklichkeit ihrer Zeit ihrem Denken vorschrieb. Kein Wunder, daß viel später

72. G. Aulen, Die drei Haupttypen des christlichen Versöhnungsgedankens, in: ZSTh 8 (1930), 503ff.

Martin Luther darauf drängte, diese alten Vorstellungen wieder aufzunehmen; denn in seiner Lebenszeit waren Wirtschaft, Geldverkehr und Markt auch in Deutschland zu Mächten geworden, die alles Leben und alle Erfahrungen der Menschen in ihren Bann schlugen;[73] und auch daß Luther Gott und Teufel und Gott und Tod wieder miteinander im Krieg sah, war keine persönliche Marotte seiner angefochtenen und bildkräftigen Seele, sondern eine Wirklichkeitserfahrung im ganzen, die er auch ganz »unmythologisch« , rein wirtschaftlich und politisch analysieren konnte.

Anders wurde von Jesu Tod in der *feudalen* Gesellschaft des Mittelalters gesprochen. In der klassischen theologischen Theorie der Versöhnungslehre - in der des Anselm von Canterbury - traten zwei Wirklichkeitselemente in den Vordergrund. Gott wurde als eine Majestät gedacht, die (durch unsere Sünde) in ihrer Ehre gekränkt worden ist. Eine *beleidigte Majestät* ist in einer feudalen Welt, die vom Haupt zu den Gliedern hinab hierarchisch gegliedert lebt, der Repräsentant einer beleidigten, gekränkten, angegriffenen Wirklichkeit im ganzen. Soll die gestörte Wirklichkeit wieder in Ordnung kommen, muß die Ehre der Majestät wiederhergestellt werden. *Jeder* muß das wollen, weil jedem an der Wiederherstellung der Ordnung liegen muß, in der wir alle leben. Jeder will dies aber auch gerne. Durch Bußleistungen können wir Gott Genugtuung leisten, und Jesus ist der, der stellvertretend für uns alle dies tut. Er setzt sein Leben dafür ein, daß Gott seine Ehre wiedergegeben wird. - Ein Strafgedanke spielt hierbei keine große Rolle. Die mittelalterlichen Menschen waren froh, etwas für Gott tun zu können, und sie taten es freiwillig und gern, weil sie - Kinder ihrer Zeit - überzeugt davon waren, daß, was sie für Gott Gutes tun konnten, auch gut für sie selbst war: die Wiederherstellung und Sicherung ihrer eigenen Lebensordnung. Während der Strafgedanke Reaktionen des menschlichen Widerwillens erweckt, läßt der Gedanke freiwilliger Buße als Mitarbeit an der Wiederherstellung der Ehre unseres Herrn - dieser *germanische* Gedanke - den Menschen Raum für ihr Selbstgefühl; ich habe etwas verbockt, ich bringe es wieder in Ordnung. Aber natürlich: Nun nicht ich (Anselm war Christ, nicht ein germanischer Vasall), sondern Christus hat dies an meiner Stelle getan. Der Tod Christi wird gesehen als die freie Bußleistung eines Menschen zur Wiederherstellung der Ehre Gottes; zu diesem Ziel wurde Gott in Jesus Mensch.

Natürlich gab es zu dieser Zeit auch ganz andere Verstehensrahmen für die Bedeutung des Todes Jesu. An allen spüren wir, wie Vorstellungen gebildet wurden, um diesen Tod als ein Ereignis zu lehren, das für die Wirklichkeit im ganzen, so wie eine Generation sie erfuhr, schlechthin wichtig war.

73. Vgl. F.-W. Marquardt, Gott oder Mammon, aber: Theologie und Ökonomie bei Martin Luther, in: Einwürfe 1, München 1983, 176ff.

Für *Luther* und die evangelischen Theologen seiner Generation stand die Wirklichkeit im Zeichen fundamentaler wirtschaftlicher und darum auch sozialer Umbrüche. Man nennt die Reformationszeit mit Recht auch die Zeit der »frühbürgerlichen Revolution«. Daß unsere Reformatoren ihre Theologie, vor allem auch ihr Christusverständnis, im Rahmen einer Verhältnisbestimmung von *Gesetz und Evangelium*, also von Bindung und Befreiung, durchdachten, ist eine Folge ihrer konzentrierten Bibelauslegung, besonders der Rolle, die sie Paulus dabei zuerkannten; auch Paulus hatte in seinen Hauptbriefen Jesus als ein ausschlaggebendes Ereignis innerhalb der Begegnung der Gottesgabe des Gesetzes mit der Gottesgabe des Evangeliums verkündigt. Daß Luther freilich diese zwei Gottesgaben als ein bis zum Zerreißen spannungsgeladenes Verhältnis erfuhr, das war sicher nicht *nur* ein Ergebnis seines Bibellesens, darin wirkten sich auch die Zerreißproben der gesellschaftlichen und geistigen Entwicklungen seiner Lebenszeit aus, in die er nicht zuletzt als Sprecher der von ihm ausgelösten kirchlichen und politischen Bewegungen hineingerissen war; und weil er ein Theologe des von Gott gegebenen Augenblicks war, sind Nöte, Forderungen, ja auch Interessen des Augenblicks mit eingegangen in den Rahmen, in dem er auch den Tod Jesu auslegte.

Unter »Gesetz« verstand er immer Vieles: den Gotteswillen, den Mose vom Sinai mit heruntergebracht hatte, – dessen Auslegung und Aktualisierung in der mündlichen Tora Israels, zu der parallel Luther auch die im Laufe der Jahrhunderte entwickelten Kirchengesetze sah (und ablehnte), – das jedem Menschen kraft Vernunft zugängliche Naturgesetz, das er partienweise sich decken sah mit dem Mosegesetz vom Sinai, – nicht zuletzt die gesellschaftlichen Ordnungen seiner Zeit, die er ebenfalls als Ordnungen des Willens Gottes auffaßte, verkündigte und für deren Erhalt er politisch leidenschaftlich stritt. Es ist die Komplexität aller dieser Gesetze, die sein theologisches Verständnis von »Gesetz« prägte. Wenn unter dem gleichen Oberbegriff Gesetze, die er bejahen muß, weil Gott sie offenbart hat, mit Menschengesetzen, die er z. T. wütend bekämpfte (wie die Kirchengesetze) zusammenbringen wollte, – wenn er Gesetze, die nur Glaube und Gehorsam der Freunde Gottes annehmen können, mit anderen zusammendenken will, die mittels der »Hure Vernunft« begriffen werden können von Krethi und Plethi – dann bleibt es nicht aus, daß »Gesetz« für ihn nicht jene reine Freude sein konnte, die z. B. die Tora für Israel war und die das jüdische Volk jährlich am Tag der »Gesetzesfreude« feiert. Die vielen Gesetze, an die Luther dachte, ergaben für ihn ein spannungsgeladenes, in sich unausgeglichenes und widersprüchliches Verständnis von dem, was »Gesetz« heißt. Es hat seine guten Seiten – klar, denn es ist immer gut, wenn uns Menschen »gesagt wird, was gut ist« (Mich 6,8) und wir mit unserem Fragen nach Gut und Böse nicht im Dunklen tappen müssen. Aber genauso machen wir mit Gesetzen auch schlechte Erfahrungen, sei es, weil es schlechte Gesetze sind, unklar oder mit nicht zu verantwortenden Folgen – sei es, weil Gesetze uns allenfalls formale Hinweise für ein ordentliches Verhalten geben können, aber in ihrer Äußerlichkeit und Formalität uns innerlich kalt und allein, uns uns selbst überlassen, uninformiert, von innen her unbestärkt. Ob wir die *Kräfte* haben, nach dem Gesetz zu leben, ob wir seelisch, moralisch, intellektuell und mit Willen ausgerüstet und bereit sind, unser Leben gesetzlich-gut zu führen – das war Luthers beständiger Zweifel. Wenn Paulus sagen konnte: »Das Wollen ist zwar bei mir vorhanden, das Vollbringen des Guten aber nicht« (Röm 7,18), sah Luther das *anders*, denn er fand gerade unseren Willen fehlgeleitet, unfähig zum Guten, und kein Mensch ist in *seinen* Augen von innen heraus bereit, Gott Gott sein zu lassen, jeder will nur seinem eigenen Willen gehorchen, selbst sein eigener Gesetzgeber – autonom –, selbst Gott sein. In der Frage des Wollens unterschied Luther sich von Paulus, der – gut jüdisch – am menschlichen Willen keine Zweifel hegte.

Wie kam Luther zu solchem Pessimismus gegenüber dem menschlichem Willen? Sicher sprach er da auch aus Erfahrungen, eigenen wie fremden. Sicher spielten dabei auch die erdrückenden gesellschaftlichen und wirtschaftlichen Determinationen eine Rolle, die sich in seiner Generation stärker als zuvor auf die Menschen auswirkten; die komplexe Vielfalt der Erscheinungen, die er mit dem einen Wort »Gesetz« faßte, und die sehr problematischen Erfahrungen, die Menschen unter den Mächten des Gesetzes machen mußten – ihr Versagen, ja ihr Zugrundegehen daran –, sind gewiß auch Widerspiegelungen der Zeitlage. *Letztlich* allerdings führten ihn nicht solche Erfahrungen zu seiner Sicht, sondern die Erkenntnis von der großen Gegenwirklichkeit gegen alle unter dem Begriff des Gesetzes zu beschreibende Realitätserfahrung: vom *Evangelium* her. Seine Urteile über das »Gesetz« und die menschliche Unfähigkeit, der gesetzlich geordneten Welt Genüge zu tun, ist nicht analytisch gewonnen, es ist ein Urteil, abgeleitet aus der augenöffnenden Begegnung mit der Gegenwelt Gottes, die er »Evangelium« nannte.

Von dieser Gegenwelt hat er in einer Kühnheit gesprochen, für die es in der Geschichte des menschlichen Denkens nur wenig Vergleichbares gibt. Luther wagte nämlich, das Evangelium mit dem Gedanken einer absoluten, uneingeschränkten, von nichts bedingten, undialektischen Freiheit zu beschreiben. Für gewöhnlich sprechen die großen Denker der Freiheit – in Deutschland z. B. Kant und Hegel – von einer Freiheit, die nur in Bindung sich voll entfalten kann: an allgemeine Werte, – an die Bedürfnisse des anderen Menschen, – an Gott. Geradezu schwärmerisch (und durchaus mitverantwortlich für die Gedanken der von ihm bald als »Schwärmer« scharf bekämpften Zeitgenossen) wollte Luther aber von Bindungen und Bedingungen nichts mehr wissen, wenn er die Freiheit des Evangeliums verkündigte. Mag das Wesen des »Gesetzes«

Forderung sein, die Menschen unter Vorbedingungen stellen – das Evangelium fordert nichts: Es *gibt*, es schenkt bedingungslos. Daher kommt es, daß uns das Evangelium – anders als das Gesetz – auch von innen her ergreifen kann. Gegen Forderungen sperren wir uns ab, für Geschenke öffnen wir uns (normalerweise). Das Evangelium nannte er einen »Backofen voll Liebe« [74] und meinte damit etwas Unwiderstehliches an Liebe, das uns durch und durch erwärmt. Alle seine kirchlichen und theologischen Kämpfe gingen nun darum, den alten Sauerteig des Forderungs- und Bedingungswesens aus dem Evangelium auszufegen und es Anwalt wirklich absoluter Freiheit werden zu lassen: eines Glaubens, der keine Belehrung mehr braucht, weil er von innen her aus dem Geist des Evangeliums von selbst weiß, was Gott ist und will, – eines Ethos, das keiner Führung mehr bedarf, weil der freie Christ aus sich selbst heraus das Gute tut, – einer Kirche, die ohne Ämter auskommen kann, weil Christus in seinem Geist die Hausgemeinde ganz alleine ordnet, – eines Gottesdiensts ohne feste Liturgie, weil der Heilige Geist uns spontan geistliche und liebliche Lieder und Gebete auf die Lippen legt.

Auch hier drängt sich die Frage auf: Wie kam er zu so kühnen, waghalsigen, politisch unklugen, pädagogisch abenteuerlichen Überzeugungen? Auch hier werden wir ihm nicht Unrecht tun, wenn wir darin auch Revolutionsgeist seiner Generation wiederfinden. Der Gedanke einer radikalen Gegenwirklichkeit gehörte in *allen* Zeiten der Kirchengeschichte zu Reich-Gottes-Bewegungen. Und Luthers Theologie im Spannungsfeld von Gesetz und Evangelium, den beiden Gottesmächten, sollte u. E. viel öfter als bisher als eine solche Reich-Gottes-Theologie angesehen werden. In Gesetz und Evangelium prallen Mächte aufeinander, die nicht nur in den Seelen wirken, sondern auch in den äußeren Realitäten von Kirche, Staat, Ökonomie und Gesellschaft; Luther hat seine Erkenntnis immer wieder in allen diesen Bereichen durchgefochten, und eine davon abgelöste, zu reinen theologischen Gedanken gefilterte »Theologie Luthers« ist ein nicht nur historisches, sondern gerade ein theologisches Mißverständnis seines Handelns und Denkens. Aber nun müssen wir auch hier sagen: Letztlich haben ihn auch hier nicht seine Erfahrungen und die Interessen seiner Lebenskämpfe zu dem Evangelium der absoluten Freiheit geführt. Wie er zu seiner Sicht des Gesetzes und der Lage der Menschen im Umgang damit letztlich aus seinem Verständnis des Evangeliums kam, so erschloß seine Sicht des Evangeliums sich von Jesus, und zwar gerade vom Tode Jesu her. (Dies ist der Grund, warum wir in diesem Zusammenhang auf Luthers Theologie zwischen Gesetz und Evangelium zu sprechen kommen.)

74. M. Luther, WA 10, III, 56.

Und zwar deutet die evangelische Verkündigung vom Tode Jesu beide: sowohl das »Gesetz« als auch das »Evangelium«.

Das Gesetz. Wenn Paulus verkündigen darf, daß Jesus Christus »unter das Gesetz getan« war (Gal 4,4), dann sollen wir seinen ganzen Lebens-, Leidens- und Sterbensweg als ein Leben unter dem Gesetz auffassen. Dann soll aber auch dieser ganze Weg ein Kommentar sein für das, was Leben mit dem Gesetz wirklich heißt. Jesu Weg ist dann eine Halacha, eine Auslegung dessen, was das Gesetz fordert: im ganzen und im einzelnen. So will Luthers Theologie des Gesetzes letztlich eine Anwendung der Halacha des Weges Jesu sein (Zum Begriff der Halacha vgl. Prolegomena § 5).

Das besagt: Das Gesetz will Menschen nicht nur äußerlich informieren, regulieren und auf der Lebensbahn des göttlich Guten führen. Es will nicht Einzelnes, nicht dies und das, es will uns. Denn das Gesetz ist eine Gabe Gottes, mit der er sein Leben und unser Leben auf Gedeih und Verderb miteinander verbunden hat. An der Art, wie Jesus das Gesetz lebte, zeigt sich, daß das Gesetz uns rückhaltlos mit Gott und seinem Willen verbinden möchte »von ganzem Herzen, von ganzer Seele, mit allen unseren Kräften« (Dtn 6,4-5). Zu diesen »Kräften« gehören auch alle Atemzüge unseres Lebens, damit aber auch alle Sekunden, Minuten, Stunden, Tage der Jahre unseres Lebens – bis in den letzten Atemzug hinein; es gibt da keinen Freiraum eines Lebens ohne Gott. Jesus lebte nicht nur das Gesetz, er lebte es im Geist des Bundes, in der Ganzheit, die jeder Jude von Tag zu Tag und bis in den Augenblick seines Todes im Sch'ma Jisrael ausruft und bekennt. Jesus lebte das Gesetz auf äußeren Wegen in innerer Kraft.

Und das eben sah Luther uns alle so *nicht* tun. In seinen Augen lebte Jesus zwar beispielhaft das Gesetz – so wie jeder von uns es leben sollte; aber *nur* Jesus lebte es tatsächlich so und niemand so wie er. Keiner »erfüllte« so wie er das Gesetz: daß es ihn nämlich vom ersten bis zum letzten Atemzug erfüllte. Jesus *begriff*, was das Gesetz meinte und wollte: ein *ganzes* Leben mit Gott und den Nächsten. Und *nur* Jesus lebte es.

Wie läßt sich ein solch exklusives Nur-er behaupten – angesichts so vieler jüdischer Märtyrer, die auch bis zum letzten Atemzug Gott treu und seinem Gesetz in Ganzheit hingegeben lebten und starben, – angesichts auch des durch und durch jüdischen Sinns der Halacha, die Jesus mit seinem Leben und Sterben gab und die keinen Fingerbreit abwich von den Überzeugungen aller Juden: Ist dieses Nur-er nicht lediglich Ausdruck eines christlichen Vorurteils, das auf Biegen und Brechen eine Unvergleichbarkeit Jesu behaupten muß?

Vielleicht enthält das Pathos von der absoluten Freiheit in Luthers Evangeliumsverständnis darauf die Antwort. Jesus ging den Weg des Gesetzes *ungezwungen.* Freilich ist auch das gut jüdisch. Denn Israel hat das Gesetz des Mose immer als die Tora seiner *Freiheit* gelebt und geliebt. Erst als sie aus dem Sklavenhaus Ägyptens befreit waren, haben sie am Sinai die Tora empfangen und in ihren Empfang frei eingewilligt. Aber Jesus ging den Weg des Gesetzes nicht nur – gut jüdisch – ungezwungen, er ging ihn auch absolut frei, also *ungebunden*. Es war auch dies zunächst eine Ungebundenheit, die jeder Jude kennt. Denn frei gegenüber dem Gesetz des Mose ist jeder Jude darin, daß er zusammen mit seinen Lehrern und Brüdern Tag für Tag fragt, was denn in dem Gesetz des Mose der lebendige Gotteswille gerade für diesen Tag, für die jetzige Lage des Volkes und des einzelnen sei. Die Diskussionen der jüdischen Überlieferungen sind auch Zeugnisse einer Freiheit gegenüber dem Gesetz, in der eine Spannung zwischen Buchstaben und Geist erfahren wird (christlich gesprochen). So frei-jüdisch ging auch Jesus mit dem Gesetz um.

Aber Luther meinte nun, Jesus habe das Gesetz Gottes auch ungebunden *vom* Gesetz des Mose gelebt. Er sei im Verhältnis zum Gesetz absolut frei gewesen. Gottes Wille sei nämlich in ihm so ursprünglich gegenwärtig und lebendig gewesen, in der Einheit des Heiligen Geistes sei er innerlich so eins mit Gott gewesen, daß er den Willen Gottes sogar *vor* den Willensäußerungen des Gesetzes schon kannte. Das machte ihn nicht »frei vom Gesetz« (solche theologisch üblichen Formeln treffen nicht die biblischen Tatbestände), aber die vorangehende Geisteseinheit mit Gott gab ihm die Kraft, sich völlig frei zum Gesetz zu verhalten und dessen Willen nicht nur aus den Buchstaben, sondern eben aus dem inneren Wissen um Gottes Willen zu begreifen und zu leben. Insofern haben wir im Leben Jesu eine authentische Halacha des Gesetzes aus der Anleitung der Einheit mit Gott (und nicht nur aus der Anleitung des Gesprächs der Lehrer). Luther ging in der Konsequenz seines absoluten Freiheitsdenkens soweit, sogar uns Christen in der Nachfolge Jesu das Recht zuzusprechen, eigene Dekaloge, eigene Gottesgesetze zu schaffen und das Gesetz vom Sinai dem jüdischen Volk zu überlassen. Aber so frei wie uns Christen sah er Jesus selbst nicht. Denn dieser ging in der Gottesfreiheit und Geistgelehrtheit seines Wesens den Weg des gegebenen Gesetzes in der Ganzheit seiner Lebensakte und bis in die Ganzheit seines letzten Lebensaktes, bis in seinen Tod hinein.

Er ging dies als einer von uns. Als einziger von uns in *dieser* Freiheit. Und darin ging er den Weg des Gesetzes auch *für* uns alle. Denn für alle muß gelten, was bisher nur einer statt aller vermochte: Luther war überzeugt davon, daß dies die Logik Gottes war, und darin kam auch er nicht weiter als alle Theologen vor und nach ihm.

Ganze Hingabe an Gott – das lehrt Jesu Weg als den Willen des *Gesetzes*. Tun des Gesetzes, also: Gehen dieses Weges in der überlegenen *Freiheit* des Kindes Gottes, das mit Gott verbunden, ja, ihm von innen heraus vertraut ist, um die Buchstaben des Gesetzes in ihrem Sinn und Geist zu verstehen und zu bejahen – das ist der Inhalt des *Evangeliums*. Nur Jesus ging den Weg *ganz*: in *dieser* Freiheit, und dadurch wurde sein Tod ein Ereignis für alle – so verstand Luther die Bedeutung des Sterbens Jesu.

Andere Generationen dachten wieder anders. Wir begnügen uns mit den angeführten Beispielen für Deutungen des Todes Jesu. Vom Priester war hier nirgends die Rede. Wichtige Worte, die zum Priestertum gehören, tauchen gar nicht auf: wie Opfer, Blutvergießen, Darbringung, Reinigung, Sünde, Sühne und Vergebung und dgl. Das zeigt uns, daß die Darstellung des Todes Jesu unter dem Bild des priesterlichen Handelns nur eine Denk- und Sprachmöglichkeit unter vielen ist und keine hervorgehobene Wichtigkeit vor anderen beanspruchen kann.

Unsere älteren Dogmatiker wußten und sagten das auch. Wenn sie dennoch Jesus wie als König und Propheten, so als Priester deuteten, so vielleicht aus zwei Gründen. Erstens gehört für Israel das Priesteramt neben dem Königsamt (und wohl noch weit vor jedem Propheten-»Amt«) zu den wichtigsten Ordnungen seines geschichtlichen Lebens. Zwar drückte sich auch im gesalbten König, solange es ihn in Israels Geschichte gab, jene *Gottes*beziehung aus, die antike Könige überall zu repräsentieren hatten. Aber in der Institution des Tempels und seiner Priester bekamen die alten Völker alle doch eine noch engere, spezifischere Möglichkeit ihres Verkehrs mit Gott. Und gerade in Israel, das sich zu bestimmten Zeiten im ganzen als ein »königliches Priestertum und heiliges Volk« (Ex 19,6) inmitten der Heidenvölker verstand, war doch der Gottesdienst – mehr noch als in anderen Völkern und Kulturen – ein Element seiner Berufung und damit (nach eigenem Selbstverständnis) seiner Existenz und seines Daseinsrechts. Jesus wird von unseren früheren Dogmatikern tief in den *Sendungs*zusammenhang seines Volkes hineingedacht, wenn sie ihn im priesterlichen Amt handeln sehen.

Der Sinn der Auslegung Jesu als Priester besaß jedoch – zumal im 17. Jahrhundert – noch einen zweiten, weniger erfreulichen Aspekt. Er wurde so *religiös* gedeutet, als »Mittler« zwischen Gott und Mensch. Dies wäre nicht bedenklich, wenn er im königlichen und prophetischen Amt so *welt*bezogen gelehrt worden wäre, wie die Bibel das gebietet. Wir sahen aber, daß dies nicht geschah. Auch diese Ämter wurden in ihrer Wirkung als auf die *Kirche* beschränkt gedacht. Der König Jesus regiert das Kirchenvolk und wirkt als prophetischer Kritiker der Erwählten. Und priesterlicher Mittler ist er auch nur für die im Gottesdienst versammelte Gemeinde. Dies verengt aber empfindlich die Heroldsrufe des Evangeliums, das ja verkündigt, daß Gott den *Kosmos* geliebt habe, als er seinen Sohn sandte (Joh 3,16), – daß Friede auf *Erden* angesagt war mit der Geburt Jesu (Lk 2,14), – daß er der »Erstgeborene der ganzen *Schöpfung*« war (Kol 1,15). In der Art, wie unsere Dogmatiker den praktischen Sinn ihrer Ämterlehre bestimmten, spiegelt sich eine Beschränkung des protestantischen Kirchentums auf sich selbst, das wir für zeitgebunden erachten und über das wir von den biblischen Zeugnissen weit hinausgeführt werden.

Dies geschieht freilich auf besondere Weise. Nicht einfach dadurch, daß Jesus nun etwa als Weltkönig, Weltprophet und nun auch als »Weltpriester« gedacht werden müßte. Von einer einfachen Raumerweiterung seines Wirkungskreises in den drei Ämtern über die Kirche hinaus und in diesem Sinne von deren Universalisierung kann keine Rede sein. An Weltgehalt gewinnt die alte Ämterlehre, wenn sie mit der Bibel konfrontiert wird, durch die *Brechungen* und *inneren Widersprüche*, die sie sich dadurch zuzieht. König ist Jesus darin, daß er Gott sein Königtum zurückerstattet, nicht etwa dadurch, daß er selbst Königswürden beanspruchte und bekleidete. Prophet ist Jesus durch die Unruhe, die er in die Kirche und in die Welt bringt, nicht durch eine feste Stellung, die er mit seinem Lehren irgendwo behaupten könnte. Und so müssen wir auch von ihm als Priester lernen, daß dies Amt, wie die beiden anderen, alle institutionelle, geschichtliche, religiöse Positivität verliert, die es vor, neben und nach ihm (vielleicht) beanspruchen könnte. Welt-Wirkung erzielt Jesus – gedacht in diesen Ämtern – durch die Radikalität, in der er sie ausübt: ein Radikaler im öffentlichen Dienst. Er bringt in seiner Amtsführung die Häuser des Königs und des Tempels mit sich selbst in Zerfall (Mk 3,24-25). Seine Weltwirkung sehen wir in der *weltlichen Wirkung*, die eine Störung der Positivität von heiligen Institutionen immer bedeutet; wir können auch sagen, die Dialektik, in die die Ämterlehre gerät, wenn sie mit der Bibel konfrontiert wird, setzt eine weltliche, negative Energie frei. Jesus im Amt *legitimiert* nichts mehr – gerade auch die Kirche nicht, für die sie so eingegrenzt konzipiert worden war. Dieser Amtsinhaber *stört*. Und dies gilt gerade auch für Jesus, den Hohenpriester.

Darüberhinaus müssen wir uns aber auch *geschichtlich* etwas klarmachen: Die drei Ämter Jesu sind in Israel derzeit erloschene Ämter. Auf einen neuen Davidskönig *wartet* Israel. Über ein Ende der Prophetie *klagt* es seit zwei Jahrtausenden. Auf eine Wiederherstellung des Tempels in Jerusalem und die Wiederaufnahme der Gottesdienste dort *hofft* das jüdische Volk – nach dem Rückgewinn Jerusalems im Jahre 1967 vielleicht so erregt wie nie seit dem August 70, als die Römer den Zweiten Tempel zerstört hatten. Wenn Jesus in diese Ämter hineingedacht wurde, dann geschichtlich gesehen auf leere, derzeit unbesetzte Stellen, zugleich aber auf Stellen, auf deren Wiedererrichtung das jüdische Volk inständig hofft. Unsere Theologen rückten Jesus damit de facto in die geschichtliche Hoffnungsperspektive Israels, insofern hatte die Ämterlehre »eschatologischen« Sinn. Besonders in derjenigen unter den Jesus-Schriften, die als Säule das Bild von Jesus, dem Hohenpriester, tragen muß – im Hebräerbrief –, wird dieser Aspekt überdeutlich herausgearbeitet. Jesus ist dort Priester im *himmlischen* Heiligtum (9,24); und was im Himmel ist, reibt sich allemal sehr mit dem, was auf Erden ist, hält die Erde aber auch fest in der Erwartung der Rückkehr des himmlischen Jerusalems ins irdische. Kein Zufall darum, daß von Jesus als Priester in einer Schrift gesprochen wird, deren starkes Leitmotiv gerade die *Hoffnung* ist; dies sollte uns vorsichtig machen gegen eine Deutung des »Eschatologischen«, die allzu selbstgewiß im Priestertum Jesu nur ein Ende und eine Aufhebung des Priestertums in Israel erblickt. Daß auch das Priestertum bis heute in der Fluchtlinie der unzerstörten Hoffnungen des Judentums liegt, gibt der Verbindung von Jesu Priestertum und dem Hoffnungsmotiv des Hebräerbriefs auch ein historisch-jüdisches Kolorit, das eines neuen Nachdenkens wert sein könnte (und sich uns aufdrängen wird, wenn die innerjüdische Unruhe um den Tempel von Jerusalem sich, wie absehbar, noch steigern wird).[75] Jesus, *heute* im Priesteramt gedacht, ist ein auch politisch gefährlicher Gedanke und könnte uns bald in einen Gegensatz zum jüdischen Volk heute versetzen, gegen den die alten Theorien von der Antiquierung des Gottesdienstes in Israel durch Jesus eine Harmlosigkeit waren. Mehr als eines der anderen Ämter Jesu steht sein priesterliches schon heute im Kreuzfeuer realster geschichtlicher Gegensätze. Nur um so mehr verlangt es unsere Aufmerksamkeit, theologische Sorgfalt und: Hemmungen gegenüber einem bloß schematischen Fortschreiben dieser alten Lehre. Auch diese Lehre ist – wie ihr Gegenstand und Inhalt: das Priestertum Jesu – vor jeder Positivität, also vor bloßer Wiederholung zu schützen.

Was wissen die Jesus-Schriften von einem Priestertum Jesu?

Herzlich wenig, wenn man die Aussagen vergleicht mit den z. B. in den Talmud-Traktaten Joma und Zebachim diskutierten Zukunfts-Erinnerungen an die Dienste der Hohenpriester, Priester und Leviten am großen Versöhnungstag oder bei all den anderen täglichen Gottesdiensten, die priesterliche Mitwirkung beim Opfern verlangten. Verglichen mit dem, was nach Bibel und jüdischer Tradition ein Priester in Israel ist und tut, muß man sich fragen, wie überhaupt jemand auf die Idee kommen konnte, Jesus in solches Amt hineinzudenken. Nirgendwo erinnern sich die evangelischen Erzählungen, daß er einmal im Tempel ein Opfer dargebracht, geschweige denn, daß er dabei als Hoherpriester, Priester oder auch nur in der Tätigkeit eines Leviten (also im Chordienst oder als Türhüter eines der Tempeltore) gewirkt hätte. Im Gegenteil: Die Evangelien schildern Jesus in einem latenten, allmählich immer sichtbarer werden-

75. Der Charam, dh. der Tempelbezirk in der Stadt Jerusalem, ist im Nahen Osten von heute von allen Seiten her der heimliche Brennpunkt des sog. Nahost-»Konflikts«; die Projektionen sowohl der jüdischen Orthodoxie wie der ganzen islamischen Welt richten sich auf den Besitz, weil auf die messianischen Erwartungen, die mit diesem Ort verbunden sind. Nicht-orthodoxes jüdisches Interesse unterminiert den Tempelberg *archäologisch,* nicht-orthodoxe islamische Politik benutzt ihn *strategisch.*

den *Gegensatz* zu den Gottesdiensten im Tempel, schließlich zur nackten Existenz des Tempels selbst. Die berühmte Erzählung von der sog. »Tempelreinigung« (Mk 11,15.19) steht neben den an Radikalität schwer zu überbietenden Ankündigungen einer Tempelzerstörung (Lk 19,39.44). Wie immer es mit einer »Historizität« dieser Ereignisse und Worte bestellt sein mag – sie geben die Bestimmung einer kritischen Grundbeziehung zwischen der Christengemeinde zur Zeit der Evangelien und dem (da noch oder nicht mehr bestehenden) Tempel, für die sie Jesus verantwortlich machten; und es ist ja historisch auch gut vorstellbar, daß der Prozeß gegen Jesus von jüdischer Seite durch Kräfte unterstützt wurde, die dem Tempel nahestanden und Jesu Tempelkritik zum Anlaß einer Anklage bei der römischen Besatzungsmacht nahmen (vgl. oben S. 129), besonders wenn »historisch« etwas dran gewesen sein sollte an seiner kritischen Einstellung zur Tempelsteuer (Mt 17,24.27). Es muß im Bilde eines Priesters Jesus, will man es festhalten, eine immense Paradoxie zum Ausdruck gebracht werden; ohne dies wirkt es wie reiner geschichtlicher Unsinn.

Andererseits sehen die Evangelien im ganzen Leben Jesu einen Zug zum Tempel hin, ohne den die Priesterchristologie des Hebräerbriefs schwer vorstellbar gewesen wäre. Daß schon der Junge Jesus seine Eltern fragt: »Wußtet ihr nicht, daß ich sein muß in dem, was meines Vater ist?« (also: im Tempel – Lk 2,49), besitzt die Bedeutung eines theologischen Leitmotivs. Daß Lukas es uns in Frageform überliefert, zeigt Bewußtsein von der Fraglichkeit ausgerechnet dieser Berufung; auf der natürlich-geschichtlichen Ebene der Tradition, die in dieser Erzählung von Jesu Eltern repräsentiert wird, ist es wirklich fraglich; und wir wissen ja auch sonst: Wenn Lukas »Muß« sagt, weist er darauf hin, daß hier unableitbare göttliche Entscheidung der einzig angebbare Grund ist. Jesus: *positiv* zugeordnet zum Tempel, hat jedenfalls keine *historische* Evidenz, dieser Vorbehalt ist in Lk 2,49 wohl auch enthalten. Um so mehr wiegt das Wort theologisch.

Nicht weniger grundsätzliche Bedeutung haben die Erzählungen von Jesu Alija hinauf nach Jerusalem (Mt 20,18.19), die der Lukas-Evangelist geradezu zum Darstellungsmotiv für Wege Jesu im ganzen genutzt hat: Sein Leben ist in sich eine Reise nach Jerusalem,[76] dorthin gehört er, dort hat er sein Ziel. Mit Jerusalem ist natürlich immer der Tempel gemeint, das Sehnsuchtsziel aller Wallfahrten dorthin: und die Teilnahme an seinen Gottesdiensten. Für Jesus wird es freilich eine besondere Bedeutung gewinnen: Er wird in Jerusalem den Hohenpriestern und Schriftgelehrten »ausgeliefert« werden, »und sie werden ihn zum

76. H. Conzelmann, Die Mitte der Zeit. Studien zur Theologie des Lukas, Tübingen 1954, 6c: Die Reise zeigt sich »als eine symbolische Größe, als Darstellung einer christologischen Konzeption«.

Tode verurteilen« (Mt 20,18): ein doppelbödiges Ziel seiner Reise also, von dem Lukas sagt, daß selbst Jesu Jünger »nichts von diesen Dingen erfaßten«, daß dies Wort »vor ihnen verborgen« war, »und sie begriffen das Gesagte nicht« (Lk 18,34). Unbegreiflich ist – gerade in der Version des Lukas –, daß Jesus einerseits wirklich in den Tempel, das Haus seines Vaters, gehört, daß er dort aber zu Tode kommt. Jesus im Tempel und der Tod Jesu, das ist hier zu einer Einheit zusammengewachsen. Freilich wird daraus kein Priester Jesus, sondern allenfalls Jesus: ein *Opfer von Priestern*.

Und tatsächlich ist *Jesus als Opfer* der einzige in den evangelischen Erzählungen erkennbare Gedanke, der ihn – dann freilich: unlösbar – mit dem Gottesdienst in Israel verbindet. Das Bild vom Priester Jesus vermittelt sich nicht anders als über seinen Tod, genauer: seinen Widerstand gegen den Tempel und die Krisis, in die dieser Widerstand ihn stürzt durch die Reaktion derer, die er angegriffen hat; er bezahlt sein Verhältnis zum Tempel mit dem Leben.

Diese Art der Vermittlung bestätigt sich durch viel ältere Texte in den Jesus-Schriften. Die Abendmahlsüberlieferung z. B., die Paulus in 1 Kor 11,23-25 verarbeitet, deutet Jesu Tod in Kategorien des Gottesdienstes in Israel. Daß Jesus seinen Leib »gibt« »für euch«, ist sachlich vielleicht ein Wiederaufleben von Jes 53. Dort wurde der Tod des Gottesknechtes als ein Opfer verkündigt, das Gott ihm abgefordert, das er aber auch freiwillig geleistet hat – ein Opfer im doppelten Sinn: ein *Sühnopfer* für unsere Verschuldungen; dies konnte er aber nur als ein *stellvertretendes* Opfer anstelle der Schuldigen darbringen. Bei Paulus können beide Opfergedanken auch getrennt voneinander eingesetzt werden, was ja auch der Sache nach klar ist, denn nicht jedes Sühnopfer ist ein stellvertretendes Opfer, die Regel ist, daß ich für meine eigenen Verschuldungen Sühne leiste. Aber in den Abendmahlsworten »für euch« gehört beides zusammen. Jesu Tod ist danach zu rechnen unter die vielen Sühnopfer, die im Tempel von Jerusalem für eigene Verschuldungen und, besonders am großen Versöhnungstag des Jom kippur, für die Schuld des ganzen Volks dargebracht werden – ein in vielfacher Hinsicht komplizierter, sachlich belastender Gedanke.

1. Über das Barbarische eines Menschenopfers sollte man nicht zu leicht mit Hilfe allzu tiefsinniger theologischer oder vergeistigender Deutungen hinwegkommen. Jesu Tod – als Opfer gedeutet – ist im eigentlichen Sinne ein *brutum* factum und wird heute vielleicht mehr als je so empfunden.[77] Wie immer man es

77. Die Märtyrer-Theologie des schiitischen Islam, wie sie sich im sog. Golfkrieg zwischen dem Irak und dem Iran verwirklicht hat, erinnert freilich daran, daß andere Religionen und Kulturen ein anderes Verhältnis zur Menschentötung bewahren. Die »westliche« Empfindlichkeit gegen religions-motivierten Menschenmord ist säkularisiertes Christentum, Erinnerung an den Tod Jesu als letztes mit dem Namen Gottes zu verbindendes Menschenopfer. Der christlich-abendländische Unglaube an das unwiederholbare »Opfer« von Golgatha zeigt sich allerdings darin,

theologisch interpretiert – über das Brutale daran kommen wir nicht mehr hinweg, ja wir müssen gerade darauf bestehen, wenn wir das Schreckliche nicht vertuschen wollen, das es – nicht erst »für uns heute«, sondern immer schon für alle – bedeutete: und auch meinte. Gerade das Nicht-Humanistische an diesem Gedanken ist seine Spitze, sie zielt richtig, wenn sie uns als Barbarei betrifft, denn das verwehrt uns jede Einordnung des so gedeuteten Todes Jesu in irgendein von uns vertretenes System von Menschlichkeit. Das Christentum muß zugeben: Es geht hier mit der Barbarei.

2. Das Barbarische daran empfindet unsere Generation vielleicht mehr als frühere – und *muß* dies auch. Speziell die Christen Europas zeigten sich in ihrer Geschichte bisher in einer Weise unempfindlich für die Opfer, die ihre Besitz- und Herrschgier in ihren eigenen, erst recht in den von ihnen kolonialisierten Völkern forderten (und bis zur Stunde weiter fordern), daß schon allein deswegen eine Kritik der zentralen Bedeutung u. E. unabweisbar ist, die der (kultische) Opfergedanke in Lehre und (katholischem Meß-)Gottesdienst hatte und hat. Wir dürfen uns ja nicht täuschen über die Wirkkräfte, die gerade unbegriffene und undiskutierte innere Glaubensvorstellungen, besonders wenn sie in heiligen Ordnungen fest institutionalisiert und zur Wiederholbarkeit bestimmt werden, im Unterbewußtsein, im Bewußtsein und sogar in der moralischen, intellektuellen, politischen Selbstrechtfertigung großer Mächte entfalten. Keine Dogmatik sollte mehr psychologisch und soziologisch unbedacht bleiben. Erst recht ist nach Auschwitz eine Theologie des Opfers zum Problem geworden, die sich im Hinter- oder Vordergrund auf eine beständige Opfer-*Forderung* Gottes bezieht. Denn bei der elementaren und universalen Bedeutung, die das Wort »Gott« in unserer Sprache und Kultur hat, wird ein Gott, der Menschenopfer verlangt, zwanghaft und schnell zum Legitimationsgrund eines allgemeinen Daseinsgefühls und von weltlichen Ordnungsvorstellungen, die – sei es tragisch, sei es rechtlich: beidemale jedenfalls schicksalhaft – Menschenopfer als zum Wesen des Daseins gehörig auffassen und so widerstandslos jedem universalen Verbrechen verfallen: Kriegen, Entwicklungsopfern des wissenschaftlichen und technischen Fortschritts, der Selbsterhaltung gesellschaftlicher und politischer Systeme, Völkermorden und (mit alledem *nicht* gleichzusetzen): dem Ausrottungswahn gegenüber dem jüdischen Volk.

3. Unter diesem Gesichtspunkt ist (für uns jedenfalls) die Deutung des Todes Jesu in diesen Begriffen des Gottesdienstes Israels eine schwer erträgliche Belastung. Sie war, geschichtlich gesehen, von Anfang an eine Provokation des Ju-

daß auch wir immer noch »höhere« Güter kennen als das Leben, hemmungslos »Opferbereitschaft« für höchste Güter fordern und sogar in möglichem Menschheitsmord unseren höchsten Schutz suchen.

dentums. Selbst wenn wir uns klarmachen, daß es in Israel schon lange, spätestens seit der Zeit der großen Propheten, zu *Vergeistigungen* der kultisch-blutigen Opfer-»Vorstellungen« gekommen ist und daß überdies die Auslegung des Todes Jesu in Ausdrücken des kultischen Opfers in Gemeinden des zusätzlich spiritualisierten hellenistischen Judenchristentums beheimatet gewesen sein mag, wird in solchen »Vorstellungen« eben doch von einem Menschenopfer gesprochen. Denn Jesu Tod wird nicht als geistiger *Ersatz* für blutige Opfer, sondern als blutiges Opfer verkündigt. Der Realismus und Materialismus seiner Tötung stellt ihn tatsächlich in den Zusammenhang der Schlachtungen hinein, die zum Tempelgottesdienst in Jerusalem substantiell gehörten, solange der Tempel stand – der über die Jahrtausende des Exils in den Talmudim als Erinnerung für die Zukunft in so vielen Details wie möglich festgehalten und dessen Wiederherstellung »bald, in unseren Tagen« in wichtigen Kreisen des Judentums herbeigewünscht wird. Nur um so provozierender und schockierender ist, daß Jesu Tod als ein *Menschenopfer* in gottesdienstliche Zusammenhänge eingeordnet wird, die zwar ebenfalls blutige Opfer, aber – und darauf kommt es hier an – *Tier*- und notorisch nicht Menschenopfer kennen. Selbst wenn man Empfindlichkeiten der neuzeitlichen Seelen gegen Blut zurückstellte, wenn man – etwa in der Gegenwart von Menschen der Südhälfte der Welt – versuchte, sich in Kulturen hineinzudenken, die ein anderes, durch nichts Geistiges gekränktes und seelisch gebanntes Verhältnis zum Blutvergießen und zu kultischen Schlachtungen heute »noch« und in unserer Mitte praktizieren: Für Israel sind die Erzählungen von der *Nicht*-Opferung Isaaks (Gen 22),- von dem Gegensatz des Gottes Israels gegen den Kinderopfer beanspruchenden Gott Moloch im Kidron-Tal (Jer 7,31- 32; 19,5-6) unvergeßliche Weisungen, ein point of no return – und geschichtlich eines der Momente der werbenden Kraft des Gottesdienstes Israels in der Welt der antiken Völker. Gott hat – in Israel jedenfalls – *nicht* lieb den Tod des Gottlosen (Ez 33,11), geschweige denn eines Frommen; aller Tod ist Widerspruch zu seinem lebendigen Wesen, der Tod kann des Menschen Feind nur sein, weil er Gottes Feind und Gott ihm feind ist. Und nun mag es ja sein, daß theologische Dialektik gerade in der Todesfeindschaft Gottes den paradoxen Grund für ein Opfer- und Todesverlangen gegenüber dem ihm so nahen Jesus zu denken in der Lage ist (was gäbe es, was theologisch sich nicht »denken« ließe?), – etwas anderes ist, ob wir es denken *sollen* und ob wir es *verantworten* können, es (weiterhin) zu denken. Diese Fragen sind zu stellen, damit wir wenigstens wissen, was wir tun, wenn wir es tun, und lassen, wenn wir es lassen. Ein über den Gedanken eines blutigen Menschenopfers vermitteltes »Priestertum« Jesu ist jedenfalls gerade gegenüber dem Judentum ein nur schwer noch zu verantwortender Gedanke.

Dies schließt freilich nicht jeden Opfergedanken aus; freie Lebenshingabe an

Gott und die Nächsten, also ein ethisch begriffenes Opfer, ist etwas anderes als ein von Gott *verlangtes* und in beständiger Ordnung institutionalisiertes Opfer. Und auch vergossenes Blut kann noch andere Sinnschichten haben als die einer Sühne-Opferschlachtung, zum Beispiel die des *Bundes*blutes. Ist im Brotwort des von Paulus überlieferten Abendmahlberichts der Opfer- und Sühnegedanke gemeint, so bezieht das Kelchwort (1 Kor 11,25) Jesu Tod in andere Zusammenhänge als die des Opfergottesdienstes in Jerusalem: in jene Zeichenverbindlichkeit, die (wie wir noch aus jugendlichen »Blutsbrüderschafts«-Riten kennen) mit Bundesschlüssen – auch z. B. orientalischen Kaufabschlüssen – im allgemeinen und mit dem Bundesschluß zwischen Gott und Israel im besonderen zu tun haben.

»Urgestein« biblischer Überlieferung nannte G. v. Rad z. B. die Bundesschlußerzählung Gen 15,9-11.17-18[78]. Gott verlangte da von Abram, dem er sich verbünden wollte, die Schlachtung einer Kuh, einer Ziege, eines Widders und zweier Tauben. In ihre Hälften zerlegen und die Stücke auf dem Erdboden einander gegenüberlegen sollte er sie, so daß sie wie eine Gasse einen Weg zwischen sich bezeichneten. »Geiervolk stieß auf die Aase nieder« (15,11), Abram verscheuchte es, und als der Abend kam, überkam ihn eine Betäubung: »eine Angst, und große Verfinsterung fällt da auf ihn« (15,12). Und da geschah es: Mitten in der »Nachtschwärze«: »rauchender Ofen,Feuerfackel, das zog zwischen diesen Stücken querdurch« (15,17) – Rauch und Feuerfackel: Zeichen des mit Israel durch die Wüste ziehenden Gottes (Ex 13,21-22); so durchquert Gott die Gasse zwischen den Schlachthälften, auch Abram wird es getan haben nach altem Bundesschlußbrauch, den wir auch von Jeremia bezeugt finden (34,18): Einen Bund hatten auch da Männer mit Gott geschlossen »mir vorm Antlitz, da sie das Kalb entzwei schlissen, zwischen seinen Hälften hindurchschritten, die Obern Jehudas, die Obern Jerusalems, die Kämmerer, die Priester und alle Volkskraft des Landes, die zwischen den Hälften des Kalbs hindurchgeschritten sind ...« (34,19). Alle Deutung dieses Rituals muß versagen, weil es unserer Kultur fremd ist; als Fremdes spricht es aber zu uns in seiner Befremdlichkeit, weist uns – ich denke: mehr als historisch – in die nomadischen Ursprünge unseres Glaubens zurück, in die Wüste als Ort der Gottesbegegnung, in der viel später ja auch Jesus noch – vom Geist getrieben – vom Satan versucht, von Tieren umgeben mit Gott sein wird (Mk 1,12-13). Wie die Hälften der geschlachteten Tiere zusammengehören, so Gott mit Abram, die beide zwischen ihnen hindurchziehen. Freilich spielt hier das Fleisch, nicht das Blut die zeichenhafte Rolle; Gott und Abram sind nicht »im Fleisch«, doch »zwischen« dem Fleisch verbunden, das im Feuer vergeht.

78. G. v. Rad, Das erste Buch Mose, Kapitel 12,10–25,18, ATD 3 (1952), 159.

»Blut des Bundes« aber wurde vergossen, als Mose auf dem Sinai die Gebote des Herrn, die Rechtssatzungen, aufgeschrieben, als er in der Frühe danach »unten am Berge« einen Altar errichtet, zwölf ragende Steine »nach der Zahl der zwölf Stämme Israels« errichtet und die jungen Männer Israels (nicht: seine Priester!) entboten hatte, dem Herrn Brandopfer und junge Stiere als »Friedmahle« darzubringen. »Mosche nahm die Hälfte des Bluts, er tat es in die Bekken, und die Hälfte des Bluts sprengte er auf die Schlachtstatt, – verlas dann die ›Urkunde des Bundes‹, las sie ›in die Ohren des Volks‹.« Und danach: »Mosche nahm das Blut, er sprengte es auf das Volk, er sprach: Da, das Blut des Bundes, den Er mit euch schließt auf alle diese Rede« (Ex 24,4-8): ein Ritus der Blutsbrüderschaft also, nicht von Sühne und Strafe. Der Prediger des Hebräerbriefs hat 9,19-20 ausführlich an diese Geschichte erinnert und Jesu Tod in vergleichbarem Sinne gedeutet – in Übereinstimmung mit dem Kelchwort, das Paulus kannte: »Dieser Kelch ist der neue Bund in meinem Blut« (1 Kor 11,25), und mit dem Blutwort in der Abendmahlserzählung des Markus-Evangelisten: »Das ist mein Blut des Bundes, das für viele vergossen wird« (Mk 14,24). Jesu Tod ist hier nicht als Sühnopfer, sondern als Gemeinschaftsstiftung aufgefaßt – so wie es wohl auch Paulus eigentlich verstanden hatte; denn er nannte den Kelch »Gemeinschaft mit dem Blut Christi« und das Brot »Gemeinschaft mit dem Leib Christi« (1 Kor 10,16). Jesu Tod ist hier als ein Ereignis, das Gott und Menschen, aber vor allem auch Menschen mit Menschen – und zwar (Markus!) mit »allen« Menschen – zusammenführt, er ist weniger kultisch als ethisch und sozial gedacht. Darin freilich *gehört* er zum Gottesdienst in Israel, denn alles Schlachten und Opfern im Tempel wurde von gemeinsamen Mahlzeiten begleitet, und die Opferordnungen des Talmud unterscheiden minutiös an Opfertieren Teile, die bis zur Asche zu verbrennen (und so Gott allein darzubringen) sind, von Teilen, die den Priestern zu ihrer Ernährung zustehen, und sie unterscheiden wiederum Opferarten, die im gemeinsamen Mahl derer gegessen werden, die im Tempel ein Opfer bringen.

Jesu Tod als verbindende, Gemeinschaft stiftende Macht ist eine Sinnschicht, die uns heute allenfalls noch erschwinglich scheint und im Bewußtsein der Abendmahl feiernden christlichen Gemeinde immer mehr vor Sühne- und Strafgedanken tritt, die freilich in der Bibel auch da sind und in der Tradition der Kirche bisher im Vordergrund standen.

Bei diesem Vorgang spielen humanisierende Tendenzen im Bewußtsein der europäischen Nachkriegsgesellschaft – zumal Deutschlands – eine Rolle, die sich z. B. in der Abschaffung der Todesstrafe, in der Kritik des Sühnegedankens im Strafrecht und Strafvollzug und seine Zurückdrängung durch den Resozialisierungsgedanken, aber auch im allgemeinen Verlust an Sinn für symbolische Beziehungen ebenfalls finden. Diese Entwicklung muß nicht als antireligiös, gar gegen-christlich beklagt werden. Sie führt ja nur zu anderen Auswahlprinzipien beim Umgang mit der biblischen Tradition, nicht zu deren völliger Verwerfung. Und da die Sinnbestimmungen für den Tod Jesu in der Bibel unausgeglichen-vielfältig sind, gibt es keine Gründe für »orthodoxe« Reaktionen der Kirche dagegen.

Eine andere Frage ist, ob Theologie nicht dennoch heute zurücktretende Deutungsmöglichkeiten weiterhin verständlich zu machen suchen sollte. Wir erinnerten schon an die Realpräsenz von Menschen anderer Kulturen und religiöser Traditionen in unserer Mitte, die – wie »naiv« oder »reflektiert« in unseren Augen auch immer – noch ungebrochen in Möglichkeiten des von uns für antik (und darum antiquiert) erklärten Bewußtseins leben. Ihr uns oft »fremdes« Handeln, Fühlen und Denken haben wir zu guten Teilen in unseren eigenen Heiligen Schriften gegenwärtig, die sich uns aus der Lebensgemeinschaft mit den »Anderen« neu erschließen und zu Elementen des Verstehens, auch einer geistig-seelischen Annäherung werden könnten. Der uns in den Vordergrund tretende Gemeinschaftssinn des Todes Jesu könnte sich darin »erfüllen«, daß wir, was am »Anderen« uns befremdet, als eine Möglichkeit des »Eigenen« nicht vergäßen, verdrängten, sondern: vielleicht sogar zurückgewännen.

Der Prediger des Hebräerbriefs nun hat solches uns fremd gewordene Gesetz folgendermaßen formuliert: »Fast ist es so, daß nach dem Gesetz (des Gottesdienstes in Israel) alles mit Blut gereinigt wird und daß es ohne Blutvergießen keine Vergebung gibt« (9,22). Im Hebräerbrief wird dies wie ein Gesetz des Gesetzes festgeschrieben; und auf weite Strecken der Religionsgeschichte gilt dies auch. Denn was uns so fremd am Opferkultus ist : Es gibt Religionen und noch weit verbreitete seelische Einstellungen, die in Wiedergutmachungsordnungen ein unentbehrliches Element dafür sehen, mit dem Leben fertig werden zu können. Wiedergutmachungsordnungen sind aber die Opferordnungen nun überall. Sie werden viel weniger als blutige Forderungen, denn als dankbar zu betätigende Gewährungen der Gottheit erfahren. Im Opfer, das mich fordert, gewährt der Gott mir unverdiente neue Lebensmöglichkeit, nimmt er mich gnädig an, macht er mich wieder zu seinem Freund. So erfahren, sind Opferordnungen auch Entlastungsordnungen für das Gewissen. Und als heilige *Ordnung*, die ja jeden anderen so umfaßt wie mich, erlaubt sie mir, mich wieder ins Ganze zu fügen, das ich durch Sündenhandlungen gestört habe. Opfer haben durchaus ein Moment von Resozialisierung gegenüber Gott wie gegenüber der Ordnung Gottes, in der wir leben. – Von Israel müssen wir freilich sagen, daß diese Ordnung viel weniger *umfassend* gilt als für Opfergottesdienste anderer Religionen. Denn Israel kennt von altersher Ersatzleistungen für blutige Opfer, Möglichkeit, der Gottesdienstpflicht anders zu genügen als durch Schlachtungen (seit 70 dient Israel Gott ohne Opferkult). Nicht zuletzt darum ist der Tempel auch Ort eines schwunghaften Geld- und Warenverkehrs – *hier* ursprünglich wird Geld zum Tausch- und Versöhnungsmedium und der Opfergedanke zum Tauschgedanken [79] in der Logik eines do ut des; und Jesu sog. Tempelreinigung, deren Opfer ja Taubenhändler und Geldwechsler waren (Mk 11,15), zielt auf den Nerv eines Systems, auf usus mehr als auf abusus. Jesus möchte im Tempel wirklich an Hingabe denken, nicht an Tauschwerte.

Eben das ist wohl gemeint, wenn der Hebräerbrief Jesus, den er als Opfer beschreibt, zugleich einen Hohenpriester nennt.

Dem Prediger des Hebräerbriefs war klar, daß Jesus von Nazareth in keinem historischen Sinn Priester, gar Hoherpriester war und genannt werden konnte. »Wenn er nun *auf Erden* wäre, so wäre er nicht einmal Priester« (geschweige denn Hoherpriester: 8,4) – weil ja die Priester bereits da sind, die nach dem Gesetz die Gaben darbringen. Jesus erfüllt auch in den Augen unseres Predigers nicht einmal minimale Voraussetzungen für das, was einen Priester in Israel ausmacht, z. B. die Zugehörigkeit zu einer priesterlichen Familie, zu levitischem Priestertum »nach der Weise Aarons« (7,11). Er ist aus dem Stamme Juda hervorgegangen: »von Priestern aus diesem Stamm hat aber Mose nichts geredet« (7,14). Er war also allenfalls ein Priester sui generis, durch Ruf Gottes, nicht durch mitgebrachte Würde (5,5-6), Priester eines ausgewechselten Priestertums: » nach der Weise Melchisedeks« (5,6; 7,11) – in keinem Sinn historisch also Priester. Und völlig atypisch war auch seine Amtsführung. Sie lag insofern außer jeder Ordnung, als er als Priester überhaupt nur ein einziges Mal amtierte (in seinem Tode), während die priesterliche Ordnung selbstverständlich unter dem Gesetz täglicher und jährlicher Wiederkehr stand (7,27; 9,25-26). – Während der Hohepriester in jedem Fall nach gegebener Ordnung zunächst sich selbst durch Opfer reinigen muß, ehe er seinen Dienst für andere ausrichten kann, hatte Jesus dies nicht nötig: Er stand, was ihn selbst betrifft, ex lex jeder priesterlichen Ordnung (7,27), er konnte sie ausüben als einer, der von ihrer sachlichen Notwendigkeit, von den Gründen, die ein Opfer nötig machen, also von unbewußten, gar bewußten Verschuldungen an den Rechtssatzungen Gottes, nicht betroffen war. Noch einmal: Er war in keinem historischen Sinne Priester, und der Prediger des Hebräerbriefs wußte selbst, daß speziell dies Stück seiner Lehre bestimmt nicht zur »Anfangslehre über Christus« gezählt werden konnte, sondern bestenfalls »für Gereifte« des christlichen Glaubens erschwinglich war (6,1).

Um so mehr die Frage: Warum mußte er denn Jesus als Hohenpriester darstellen? Historische Auskünfte über polemische Notwendigkeiten im christ-

79. Auch im protestantischen Gottesdienst heißt die Geldkollekte mancherorts noch »Opfer«, und überall wird das gesammelte Geld zum Altar getragen.

lich-jüdischen Verhältnis seiner Generation verstehen sich (leider) von selbst. Der Hebräerbrief ist ein Dokument des Kampfes um das Erbe der jüdischen Tradition im Christentum. Aber das besagt theologisch noch nichts. Auch Polemik – wäre sie noch so übel – will ja verstanden sein.

Es geht, wie wir es verstehen, um die *Betroffenheit* des Priesters von dem, was er tun muß – über alles das hinaus, was wir allenfalls pastoraltheologisch aufarbeiten können.

Im Gottesdienst Israels ist gerade der Hohepriester in einem herausgehobenen Sinne ein Mitbetroffener seines eigenen Handelns. Schon sieben Tage vor dem Gottesdienst des Großen Versöhnungstages muß er sein Haus verlassen und im Tempel in Klausur gehen. Zwei Schriftgelehrte, »Schüler des Mose« (aber nicht Leute von der Partei der Sadduzäer), sollen ihm dort zur Hand bei der Vorbereitung auf seinen Dienst sein. Während dieser sieben Präparandentage »überliefern sie ihm die Gesetze, um ihn in den Dienst einzuüben«, d. h.: Er wird zum ersten Adressaten der Ordnung gemacht, in der er dient (b Joma 4a); so »wird er groß gemacht durch seine (ihm in diesen Tagen behilflichen) Brüder« (b Joma 18a). In diesen Tagen muß er selbst sich zur Reinigung besprengen lassen mit dem Besprengungswasser von allen Entsündigungsopfern, die da waren (ebd.). In der letzten Nacht vor Jom kippur soll er möglichst nicht schlafen, um wach und nicht träge seinen großen Dienst verrichten zu können (wir denken an das Wachen Jesu in Gethsemane); junge Priester müssen ihn mit Liedern oder Spielen wachhalten, und manchmal war ein Großteil der Stadtbevölkerung mit Lärmen auf den Straßen beteiligt daran, daß er wachen könne (b Joma 19b). Mit dem ersten Lichtschein der Frühe, wenn die ganze Ostseite Jerusalems – bis Hebron hin – hell war, war die Zeit zum Schlachten gekommen (b Joma 28a), der Priester, eingekleidet in die dafür vorbehaltenen Gewänder, nach allen vorgeschriebenen fünf Tauchbädern (b Joma 30a), hatte nun zuerst für sich selbst ein Opfer zu schlachten; dabei stützte er beide Hände auf das Opfertier und sprach das Sündenbekenntnis: »Ach, Herr, ich habe vor dir gesündigt, gefrevelt und gefehlt, ich und mein Haus. Ach, Herr, vergib doch die Sünden, die Frevel und die Verfehlungen, die ich vor dir gesündigt, gefrevelt und verfehlt habe, ich und mein Haus« (b Joma 37b). Und erst später danach stützte er beide Arme auf den Sündenbock, der hinausgetrieben werden sollte in die Wüste, und sprach das Bekenntnis noch einmal für sich und sein Haus, dazu aber auch für alle »Kinder Aarons«, alle Priester, und das »Volk deiner Geheiligten« (b Joma 41b). – Das alles zeigt: Es geht bei der Vorbereitung und dem Vollzug des Priesterdienstes nicht nur um eigene Makellosigkeit oder irgendwelche kultischen Tabus, sondern um eine höchstmögliche Selbstbetroffenheit des Priesters von seinem Handeln. Er soll kein Kultbeamter und teilnahmsloser Funktionär sein, sondern der erste Betroffene seines Dienstes. Er soll sich selbst des Blutes schuldig bekennen, das er vergießt; sein Schlachten und Opfern soll nur insofern etwas Selbstverständliches für ihn sein, als er selbst sich als einer verstehen muß, dessen Leben in diesem Blut verwirkt ist und zu Gott im Himmel schreit. Wohl soll er, wie es einmal heißt, »seinen Brüdern in Kraft, Schönheit, Weisheit und Reichtum überlegen sein« (b Joma 18a) – aber in dem, worauf es vor Gott ankommt, nicht; so wurde durchaus die Erklärung der Mischna diskutiert, die sagte, der Hohepriester sei »sowohl unser, als auch des Gerichtshofs Vertreter« (M Joma I 5): »Die Priester sind (nur) Vertreter des Allbarmherzigen (nicht unsere), denn wieso können, wenn man sagen wollte, sie seien unsere Vertreter, unsere Vertreter etwas ausrichten, was wir selbst nicht ausrichten können?« (b Joma 19a/b). Als Glieder des *Volks* von Priestern sind auch sie nichts als – *nur* Priester.

Der Prediger des Hebräerbriefs hat diese Seite des Priestertums wohl deutlich vor Augen: »Denn das Gesetz bestellt Menschen zu Hohenpriestern, welche Schwachheit an sich« (7,28) und es täglich nötig haben, »zuerst« für die eigenen Sünden Opfer darzubringen (7,27), dadurch freilich auch »für die Irrenden und Unwissenden Verständnis haben«, da sie »selbst mit Schwachheit behaftet« sind (5,2). Das steht mit Jesus anders, der ein Priester ist »frei vom Bösen, unbefleckt, von den Sündern geschieden« (7,26). Und dennoch, ja um so mehr gibt es für ihn das Thema der priesterlichen Betroffenheit. Auch er ist ein Hoherpriester, der nicht »nicht Mitgefühl haben«, nicht nicht-mit-leiden könnte mit unseren Schwachheiten, da er doch »in allem« auf gleiche Weise versucht worden ist »wie wir« (4,15); denn die Stunden von Gethsemane: Stunden des Wachens waren dies; unser Prediger hat diese Stunde als die tiefste Substanz aller Lebenstage, die Jesus im Fleisch lebte, gedeutet: sein Leben war eine einzige Nacht von Gethsemane, in der er »Gebete und flehentliches Bitten mit starkem Geschrei und Tränen vor den gebracht hat, der ihn vom Tode erretten konnte, und er ist erhört worden aus seiner Angst und hat, wiewohl er der Sohn war, den Gehorsam gelernt...« (5,7-8). Das ist sein priesterliches Lernen einer wurzelhaften Sympathiefähigkeit, wie sie in der Tat einem Priester in Israel geziemt, bei Jesus jedoch *tiefer* gehen konnte als üblich, weil er, da er an eigener Verschuldung nicht zu lernen hatte, ganz nur mit denen mit-leiden lernen konnte, für die er eintrat und diente. Auch das einzige Motiv, das ihn von Sympatheia hätte abhalten können: Selbstrettung aus der Nacht der Angst seines Gethsemanelebens, ist ja ausgefallen. Denn wohl hat Gott ihn da erhört, aber tief paradox: nicht so, daß er ihn vom Tode rettete, sondern so, daß er ihn Gehorsam lernen ließ bis zum Tode, ja bis zum Tode am Kreuz. Jesus war als Priester befähigt *nicht,* wie sonst ein Priester in Israel, durch eigene Bedürftigkeit und eine Selbsterfahrung darin, sondern rein durch Erlernen des Mitleidens mit anderen. Er war ein Priester in Betroffenheit, wie das Gesetz es befahl, aber seine Selbstbetroffenheit war *nur* eine Betroffenheit von anderen.

Und: sie machte den Opferer zum Opfer. Diese *Spitze* in der Verkündigung des Hebräerbriefs ist gemeinchristlich – der Hirte läßt sein Leben für die Schafe (Joh 10,12) –, aber unableitbar und theologisch unauflösbar. Sie kann gerade nur als Faktum hingenommen werden. Jesus hat nicht eigene Schuld, sondern Mitleidensfähigkeit in den Tod getrieben. So etwas von Priester hat es noch nicht gegeben, es gehört auch per definitionem nicht zu seinem Amt, es ist eine Verwirrung und Zerstörung jeder priesterlichen Ordnung – nur als verwirrendes und störendes Ereignis hat es einen Sinn. Dies drückt unser Prediger darin aus, daß er Jesu Opfer als einmalig (9,28), in seiner Einmaligkeit »bleibend« wirksam (7,23-24), nicht wiederholbar und also als das letzte überhaupt noch zu rechtfertigende Opfer beschreibt: 10,18. Wo *dies* Opfer gebracht worden ist, »gibt es (fortan) keine Opfergabe mehr für die Sünde« – dies System ist am Ende. Dies ist nach unserem Verständnis der Sinn des ansonsten absurden Gedankens von Jesus als Hohenpriester. Er wird Priester genannt, um mit dem Priestertum Schluß zu machen. Er ist der letzte Priester, der als solcher zum letzten Opfer alles priesterlichen Tuns wird. Jesus als Hoherpriester gedacht, ist im biblischen Zeugnis die Negation jeder weiteren priesterlichen Ordnung.

Ehe wir grundsätzliche Aspekte dieser Sicht zusammenfassen, sind jedoch noch einige Einzelaspekte am Priesterverständnis des Hebräerbriefs nachzutragen.

a. Neben dem Todesopfer wird als priesterliches Tun stark der Dienst der *Fürbitte* herausgestellt, die intercessio. Wie schon zum Propheten, gehört sie in Israel auch zum Priester. »Flehentliches Bitten« ist ein Grundzug im Gethsemane-Leben Jesu. Im Gedanken des zum Himmel schreienden Blutes Abels (Gen 4,10) hat unser Prediger etwas Vergleichbares für das Blut Jesu gefunden, das »mächtiger redet als das Blut Abels« (12,24). In der Metapher vom mächtig *redenden* Blute Jesu sind sein Todesopfer und seine intercessio zu einer Einheit verbunden worden, die in der Lehre unserer Dogmatiker wohl beachtet wurde, wenn sie das eine munus sacerdotale in der doppelten Funktion der satisfactio (dem freien Gehorsam der Selbsthingabe Jesu) und der intercessio darstellten (der Fürbitte für alle Menschen), beide aber sogar zu einem einzigen Akt eines sacrificium propitiatorium (einer Gott besänftigenden Genugtuung) cum intercessione oblatum (zusammen mit Fürbitte dargebracht) lehrten (so Caspar Olevianus, einer der Verfasser des Heidelberger Katechismus).[80] Auch dieser Zusammenhang ist unableitbar: Fürbitte erklärt nicht den Tod, ersetzt ihn nicht, aber wir sollen Jesu Tod als eine Fürbitte begreifen, die er für uns vor Gott bringt. Fürbitte ist also ein in ihm verborgener, aber wirksamer Sinn

80. Heppe/Bizer, 368.

des Todes Jesu. Das Opfer und das Geschäft des opfernden Priesters ist in dieser Einheit zusammengefügt.

b. Die Endgültigkeit des Todes Jesu sieht unser Prediger in der *Stellvertretung*, in der Jesus für uns den Tod erlitten hat. Sündigen wir noch nach Jesu Tod, nach dem es doch keine Opfergabe mehr für Sünde gibt (10,18), dann fallen alle Sünden auf uns selbst zurück, geraten wir »in eine schreckliche Erwartung des Gerichts« und des »Eifers des Feuers, das die Widerspenstigen verzehren wird« (10,26-27), sehen wir dem Schrecklichen entgegen, das es bedeuten muß, selbst »in die Hände des lebendigen Gottes zu fallen« (10,31). Jesus ist unser letzter Schutz vor Gott.

c. Wird – wie wir hörten – der Hohepriester in Israel stark gemacht durch seine *Brüder*, so heißt es von Jesus, daß er sich nicht schämt, die Brüder zu nennen, für die er sich opfert (2,11-12). Und wie kein Priester in Israel ausrichten kann, was nicht alle Israeliten ausrichten könnten, so gilt auch für Jesus, daß »sowohl der, welcher heiligt, als auch die, welche geheiligt werden, alle von einem abstammen« (2,11). Priesterdienst ist auch im Falle Jesu *Bruder*dienst, Dienst eines Gleichen unter Gleichen – ein Gesichtspunkt, fremd jeder Hierarchie.

d. Wir wiesen schon auf die Verknüpfung von Priesterchristologie mit dem starken *Hoffnungsmotiv* in der Glaubensverkündigung des Hebräerbriefs hin. Die Hoffnung tröstet eine Gemeinde, die noch nicht hat »bis aufs Blut widerstehen müssen« (12,4) – bis aufs eigene Blut, und die in der Hoffnung leben soll, daß Jesu Hingabe sie vor eigenem Blutvergießen bewahren möchte. Sie hat »durch das Blut Jesu zuversichtliche Hoffnung auf den Eingang in das Heiligtum« (10,19), »Hoffnung bis ans Ende« (6,11) oder, wie es auch heißen kann: »in die Ruhe« (4,1-11). Jesus ist als Priester gekleidet in ein Gewand von Hoffnung, daß sich erfüllt, was sein Opfer verheißt: nie wieder Opfer – und darum: nie wieder Priester.

Wir fassen für uns Verständliches und Wichtiges an dieser alten Lehre zusammen.

1. Die Auslegung des Wirkens Jesu im Amt des Priesters will ihn wie in die Geschichte und Verkündigung, so auch in Zusammenhänge des Gottesdienstes in Israel stellen. Eine polemische Absicht gegen das Judentum ist im Hebräerbrief – der Hauptstütze dieser Gedanken – unübersehbar, dieser Prediger kämpft um Aneignung der Rechte und Verheißungen, die auf dem Gottesdienst Israels liegen, durch die Kirche. Die späteren protestantischen Dogmatiker des munus sacerdotale waren sich dieses polemischen Zusammenhangs kaum noch bewußt und entwickelten ihre Lehre in einer der Bibel nicht mehr entsprechenden kirchlichen Positivität, will sagen: Selbstbefangenheit und Selbstbeschränktheit. Aus den Grundtexten der neutestamentlichen Polemik war längst die Bewußtlosigkeit eines kirchlichen Besitzes nach der Scheidung von Christen und Juden geworden, während im Hebräerbrief überall noch das Wissen von dem historisch-Unmöglichen und sachlich-Absurden einer Verkündigung Jesu von Nazareth als eines Hohenpriesters witterte, vor allem das Undenkbare eines Priesters, der in nichts anderem amtiert als darin, daß er als sein eigenes Opfer stirbt. In der einfachen, Besitz beanspruchenden Positivität der späteren dogmatischen Lehre ist davon nur noch wenig zu spüren.

Zur Positivität dieser Lehre gehört, daß sie als Legitimationsgrund ausgerechnet für das Fortbestehen heiliger Ordnungen mit Sühneforderungen, Opferdiensten und Priesteramt in der Kirche gebraucht wurde, vor allem in der Amtslehre des Katholizismus. Aber auch im Protestantismus konnte eine Berufung auf das munus sacerdotale immer wieder einmal konservative Übertragungen auf Selbstverständnis und Anspruch auch der evangelischen Kirche bewirken – zuletzt in Deutschland bei den Auseinandersetzungen, die 1945 die Stuttgarter Schulderklärung innerhalb der Kirche hervorrief. Hans Asmussen repräsentierte da ein dezidiert unpolitisches, rein »priesterliches« Verständnis der Erklärung; sie sei a. »vor Gott« abgegeben worden und *nicht* in die Ohren der Sieger des 2. Weltkriegs, die vielmehr als Mitschuldige am Aufkommen Hitlers und am Ausbrechen des Kriegs durch das priesterliche Beispiel aus Deutschland zu eigener Schulderklärung »vor Gott« angeregt werden sollten; sie sei b. priesterliches Handeln der Kirche stellvertretend für das deutsche Volk gewesen, – wenn die Kirche sich mit dem Volk in einem schuldigen »Wir« verbinde, sei das nicht zu mißdeuten als Aussage von *kirchlicher* Verschuldung, zu deuten vielmehr als Akt priesterlicher Identifikation mit den Schuldigen.[81] Priesterliches Selbstverständnis inmitten des Protestantismus! Und ein Mittel zur Austreibung aller beunruhigenden Prophetie Jesu und einer Königsherrschaft Christi.

Gegen solchen kirchlich-priesterlichen Positivismus in der Auffassung des munus sacerdotale ruft uns der Hebräerbrief in die gefährliche Historizität, in den geschichtlichen *Streit* zurück, in dem die christliche Gemeinde sich allein zu Jesus als Priester bekennen kann, in alle Widersprüche, die »Vorstellungen« und Sache eines Priestertums Jesu bedeuten.

2. Dies Bekenntnis kann uns über kurz oder lang in schmerzlichen Gegensatz zu demjenigen Judentum versetzen, das auf die Restauration des Tempels und seiner Opfergottesdienste hofft,und heute schon zu dem, das darum in Jerusalem (auch mit politisch-brisanten Mitteln) kämpft. Zum Glück können und müssen wir das *Ereignis* jener messianischen Wiederherstellung nicht vorwegnehmen. Andererseits können wir auch nicht die Augen davor verschließen,

81. Vgl. die entsprechenden Texte in: M. Greschat (Hg.), Die Schuld der Kirche. Dokumente und Reflexionen zur Stuttgarter Schulderklärung vom 18./19. Oktober 1945, München 1982.

daß mit dem neuen Zugang zur Westmauer des Tempels (der sog. Klagemauer) das Angeld einer Zukunft sinnlich erfahren wird, die das Judentum nie bloß supranatural gedacht hat. Aufmerksamkeit auf die heutige Geschichte des jüdischen Volkes – leider: eine ihr *neue* Erkenntnismöglichkeit der Theologie – sollte aber jetzt schon den Ernst ermessen, um den es bei einem möglichen Streit ums Priestertum geht. Es ist abzusehen, daß Gegensätze im *Gott*esverständnis sich vertiefen werden, wenn das christliche Bekenntnis: Kein Opfer mehr nach Jesu Tod, auf neue Sühneopfergottesdienste prallen müßte.

3. Ohne daß wir uns – so wie wir es derzeit begreifen – einem solchen Streit entziehen dürften, ist es jetzt schon unsere Sache, daß er, müßte er denn sein, ein Streit *in der Wahrheit* wäre. Heute schon müssen wir für die Wahrheit unseres Bekenntnisses zu Jesus, dem letzten Priester und Opfer, einstehen. Unglaubwürdig gegen eine jüdische Orthodoxie wäre ein Christentum, das, dem Hebräerbrief-Zeugnis zum Trotz, selbst Bedürfnissen *heiliger* Ordnung, gestifteter Hierarchie, priesterlicher Repräsentanzen und Wiederholungen nachgäbe. Wir haben sie in uns selbst. Der nachkonziliare Katholizismus fördert sie aufs neue und wirkt damit auch auf den Protestantismus. Allgemeine religiöse Restaurationserscheinungen in den europäisch-amerikanischen Gesellschaften, nicht zuletzt die religiösen Wiedererwachens-Bewegungen in der Welt südlich des Mittelmeers und auf der Südhalbkugel der Erde zeigen, wie wenig immun die heutigen Menschen gegen heilige Ordnungen sind. Ein radikaler Protestantismus steht mit dem Zeugnis des Hebräerbriefs, so wie wir es deuten – kritisch, nicht legitimierend – allein auf weiter Flur. Um so mehr müssen wir den Hoffnungsruf festhalten, in den der Hebräerbrief seine Priester- und Opferchristologie eingebunden hat. Jesus *wartet* darauf, daß er wirklich der letzte Priester gewesen ist: Hebr 10,13-18, – und das kann ja nichts anderes heißen, als daß er in dieser Sache *auf uns* wartet: nämlich , daß wir Christen wenigstens nun nicht mehr sündigen. Nicht vergeistigte oder moralisierte Opfervorstellungen machen die Wahrheit des munus sacerdotale aus, sondern Abschied von altem Leben und neuer Wandel im Vorschein einer »neuen Stadt« (11,10; 13,14), also: neue Lebensweisen in neuen Verhältnissen.

4. Dazu gehört ein Geist, der strikt jedes Recht ausschließt, Opfer zu fordern und Opfer zu geben. Natürlich sind Opfer in unserem Verkehr mit Gott nicht dasselbe wie Kriegsopfer, Opfer im Straßenverkehr, Opfer von Irrtum und Verbrechen. Aber daß wir auch von »Opfern« bei nicht-religiösen Tötungen sprechen, zeigt, wie weltwirksam religiöses Opferwesen ist. Die Kriegerdenkmäler in Kirchen, das Drängen einer konservativen Regierung auf Errichtung eines Nationaldenkmals für Kranzniederlegungen bei Staatsbesuchen, die Einrichtung eines Volkstrauertages vor und neben dem kirchlichen Ewigkeitssonntag, die Institute nationaler Bußtage symbolisieren die tiefe Abhängigkeit – durchaus nicht nur von säkularisierten Gesellschaften, aber von immer um höhere Legitimation bemühten Staaten – von Ordnungen und Orten, die im Religiösen verwurzelt sind. Vor allem erschleichen sie sich damit den Schein eines höheren Rechts, Todesopfer fordern zu dürfen. Gerade das staatliche höhere Allgemeine bemächtigt sich dieses Rechts von Gottheiten; es deutet Gott und sich selbst als letzten Seinsgrund, der Leben sichert, dem darum auch Leben verfallen kann: als Schicksal. Und zwar gehört dies beileibe nicht nur zum Wesen sog. totalitärer Staaten, auch Demokratien und Staatsordnungen sog. »offener« Gesellschaften halten hier mit, es gehört offenbar zum Wesen von Staat selbst. Hieran wird klar, was es bedeutet, wenn Jesus im Namen des biblischen Gottes das letzte Opfer genannt wird. Es nimmt Gott seine Verwechselbarkeit und Vergleichbarkeit mit jedem lebensgierigen höheren Allgemeinen, des Staats und seines Rechts auf Leben zumal. Jesu Tod entzieht Gott als Legitimationsgrund für Göttliches, mehr noch: er setzt Gott *gegen* alle letzte Seinsgründe. *Das* meint der Hebräerbrief, wenn er das Priestertum und Opfer Jesu zusammen verkündigt mit der Erklärung, daß, »was veraltet ist und sich überlebt hat, dem Verschwinden nah« (8,13), ja: von Gott zum Verschwinden bestimmt ist. Jesu Priestertum, das nur in seiner Selbsthingabe in den Tod besteht, ist das Ende eines alten Daseinssystems im ganzen, eben jenes, das der Priester und der»Menschenopfer unerhört«[82] noch bedarf; es macht Revolution und ist es in sich selbst, durchaus mit Auswirkungen auf jene (»weltlichen«) Daseinsbereiche, die sich von Gott das Recht erschleichen (mit welchen gerade *theologischen* »Begründungen« auch immer), Menschenleben zu fordern. Der Priester Jesus verändert die Rechtsverhältnisse der Welt, indem er Gott sein letztes Opfer bringt.

Von selbst versteht sich, daß wir eine christliche Kirche, die das Zeugnis des Hebräerbriefs aufnimmt, noch nicht haben, und daß es von Christen fordert, gegen das Gesetz der Welt zu leben – gerade auch das der religiösen Welt, die immer wieder rechtfertigt und begründet, daß es »nahezu« nirgendwo (in Staat und Wirtschaft, Religion und Gesellschaft) »ohne Blutvergießen« geht (9,22).

Angesichts *dieses* Bewährungsfeldes des Glaubens an Jesus, den Hohenpriester, versinken jene beschränkten Auslegungen des Ein-für-allemal des Todes Jesu, die eine heilsgeschichtliche Unüberbietbarkeit Jesu dogmatisch behaupten, ins Unwichtigere. Wenn nämlich das ἐφάπαξ, das Ein-für-allemal des Hebräerbriefs, uns nicht in die Erwartung Jesu führt, in die tätige Hoffnung eines Nie-wieder, ist der dogmatische Satz als solcher sogar falsch. Unüberbietbar *wird* Jesu Tod nur in der Betätigung der Hoffnung einer neuen,

82. J.W. Goethe, Die Braut von Corinth, Str. 9.

zukünftigen Stadt (Hebr 13,14) und im Exodus von Christen in die gesuchte zukünftige, die nur »draußen vor dem Lager«, dort in der *Schmach* Jesu, des Priesters, zu finden ist (13,13), kurz: in einem radikalen, nicht mehr behausten Christentum.

5. Auch hier bedenken wir zuletzt das Moment des »Eschatologischen«, das uns auch beim munus propheticum und munus regium beschäftigte.

Wir sagten: Die Desavouierung alles Priestertums durch Jesus als Priester ist Desavouierung einer ganzen Welt. Jesu Tod wirkt sich im Zeichen des Todes und des Endes aus und in der Verkündigung solchen Endes. Dies zeichnet auch das, was christlich Glauben heißt. Glaube ist ein ständiges Schlußmachen mit der gegebenen Welt, nur *halb* positiv, also gewiß: »eine gewisse Zuversicht«, aber: »dessen, was man nicht sieht« (11,1); was man sieht, kann kein Vertrauen mehr wecken, ihm fehlt Beständigkeit und Vertrauenswürdigkeit heiliger Ordnung; Jesu Leiden und Sterben zeigen, wie sehr da der Tod im Topf ist. Am Glauben wirkt durch Jesu Tod der Tod. Er ist selbst keine positive Einstellung zum Dasein mehr, er ist nur, »nichts als« Hoffnung – und darin rein »eschatologische Seinsweise«.

Aber wie kann *solche* Hoffnung tragen und dauern? Die Antwort kann im Sinne des Hebräerbriefs nur heißen: durch das, was wir nicht sehen. Denn in diesem Glauben erkennen wir auch uns uns selbst entnommen: durch den Jesus an unserer Stelle. Das, was »positiv« an diesem Glauben ist, das, was ihn als Hoffnung trägt, kann nur geglaubt werden. Daß Jesu Tod überhaupt etwas »bedeutet«, nicht die nichtige Sinnlosigkeit sonstigen Todes ist, können wir nicht einleuchtend machen, am wenigsten durch Opfertheorien. Ihm entspricht darum die logische Grundlosigkeit, Nicht-Evidenz von Glaube, wie ihn nicht zufällig gerade der Hebräerbrief benennt: 11,1. Glaube ist Erfahrung des Nichtigen – wenn er nicht von den Erwartungen Jesu umgetrieben ist, der »fortan wartet, bis seine Feinde zum Schemel seiner Füße gemacht werden« (10,13); seine: *Gottes* Feinde!

Glaube eines »wandernden Gottesvolks«? So hatte Ernst Käsemann unter den Erfahrungen des christlichen Kirchenkampfes den Hebräerbrief gelesen. Seither wächst das Nichtige von der Welt in Kirche und Glauben hinein. Ist Schleiermacher zurückzugewinnen, der sagte: So »ist auch deshalb Christus unser Hoherpriester, weil Gott uns nicht jeden für sich, sondern nur in ihm sieht. In der lebendigen Gemeinschaft mit Christo will keiner etwas für sich sein, noch auch so von Gott betrachtet werden, sondern jeder will nur als von ihm beseelt erscheinen und als ein nur noch in der Entwicklung begriffener Teil seines Werkes«[83] (»in der Entwicklung« – also: auf Wanderung begriffen?).

83. Fr. Schleiermacher, § 104.

Wir schließen, der Art des priesterlichen Mittlertums Jesu angemessen, unvermittelt mit der Frage 43 des Heidelberger Katechismus. »Was bekommen wir mehr für Nutzen aus dem Opfer und Tod Christi am Kreuz? Daß durch seine Kraft unser alter Mensch mit ihm gekreuzigt, getötet und begraben wird, auf daß die bösen Lüste des Fleisches nicht mehr in uns regieren, sondern wir uns selbst mit Danksagung aufopfern.« Mit Danksagung.

δ) *Jesus – ein »Messias Israels«?*

Bei den Überlegungen zu Jesus, dem Propheten, haben wir schon daran erinnert, daß unsere Dogmatiker ihre Lehre vom dreifachen Amt Christi als inhaltliche Beschreibung dessen aufgefaßt haben, was Jesus, der »Christus«, der »Messias«, heißen soll. Jesu Messianität ist darin zu suchen, daß er in den alten Ämtern des Gottesvolks Israel als König, Priester und Prophet wirkte. Als Werke des Messias vermittelten sie dies über den Gedanken der Salbung. Der griechische Christos ist ja, wie der hebräische maschiach: der Gesalbte, und Gesalbte waren in den Ämtern Israels wenigstens auch seine Könige und Priester – während von einer Salbung der Propheten nicht im früheren Sinne rituell-zeichenhafter Ölsalbung, sondern im Sinne dessen, was der Salbungsritus bezeichnet – der Geistberufung ins Amt –, geredet werden kann.

Klassischen Grund in den Jesus-Schriften hat das Zeugnis von einer Geistsalbung Jesu von Nazareth in der Erzählung von Jesu Predigt in Nazareth, wie Lukas sie gefaßt hat. Zur Lesung im Synagogengottesdienst des Schabbat aufgerufen, »fand er die Stelle« (Jes 61,1-2): »Der Geist des Herrn ruht auf mir, weil er mich gesalbt hat; er hat mich gesandt, den Armen frohe Botschaft zu bringen, den Gefangenen Befreiung zu verkündigen und den Blinden das Augenlicht, die Zerschlagenen zu befreien und zu entlassen, ein angenehmes Jahr des Herrn zu verkündigen.« Jesus »fand« diese Stelle – aber Lukas will eigentlich sagen: Sie fand an diesem Schabbat ihn und kennzeichnete ihn fortan in allem, was er tun sollte und wirklich auch tat.

Den Gedanken einer Geistsalbung Jesu nahmen unsere Dogmatiker in ihre Lehre von seinem dreifachen Amt auf und begründeten darin seine Messianität.

Die Messianität Jesu mit diesen drei Werken inhaltlich zu füllen, war für unsere Dogmatiker kein Problem mehr. Der Beruf des Messias war in ihren Augen längst seinem Mutterboden in den Hoffnungen des jüdischen Volkes entfremdet. Wir bemerkten nebenbei schon einige Male: An Israel dachten sie kaum noch, wenn sie Jesus König, Propheten und Priester nannten; genauso behandelte die Kirche schon seit langem den Namen des »Messias« ohne Rücksichten auf Israels Hoffnungen: als einen »Hoheitstitel« neben anderen, der freilich insofern eine besondere Würde zu beanspruchen schien, als er wie zu einem Eigennamen Jesu von Nazareth hatte werden können, so eng gehörte er lange schon zu ihm allein. Allerdings bewirkte diese Verbindung des Messiastitels mit dem Eigennamen auch umgekehrt, daß Jesu Eigenname – kraft seines wörtlichen, gegenständlichen Inhalts: Gott-hilft – wie eine seiner Berufsbezeichnungen verstanden wurde. (Beispiel: Joh. Wolleb, Christianae Theologiae Compendium, 1626, Caput XVII, Canon I zu § 1: Officium Christi mediatorium pulchre nomine IESU, MESSIAE, CHRISTI et DOMINI indigitatur: Das Mittleramt Christi wird durch den schönen Namen Jesu, des Messias, des Christus und des Herrn angezeigt.)

Moderne exegetische Forschung hat sich die Frage vorgelegt, ob Jesu Benennung als Messias irgendwo in der Religionsgeschichte, in der jüdischen vor allem, durch »Vorstellungen« gedeckt sei, die eine Anwendung dieses Namens auf Jesus erklären können. Eine schwer noch übersehbare Fülle von entsprechendem Material wurde angesammelt; man fand neben königlichen auch prophetische und priesterliche Messias-»Vorstellungen« – Texte, die einen leidenden, anderswo einen sterbenden Messias belegen; man fand »Belege« ebenso für supranaturale, wie politisch-geschichtliche Wirkungen eines Messias; vor allem machte man Bekanntschaft mit vielen namentlich bekannten Messiassen neben Jesus. Die Art, wie im Neuen Testament Jesus als Messias bezeugt wird, ergibt aus dieser Sicht ein Konglomerat vieler bereitliegender Möglichkeiten, gerade auch aus den Traditionen des Judentums: in besonderer Zusammenfügung, gewiß; aber wie abenteuerlich wirkende Kombinationen von religiösem Vorstellungsmaterial in der Religionsgeschichte nichts Ungewöhnliches sind, so auch in der Geschichte der religiösen Traditionen des Judentums nicht. Darum kamen auch die theologischen Historiker nie dazu, einen Sinn des christlichen Messiasbekenntnisses in Frage zu stellen.

Uns wird dies fraglich aus folgenden Gründen.

a. Erklärbarkeit religiöser Vorstellungen besagen noch nichts über ihre sachliche Sinnhaftigkeit, gar eine Notwendigkeit ihres Gebrauchs. Was wir von Jesus behaupten, müssen wir sei es mit, sei es auch gegen unsere Tradition, verantworten.

b. Zum Problem muß nicht die Sinnhaftigkeit eines messianischen Hoheitstitels als solchem werden. Messianismus ist ein allgemeines religionsgeschichtliches Phänomen, und eine messianische Deutung Jesu in größter Allgemeinheit läßt sich denken: vor allem dort, wo Christen an messianischen Bewegungen (welcher Art auch immer) beteiligt sind.

c. Die kirchliche Selbstbefangenheit, von der wir angesichts ihrer Auslegung der drei Ämter sprachen, hat auch dem Messiasnamen inzwischen eine so allgemeine, unspezifische Weite gegeben, daß das kirchliche Christusbekenntnis zunächst selbst nur Ausdruck eines allgemeinen – freilich: bis zur Leere allgemeinen – christlichen Messianismus ist.

d. Dennoch kann eine geschichtliche Betrachtung den Unterton antijüdischer Polemik nicht überhören, der auch dann das kirchliche Christus-Bekenntnis begleitete, wenn es bewußtlos gegen die historischen Zusammenhänge gerade dieses Begriffs ausgelegt wurde. Jesus, als Christus benannt, bestritt heimlich immer die Messiashoffnungen Israels, und oft war gerade das Heimliche daran das Wirksame.

e. Ausdrücklich polemisch wurde das Christusbekenntnis immer dort, wo Jesus nicht nur als ein Messias, sondern als »der« Messias, und dann noch als der Messias »Israels« ausgelegt wurde, wo man sich der spezifisch biblisch-geschichtlichen Zusammenhänge des Messias*begriffs* und der messianischen Hoffnungen des *jüdischen* Volks bewußt war. Die Bezeichnung Jesu als Messias unterwarf dann sowohl die inhaltliche Bestimmung dieses *Begriffs*, wie auch das messianische Hoffen des jüdischen Volks dem Maß, in dem *Jesus* den Begriff füllte und das Hoffen erfüllte.

f. Diese Normativität der Jesus-Traditionen für die Festlegung eines Messiasbegriffs und die theologische Begrenzung der Hoffnungen Israels war nur solange möglich, wie das Christentum politisch und gesellschaftlich seine Macht auch als geistige Definitionsmacht ausüben konnte. In diesem Sinne unterliegen *alle* theologischen Definitionen der christlichen Überlieferung der Ideologiekritik, die in nicht wenigen Fällen (außer Kritik leitender »Interessen«) vor allem als *Machtkritik* zu formulieren ist.

g. Im Falle der das Judentum betreffenden theologischen Definitionen ereilt das Christentum heute das Glück, seiner so lange unangefochtenen Definitionsgewalt beraubt zu werden. Während andere theologische Beziehungen – z. B. die zum antiken »Heiden«tum – unkorrigiert bleiben, setzt sich das neu erstarkte Judentum heute de facto (aber auch: de jure) als Norm seiner selbst und zwingt das Christentum zu Korrekturen auch seiner normativen Begriffe – mindestens dergestalt, daß die Fassung, in der Jesus Norm war, jetzt sei es ergänzt, sei es konkurrenziert, sei es: richtiggestellt wird durch die Normativität, die ein heutiges Israel für seine eigenen Traditionen bedeutet.

h. Bei der tiefen Verflochtenheit des christlichen Kerygma und seiner Auslegung in die Geschichte und die Tradition des jüdischen Volkes ist das Christentum heute *fundamental*, in seinen Wurzeln, also »auf der ganzen Linie« betroffen davon, daß Israel de facto – durch seine Existenz und die Neuaneignung seiner selbst durch Neuaneignung seiner ganzen, bis auf die erste Seite der Bibel reichenden Geschichte – neue Normen im Umgang mit seinen Traditionen, ja: sich selbst als Norm setzt.

i. Zu einer Anerkennung dieser neuen Normenkonstitution zwingt christliche Theologie nichts – als nur der Glaube, der sich von Gott neu berufen läßt (vgl. Prolegomena § 6). Ohne solchen Glauben kann theologisch alles beim Alten bleiben – wo christliche Theologie dann auch hingehört.

j. Maß für ein christliches Bekenntnis zu Jesus als Messias Israels wird dann freilich, ob Israel an Jesus etwas Messianisches erkennen kann und also: was Israel als einen Messias erwarten möchte.

k. Über eine jüdische Erkennbarkeit Jesu als Messias können nur Juden urteilen, nicht christliche Theologen. Literarisches Vorstellungsmaterial aus jüdischer Tradition, das einen wie Jesus als Messias jüdisch denkmöglich machen soll, besagt noch nichts darüber, ob Jesus als Messias Israels auch praktisch denkmöglich ist und also *wirklich* als Messias gedacht werden kann.

l. Ausgeschlossen ist eine Fortsetzung des christlichen Verfahrens, Israels Unglauben »anzuklagen«, wenn eine von Christen behauptete, mit wieviel jüdischem Traditionsmaterial auch immer »belegte« jüdische Denkmöglichkeit der Messianität Jesu jüdisch nicht akzeptiert wird.

m. Christliche Theologie muß sich abfinden damit, daß der Messias Jesus nicht jüdisches Vorstellungsvermögen, sondern christliche Beweise des Geistes und der Kraft abfordert – in Nachfolge solcher, die Jesus womöglich wirklich längst gegeben hat.

n. Dies zusammengenommen bewegt uns dazu, Jesus als Messias Israels als eine Hoffnung zu denken, die wir Israel schuldig sind, nicht mehr als eine Erkenntnis, die Israel bisher angeblich Gott schuldig geblieben ist.

o. Systematisch heißt daraus die Konsequenz, daß eine Historizität gerade des Messiastitels in Anwendung auf Jesus zurückzugewinnen ist, deren ontologisches Wesen – als wahres historisches Wesen – Offenheit ist: Offenheit, die Vergangenheit, die aber auch Zukunft bedeuten kann. Wie alle Titel Jesu, so ist auch der Messiasname ein, ja: der speziell auf Israel bezogene Hoffnungsname Jesu. Er steht als promissio unter »eschatologischem Vorbehalt« – wie nichts sonst.

p. Wir folgten in unserem Gespräch mit der christologischen Drei-Ämter-Theologie dem messianischen Ansatz der alten Dogmatiker darin, daß wir ihn in die Widersprüchlichkeit des Historischen zogen und seine kirchliche Positivität bestritten. Denn nur im Historischen, nicht im Übergeschichtlichen, steht der Messias Israels zur Diskussion – jedenfalls nach jüdischem Selbstverständnis;[84] und als wirklich Historisches vor allem im Stern des: Katastrophalen.[85]

84. G. Scholem, Zum Verständnis der messianischen Idee im Judentum, in: Judaica, Frankfurt 1963, 37.
85. AaO. 39.

b. *Jesus – »vorbehaltlos vergleichbar« der Geschichte Israels* (K. Barth)

Wir haben bis hierher Elemente aus Bibel und dogmatischer Tradition zusammengestellt, die Hans Urs v. Balthasars anregende Formel von Israel als »formaler Christologie«, der wir zustimmen, mit Inhalt füllen können. Wir nutzten dafür Materialien von unterschiedlicher Evidenz für dieses Vorhaben, fanden einzelne Begriffe, »Vorstellungen«, Titel, Funktionen, geschichtliche Hinweise, theologische Gedanken, ethische Verhaltensmuster, die in den Jesus-Schriften aus der Hebräischen Bibel wiedererscheinen und von neutestamentlichen Zeugen offenbar als reich an christologischem Erinnerungsgehalt angesehen wurden. Die Jesus-Schriften haben dafür kein uns erkennbares und »reproduzierbares« System entwickelt, das Alte Testament jedoch so anhaltend und durch die Generationen und Situationen der urchristlichen Verkündigung hin so konsequent zur Aussprache des christlichen Bekenntnisses herangezogen, daß wir dies als einen verbindlichen Tatbestand für die Dogmatik auffassen mußten. Das Neue Testament *will* das christliche Bekenntnis aussprechen als ein Bekenntnis zu Jesus, dem Juden – in welch differenziertem theologischen Sinn auch immer.

Überdies haben wir in der Lehre der protestantischen Dogmatik vom triplex munus Christi nicht nur einen Reflex der neutestamentlichen Bemühungen auf dem dogmatischen Felde gefunden, sondern vor allem den Versuch, den »zufällig« scheinenden neutestamentlichen Befunden einen größeren systematischen Zusammenhang zu schaffen und dem Ganzen so eine gewisse Konsistenz zu geben. Dies geschah natürlich nur in Auswahl. Aber indem das gesamte Heilswerk Jesu von Nazareth als Betrauung mit den großen Ämtern der Geschichte, des Zeugnisses und des Gottesdienstes Israels und als deren Ausübung dargestellt wurde, kam es doch zu einer ersten systematischen Verknüpfung des Christusbekenntnisses mit der heilsgeschichtlichen Tradition Israels, deren bemerkenswerte Eigenart darin besteht, daß in ihr ältere typologische und antithetische Beziehungsmodelle (Verheißung – Erfüllung, Gesetz – Evangelium, Alt – Neu usw.) zwar nicht überwunden, jedoch aufgefangen wurden in ein Ganzes, das *nicht* von der Differenz der Zeiten ontologisch gebrochen war. Jesus übt in den drei Ämtern seinen Dienst nicht *gegen* Israel, sondern *für* Israel aus, als Israelit ohne Falsch – und er wird (geschichtlich gesehen) als Inhaber von Ämtern gedacht, die derzeit im jüdischen Volk nicht anders besetzt werden können. Dieser letzte Gesichtspunkt scheint uns grundsätzlich nachdenkenswert, weil er es möglich, aber auch notwendig macht, eine *historische* Perspektive für christliche Dogmatisierungen jüdischer Traditionen zu gewinnen und deren prinzipielle Bedeutung damit zu präzisieren.

Wir müssen uns viel mehr als bisher klarmachen, daß die Zeit, in der es ein Christentum neben einem Judentum gibt, bis in die Mitte des 20. Jahrhunderts hinein gleich der Zeit der Gola Israels war. Das Christentum hatte es bisher immer nur mit einem Exilsjudentum zu tun. Dieser historische Umstand ist aber zugleich ein theologischer. Denn die Zerstörung jüdischer Staatlichkeit, die Zerstreuung des jüdischen Volkes in alle vier Winde hatte tiefste Rückwirkungen in allem, was auch Theologie interessiert. Das Judentum dieser Zeiten war sich selbst entfremdet, und von Entfremdungen war auch sein Denken gezeichnet. Dies führte zu einer so grundsätzlichen Offenheit jüdischer Identität, zu so zerrissenen Kämpfen um das, was jüdisch gelten soll, daß *jede* Bestimmung von außen, z. B. von christlicher Seite, ins Leere zielen und wie Willkür aussehen mußte. Dem, was wir mit Notwendigkeit als christliche Definitionsgewalt kritisieren, steht umgekehrt ein entfremdetes Judentum gegenüber, das aus vielen Nöten viele (die Christen in ihrer Vielfalt verwirrende) Tugenden machen mußte, – in den Kämpfen um sich selbst sich selbst nie definieren, ins Endgültige bringen konnte und sich immer auf eine zukünftige Bestimmung seiner selbst offen halten mußte. Einem Christentum, das sich so bald in seiner Geschichte so tief auf die (heidnische) Welt der Wissenschaften eingelassen hatte mit deren intellektuellen Einheits-, Klarheits- und Definitionsbedürfnissen, blieb, fast unvermeidlich, nicht erspart, im Bezug aufs Judentum – abgesehen von allem Machtwillen – auch ganz einfach zu *irren*. Schon darum muß es sich revisionsfähig halten – selbst wenn es sich um Lieblingsgedanken des Bekenntnisses, also um zentrale theologische Sachverhalte handelt, wie es etwa das Messiasbekenntnis ist.

Zu dieser Historizität der dogmatischen Konstitution in allen Israel betreffenden Beziehungen und Gedanken gehört nun auch mindestens die *Frage:* ob sich Jesus, gedeutet in so vielen Hoffnungsgestalten Israels, wie wir sie hier zusammengetragen haben, weiter lehren läßt, wenn sich herausstellen sollte, daß die ihm zugeschriebenen Ämter doch schon »besetzt« und nicht mehr frei für ihn sind, – wenn sich zeigen sollte, daß das Judentum nicht bereit ist, sich mit der Gola abzufinden, – wenn es Anspruch auf eigene Entscheidung über die Besetzung der Ämter Israels erheben sollte. Christliche Theologie hätte immer wissen können, daß das Judentum das Exil nicht als das *letzte* Wort über seine geschichtliche Existenzform angesehen hat. Sie hätte sich – darin auch belehrt vom Hebräerbrief, der das Priesteramt dem irdischen Jesus gegenüber tatsächlich für bereits besetzt erklärt hatte (8,4) – nicht nur des theologischen Gegensatzes, sondern vor allem auch des historisch Bedingten und damit Begrenzten und Vorübergehenden bewußt werden können, das alle Ersatzbesetzungen jüdischer Ämter mit Jesus nur bedeuten konnten. Dazu war christliche Theologie in der empfindlichen Konstitutionsschwäche ihres historischen Bewußtseins nicht fähig.

Was folgt daraus für uns, wenn wir uns von Israel heute relativieren zu lassen bereit sein sollten, will sagen: bereit, uns in Beziehung zu und Verantwortung gegenüber Israel neu zu finden? Dem Geist des historischen Relativismus, der dem Protestantismus nicht weniger nahe liegt als dem Menschen der bürgerlichen Gesellschaft (näher als dem Katholizismus, dem Judentum, dem Islam), entspräche sicher spontan: »Besitzverzicht«, also Preisgabe überlieferter Denkmöglichkeiten, bestenfalls deren »Interpretation« auf formale Restgehalte an Sinn und Bedeutung alter Inhalte hin. – Wir können uns aber von Preisgabe nichts versprechen: nicht nur für die christliche Integrität nicht, sondern eben damit auch nicht für eine freie, neue Beziehung zu Israel. Keinem Juden wird ein toter Christ ein guter Christ sein, keinem ein kastrierter Theologe ein auch nur von ferne noch interessanter. Also stellt sich die systematische Aufgabe, *dasselbe*, was die Alten so gesagt haben, »noch einmal anders« zu sagen (mit einer berühmten, methodisch lehrreichen Formel Karl Barths).

»Dasselbe« kann nicht ein aufs Formale reduziertes Minimum sein, etwa derart: Die Alten wollten sich zu Jesus in größtmöglicher Nähe zum Israel des Alten Testaments bekennen – so wollen auch wir *dies* festhalten, auch wenn es z. B. mit den von Israel zurückgeforderten Stellen des Königs, Propheten und Priesters nicht mehr möglich sein sollte. Vielmehr betrachten wir die systematische Aufgabe darin, die dogmatischen Gehalte des christlichen Bekenntnisses zu rehistorisieren; darunter verstehen wir aber eine Doppelaufgabe: *a.* eine Rückführung in ihre ursprünglichen biblischen Zusammenhänge (und meinen damit nicht einfach ihre »exegetische« Überprüfung in der Art üblicher Exegesen, sondern ihre Repatriierung in die »Welt der Bibel«, deren Wirklichkeitsverständnis wir in den Prolegomena entwickelt haben); wir verstehen darunter gleichzeitig b. die Aufgabe, sie ins Gespräch zu bringen mit dem jeweils *derzeitigen* Reflexionsstand im Judentum. Diese zweite Aufgabenstellung hat freilich Schwierigkeiten eigener Art. Denn noch haben wir kein Judentum, das ein großes Interesse daran zeigte, dem Christentum zu seiner Selbstrevision und Besserung zu verhelfen und seine Gedanken auf die inneren Probleme ausgerechnet christlicher Dogmatiker hin zu entäußern. Das gehört zur Situation. Wo Juden sich auf uns einlassen, bereit, uns zu helfen, tun sie es – von Ausnahmen abgesehen – im Interesse des Selbstschutzes und vorbeugender Verhütung neuer Ausbrüche eines christlichen Antijudaismus. Im »Dialog« nach Art der Buberschen Ich-Du-Utopie sind wir noch lange nicht. Eine Selbstkritik des Christentums ist Sache der Christen. Mit der Folge, daß von uns verlangt wird, uns *selbst* denken und vorstellen zu können, wie unsere

Theologie Juden betrifft, und selbst so viel jüdische Reaktionsfähigkeit in uns zu entwickeln, daß wir, was wir sagen wollen und müssen, immer schon in einem Wissen um den Anderen und seinen Widerspruch sagen. Ein christlicher Theologe muß heute den Juden in sich haben – übrigens eine Binsenweisheit jeder Dialektik, die wir in dieser Richtung freilich noch nie geübt haben, während uns jede andere dialektische Beziehung schon bis zu eigener Unkenntlichkeit geläufig geworden ist. Dabei übersehen wir die Gefahr keineswegs, daß »der Jude in uns« auch nur Produkt unserer Phantasie und Verfügung sein könnte. Darum halten wir es für geboten, jeden jüdischen Widerspruch, den wir selbst als solchen kennen und begreifen können, so offen und kenntlichbelegbar wie möglich zur Sprache zu bringen, damit wir gerade in diesem inneren Widerspruch gegen uns selbst überprüfbar werden, von Juden – wenn sie wollen – verifizierbar und – wenn sie wollen – falsifizierbar.

Jedenfalls: zur historischen Konstitution dogmatischer christlicher Theologie heute gehört die Aufgabe, die christliche Lehre zugleich mit Versuchen uns verstehbarer jüdischer Widersprüche, aber, wo es sich ergibt, freilich auch jüdischer Bejahungen und Bestätigungen vorzutragen, – so aber eine Dialektik unserer Theologie aus inneren Vollzügen unserer Logik in äußere Belege unserer realen Beziehungen zu verlegen, wie wir in dieser Dogmatik und Christologie anfangsweise versuchen. Wir müssen in kirchlicher Lehre das Judentum zugleich mit dem christlichen Glauben lehren – bis uns eines Tages Juden selbst belehren werden.

Mit diesen methodischen Bemerkungen wollen wir uns einem zweiten Modell einer noch größeren *dogmatischen* Systematisierung des Israelbezugs einer Christologie nähern: Karl Barths merkwürdiger Lehre von einer vorbehaltlosen Vergleichbarkeit Jesu mit der Geschichte Israels im ganzen.[86]

Er trägt sie im Zusammenhang seiner Auslegung des munus propheticum Christi vor und will damit zeigen, inwiefern es möglich ist, Jesus einen Propheten zu nennen, wie nur einen sonst in Israel. Konfrontiert man das, was man an Jesus allenfalls prophetisch nennen könnte, mit dem, was wir aus der Hebräischen Bibel an den Propheten Israels wahrnehmen, stößt man zunächst freilich auf viel Unvergleichbares. In Barths Liste von Differenzmerkmalen erkennen wir die für die alte Typologien-Methode üblichen heilsgeschichtlichen Überbietungen wieder. Jesus Christus spricht das Wort Gottes, mit dessen Ausrichtung auch Israels Propheten beauftragt waren, indem er es selbst ursprünglich *ist* - während Israels Propheten zu seiner Ausrichtung *berufen* werden müssen. – Jesu Prophetie richtet sich von vornherein, direkt (und nicht über Israel vermittelt) an alle Menschen, ist universal, nicht an Isra-

86. K. Barth, KD IV,3, 52ff.

el gebunden. – Nur Jesus redet von der *Gegenwart* des Gottesreiches aus, nicht, wie Israels Propheten, von seiner Zukunft her. – Nur Jesus ist als Prophet auch »Mittler«, d. h. in ein und derselben Person zugleich Gott und Mensch. – Aus solchen Differenzen ergibt sich: Kein Einzelner in Israel war je Jesus Christus »vorbehaltlos« vergleichbar – auch nicht der Gottesknecht, der im Buch des zweiten Jesaja bezeugt wird. Vergleichbarkeit zwischen Jesus und den Propheten unter Vorbehalt dieser Differenz ist freilich schon zu behaupten, aber das interessiert Barth hier nicht, der vielmehr die Frage festhält nach einer vorbehaltlosen Vergleichbarkeit.

Diese ist zu behaupten: nämlich im Hinblick auf die biblisch bezeugte Geschichte Israels in ihrer Ganzheit. Indem die Bibel sie darstellt als eine Einheit von göttlicher Tat *und* den Handlungen der Menschen dieses Volkes, erzählt sie davon in einer Struktur, die sich differenzlos eben so dem christlichen Bekenntnis zu Jesus aufdrängt; von ihm ist eben so wie von der Geschichte des Volkes Israel im ganzen diese Einheit eines gott-menschlichen Handelns auszusagen, und zwar beide Male als Ereignis der *Treue* Gottes zu diesem Volk und zu diesem einen aus diesem Volk.

Barth stellt darum neben die Differenzmerkmale vier Konvergenzmerkmale. Israels Geschichte als ganze, so wie sie uns in der Heiligen Schrift bezeugt wird, ist nicht nur geschehende, sondern in ihrem Geschehen zugleich sprechende, redende Geschichte. – Sie ist universal-wichtige, für Alle zeugniskräftige Geschichte, die sich nicht nur inmitten der Völker ereignet, sondern auch ihnen allen zugute, für sie. – Sie ist als Ganze, in der Abfolge von Begnadigungen und Gerichten Gottes, die Geschichte einer Gegenwart der Ehre Gottes in der Welt; in dieser Geschichte *wird* Gott nicht erst zum Herrn der Welt, er *ist* es in ihr. – Schließlich muß man von der Geschichte dieses Volkes auch behaupten, daß sie eine mittlerische Geschichte ist, vermittelnd zwischen Gott und aller irdischen Geschichte überhaupt; die Kraft ihrer Vermittlung besteht aber darin, daß sie exemplarische, d. h. stellvertretende Geschichte ist für alles, was in der Welt überhaupt Geschichte heißen kann.

In diesen Konvergenzmerkmalen läßt sich die Geschichte Israels vorbehaltlos mit Jesus Christus vergleichen, dessen Leben, Handeln und Sterben ebenfalls »Wort« ist, allen zugute geschieht, – Gegenwart Gottes in der Welt der Gottfeindlichkeit (und darin deren Brechung und Überwindung), – der als »Mittler« zwischen Gott und Welt exemplarisch und also stellvertretend für alle wirkt und leidet. Barth betont, daß es sich *nur* um einen Vergleich handeln könne, nicht um eine Identität, auch nicht um eine indirekte Identität. Er könnte also wohl nicht eine soteriologische Bedeutung der Geschichte dieses Volkes lehren, sie nicht eine Heilandsgeschichte nennen. Er nennt sie aber eine »adaequate Figuration«, eine »messianische Geschichte«, und was er damit meint, lautet in einem dogmatischen Spitzensatz dahin, daß in ihr »der Messias selbst existiert«.[87]

Wir würdigen diese Lehre als den bisher am weitesten fortgeschrittenen Versuch, Israel als »formale Christologie« zu denken und damit umgekehrt die Heilandsbedeutung Jesu aus seiner Vergleichbarkeit mit der Geschichte Israels zu entwickeln. Barth geht damit weit über Versuche hinaus, sich mit alttestamentlichen Anspielungen auf den Zusammenhang von Christologie und Israel-Erwählung zu begnügen , auf die man in den Jesus-Schriften überall stößt. Wie die Lehrer des munus triplex Christi – und in deren Unterstützung – drängt er auf eine stärker systematisch faßbare Erkennbarkeit und Aussagbarkeit dieses Zusammenhangs. Er bleibt dabei spürbar befangen in den Grenzen der alten typologischen Methode, in der Zusammenhang und Gegensatz von Altem Testament und Neuem geordnet und denkbar gemacht werden sollten.

Als *Grenzen* dieser Methode nennen wir, bei voller Zustimmung zu ihrer Absicht:

a. Sie wirkt heute vorwiegend ästhetisch, d. h. als Methode beglückter Wahrnehmung von Parallelen, Analogien, heimlicher Anspielungen und darin: ästhetisch befriedigenden *Sinns.* Wir können sie darum auch als sinnstiftende Methode bezeichnen und darin ihre nicht zu schmälernde Bedeutung sehen: Mit ihrer Hilfe können über die Abgründe geschichtlicher Entfernung und Entfremdung hin *Verwandtschaften* festgehalten werden. Ihr ontologisches Wesen ist die Grunderfahrung des *Wiedererkennens* und eines gegenseitigen Sich-nicht-Verlierens in der Bodenlosigkeit der geschichtlichen Entwicklung. Darin ist auch ihr sozialer Sinn unübertrefflich: Sie will zusammenhalten, was zusammen gehört. Aber sie kann dies nur in der Weise der Wahrnehmung, ästhetisch. Ihre Kraft ist die des Sehens und Erkennens, und sie bleibt darin »nur« ästhetisch, daß sie keine andere Verbindlichkeit der Verbindungen erzeugt, derer sie uns innewerden läßt, als die der Anschauung.

b. Zum kirchlichen und theologischen Gebrauch der typologischen Methode gehört das Element der Ungleichheit, der Überbietung des Alten durch das Neue. Wahrnehmung von Ähnlichkeiten war nur möglich aus einer Grunderfahrung von Unähnlichkeit mit der Vergangenheit, die leider de facto – ohne daß dies »logisch« hätte so sein müssen – gleichbedeutend mit einer Überlegenheitserfahrung war: des Geistigen über seinen materiellen Gegentypus, des Himmlischen über das Irdische, des Späteren über das überholte Frühere; Verwandtschaft verband sich hier doch auch mit Herrschaft der Jüngeren über die Älteren.

87. AaO. 72.

c. Die typologische Methode entwickelt ähnliche *Strukturen* und ermöglicht dadurch strukturelle Vergleichbarkeiten, die für eine Verwandtschaft im *Inhalt* noch nichts aussagen. Strukturelle Ähnlichkeiten *können* Indizien für inhaltliche Verwandtschaft sein, müssen dies aber nicht, und Barths Abwehr auch nur einer »indirekten Identität« zwischen Jesus und der Geschichte Israels spiegelt die alte Sorge wider, daß Typologie mehr als ästhetische Anschauung, nämlich inhaltliche Verbindlichkeit der strukturellen Verbindung werden könnte.

d. Was wir sagen würden, wenn wir die typologische Methode auch *ungeschichtlich* nennen würden, ist schwer eindeutig zu sagen. Denn in Kirche und Theologie (anders z. B. als im platonischen Philosophieren) ist das Typologisieren gerade als Form geschichtlicher Vermittlung, nämlich einer Vermittlung des geschichtlich Getrennten und seiner Zusammenführung gemeint. Jedenfalls belehrt uns Barths Typologie, daß nun gerade nicht einzelne Typen als Splitter aus einem größeren geschichtlichen Zusammenhang heraus miteinander verbunden werden sollen, sondern daß die Geschichte Israels gerade als solche und in ihrer Ganzheit zum Typus gemacht wird: nun zwar *nicht nur* für die *Geschichte* Jesu von Nazareth, sondern für *ihn selbst* in der Einheit seines Seins und Wirkens; aber dies hat ja auch den umgekehrten Sinn: durch den vorbehaltlosen Vergleich Jesu Christi mit der *Geschichte* Israels die spezifische Geschichtlichkeit Jesu Christi zu denken. Wie Israel am Vergleich mit Jesus eine überragende Geschichtlichkeit empfängt, so empfängt Jesus von Nazareth seine überragende Geschichtlichkeit am Vergleich mit der Geschichte Israels. »Überragend« meint dabei (im Sinne Barths) nicht etwa »übergeschichtlich«, sondern real und wirklich geschichtlich: ohne jeden ideologischen Verputz. Barth macht damit mindestens von der Möglichkeit Gebrauch, die die alte typologische Methode schon immer in sich hatte: *nicht* ungeschichtliche, sondern gerade geschichtliche Methode zu sein. Als solche enthält sie eine Kritik an einem Begriff von Historie, der methodisch sich mehr an Diskontinuitäten als an der Wahrnehmbarkeit des Kontinuierlichen konstituiert. Insofern läßt sich Typologie auch als Kritik jedes Historismus begreifen, der immer geneigt ist, Vergangenheit fallen zu lassen, während Typologie auf »Unabgegoltenes« an Vergangenheit aufmerksam macht und dafür sorgt, daß *nicht* alles zu schnell »zur Geschichte werden will« (E. Nolte). Gerade in alt-neutestamentlicher Typologie hätte die Kirche den Schutz Israels vor seiner Preisgabe durch die Christen haben können, wenn die kirchlichen Theologen Typologie als Kritik ihres Historismus hätten gelten lassen.

d. Nun verspielt aber u. E. Barth die geschichtlichen Möglichkeiten der Typologie dadurch, daß er darauf besteht, die Geschichte Israels *in ihrer Ganzheit* mit Jesus in Vergleich zu bringen. Wahrnehmung einer Geschichte in ihrer

Ganzheit setzt einen Standpunkt im Ende der Geschichte voraus; und wirklich lehrt Barth in unserem Zusammenhang, daß die Jesus vorbehaltlos vergleichbare Geschichte Israels »keine Fortsetzungen mehr haben kann«,[88] daß sie nur als »Vorgeschichte Jesu Christi«, ihr Wort nur als »das Vorwort des seinigen« in Betracht käme.[89] Hier werden die Grenzen der typologischen Methode als geschichtlicher spürbar, sie kann ein Medium des Antijudaismus sein. Daß sie es im Falle Barths tatsächlich ist, ist damit noch nicht gesagt; das hängt vom Sinn des Zusatzes ab, den er hier anfügt: daß die Behauptung der Fortsetzungslosigkeit der Jesus vergleichbaren Geschichte Israels *nicht* bedeute, »daß sie veraltet, erledigt, gleichsam ausgelöscht ist«.[90] Im Sinne Barths heißt das: Die Typologie hatte doch mehr Sinn als nur den Nachweis struktureller Vergleichbarkeit. Der Strukturnachweis besagte Inhaltliches, nämlich, daß Jesus total zur Volksgeschichte Israels gehört, daß hier nicht nur Vergleich, sondern substantielle Beziehung herrscht, daß Jesus als Wort Gottes »nur im Zusammenklang« mit dem in der Volksgeschichte Israels gesprochenen und vernehmbaren Wort seinerseits vernehmbar ist.[91] Ohne daß wir auf Israel hören, hören wir auch von Jesus rein gar nichts – jedenfalls nichts von dem, worauf es Gott ankäme. Die Frage ist nur, ob der Umkehrschluß, den Barth dann zieht, nicht zu formal ist und hier dann einen Absturz ins Ungeschichtliche verursacht: daß Israel nicht »veraltet, erledigt, gleichsam ausgelöscht« ist im Worte Jesu, daß seine Geschichte nur in der Vermittlung Jesu wirkliche, reine, wahre Geschichte bleibt.

Der hier manifeste Bruch bei der Auslegung der Geschichtlichkeit besteht darin, daß Barth, wie die ganze Tradition , wo er »Israel« sagt, das Judentum nicht mitdenkt, – wo er von der Geschichte Israels in ihrer Ganzheit spricht, doch nicht die ganze Geschichte des jüdischen Volkes meint, also die nicht, die post Christum natum auch wirkliche Geschichte war. Erst in anderen dogmatischen Zusammenhängen hat Barth sich der Ganzheit der Geschichte dieses Volks theologisch gestellt[92] – hier aber nicht. Und das macht dann doch die christologische Typologisierung der Geschichte Israels, die voller Erkenntnismöglichkeiten steckt, zu einem *ungeschichtlichen Gedanken, über den wir dann hinauskommen müssen, wenn wir in der Dogmatik zugleich wirklich geschichtlich, also historisch denken wollen.*

88. AaO. 76.
89. AaO. 72.
90. AaO. 76.
91. Ebd.
92. Vgl. F.-W. Marquardt, Die Entdeckung des Judentums, 208ff.

c. *Jesus – und das Wort Gottes, das uns im Leben des jüdischen Volkes anspricht*

Es gilt, zum Abschluß des zweiten Teils nun den angestrebten Erkenntnisgewinn zusammenfassen.

Wir haben v. Balthasars Formel »formale« Christologie von vorherein nicht als einen Begriff aufgenommen, der im idealistischen Gegensatzpaar »Form-Inhalt« seinen Sinn hätte und uns jetzt dazu zwingen müßte, einen »Übergang« von formalen Einsichten zu »eigentlichen« zu schaffen, um dann erst eine »inhaltliche« Christologie zu entwickeln. Vielmehr stellten wir den Begriff des Formalen in den Dienst einer christologischen Kategorienbildung; wir wollten Klageinstanzen schaffen für eine öffentliche Diskussion von Christologie. Dies hielten wir für geboten als eine Konsequenz aus der Verkündigung, in der Jesus als Gottes kündlich großes Geheimnis ausgerufen wird vor der Welt. Daß er dabei als der Christus, also als Messias Israels, öffentlich bekannt wird, verlangt danach, Israel ein Einklagerecht des Sinns alles dessen einzuräumen, was in der Christologie gelehrt wird. Dies gilt gerade dann, wenn an dem Begriff des Christus – und entsprechend dem von Christo-logie – die Erinnerung längst verdeckt worden ist, daß es sich hier um Israels Messias handeln soll; wir wiesen darauf hin, daß gerade dann unterschwellige Wirkungen zum Schaden Israels erzeugt wurden. Darum muß u. E. dieser Aspekt ans Licht gezogen werden, also auch auf den theologischen Marktplatz, in die Kategorienbildung der Christologie. Es handelt sich hierin um eine inhaltliche Entscheidung – wie immer bei Kategorienbildungen.

Der Begriff des »Formalen« trägt in unserem Gebrauch demnach folgende Kennzeichen:

a. »Formal« nennen wir die beigebrachten Materialien aus beiden Teilen der Bibel und aus der dogmatischen Tradition nur, sofern sie *nicht* ursprünglich oder primär aus der Auslegung dessen gewonnen worden sind, über den in der Christologie nachgedacht wird – Jesu von Nazareth –, sofern sie vielmehr *zu* dessen Auslegung dienen.

b. Wir sprachen von alttestamentlichen »Denkformen« bei der biblischen und dogmatischen Aussprache Jesu, also von Weisen seines Gedachtwerdens. Auch hier ist der Formbegriff nicht auszuspielen gegen einen Begriff von Inhalt. Heutige Erkenntnistheorie erlaubt solche grundsätzliche Unterscheidung nicht mehr. »Das Kerygma begegnet immer nur als schon ausgelegt«, hatte R. Bultmann gesagt, d. h. Gotteswort läßt sich immer nur in Menschenmund vernehmen – mit der Folge, daß Gottes Wort immer nur mitgestaltet von menschlichen Erfahrungen, Bedürfnissen, Phantasien, Willensstrebungen begegnet. Christlich gesehen gehört es zum prinzipiellen Verständnis dessen, was ein Wort Gottes ist, daß es unablösbar von dieser menschlichen Mitgestaltung ist, es kann nicht rein herausdestilliert werden. »Das Wort ward Fleisch« (Joh 1,14), und nur im Zeugnis des Geistes nehmen Menschen Menschenwort »als« Wort Gottes auf (1 Thess 2,13). In diesem Verständnis ist die Voraussetzung enthalten, daß nicht nur grundsätzlich die *Gattung* Menschenwort zur Sache gehört, sondern daß konkret und im Detail die Menschenworte der Apostel und Propheten, der neutestamentlichen zusammen mit den alttestamentlichen Zeugen also, sachgemäß sind: grund-gebend als Grund, auf dem wir bauen (Eph 2,20). Darum sprachen wir auch von »Elementarteilchen« und meinten damit das Fundamentale, schlechthin Inhaltliche, das diesen Teilen zukommt.

Daß das Wort der Apostel und Propheten grundgebend ist, heißt nicht, daß es nicht irrtumsfähig wäre; es ist als Menschenwort kritisierbar, aber: Es ist, auch wo es kritikbedürftig ist, weder verzichtbar noch ersetzbar durch andere Worte, es wäre denn, andere Worte hielten exakt jene Geschichtlichkeit des Wortes Gottes fest, die gerade auch in den kritisierbaren Worten der Apostel und Propheten sich ausspricht. Unserer Kritik gegenüber behalten auch zu Recht kritisierbare Schriftworte einen Vorrang: den des *ursprünglichen Irrtums*, der womöglich so gut zur Bezeugung des Wortes Gottes gehört wie jene Worte, an denen wir nichts Verwerfliches erkennen können. In der Freiheit Gottes wie in Freiheit der Gott bezeugenden Menschen ist auch das möglich, daß sie sich sogar im Widerspruch und Irrtum gegenseitig bezeugen können, und der Widerspruch – würde er denn je erkennbar, was eher zu bezweifeln ist – wäre von uns nicht aufzulösen, sondern als eine Zeugnisweise festzuhalten. Wir sagen das bewußt *auch* im Blick auf biblische Texte, die notwendig unserer Kritik des Antijudaismus unterliegen. Sie sind *nicht* zu streichen, sondern als Zeugnisse in der Weise des Irrtums, ja des deutlichen Widerspruchs gegen das Wort Gottes, wie wir es zu hören meinen, festzuhalten, mitsamt den Runzeln ihrer Geschichtlichkeit. Mit dieser Konsequenz wollen wir ausdrücken, inwiefern wir mit dem Wort »Denkform« nicht etwas bloß Formales, das durch Inhalt zerbrochen werden könnte, sondern die geschichtliche Form meinen, die der Inhalt *sich selbst gegeben* hat. Balthasars Formel ruft mithin danach, Israel als jene *Menschen*gestalt zurückzurufen, in der Jesus sich selbst verkündigt oder: in der Gott Jesus hat verkünden lassen vor dem Forum der Völker.

c. »Formal« ist an dieser christologischen Kategorienbildung allerdings, daß in diesen »Formen« die *Exklusivität* dessen, was von Jesu Bedeutung zu denken und zu sagen ist, zunächst bestritten zu werden scheint. Eine entsprechende Christologie wird nicht allein an Jesus abgelesen, sondern an Jesus nur in jenen Beziehungen, in denen er durch die »Formen« bezeugt wird, in denen er gedacht und ausgesprochen wird. Bevor in solchen Formen von ihm gesprochen wurde, war in ihnen schon von Israel gesprochen worden. »Formen« sind also Beziehungswirklichkeiten. In »Formen« drücken sich *immer* die Beziehungen derer, die denken und sprechen und handeln, zu dem aus, was sie denken, sprechen und handeln. Die Frage kann nur sein, ob das Beziehungsstiftende der Formen, in denen von Jesus gesprochen wird, ihm angemessen sind oder ihm aufgezwungen werden: Ob es *seine* Beziehungen zu den Denkenden, Sprechenden und Handelnden sind oder einseitig nur die ihren zu ihm. Dies zu prüfen, ist Aufgabe von Christologie. Christologie ist die Echtheitsprobe auf behauptete Beziehungen von Menschen zu Jesus mit der Frage: ob sie notwendige, also: ob es auch *seine* Beziehungen zu ihnen sind. Das *Diskutable* daran ist das »Formale«.

Indem wir mit den biblischen »Denkformen« Israel als lange verdrängten Kontext für die Bedeutung Jesu einklagen wollen, ermöglichen wir damit zugleich die Überprüfung der *heidnischen* Denkformen (z. B. des christologischen Naturendenkens und anderer, metaphysischer Beziehungen der Christologie), die zwar in der Neuzeit rational mythologickritisch und philosophisch, aber noch nie auf den in ihnen ausgesprochenen Beziehungsgehalt hin überprüft wurden – die Beziehungen zum Heidentum, die darin ungeprüftselbstverständlich hingenommen wurden. Daß Jesus »auch den Griechen« zu Gottes Heil geworden ist, wurde darin wahrgenommen; daß und inwiefern er es aber den Juden ist, und gar: »den Juden zuerst« – das ist der Entwicklung der heidnisch-verantworteten Christologie verlorengegangen und ist nun nachzuholen; wir klagen es ein in Rückkehr zu dem Wirklichkeitsdenken der Bibel, das sich freilich darin »auf der ganzen Linie« von dem anerkannt Heidnischen unterscheidet, daß es die Heiden nicht ebenso verdrängt, wie umgekehrt es das Heidnische mit den Juden getan hat, darin also, daß es *umfassender* und darin: realitätsgerechter ist. Wir nannten Christologie die Lehre von der Stiftung der Gemeinschaft Gottes mit der Menschheit. Eben dafür brauchen wir die differenziertere Weite der biblischen Denkform.

d. »Formal« ist nun allerdings v. Balthasars Projekt und das, was wir bisher zu seiner Unterstützung beigebracht haben, in einer ganz anderen Hinsicht: nicht in bezug auf die Christologie, aber – auf Israel. Denn nur formal ist ein Reden allein vom biblisch bezeugten Israel, bei dem das jüdische Volk in seiner nachchristlichen Geschichte entweder explizit ausgeschlossen oder nur implizit mitgemeint (aber nicht mit-*bedacht)* wird. Dies aber ist der Fall bei allen oben gesammelten Materialteilchen.

Dies scheint unvermeidlich bei einer biblisch gebundenen Theologie, sofern in der Bibel der Christen das Zeugnis für das jüdische Volk nur bis zu den Nachwehen des Todes Jesu im Auseinanderleben von Christen und Juden, also rund bis zur ersten Jahrhundertwende christlicher Zeitrechnung reicht. Die historische Zeitgrenze der Bibel ist in der christlichen Theologie bisher konsequent als theologische Sachgrenze gedeutet worden, beispielsweise, wenn Barth keine »Fortsetzungen« der Volksgeschichte Israels theologisch mehr gelten lassen will. Daß darin keine grundsätzliche Entscheidung über eine theologische Gegenstandslosigkeit der über Jesu Tod hinauslaufenden Zeit gemeint ist, zeigt sich darin, daß die biblischen Zeugnisse von der *Kirche,* wie wir .sie etwa in der Apostelgeschichte haben, mindestens implizit auf die Kirche der folgenden Jahrhunderte angewendet wurden; niemand zweifelte daran, daß die Kirche der Jahrtausende und die Kirche der Apostelgeschichte ein und dieselbe Kirche seien. Im gleichen impliziten Sinne wollte Barth das Judentum »in Jesus« vor seinem Veralten geschützt sehen – aber schon darin war er der christlichen Tradition weit voraus, die in Anwendung auf Israel eine differenzierende Reflexion der historischen und der theologischen Urteilsebenen verweigerte. Dabei verfiel ja auch Barth noch ins Unhistorische, sofern er nur noch »in Jesus«, aber nicht mehr im Fortgang seiner eigenen Geschichte eine weitere theologische Bedeutung des jüdischen Volkes sehen konnte (jedenfalls wenn er christologisch dachte).

Der tiefere Grund dafür liegt – theologisch formelhaft ausgedrückt – in der Auffassung vom Verhältnis von Wort Gottes und Geschichte. Die Geschichte Israels war nur soweit theologisch relevant, wie sie uns von der Bibel als ins Wort Gottes gefaßt bezeugt wird. Nicht die Geschichte dieses Volks, nicht dieses Volk »an sich« gehen uns etwas an; sie berühren uns nur deswegen, weil das Wort Gottes sie uns bezeugt und sofern *Gott* uns zu ihnen in Beziehung setzt. Das Problem entsteht daran, daß das, was hier als »Wort Gottes« gilt, nicht nur an die Bibel *gebunden,* sondern biblizistisch: auf die Bibel *beschränkt* gedacht wird. Wovon die Bibel nicht spricht, hat keine Chance, uns als Wort Gottes zu begegnen. Wir haben nicht die Absicht, diesen *Grundsatz* zu bestreiten. Die Frage ist nur, ob das Prinzip bis zu der Entscheidung reichen muß, als Chance des Wortes Gottes auch das auszuschließen, von dem die Bibel nicht *mehr* spricht, nachdem sie so fundamental davon gesprochen *hatte* wie von Israels Geschichte. Wieso muß eigentlich das nachbiblische Judentum hinsichtlich seiner theologischen Deutbarkeit anders behandelt werden als die Kirche in nachbiblischer Zeit? Psychologische und politische Gründe lassen sich dafür freilich genug finden, aber sie können nicht (jedenfalls: nicht allein) theologisch gelten. Daß Israel lebt, beweisen ja die späteren Jesus-Schriften darin, daß sie gegen es polemisieren, und auch darin, daß sie Christen von Juden trennen. Polemische Verhältnisse sind aber auch Beziehungen und haben Anspruch auf theologische Würdigung, also auf Würdigung im Dienst des »Wortes Gottes«. Wort-Gottes-Relevanz ist in *jedem* vorausgesetzt, mit dem dic Kirche streiten *muß;* wenn das für die Häretiker gilt, um wieviel mehr für das Israel, von dem Paulus – und zwar lange *nach* Jesu Tod und in vollem Bewußtsein von dessen kritischer Bedeutung – lehrte, daß Gott sein Volk *nicht* verstoßen habe (Röm 11,1-2). In diesem Wort, wie in den Kapiteln Röm 9-11 insgesamt, ist unübersehbar eine theologische Bedeutung der Geschichte des jüdischen Volkes *nach* Jesu Tod konzipiert (und für die Entwicklung der Rechtfertigungstheologie offenbar für notwendig gehalten) worden. Die Leugnung einer theologischen Deutbarkeit des nachbiblischen Judentums ist – spätestens nach Röm 9-11 – eine elementare Verweigerung biblischer Möglichkeiten und von uns heute zu überwinden. *Wenn* die biblische Bindung der Theologie schon bis zur biblizistischen Beschränkung eingegrenzt werden soll (wozu wir grundsätzlich nicht raten können), ist um so mehr darauf zu bestehen, daß wir die Denk- und Erkenntnismöglichkeiten ausschöpfen, die die Bibel uns bietet, und also grundsätzlich denken lernen, daß Gott auch in nachbiblischer Zeit mit seinem Volk ist: daß uns darum auch das Judentum »unbedingt angeht«.

Damit wird nun allerdings von uns eine theologische Denkbarkeit desjenigen Judentums verlangt, das nicht in positiver, sondern in negativer Beziehung zu Jesus steht, an den gebunden wir das Wort Gottes hören. Nicht nur ein Judentum, das – als »Vorläufer« – *offen* für Jesus gesehen werden kann, sondern auch ein ihm *verschlossenes* Israel beansprucht theologische »Geltung«. Das Nein soll in gleicher theologischer Positivität gedacht werden wie das Ja, nicht in heils- oder unheilsgeschichtlicher Spekulation, sondern christologisch: Zu Jesus gehören nie nur die, die Ja zu ihm sagen, sondern auch die, die ihn verneinen – wo blieben sonst *wir?* Oder anders gesagt: Als christologisch wichtig muß das jüdische Volk an sich und für sich gedacht werden können, nicht nur in Formen *heilsgeschichtlicher* Vermittlung zu Jesus.

Gibt es denn *andere* Verbindungen zwischen Jesus und dem jüdischen Volk, als die in Glauben oder Unglauben sich ausdrücken?

Für die *vorkritische* Schriftauslegung der Antike, des Mittelalters, der Reformationszeit, ja noch des 18. Jahrhunderts[93] ermöglichte die Unangefochtenheit des trinitarischen Dogmas und der Logos-Christologie, Jesus auch im Alten Testament gegenwärtig und wirksam zu sehen; wo immer dort Gottes Handeln zu bezeugen war, war er selbstverständlich in seiner Einheit mit dem ewigen Sohn und dem heiligen Geist vorausgesetzt. Um das *bloß* Vorausgesetzte daran zu überwinden, hat christliche Schriftauslegung immer auch nach Indizien für die Anwesenheit Gottes in der besonderen Seinsweise des Sohnes

93. Für das Folgende vgl. F.-W. Marquardt, Die Gegenwart des Auferstandenen bei seinem Volke Israel. Ein dogmatisches Experiment, München 1983, bes. 57ff. – Ferner: Christus im Exodus; vgl. § 11 A 45.

im Alten Testament gesucht – mit Materialien, die weit über die sog. Weissagungsbeweise hinaus Präsenzweisen Christi fixierten: sei es auf der Ebene des alttestamentlichen Zeugnisses als des *Wortes* Gottes, sei es auf der Ebene dessen, *wovon* das Zeugnis zeugt: also der Geschichte, Institutionen und Personen des jüdischen Volkes. Sofern sie als Typen für Christus, die Christen, die Kirche oder neutestamentlich bezeugte Handlungen Gottes dingfest gemacht wurden, wurde dies zum wenigsten als Phänomen des Verbum, in der Regel als solche des *Faktischen* aufgefaßt, als Vorausereignungen einer praesentia Christi in der praesentia Dei und insofern als seine reale Präsenz. In reformierter Dogmatik zumal wurde – in Anschluß an altkirchliche Vorgänge (vor allem bei Augustin) – das Verhältnis des Alten zum Neuen Testament grundsätzlich in der Beziehung von Latenz (des Neuen im Alten) und Offenheit (des Alten im Neuen) bestimmt.

Bei dieser Methode war man sich bewußt, daß von Jesus von Nazareth im Alten Testament nicht mit einem einzigen Wort die Rede ist; er kommt dort schlicht nicht vor. Aber dies wurde theologisch abgefangen mit dem Gedanken, daß Jesus im Alten Testament in einem Prozeß seines Hervorkommens als Messias *begriffen* sei – ein Gedanke, der ontologisch so ernstgenommen wurde, daß z. B. noch Luther überzeugt davon war, daß es bereits im Alten Testament »Christen« gegeben habe, Menschen, die hingerissen waren von dem Großen, das Gott in der Geschichte des jüdischen Volkes, seinen Berufungen, Gerichten und Rettungen *werden* läßt. Interessant daran ist die nie weiter bedachte Möglichkeit der Definition eines vorchristlichen Christen *ohne* einen expliziten Bezug auf Jesus von Nazareth, mithin auch eines christlichen Glaubens als einer reinen Zukunftsoffenheit, »reinen« Hoffnung auf den *kommenden* Gott – *ohne* alle Momente eines heilsgeschichtlichen Perfektum und ohne einen »eschatologischen« Glauben im Sinne *erfüllter* Zeit. Hier, wie in vielem anderen, gibt es noch Provokationen Luthers, denen man sich nicht dadurch entziehen sollte, daß man z. B. die Rede von »Christen« im Alten Testament als uneigentliche, nur bildhafte Ausdrucksweise abtut; Luther kannte »Erfüllung« in der Welt des Alten Testaments. Darum sollten wir urteilen, daß Luther mehr Möglichkeiten seiner Theologie hatte, als er selbst ausgeschöpft hat.

Barth gehört in diese Tradition, auch wenn er eigenständig argumentiert und *keine* »christologische Auslegung des Alten Testaments« vollzieht.[94] Er wahrt die geschichtliche Distanz, also den Wortlaut der Hebräischen Bibel. In welchem Sinn kann er dann aber z. B. den Satz sagen, daß »der Messias selbst«

94. Sich darin von seinem Freund und Weggefährten W. Vischer unterscheidend. – Vgl. F.-W. Marquardt, Die Entdeckung des Judentums, 72ff.

in der vorneutestamentlichen Geschichte Israels »existiert«? Er »selbst« – nicht bloß die »messianische Idee«, auch nicht nur irgendwelche *Vorstellungen* von einem persönlichen Messias: Zweifellos ist das eine Aussage noch in altkirchlich-mittelalterlich-reformationszeitlicher Logik. Es kommt darauf an, wie Barth argumentiert. Soweit uns erkennbar: mit der Hilfe dreier zusammengehörender, doch auch in sich selbständiger Argumente.

Das *erste* nannten wir bereits: Für Barth galt Israels Geschichte im ganzen als Jesus-relevant. Während älterer christologischer Deutung des Alten Testaments *einzelne* Heils- oder Gerichtsworte, besonders wenn sie transparent über ihren historischen Augenblick hinaus formuliert waren, einzelne Menschen in einzelnen Zügen ihres Handelns und Geschicks (der Gottesknecht bei Deuterojesaja, der Wasser aus Felsen schlagende Mose, der König David usw.), Handlungsweisen Gottes, Reaktionsweisen Israels als christologisch gehaltvoll galten, hat Barth die Geschichte Israels in ihrer Einheit als christologischen Tatbestand gewürdigt; allenfalls ließe sich sagen: Er hielt *alles*, was das Alte Testament bezeugte, und damit das Alte Testament *selbst* für einen christologischen Tatbestand. Diese Ganzheit erforderte eine systematische Reflexion und machte möglich, nicht mehr – nach älterer Tradition – christologische Details in der Hebräischen Bibel zu definieren: also auf ständiger und krampfhafter *Suche* nach Christus im Alten Testament zu sein. Dem, was Barth unter Jesus Christus verstehen wollte, war das Alte Testament als Bedingung einer Verstehensmöglichkeit im ganzen vorausgesetzt. Damit war umgekehrt die Aufgabe gestellt, von Jesus Christus grundsätzlich nicht mehr abgesehen vom Alten Testament zu sprechen – noch genauer: *auch* nicht mehr so, daß das Alte Testament und sein Inhalt nur unter speziellen und ausgewählten *Hinsichten* für christologisch relevant erachtet wurde. Barth verfuhr damit systematisch gründlicher als z. B. die Theologen des Verhältnismodells von Gesetz und Evangelium, sofern diese innerhalb der einen Tora Israels noch verschiedene Relevanzschichten voneinander unterscheiden mußten, wenn »das« Gesetz »dem« Evangelium theologisch komparabel gedacht werden sollte; das sog. Kultgesetz hatte dort für das Evangelium nicht einmal mehr dialektische Bedeutung; während Barth das Alte Testament als solches christologisch wichtig fand.

Soweit wir erkennen können, beruht diese systematische Möglichkeit auf zwei weiteren Gedanken.

Zweitens. Es gibt schon vom »frühen« Barth die Erkenntnis, daß echte Eschatologie auch nach rückwärts leuchte – ein heute durch Walter Benjamins geschichtsphilosophische Thesen weiter verbreiteter Gedanke. Wo Gott handelt, geraten immer die Festen der Zeiten ins Wanken, werden die Bewußtseinsgesetzlichkeiten des Zeitlaufs in Frage gestellt. Nicht nur Zukunft tut sich auf, auch Gräber der Toten öffnen sich, anders gesagt: Auch auf Vergangenheit fällt das Licht der Erfüllung, so daß auch sie teilbekommt am Leuchten des großen Tages. Wenn Leben, Wirken und Sterben Jesu solch ein großer Tag Gottes waren, eignet auch ihnen die Kraft rückwärtiger Erhellung, der Re-präsentation, einer Wieder-Holung alles schon Toten, einer Teilgabe von Sinn des Jetzt an das, was war.

Unter diesem Verständnis des Eschatologischen erfährt bei Barth das Alte Testament eine christologische Vergegenwärtigung entsprechend dem Bekenntnisruf Hebr 13,8, daß Jesus Christus »gestern und heute derselbe ist und in Ewigkeit«, auch gestern! Die christologische Bedeutung, die Barth am Alten Testament sieht, ist Mitgift eines *Messianismus der Zeit* (und entspricht darin Denkmöglichkeiten der jüdischen Tradition, von denen Barth nur, soweit wir sehen, nichts wußte). Dies ist eine andere Logik als die heilsgeschichtlicher Kontinuität oder unheilsgeschichtlicher Diskontinuität. Der Messianismus der Zeit, mit dem Barth der eschatologischen Botschaft Jesu und der urchristlichen Verkündigung entspricht, steht jenseits der Zeitschematismen des Alltagsbewußtseins über die Folge von Vergangenheit, Gegenwart und Zukunft. Messianisches Zeitgeschehen ist danach eine Teilgabe von Lebenszeiten des Lebendigen an die der Toten und der Ungeborenen. Wir werden im dritten Teil unserer Christologie dies thematisieren.

Drittens. U. E.ist der am meisten Gewinn bringende Gedanke in diesem Zusammenhang die Formel, die Israel als »natürliche Umgebung Jesu Christi« definiert.[95] Obwohl sie im diffizilsten dogmatischen Zusammenhang der Barthschen Prädestinationslehre formuliert wurde,[96] besitzt sie eine theologisch auch ganz unprätentiöse Seite.

Sofern Barth nämlich im gleichen Zusammenhang die Kirche als »geschichtliche Umgebung« Christi bestimmen kann, enthält der Begriff »natürlicher« Umgebung ein Moment von »bloß« Natürlichem. Zwar wird auch dies zunächst noch im Sinne des christologischen Naturenbegriffs gedacht: als spezifische Bezeugung der menschlichen Natur Christi durch das jüdische Volk, dem er entstammt. Aber dabei ist nicht zu übersehen, daß das »Natürliche« auch noch andere Bedeutungsgehalte bekommt. Wenn wir eben fragten, ob nicht das jüdische Volk auch *an und für sich* theologisch bedeutungsvoll genannt werden könnte, war das schon geleitet von der Belehrung durch Barths Rede von Israel als natürlicher Umgebung Jesu Christi.

Nach Barth gibt es den Menschen Jesus nicht ohne seine spezifische Umgebung; das jüdische Volk ist seine natürliche, die Kirche seine geschichtliche

95. K. Barth, KD II,2, 216.
96. Vgl. F.-W. Marquardt, Die Entdeckung des Judentums, 208ff.

Umgebung. Im Begriff des Natürlichen, sofern es hier als Gegenbegriff zum Geschichtlichen der Kirche gebraucht wird, sehen wir eine Herauslösung des jüdischen Volkes aus jenen heilsgeschichtlichen Bestimmungen, die im besten Fall zur Tradition gehören. Dies hat auch einen kritischen, problematischen Unterton, sofern es Israel als »Volk ohne Geschichte« (K. Kupisch) zu definieren scheint.[97] Aber umgekehrt erlaubt die hochsensible Dialektik des Barthschen Denkens gerade in diesem Zusammenhang auch die Deutung, daß das jüdische Volk – als »natürliche« Umgebung Jesu Christi begriffen – nun doch an sich und als solches theologisch qualifiziert wird: als seine natürliche Beziehung zum Menschen Jesus, die als diese der ewigen Wahl Gottes entspringt.

Die Deutung wird bestätigt durch eine weitere Kennmarke des »Natürlichen«. Barth sieht nämlich dessen Sinn be-zeichnet durch die Bedeutung, die *Zeugung und Geburt* - wie ja auch im Falle Jesu – im Leben des erwählten jüdischen Volkes haben; er kann drastisch die ganze Geschichte Israels auch die des »verschonten σπέρμα« nennen[98], die Rettung von »Abrahams Samen«. In Israel stehe, sagt Barth, des Menschen Geschlechtlichkeit »fast ganz unter dem Gesichtspunkt der Fortpflanzung des heiligen Samens und *damit* der Hoffnung Israels, *damit* im Zusammenhang von dessen Bestimmung und messianischer Erwartung. Um des Sohnes willen muß der Mann seine Frau suchen: die künftige Mutter seiner Kinder, der Erben seines Leibs vor allem, und muß die Ehe heilig halten«.[99] Denn der »Bund der Gnade soll ja durch Gottes Treue im Kommen des Sohnes aus Abrahams Stamm erfüllt werden«.[100] Damit steht ein sog. *natürliches* Israel unter *messianischer* Bestimmung. Barth kann unter diesem Gesichtspunkt von einer durch Gott geheiligten Natur des Volkes Israel sprechen, »wie es von Natur kein Heide ist, auch nicht der Beste unter den Heiden«.[101] »Immer noch bleibt jedes Glied des Volkes Israel als solches der Heiligkeit teilhaftig, die die keines anderen Volks sein kann: der Heiligkeit der natürlichen Wurzel...«, aus der Israel stammt.[102] Die rein physische Abkunft verbindet Jesus und das jüdische Volk miteinander, und dies gilt keineswegs als Tatbestand des historisch-Zufälligen, sondern hier anerkennt Barth eine theologische Bedeutung auch des rein-Biologischen. Von hier aus formuliert er einen theologischen Sinn des jüdischen Volks »als solchem« jenseits jeder weiteren religiösen Ausdrucksform, jenseits von

97. K. Kupisch, Volk ohne Geschichte. Randbemerkungen zur Geschichte der Judenfrage, Berlin 1953.
98. K. Barth, KD II,2, 256.
99. K. Barth, KD III,1, 357.
100. K. Barth, KD III,4, 243.
101. K. Barth, KD II,2, 315f.
102. AaO. 316.

Glauben oder Unglauben. »Das ist sicher, daß dieses Volk als solches das heilige Volk Gottes ist«.[103] »Kein Volk als solches außer Israel ist Gottes Volk«.[104] »Es ist kein Geringes, ›Abrahams Nachkomme‹ zu sein. Abrahams Nachkommen sind zweifellos als solche das erwählte Volk Gottes . . .«.[105] In »ausnahmslos jedem Juden als solchem« haben wir Israels besondere Heiligkeit zu »respektieren«.[106] Mit der Folge: »Die Juden sind ohne allen Zweifel bis auf diesen Tag Gottes erwähltes Volk im gleichen Sinn, wie sie es nach dem Alten und Neuen Testament von Anfang an gewesen sind«.[107] »Hier zeugt tatsächlich ein Stück Weltgeschichte aufs direkteste . . . für das biblische Offenbarungszeugnis . . . Israel ist eben bis auf diesen Tag noch vor unseren Augen das Gottes-Volk«.[108]

Eine Fülle von Belegen eines jüdischen Selbstverständnisses bestätigen Barths Sicht. Berühmtester Hinweis: die jüdische Mutter als einziges sicheres talmudisches Merkmal für die Feststellung dessen, wer ein Jude ist. Franz Rosenzweigs Unterscheidungsformel: Judaeus nascitur, Christianus fit – als Jude wird man geboren, Christ *wird* man.[109] Die glatte Ineinssetzung der großen Erwählten *in* Israel mit dem Volk Israel selbst: im Falle des jesajanischen Gottesknechts, Hiobs usw.

Wer Barths Leidenschaft kennt, jede theologische Qualifizierung und religiöse Hypostasierung rein weltlicher Wirklichkeiten zu bekämpfen und jede sich an und für sich selbst setzende Weltrealität dem Urteil Gottes zu unterwerfen, wird das Besondere an der *Ausnahme* von dieser Regel im Falle des jüdischen Volkes begreifen. Wie gelungen oder mißlungen man hier Barths Überlegungen auch ansehen will – Absicht und Sinn seiner Lehre sind nicht herauszulösen aus dem Ganzen seines theologischen Denkens. Bisher hat keiner seiner Schüler diese Lehre wieder aufgenommen, Barth »wartet« hier noch auf eine Rezeption, die freilich eine Korrektur des gesamten »offenbarungstheologischen« Systems bedeuten müßte und den Versuch, das jüdische Volk in seiner reinen historischen Faktizität als das Israel zu verstehen, das uns bis heute unbedingt angeht.

Dies allein wäre aber auch bibelgemäß. Barth hat mit seinen Ausführungen über den messianischen Sinn von Zeugung und Geburt in Israel offenbar alle jene toledot – Erzählungen im Auge gehabt, die wir in unseren Prolegomena

103. AaO. 315.
104. AaO. 325.
105. AaO. 236.
106. AaO. 316.
107. K. Barth, Die Judenfrage und ihre christliche Beantwortung, in: K. Kupisch (Hg.), »Der Götze wackelt«. Zeitkritische Aufsätze, Reden und Briefe von 1930–1960, Berlin 1961, 149.
108. K. Barth, KD I,2, 566f.
109. Vgl. ferner: F.-W. Marquardt, Die Entdeckung des Judentums, 213ff.

in ihrer Bedeutung für das Wirklichkeitsverständnis der Bibel im Anschluß an Fr. Breukelman dargestellt haben (§ 6). Von deren fundamentalem Sinn hat Barth Gebrauch gemacht in seiner Lehre vom natürlichen Israel. Weil er die Grundbedeutung der toledot aber noch nicht im ganzen ausgearbeitet hatte, hatte er ein entscheidendes Moment daran noch nicht im Blick: daß die toledot -Erzählungen, indem sie die Grundform der physischen Existenz des Volkes Israel zum Inhalt haben, zugleich damit die Struktur des biblischen *Geschichtsverständnisses* entwickeln. Im Sohn geht es immer auch um das »Erbe« Israels inmitten der Völker. (Vgl. Bd. 1, S. 281 ff.). Von hier aus läßt sich jener Schematismus der Barthschen Lehre nicht mehr wiederholen, der die Kirche als geschichtliche, Israel aber »nur« als die natürliche Umgebung Jesu Christi kennzeichnet. Israel lebt die Geschichte seiner göttlichen Bestimmung, das jüdische Volk lebt seinen Zeugendienst in der Welt vor allem auch in Kampf um die physische Erhaltung und Fortzeugung seiner selbst; erst nach Auschwitz können wir den vollen Sinn der toledot ermessen. Ohne physische Existenz des jüdischen Volks versinkt die Geschichte Israels. Nur in seinem Überleben bleibt auch seine biblische Geschichte lebendig und nur so auch: Jesus-relevant. Es besteht ein Zeugniszusammenhang zwischen Jesu Leben aus dem Tode und dem Überleben des jüdischen Volks durch die Jahrtausende: Zeugnis für die Grundform jeder theologischen Ontologie. Ohne Israels Überleben verfällt das Alte Testament an die Beliebigkeit eines historischen Textes, der als reine Form ersetzbar durch beliebige andere wäre. Wenn Barth das Alte Testament im ganzen zur Bedingung der Möglichkeit einer Christologie erklärte, dann zehrte dies von einer gegenständlichen Bedeutung, die das Alte Testament bloß als literarische Urkunde, bloß als Buch und Bibel *nicht*, die es aber als Zeugnis für das lebendige jüdische Volk bis heute *hat* - wie ja auch von den Jesus-Schriften zu sagen ist, daß auch sie bloß als Buch und Bibelteil nichts, als Zeugnisse für den ihnen gegenständlich-lebendig bleibenden Jesus in seinem auferweckten Leben freilich alles zu be-deuten haben.

Wir folgern daraus:

1. »Daß Jesus Christus ein geborener Jude sei«, qualifiziert die Geschichte des Volkes, aus dem er stammt. Dies Volk ist als Abstammungsgemeinschaft von Abraham her, dem Gesegneten Gottes, Träger einer unendlichen Gottesverheißung, die – unermeßlich – bis an die Sterne und die unzählbar vielen Körnchen des Sandes am Meer reicht. So sehr unser Verhältnis zum jüdischen Volk darin gründet, daß es das Volk ist, aus dem Jesus stammt, lebt umgekehrt dessen Weltbedeutung, wesentlich und nicht beiläufig, davon, daß er Sohn dieses Volkes, Moment von dessen Geschichte, Mitgesegneter seines Segens, Mitberufener seiner Berufung ist. *Exklusiv* wirkt Jesus an *uns*: darin, daß er unsere Beziehung zu Gott *notwendig* zu einer Beziehung auch zum jüdischen

Volk in seiner Geschichte macht. ***Inklusiv*** erfahren wir die ewige ***Bedeutung*** Jesu aus der ewigen Bedeutung seines Volkes.

2. Es bewirkt nicht viel, wenn wir die Bedeutung der zwischen Israel, Jesus und uns bestehenden Beziehung den verschiedenen Aspekten des überlieferten dogmatischen Systems genauer zuordnen. Sie gehört zu Gottes Erwählung genauso, wie man sie inkarnationstheologisch oder ekklesiologisch denken könnte. Uns interessiert vor allem die Denkbarkeit dieses Zusammenhangs, und wir fassen die Beziehung darum immer wieder als eine hermeneutische Aufgabe: »Versuch des Verstehens« einer geschichtlich, seelisch, politisch, theologisch so *abgründig gestörten* Wirklichkeit, wie es diese Beziehung ist.

3. Während in der Tradition bestenfalls die Bibel des Alten Testaments oder einzelne Worte, Gedanken, Zeugnisse, Institutionen des biblischen Israel, bei Barth aber die Geschichte Israels »im ganzen« für die Aussage der Bedeutung Jesu relevant und formgebend für die Christologie waren, erachten wir – jetzt auch über Barth hinaus – allein das jüdische Volk in der Lebendigkeit seines geschichtlichen Existierens (zu der alle Verschonungen seines Überlebens gehören) als in sich selbst begründetes Zeugnis für Gott und *darum* relevant für die Erkenntnis der Bedeutung Jesu – also für »christologisch« relevant. Wir gewinnen diese Relevanz nicht an wie immer sprechenden Strukturanalogien zu Jesus, sondern fassen solche – uns sehr wichtigen – Analogien als Verweise auf die ewige Bedeutung der nackten Existenz dieses Volkes in seiner Geschichte. Dabei reduziert sich uns die emphatische Bedeutung, den der Begriff der Geschichte im bürgerlichen Zeitalter bekommen hat, auf das, was die Möglichkeit aller Geschichte allererst bedingt, auf ihren materiellen Kern: das physische Überleben des jüdischen Volks. Wenn dies nicht zu uns »spricht« – und zwar theo-logisch –, bleiben wir taub auch für das Alte Testament, und dann auch – in einfacher Konsequenz – für das Zeugnis der Jesus-Schriften für Jesus, den Juden. Das Wort Gottes, das allein uns Jesus zu einer sprechenden Wirklichkeit machen kann, vernehmen wir aus diesem schweigenden Sprechen des überlebenden jüdischen Volkes. Dies ist das Zeichen der Zeit, in dem Jesus unserer Generation »die Zeit erfüllt«.

Darüber lassen wir nun einen dritten Teil unserer Christologie folgen.

Teil III. Vom Kommen, Gehen und Bleiben Jesu von Nazareth

Einleitung

VORSATZ *Bonhoeffers Frage: »Wer ist Jesus Christus für uns heute?« ist schwer zu stellen und noch schwerer zu beantworten. Denn wer besäße volle und verbindliche Einsicht für das, was uns heute frommt? Überdies meinen wir, Jesus für Wichtigeres zu brauchen als für eine Orientierung in der Zeit.*

Er selbst jedoch macht uns eine solche Orientierung wichtiger als anderes, indem er verkündet: »Die Zeit ist erfüllt«.

Wer ist Jesus Christus für uns heute?

Dietrich Bonhoeffer hat die christologische Frage in dieser Form gestellt[1]. Sie scheint auch für uns die wichtigste, die sich einem Christen überhaupt stellen kann. Denn Christ ist man um Jesu Christi willen, – nach ihm nennt man sich, – als seinen Anhänger versteht man sich, – eine Beziehung zu diesem Menschen ist das unterscheidend Christliche, und darum muß man immer wieder fragen, was er einem bedeutet. Mag man in seiner *Religion,* will sagen: in seinem Verhältnis zu einem Gott, vergleichbar sein mit einem Juden oder einem Moslem, einem Hindu oder einem Buddhisten (falls Hindus und Buddhisten sich in einem Verhältnis zu Gott verstehen) – im Verhältnis zur Person Jesu Christi hat der Christ sein Spezifisches; im Menschenverhältnis unterscheidet sich das Christentum von anderen Religionen.

Das muß erläutert werden. Auch das Judentum ist nicht nur ein *Gottes*verhältnis; es verdankt sich, seinem Selbstverständnis entsprechend, nebst Gott ebenfalls einem zentralen *Menschen:* Mose. Und auch der Islam hat die Offenbarung Gottes aus der Hand eines historischen Menschen empfangen: Mohammeds. Gerade die drei großen, sog. monotheistischen Religionen – also die, in denen Gott und nur Gott, Gott-allein, einzig Gott das Zentrum bildet – sind doch zugleich in geschichtlich einzigartiger Weise je an einen Menschen gebunden und vertreten eine Gottes-Exklusivität und Gottes-Zentralität zugleich mit der Höchstschätzung eines berufenen Menschen. Gott bleibt ihnen nicht abstrakt einzig und exklusiv. Für seine Einzigkeit unter allen Wesen steht ein einzelner, einzigartig ausgezeichneter Mensch unter allen Menschen

1. D. Bonhoeffer, Widerstand und Ergebung, 178 (30. 4. 44).

ein. – Wohl gilt allen drei Religionen die Einzigkeit Gottes als *geistige* Wirklichkeit, in der alle verwirrende Vielfalt, Buntheit und Unbestimmtheit des Menschlichen abgestreift wird, der Geist sich konzentriert auf das Eine, das not tut, so daß die Seele der Glaubenden nicht mehr zweifelnd und sehnsüchtig nach Erfüllung umhergetrieben wird unter den Gestalten der weltlichen Dinge, der menschlichen Körper und Geister, sondern Ruhe finden, zum Ziel kommen kann in dem Einzigen. Aber eben: Alle drei vergewissern sich des höchsten und reinen Einen und Geistigen durch einen wahren Menschen: Mose, Jesus, Mohammed; alle drei Religionen sind also konstituiert im Gefüge einer ursprünglichen und unersetzbaren *Gott-Mensch-Beziehung.* Israel hat Gott nicht ohne Mose und alle die von ihm sich herleitenden schriftlichen und mündlichen Traditionen; der Islam hat Gott nicht ohne das Widerfahrnis des Offenbarungsempfangs, der die Entgegennahme einer himmlischen Schrift durch Mohammed aus der Hand des Engels Gabriel war (Sure 96,1-5); und wir Christen haben Gott nicht ohne Jesus. Daß der eine Gott in diesen drei Menschen je Verschiedenes zu bedeuten scheint, ist wahr. Aber die Unterschiede sind, was Gott betrifft, nicht so tief, daß sie unüberbrückbar wären, zumal ja auch geschichtlich die je folgende Religion auf der oder den je vorausgehenden aufbaut: Jesus und das Christentum auf Mose und dem Judentum, – Mohammed und die Schrift, die er von Gabriel empfangen hat, auf Mose und den Müttern und Vätern Israels und zugleich auf Jesus und seiner Mutter Maria.

Nicht im religiösen Gottesverhältnis liegen also die Unterschiede. Sie sind vielmehr in den Menschen zu suchen. Freilich nicht darin, daß alle Menschen verschieden sind, und so auch Mose, Jesus und Mohammed. Die zentralen Menschen haben im Gottesverhältnis der drei Religionen verschiedene Stellung und Bedeutung, – sind objektiv, nicht im Subjektiven voneinander verschieden.

Zur Bezeichnung ihrer Stellung gibt es in der Religionswissenschaft unterschiedliche Begriffe. Man nennt sie z. B. »*Religionsstifter*« – aber das ist für das Selbstverständnis von Juden, Christen und Moslems ein törichter Ausdruck: von außen, aus unbeteiligter Zuschauerhaltung definiert, die keinem Gläubigen etwas sagen kann. Denn für die Glaubenden versteht sich, daß sie ihr Verhältnis zu Gott nicht der Stiftung religiöser Heroen verdanken, sondern der Offenbarung Gottes an sie. Gott ist »Religionsstifter«, kein Mensch. Daß Mose, Jesus und Mohammed hochinspirierte *Ausleger* und *Praktikanten* der Offenbarung wurden, die sie empfangen haben, ist wahr und gilt für alle drei, aber keiner von ihnen war eine Stifterfigur.

Man nennt sie sodann »*Offenbarungsmittler*«. Bei dieser Bezeichnung ist das menschlich-Schöpferische des Stiftergedankens vermieden,und es wird berücksichtigt, daß die zentralen Menschen ihrerseits nichts sind als Empfänger Gottes. Was sie empfangen haben, behält keiner von ihnen für sich, keiner verschließt es in seinem Inneren, sondern sie vermitteln es weiter an andere Menschen.

Mindestens für das christliche Offenbarungsverständnis ergeben sich allerdings auch bei diesem Ausdruck Schwierigkeiten. Denn das Christentum kennt keinen Buchstabenempfang, wie Mose auf den beiden steinernen Tafeln der Sinai-Offenbarung Gottes Gesetz Wort für Wort empfing, und keinen Buchempfang, den Mohammed erlebte. Das Christentum unterscheidet die göttliche Offenbarung von den menschlichen Zeugnissen von ihr. Diese sind Erinnerungen und Ausrichtungen dessen, was im Offenbarungsvorgang sich gezeigt haben mag. In den Zeugnissen als solchen spricht aber der empfangende Mensch, nicht der Gott selbst. Christliches Offenbarungsverständnis wird darum immer gefaßt in einer Spannung von Buchstabe und Geist: von »Buchstaben« als menschlichen Zeugnissen von dem Ereignis einer Offenbarung, »Geist« aber als der Gotteskraft, die dieses menschliche Zeugnis den Hörern innerlich erst glaubwürdig machen muß; denn der Zeuge hat ja keine formale Autorität, er kann sich geirrt haben bei dem, was er von einer empfangenen Offenbarung behält und erzählt, – er kann auch alles oder etwas mißverstanden, gar verfälscht, nur in Auswahl bewahrt haben, – er kann mit seinem angeblichen Offenbarungszeugnis auch willentlich Mißbrauch treiben, z. B. um Macht über Menschen zu gewinnen. Ob eine behauptete Offenbarung, selbst wenn sie schwarz auf weiß mitgebracht wird von einem Wüstenberg oder aus einer heißen visionären Nacht, wirklich *Gottes* Offenbarung ist, dafür kann keine äußere Autorität geradestehen, das kann sich nur in der inneren Zeugniskräftigkeit einer Aussage beim Hörer erweisen: aus ihrer sachlichen Evidenz und aus der Wirkung des Geistes dieser Buchstaben im Hörer. So sieht es das Christentum. Insofern ist der Ausdruck »Offenbarungsmittler« ein christlich schwieriges Wort. Aber Judentum und Islam sehen das anders: Mose und Mohammed eignet vor allem deswegen eine überlegene Vertrauenswürdigkeit und schon rein formale Autorität, weil unter Millionen Menschen Gott gerade sie gewürdigt hat, Empfänger seiner Offenbarung zu werden, und in diesem Sinne sehen sich vom christlichen Standpunkt aus (und typologisierend geredet) jüdischer und moslemischer Glaube wie Respekt vor einer menschlichen Autorität an, während christlicher Glaube immer von inhaltlicher Zustimmung abhängig ist.

Ein dritter üblicher Begriff (neben »Religionsstifter« und »Offenbarungsmittler«) ist der des *»Offenbarungsempfängers«*. Mose nimmt von Gott auf dem Sinai den Gotteswillen der Zehn Gebote entgegen und damit im Kleinen schon das ganze Gesetz, die Propheten und alle Schriften Israels; Mohammed empfing in jener heißen Nacht der 96. Sure die Schrift, die er vorlesen und rezitieren soll, die von einer Feder stammt, die der allgütige Herr selbst geführt hat, um den Menschen zu lehren, was er nicht wußte. Aber was hätte Jesus im Vergleich damit als Offenbarungsempfang vorzuweisen?

Bei dieser Frage trennen sich die Wege. Jesus hat in der ihm widerfahrenen Offenbarung Gottes nicht *etwas* empfangen: einen Text, ein Buch, ein Lehrsystem, eine theologische Gedankenkette (z. B. die Bergpredigt oder das Liebesgebot oder dgl.). Sieht man genau hin, etwa auf die Tauferzählungen der Evangelisten, wird man erkennen: In der ihm bei seiner Taufe widerfahrenen Gottesoffenbarung hat er seine Sendung empfangen und damit: *sich selbst.* »Und es begab sich in jenen Tagen, daß Jesus aus Nazareth in Galiläa kam und sich von Johannes im Jordan taufen ließ. Und sobald er aus dem Wasser stieg, sah er die Himmel sich öffnen und den Geist wie eine Taube auf sich herabschweben. Und eine Stimme erscholl aus den Himmeln: ›Du bist mein geliebter Sohn, an dir habe ich Wohlgefallen gefunden‹« (Mk 1,9-11).

Die Vision des offenen Himmels ist Bild für das, was wir theologisch-abstrakt »Offenbarung« nennen. Die Vision der Geistestaube, die Jesus auf sich herabschweben sieht, ist – nach alter biblischer Auffassung – Hinweis auf Kraft für besondere *Dienste* (denn in der Bibel gehören Geist und *Wirken* zusammen, nicht – wie im Griechentum und im idealistischen Deutschtum – Geist und *Denken*). Die Stimme aus den Himmeln aber – die Gottesstimme – ruft ihn an als »lieber Sohn, an dem Gott Wohlgefallen hat« – »Sohn«: auch das eine Funktionsbezeichnung, Ausdruck für Dienst und Werk, kein genealogischer, gar biologischer Verwandtheitsgrad (vgl. oben § 7.1). – Das heißt also: Jesus, dem nicht etwas offenbart wird, wird sich selbst offenbar in seiner Berufung und in seinem Dienst. Wir können unterscheiden: Während andere Offenbarungsmittler vor allem wichtig für die *Menschen* sind, denen sie einen von ihnen empfangenen Offenbarungsinhalt vermitteln sollen, ist die Offenbarung an Jesus vor allem wichtig für *Gott,* der in der Offenbarung sich unter den Menschen einen »Sohn« schafft, den er mit seinem »Geist« ausstattet und in seine Dienste ruft. Offenbarung ist hier gänzlich personbezogen, kein sachvermittelndes Geschehen. So daß wir für Jesus jedenfalls nicht gut von einem Offenbarungsmittler sprechen können, weil er Offenbarung in Person ist; er hat nichts zu vermitteln an die Menschen, als sich selbst, hat den Menschen im Namen Gottes nichts mitzuteilen: keine Lehre, keine Wahrheit, keine Gebote und kein Gesetz – als nur sich selbst und den Dienst, den Er-in-Person oder besser: Gott-in-seiner-Person den Menschen tun will. Wenn es in der Geschichte des Christentums dann auch, wie in den anderen großen Religionen, zu *Lehr*mitteilungen kommt, zur Formulierung von ethischen Geboten, Gesetzen, zur Bildung von Wahrheitssätzen und zu Kämpfen darum, dann sind das menschliche Zeugnisse, nicht göttliche Offenbarungsinhalte, - Buchstaben, nicht Geist, - Erinnerungen, nicht die Sache selbst, - Religion, nicht Offenbarung; und die Hauptaufgabe der Theologie besteht darin, alle diese menschlichen Zeugnisse zurückzudenken auf ihren reellen göttlichen Kern: die Offenbarung Gottes, in der Jesus von Nazareth sich selbst offenbar wird in seinem Dienst für die Menschen: mitten unter uns.

Das aber ist etwas unterscheidend Christliches. Weder Mose noch Mohammed werden sich in der Offenbarung Gottes selbst offenbar, keiner von beiden wird selbst zum Inhalt der Offenbarung Gottes; sie werden zu Funktionären des göttlichen Willens und Wortes, aber nicht selbst zum Wort Gottes oder - mit einem Ausdruck K. Barths - zum »Sakrament der Zuwendung« Gottes an sein Volk und die Menschheit.

So kommen wir zu dem Schluß: Während im Verständnis von einem exklusiven und geistigen Wesen Gottes die drei großen Religionen zusammenstimmen, - während sie auch zusammenstimmen in einer Bezeugung des einen Gottes durch einen zentralen, dafür erwählten Menschen, unterscheiden sich Judentum und Islam vom Christentum dadurch, daß Gott den Menschen durch sie Weisungen und Wahrheit *bringt*, unterscheidet sich umgekehrt das Christentum vom Judentum und Islam aber dadurch, daß sich in ihm Gott an die Menschen *hingibt*.

Klar, daß bei genauerem Hinsehen die verschiedene Stellung der ausschlaggebenden Menschen auch zu einem verschiedenen Verhältnis dieser Religionen zu Gott führt. Judentum und Islam verhalten sich zu Gott durch Tatgehorsam und Befolgung der Worte, die ihnen vermittelt worden sind in der Offenbarung; Christentum verhält sich zu Gott durch Personennachfolge und -gemeinschaft. In Judentum und Islam bleibt Gott transzendent und wirkt durch sein Wort in der Immanenz, im Christentum wirkt Gott selbst aus seiner Transzendenz heraus in der Immanenz. Haben Juden und Moslems mit Gott zu tun, dann durch ihr Tun des Gerechten; haben Christen mit Gott zu tun, dann in Anhänglichkeit an einen der ihren. Darum noch einmal: Am Menschenverhältnis unterscheidet sich das Christentum von anderen Religionen.

Vielleicht versteht sich von daher unsere Behauptung, daß für einen Christen Bonhoeffers Frage: Wer ist Jesus Christus für uns heute? unter allen denkbaren Fragen die bei weitem wichtigste ist.

Aber sie ist auch die schwerste Frage.

Auf zwei Schwierigkeiten dabei sind wir schon einmal zu sprechen gekommen. Antworten auf sie können uns nämlich leicht zu unangenehmer Gesetzlichkeit verführen. Wer bestimmt denn, was »für uns« wichtig und richtig ist, - könnte Stimmführer »für uns« alle sein? Wer begreift denn das »Heute« so, daß er die Bestrebungen des Zeitgeistes wirklich verstünde und mit einiger Vollmacht erklären könnte, etwas sei »heute« so und nicht anders zu denken oder zu tun? Wer »für uns heute« antworten will, könnte letztlich nur die Normativität unfaßbarer Stimmungen behaupten und müßte Meinungen anmaßend verabsolutieren. Er würde nicht wahrhaben wollen, daß »wir« in der Regel asynchron leben, ungleichzeitig in dem Bewußtseinshorizont verschiedener Generationen, Schichten, Bildungsklassen, Kulturen, Bedürfnisse, auch der Interessen. Weder »wir« sind ein Ganzes, noch haben »wir« ein gemeinsames Bewußtsein von einem gemeinsamen Heute.

Eine dritte Schwierigkeit kommt bei Bonhoeffers Frage hinzu. »Wer ist Jesus Christus für uns heute?«, ist eine ernstzunehmende Frage, weil sie in sich eine ernste Frage ist. Sie heißt: Wer »ist« Jesus Christus für uns heute? Sie heißt nicht: Wie wollen »wir« Jesus Christus »heute« deuten, interpretieren? Und erst recht nicht: Wie hätten wir denn Jesus gern? Gefragt ist also nicht nach dem eintausendundersten Bild unter den vielen Christusbildern, die nun schon seit zweitausend Jahren und auch in unserer Generation immer neu entworfen werden, woran mit Theologen auch Dichter und Religionswissenschaftler, Psychologen und Journalisten, Historiker, Maler und Politiker beteiligt sind. Es gibt eine Schwemme von Bildnissen und Gleichnissen von Jesus, – alle interessiert daran, einem – meist bildungsbürgerlichen – »Wir« die Gestalt Jesu verständlich, interessant, modern zu machen. Offenbar gibt sich Jesus immer wieder dafür her, zum Objekt menschlichen Bildens zu werden. Aber es geht ihm da, wie es ihm in früheren Zeiten auch ergangen ist: Wie er einst erdrückt wurde von dogmatischen Behauptungen der Kirche, so seit 200 Jahren von vielleicht gut gemeinten, aber doch beliebig modernisierenden Meinungen über ihn, von Äußerungen eines »Es ist uns so«.[2]

Dagegen sehen wir den Ernst der Bonhoefferschen Frage gerade nicht in einem: »Was dünket euch um Christus:« (Mt 22,42), sondern in dem: Wer *»ist«* Jesus Christus für uns heute? Das verlangt Antwort auf einer Ebene *über* unserem Meinen und Wollen. Und da ist Bonhoeffers Frage *schwer* zu beantworten – in ein für allemal gültiger Weise überhaupt nicht. Denn noch einmal: Wer auch nur von den Kirchenmännern oder christlichen Theologen könnte denn sagen, wer Jesus Christus heute wirklich ist? Wer hätte dazu die *Autorität*, auch nur *Normen* dafür, um das bestimmen zu können, jenseits des Beliebigen und eines »Wie es euch gefällt«? Wer hätte die *Erfahrung*, um zu dieser Frage etwas mit Gewißheit aussagen zu können? Was Kirchen und Theologien dazu zu sagen haben, ist ja auch nur Deutung, Anwendung, Übersetzung – das gilt

2. Vgl. H.J. Iwand, Glauben und Erkennen, in: Glauben und Wissen. Nachgelassene Werke, I. Bd., München 1962, 35.

gerade auch für die guten alten, bewährten und ehrwürdigen Antworten der Dogmen, die die Kirchen überliefern; auch sie sind Auslegungen unter den Bedingungen einer bestimmten Zeit, also auch begrenzt in ihrem Anspruch auf »uns heute«.

Den Ernst der Frage Bonhoeffers sehen wir darin, daß letztlich nur der die Frage beantworten kann, der in ihr in Frage steht: Jesus von Nazareth selbst. Antworten der Kirchen können der Eigenantwort Jesu *dienen*, weil sie ja wenigstens menschliche Zeugnisse für das Ereignis bewahren und weitergeben, in dem Jesus von Nazareth sich vor Gott selbst offenbar geworden ist. Aber eben: Sie können darum wirklich nur die *Selbstantwort* Jesu bezeugen, sie nicht ersetzen durch ihre Antworten.

Damit sagen wir nun: Die Selbstantwort Jesu, auf die wir aussein müssen, wenn es uns ernst ist mit Bonhoeffers Frage, müßte in sich beschließen gerade das, was uns das Wichtigste ist: Antwort auf die Frage, wer Jesus Christus »für uns heute« ist. Innerhalb der Theologie könnten uns die Antworten der Neutestamentler noch nicht genügen, weil sie mit ihren Mitteln vor allem fragen: wer Jesus von Nazareth zu seinen Lebzeiten und in der Zeit seiner ersten Zeugen *war*. Und auch die Antworten der Kirchengeschichtler können uns für unser Interesse nicht genügen, sofern sie danach fragen, was aus Jesus Christus im Laufe der Zeit im Guten oder im Schlechten *geworden* ist. In der arbeitsteiligen Theologie ist es die Dogmatik, die die Frage nach der *gegenwärtigen* Bedeutung und Geltung Jesu Christi stellt: »für uns heute«. So ist speziell sie darauf angewiesen, Jesus Christus, wie er uns in der Heiligen Schrift bezeugt ist, nicht als einen Toten der Vergangenheit, auch nicht als ein Symbol für Zukunft zu sehen, sondern als einen, von dem man sagen kann: »Er kommt auch noch heute«, – begrifflich-abstrakter gesagt: Er zeitigt sich auch in unseren Tagen. Es ist wahr: Das historische Gesetz, unter dem Jesus von Nazareth steht, hat sich auch an ihm ausgewirkt; es lautet auch in seinem Fall, wie bei jedem von uns: »Und er verschied«; daß er ein Wesen mit Vergangenheit ist, bleibt an ihm genauso haften, wie an jedem anderen Menschen. Aber das Christentum steht und fällt mit der Botschaft, daß er, der verschieden ist, sich doch lebendig zeitigt Tag für Tag seit jenem Ostermorgen, der seinem Tod ein Ende gemacht hat. Und so müssen wir *voraussetzen*, daß er sich auch heute zeitigt, in unseren Tagen, – daß also auch unsere Tage eingeschlossen sind in sein auferwecktes Leben.

Für Bonhoeffers und unsere Frage bedeutet das Folgendes: Was das »heute« heißt in der Formel »Wir heute«, können wir theologisch nicht autonom bestimmen, z. B. nicht zeitanalytisch. Das Heute meint nämlich etwas anderes, wenn wir es aus dem Sich-Zeitigen Jesu von Nazareth verstehen, als wenn wir es zeitanalytisch bestimmen: Es ist dann nicht primär ein Datum unserer

Selbstauslegung, z. B. unseres spezifischen Generationenbewußtseins, etwa im Unterschied zu dem unserer Eltern oder Großeltern. Das ist sowieso immer schwer zu fassen, und Heute scheint überhaupt die Zeitdimension zu sein, die wir deswegen am schwersten durchschauen, weil wir über beide Ohren in ihr stecken. Nehmen wir Bonhoeffers Frage also als die ernsthaft theologische Frage, die sie ist, dann ist »Heute« der Name für ein Ereignis unseres Lebens, in dem Jesus von Nazareth sich selbst und sich von sich aus zeitigt.

Mit diesen Überlegungen nähern wir uns dem Kern und Gehalt dessen, was Jesus überhaupt bedeutet: also der *Mitte der Christologie.*

Der älteste Evangelist, Markus, hat die Summe der Botschaft Jesu und damit zugleich seines eigenen Evangeliumsverständnisses zusammengefaßt mit den Worten: »Erfüllt ist die Zeit, und nahe herbeigekommen ist die Gottesherrschaft. Kehrt um und vertraut der frohen Botschaft« (1,15). Die Konzentration der Bedeutung Jesu auf ein Sich-Zeitigen der Zeit hat kein anderer Evangelist so ausgesagt wie Markus. Aber er steht damit in enger Nachbarschaft zu dem Apostel Paulus, der ebenfalls sagte: »Als aber die Erfüllung der Zeit gekommen war, da sandte Gott seinen Sohn, von einem Weibe geboren, dem Gesetz unterworfen ...« (Gal 4,4)

Was mit der Rede von einer Erfüllung der Zeit gemeint ist, werden wir näher zu bedenken haben.

Vorher versuchen wir jedoch, uns auf die Sonderbarkeit zu besinnen, daß hier Aussagen über die Zeit zum Element für die Bedeutung Jesu gemacht werden, so auch zum Element für das, was für uns heilsam, gut, wichtig und entscheidend an Jesus sein soll.

Das scheint »uns heute« fremd. Wir suchen das Heil: das, was uns wichtig ist, in anderen Materien, d. h. auf anderen Mutterböden, als nun gerade in einer Besinnung auf die Zeit und ihre Wirkformen. Wichtig, heilsam scheinen uns z. B. bessere Gesellschaftszustände; und was einer dafür tut, macht ihn uns wertvoll. Wichtig, heilsam scheinen uns innere Kräfte, Motivationen, die uns in Bewegung bringen, uns »anmachen« zu einer heißen Empfindung, einer nächsten Unternehmung, die uns aus einer notorischen Trägheit oder Gleichgültigkeit oder Langeweile herauswerfen. Wichtig, heilsam scheinen uns Orientierungen, Perspektiven, Ideen, die in unserem Kopf etwas aufblitzen lassen, ein Aha-Erlebnis bewirken, so daß wir plötzlich in einer Sache hindurchschauen, vor der wir bis eben wie ein Ochse vor dem verschlossenen Tor gestanden haben; oder so, daß wir plötzlich einen Menschen erkennen, der uns bis eben ziemlich zugeschlossen und fremd erschien. Wichtig, heilsam scheinen uns vor allem Aussichten für Pläne, die wir schmieden, Chancen für den nächsten kleinen oder größeren Schritt, vor allem für eine größere Ziel- und Sinnperspektive, die es sich lohnt zu verfolgen. Das sind alles Materien, die für uns Bedeutung haben. Aber Spekulationen über Zeit? Zeit »prüfen«, Zeit»auskaufen«? Das wirkt doch abstrakt, kopflastig, wenig lebens- oder praxishaltig, kaum motivierend.

Was soll uns denn z. B. *Vergangenheit*? Das Andenken sei säkularisierte Reliquie, hat Walter Benjamin einmal gesagt[3] – Totenstoff, der abstößt, aber nichts auslöst. Von vital ergriffener Existenz aus sieht Vergangenheit wie purer Zufall aus, hat nichts Notwendiges – jedenfalls nicht für mich heute. Überdies hat schon Lessing gewußt, daß zufällige Geschichtswahrheiten, d. h. Vergangenheitswahrheiten, nie den Beweis für ewige Vernunftwahrheiten antreten können; was einmal war, ist deswegen noch nicht wahr. Und was schert mich auch im Blick auf meine persönliche Vergangenheit mein Geschwätz von gestern? Wenn schon Zeit, dann vorwärts, nicht rückwärts; zurück kann ja keiner.

Nicht viel besser geht es mir in der *Jetzt-Zeit*. »Erfüllt« erlebe ich meine Gegenwart nur selten. Nichts ist so rar wie erfüllte Augenblicke: voll und warm von Glück, von Liebe, von Gelingen, von Sinn, von Ja und Amen zur Welt und zu mir selbst. Normal sind Entfremdungszustände, wo ich mich nur gebrochen fühle: in meiner sozialen Rolle, – in meiner Intelligenz, – in meiner Leistungsfähigkeit, – in meinem Vitaltrieb; Melancholie, Selbstdestruktivität, Hirnrissigkeit machen sich als Erfahrungen jedenfalls meist viel breiter. Und so das Gefühl, seine Zeit zu verpassen und bestenfalls auf das nächste Mal warten zu müssen. Auch Jesus »erfüllt« ja in unserer Erfahrung nicht unsere Zeit. Wir selbst fühlen uns nicht erfüllt von seinem Leben und haben unsere Widerstände gegen Kirche und Theologie, Frömmigkeit und Ritualität, die ihn uns zu vermitteln versprechen.

Und *Zukunft?* No future in fast jeder Beziehung, beruflich, gattungsgeschichtlich, kosmisch – von einer Zukunft der kleineren oder größeren Bewegungen zu schweigen, in denen wir vielleicht stehen und kämpfen. Sind denn unsere besten Utopien mit Jesus verbunden? Für Jesus würde er im Ernst doch nicht sterben, hat neulich ein einigermaßen ehrlicher Berliner Pfarrer verkündigt: nur einigermaßen ehrlich, denn er weiß ja doch, daß man sich sein Martyrium zum Glück nicht aussuchen kann und erst recht: zum Glück auch nicht muß. Zukunft ist meistens eine Führung, wohin man nicht will. Und mit Zukunft verbinden »wir heute«, wenn überhaupt etwas, dann doch eher unsere Angst- und Alpträume von einem Jüngsten Gericht: Das kann auch kein Wendepolitiker unserem Seelengrund mehr austreiben – eher im Gegenteil.

Was soll also eine so konzentrierte Bindung einer Bedeutung Jesu an die

3. W. Benjamin, Zentralpark, in: Illuminationen. Ausgewählte Schriften, Frankfurt 1961, 259.

Zeit, wie Markus und Paulus es sehen: Läßt sich das als elementar für die Bedeutung Jesu »noch heute« anwenden?

Andererseits wird man nicht leugnen können, daß alles Menschliche mit der Zeit zu tun hat: unser Körper in seinen Verfallsformen, – unsere Seele in den inneren Zeitmaßen dessen, was sie je fassen, jetzt wieder aber auch gar nicht leiden kann, – und unser Geist ist sowieso subjektiv wie objektiv begrenzt; selbst wenn wir als Subjekte des Geistes nicht das zeitlich begrenzte Individuum nehmen wollten, sondern die Gattung Mensch, in der in der Abfolge der Generationen nichts unbedingt vom Geist verloren gehen muß, bleiben doch die Grenzen der Erfahrbarkeit zu spüren. Kurz: Zeit begleitet alles. Geht es uns um andere gesellschaftliche Verhältnisse, geht es uns um etwas qualitativ Anderes, Neues, nicht nur um quantitative Veränderungen und Modalitäten der Zeit. Aber was immer wir erwarten oder bewirken wollen: Es hängt ab von dem Gesetz, daß alles anders *werden* muß. So ist im Wunsch und Willen nach Veränderung eine Zeitlichkeit des Heils unbewußt und indirekt ausgesprochen. Und das ist nur ein Beispiel dafür, daß Zeit alle anderen Materien von Heil begleitet.

Das muß nicht heißen, daß Zeit die eigentliche Heilsmaterie wäre. »Modern times« sind kein Ziel und Verheißungsinhalt in sich, wie es z. B. im alten Arbeiterlied heißt: »Mit uns zieht die neue Zeit« – als wäre »neue Zeit« ein Glück in sich. Uns scheint im Gegenteil wichtig, daß die Zeit nur indirekt unheilvoll oder heilsam gedacht wird, nicht plötzlich die Zeit als solche die große Macht wird, von der man sich befreit: um so seinen Frieden etwa in einer Zeit- und Geschichts- und Bewegungslosigkeit zu finden; oder daß umgekehrt Zeit die große Macht werden soll, auf die man setzt und baut, etwa nach dem Sprichwort: Kommt Zeit, kommt Rat und damit Hilfe. So wichtig in der biblischen Verkündigung die Zeit ist – wichtiger sind die *Inhalte* einer Zeit: ob ich leere oder erfüllte Tage lebe, ob gute oder böse Zeit ist, ob Zeit zum Geborenwerden oder zum Sterben, zum Pflanzen oder Ausreißen, zum Töten oder Heilen, zum Einreißen oder Bauen, Weinen oder Lachen, Klagen oder Tanzen, Steine werfen oder Steine sammeln, Sich-Umarmen oder Sich-Meiden, zum Suchen oder Verlieren, zum Behalten oder Wegwerfen, zum Zerreißen oder Nähen, zum Schweigen oder Reden, zum Lieben oder Hassen, zum herzen oder ferne sein vom Herzen, zum Krieg oder zum Frieden. Alles Ding hat seine Zeit, alles hat seine bestimmte Stunde, und nicht die Zeit als solche ist wichtig, sondern das, was wir je zu einer Zeit tun oder lassen können, das, womit wir die Zeit füllen (Koh 3,1-8).

Wir wollen uns nicht lange darüber aufhalten, daß die Zeit auch je nach Lebensalter anders erfahren wird, daß etwa das Elementare von Zeit älteren Menschen vielleicht einleuchtender erscheinen kann, die nicht mehr viel Zeit haben, während Jüngere mit Zeit nicht so viel anzufangen wissen, weil sie noch so viel Zeit zu haben meinen. Letztlich ist Zeitbewußtsein allerdings keine Altersfrage, sondern eine Sache der Intensität des Lebensbewußtseins selbst, der Erlebnis-Fähigkeit von Stunde zu Stunde.

Nur eines gilt uns allen: Wir leben im Horizont der Zeitigung des Welt-Endes; gerade unserer Generation ist das politisch bewußtgemacht worden in sich steigernder Allgemeinheit. Auch in dieser Beziehung war Auschwitz ein terminus a quo. Hier haben systematisch Millionen Menschen »alles Dings ein End gesehen«. Nach der Befreiung vom Nationalsozialismus ist es der UNO, die das wollte, nicht gelungen, die Geißel der Massenvernichtung von der Menschheit zu nehmen. Von der Massenvernichtungsgewalt des Nationalsozialismus und seiner kaiserlich-japanischen Kumpanen wurden die Völker nur durch den Ersteinsatz des universalen Menschheitsvernichtungsmittels befreit: von Auschwitz nur durch Hiroshima. Das mythologische Bild in Luthers Osterlied: »wie ein Tod den anderen fraß« (EKG 76,4) ist heute nicht etwa entmythologisiert worden durch aufgeklärte Menschenköpfe, sondern im Gegenteil zum realen Weltsystem gemacht worden: nur daß das Fressen des einen Todes durch den anderen nicht, wie Luther noch vertraute, das Ende des Todes gebracht hat, sondern den Ausbau des möglichen Massenmordes zur Grundstruktur der Wirklichkeit, zur Seinsqualität. Das griechische Wort καταστροφή bedeutet dreierlei: *1.* Wende im Drama, *2.* vitae exitus, *3.* Unterjochung, Unterwerfung, subactio. Alle drei Bedeutungsmomente können unsere Daseinsverfassung nach Auschwitz genau kennzeichnen. Das aber kann zur Folge haben: entweder einen sich steigernden universalen Zynismus in Form einer Gleichgültigkeit, die Widerstand gar nicht erst beginnt und damit Selbstpreisgabe der Gattung Mensch faktisch bejaht, sogar betreibt, oder aber wir ergreifen den Augenblick Lebenszeit, der uns noch gelassen ist,und akzeptieren, daß Zeit doch das Elementare des Lebens ist. Das Noch-Lebendige des Lebens erfassen wir mit der Zeit. Und wenn zur Zeit auch ein dauerndes Kommen und Gehen, Werden und Wachsen und Welken gehört: Wir können uns einen Überdruß daran, einen nihilistischen Ekel am Immergleichen, nicht mehr leisten und wollen froh sein – dürfen und sollen das auch -, daß das Leben noch im Gang ist, im noch dauernden Übergang. Und da denn doch wird Zeit als solche das vielleicht Wichtigste, und es könnte geschehen, daß eine fundamentale Bedeutung Jesu, gewonnen am Lebenselement von Zeit, auch für uns etwas Sprechendes bekommen könnte.

Doch nun zu den beiden zitierten biblischen Zeitworten.

πεπλήρωται ὁ καιρός, heißt es bei Markus, und dort steht der Gedanke von einer Erfüllung der Zeit eng verbunden mit dem Gedanken vom genahten Reich Gottes: καὶ ἤγγικεν ἡ βασιλεία τοῦ θεοῦ.

Bei Paulus wird der Gedanke etwas anders formuliert und auch anders bezogen. ἦλθεν τὸ πλήρωμα τοῦ χρόνου, heißt es dort und wird bezogen darauf, daß Gott jetzt seinen Sohn gesandt hat (Gal 4,4).

Zwischen καιρός und χρόνος ist ein kleiner Unterschied. καιρός ist der lang ersehnte Augenblick, – endlich löst sich die Spannung des Wartenmüssens, – jetzt ist es soweit. χρόνος, das sind die rinnenden Stunden der Tage der Jahre unseres Lebens im kleinen und der Welt im großen. Ist καιρός ein Wort größter Spannung, so χρόνος ein Wort des Laufs der Dinge.

Aber diese Unterschiede schmelzen zusammen zu zwei bloßen Aspekten von Zeit in dem Augenblick, wo sie mit dem Erfüllungsgedanken verbunden werden.

Bei Paulus haben wir ein altes Bild von einem πλήρωμα der Zeit. Es stammt, soweit wir wissen, aus der Gedankenwelt der Apokalyptiker, die meinten, etwas von einem Zeitmaß zu wissen: Die Zeiten rinnen, wie der Sand durch die Stundenuhr, und einmal ist das untere Glas gefüllt, das Maß voll, die Zeit abgelaufen. Gott hat es so bestimmt. Er hat die Lebenszeit eines jeden Menschen bemessen, aber auch den Groß-Gezeiten der weltgeschichtlichen Epochen und Perioden ein Maß gesetzt. Für den Apokalyptiker ist das nicht nur ein Bild dafür, daß Gott wie über alles, so auch Herr der Zeiten ist. Der Apokalyptiker – ein Entscheidungssüchtiger – empfindet darin auch eine große Befreiung, denn die Mächte der Zeit wirken auf uns wie Sklavenhalter, zwingen uns zu Anpassung an Zeitgeist, – nötigen uns, mit der Zeit zu gehen, statt nach dem inneren Maß unserer eigenen Entwicklung, unseres seelischen Vermögens, der Langsamkeit oder den Beschleunigungsgraden unseres persönlichen Wachstums, unserer tiefsten Freiheit. Wilhelm Busch: »Eins, zwei, drei im Sauseschritt läuft die Zeit, wir laufen mit ...« – das zwanghafte Mitläufertum der Zeit kann elend und müde machen; da kann man es als versprochenes Glück empfinden, wenn man hört: Der Zeit ist ein Maß gesetzt, und es kommt ein Tag, da ist das Maß endlich voll, einmal ist Schluß mit der Raserei und dem Anpassungsdruck.

Vor allem in den Jesus-Schriften ist eine derart apokalyptische Sehnsucht verbreitet, und die Bedeutung Jesu wurde erfaßt als Stillung dieser Sehnsucht. Aber die Jesus-Schriften müßten nicht ein Teil der Gesamt-Bibel sein, wenn damit schon alles zur Bedeutung gesagt wäre, die die Zeit für Jesus hat. Hebräisches Zeitdenken, dessen klassischen Ausdruck aus dem Prediger Salomo wir schon kennen gelernt haben, kennt Zeit ja nicht als eine solche sehnsüchtig machende Zwangsgewalt. Der biblische Mensch erfährt sie in dem gerüttelten, geschüttelten Maß von Inhalt jedes Tages; er erfährt sie weniger kalendarisch, mehr in ihrem jeweiligen Erlebnisgehalt – wobei »Erlebnis« keineswegs nur das Passive meint, was mir an einem Tage widerfährt, sondern auch das Aktive, was ich selbst im Laufe des Tages bewerkstellige, ausrichte, anstoße, tue. Dieser hebräische Sinn von Zeit ist aber in den beiden Zeitaussagen des Markus und des Paulus auch da in dem, worauf sie bezogen sind, bei Markus: in der Nähe der Gottesherrschaft, bei Paulus: in der Sendung des Sohnes Gottes. Was »Erfüllung« der Zeit beide Male heißt, ist zu bestimmen von diesen zweiten Aussagehälften her, so wie Luther einmal (biblisch, d. h.: hebräisch richtig) gesagt hat: Non enim tempus fecit filium mitti,sed e contra missio filii fecit tempus plenitudinis (zu Gal 4,4): Es bewirkt nämlich nicht etwa die Zeit die Sendung des Sohnes, sondern umgekehrt: die Sendung des Sohnes bewirkt die Erfüllung der Zeit - eine wichtige Regel, die uns lehrt, keinesfalls beim apokalyptischen Zeitdenken stehen zu bleiben, wenn wir Jesus verstehen wollen. Der Apokalyptiker denkt die Zeit aus ihrem Mangel und ihrer Inhaltsleere; er ist gequält von dem, was ist, - ist süchtig nach dem, was noch nicht ist und hoffentlich bald kommt. Apokalyptiker-Geist ist ein Wendegeist, giert von einem alten Äon zu einem neuen. Dem entsprechend haben Apokalyptiker die Zeit definiert aus dem, was alles noch fehlt - wenn man so will: aus einer *Hysterie der Zeiten.* Denn entsprechend der Inhaltsgefülltheit des biblischen Zeitdenkens kennen Apokalyptiker nicht nur fehlende χρόνοι, Zeiteinheiten, sie kennen auch noch fehlende Zeitinhalte.

Paulus z. B. bittet, wie er sagt, Tag und Nacht darum, das Angesicht der Christen von Saloniki sehen zu können, um auf diese Weise den Mangelerscheinungen ihres Glaubens abhelfen zu können: καταρτίσαι τὰ ὑστερήματα τῆς πίστεως ὑμῶν: dem, was noch an eurem Glauben fehlt. Glauben ist immer und in sich ein Mangel an Schauen, - wer glaubt, ist sich schmerzhaft der Vorläufigkeit dieser Lebensform bewußt. Doch ist das wie ein »eschatologischer« Mangel auch einer, den man schon hier und jetzt spürt. Nach einer erfüllenden Begegnung von Angesicht zu Angesicht sehnt sich der Glaubende nicht nur mit Gott, auch mit den weit in der Welt verstreuten Schwestern und Brüdern, die uns Gott repräsentieren. Daß Christen seltene Vögel sind und weit voneinander wohnen, hat Martin Luther noch gewußt, und wir erfahren es langsam wieder, je mehr wir zur Diaspora und Christen auch in unserer Gesellschaft zur Minderheit werden, wie in der DDR und sonst in der Ökumene schon lange. So ist es ein Mangel an Glaubensganzheit, wenn Christen ihre Geschwister nicht von Angesicht zu Angesicht sehen können. Auch Jesus betet in den Abschiedsreden des Johannesevangeliums darum, daß sie alle eins werden und lebendigster geistiger und sinnlicher Gemeinschaft sich freuen können. Die Zeit zerstreut, entfremdet uns, dagegen erleben wir erfüllte Zeit in Begegnung von Angesicht zu Angesicht, die in sich eine Bestärkung dessen ist, was biblische Menschen glauben; denn biblischer Glaube ist gemeinschaftshaltig, nur ausnahmsweise kann der Einzelne Christ sein. Die Hysterie der Zeit besteht darin, daß sie Menschen auseinanderreißt, die in Bewährung ihres Glaubens zusammengehören: von Angesicht zu Angesicht mit Gott und untereinander.

Hysterie kennt der Glaube weiter in der Sorge, er könne ὑστερεῖν, zurückbleiben hinter den Verheißungen, die mit Israel auch den Christen gelten; davon ist in Hebr 4,1 die Rede. Das ist eine der wichtigsten christlichen Heilsmaterien, daß wir, auch wenn wir keine Juden sind, in den Geschichtszusammenhang des jüdischen Volkes hineinberufen werden, um so am Drama, d. h. an der Spannung zwischen Verheißung und Erfüllung teilzunehmen, die ja die innere Triebfeder der bisherigen Geschichte Israels und darum aller Geschichte ist; Christen sind solche Nichtjuden, die Gott am Drama der Geschichte des jüdischen Volkes beteiligt. Das hat zwar der Mehrheit der Christen noch nie recht geschmeckt und wird auch heute noch als eine befremdliche Zumutung empfunden: Der Apostel des Hebräerbriefs kannte solche Befremdungen aus den Gemeinden, denen er seine Schrift zudachte, auch schon. Darum ist ihm die Mahnung 4,1 nur um so wichtiger: »Laßt uns ängstlich besorgt sein darum, daß bloß niemand hinter der Hauptverheißung – nämlich: einzugehen in Gottes Ruhe – und diese Verheißung steht, gilt, wirkt – ὑστερηκέναι, zurückgeblieben scheine«. Oder also: Haltet euch auf der Höhe der Geschichte Israels, ihrer auch uns übermittelten Verheißung und bleibt in dieser Hauptsache nicht zurück. Hier ist eine Hysterie angesprochen, mit der Geschichte nicht mehr mitzukönnen und unterwegs auf der Strecke zu bleiben. Denn der Motor der Geschichte sind Gottes Verheißungen, sie drängen voran auf Erfüllung, und ein wesentliches Moment christlichen Glaubens ist zwar nicht: up to date zu bleiben, aber hinter dem Fortgang der Verheißungs- und Zielgeschichte nicht hinterherzuhinken, sich an ihr innerlich und äußerlich beteiligt zu halten. Z. B. die Gründung eines jüdischen Staates 1948 war eine solche Herausforderung im Gottesdrama der Geschichte Israels, der gegenüber eine Mehrheit der Christen schlappgemacht hat. Ähnliches gilt für die Aufkündigung des kirchlichen und theologischen Paternalismus der europäischen Christen durch die Jungen Kirchen auf der Südhalbkugel der Erde. Ähnliches gilt für die Herausforderung, die der Säkularismus als ein Gestaltwandel des christlichen Glaubens in den Industriegesellschaften bedeutet. Es kommt bei Christen leicht zu hysterischen Anfällen gegenüber den Führungen und Wegen Gottes durch die Zeit, und so wird die Zeit häufig leider gerade von Christen hysterisch gedeutet und erfahren. Der Apostel des Hebräerbriefs kannte das, wollte es aber nicht zulassen.

Nach Kol 1,24 freut sich der Apostel Paulus über seine Gefangenschaftsleiden in der merkwürdigen Überzeugung, daß er an seinem Fleisch das ausfülle, was an den Nöten Christi noch fehlt. Es gibt danach in der Zeit noch ein Maß ungelittener, nicht zu Ende gelittener Leiden Christi, und Paulus, als Apostel Jesu Christi, leidet dies Maß in seinem Leiden ab. Ein sonderbarer Gedanke; er klingt wie die Behauptung von einer Insuffizienz, einer Nicht-Genügsamkeit der Leiden Christi, sieht aus wie das Bild von einem Zornbecher Gottes, den Jesus noch nicht bis auf seinen Grund ausgetrunken habe und der dem Jesus-Nachfolger nun noch zu Ende zu trinken bliebe. Vielleicht war das ein in neutestamentlicher Zeit verbreiteter Gedanke, und der Jesus des Matthäusevangeliums hätte ihn aufgegriffen, als er seine Jünger fragte: »Könnt ihr den Kelch trinken, den ich trinken werde?« Sie antworteten: »Wir können es«. Und er bestätigt es ihnen: »Meinen Kelch werdet ihr trinken« (20,22-23). Also auch hier ein inhaltliches Maß der Zeit: Es bleibt auch noch nach Jesu Leiden genug zu leiden für die Zeugen Jesu, in diesem Zeichen steht ihre Zeit.

Aber von solcher apokalyptischen Zeit-Hysterie unterscheiden sich die Zeitansagen des Markus-Evangelisten und des Apostels Paulus. Sie wollen die Zeit letztlich nicht aus ihrem Mangel denken, sondern aus etwas Positivem: aus der Erfüllung von Zeit. Das apokalyptische Zeitverständnis wird in den Dienst eines biblischen, inhaltsgeprägten Zeitdenkens gestellt. Jesus ist nicht aus der »Schwäche von allem Zeitlichen« (Hugo v. Hofmannsthal) zu denken, sondern aus seiner Stärke.

Doch was ist diese Stärke? Was meint »Erfüllung« der Zeit positiv und in der Spannung zur Hysterie der Zeiten?

§ 8 Jesus in seinen Zeiten

VORSÄTZE *Die Botschaft von der »Erfüllung der Zeit« wurde unter dem Begriff des »eschatologischen Ereignisses« theologisch ausgelegt. Damit sollte die Unüberbietbarkeit Jesu durch weitere Gottesereignisse bezeugt werden. Leider wurde dies Ziel nur dadurch erreicht, daß man Jesus selbst als Überbietung aller Zeitmächte, vor allem als »Ende« von Gesetz, Geschichte und Israel darstellte. Es ist fraglich, ob dies im Sinne der Bibel liegt. Vor allem eine Kritik der evangelischen Gesetzeskritik scheint vonnöten.*

Mit der Auferweckung Jesu von den Toten bricht Gott die Zwangsmächtigkeiten der Gezeiten Vergangenheit, Gegenwart und Zukunft auf, befreit sie von ihrer Abgeschiedenheit voneinander und führt Jesus so ins Leben, daß er gestern und heute er selbst sein kann und in Ewigkeit.

Dadurch bekommt er die Kraft, auch seinen Jüngern die Schriften zu öffnen so, daß alles historisch getrennt Scheinende sich wiederfindet und die Generationen einander begegnen und zueinander sprechen lernen. So sprechen auf einmal auch die alten Schriften für Jesus, wie umgekehrt die Jesus-Schriften für die Mütter und Väter Israels zu sprechen beginnen. Ostern begründet zwischen Jesus und den Vätern Israels eine Sprachgeselligkeit.

Von dem, was »Erfüllung« heißen könnte, sprechen wir in zwei Schritten: zunächst, indem wir über die herrschende Meinung, vor allem bei Neutestamentlern, berichten, sodann in Gestalt eigener Überlegungen.

1. Die Erfüllung der Zeit als »eschatologisches Ereignis«

Der Ausdruck »eschatologisches Ereignis« ist eine Formel besonders in der Theologie Rudolf Bultmanns und seiner Freunde.[4] Sie bezeichnet die Unüberbietbarkeit Jesu Christi für das Heil von Menschen und Welt. Vor allem Jesu Kreuz ist danach zu verstehen als göttliche Durchkreuzung aller Hoff-

4. Vgl. R. Bultmann, Neues Testament und Mythologie, in: H.W. Bartsch (Hg.), Kerygma und Mythos. Ein theologisches Gespräch, Hamburg 1951, 42 u.ö. – Grundsätzlich: Ders., Geschichte und Eschatologie, Tübingen 1958.

nungen auf weitere wesentliche Entwicklungen, die für die Rettung der Menschheit noch größere Bedeutung bekommen könnten als Jesu Tod. Irgendwelche weiteren heilsgeschichtlichen, also freundlichen oder apokalyptischen, also katastrophalen Erwartungen müssen nach dem Karfreitag ins Leere zielen, mehr noch: sind eigentlich Auswüchse von Sünde, weil sie eine Unzufriedenheit ausdrücken daran, daß mit dem Tode Jesu alles für uns Gute und Heilsame schon vollbracht sein soll. Gerade das aber muß der Glaube anerkennen. Glaube ist wesentlich ein Sich-Halten an das »Es ist vollbracht« des Gekreuzigten (Joh 19,30). Die Verkündigung seines Todes, des »Wortes vom Kreuz« (1 Kor 1,18), mag den Juden ein Ärgernis, den Heiden eine Torheit sein, absurd, paradox – aber der Apostel weiß nichts Besseres zu verkündigen, als den gekreuzigten Christus: Der ist Gottes Kraft und die Weisheit Gottes (1 Kor 1,24), mehr weiß also auch Gott selbst nicht für uns zu tun und uns zu sagen.

Solche Verkündigung der Unüberbietbarkeit Jesu enthält in sich ein Urteil über den Sinn von *Zeit.* Post Christum crucifixum kann sie jedenfalls kein Hoffnungs- und Sinnträger mehr sein, weil für das Heil der Welt nach Jesu Tod und Auferweckung nichts mehr zu erwarten ist. Konnte man allenfalls bis zu Jesu Geburt und Tod mit einer Sinnhaftigkeit des Wartens rechnen auf etwas, was erst noch geschehen soll, – konnte man darum das Alte Testament als Repräsentanz einer zeitlichen und sachlichen Erwartung eines neuen Bundes (Jes 31,31ff), eines auch qualitativ neuen Handelns Gottes wichtig finden: Für den im Blut Christi gefaßten neuen Bund (1 Kor 11,25f) gibt es kein Anschlußgeschehen, das auf einen allerneuesten Bund zu warten erlaubte. Alle Spekulationen, die es in der Kirchengeschichte gegeben hat, z. B. über ein kommendes drittes Reich des Geistes, welches das alttestamentliche Reich des Vaters und das neutestamentliche Reich des Sohnes noch überbieten soll an Geistigkeit, Freiheit, Gottesnähe, sind irrig, ja antichristlich, denn sie suchen die Alleingenügsamkeit Jesu für unser Heil zu überbieten – was zumal den protestantischen Theologen aber noch schlimmer ist: Sie suchen damit auch den Glauben als die allein mögliche Beziehungsweise des Menschen zu Gott zu überbieten durch etwas, was mehr ist als die Armut des Glaubens in seiner Begrenztheit und dauernden Gefährdung durch den Unglauben: ein Schauen, eine Evidenzerfahrung durch ein innerliches Einswerden mit Gott. Aber nur Glaube ist angesichts eines gekreuzigten Menschen eine mögliche Gottesbeziehung, denn Gott wird am Gekreuzigten nicht sichtbar, er ist in ihm verborgen, deswegen ist auch die Beziehungsform des Glaubens unüberbietbar. Vor allem Paulus hat daraus die Konsequenz gezogen in seiner Verkündigung einer Rechtfertigung *allein* aus Glauben, ohne Werke des Gesetzes. Anders können wir Gott nicht rechtsein und umgekehrt: anders will Gott uns nicht rechtwerden als darin, daß wir dem Gekreuzigten vorbehaltlos trauen, ohne reservatio mentalis gegenüber allen möglichen dabei unabgegolten bleibenden Wünschen, Sehnsüchten und Vorstellungen unseres Herzens, unserer Köpfe, unserer Religion (denn Religion will immer mehr). Mehr als den uns vor Augen gemalten gekreuzigten Christus (Gal 3,1) brauchen wir nicht. Was immer wir mit der Zeit unruhig erwarten möchten: Es ist in Jesus zur Ruhe gebracht, in seinem Grabe ruhiggestellt worden. Und seine Auferweckung am dritten Tage bedeutet nicht etwa: Jetzt geht es weiter, sondern: Der Auferweckte zeigt uns seine erlittenen Wunden (Joh 20,27), deutet damit an, daß er auch nach Ostern nichts anderes gelten will, als er am Kreuz war, und daß er in seinem Tod tatsächlich die Macht und Gewalt des Todes hat brechen können; um uns das vorzuführen, hat Gott ihn erweckt, aber das ist nur eine Bestätigung und Besiegelung der letzten Sinnhaftigkeit und Zielbedeutung des Todes Jesu: Er ist dead line, Todeslinie, und darin Ziel von allem. Danach zeitigt sich von Gott her nur noch das Wort vom Kreuz, nichts mehr sonst. Die Zeit wird göttlich bedeutungslos.

Mit der theologischen Entmachtung von Zeit durch Tod und Auferwekkung Jesu verliert aber auch *Geschichte* ihren Sinn, vorsichtiger gesagt: ihren bisher überragenden göttlichen und menschlichen Wert. Hatte sie bis zum Karfreitag Bedeutung darin, daß Gott – statt in Erscheinungen des Universums oder der Seele oder des Geistes – in der Geschichte Israels und Jesu von Nazareth zur Welt kam, so hat sich dies Kommen im Tode Jesu jetzt zwar nicht: erschöpft, aber erfüllt; und »erfüllt« meint einen profunden Gestaltwechsel in der Erscheinungs- und Offenbarungsweise Gottes. Wirkte er bis dahin providentiell in den Führungen des Volkes Israel, in immer neuen Verkündigern, aber auch Repräsentanten seiner Erwählung, »zuletzt« (Hebr 1,1) auch in Jesus von Nazareth, so bindet sich Gott von nun an an die einzige Wirkweise des »Wortes vom Kreuz«, also an die Verkündigung der Zeugen Jesu. Andere weltgeschichtliche Vergegenwärtigungsformen treten zurück hinter der Geistbegleitung des Wortes vom Kreuz durch Gott. Das Kreuz hat also auch eine Reihe früherer Wirkweisen des Handelns Gottes durchkreuzt, der Prozeß, dem Jesus in Jerusalem ausgesetzt war, war das letzte, göttlich wichtige *welt*geschichtliche Ereignis, seither ist Vehikel des Gotteswirkens jedenfalls nicht mehr eine Volksgeschichte, eine Staatsgeschichte, eine Kunst-, Religions-, Kirchen- oder Geistesgeschichte, überhaupt nichts Weltgeschichtliches mehr, bestenfalls nur noch eine innere Geschichtlichkeit des einzelnen Menschen in seiner persönlichen Kreuzesnachfolge – aber auch das bleibt von außen unanschaulich, keiner kann seine innere Gottesgeschichte vorzeigen, so daß andere an ihr Entdeckungen machen könnten. Der »innere Mensch« (Röm 7,22) tritt sogar in mir selbst gegen mich als »äußeren Menschen« ins

Feld, will sagen: Geschichte verändert am Kreuz auch ihren Stellenwert für mein eigenes Selbstverständnis. Wo Glaube eine gewisse Zuversicht dessen ist, was man nicht sieht (Hebr 11,1), kann weltgeschichtliches Wirken für mich nicht mehr sinnstiftend und heilsentscheidend sein, geschichtliche Tätigkeit, z. B. auch politische Tätigkeit sind ja Handeln im Äußeren und können nun nicht mehr unter dem Anspruch des Rettenden gesehen werden. Ist aber durch den Aufbau eines »inneren Menschen« der äußere Mensch konkurrenziert, dann gibt es auch nur noch gebrochene Kräfte für den Einsatz im Geschichtlich-Politisch-Kulturellen, und der Weltgeschichte werden die »Täter« entzogen. In diesem Sinne, sagte Bultmann, »entweltlicht« der Glaube.

Das Kreuz Christi entzieht aber der Geschichte mit ihren Subjekten und Tätern auch alle geschichtlich-politischen *Tatmotive.* Nach verbreiteter Überzeugung z. B. der Bultmann-Schule ist Geschichte ja nicht nur Vehikel des Handelns Gottes gewesen; vor allem ist sie immer »das Produkt der Anstrengungen ..., die Sünder machen, um leben zu können«.[5] An dieser Beschreibung ist alles wahr. »Männer machen Geschichte«, und das Machen von Geschichte durch Kämpfen um Macht, um die Schalthebel der Gestaltungen des Lebens, ist reales Lebensmittel; schwer ist dem zu widersprechen, daß darin Gottlosigkeit Triumphe feiert, und zwar nicht erst in den Mitteln solcher Kämpfe, sondern schon in ihrem Ziel: sich das Leben selbst zu beschaffen, zu sichern, durchzusetzen, statt es aus Gottes Händen zu erwarten. In diesem Zusammenhang konnte Bultmann sogar formulieren: Der »Wille als Tatwille ist von vornherein böse«.[6] Jesu Selbsthingabe in den Tod ist dagegen das Zeichen dafür, daß wir für unser Leben nicht kämpfen sollen; und daß er so »für uns« gestorben ist, bedeutet die Erledigung jedes Willens zur Macht und der Normalität des Kampfes ums eigene Dasein. Schon Luther hat das in eindeutige ethische Weisungen eingeschmolzen: »Leiden, Leiden, Kreuz, Kreuz – das ist der Christen Recht«[7], und nicht Selbstbehauptung: mit der Konsequenz einer Unterscheidung von Evangelium und Gesetz, derzufolge der Mensch als Politiker zwar nicht gerne, aber doch unvermeidlich dem Gesetz der Sünde und des Todes dienen muß, dessen Erledigung am Kreuz Christi gleichwohl weiter zu verkündigen ist – *erst recht* zu verkündigen »in der noch nicht erlösten Welt« (Barmen V).

Wie »das Kreuz Christi«den Sinn von Zeit verändert (und eigentlich entleert) und ein Ende der göttlichen und erst recht einer menschlichen Bedeutung der Geschichte bringt, so verbindet sich fast zwangsläufig mit dieser

5. E. Fuchs, Christus das Ende der Geschichte, 91.
6. R. Bultmann, Christus des Gesetzes Ende, 45.
7. M. Luther, Ermahnung zum Frieden, WA 18, 310.

Deutung auch eine Entwertung des *Gesetzes* und, weil das Gesetz angeblich das Lebensmittel Israels ist, auch der theologischen *Bedeutung Israels.*

Was »Erfüllung der Zeit« heißen soll, wird allgemein im Protestantismus *anschaulich* gemacht. Es scheint hier nicht das unanschauliche, rein innere Zusammenspiel von Botschaft und Glaube zu genügen, das sonst für evangelische Theologie die einzige, eifersüchtig gehütete Verkehrsform zwischen Mensch und Gott ist. Daß die »Zeit erfüllt« ist, ist ja eigentlich ein Musterbeispiel für etwas, was einem *gesagt* werden muß; denn in sich evident ist es für Menschen nicht, die mit Haut und Haaren darin verstrickt sind, ihr Leben zu »fristen« und sich den Anforderungen der ungebrochen wirksamen Zeit gewachsen zu zeigen; nur dem Wort vom Ende der Zeit trauend kann man versuchen, sich innerlich aus diesen Alle-Tage-Verstrickungen zu lösen, um sie nicht übermächtig über sich werden zu lassen; darum scheint kaum etwas des reinen Glaubens so bedürftig wie die Botschaft von der Erfüllung der Zeit. Um so merkwürdiger wirkt, daß die christliche Theologie (und die evangelische besonders) gerade hier den Glauben auch noch weltgeschichtlich, also äußerlich anschaulich machen will. So kam es zu der sonderbaren Konkretisierung der Botschaft von der Erfüllung der Zeit durch eine Demonstration vom Ende der Heilsbedeutung Israels und damit vom theologischen Ende des Judentums überhaupt.

Die Konstruktion dieses Beispielfalles wirkt einigermaßen raffiniert. Natürlich kann, muß man auch vom Ende der zeitlichen Zwangsgesetzlichkeiten sprechen, wenn man im Tode Jesu alle Mächte gebrochen sehen will, die widermenschlich über uns herrschen. Paulus könnte Christus als »Ende des Gesetzes« verkündigt haben (Röm 10,4). Aber das muß nicht unbedingt gleichgesetzt werden mit der Theorie von einem Ende Israels (im theologischen Sinn) – und Paulus hat das im Zusammenhang der Kapitel Röm 9-11, in denen er das Wort vom Ende des Gesetzes in Christus ausspricht, auch ausdrücklich vermieden: »Gott hat sein Volk nicht verstoßen« (Röm 11,2). Trotzdem hat die Theologie das Wort vom Ende des Gesetzes ausgezogen auf die dem Paulus direkt widersprechende These von einem Ende Israels und seines theologischen Werts. Darin äußert sich systematischer Zwang.

Man hätte ja schon stutzen sollen bei der Gleichsetzung der Tora Israels mit den Zwangsgewalten, den στοιχεῖα τοῦ κόσμου, die weltliches Dasein überhaupt niederhalten (Gal 4,3), und erst recht hätte man grundsätzlich fragen sollen: ob die Botschaft von der Erfüllung der Zeit überhaupt ausgelegt werden darf mit Worten vom »Ende«, wie dem Ende des Gesetzes, Israels, der Geschichte, der Zeit. Wir haben gezeigt, daß sich das Wort von der Erfüllung der Zeiten gegen die Hysterie stellt, – daß es nach Luthers Regel nur aus einem Positiven verstanden werden will: der Nähe des Gottesreichs und der Sendung des Sohnes Gottes, gerade nicht aus der Kraft einer Negation. Wir kritisieren das protestantische Denksystem radikal, sofern es »Erfüllung« der Zeit vorzüglich mit Begriffen des Endes, der Aufhebung, der Negation auslegt und sich dann in der Negation z. B. von Zeit, Geschichte, Gesetz und Israels auch erschöpft. Wir halten dies für eine systematische Konstruktion, die biblischer Denkweise und auch inhaltlich dem Zeugnis der Bibel in nichts gerecht wird. Sowohl Zeit wie Geschichte, wie Gesetz, wie Israel behalten in den Jesus-Schriften nicht nur im Blick auf die Vergangenheit ihren göttlichen wie menschlichen Wert – gewiß bekommen sie einen veränderten *Stellen*wert gegenüber früher; aber veränderter Stellenwert ist nicht jener Unwert, zu dem das im Verständnis Luthers und des Bultmann-Kreises oft gemacht wurde. Der Tod Jesu hat die *Zwangs*mächtigkeiten dieser Wirklichkeitsgestalten gebrochen, so daß sie uns nicht mehr niederwerfen können. Aber so sind sie nicht zu Phänomenen des Nichtigen geworden, im Gegenteil: So sind sie zu dem geworden, was sie von Haus aus je waren: *Begegnungsorte Gottes.*

Wir wollen uns wegen des großen Einflusses, den die systematische Konstruktion, den positiven Erfüllungsgedanken mit dem destruktiven End-Gedanken auszudeuten, hat, dabei noch aufhalten.

Läßt sich denn im Ernst »Erfüllung« der Zeit als ihre Erschöpfung bis zur theologischen Kraft- und Sinnlosigkeit ausdenken? Auch Bultmann und seine Freunde sagen ja nicht, daß jener Segen in Christus aufgehoben sei, unter den Gott nach der Sintflut den geretteten Noah und alle seine Mitgeschöpfe gestellt hat: »Solange die Erde steht, soll nicht aufhören Saat und Ernte, Frost und Hitze, Sommer und Winter, Tag und Nacht« (Gen 8,22); Jahres- und Tageszeiten sind und bleiben soteriologische Wirklichkeiten, also solche der Rettung und des Heils. Gewiß gerät in der Todesstunde Jesu das Tag- und Nachtgefüge der Zeit bedenklich durcheinander. »Aber von der sechsten Stunde an kam eine Finsternis über die ganze Erde bis zur neunten Stunde« (Mt 27,45); das ist ein Zeichen dafür, wie tief der Tod Jesu zusammenhängt mit einer Zerrüttung der Zeit; sie gerät da durcheinander und gebärdet sich wie ver-rückt – Tag wird zur Nacht, Nacht überwindet den Tag und sein Licht. Deutlich zeigt sich, etwas wie Labiles auch die aus der Sintflut gerettete Zeit ist, – sie hat nicht gesicherte Ordnung und unangefochtenen Bestand, und Jesu Tod ist ein Ereignis, das an den Festen der Zeit rüttelt; dem werden auch wir nachdenken müssen. Aber schon jetzt ist zu beachten, daß am Karfreitag die Zerrüttung der Zeit ausdrücklich nur ein *begrenztes* Ereignis war, das wahrgenommen wurde nur von der sechsten bis zur neunten Stunde, dann lenkte sie in ihren normalen, seit Noahs Zeiten geretteten Gang zurück. Diese Begrenzung sagt: Das Ereignis war ein Alarm-Zeichen, Hinweis darauf, daß die Zeit nicht letzte Macht und Wirklichkeit ist, sondern abhängig von dem, was in ihr geschieht;

Jesu Tod ist ein Inhalt, der sie aus den Fugen bringen kann. Aber von einer Aufhebung und einem Ende der Zeit ist im Zusammenhang mit dem Tode Jesu gerade nicht die Rede. Vielmehr werden Welt und Mensch aus der sie am hellichten Tage überfallenden Nacht wieder herausgeführt, und mit der Rückkehr der Zeit in ihre Normalität zur neunten Stunde werden auch Mensch und Welt in die Normalität der seit Noah geretteten Zeit zurückgeführt. So kann es geschehen, daß auch wir noch »Stunden auf Erden zählen« (EKG 198,1), und es liegt ja auch nicht im Interesse Bultmanns, dieses Sinnenfällige zu leugnen. Nur den Sinn daran sieht er anders, als wir aus der Todesgeschichte Jesu meinen lesen zu müssen.

Man kann fragen, ob im Zeitverständnis Bultmanns und seiner Freunde nicht zuviel *Überdruß* an der Zeit wirksam ist, ob da nicht z. B. zuviel Nietzsche und in dessen Sinn nihilistische Stimmung die Gedanken beeinflußt – und zugleich ein Quentchen zu viel Wissenschaftler-Abstraktion, sofern Wissenschaftler immer daran interessiert sind, der Zeit ihr Zufälliges zu nehmen (das sie biblisch gerade auszeichnet), um ihres reinen Wesens als Zeitlichkeit inne zu werden. Natürlich war Bultmann nicht Nietzscheaner, aber etwas vom Zeit-Gefühl Nietzsches liegt im deutschen Bürgertum allemal parat: »So schwer mein Herz, so trüb die Zeit und nie Genügen«.[8] »Aus deinem Munde,/ du speichelflüssige Hexe Zeit,/ tropft langsam Stund auf Stunde./ Umsonst, daß all mein Ekel schreit: Fluch, Fluch dem Schlunde / der Ewigkeit!«[9]

Steht es nicht mit dem Verhältnis zur *Geschichte* ähnlich? Daß nicht nur Kirchengeschichte mit Goethe ein »Mischmasch von Irrtum und Gewalt« zu nennen ist, daß dies alle Geschichte charakterisiert, ist ja wahr. Und wieder haben speziell wir Deutschen in unserer Geistestradition Geschichte zum Spielball der Spekulationen und Ideologien gemacht, mehr als irgendein Volk sonst; unsere großen Philosophen im 19. Jahrhundert haben sie als Mutter alles Wirklichen um so mehr verabsolutiert, je weniger gemeinsame und menschliche Geschichte wir als Volk hatten und machten. Theologie hat allen Grund, gegen »Geschichte« im Sinne dieser Tradition (als Mutterboden alles Wirklichen) allergisch zu sein und nicht so leicht das biblische Wort vom Heil mit so gedachter Geschichte etwa zu irgendeinem System von »Heilsgeschichte« zu verkuppeln;[10] zu leicht würde Gott da zu einer der Erscheinungen des »objektiven« und »absoluten Geistes«, selbst wirklich nur: gebunden an die innere Dialektik solches deutschen Geschichtsdenkens. Den notwendi-

8. F. Nietzsche, Jetzt und ehedem, in: Sämtliche Werke, Stuttgart 1964, 442.
9. F. Nietzsche, Primus Remedium. Oder: wie kranke Dichter sich trösten, aaO. 493.
10. Vgl. K.G. Steck, Die Idee der Heilsgeschichte, ThSt(B) 56, 1959, mit dem Zitat des Fichte-Satzes: »Nur das Metaphysische, keineswegs aber das Historische, macht selig; das letztere macht nur verständig«: 61.

gen Protest dagegen hat Kierkegaard im Namen Luthers und der Bibel erhoben: unvergeßlich. Aber fragen läßt sich, ob der Begriff »Geschichte« dieser Tradition überlassen werden muß, ob man im Widerspruch gegen sie und im Namen Jesu auf Geschichte gleich ganz verzichten soll. Biblisch gesehen, hängt am Wort »Geschichte« freilich nichts, die Bibel kennt es gar nicht. Aber eine entsprechende Wirklichkeitserfahrung ist beiden Teilen der Bibel eigen: daß Gott sein Wort in einem Gang von Generation zu Generation begleitet und erneuert, – daß er Menschen und Völker in ihren Lebensläufen zu Zeugen, sogar zu Gegenständlichkeiten des Wortes Gottes für jedermann beruft, – daß durchweg (mit ihrem, unserem Leben) ihr äußeres Leben, wie sie es in Institutionen, in Familien und Gesellschaft, im Staat und ohne Staat führen, Element solches Zeugnisses für Gott wird, – daß sie hierbei als aktive und verantwortliche Täter eines Lebens vor Gott und für ihn gebraucht werden: gelobt, gescholten, unterrichtet und gerichtet, – daß die Formen, in denen das alles geschieht, freilich höchst vielfältig sein können und der »Dienst des Einzelnen« in der Einsamkeit seines Auftrags und Gewissens[11] genauso eine Form biblischer Geschichtlichkeit sein kann, wie das Zeugnis, das die christliche Gemeinde auch nach Jesu Tod zwar vorzüglich durch ihre Verkündigung, sehr wohl aber auch durch hoffentlich gute Beispiele ihres gemeinsamen Lebens vor dem Forum der Heidenwelt gibt: Das alles darf mit dem Begriff »Geschichte« belegt werden, sogar, wenn dazu gehört, daß in den Geschichten der vielen Zeugnisse und Zeugen verborgen die eine Geschichte der Verheißungen und Erfüllungen und der lebendigen »Wandlungen Gottes«[12] erkannt und dann auch gedacht werden kann: seines Wandelns mitten unter uns. Die Bibel kennt neben der Geschichtlichkeit des ἔσω ἄνθρωπος, des inneren Menschen, wirklich auch äußere Weltgeschichte als Medien des Handelns Gottes – als menschliche Bewährungsorte seines Willens, als Aufgabenstellung für die, die an Gott glauben, als Zielgebiet der Hoffnung auf eine Erfüllung von Gottes Verheißungen: Weltgeschichte als Medium – nur nicht mehr als remedium, als Heilmittel. Mit der Mythologisierung der Zeit nach Art der Losung: »Mit der Zeit wird alles heil« (W. Busch), mit Einschluß des uns sehr geläufigen Zynismus des Aufschubs: daß »die Zeit« schon alles heilen wird, hat es am Kreuz Christi wirklich sein Ende. Insofern ist es theologisch notwendig, den Tod Jesu auszulegen auch als Brechung der Allmacht der Zeit; sie ist kein Heiland mehr, wo sich herausstellt, daß der wahre Heiland uns nicht hilft durch einen ewigen Lauf der Zeiten, sondern dadurch, daß es in seinem Tod wirklich zum

11. Vgl. E. Wolf, Der Dienst des Einzelnen, Zürich 1953.
12. Vgl. R. Bultmann, Ist der Glaube an Gott erledigt?, in: Glauben und Verstehen. IV. Bd., Tübingen 1965, 111f.

Bruch mit dem ewigen Gleichlauf der Zeiten kommt, zum Aufsprengen des Kontinuums der Geschichte;[13] nur so kann ja etwas qualitativ Anderes entstehen. Die Zeit als solche verliert endlich die ihr fälschlich zugeschriebene Heilkraft, aber die Heilkraft des Heilands kann nie auf die Zeit verzichten. In der Abfolge von Karfreitag zu Ostern wird mit den Menschen auch ihre Zeit *gerettet: gereinigt* von ihrer *Vernichtungs*tendenz, Tod und Vergangenheit zum Regiment, zur Übermacht über Gegenwart und Zukunft zu verhelfen, – von ihrer *Verführungs*macht, uns der Zeit und ihrer Gleichgültigkeit zu überlassen und in Apathie zu stoßen, uns gleichgültig zu machen selbst gegen unser eigenes Geborenwerden, Leben und Sterben; *gerettet* dazu, die Zeit der Tage der Jahre unseres Lebens Stunde für Stunde auszukaufen zur Bewährung der Hoffnung, die in uns ist (1 Petr 3,15); und Hoffnung läßt Zeit.

Bultmanns christologische Kritik der Zeit und der Geschichte ist, so gesehen, biblisch gut begründet: als Kritik des lebendigen Gottes an den Mythologien der Abgötter, zu denen schon seit alters vergötzte Zeit gehört. Wir wissen, daß dieser Gegensatz Thema schon des ersten Kapitels der Bibel war: Mit dem Bericht von der Erschaffung der Lichter an der Feste des Himmels werden die mächtigen Sternen-Gottheiten des Großreichs Babylon erniedrigt zu Ampeln, die lediglich gut sind, uns auf Erden zu leuchten, aber auch dazu, »Zeiten bestimmen«, Tage und Jahre zählen zu können, statt als Sternen*schicksale* weiter unser Leben zu beherrschen (Gen 1,14-19). Die biblische Zeit-Kritik dient der Befreiung vom Gotte Chronos, der seine Kinder frißt. In der Neuzeit wird die Macht der Zeit freilich nicht mehr mythisch-symbolisch erfahren, sondern rationalisiert zum »Gesetz«, in Kantschem Sinn: zur Kategorie der Wahrnehmung alles Wirklichen. Für Bultmann und seine Freunde fügen sich darum zusammen die Kritik von Zeit und Geschichte mit einer *Kritik des Gesetzes und alles Gesetzlichen.*

Wir sagten schon, daß es dabei im Effekt zu einer u. E. verhängnisvollen Ineinssetzung jener Gesetzlichkeiten, die in den Jesus-Schriften στοιχεῖα τοῦ κόσμου genannt werden (Gal 4,3.9; Kol 2,8; Hebr 5,12; 2 Petr 3,10: elementa, naturhaft-kosmische Mächte und Gewalten, die Einfluß auf unser Leben haben),mit der Tora Israels, dem Gesetz Gottes vom Sinai, gekommen ist; Jesus hat danach in seinem Tode nicht nur das Wesen aller Gesetzlichkeit, sondern damit auch jede Art positiven Gesetzes ins Zeichen des Endes gestellt. Allerdings ist hier die Dialektik der protestantischen Gesetzeskritik zu beachten. Die Verhandlung der ganzen Frage unter der Überschrift »Christus, des Gesetzes Ende« kann leicht ein Mißverständnis beschwören, als würde erklärt: Mit Christus verliert das Gottesgesetz seine theologische Verbindlichkeit, –

13. Vgl. W. Benjamin, Geschichtsphilosophische Thesen XVI, in: Illuminationen, 277.

Christus hat das Gesetz ein für allemal erfüllt, – wer an Christus glaubt, steht darum nicht mehr unter der Forderung irgendeines Gesetzes, auch nicht des Gesetzes Gottes. Weder Luther noch Bultmann meinten es so. Sie verstanden Paulus dahin, daß das Gesetz selbstverständlich ungebrochen seine Ansprüche an uns alle erhebt. Allerdings lehrt die Erfahrung, daß wir faktisch immer wieder mit unseren Versuchen scheitern, das Gesetz auf uns zu nehmen, und die Christusbotschaft erklärt uns, woran das liegt. Nicht am Gesetz; das ist und bleibt »heilig, gerecht und gut« (Röm 7,12). Nur wir Menschen sind als Sünder wurzelhaft unwillig dazu, uns Gottes Willen mit ungeteilten Kräften hinzugeben. Die Sünde verführt uns, statt uns Gott zu überlassen, eigenen Interessen zu folgen, wenn wir sein Gebot tun. Im Umgang mit dem Gesetz Gottes sind wir falsch motiviert. Z. B. benutzen wir Gottes Gebote und sein Gesetz als Hilfsmittel, gar als Legitimationsmittel für unsere Kämpfe um eine bessere Welt; nicht um Gott, sondern um die Welt geht es uns dabei. Doch solche *politische* Funktionalisierung des Gotteswillens ist kein bißchen schlimmer als jene *religiöse,* die das Gesetz Gottes in die Hände nimmt, um so am eigenen Heil zu arbeiten: das Gewissen zu beruhigen, mit Gott in Einklang zu kommen, auf diese Weise dem persönlichen Leben einen Sinn zu geben – oder auch nur im Einklang mit einer christlichen Sitte zu stehen, um in Gegenden oder Gruppen, in denen das »Christentum« noch ungebrochen wirkt, gesellschaftlich nicht aus dem Rahmen zu fallen. *Protestantische Gesetzeskritik ist* in Wahrheit *protestantische Menschenkritik:* Entlarvung des Sünders, der offenbar nicht anders kann, als grob, eher noch: sublim Gesetz und Wort Gottes für irgendein ihm wichtiges moralisches Ziel einzusetzen und, statt Gott zu gehorchen, damit der Lust zur Selbsterfüllung zu frönen.

Die protestantische Lehre erklärt, daß dies natürlich kein *Erfahrungssatz* ist. Die Tiefe der Sünde besteht nämlich darin, daß der Sünder sich in abgründigen Illusionen über sich selbst und seine Motive befindet. Natürlich denkt kein Mensch an Selbsterfüllung, wenn er Gottes Gesetz gehorcht, – natürlich sagt er: Ich will nur Gottes Willen tun. Ebenso natürlich sagt der politische Christ: Gesellschaftsveränderung im Sinne des Gesetzes Gottes sei Reich-Gottes-Arbeit und keineswegs Selbstdurchsetzung eigener gesellschaftlicher Ideale. Diese Illusions- oder Verschleierungsstruktur in unserem Umgang mit Gottes Gesetz wird uns erst an Jesus und von seinem Gesetzesgehorsam her offenbar. Denn dort sehen wir: Wenn ein »wahrer« Mensch das Gesetz erfüllt, dann nicht um sein und anderes Leben zu »retten«, sondern um Gottes Willen *an sich* geschehen zu lassen. Wenn aber wirklich in einem Leben Gottes Wille zum Ereignis wird, dann bedeutet dies praktisch-faktisch die Selbstpreisgabe des Menschen und eher seinen Tod, als irgendeinen Erfolg eines beruhigten Gewissens oder einer allgemeinen Mobilisation und Motivation für gesellschaftlichen Kampf. Wer sich vom Gesetz Gottes nicht den seelischen, geistigen, im Extrem auch physischen Tod holt, wer davon statt arm und leer, stolz und erfüllt wird, hat wohl das Gesetz nicht so erfüllt, wie es allein erfüllt werden will: nur um Gottes willen. So ist es der Mensch, der das Gesetz Gottes mißbraucht und es dadurch um seine gebieterische Gotteskraft betrügt.

Kann denn aber dadurch das Gottesgesetz selbst zuschanden kommen? Nein. Denn ein anderer Mensch – der, dem seine Sünde *vergeben* ist, nach christlicher Lehre also: ein Mensch, der an Christus glaubt – ist gefeit davor, das Gesetz weiterhin zu mißbrauchen. Als Glaubender ist er ja in Jesu Tod eingebunden, hat sich als »alten« Menschen wenn nicht vergessen, so doch verloren, – in ihm sind die Verführungskräfte der Selbsterfüllung schon abgestorben, – er *kann* das Gesetz erfüllen ohne alle Nebenabsichten und Verschleierungen, in der reinen freien Hingabe,in der Gottes Gesetz getan werden will. Am Befreiten bewährt das Gesetz seine Kraft.

So weit, so gut, so biblisch. »Christus des Gesetzes Ende« heißt eigentlich nicht: Das Gesetz ist am Ende, sondern der mit dem Gesetz Schindluder treibende Mensch ist am Ende. Indem in Christus ein wahrer Mensch das Gesetz erfüllt, ist es jetzt aus den Händen von Sündern in die Hände dessen gekommen, der von keiner Sünde wußte (2 Kor 5,21); und so kommt es zu seiner Gotteskraft zurück.

Leider können Luther und die Bultmann-Freunde sich mit der Dialektik des verschiedenen *Verhältnisses* zum Gesetz – hier des Sünders, dort des befreiten Menschen – nicht begnügen: obgleich das doch die ganze Substanz der paulinischen und evangelischen Rechtfertigungsbotschaft ausmacht. Daß das Gesetz, getan von Befreiten und freien Menschen, seine alte Gotteskraft bewahrt, das genügt den Theologen vielfach nicht. Sie lehren, daß das Gesetz überhaupt mit Christus jeden göttlichen Sinn und Anspruch verloren habe. Der lutherische Protestantismus besitzt darin eine ausgesprochen anarchistische Grundstimmung von Gesetzwidrigkeit. Sie wirkt sich in einer Kritik des Gesetzes selbst aus. Die Form Gesetz als solche – also daß Gott uns unter Imperative stellt und uns Schritt für Schritt Weisungen gibt, – daß er solches Gesetz dann auch mit Repressalien für den, der es nicht einhält, mit Belobigung für den, der es tut, versieht (und das gehört notwendig zur Form Gesetz, es muß einklagbar sein) – das alles *verführt* uns Menschen dazu, unsere Beziehung zu Gott als Tat- und Leistungsbeziehung zu verstehen. Geschieht das aber, dann werden in uns – wie wir nun einmal sind: zwangsläufig – schlafende Hunde der Selbstbehauptung und Selbstgefälligkeit geweckt: Leistungsstreben, Leistungslust und dann unvermeidlich auch ein Anspruchsdenken für erbrachte Leistungen. Gesetz scheitert nicht nur am Sünder, es stachelt Sünde in uns auf. Damit führt es uns in Verderben. Luther hat behauptet: Das sei geradezu der göttliche Sinn des Gesetzes, – es wolle und solle uns zu Sündern machen, solle uns vor uns selbst in unserer Egozentrik entschleiern, zur Verzweiflung bringen und uns dann einen Hilfeschrei nach Gott abpressen.

Aber ist diese Disqualifizierung des Gesetzes selbst eine notwendige Folge der Christusverkündigung? Selbst wenn die Erfahrung es immer wieder bestätigen sollte, daß Gesetz ein Medium ist, das Menschen unwiderstehlich dazu reizt, es »in den Griff zu bekommen« – kann man dies als Prinzip des Gesetzes, ja geradezu als seinen Sinn behaupten? Ist das nicht ein ideologischer Zwang angesichts der Tatsache, daß ein »wahrer«, von Gott befreiter Mensch sich dem Gesetz beugen und es so erfüllen kann, wie Gott es will?

Die *Konstruktion des sog. secundus usus legis,* der Lehre von einem pädagogischen, den Menschen böse machenden und ihn dann als Bösen entlarvenden Gebrauch des Gesetzes, läßt sich weder aus der Gesetzesform als solcher ableiten noch aus einer durchschnittlichen Erfahrung im Gesetzesgehorsam; man kann das Gesetz selbstlos tun.

Als Erfahrungssatz wird das freilich von den lutherischen Theologen auch nicht behauptet, sogar bestritten. Die protestantische These lautet ja nicht: Jedermann erlebt es so, wenn er versucht, gesetzestreu zu leben. Zum Verständnis der protestantischen These ist wichtig, daß Sünde genauso eine *Glaubens*angelegenheit ist wie Gnade. Auch mich-als-Sünder erkenne ich *nur* im Glauben, und daß und inwiefern Gesetz mich böse macht und als böse entlarvt, kann ich nur erkennen, wenn meine für Sünde von Natur blinden Augen von Jesus geöffnet werden; dann aber lerne ich freilich sehen, wie es mit dem Gesetz und mir steht.

Wenn sich doch evangelische Predigt und evangelische Theologie mit dem *retrospektiven* Sinn dieses pädagogischen Gesetzesverständnisses begnügt hätten, – sich davor bewahrt hätten, das, was ein tief erschrockenes Zurückblicken eines Glaubenden auf sich selbst im Zustand seines Unglaubens ist, zu einem positiven, absichtsvollen Prinzip des Gesetzes zu verfälschen. Wenn ich im Rückblick darauf komme, daß mich jedenfalls mein Umgang mit dem Gesetz böse gemacht hat, besagt das nicht, daß das Gesetz dies wollte, und schon gar nicht: daß es dies jedermann antun will. Die Umkehrung eines retrospektiven Sinns der Pädagogik des Gesetzes in einen positiven, sünden-produktiven Sinn ist eine unzuträgliche systematische Übertreibung. Sie entspricht nicht dem biblischen Gesamtzeugnis vom Sinne des Gesetzes.

Sie ist vielmehr *Ausfluß einer Hilfskonstruktion,* die u. E. erst dadurch möglich wurde, daß man den Ausdruck »Gesetz« unzulässig-einseitig identifiziert hat mit der Grundstruktur der Erwählungswirklichkeit Israels. Weil man sagen wollte: *Israel* sei an der Geschichte Jesu von Nazareth theologisch gescheitert, darum extrapolierte man: *auch das Gesetz als Gesetz* sei an Jesus gescheitert, denn in ihm sei nicht mehr das Gesetz der Werke, sondern allein der Gehorsam der Treue und des Glaubens wirksam gewesen. Und wie *Israels* Geschichte zu nichts anderem gut gewesen sei, als sich in Jesu Leben, Leiden und Sterben zu »erfüllen«, so sei das *Gesetz* Israels zu nichts anderem gut gewesen, als den Menschen in den Schrei nach Befreiung von jedem Gesetz zu treiben, die Jesus in der Freiheit des Glaubens und Trauens dem Menschen dann auch geschenkt habe. Es besteht deutliche Analogie von Konstruktionen über einen allein retrospektiven Sinn der Geschichte Israels auf Christus hin mit einem allein prospektiven Sinn der religiösen Form Gesetz auf unser Scheitern hin. Diese Analogiebildung ist verantwortlich dafür, daß »*Geschichte*« überhaupt als Dominium des Gesetzes und jeder Art von Gesetzlichkeit angesehen und begrifflich fixiert wird und daß umgekehrt damit, daß den Christen schnell Israel gleichgültig wurde, auch das *Gesetz* als Gesetz suspekt wurde.

Der Vorgang ist u. E. allein systematisch-theologisch nicht mehr aufzuholen – zu sehr ist er geprägt von kirchengeschichtlichen und politischen Entwicklungen schon in der neutestamentlichen Zeit, wahrscheinlich schon in den Biographien des Apostels Paulus und der Evangelisten, als daß wir ermächtigt wären, historische Relativitäten in den neutestamentlichen Äußerungen zu Gesetz und Judentum, zur Geschichte Israels außer acht zu lassen und systematisch zu überspielen. Die historische Relativität des biblischen Zeugnisses muß in die dogmatische Besinnung eingehen.

Dazu grundsätzlich Folgendes:

1. Wir werden uns hüten, historische Relativitäten in der Bibel durch sog. Sachkritik theologisch gegenstandslos zu machen und sie für uns nicht mehr wichtig und verbindlich zu nehmen (vgl. Prolegomena, 89)). So ist z. B. Bultmann mit Röm 9 – 11 verfahren, als er diese Kapitel eines Ringens Pauli um eine immerbleibende theologische Bedeutung Israels schlicht für »zeitgeschichtlich bedingte Spekulation« des Apostels erklärte.[14] Es wäre ein leichtes, auf dieser Ebene jetzt etwa die paulinische Lehre von einem pädagogischen Sinn des Gesetzes (Gal 3,24) und sein Ende in Christus (Röm 10,4) für eine »zeitgeschichtliche Spekulation« zu erklären, und das womöglich mit besseren Gründen – wenn man etwa auf die sonderbare Theorie des Paulus vom angeblich »zwischenhineingekommenen Gesetz« blicken würde (Röm 5,20; vgl. oben § 3 h, S. 222 ff.). Wir meinen nicht, daß Sachkritik die angemessene Form für systematische Bewältigungsversuche ist. Das historisch Relative gehört u. E. immer zur theologischen Sache hinzu, kann und soll nicht abgestreift werden von der Aussage, korreliert vielmehr als Form mit dem Inhalt, als Situation mit der Aussage, als Lage mit der Sache.

14. Mündlich in seinen Römerbrief-Vorlesungen.

So sehen wir uns z. B. gehalten, einen Unterschied im Verhältnis Jesu zum Gesetz und im Verhältnis Pauli zum Gesetz systematisch gerade nicht zu überspielen und etwa Oberbegriffe zu bilden, die die Differenzen verschlukken, – vielmehr sollen wir die *Spannung* aushalten, daß Jesus uns lehrt, auf die Pharisäer zu hören (Mt 23,2), während gleichzeitig Paulus uns beschwört, Christus für des Gesetzes Ende zu halten. Das soll sich für unser Nachdenken nicht ausschließen, sondern ein *Problemfeld* des Handelns, Glaubens und Denkens eröffnen. Und so sollen wir die Lehre des Paulus von einer Pädagogik des Gesetzes auf Christus hin (Gal 3,24) und von Christus als Ende des Gesetzes (Röm 10,4) nicht systematisch so auflösen, daß die Wahrheit von Röm 7, daß das Gesetz »heilig, gerecht und gut« ist (Röm 7,12) und daß ich dem ausdrücklich beistimme (Röm 7,16), verschwindet – zu schweigen davon, daß Röm 10,4 Röm 11,1 einfach niederschlagen dürfte: Die geschichtliche Dialektik des Paulus ist *weiter* gewesen als die Luthers und der Bultmannianer, und Paulus hat *viel weniger Theologie systematisiert als Geschichte beachtet*, zu der auch die Beziehung auf die Dauer Israels und die fordernde Gerech tigkeit seines Gesetzes gehört.

2. So gesehen, scheint uns erlaubt und geboten zu fragen: ob nicht in den Aussagen von einem destruktiven Sinn des Gesetzes viel mehr *persönliche* Erfahrung steckt, als es die lutherische These zulassen will: als würde es sich hier nur um notwendige Glaubens-, nicht um zufällige Erfahrungsurteile handeln. Röm 7 wird in der Bultmannschule allgemein als Erzählung von einem »transsubjekiven Ich« gedeutet;[15] also weder ein empirisches, noch gar das biographische Ich des Paulus spreche sich dort aus. Stimmt das, dann *muß* erklärt werden, inwiefern es der zentralen Verkündigung Jesu notwendig ist, nicht nur den Menschen in ein anderes *Verhältnis* zum Gesetz Israels zu rücken, sondern dies Gesetz – und zugleich damit alle anderen – als in sich menschenfeindlich abzuqualifizieren. Die Zeugnisse von Jesu Umgang mit dem Gesetz entbinden keine solche gesetzeskritische Deutung seiner Botschaft. Inwiefern sollte der Auferweckte hier grundsätzlich ein anderer geworden sein? Systematisch wichtig ist schon die Beobachtung, daß die evangelische Gesetzeskritik jedenfalls nicht Jesus zugeschrieben werden kann, sondern dem Glauben an Jesus – daß sie also nicht Ausrichtung des Evangeliums selbst, sondern apostolische Reflexion auf das Verhältnis vom »Evangelium« aufs »Gesetz« ist. Als *Reflexionsfiguren* sind dies aber typisierte Begriffe für ein je in sich ge-

15. R. Bultmann, Römer 7 und die Anthropologie des Paulus, in: Imago Dei. Festschrift für Gerh. Krüger, 1932, 55ff. – »Daß das ›Ich‹ dieses Textes ein rhetorisch konstruiertes, ›die Situation des Juden unter dem Gesetz‹ bezeichnendes sei, erscheint mir ... unannehmbar. ... Ich kann mir (dies) nur so erklären, daß er seine erinnerte vordamaskische Person in ihrer tiefsten Selbsterfahrung ... verwendet ...«: M. Buber, Zwei Glaubensweisen, 150.

schlossenes Ganzes an Gottesbeziehung und Gottesverständnis, das – wie alle Typologie – a. eine historische Abstraktion ist, die sich geschichtlich nicht verifizieren läßt und von der zu fragen ist, b. ob und inwiefern sie dem christlichen Bekenntnis zu Jesus von Nazareth eigen und wesentlich ist.

Dazu ist zu sagen: Jesus wichtig ist z. B. der Zuruf: »Sehet zu und hütet euch vor dem Sauerteig der Pharisäer und Sadduzäer« (Mt 16,6); was immer mit diesem Wort gemeint gewesen sein mag:[16] Es versetzt uns in ein kritisch-aufmerksames Verhältnis zur »Gesetzesreligion« – aber nicht ins Verhältnis zu jener abzulehnenden Totalität, als die typologisch »Gesetz« im Verhältnis zu »Evangelium« herhalten muß. Sich ein Bild von jener anderen Gesetzeswelt machen zu müssen, die für Christen nicht mehr in Frage kommen soll, gehört zur Reflexion eines Glaubens, der in offener *Anfechtung* durch jenes andere existiert. Paulus lebte in Zeiten, in denen das Judentum offenbar nicht nur auf Judenchristen wie ihn, sondern auch auf Heidenchristen lebendigsten Eindruck machte; hier ist verständlich, wenn es zur Bildung von strikten und umfassenden Gegenbildern kommt. In offener Situation kann man sich vielleicht wirklich nicht auf eine Evidenz des eigenen Glaubens verlassen, auf seine inneren Kräfte, den Glaubenden den Kompaß zu richten für jenes kritisch-aufmerksame gleichzeitige »Sehen und Sich-Hüten« vor dem Sauerteig der Pharisäer; da »braucht« man – wegen der Faszination des anderen – das totale Gegenbild. Aber wo faszinieren denn im 16. Jahrhundert, wo im 20. das Judentum, das Gesetz vom Sinai und die Pharisäer die Christen so, daß es sie Christus hätte ausspannen können? Wohl aber ist es geschehen, daß die Typenbildung als Mittel der *Selbstbewahrung* im Christentum Schule gemacht hat, ja daß »Schule« (Scholastik) weniger dem Lernen und dem Dialog, als dem Typisieren von »Gefahren« diente und daß offenbar zugleich das realexistierende Judentum als ewiges Exempel und zugleich die geschichtliche und theologische Anfälligkeit der Christen fürs Gesetzliche in jeder Form eine permanente Aktivierung der Typen »Gesetz« und »Evangelium« bewirkte. Das sind geschichtliche Vorgänge. Sie haben ein theologisches Syndrom: die Horrorfigur »Judaisieren« geschaffen. Wer dies aber geschichtlich sieht, muß sich fragen, ob und mit welchem Recht er dieses Syndrom systematisch ad infinitum und unverrückt weiter pflegen kann. Zur Einsicht in die historische Relativität auch des Kerygma, das uns ja nur als »immer schon ausgelegt« begegnet (R. Bultmann), gehört u. E. gerade auch eine Kritik des typologischen Charakters, des reinen Deutecharakters der Figuren »Gesetz« und »Evangelium«. Ihre Geltung kann selbst keinen gesetzlich-normativen Anspruch erheben, d. h. sie haben lediglich heuristischen, funktionalen Sinn, sie werden aber

16. Vgl. R. Bultmann, Die Geschichte der Synoptischen Tradition, 139.

in ihrem kerygmatischen Wesen verdorben, wenn sie als *fixierte* Positionen gegebener Religion systematisch oder gar historisch dingfest gemacht werden: Es ist z. B. nicht wahr, daß sich in den von Luther bekämpften »Schwärmern« das Judentum wiederholt hätte.

3. Eine innere Notwendigkeit, vom Evangelium her auch Aussagen über Stärke und Schwäche des Gesetzes zu formulieren, besteht nur dort, wo – wie in der Hebräischen Bibel, im jüdischen Tora-Verständnis und etwa bei Karl Barth – das Gesetz als »Form« des Evangeliums aufgefaßt wird,[17] als Gottes Weisung an die von ihm Befreiten und Berufenen. Hier ist es unmöglich, das Gesetz als Außen- und Gegensatz-Position des Evangeliums zu setzen und es als notwendige Negation zu gebrauchen für die Grundlegung der eigenen Position. Das Gesetz ist dem Evangelium inne, Israel tritt am Sinai unter das Joch der Gebote, nachdem es *zuvor* am Schilfmeer unter das Joch der Königsherrschaft Gottes getreten war und sich dort als von Gott *befreites* Volk gefunden und bejaht hatte. Hier kann es gar keine Pädagogik des Gesetzes auf eine Befreiung hin geben. Es gehört zu den ohnmächtigen Elementen in den Anschauungen der Bultmannschule, das Gesetz Israels »als Heilsweg« im teleologischen Sinn zu deuten und den Juden vorzuwerfen, sie wollten durch Erfüllung des Gesetzes das Heil gewinnen.[18] Die weite Verbreitung dieser Anschauung ändert nichts daran, daß sie nur eine Karikatur des Jüdischen und Produkt eines unverständigen Vorurteils ist. Gewiß kennt jüdische Überlieferung nicht wenige Hoffnungssätze: daß dem Frommen das Tun des Gesetzes sich »lohnen« werde, und auch, daß eine kollektive Erfüllung des Gesetzes den Messias bewegen könnte, nun endlich zu kommen. Doch folgt christliche Deutung nur dem eigenen Abbild, wenn sie im Kommen des Messias das jüdische Heil schlechthin beschlossen wähnt[19]; das ist Projektion vom Christlichen aus, wo die Messiasfrage so zentral ist; für das Judentum war sie es nie in vergleichbarer Weise.[20] Und abgesehen davon, daß so etwas wie die christliche Formel »das Heil« (mit der ganzen Erlösungsproblematik von Sünde, Tod und Teufel im Hintergrund) dem Judentum in dieser Form tief fremd ist, müßte man, wenn man Bedeutungen abwägen wollte, schon zur Kenntnis nehmen, daß die Juden nicht aufs Heil, auf eine Rettung und Erlösung *zu*gehen, sondern daß sie vom Grunde ihrer Existenz her sich »dem Heil«, ihrer

17. K. Barth, Evangelium und Gesetz, TEH 32, 1935, 11.
18. R. Bultmann, Christus des Gesetzes Ende, 37.
19. Vgl. dazu Z. Werblowsky, Das nachbiblische jüdische Messiasverständnis, in: H.J. Greschat u.a., Jesus – Messias? Heilserwartungen bei Juden und Christen, Regensburg 1982, 69ff.
20. Vgl. G. Scholem, Zum Verständnis der messianischen Idee im Judentum, in: Judaica, 1963, 7ff. – Sch. Ben-Chorin, Die Christusfrage an den Juden, in: Juden und Christen, Berlin 1960, 27ff.

Befreiung und Rettung, schon *verdanken.* Die Bibel erzählt darum ihre ganze Geschichte als Rettungsgeschichte, so sehr, daß sogar *schon die Schöpfung* gesehen wird als die Geschichte der Errettung der Welt aus dem Chaos des Tohuwabohu. Israel steht bereits mit »Tag eins« (Gen 1,5) in der Geschichte seiner Rettung, also seines »Heils«. Darum zählt es auch seinen Kalender von der Weltschöpfung an – nicht weil es ungeschichtlicher, naturwüchsiger dächte als die Christen, eher im Gegenteil: weil es auch schon das natürliche Dasein als Rettung und Befreiung erfahren hat. So wurzelhaft bedroht und versklavt hatte Israel sich erfahren. Will man die floskelhafte Wendung vom »Heilsweg« überhaupt auf Israel anwenden, muß der christliche Theologe lernen, sie nicht als Weg Israels zum »Heil« hin zu verstehen, sondern als Weg vom Heilsgeschehen seiner Befreiung aus aller Sklaverei her; besser noch: als Weg *im* Heil jener Freiheit, deren Aktualität die Tora bewahrt, die das den schon Befreiten gegebene Gesetz und so das »Gesetz der Freiheit« ist (Jak 1,25). Das Verhältnis von Evangelium und Gesetz kann nur analogisch, durchaus nicht teleologisch gedacht werden. Nach dieser biblischen Grundregel muß sich die Deutung der Aussagen des Paulus von Christus als Ende des Gesetzes und dem Gesetz als Pädagogen auf Christus hin richten. Kurz: τέλος τοῦ νόμου heißt eben *nicht:* »Ende« des Gesetzes, sondern seine »Erfüllung«,[21] sowenig das πλήρωμα der Zeit bei Markus und Paulus »Ende«, sondern auch: »Erfüllung« der Zeit heißt. Damit werden sowohl »Zeit« wie »Gesetz« aus ihrer reinen Gegensatzbedeutung gegen Christus, das Evangelium und den Glauben herausgelöst, und die Theorie vom secundus usus legis verändert ihre normative Bedeutung: Sie gibt theologische *Erfahrungs*weisheit wieder, die sich nur im Rückblick des christlichen Glaubens erschließt, und beschreibt nicht einen göttlichen Sinn des Gesetzes.

4. Mit der Differenzierung des secundus usus legis (Tod ist nicht das Ziel des Gesetzes, sondern Illusionen über das Gesetz gehören zur Erfahrung) fällt methodisch die Möglichkeit dahin, ein »Ende« der theologischen Bedeutung Israels aus der Lehre von Christus als »Ende« des Gesetzes weiter zu extrapolieren. Zur Sache ist mit dieser methodischen Feststellung noch nichts gesagt, nur dies, daß der Erweis für eine solche Behauptung nicht mehr gestützt werden kann mit Argumenten traditioneller christlicher Gesetzeskritik; man müßte zur weiteren Bewährung dieser Behauptung ein anderes Reflexionsfeld betreten. Das könnte u. E. nur noch das Feld des Historischen sein.

Auch hier gelten freilich nicht nur historische Tatsachenbeweise, also nicht z. B. die Evidenz der Tatsache, daß Israel auch nach Christus weiter existiert –

21. P. v. d. Osten-Sacken, Römer 8 als Beispiel paulinischer Soteriologie, Göttingen 1975, 250ff.

wenngleich Luther (mit der ganzen mittelalterlichen und altkirchlichen Tradition) sich nicht scheute, auch mit historischen Tatsachenbeweisen zu argumentieren: Die Zerstörung Jerusalems und die Vertreibung der Juden aus ihrem Lande galten durchaus als *Gottesbeweise* für das »Ende« Israels.[22] Angesichts dieser Tradition lag es nahe, das nackte Weiterleben der Juden nach Christus im Gegenteil als »einzigen Gottesbeweis« zu bemühen, wie K. Barth dies tat.[23] Beide »Beweise« zeigen in ihrer Widersprüchlichkeit das *Problem* von Urteilen aus historischer Evidenz. Auch einfache geschichtliche Wahrnehmung enthält in sich viel mehr systematische Voraussetzungen, als manch »einfacher« Nur-Historiker zugibt. Offenbar »beweist« Geschichte gar nichts. Dennoch erlaubt diese Schwäche des Geschichtlichen nicht einfach einen Sprung ins nur Dogmatische. Das Grund-Systematische an Historie ist offenbar, daß die Phänomene der Geschichte uns in Beziehung zu sich zwingen. Direkt und mehr noch indirekt sind wir – heute mehr als je – *beteiligt* an allem geschichtlichen Geschehen. Überdies ist auch jede *Aussage,* die wir über geschichtliche Phänomene machen, ein Moment solcher Beziehung; es gibt ja Begriffe von »Geschichte«, die sie wesentlich ineinssetzen damit, daß sie etwas ist, was *erzählt* wird (und nicht z. B. was »gemacht« wird); in allem Erzählen bin ich mitten inne mit der Art meines Fragens, meiner Wahrnehmungsfähigkeit, meiner Erzählabsichten. Gibt es also nur Subjektives an Geschichte? Dann nicht, wenn es gelingt, Geschichte *nicht* wesentlich als das zu verstehen, was ich sehe und erzählen kann, sondern als den Ort, in dem mir wesenhaft anderes-als-ich *begegnet:* fremde Welt, andere Menschen. Was der andere sagt, ist damit noch nicht das »Objektive« der Geschichte. Aber ein anderer erzählt, und ich höre und frage zurück, versuche ihn zu verstehen – das ist wesentlich-geschichtliches Verhältnis. Die Frage, die vor allem Bultmann aufwarf, heißt: ob wir überhaupt fähig seien, einem Fremden zuzuhören und fremdes Selbstverständnis zu verstehen.[24] Anders nicht, sagte Bultmann, als durch Entfaltung des eigenen Selbstverständnisses. Aber damit hat er sich u. E. nicht genügend davor bewahrt, die Beteiligung des eigenen Selbstverständnisses letztlich als *Filter* des Verstehens zu denken: Einen anderen kann ich nur im Rahmen dessen verstehen, was sich gerade *mir* erschließt. Das ist tatsächlich überall eine Grenze unseres Vermögens. Aber die Grenze sollte nicht

22. Vgl. F.-W. Marquardt, Christus im Exodus, bes. 125f.
23. K. Barth, zB. Predigt über Röm 15,5–13, in: Die Kirche Jesu Christi, München 1933. – Ferner: KD III,3, 238 u.ö.
24. In seinem Aufsatz »Das Problem der Hermeneutik« hat Bultmann das Problem des Verstehens an Äußerungen W. Diltheys exponiert, die ausdrücklich nach dem Verstehenkönnen einer *fremden* individuellen Lebensäußerung fragten, in: Glauben und Verstehen, II. Bd., Tübingen 1952, 211.215.

zum Prinzip geschichtlichen Verstehenkönnens gemacht werden. Normativ gelten muß das Selbstverständnis des anderen *vor* der inneren Geschlossenheit und Integrität des eigenen Selbstverständnisses; und gerade der Überschuß dessen, was ich am Anderen gar nicht verstehen kann, ist das geschichtlich »Objektive«, Widerwärtige, mir Entgegenstehende, von mir nicht zu »Fassende«, nicht Aufzulösende. Und gerade das ist Triebkraft, Bewegungskraft des Geschichtlichen, *erzeugt die Spannung*, die Geschichte ausmacht.

Das heißt aber: Wenn vom »Ende« einer theologischen Bedeutung Israels wirklich *geschichtliche* Aussagen gemacht werden sollten, dann nur solche, die jedenfalls auch am jüdischen Selbstverständnis zu bewähren wären in lebendiger Begegnung. *Wir* müßten mit jüdischem Selbstverständnis »ans Ende kommen«, wenn der Satz von Christus als Ende der theologischen Bedeutung Israels ein von uns zu verantwortender und so wahrer Satz, also auch ein Satz zur Antwort auf die Frage wäre: Wer ist Jesus Christus für uns heute? Da »wir« uns aber jüdischem Selbstverständnis noch nicht einmal anfangsweise ausgesetzt haben, können wir mit ihm auch noch nicht zu Ende gekommen sein. Der Satz von Christus als »Ende« Israels kann also vorerst keine andere Qualität beanspruchen, als eine offene Frage zu sein – Frage und offen: beides! Denn es könnte sich ja »Christus an uns heute« auch als einer erweisen, der uns lehrt, mit der Wahrnehmung von Israels theologischer Bedeutung endlich einmal *anzufangen*.

Nun zurück zur Auslegung Jesu unter der Formel »eschatologisches Ereignis«.

Sie hat sich uns als eine Verknüpfung verschiedener biblischer Aussagen mit bestimmten theologischen Interessen gezeigt. Die evangelische Botschaft von einer »Erfüllung« der Zeit im Herannahen des Gottesreiches und in der Sendung des Sohnes Gottes wird ausgelegt mit den Worten vom Gesetz als Pädagogen auf Christus hin und von Christus als dem »Ende« des Gesetzes. Schon die gegenseitige Deutung dieser Worte versteht sich biblisch nicht von selbst und ist Ergebnis einer Systematisierung, die als solche um so eher befragt werden sollte, je selbstverständlicher sie heute den Traditionen der Exegese erscheint.(Es tut keiner Wissenschaft gut, über Generationen hinweg unbefragt immer wieder nur auf den Ergebnissen ihrer eigenen Geschichte aufzubauen; auch Exegese hat ja nicht nur mit Texten, sondern auch mit vorgängigen Sachverhalten zu tun, die ihr Gesicht, genauer: ihre Strukturen, ihre Bedeutung, die Bedingungen ihrer Möglichkeiten mit den Generationen ändern können.)

In der Formel vom »eschatologischen Ereignis« hat vor allem die Bultmannschule die Kombination von Zeiterfüllung und Gesetzesende systematisch ausgezogen auf die These vom Ende der theologischen Bedeutung Israels und damit zugleich auf ein Ende der theologischen Bedeutung jeder Geschichte. Im Begriff »eschatologisches Ereignis« wird also eine Viererkonstellation umschlossen: . Zeit – Gesetz – Geschichte – Israel.

Die Auslegung dieser Vierergruppe als eines inneren Zusammenhangs dient, wie wir sagten, dem Zeugnis für eine Unüberbietbarkeit Jesu: das ist mit dem Ausdruck des »Eschatologischen« gemeint. Er bezeichnet in einem zeitlichen Begriff (im Sinne eines chronologisch Letzten) doch vor allem eine sachliche Letztendlichkeit: Letztendlich geht zwischen Himmel und Erde nichts über Jesus.

Die *Un*überbietbarkeit Jesu wird in den systematischen Extrapolationen auf Israel und die Geschichte als deren theologische *Über*bietung gedeutet: Jesus überbietet jeden Sinn, den bisher Israel und die Weltgeschichte hatten. Indem das die Ausdeutung der biblischen Rede von einer Erfüllung der Zeit und einem Ende des Gesetzes sein soll, wird ein gemeinsamer innerer Nenner dieser Konstellation deutlich. Zeit und Gesetz werden in der neutestamentlichen Verkündigung als *Mächte* angegriffen, die mit dem Kommen Jesu von Nazareth jeden Anspruch auf uns verloren haben. Der emphatische Ausdruck des »Endes« meint nicht Verdrängung von Zeit und Gesetz aus der Realität, sondern ihre Entmachtung, genauer: die Verneinung ihres göttlichen Anspruchs, ihrer Verbindlichkeit für Jesus und die Seinen. In der Brechung dieser Mächtigkeiten besteht die »letztendliche«, also die Schlüsselbedeutung Jesu für die Wirklichkeit. Die Extrapolation von Zeit und Gesetz auf Geschichte und Israel zeigt aber, daß auch sie als Mächte aufgefaßt werden, deren innere Verbindlichkeit Jesus für sich und die Seinen aufgelöst habe.

Eine Überzeugungskraft dieser Vier-Mächte-Gruppierung, ihrer Kohärenz als eines für den christlichen Glauben gefahrvollen Nukleus, wird sich immer dort aufladen, wo Christen sich gezwungen sehen, einem *Druck der Geschichte* entweder standzuhalten oder ihm zu widerstehen oder sich ihm zu entziehen, konkret in unseren Gesellschaften: vor allem dem Druck der Politik als eines universal beanspruchenden Schicksals. Mindestens aus Barths Selbstverständnis wissen wir von den zeitgeschichtlichen Umständen einer solch radikal-eschatologischen Theologie. Ihre Notwendigkeit scheint epochal in der bürgerlichen Gesellschaft des 20. Jahrhunderts, in der niemand sich dem Politischen entziehen kann, und besitzt so sicher auch einen ideologiekritisch aufzuhellenden Aspekt. Für meine aus dem 2. Weltkrieg nach Hause kommende Generation war diese Seite der Sache hilfreich, ohne daß damit gesagt werden müßte: die Theologie vom Ende der Zeit, des Gesetzes und der Geschichte sei ideal das Wort für die – mit Recht so genannte – »Ohne-mich«-Generation gewesen; wohl aber kann man sagen, daß die Ohne-mich-Generation aus sehr existentiellen Gründen sich einreihen konnte in die Kette der

Tradenten dieses Denkens. Und im Effekt ähnliche Nötigungen haben unter Christen im Ostblock lange eine Rolle gespielt. Daß die Losung »Ohne-mich« ein Mißverständnis der so prononciert eschatologischen Deutung Jesu wäre, läßt sich nicht sagen. Gewiß gibt Bultmanns Formel von der »Entweltlichung« des christlichen Glaubens niemandem einen Freibrief für individuelle oder soziale Verantwortungslosigkeit, gar Abstinenz. Aber die Hochschätzung der paulinischen *Differenzhaltung* des ὡς μή von 1 Kor 7,29-31 im Bultmann-Kreis bricht doch die volle Tatkraft und Sinnmotivation zu gesellschaftlichem Handeln und soll dies auch. »Das aber sage ich, ihr Brüder: Die Zeit ist zusammengedrängt. (Und) überdies (füge ich hinzu): Die (da) Frauen haben, seien, als hätten sie keine, – und die (da) weinen, als weinten sie nicht, – und die (da) kaufen, als behielten sie es nicht, – und die die Welt nützen, als benützten sie sie nicht. Es vergeht nämlich das σχῆμα, die Gestalt dieser Welt«.

Aber ist es denn grundsätzlich notwendig, Zeit und Gesetz, Geschichte und Israel in diesem Sinne als gott- und menschenwidrige Versklavermächte zu deuten, von denen nichts besseres zu sagen ist, als daß sie in Christus für uns »erledigt« wären? Selbst wenn man in seiner eigenen Erfahrung immer wieder auf eine Christus-Feindlichkeit und also Übermächtigkeit von Zeit, Gesetz und Geschichte gestoßen würde, wenn also diese Erfahrung eine wesentliche Wirkweise des Evangeliums wäre: Wie kann das von »Israel« behauptet werden? Wo wäre Israel je für Christen eine verführende, überwältigende Macht gewesen, die Gott und Menschen bedroht, von der wir durch Christus befreit und erlöst werden müßten: wie tatsächlich von den Zwängen unserer Vergänglichkeit, der Unfreiheit eines Gesetzesgehorsams, der Allmacht der Geschichte im Politischen? Das Vorkommen Israels in dieser Vier-Mächte-Gruppe treibt uns in die absurde Perspektive, daß Christen, die in Zeit und Geschichte und mit der notorischen Gesetzlichkeit ihres Glaubensanspruchs Israel dauernd verfolgen, sich von Israel als einer theologisch verführerischen »Macht« bedroht fühlen. Dieses Syndrom wird zur Aufgabe für den Psychoanalytiker.

Dabei ist nicht nur die innere Zusammenführung von »Israel« und »Gesetz« biblisch und historisch logisch, in bestimmten Hinsichten geht auch ihre Kombination mit »Zeit« und »Geschichte« biblisch in Ordnung. Denn im Zeugnis der Bibel sind in der Tat Israel und das Gottesgesetz Repräsentanten des Sinns von Zeit und Geschichte. Nur in einer anderen Zusammenordnung als in der Systemformel von ihrem »Ende« in Christus. Ihr biblisch gemeinsamer Gesichtspunkt ist die *Erwählung* gerade dieser vier »Mächte« zum Dienst der Bezeugung Gottes in der Wirklichkeit und inmitten der Völker. *Die Zeit* ist, zugehörig zum gesamten Schöpfungswerk Gottes, wie dieses Ergebnis eines immer neuen Scheidens und Unterscheidens Gottes: zwischen Licht und

Finsternis (Gen 1,4), zwischen Tag und Nacht, und so dienend »zur Bestimmung von Zeiten, Tagen und Jahren« (Gen 1,14). Scheiden ist die biblische Struktur von Erwählen, und so wird auch *Israel* erwählt, inmitten der Völker, indem Gott es unterscheidet von ihnen. Erwählung heißt hier notorisch nicht: Verneinung und Verwerfung des Nicht-Erwählten, sondern wertfreie Unterscheidung von Erwählten und Nicht-Erwählten als Bediensteten und Nichtbediensteten Gottes. Wird Jesus als »eschatologisches Ereignis« im Sinne des »Endes«, also der Verwerfung von Zeit und Geschichte, Gesetz und Israel gedeutet, dann ist dies im Kern ein Großangriff auf die biblische *Erwählungs*botschaft, und so ist das auch gemeint. »Ende« Israels heißt für den Bultmannianer G. Klein: seine »Paganisierung«,[25] d. h. Israels Entlassung aus seinem Gottesdienst und seine Zurückstellung in Reih und Glied eines allgemeinen Menschseins, in dem es von Gott keine χαρίσματα der Erwählung und Berufung mehr gibt, keine verschiedenen Dienstqualitäten; genauso hat der Lutheraner P. Althaus das gelehrt.[26] Und für R. Bultmann ist der Gedanke eines erwählten empirischen Volkes überhaupt ein undenkbarer Widersinn in sich,[27] so daß, wenn Christus Ende Israels ist, das auch Schluß macht mit einer logischen Absurdität.

Diese Beispiele bestätigen die innere theologische Voraussetzung bei der Zusammenfügung der in Christus abgetanen Vier-Mächte-Figur: Die ganze Lehre zielt gegen die Botschaft von Gottes Erwählen und ein davon bestimmtes theologisches Denken, wie es z. B. das der Hebräischen Bibel ist. Von den Voraussetzungen des biblischen Denkens her gesehen, zielt es damit aber auch mitten ins Herz dessen, was überhaupt »*Handeln Gottes*« heißt. Denn Gott »handelt« durch Erwählen und Verwerfen, Scheiden und Unterscheiden. An die Stelle dieses Handlungsbegriffs wird nun die tötende, beendende, destruktive Negation als Kennzeichen des Handelns Gottes und der Bedeutung Jesu gesetzt, wird das zarte biblische, voll geschichtliche Unterscheiden abgelöst von einem eschatologischen End-Lösungs-Denken, das nicht nur geistig grob und plump, sondern auch geschichtlich aggressiv und brutal wirkt und sich auswirkt.

Nach unserer Sicht triumphiert darin *Heidentum*. Einerseits weil Heidentum – heute wie je – Unwille gegen die Erwählung Israels und damit gegen das Grund-Handelns *dieses* Gottes ist. Andererseits, sofern Heidentum phänomenal ungeschichtlich-zeitlos denkt und in der Wiederkehr des Gleichen jene Gleichgültigkeit begründet, die religiös als fatum, Kismet, Ergebung, Opfer, Tao, Entweltlichung gerechtfertigt wird, als Gleichgültigkeit gegen das Leben

25. G. Klein, Römer 4 und die Idee der Heilsgeschichte, EvTh 23, 1963, 440.
26. P. Althaus, Die letzten Dinge, Gütersloh [6]1956, 313, mit Berufung auf Th. Kliefoth.
27. R. Bultmann, Weissagung und Erfüllung, in: Glauben und Verstehen II, 179f.

also, welche im tiefsten auch den Gedanken einer unartikulierten Menschengleichheit mitprägt. Der religiös sehr wirksame Zusammenhang von Ataraxie, Lebensgleichgültigkeit, und Menschengleichheit in der stoischen Philosophie kommt nicht von ungefähr. Mit Leugnung geschichtlicher Qualitäten wird auch ein »Handeln« Gottes geleugnet, von dem heidnisch sein »Wesen« und »Anwesen« als Wirkformen gedacht werden, sein »Leben« als »Weben und Sein« (vgl. Apg 17,28), aber nicht als Unterscheiden, Scheiden und Wählen.

Nicht, daß wir die radikal-eschatologische Theologie für Heidentum hielten. Nur daß sie sich nicht im gleichen Maß, in dem sie sich gegen das »Judaisieren« profiliert, auch gegen ein »Paganisieren« schützt, ja im Gegenteil: daß sie sich ungeschützt gegen das Heidnische (im genannten Sinne) hält, je mehr sie ihren Eifer gegen das Judaisieren aufbietet. Die Ortung der Bedeutung Jesu an Grundfragen des Daseins schlechthin – an den Fragen von Leben und Tod, Sein oder Nicht-Sein, Zeit und Ewigkeit, Heil und Sinn oder Verlorenheit und Sinnleere: also an den Themen der christlichen Soteriologie, Erlösungslehre – hält das Christentum in gewollter Nähe zum Allgemein-Menschlichen, damit aber auch zum Mutterboden alles »Religiösen« und Heidnischen. Aber *Jesus hat nicht für die Rätsel des Lebens gelitten und nicht für Entschlüsselung der Geheimnisse des Seins.* Er hat gelebt, um Gäste und Fremdlinge zu Bürgern unter den Heiligen und zu Hausgenossen Gottes zu machen (Eph 2,19) und zugleich im Frieden zwischen den Heiden und den Juden alles zu heilen, was in der Welt heilungsbedürftig ist. Sein Werk ist nimmermehr: Beenden und Zerstören. Er ist nicht gekommen zu zerstreuen, sondern um zu sammeln (Mt 12,3). Dafür »erfüllt« er auch die Zeit, indem er die Gezeiten aus ihrer Zerstreuung versammelt in sich selbst.

2. *Jesus in den Gezeiten*

Von Markus hörten wir: Die Zeit »erfüllt« sich mit dem Nahen des Gottesreichs. Von Paulus hörten wir: Die Zeit erfüllt sich, indem Gott seinen Sohn sendet.

Die Zeit hat keine eigene Kraft, *sich* zu »erfüllen«. Sie kann sich nicht entleeren und erschöpfen – das würde bedeuten, daß sie einmal in sich eine Fülle und Kraft besessen hätte, nur hätte die jetzt nachgelassen, und das sei für Gott der rechte Augenblick erschienen für seine Annäherung an die Welt im Kommen des Reichs und in der Sendung des Sohnes. Die Zeit kann sich aber auch nicht im positiven Sinne »erfüllen«: zur Reife kommen, zum Sinn ihrer selbst bringen, das bedeuten, was sie schon immer bedeuten wollte, nun aber erst zu bedeuten vermag; sie kann sich nicht aufgipfeln zu »einem Tag, so wunderschön wie heute«. Die Bibel kennt keine personifizierte und hypostasierte

Zeit - wie sie sehr wohl z. B. eine personifizierte Weisheit kennt. Nicht von ungefähr. Denn es gibt Kräfte der geschöpflichen Wirklichkeit, der die Bibel überindividuellen, selbständigen Wert, Mächtigkeit zuerkennt; »gute Mächte« dürfen sein. Gestalten der Zeit aber wurde vom biblischen Denken solche Selbstmächtigkeit nicht eingeräumt. Es gibt kein aus sich heraus wesentliches Gestern, Heute oder Morgen. Die Gezeiten dienen Gott und den Menschen ohne Eigenkraft und Eigensinn. Es gibt sie mit ihren Inhalten: unserem Geborenwerden und Sterben, - als die vorige Zeit unserer Mütter und Väter (Dtn 4,32), - als unsere eigene sehr kurze Zeit, - als Zeit unserer Not und unserer Errettung, - als Zeit der Schwangerschaft und da eine Frau gebären soll, - als erkennbare, zählbare Zeit, - aber auch als eine, von der wir weder Tag noch Stunde wissen, - als Zeiten, die in Gottes Händen stehen (Ps 31,16), - oder auch als Zeit, die wie ein Schatten dahinfährt (Weish 2,5).

Diese Inhaltsabhängigkeit des biblischen Zeitverständnisses, die Tatsache, daß die Bibel grundsätzlich nur »gefüllte Zeit« kennt,[28] nehmen wir als Strukturbedingung für unser Verständnis dessen, was »erfüllte« Zeit heißt. Rein formal wollen wir die Botschaft von der Erfüllung der Zeit also von dem her verstehen, womit sie - laut dieser Botschaft - gefüllt worden ist.

Das ist bereits eine wichtige Entscheidung. Die Botschaft von der Erfüllung der Zeit wollen wir nicht als eine Aussage über ihre Verlaufsform, sondern über ihren Gehalt auffassen.

Zeit, als Verlaufsform gedacht, bedeutet einen Anfang, eine Mitte, ein Ende, eine Bewegung von einem Gestern über ein Heute hin auf ein Morgen. Im Lauf der Zeiten ändern sich die Dinge, sie entwickeln sich zum Besseren oder zum Schlechteren, und so bedacht, hat Zeit nicht notwendig, aber doch wesentlich etwas mit Entwicklungen zu tun, mit Fortschritt und Rückfall, aber auch - naturhaft - mit Wachstum, Werden und Vergehen, Heranreifen und Verwelken. Zeit als Verlaufsform kann eine Bewegung eines unaufhörlichen Kreislaufs sein - Wiederkehr des Gleichen, zyklisch wie die Jahreszeiten und die Gezeiten des Meeres. Sie kann als Verlaufsform auch linear-zielgerichtet erfahren und beschrieben werden und die Dinge, die in ihr sind, hoch hinauf bis zu einer Vollendung führen - ein Wort, in dem der Gedanke eines Endes ja enthalten ist. Wo immer eine Typologie der Verlaufsform Zeit gebildet wurde, wurde biblisches Zeitdenken als linear-eschatologisches Modell außerbiblisch-zyklischen Modellen entgegengestellt und darin etwas unterscheidend Biblisches entdeckt.

Man braucht sich nur auf die Momente des Werdens und Vergehens an der so gedachten Zeit etwas näher zu besinnen, um daran etwas *Schicksalhaftes* zu erkennen, gleich, ob ewiger Kreislauf oder einmaliges Werden und Vergehen

28. G. v. Rad, Theologie des Alten Testaments II, 112.

erfahren werden. Als schicksalhaft empfinden Menschen, wie Vergangenheit und Zukunft an der Gegenwart zehren: Der Augenblick eben – schon vergangen, und zugleich: Was ist er anderes als die sichere Beute der Zukunft, die schon lauert, ihn zu verdrängen ans Vorhin? Unübersehbar die Gedankenlyrik, das Philosophieren, die religiöse Ekstase, die das Schicksalhafte des Daseins in der Zeit, ihr Über-uns-Mächtiges, gegen das wir wehrlos sind, zu beschreiben und zu bewältigen versuchen. Aber ohne Chancen: Der Lauf der Zeit trennt uns von jedem Jetzt, jagt uns, und mehr als einmal hat der menschliche Geist darin überhaupt das Wesen des Daseins gesehen: verzweifelt oder getrost – zuweilen auch beglückt von so viel Unbeständigkeit des Daseins, das die zehrende, hinraffende Zeit uns bereitet.

In dieser Erfahrung liegt der Ursprung des abendländischen Philosophierens und damit aller Wissenschaft. Man will wissen, ob es etwas gibt, das uns feit gegen das Schicksal, so schnell hingerissen und fortgerissen zu werden von der Zeit. Im Körperlichen nicht, das hat man erfahren. Das Körperliche ist das Wehrloseste gegen die Zeit. Also muß es etwas Geistiges sein. Das Wesen des Geistigen wird von vornherein gesucht als etwas, was dem Zeit-Raffertum widersteht und Beständiges, Unwandelbares verspricht. So kommt es zum Gegenüber von Körperlichem und Geistigem: Das Geistige darf nicht gekränkt werden können vom Zeitlichen, wie es dem Körperlichen leider unvermeidlich beschieden ist. So kommt es zu »Idealismus«, fast unvermeidlich für den, der mit der »Macht der Zeit« hadert.

Der biblische Mensch war in diesem Sinne nie ein Idealist. Er bejahte seine Hinfälligkeit und Zeitlichkeit und kannte keinen unsterblichen Geist. Der Tod, der Allgewaltige der Zeit, der Zeit-Raffer selbst, zwang ihn nicht über sich hinaus in eine unzerstörbare Geisteswelt, er zwang ihn umgekehrt hinein in die Grenzen seiner Endlichkeit; dieser Mensch ließ sich belehren, daß er *sterben* muß, auf daß er klug werde (Ps 90,12).

Wie anders dagegen viele Fromme, auch Christen, die die Zeit entmächtigen wollen, indem sie meinen, ihr Stillstand abtrotzen zu können im mystischen Augenblick einer Vereinung mit Gott, in dem alles versinkt: das Körperliche, das Seelische, die Zeit. Ins Christentum ist solche Mystik aus dem Neuplatonismus so eingebürgert worden, daß bis heute – vermutlich sogar für eine Mehrheit gerade »bürgerlicher« Christen – etwas schlechthin Wesentliches an der Religion Erfahrungen von Zeitlosigkeit und Hinleitungen zum »Ewigen« zu sein scheinen, wie man zu Unrecht das Zeitlose nennt, immer neu gespeist aus dem Gefühl der Vergeblichkeit alles Zeitlichen, einer Müdigkeit vor seinen Forderungen – oft freilich auch dazu angestiftet von einer interessierten politischen Propaganda für Religion, die das Zeitlose lobt, um desto ungestörter die Zeit beherrschen zu können.

In der Bibel kommt der Mystik nur wenig entgegen, sie entstammt im Christentum außerbiblischen Einflüssen. Hingegen kennt das Neue Testament eine *Feier von Gegenwart*, in der die Gezeiten der Vergangenheit und der Zukunft zu versinken scheinen. Paulus, noch mehr Johannes, deuten die Bedeutung des Christusgeschehens als eschatologisches Präsens, d. h. als eine sinnvollendende und die Verlaufsform der Zeit überwindende reine Gegenwart. »Ist jemand in Christus, so *ist* er neues Geschöpf« (2 Kor 5,17). »Das Alte *ist* vergangen, siehe, es *ist* neu geworden« (ebd.). »Siehe, jetzt *ist* die hochwillkommene Zeit, siehe, jetzt *ist* der Tag des Heils« (2 Kor 6,2 – freilich in Auslegung eines Zitats aus Jes 49,8; die Hebräische Bibel hat also erfüllte Heilsgegenwart auch schon gekannt, sie ist letztlich doch nichts neutestamentlich Neues). Noch extremer hat der Johannesevangelist alles das, was man in Kirche und Judentum von Zukunft erwartet, in die Gegenwart hineingezogen. »Wer an den Sohn glaubt, der *hat* ewiges Leben. Wer dem Sohn nicht gehorcht, wird das Leben nicht sehen, sondern der Zorn Gottes bleibt auf ihm« (Joh 3,36). Will sagen: In der Gegenwart Jesu von Nazareth ereignet sich schon hier und heute das Jüngste Gericht. »Wer an ihn glaubt, wird nicht gerichtet. Wer nicht glaubt, ist schon gerichtet« (Joh 3,18). »Wer mein Wort hört und dem glaubt, der mich gesandt hat, *hat* das ewige Leben und kommt nicht in das Gericht, sondern er *ist* aus dem Tode in das Leben hinübergeschritten. ... Es kommt die Stunde und *ist jetzt da*, daß die Toten die Stimme des Sohnes Gottes hören werden, und die sie hören, leben werden« (Joh 5,24f). Mit der Folge, daß christlich Glaubende sagen können: »Wir wissen, daß wir aus dem Tod in das Leben hinübergeschritten *sind*, denn wir lieben die Brüder« (1 Joh 3,14).

R. Bultmann und seine Anhänger sehen in solchen Aussagen einer präsentischen Eschatologie das eigentlich Christliche. Gericht und Heil sind aus der Verlaufsform der Zeit herausgebrochen, was außerchristlich von Zukunft erwartet wird, ist christlich Gegenwart. Und Gegenwart sind nicht nur die nun erfüllten Verheißungen von einst, sondern auch alles das, was Jesus selbst und die christliche Kirche eigentlich erst in der Zukunft kommen sehen: das entscheidende Gericht, Auferweckung der Toten und ewiges Leben. Wer glaubt, hat das alles schon hinter sich.[29]. Daß dies das »eigentlich« Christliche sei, kann Bultmann allerdings nur durch eine methodische Abwehr der Zukunfts- und Vergangenheitsbezüge der christlichen Verkündigung behaupten. Die Zukunftsaussagen, die es auch im Johannesevangelium gibt, hat er z. B. konsequent als später nachgetragene kirchliche Redaktion literarkritisch (aber in

29. R. Bultmann, Das Urchristentum im Rahmen der antiken Religionen, Zürich 1949, bes. 200ff. – Geschichte und Eschatologie, 44ff, bes. 178ff.

Wirklichkeit sachkritisch) aus seiner Exegese ausgeschieden.[30] Damit bewertet er die Zukunftshoffnung der Kirche im Grunde als einen Rückfall von der bei Paulus und Johannes erreichten »Höhe« einer präsentischen Eschatologie an die Macht der Verlaufsform Zeit und qualifiziert *sie* dadurch theologisch ab.

Solche Feier von Gegenwart, in der die Gezeiten versinken, hat in der Christentumsgeschichte weitreichende Folgen gehabt. Christliche *Zukunfts*hoffnung gehörte wesentlich den *Protest*bewegungen der Kirche zu (den Donatisten, Hussiten, später so manchen Sekten), während die Großkirchen, je mehr sie gesellschaftlich durchgesetzt und politisch etabliert waren, sich gerne als Raum der Gegenwart Gottes verstanden. Und dabei wurde »Gegenwart« zu schnell ihres *kritischen* Charakters beraubt, den sie in der Hebräischen Bibel ebenso hat wie bei Johannes. Denn dort verbrennt und vergeht der Mensch an der Gegenwart Gottes, er ist einer Gegenwart des Inhalts »Gott« nicht mächtig, weil kein Sünder vor dem Heiligen bestehen kann; darum bedeutet auch für Johannes eschatologisches Präsens vor allem Gericht: »Zum Gericht bin ich in die Welt gekommen, damit die Nichtsehenden sehend werden und die Sehenden blind werden« (Joh 9,39). Biblisch ist erfüllte Gegenwart also nicht etwa jene fromm-gemütlich-beschaulich-betuliche Verwaltung einer repraesentatio Jesu im Sakrament der Kirche, sondern Krisis. Aber in der Kirche wurde mit dem Lauf der Zeit der Heilsgegenwart Gottes ihr Biß genommen und unter Anweisung der Kategorie des Habens das Gegen-Ständige von Gegenwart zum Besitzstand der Kirche verfälscht, Gegenwart als Habemus des Glaubens gedeutet mit der unvermeidlichen Folge, daß, wer am Besitzstand der Kirche nicht beteiligt war, damit ein Mensch längst überholter toter Zeit und für ewig gestrig war: Vergangenheitsmensch, allenfalls Zukunftsmensch, aber eben nicht Gegenwartsmensch. Israel war für Christen immer das Demonstrationsobjekt für die Habe-Zeit der Gegenwart: Bedeutende Vergangenheit bis zu Christus hin wurde ihm nicht bestritten, ihm wurde auch Zukunft konzediert; denn unter die erwarteten Zukunftsereignisse dogmatischer Eschatologie zählte eine endliche Bekehrung aller Juden zu Jesus als dem Messias Israels. Nur sinnvolle Gegenwart wurde den Juden abgesprochen, da sind sie bestenfalls im mythischen Bilde des Ahasver zu deuten: jenes gespenstischen Menschen, der draußen auf den Meeren ruhelos nach seiner Erlösung hin- und herjagt, ein fleisch- und beinloses Gespenst, das an Land, wo wir seßhaften Menschen wohnen, keinen Fuß aufs Trockene bekommt.

30. R. Bultmann, Die Eschatologie des Johannes-Evangeliums, in: Glauben und Verstehen. Gesammelte Aufsätze 1933, 134ff, bes. 135 A 1. – Die These ist durchgeführt in: Das Evangelium des Johannes, Göttingen 1941.

Wir haben ihn nicht in unserer Mitte, und er ist in seiner umgetriebenen Art ein Fremder. Aber eines Tages wird er Ruhe finden in seinem Heiland. Die Verlaufsform der Zeit ist mindestens Heilsferne, wenn nicht Unheil.

Doch biblisch läßt sich die Bevorzugung der Gegenwart als Abbruch der Verlaufsform der Zeit nicht halten. J. Moltmanns Buch »Theologie der Hoffnung« ist für unsere Generation ein Durchbruch durch theologische Befangenheiten in der präsentischen Eschatologie – und ihrer kirchlichen Verführungen – und der Versuch einer Rückgewinnung der Verlaufsform der Zeit für theologisches Denken gewesen,[31] damit erst recht ein Versuch, biblische Vergangenheits- und Zukunftsaussagen zu integrieren in die Botschaft von der Erfüllung der Zeit.

Diesen biblischen Tatbeständen bleiben wir verpflichtet. Die Botschaft von der Erfüllung der Zeit bedeutet *nicht* die Aufhebung der Verlaufsform der Zeit und ihres theologischen Sinns. In Gottes Handeln, wie die Bibel es bezeugt, ist keineswegs allezeit alles qualitätslos gleich. Jedes Ding hat auch hier eine ihm ganz eigene Zeit, die von den Dingen anderer Zeiten verschieden ist. Es gibt auch im Handeln Gottes Vergangenheit, Gegenwart und Zukunft, und jede der Gezeiten kann qualitativ Verschiedenes bedeuten. Wer seine Hand an den Pflug legt und blickt zurück, taugt eben nicht zum Reiche Gottes (Lk 9,62). Andererseits sind wir gebaut auf dem Grunde der Apostel und Propheten (Eph 2,20) und wären als christliche Gemeinde nichts ohne sie, unsere Vorgänger. Wenn wir Abendmahl feiern, sollen wir es ausdrücklich tun sowohl mit Blick nach vorn: »Denn sooft ihr dieses Brot eßt und diesen Kelch trinkt, verkündigt ihr damit den Tod des Herrn, bis er kommt« (1 Kor 11,26), als auch mit Blick zurück: »Das ist mein Leib für euch; das tut zu meinem Gedächtnis«; »Dieser Kelch ist der neue Bund in meinem Blut; das tut, sooft ihr daraus trinkt, zu meinem Gedächtnis« (1 Kor 11,24-25). K. Barth hat darum die »Zeit der Offenbarung«, also die in der Sendung Jesu erfüllte Zeit, wesenhaft als »Zeit der Erwartung« (vorzüglich als Zeit vor Christus) und als »Zeit der Erinnerung« (vorzüglich als Zeit nach Christus) beschrieben, die Gegenwart Gottes in Christus allerdings auch aus der Verlaufsform der Zeit herausgelöst und als ein Zwischen-den-Zeiten beschrieben, nämlich als das einzigartige und mit nichts zu vergleichende Zeitwesen der Ostergeschichte, die wohl einmal ein datierbares Ereignis in der verlaufenden Zeit war, aber nun doch keine Vergangenheit mehr werden konnte, sondern zur bleibenden Gegenwart wurde; »Erinnerung« an Ostern ist also nicht mehr Rück-Erinnerung wie Erinnerung sonst, sondern ein Erinnern an das, was jetzt ist: ein Anstoß-

31. J. Moltmann, Theologie der Hoffnung. Untersuchungen zur Begründung und zu den Konsequenzen einer christlichen Eschatologie, München 1964.

geben zur Wahrnehmung des Jetzt.[32] Barth verbindet so in seiner Auslegung der erfüllten Zeit das Interesse präsentischer Eschatologie mit der Bewahrung der Wahrheit, die in der als Verlauf gedachten Zeit enthalten ist.

Wir hoffen, uns nun in Übereinstimmung mit den später weitergehenden Überlegungen Barths zu befinden, wenn wir nicht mehr von der erfüllten Zeit als einer »Zeit der Offenbarung« sprechen – einem theologischen Abstraktum –, sondern von den Zeiten oder Gezeiten Jesu, d. h. von *wechselnden Zeiten seines Wirkens*, und wenn wir so die Zeit nicht mehr kirchlich-anthropologisch bestimmen, wie es in den Begriffen von einer »Zeit der Erwartung« und einer »Zeit der Erinnerung« sich ausdrückt – das ist vom Zeithorizont der Zeugen Jesu, aus der Zeitlichkeit ihres Verhältnisses zu ihm gedacht -, vielmehr die Worte des Markus und Paulus christologisch zu verstehen versuchen, will sagen: von Jesus her als dem Inhalt seiner Vergangenheit, Gegenwart und Zukunft, die er mit uns geteilt hat, als er uns Gottes Reich nahe brachte und Gott ihn sandte und als er mit seiner Zeit auch unsere Zeit füllte.

Herkommend von solchen strukturellen Überlegungen, wenden wir uns der Auslegung einiger hierhergehörender biblischer Texte zu.

Ἰησοῦς Χριστὸς ἐχθὲς καὶ σήμερον ὁ αὐτὸς καὶ εἰς τοὺς αἰῶνας: Jesus Christus gestern und heute er-selbst und bis in die Äonen. Das ist eine christliche Bekenntnisformel aus Hebr 13,8, ein Ermutigungsruf für eine Kirche zweiter oder dritter Generation, der ihre ἡγούμενοι, ihre ursprünglichen Wortverkündiger, schon weggestorben waren (Hebr 13,7) und die seither angefochten zu sein schien von mannigfaltigen und fremdartigen Lehren (Hebr 13,9).

Kirche in der Zeit, unter dem Schicksal der Diskontinuität und des Generationenbruchs, und so unvermeidlich in der Wahrung ihrer Identität gefährdet. Keine einmalige, sondern eine typische Lage für die Kirche. Was wird aus unserer Kirche und unserem »Wort Gottes« (Hebr 13,7), wenn uns z. B. die im Kirchenkampf von dem einen Wort Gottes Gestählten wegsterben? Wir sollen ihr Wort festhalten, indem wir ihren Lebensgang und ihr Lebensende nachahmen (13,7). Aber wahrt Nachahmung Identität? – Das ist die Lage, in die hinein der Prediger des Hebräerbriefs seinen Ermutigungsruf schreibt. Die Kontinuität der Kirche könnt *ihr* nicht halten, nur Jesus kann es; er ist gestern und heute er-selbst und bis in alle Äonen. Er ist eure Kontinuität und Identität im Generationenbruch und Wandel der Zeiten.

Wie kann das zugehen? Der Prediger des Hebräerbriefs argumentiert hier unkirchlich, verweist z. B. nicht auf die Zähigkeit des Überlieferns und die bekanntermaßen schwer zu erschütternden Traditionen der Kirche. Er schärft

32. K. Barth, KD I,2 § 14, bes. 127ff.

z. B. auch nicht ein, die Bibel festzuhalten als schwarz auf weiß fixiertes Dokument und Zeugnis für die Selbigkeit der »Sache« Jesu. Sein Trost ist nur die Selbigkeit Jesu in seinen Zeiten: Gestern, Heute, in den Äonen.

»Selbigkeit« ist auch hier ein zu abstrakter Ausdruck für das, worum es geht. Jesus *bleibt* derselbe, er bleibt sich treu. Und er »bleibt« das nicht in unbeweglicher Sturheit, in zähem Festhalten an sich selbst und seinem »Wesen« – er bleibt sich treu in der *Tat* seines Lebens. Er bleibt Er-selbst, indem er sich selbst immer wiederholt und sein Wirken nicht bindet an die Durchhaltekraft seiner Zeugen, an die Lebenszeit etwa nur der ersten Generation seiner Jünger und bevorzugten Lieblinge. Sich treu bleibt er, indem er mit jeder Generation neu anfängt und so lebendig sich zeitigt.

Wie tut er das? Vor allem so, daß er er selbst in seinen Zeiten bleibt: also in seinem Gestern vor seinem Tod, als er im jüdischen Lande unter jüdischem Volk und ein paar Gojim predigte und heilte, provozierte und versöhnte, handelte und litt, – in dem Heute, in dem er als der auferweckte Gekreuzigte eintritt bei Gott für die Menschen der Welt, – in aller seiner Zukunft, in der er sich noch einmal neu der Welt und der Menschheit zuwenden will. Er verrät sich nicht selbst, er hört nicht auf, sein Leben bei Gott für die Menschen einzusetzen. Er streift in dem spezifischen Gestern seines Todes am Kreuz nicht sein Wesen ab und verändert sich nicht in seinem Auferstehungsleben: sich selbst nicht und sein Wirken nicht.

Macht er seine Zeiten gleichgültig, indem er sich treu bleibt? Überwindet seine Identität die Zeiten? Doch nicht. Er bleibt sich gleich, aber in den verschiedenen Zeiten auf verschiedene Weise. Bis in seinen Tod hinein – Gestern – hat er in der ihm eigenen Weise für Menschen gehofft und um sie gekämpft,-in Gethsemane um ihretwillen Gott widerstanden und sich ihm dann doch – um ihretwillen – ergeben. Heute wirkt er aus der Kraft seiner Todesüberwindung, aber behält die Zeichen des Gestern an sich: Er ist ein tief verwundeter Lebendiger, und das gerade macht sein Leben heute unverwechselbar: In seinem neuen Leben sind die Schmerzen seiner Vergangenheit nicht verdrängt und vergessen, die Wunden nicht vernarbt; qualitativ neu an seinem heutigen Leben ist, daß er vor Gott seine Wunden nicht anklagend gegen seine Verräter und Mörder sprechen läßt, sondern gerade entschuldigend für sie; das ist wirklich *neues* Leben. Für die Zukunft aber hat er vor, sich der bei Gott nun entschuldigten Welt und Menschheit noch einmal zuzuwenden – ein Geschehnis anderer Qualität als das Ereignis seines ersten Kommens; denn zuerst kam er, Gottes heiße Liebe dem Kosmos der Sünder zuzuwenden, damit sie nicht verlorengehen in ihrer wüsten Gottferne (Joh 3,16). Doch etwas wie anderes wird das sein, wenn er eine Welt entschuldigter, aus ihrem Gotteswiderspruch befreiter Menschen besuchen wird! Eigentlich dient die Existenz von Christen und Kirchen dazu, schon jetzt zu zeigen, was das bedeuten könnte: Gott in Gemeinschaft von Menschen, denen ihre Sünden vergeben sind, die sie hinter sich haben; leider wird das an Christen und Kirchen nicht klar genug, denn sie halten sich in einem »Regime der Schwebe«[33], gerieren sich als »gerecht und Sünder zugleich« und bilden sich wer weiß was ein auf dieses Schaukelspiel. Nicht, daß das nicht etwas Großes wäre, wenn so der Teufel, der Fürst dieser Welt, durch den lieben Gott in Schach gehalten wird. Aber das Umgekehrte ist leider auch noch wahr. Darum drängt es den auferweckten Jesus, eine wirklich entschuldigte Welt zu besuchen und eine Bundesgemeinschaft zwischen Mensch und Gott zu leben, die nicht mehr gestört werden kann von dem Sündenzwang der Menschen und dem notwendigen Zorn Gottes darauf. Durch sein fürbittendes Leben heute bereitet Jesus dieses Morgen vor, um Gott für uns aufs neue zu überwinden.

Aber eine sündlose Gott-Mensch-Welt-Gemeinschaft, wie Jesus sie aus seinem eigenen Verhältnis zu Gott kennt, muß für *uns* etwas völlig Neues sein, und Jesus wird sie uns bringen, darin noch einmal: Er-selbst.

So hat jede seiner Gezeiten ihr Spezifisches, er durchlebt sie und hat so eine Geschichte. Seinen Gang durch sein Gestern, sein Heute, sein Morgen darf man »Heilsgeschichte« nennen, Jesus ist »der Weg«, die Halacha schlechthin (Joh 14,6). Auf diesem Weg ist er: ὁ αὐτός, bleibt er sich treu.

Diese Botschaft enthält in sich ein Element, das für unser Nachdenken über die »Erfüllung« der Zeit wichtig ist. Exegeten machen auf die zentrale Stellung des ὁ αὐτός in der Bekenntnisformel von Hebr 13,8 aufmerksam: Zuerst wird der Name Jesus Christus ausgelegt mit dem »Gestern und Heute«, aber dann folgt nicht sogleich auch das Morgen, sondern dazwischen schiebt sich das ὁ αὐτός, Er selbst, und dann erst geht die Zeitaussage weiter bis in die Äonen.[34] Die Zeiten werden zusammengehalten in der geheimnisvollen Kraft des ὁ αὐτός, der Treue Jesu zu sich selbst und zu uns. An sich streben sie auseinander, bestenfalls kann unsereiner noch »gestern und heute« zusammenfassen, aber die Äonen entfliehen uns, wie es die grammatische Struktur unseres Satzes – vermutlich bewußt – abbildet. Die Theologiegeschichte bestätigt es ja auch. Nachdem das allerfrüheste Christentum von nichts so umgetrieben war wie von der Nähe des Gottesreichs und damit der Zukunft, hat der kirchliche Glaube sie in der folgenden Geschichte für Jahrtausende aus den Augen verloren und ihren inneren Widersachern überlassen, selbst einge-

33. Vgl. K. Barth, Das christliche Leben. Die Kirchliche Dogmatik IV,4. Fragmente aus dem Nachlaß. Vorlesungen 1959–1961, Zürich 1976, 291. – Vgl. aber überhaupt den ganzen Abschnitt 243ff.

34. Vgl. O. Michel, Der Brief an die Hebräer, Göttingen [11]1960, z.St., 336f.

schworen auf die Granitsäulen »Tradition und Gegenwart« - die Festen des kirchlichen Konservativismus. Etwas von der Fluchtbewegung der Zukunft war in der Generation des Hebräerbriefpredigers schon spürbar. Aber stärker war die Wirklichkeit Jesu. Und sie wurde erfahren als die Kraft, die die Gezeiten zusammenhält im Geheimnis seines Er-selbst-Seins.

Damit benennen wir das christologische Geheimnis der Zeit: *die zeitzentrierende Kraft Jesu*, der in sich die Zeiten zusammenzuhalten vermag, in dem sie darum die ihnen eigentümliche Macht verlieren: ihre *Fliehkraft* und so ihre auseinanderreißende und zerstörende Gewalt.

Was ist die innere Bedingung dieser Kraft Jesu? Was das Geheimnis des ὁ αὐτός, das die Zeiten zusammenhält? Es kann nur die Bewältigung des Todes sein, also Jesu Auferweckung, also Ostern.

In der Tat: Ostern ist ein *Ereignis, das in der Zeit geschieht*, aber in seiner Einzigartigkeit zugleich ein Ereignis, das *ihr widerfährt* und an ihr geschieht.

Ereignis in der Zeit: Die Datierung gehört zur ältesten Überlieferung, war also den ersten Zeugen überragend wichtig: »... daß er auferweckt worden ist am dritten Tage« (1 Kor 15,4). Noch die Gemeinden, denen wir das Apostolische - also: unser - Glaubensbekenntnis verdanken, fanden es wichtig, das Datum ja nicht zu unterdrücken: »am dritten Tage auferstanden von den Toten«. Der »dritte Tag« hat im Credo die gleiche Bedeutung wie die Nennung des Pontius Pilatus: Der christliche Glaube sieht sein Heil und seine Hoffnung in der *weltgeschichtlichen* Dimension, da, wo Politik gemacht und Zeit datiert wird. Unser Heil ist weder zeitlos noch geschichtslos, noch nur individualgeschichtlich, seelen-, bewußtseinsgeschichtlich oder sonstwie innerlich. Und gerade das verwirrende Grundereignis, aus dem christlicher Glaube lebt und das er mitbekennt, wenn er sich zu Jesus bekennt: seine Herausholung aus der Nacht des Todes, die Auferweckung seines Leibes, ist nicht als etwas Überzeitliches gemeint, sondern ist ein Zeitereignis (und insofern wirklich ein »Ereignis«, denn was sich nicht in der Zeit ereignet, ereignet sich für biblische Begriffe nicht wirklich).

Mit dem Weitersagen des Osterdatums verneinen die ersten Zeugen jedes bloß symbolisch-geistige Verständnis des Ostergeschehens. Erweckt wurde nicht eine geistige Gestalt Jesu, sondern sein gestorbener Körper, und das ereignete sich nicht etwa in den Köpfen von ein paar hysterischen Frauen oder von einigen ebensolchen Männern, überhaupt nicht bloß in kleinem,unkontrollierbarem Kreis, sondern in der Zeit, will sagen: in der Sphäre, der alles Lebendige unterworfen ist, in der Sphäre größter Allgemeinheit , ja: weltlicher Allmacht, die die Zeit mit ihrer verzehrenden Gewalt zweifellos ist. Die Zeitangabe in der Osterverkündigung meint Datierung des Geschehens in der Sphäre der denkbar größten Öffentlichkeit, und das ist dem Ereignis wesentlich. Paulus hat aus der Gemeinde vor ihm eine Liste von wenigstens fünfhundertfünfzehn Begegnungen mit dem auferweckten Jesus überliefert bekommen: Kephas, die Zwölf, 500 Brüder auf einmal, Jakobus, alle Apostel, und er zählt sich selbst als Letzten noch hinzu (1 Kor 15,5-8). Das ist keine Beweisliste für das unglaubliche Faktum der Auferstehung, sondern eine *Demonstrations*liste für die Öffentlichkeit, die zum Wesen des Ereignisses der Auferwekkung Jesu vom Tode gehört. Jesu Auferweckung nur für sich und die Überzeugung von ein paar Anhängern dazu wäre nicht das, was Ostern laut der gesamten christlichen Tradition war. Es wird entweder als zeit-geschichtliches Ereignis weitergesagt, oder die Leute, die unbedingt nicht sterben wollen, sollen es für sich behalten zur Befriedigung ihrer Illusionen.

Allerdings gehört zu Ostern nun auch hinzu, daß dies Ereignis *der Zeit etwas angetan* hat, indem es in ihr geschah. Das kann ja nicht anders sein. Wir hörten schon aus der Todestunde Jesu, wie sein Sterben rüttelte an den Festen der Zeit. An Ostern wiederholte sich das nicht; da gerieten die Festen des *Raums* durcheinander, allerdings nur in der Sicht des Matthäus, 28,2: »Und siehe, es geschah ein großes Erdbeben«; das will nicht das Wunder von Ostern durch natürliche Erklärung des leeren Grabes wegrationalisieren; vielmehr gehören Erdbeben zu den apokalyptischen Merkmalen des Zeitenendes (Mk 13,8); insofern könnte Matthäus hier doch ein Zeichen für eine abermalige Erschütterung der Festen der Zeit erblickt haben. Doch daß die drei anderen Evangelisten die Ostergeschichte ohne Zeichen einer Zeiterschütterung erzählen können, liegt wohl daran, daß noch Tieferes, Wurzelhafteres von Ostern zu erzählen ist. Denn da ist der Allmächtige der Zeit: der Tod,überwunden worden. An diesem Tag mußte er eines seiner Menschenopfer wieder freigeben, damit wurde seine Allgewalt gekränkt, verhöhnt, widerlegt. Nach jenem dritten Tage, dem 18. im Monat Nisan des Jahres 30 oder 33, war der Tod nicht mehr, was er zuvor war. Damit war aber der überwältigt, der die Bedingung der Möglichkeit für die hinraffende und zerstörende Macht der Zeit war. Mit Jesu Erweckung verlor nicht nur der Tod ein Opfer, sondern alle Zeit ihr Wesen: Leben zu fressen, Dasein beendigen und so aus Heute und Morgen notwendig und zwanghaft Gestern und Vergessen machen zu können. Wo es kein zwangsläufig-ewiges Verfallen an den Tod mehr gibt, da auch keine zwangsläufig-ewige Übermacht der Vergangenheit mehr über Gegenwart und Zukunft. Ostern war Herrschaftswechsel über die Zeit, Tod und Leben rangen da um sie, und das Leben, das behielt den Sieg (EKG 76,4) – in Wahrheit also: Gott, der Schöpfer der Zeit, bekam sie nun auch wieder in seine Hände. Seitdem steht unsere Zeit in seinen Händen (Ps 31,16), nicht mehr in denen des Todes.

Wir haben das etwas »mythologisierend« ausgedrückt, personifizierend von Zeit und Tod und Leben gesprochen. Das ist insofern sachgemäß und unvermeidlich, als alle Begriffe und Kategorien unseres abendländischen Denkens, sofern sie wissenschaftlichem Austausch dienen sollen, bewußt glaubenslos geprägt sind, gewonnen an der Grunderfahrung der Endlichkeit der Welt und des Seins zum Tode. Was Wunder! Denn es gibt keinen menschlichen Geist, der die Sterblichkeit des Leibes wirklich überschwingen könnte; mögen »Geist« und Vernunft noch so notwendige Hilfsmittel sein, um uns Abstand gewinnen zu lassen vom Lauf der uns mit sich reißenden Dinge: Über die Grundverfassung des Wirklichen haben sie sich nie erheben wollen, suchten ihre Ehre gerade darin, sie zu erfassen; und als die mußten Tod und Endlichkeit immer wieder neu anerkannt werden. So kommt es, daß wissenschaftliches Denken, die Begriffe und Kategorien unserer Wirklichkeitserfassung, vor dem Tode kuschen, gezeichnet sind von seiner Allgewalt. Wie sollte in *ihrem* System von dem Ereignis der Todesentmachtung gesprochen werden können? Dazu bedarf es einer anderen Sprache und Logik. Die muß nicht unbedingt eine mythologisierende sein. Aber die Sprache des biblischen Wortes, die hier als Gegensprache gegen die tod-ergebene allein in Frage kommt, scheut auch nicht mythologisierendes Reden. Und in ihrer Sprachschule brauchen auch wir dies nicht zu scheuen – wenn wir uns nur bewußt sind, daß es sich hier um bewußte *Gegensprache* handelt – nicht, wie in der Sklavensprache, um etwas öffentlich zu verbergen, sondern im Gegenteil, um das ansonsten Unsagbare öffentlich zur Sprache bringen zu können. Wir wissen, daß Gegensprache *Kampfsprache* ist. Das Ringen von Tod und Leben vollzieht sich notwendig auch in der Sprache, denn auch in ihr verwirklicht sich das Wirkliche. Keinesfalls ist das, was wir Gegensprache nennen, Siegsprache, also die allein angemessene zur Aussprache der Wirklichkeit nach Ostern. Wir erhoffen eines Tages eine auch sprachlich allgemeine Kommunizierbarkeit der Tod-Entmachtung. Solange wir aber – auch politisch – alle Wirklichkeit so sehr unter dem Bann der Vernichtung und des Todes halten, wie wir tun, müssen wir auch sprachlich ums Leben kämpfen. Und es dürfte so sein, daß heute mehr Menschen leben, die auch im Mythologischen Sprechendes vernehmen, als wir kleinen rationalistischen, bürgerlichen Minoritäten in der industriellen Welt zugeben wollen. Das ist aber nicht etwas Beliebiges, sondern gehört zur Sache: wie die fünfhundert anonymen Jesus-Zeugen zusammen mit den zwölf plus drei plus noch ein paar anderen namhaften Zeugen der frühen Gemeinde.

Doch *wie ist todesfreie Zeit zu denken?* So wie Religionen es schätzen: als Zeitlosigkeit? Nein. Wollen wir dem biblischen Zeugnis folgen – das einzige, das wir für die Freiheit vom Tode ja haben -, besteht die Befreiung der Zeit in einer *Öffnung der Gezeiten füreinander.*

Todeszeichnung der Zeit war ja die End-Gültigkeit der Zeiteinheiten. Vergangenheit war unwiederbringlich. Gegenwart: stolze Unnahbarkeit und Unbelehrbarkeit der jetzt Lebenden durch Mütter und Väter, die Ohnmacht zur Rückkehr; aber auch Ohnmacht zur Ausreise, zum Vorgriff und Sprung nach vorne. Zukunft aber: das schlechthin harrende Noch-nicht, abständig, sich entziehend, wir können sie nur träumen, – wenn aber kommend (wie in Revolutionen), dann zumeist als verneinendes Gericht über alles, was bisher galt und war; schwer vorstellbar eine Zukunft: angereichert von den guten Hinterlassenschaften der alten Zeiten und vorigen Jahre (Ps 77,6). Vergangenheit: wohl kann sie uns einholen, sogar über Generationen hinweg – »die Väter haben Härlinge gegessen, und den Söhnen sind die Zähne stumpf geworden« (Jer 31,29; Ez 18,2); sie bleibt demnach am ehesten offen für andere Gezeiten; aber können Kinder das Unabgegoltene der Vergangenheit, etwa das versäumte Glück der Vorfahren, abstatten? Gegen Wiedergutmachung bleibt auch Vergangenheit gesperrt, ihr bleiben unsere Tränen. Vergangenheit, Gegenwart und Zukunft verhalten sich unter der Herrschaft der Todes-Endgültigkeit abgeschottet gegeneinander.

Aber Ostern reißt das Tor zwischen den Gezeiten auf. Statt Erinnerung und Hoffnung erschließt sich dem erweckten Jesus ein Sein in seinen Gezeiten: seine Gleichzeitigkeit gestern, heute und in allen Äonen, in denen er nun zugleich ὁ αὐτός sein kann. Der Zwang des Asynchronen wurde gebrochen, als Gott Jesus dem Tode entriß. Der, von dem es hieß: »Und er verschied«, lebt. Das ist die Kraft und das Geheimnis von Jesu ὁ αὐτός, seiner Identität, u. E. sein christologisches Geheimnis schlechthin: Jesus ist der Mensch, dem Gott alle Zeiten sperrangelweit geöffnet hat.

Für theologisches Zeitverständnis entscheidend ist nun, daß die Öffnung aller Zeiten für Jesus zugleich verkündigt wird als uns zugute ereignet. Der Erweckte geht seinen Zeugen voran nach Galiläa (Mk 16,7) als Fürst des Lebens. Als Spezial- und Privaterlebnis Jesu wäre Ostern nichts, purer Mythos. *Entmythologisierte* Wirklichkeit ist es dadurch, daß Jesus als Erstling aller vom Schlafe Erweckten zu verkündigen ist. Paulus hat Jesu Auferweckung mit der Gewißheit unserer eigenen Totenauferweckung so verknüpft, daß er fundamentale Zweifel schürt an Jesu Auferweckung, wenn sie nicht zugleich feste-ste Gewißheit auch der Überwindung unseres Todes stiftet. »Wenn aber Christus gepredigt wird, daß er von den Toten auferweckt worden ist, wie können einige unter euch sagen, daß es keine Auferstehung der (= aller) Toten gibt? Gibt es keine Auferstehung der Toten, dann ist auch Christus nicht auferweckt worden; ist aber Christus nicht auferweckt worden, so ist auch unsere Predigt leer, leer auch euer Glaube ... Denn wenn Tote nicht auferweckt werden, so ist auch Christus nicht auferweckt« (1 Kor 15,12-14.16). Man kann das zuspitzen: Wer nicht an seine eigene Befreiung vom Tode glaubt, kann Ostern nie und nimmermehr begreifen, ja: macht Ostern in sich unglaubwürdig und sogar unwahr. Ostern ist als ein genauso uns wie Jesus geschehenes Widerfahrnis zu denken,oder es ist nicht, was es war.

Diese allerengste Verknüpfung von Jesu erwecktem Leben mit dem unseren wirkt sich notwendig auch in *unserem* Verhältnis zu den Gezeiten aus. Weder bleibt Zukunft für uns ein Buch mit sieben Siegeln, nachdem Jesus, ein Löwe aus dem Stamm Juda, es geöffnet hat (Offb 5,1-14). Noch bleibt Vergangenheit uns verschlossenes Gewesen, nachdem seit Ostern alles, was in der Geschichte Israels gewesen ist, sich geradezu strömend ergießt in die Völkerwelt hinein, und so auch über uns.

Dafür nun weitere Zeugnisse aus den Jesus-Schriften. Fundamentale Bedeutung für das Öffnen der Gezeiten haben die Aussagen über das *Öffnen der Schriften* durch den auferweckten Jesus. In 1 Kor 15,3ff hat Paulus nach allgemeiner Exegetenmeinung eines der ältesten uns faßbaren urchristlichen Bekenntnisse zitiert: »... daß Christus für unsere Sünde gestorben ist: nach den Schriften, und daß er begraben und daß er auferweckt worden ist am dritten Tage: nach den Schriften«. Das heißt: Die früheste christliche Gemeinde war der Überzeugung, daß Jesu Tod und Begräbnis, aber auch seine Auferwekkung aus dem Tode schriftgemäße Ereignisse gewesen seien – wobei wohl als schriftgemäß sowohl sein Tod »für unsere Sünde«, als auch die Abfolge von Tod und Auferweckung galten. Mit Recht bemerken die Exegeten, daß dafür keine einzelne Schriftstelle aus der Hebräischen Bibel genannt wird, somit also kein sog. Schrift-»Beweis« im einzelnen geführt wurde. Unter der Suggestion sonstiger Schriftstellenbelege in den Evangelien und Briefen des Neuen Testaments haben Ausleger sich oft die Frage vorgelegt, wo denn das alte Bekenntnis in der Hebräischen Bibel einen Tod für unsere Sünde und eine Auferweckung nach dem Tode im voraus bezeugt gefunden habe. Aber uns scheint wichtig, daß das alte Bekenntnis dazu *schweigt*. Das bedeutet positiv nämlich, daß wir das Zeugnis der Hebräischen Bibel *insgesamt* als Erkenntnisgrund wie als Realgrund für das christliche Bekenntnis zu Jesus ansehen sollen. Nicht irgendwelche einzelnen Weissagungen oder Vorbilder erklären und begründen das Jesus-Geschehen, vielmehr das Gotteszeugnis der Bibel insgesamt; vor allem ist das Zeugnis von der Geschichte Israels als solcher der einzig mögliche Kontext der Jesus-Geschichte, und zwar nicht nur des »Lebens« Jesu und seiner Botschaft, sondern auch des Geschicks und seiner ewigen Gesamtwirkung auch nach seinem Tode. Vom sog. Alten Testament aus oder gar nicht gibt es Gründe, sich zu Jesus zu bekennen. Die dort bezeugten Führungen des jüdischen Volkes: seine Befreiungen und Berufungen, Gerichte und Erwartungen sind die Elemente, aus denen Jesus geschichtlich wie theologisch herkommt, die er aber immer auch als Wesenselemente seiner selbst behält: so sehr, daß das christliche Bekenntnis zu Jesus von Nazareth das κατὰ τὰς γραφάς elementar und für immer festhalten muß.

Es bezeichnet gewiß auch die historische Abkunft Jesu aus Israel. Aber der Ausdruck »Schriften« meint ja in biblischer Zeit noch lange nicht den uns primär geläufigen Sinn von historischer »Quelle«. Die »Schriften« bewahren die Überlieferungen von Gottes Willen und Gottes Führungen Israels, und wenn Jesu Tod und Auferweckung in den Schriftenzusammenhang gestellt werden, dann werden sie damit in einen theologischen Zusammenhang gestellt. Gottes Wille, wie er sich in den Führungen Israels bezeugt, ist der einzige theologische Sinnzusammenhang für das christliche Bekenntnis zu Jesus. Somit auch der einzige ihm gemäße Deutezusammenhang.

Jesus gehört also *ontologisch* der Welt der Bibel zu und nicht bloß historisch zufällig. Dies stellt uns die dogmatische Aufgabe, die ontologische Struktur dieser Zugehörigkeit zu erkennen und, soweit es mit den Mitteln des uns geläufigen Seinsverständnisses nur geht, zu bestimmen. Im ersten Teil dieser Christologie: »Jesus in der Welt der Bibel« haben wir damit wenigstens einen Anfang versucht. Hier geht es jetzt um eine Vertiefung des dort Begonnenen aus der Erkenntnis der Bedingung der Möglichkeit dieser Ontologie im Wirken des Auferweckten heraus.

Denn die Schriftbindung des urchristlichen Bekenntnisses zu Jesus ist im Neuen Testament offensichtlich mit dem Widerfahrnis des auferweckten Jesus verbunden, ja mit ihm z. T. sogar identisch gewesen, und hat dadurch seinen ontologischen Sinn bekommen.

Das formelhafte κατὰ τὰς γραφάς von 1 Kor 15,3-4 ist in Lk 24,13-35 in einer ausführlichen Ostererzählung wiederholt und anschaulich gemacht worden. Am Ostertage sehen wir gegen Abend zwei Jünger Jesu auf dem Wege von Jerusalem nach Emmaus, natürlich voll von »allen diesen Ereignissen« und in über Karfreitag traurige, über den Morgen erschütterte Reden versunken (24,13-14). Ohne daß sie ihn erkennten, naht der erweckte Jesus sich ihnen von hinten, folgt seinen Jüngern also nach, und geht mit ihnen (24,15-16) – eine starke Symbolszene. Reden auf dem Wege – Inbegriff einer sinnlich veranschaulichten Halacha; Jesus mitten unter ihnen, wo Zwei oder Drei beieinander sind »in seinem Namen«, d. h. im Gespräch über ihn.

Sie blicken zurück auf die Ereignisse »dieser Tage« (24,18) und erinnern sich an Jesus. Er war in ihrem Rückblick ein Prophet, mächtig in Tat und Wort, und er war dies: bewährt vor Gott, aber auch vor dem ganzen Volk (24,19); das ist formelhaft ausgedrückt, in Form gegossene Erinnerung, jedes Wort sitzt, kann leicht gemerkt und so weitergesagt werden. Und genauso formelhaft klingt die Erinnerung an die 18 Stunden des Karfreitag: »wie ihn die Hohenpriester und die Archonten übergeben haben zum Todesurteil und wie sie ihn gekreuzigt haben« (24,20): Fast jedes Wort gehört zur Sprache des Bekenntnisses: παραδιδόναι = übergeben, überliefern; die (jüdischen) »Hohenpriester« und (nichtjüdischen) »Archonten« stehen festgeprägt zusammen, und das »Gekreuzigtwerden« gehört nicht bloß geschichtlich, sondern längst schon theologisch zu Jesus. Gar nicht vorgeprägt – im Gegenteil: einmalig im Neuen Testament – ist dagegen der nun folgende Seufzer enttäuschter Hoffnung: »Wir aber hofften, daß ›dieser es ist‹ (der Kommende), um Israel zu erlösen« (24,21). In sich ist auch in diesem Satz alles bekenntnisgeprägt: Jesus wird beschrieben mit einem Ausdruck starker, unzerrüttbarer Identität – αὐτός ἐστιν: Er ist Er-selbst darin, daß er (ein zweites festgeprägtes, zum Titel gewordenes Wort) »der Kommende« ist; »der Kommende« und identisch »Er-selbst« ist er darin, daß er Hoffnung weckt und begründet auf Israels Befreiung aus seinem gegenwärtigen Elendszustand – geschichtlich-politisch gemeint natürlich, aber eben damit zugleich auch theologisch, denn das kann in der Welt Israels kein Mensch auseinanderreißen. Selten wurde in den Jesus-Schriften die Hoffnung Israels einmal so tendenzfrei *jüdisch* ausgedrückt und auf Jesus gerichtet. Hier verbindet sich das »heilsgeschichtliche« Interesse des Lukas mit vermutlich sehr guter geschichtlicher Erinnerung, und es ist dogmatisch von Gewicht, wenn ausgerechnet Lukas, der von vielen Exegeten als der Nichtjude unter den Evangelisten angesehen wird, Jesus so energisch in die Geschichte Israels hineinbindet: und das dann noch in seltener Kombination mit exakter, nicht retuschierter jüdischer politischer Hoffnung; mit Blick darauf sagt auch Bultmann, daß wir es hier mit der »ihrem Gehalt nach« ältesten »der synoptischen Auferstehungsgeschichten« zu tun haben.[35]

Etwas nachhinkend erinnern sich die Emmaus-Wanderer nun auch der Ereignisse dieses Morgens: Wie einige Frauen aus ihrem Kreis sie in Verwirrung gesetzt haben mit ihren Erzählungen vom Besuch bei Jesu Grab, von ihrem vergeblichen Suchen nach dem Leichnam Jesu, von der Engelerscheinung und der Aussage, er lebe; wie dann andere Leute aus ihrem Kreis ebenfalls hingelaufen seien und alles so gefunden hätten, wie die Frauen erzählt hatten, daß auch sie ihn nicht gefunden hätten. – Diese Äußerung der Verwirrung greift nun Jesus auf, indem er sich in dieses Gespräch einmischt: »O ihr unverständigen Leute, zu träge im Herzen, alles das zu glauben, was die Propheten geredet haben« (24,25). Jesus begreift gar nicht, warum sie so verwirrt sein konnten von dem Verschwinden seines Leichnams und der Engelbotschaft: er lebe. Als bibelfeste Menschen hätte sie das doch nicht so durcheinanderbringen dürfen, offenbar haben sie die Schrift bisher zu herzensträge und unverständig

35. R. Bultmann, Die Geschichte der Synoptischen Tradition, 314.

gelesen: »herzensträge« – ohne innere Beteiligung, ohne von der Bibel in Alarmzustand für eine Fleischwerdung ihrer Buchstaben versetzt zu werden.

Lukas hat sich ein genaues Bild gemacht von dem, was »die Propheten« Israels – sie insgesamt – Jesus betreffend gesagt haben. Er »mußte« leiden und ebenso mußte er »eingehen in seine Herrlichkeit« (24,26). Dies Müssen ergibt sich für Lukas offenbar aus der prophetisch verstandenen Logik der Geschichte Israels: der Gerichte und Befreiungen Gottes in ihr. Daß der Gerechte viel leiden muß, weiß man in Israel, aber ebenso, daß der Herr ihm hilft (Ps 34,20); im Grunde ist das das Lebensgesetz ganz Israels genauso, wie ganz Israel immer wieder einmal erfahren darf, daß über ihm die »Herrlichkeit« Gottes aufstrahlt (Jes 60,1). Wer Gottes Wege mit Israel kennt, braucht sich doch von Ostern nicht verwirren zu lassen, sowohl an Karfreitag wie an Ostern wiederholte sich in Jesus von Nazareth nur das innere Gesetz der Geschichte Israels, will sagen: Gottes Wirksamkeit in ihr.

Dies zu erkennen, waren den Jesus-Jüngern Verstand und Herz verschlossen. »Und er begann von Mose und von allen Propheten an und διερμήνευσεν, legte ihnen an allen Schriften aus τὰ περὶ ἑαυτοῦ: was über ihn handelt, was ihn betrifft«. Er brachte ihnen eine Jesus betreffende Hermeneutik = Verstehenslehre des Tenach bei: des Gesetzes, der Propheten und der Schriften.

Daß die Hebräische Bibel von Jesus spricht, kann man ihrem Wortlaut ja wirklich nicht entnehmen. Jesus steht nicht wörtlich in der Schrift. Das zu erkennen, muß einem erst eröffnet werden. Aber warum soll einem das denn beigebracht werden: Warum soll man eigentlich mit Verstand und Herz *hinter* die Buchstaben der Bibel kommen?

Wir haben es hier mit einer Hermeneutik zu tun, die für die frühe christliche Gemeinde offenbar unabweisbar war. Für sie *sprach* eben die Hebräische Bibel von Jesus. Und für sie war das nicht weniger ein unableitbares, ihnen fremdes und sie überraschendes Widerfahrnis, wie es das gewiß auch für uns ist. Wir wären schlecht beraten, die Bibellesart des Urchristentums historisch-psychologisch erklären zu wollen, etwa aus dem Legitimationsdruck, unter dem die frühen Christen in der jüdischen oder jüdisch-mitgeprägten Umwelt des ersten Jahrhunderts sich wähnten. Mag das auch sein: Sie konnten versuchen, ihren Glauben aus der Hebräischen Bibel zu zitieren, weil ihnen die Ohren dafür geöffnet worden waren, dies tun zu können, mehr noch: Sie *mußten* es tun, es stand nicht mehr in ihrem Belieben, nachdem der auferweckte Jesus selbst ihnen τὰ περὶ αὐτοῦ: das, was über ihn handelt, aus dem Tenach zu verstehen gegeben hatte.

Gewiß war das mehr und der Sache nach sogar etwas anderes als die Entdeckung einzelner Bibelworte, die als Weissagung oder Verheißung, als Vorbild oder Vorabbild Jesus vorausbedeuten konnten. Die etwas schematische

Methode der Schriftbeweise in den Jesus-Schriften oder das Demonstrationsschema von »Verheißung und Erfüllung« oder das Denkschema der Typologie (einer Entsprechung von biblischem Urbild und jesuanischem oder kirchlichem Gegenbild) sind keineswegs immer gut geglückte Anwendungs- und Ausführungsversuche frühchristlicher Prediger und Theologen von dem *österlichen Grundereignis* der Schriftöffnung durch Jesus; dieses Grundereignis und jene Durchführungen sollten wir darum nicht miteinander verwechseln und nicht mit der sicher berechtigten Kritik mancher neutestamentlicher Anwendungsversuche auch das Grundereignis abtun und in seiner fundamentalen Bedeutung aus unserer Theologie verdrängen.

Darum wollen wir das festhalten, was wir als fundamental wichtig zu verstehen meinen.

1. Der Auferweckte öffnet seinen Wegbegleitern den Tenach nur in einer ganz bestimmten Hinsicht: τὰ περὶ αὐτοῦ, über das, was ihn betrifft. Darin liegt eine Begrenzung: Die Bibel steht hier zwar in allen ihren drei Teilen, aber nicht in ihrem gesamten Gehalt zur Diskussion. Jesus legt sie nur hinsichtlich dessen aus, was ihn betrifft. Nicht alles spricht also in der Bibel von ihm, die biblischen Aussagen werden nicht gepreßt in dieses eine von Jesus erschlossene Bedeutungsmoment hinein. Es bleiben andere Hinsichten der Bibel daneben.

2. Was das ihn Betreffende am Tenach ist, hören wir nicht im einzelnen. Wichtiger ist das einfache Faktum: Die Bibel spricht περί: »über« ihn. In späterer theologischer Weiterdeutung hat die Kirche Jesus selbst aus der Schrift heraus sprechen hören, sie ist da zu einem Instrument seiner Selbstäußerung geworden. Davon unterscheidet sich das, was Lukas sagt. Die Schrift spricht »über« Jesus, ist also noch nicht christologisch integriert zum Sprachorgan Jesu.

3. τὰ περὶ αὐτοῦ: »Das« über Jesus. Damit sind (rein sprachlich) nicht Worte, λόγοι, gemeint, die in der Schrift über Jesus sprechen, sondern offensichtlich Sachverhalte; Jesus öffnet seinen Jüngern die Schrift über dort benannte, ihn betreffende Sachverhalte. Welcher Art sie sind, erfahren wir nicht. Wir vermuten, daß es sich dabei um erkennbare Grundstrukturen der göttlichen Führung des jüdischen Volkes handelt, die genauso als Grundstrukturen der göttlichen Führung Jesu von Nazareth anzusehen sind, also das, was Lukas mit den Ausdruck des göttlichen »Müssens« beschreibt: Jesu Leiden, Sterben und seine Hineinführung in die göttliche δόξα, Herrlichkeit. (Wodurch die Auferweckung Jesu hier als gleichbedeutend mit seiner Verherrlichung gedeutet wäre; das Aufgehen der Herrlichkeit Gottes über Israel wäre ein sprechender Sachverhalt für das Verstehenkönnen dessen, was in Jesu Auferweckung von dem Tode sich ereignet hat; die Parallelität der Sachverhalte braucht noch nicht unbedingt Anlaß für die religionsgeschichtliche Annahme einer urchristlichen »Vorstellung« zu sein, die sich Jesu Auferweckung in eins z. B. mit seiner Erhöhung in Gottes himmlische Herrlichkeit gedacht habe; die Bibel ist viel weniger interessant in ihren »Vorstellungen«, als in den sachlichen und sprachlichen Beziehungen, die sie zwischen einem und einem anderen Geschehen herstellt, ich nenne das: in ihren Assoziationen.)

4. Inhaltlich entscheidend ist, daß diese Schriftöffnung als ein Ereignis geschildert wird und daß es sich um ein österliches Lebensereignis handelt.

»Ereignis« heißt: Es läßt sich theoretisch nicht fixieren zu einer Verstehens-*Lehre*, etwa der einer »christologischen Deutung des Alten Testaments«. Das meint nicht, daß wir dem Ereignis nicht theologisch nachdenken könnten, nur: wir können daraus kein Verstehens*prinzip* ableiten. Doch eines scheint uns seit jenem Osterabend zu »gelten«: Es ist auch dann damit zu rechnen, daß der Tenach Sachverhalte über Jesus ausspricht, wenn wir solche vorerst nicht erkennen können. Die österliche Schrift-Erfahrung der frühen Christen versetzt uns der Hebräischen Bibel gegenüber in eine Erwartungshaltung, ja in eine begründete Hoffnung, daß wir Jesus verstehen werden, wenn wir uns für sie offenhalten. Von hier aus scheint uns jede christliche Definition des sog. Alten Testaments im Sinne einer bestimmten Begrenzung seines Sinns und Wertes unerlaubt und müßte erkauft werden mit Unerfahrenheit an Leben Jesu: an Sachverhalten dieses Lebens.

5. Und gerade an den Oster-Sachverhalten. Dieser Zusammenhang ist merkwürdig genug und der christlichen Theologie u. E. noch weitgehend verschlossen – jedenfalls der neuzeitlichen. Daß Jesus ausgerechnet sein Osterleben ausgerechnet zu dem von uns zum »Alten« abqualifizierten Teil der Bibel in Beziehung setzt und ausgerechnet von dorther eine Überwindung des Verwirrenden seines Lebens aus dem Tode seinen Jüngern in Aussicht stellt: Das sprengt u. E. die Kategorien von »Alt« und »Neu«,[36] von Schrift und Leben, Buchstaben und Todesfreiheit auf, die das fixierende und de-finierende Denken gebildet hat. Ostern ist eine *alt*testamentlich zu *verstehende* Geschichte. Und das »Alte« Testament wird uns vom lebenden Jesus eröffnet als Buch auch seines Lebens.

Die Tragweite dieser Erkenntnis ist schwer zu überschätzen.

a. Keinesfalls ist das Alte Testament vorzüglich das Buch des Scheiterns[37] und des Todes, an dessen innerem Gesetz mit Israel auch Jesus sterben, d. h. zugrunde- und zu-Ende-gehen muß (vgl. Joh 19,7). – Mit dem Tode Jesu wird

36. Vgl. E. Wolf, »Erneuerung der Kirche« im Licht der Reformation. Zum Problem von »Alt« und »Neu« in der Kirchengeschichte, in: Peregrinatio II. Studien zur reformatorischen Theologie, zum Kirchenrecht und zur Sozialethik, München 1965, 139ff.
37. *Gegen* R. Bultmann, Weissagung und Erfüllung, 183ff.

es an Ostern nicht deshalb verknüpft, um eine Israel und Jesus gemeinsame Katastrophe zu bezeugen, sondern das Israel und Jesus gemeinsame stellvertretende Sterben »für andere« (vgl. Jes 53,4). Die Frucht, nicht eine Katastrophe des Todes verbindet Jesus mit Israel. Und weder Israel noch Jesus sterben am tötenden Gesetz, ohne zugleich die Segnungen des lebendig machenden Gesetzes an sich selbst zu erfahren. Die Tatsache, daß der nach seinem Tode ins Leben gerufene Jesus das Alte Testament öffnet, bekräftigt entschieden, daß das Gesetz Israels eben nicht nur tötendes, sondern auch lebendig machendes Gesetz ist (Dtn 30,19-20). »Nie will ich deiner Befehle vergessen, denn durch sie hast du mich am Leben erhalten« (Ps 119,93).

b. Indem Jesus sein Osterleben aus dem Alten Testament verstehen lehrt, bezeugt er damit die spezifische Geschichtlichkeit dieses neuen Seins. Es soll weder heidnisch-mythologisch verstanden werden nach Analogie naturhaft sterbender und immer wieder auferstehender Götter, die man aus der Religionsgeschichte auch schon zu neutestamentlichen Zeiten reichlich kennt, noch soll es übergeschichtlich, transzendent-jenseitig verstanden werden. Jesus zeigt, daß es geschichtlichen Kontext hat und nach dessen Art erklärt und verstanden werden will. Ostern hat Jesus nicht aus der Welt hinausgestoßen. Im Gegenteil: Der Auferweckte führt seine Zeugen erst recht tief in Raum und Zeit hinein: Er geht ihnen voran nach Galiläa (Mk 16,7),also in konkretesten geographischen Raum, und so auch in die Zeit, wie sie von der Heiligen Schrift bezeugt und neu erschlossen wird. Es wäre verfehlt, die Besonderheit des Osterereignisses durch Vorstellungen von Raum- und Zeitlosigkeit ausdrücken zu wollen.

c. Freilich hat die Geschichtlichkeit des neuen Seins Jesu etwas Spezifisches. Sein Gehorsam bis zum Tod am Kreuz, seine Erweckung und Verherrlichung deutet er als Teilnahmegeschehnisse an der Geschichte Israels. Damit will er sich gerade nicht als Sonder- und Ausnahmefall, sondern als Sohn des Gottesvolkes verstehen. Was sein Tod und seine Auferweckung meinen, bedeuten, das soll volksgeschichtlich, also durchaus »weltgeschichtlich« und gerade nicht beschränkt-individualgeschichtlich verstanden werden. Jesu Auferstehungsleben ist Wiederholung des Gotteslebens, das Israel führt: inmitten der Völker.

Dieser Gedanke hat voraussichtlich mit bedeutenden Bekenntnis-Widerständen der Christen zu kämpfen. Er scheint Jesu Einmaligkeit in Frage zu stellen. Vor allem scheinen wir in ihm jene Differenz nicht zu beachten zwischen geschichtlich-kollektiven Erfahrungen einer Todesüberwindung, bei denen nur bildlich (und nicht wie im Falle Jesu: eigentlich) von Auferweckung der Toten gesprochen werden kann (DDR-Hymne: »Auferstanden aus Ruinen und der Zukunft zugewandt«). Jesus ist identisch Er-selbst: der auferweckte Getötete, während im bildlichen Gebrauch ja nicht der Tote des Schlachtfeldes, der Getötete der Gaskammer wieder ins Leben tritt: Das Volk überlebt seine Opfer, sie aber bleiben im Grabe.

Diese Differenz bleibt. Sie macht zwar nicht einen »unendlichen« qualitativen Unterschied, weil biblischer Glaube immer die »Auferweckung der Toten« erhofft und bekennt und gerade darin den Sinn der Auferweckung Jesu festhält; aber sie macht doch einen qualitativen Unterschied aus. Der aber ist, eben weil er nicht unendlich ist, nur im Vergleich auszusagen. Gott hat in Jesus das innere Gesetz der Geschichte Israels einerseits wiederholt, das ist das Vergleichbare; aber er hat es im Weg Jesu vorerst unvergleichlich konzentriert, so daß ihm in seiner Person widerfuhr, was zuvor und danach ganz Israel widerfährt. Gott hat die gefügte Ordnung des vom Gesetz geleiteten Lebens Israels mitsamt seinen Geschicken zur Daseinsordnung Jesu von Nazareth gemacht. – Aber diese Konzentration in *einem* Sterben und Leben bedeutet nicht etwa eine Entlassung Israels aus dieser Ordnung, sondern die Zu-Ordnung Jesu zur gleichen Zeugnis-Realität, die die Schrift als die Israels aussagt. Die Schrift muß geöffnet werden, damit Jesus eingesammelt werden kann in ihren Wirklichkeitshorizont.

d. Besonders wichtig erscheint uns die Unumkehrbarkeit des Verhältnisses zwischen Jesus und den Schriften. Nicht was er »über« die Schrift sagt, denkt, verfügt, sondern was sie über ihn bezeugt, eröffnet er den Seinen. Und so geht es nicht um eine christliche Deutung des Alten Testaments, sondern um ein alttestamentliches Verstehen Jesu: was zweierlei ist.

e. Entscheidend an der Öffnung der Schrift durch den lebendigen Jesus ist, daß alle die Lebensakte, die vom Auferweckten erzählt werden können, strukturanalog zu den Lebensakten der Geschichte Israels zu denken sind. Das betrifft vor allem die weltgeschichtliche Zeugnisdimension, in der das berufene Israel wie der erweckte Jesus wirken. In einem umfassenden Sinne des Begriffs kann man sagen, daß das Leben Israels wie das des erweckten Jesus *liturgisch* zu verstehen sind: eine engere gottesdienstliche Bedeutung des Wortes verbindend mit dem profan-politischen Gehalt des Begriffs, der schlicht jede wichtige Arbeit für das Gemeinwesen bezeichnet[38], also Gottesdienst an der Welt. Einerseits wurden z. B. den Wanderern nach Emmaus die Augen aufgetan, als der Auferweckte mit ihnen die Gemeinschaft des Brotbrechens pflog (Lk 24,30-31), andererseits versetzt uns das Nachtrags-Kapitel des Johannes-Evangeliums zurück in die galiläische Welt der ihre alte Fischerarbeit in alter Vergeblichkeit leistenden Jünger: Wer immer dem Johannes-Evangelisten das 21. Kapitel angehängt hat – er hat damit dem Wort des Auferste-

38. Vgl. Strathmann, Art. λειτουργεω, in ThWNT IV, 222ff.

hungs-Engels: »Er geht euch voran nach Galiläa« (Mk 16,7),eine erstaunliche Dimension des Auferstehungslebens gegeben: Es wird gesehen als Leben Jesu mitten in der Welt der Arbeit und des Kampfes um das tägliche Brot und den täglichen Fisch. Am Schluß des Matthäus-Evangeliums aber sendet der Auferweckte seine Jünger in die Mitte aller Völker (Mt 27,19), damit sie alles halten lernen, was befohlen ist: die urgeschichtliche Situation der Erwählung Israels! Das sind alles Aussagen von einer gleichsam *darstellenden* Geschichtlichkeit des Auferstehungslebens. Die Erzählfigur ist deutlich die des Wiederholens; am Gründonnerstag-Mahl »erkennen« die Emmaus-Jünger Jesus, an Petri Fischzug in Joh 21 die Jünger ihren auferweckten Herrn: Das hat den Rhythmus des Liturgischen. Die Öffnung der Schrift freilich möchte neben die – liturgisch geprägte – darstellende auch die erzählende Geschichtlichkeit der Hebräischen Bibel setzen und Jesu neues Leben mit dem *Gang* der Geschichte von Volk und Staat Israels verbinden und gerade an den Zeugnissen von Israels Wegen das vernehmen, »was ihn betrifft«. So will Jesus nicht nur aus Gesetz und Verheißung, sondern auch aus den erzählenden Partien der Bibel, aus den Wegen der Mütter und Väter und Kinder Israels verstanden werden.

So tat Jesus seinen Wandergesellen die Schrift auf, und ihnen verwandelte das die alte Herzensträgheit gegenüber der Bibel zu einem brennenden neuen Verstehen: »Und sie sagten zueinander: Brannte nicht unser Herz in uns, wie er auf dem Wege mit uns redete, wie er uns die Schrift erschloß: ὡς διήνοιγεν ἡμῖν τὰς γραφάς« (Lk 24,32)

Gerade dieses Element des Osterereignisses hat sich in ganz anderen Zeugnisbereichen der Jesus-Schriften durchgesetzt. Der Johannes-Evangelist z. B. hat es aufgenommen und weitergeführt, beides in sehr eigenartiger Form. Denn die erste Ostergeschichte erzählt er ohne Engelbegegnung und Engelbotschaft. In Joh 20,1-9 wird eigentlich nur von einer Laufkette von neugierigen Jüngerinnen und Jüngern berichtet. Maria aus Magdala war noch in der Dunkelheit des Morgens bei der Gruft und hatte nichts gesehen,als daß der Stein vom Grab fortgewälzt war; sie ist nach dieser Erzählung gar nicht erst in die Grabkammer hineingegangen, ja hat nicht einmal einen Blick hineingeworfen, so daß sie eigentlich weder über den verschwundenen Leichnam noch von einer Engel-Erklärung Auskunft geben konnte; sie kehrte stante pede um und erzählte Petrus davon und dem anderen Jünger, den Jesus lieb hatte. Das bewegt diese beiden, nun in einem Eillauf ebenfalls zur Gruft zu stürzen. Petrus fand bestätigt, daß der Stein fortgerollt war, er blickte wenigstens hinein und sah dort zusammengewickelte leinene Binden, in die der Leichnam Jesu eingebunden worden war; aber auch von ihm heißt es ausdrücklich: »doch er ging nicht hinein«. Erst der andere Jünger traute sich, die Gruft zu betreten, und fand außer den Binden auch das Schweißtuch, ordentlich zusammengewickelt in einer anderen Ecke der Grabkammer. Nun erst betrat auch Petrus die Höhle, und sah und glaubte. – Die Schilderung ist in dramatischer Steigerung aufgebaut: Maria von Magdala hat es nur mit dem weggerollten Stein zu tun, Petrus guckt bloß rein, erst der andere Jünger geht hinein. Etwas von detektivischer Spurensicherung klingt mit an: Zuerst wird der weggerollte Stein entdeckt, dann die Binden, an anderer Stelle dann das Schweißtuch. Jetzt erst heißt es, daß die beiden »glaubten«.

Was uns besonders interessiert, ist der Kommentar, mit dem der Johannes-Evangelist diese Geschichte versieht: »Denn sie verstanden die Schrift noch nicht, daß er nämlich von den Toten auferstehen müsse« (Joh 20,9). Hätten sie die Schrift verstanden, dann hätte dieses ganze Drama hastiger und ungläubiger Neugierde zwischen Maria und Petrus und dem anderen Jünger gar nicht so abzulaufen brauchen; dann hätten sie sich gar nicht so wundern müssen, es wäre ihnen dann sozusagen a priori klar: Wenn wir jetzt zum Grab gehen, wird Jesus nicht mehr da, auch nicht mehr tot, sondern lebendig und schon wieder unterwegs sein. Denn wer wirklich die Schrift versteht, weiß, daß Tod niemals ihr letztes Wort sein kann, daß Leben darauf folgen »muß«.(Wir treffen hier wieder auf das lukanische »Müssen«). So gibt auch Johannes zu verstehen, daß den Jüngern Jesu ohne Ostern die Schrift noch ein in ihrem Sinn verschlossenes Buch ist und daß sich das erst mit Jesu Auferweckung ändert.

Johannes hat aber die damit hergestellte Beziehung zwischen lebendigem Jesus und heiliger Schrift noch genauer zu bestimmen versucht. Er vertritt nämlich die Meinung, daß keineswegs nur Auferweckungszeugen, sondern auch »Juden« bei ihrem Schriftstudium auf das stoßen müßten, was περὶ ἐμοῦ, »über mich« dort steht (Joh 5,39): »Ihr durchforscht die Schriften, denn ihr meint,in ihnen ewiges Leben zu haben. Und sie sind es (wirklich), die Zeugnis ablegen über mich«.

Im Kontext dieses Wortes wird klar: Faktisch finden »die Juden« in der Bibel nichts über Jesus, denn das kann nur, wer an Jesus glaubt. Das Verstehen der Schrift hängt immer von einem Vorverständnis ab,[39] von Voraussetzungen. War die Verstehensvoraussetzung bei Lukas die Gegenwart des Auferweckten auf dem Weg von Jerusalem nach Emmaus, so ist sie bei Johannes schon verallgemeinert zu einer Glaubensvoraussetzung, nämlich: dessen innesein, daß Jesus nicht einfach Zeuge seiner selbst ist, sondern daß er in seinen Worten und seinem »Werk« grundsätzlich von seinem Vater bezeugt wird; seine Äußerungen stehen *immer* auf zweier Zeugen Munde, wie das Gesetz es befiehlt (Joh 8,17f), auf seinem eigenen und dem seines Vaters. Daß Jesus vom

39. Vgl. R. Bultmann, Das Problem der Hermeneutik, 211ff.

Vater bezeugt ist, versteht Johannes als ein Moment von Gott-Unmittelbarkeit, Gottes Zeugnis für ihn vermittelt sich nicht durch Schrift oder sonst eine andere Tradition. Aber umgekehrt ist es so, daß derjenige auch die Schrift Jesus bezeugen hört, der das vorauslaufende, unmittelbare Zeugnis Gottes für Jesus vernommen und aufgenommen hat. Das Verhältnis zu Jesus vertieft das Verhältnis zur Schrift (nicht umgekehrt). Allerdings sind die neutestamentlichen Christen ernsthaft der Überzeugung gewesen, daß das kein Hineinlesen Jesu in die Schrift ergibt, sondern eine Wahrnehmungsfähigkeit dafür, daß sie wirklich von sich aus auch περί ἐμοῦ, »über mich« spricht, so daß im Grunde jedermann, der für Gottes Zeugnisse offen ist, auch Schriftzeugnisse für Jesus müßte wahrnehmen können. Das ist eine Hermeneutik, die die Schrift aus einem vorgängigen Gottesverhältnis zu lesen lehrt, oder besser: Gottes Wirklichkeit, die niemals aus der Schrift *er*wiesen werden kann, sondern nur sich selbst *be*weist, erschließt aber die Schrift anhand ihres Buchstabenwerks für das Verstehen der Wirklichkeit Gottes. Also nicht Gott ist in der Schrift zu lesen, wenn nicht die Schrift in Gott gelesen wird. So verstehen wir Bultmanns uns allzu abstrakt formulierte Regel, daß man einen Text immer nur verstehen kann aus einem vorgängigen Verhältnis zu der Sache heraus, um die es geht. Den »Juden«, meint Johannes, fehle de facto ein vorgängiges Verhältnis zu Jesus, und so sei ihnen die Schrift auch nicht offen dafür.

Doch wenige Verse später hat er auch das noch einmal vertieft und das Verhältnis von Vorverständnis und Verstehenkönnen noch einmal anders geordnet, so daß auch »die Juden«, *ohne* an Jesus glauben zu müssen, ganz auf dem Boden ihrer eigenen Voraussetzungen bleibend, erkennen müßten, was in ihren Schriften über Jesus zu vernehmen ist. Jesus spricht in Joh 5,45 von Mose, »auf den ihr (Juden) eure Hoffnung gesetzt habt«, und fährt fort: »Wenn ihr Mose glaubtet, würdet ihr (eben damit auch) mir glauben; denn über mich hat jener geschrieben, περί γὰρ ἐμοῦ ἐκεῖνος ἔγραψεν. Wenn ihr aber seinen Schriften nicht glaubt, wie werdet ihr meinen Worten glauben?« (Joh 5,46). Man kann diese Frage so deuten, als sähe Jesus ein rechtes Verstehen des Mose wie ein Propaedeutikum für ein rechtes Verstehen Jesu an. Und sicher finden wir hier einen Umkehrschluß gegenüber der Aussage von 5,39. War dort gemeint: Wer Jesus nicht versteht, kann auch die Schriften nicht verstehen, so kann hier umgekehrt gemeint sein: Wer (nicht einmal) Mose versteht – wie soll der mich verstehen? Schriftverstehen wäre hier Voraussetzung, nicht Folge des Verstehens Jesu. Aber mit dem Satz: »... denn über mich hat jener geschrieben« ist mehr gemeint: Mose, indem er das Gottesgesetz niederschreibt und deutet und es in den Zusammenhang der Urgeschichte der Menschheit und der Vätergeschichte Israels stellt, hat eben damit auch über Jesus gesprochen. Jesus war dem Mose schon bekannt: indirekt nur, anonym noch – aber doch so, daß er implizit auch schon von Jesus sprechen konnte. Denn wie jeder Israelit, Mose entsprechend, im dramatischen Spannungsfeld von Gottes Gesetz, Israels Erwählung und dem Zeugnis für die Völker lebt, so auch Jesus, und Jesus freilich besonders bewährt, so daß eine innere Bekanntschaft und Verwandtschaft zwischen Mose und ihm sich aus der »Sache« ergibt. Natürlich kann man das kein »historisches« Verhältnis nennen, aber ein *sachliches Erkennungsverhältnis:* Wer Mose wirklich versteht und ihm folgt, muß eben damit auch Jesus verstehen können.

Johannes hat die gleiche Verstehensmöglichkeit auch zwischen Jesaja und Jesus offengesehen. 12,37-40 erklärt er eine jüdische Unempfänglichkeit für die vielen Zeichen, die Jesus getan hatte, als Bewahrheitung zweier jesajanischer Gerichtsworte: Wie Israel der Predigt der Propheten nicht geglaubt hat, so auch nicht Jesus; es bleibt sich treu in seiner Augenblendung und in einem Herzensunverstand, den Jesaja Israel gar nicht als Schuld vorwerfen konnte, weil er sie als zielgerichtete Fügung Gottes erkannte – Jesaja meinte wohl: hin zum Gericht (Jes 6,9-10). Aber so wenig die biblischen Überlieferer der Jesaja-Tradition in Gottes Zorn und Gericht sein letztes Wort an Israel sehen konnten und der Unheilsverkündigung des Propheten auch Heilsverkündigung folgen ließen, so wenig Johannes. Er deutet die Prophetenworte über Israels Verblendung jüdisch, wenn er nun 12,41 fortfährt: »Dies hat Jesaja gesagt, weil er seine (d. h. Jesu) Herrlichkeit sah, und von ihm hat er geredet.« Im Johannes-Evangelium ist die δόξα, Herrlichkeit, Jesu die unanschauliche Herrlichkeit des Gekreuzigten, die nur ein Glaubender an Jesus wahrnehmen kann; Jesus wird von Gott verherrlicht in der Stunde seines Todes (12,23); Tod und todesüberwindendes Leben sind in dieser »Stunde« zu untrennbar einem geworden, hier gibt es eigentlich kein zeitliches Nacheinander von Tod und Auferweckung mehr. Erwählung bezeugt auch noch die Stunde des Gerichts. So hat Jesaja seinen schrecklichen Auftrag, Israel durch das Wort Gottes zu verblenden, verstanden. Er hat die »Herrlichkeit« Gottes über dem Gericht keine Sekunde geleugnet; von da aus erscheint es dem Johannes logisch, daß Jesaja περὶ αὐτοῦ, von Jesus geredet hat, denn in Jesu Geschichte gehört wie in der prophetisch verstandenen Israel-Geschichte unheilbare und zum Tode führende Verblendung zusammen mit der Herrlichkeit des rettenden Erbarmens Gottes, der Erwählung und des Dienstes.

Mit einer weiteren Aussage führt uns Johannes nun allerdings nicht nur einen Schritt, sondern noch eine ganze Dimension weiter. In Kapitel 8 hat er eine dreiteilige Diskussion zwischen »den Juden« und Jesus über die Bedeutung Abrahams zusammengestellt: *1.* über die *Freiheit* von Abrahams Nachkommen: ob sie wirklich Freiheit sei, d. h. ob sie auch praktizierte Freiheit von Sünde sei (8,30-36); *2.* über die Abraham-*Kindschaft*: ob sie anderswie einen

Wert beanspruchen könne als im Tun der Werke Abrahams (8,37-47); *3.* über Abrahams *Sterblichkeit* und seinen eschatologischen Jubel (8,48-59).

Dieser dritte Gesprächsteil geht uns an. Jesus hatte behauptet: »Wenn jemand mein Wort befolgt, wird er in Ewigkeit den Tod nicht sehen« (8,51). Diese Erklärung halten »die Juden« für eine dämonische Anmaßung (8,52-53c). »Abraham ist gestorben und ebenso die Propheten ... Bist du etwa größer als unser Vater Abraham, der gestorben ist – und die Propheten sind doch auch gestorben? Wozu machst du dich?« (8,53). Jesus antwortet: Ich mache nicht selbst etwas aus mir, »mein Vater ist es, der mich verherrlicht«; und der, den ich »mein Vater« nenne, ist ja der, von dem ihr sagt: »Er ist unser Gott« (8,54). Ihr habt ihn nicht »erkannt«, aber ich kenne ihn von innen (8,55). – Was bringt das für die Frage von Leben und Sterben Abrahams ein? Aus meiner Innenerkenntnis Gottes weiß ich, läßt Johannes Jesus sagen : »Euer Vater Abraham frohlockte, daß er meinen Tag sehen sollte, und er sah ihn und freute sich« (8,56).

»Euer Vater« – also der Ahn der Juden – steht genauso in einer Beziehung zu Jesus wie zu ihnen, wenn auch nicht in der gleichen; Jesu Verhältnis zu Abraham ist mehr als genealogisch, nämlich geschichtlich. Zwischen ihnen besteht eine Freuden- und Jubelrelation; vom Wortsinn aus könnte man auch von einer demonstrativen Beziehung sprechen[40]: Jesus sagt, daß Abraham voll Stolz und Freude für ihn demonstriert habe. Johannes läßt Jesus von dieser Jubeldemonstration wie von einem sich steigernden Geschehnis sprechen. Zuerst jubelte Abraham dem zu, daß er den Tag Jesu sehen *sollte*, dann sah er den Tag auch *wirklich*, und indem er ihn sah, freute er sich; im Jubel Abrahams steigern sich also eine Verheißung und eine Erfüllung, er ist in sich bewegt, wird aus*gelöst* von einer Zukunft, aus*gekostet* aber in einer Gegenwart.

Abrahams Jubel richtet sich nicht auf Jesu Person, sondern auf seinen »Tag«; wir wissen schon: auf Jesu Todes- und Verherrlichungstag; wie Mose, wie Jesaja, so ist auch Abraham intensiv auf Tag und Stunde der Lebensverherrlichung Jesu ausgerichtet.

»Die Juden« stellen die historisch und logisch richtige Frage: »Du bist noch nicht fünfzig Jahre alt und hast Abraham gesehen?« (8,57); was steckt doch nur schon rein zeitlich für ein Unsinn in deinen Reden. Darauf Jesus: »Wahrlich, wahrlich, ich sage euch: Ehe Abraham war, bin ich«: πρὶν Ἀβραὰμ γενέσθαι ἐγὼ εἰμί (8,58). Hier wird das hermeneutische Verhältnis (das Verstehensverhältnis) zwischen Jesus und der Bibel auf ontologische Voraussetzungen, auf Seinsvoraussetzungen hin vertieft. Daß das auch an den anderen Stellen bei Johannes so gemeint war, darauf deutete auch dort schon die personali-

40. R. Bultmann, Art. ἀγαλλιαομαι, in ThWNT I, 18,34.

sierende Ausdrucksweise: Mose hat über mich geschrieben (5,46), Jesaja hat von Jesus geredet (12,41): Das Verstehensverhältnis wird ausgedrückt als personale Beziehung. Im Abrahamswort (8,56.58) kommt das nun zur vollen Klarheit.

Seinen Wortlaut müssen wir in seiner Differenziertheit beachten. Jesus sagt nicht: Ehe Abraham war, *war* ich, er formuliert also keine Aussage über eine zeitliche Präexistenz, etwa des Inhalts: Ich bin älter als Abraham. Dies Verständnis würde weder der Aussage über Jesus noch der über Abraham gerecht. Wollten wir uns dem Griechischen sinnverstehend anzuschmiegen versuchen, müßten wir die erste Aussage übersetzen: Ehe Abraham »ward«, also: ehe er in den Prozeß seines Werdens trat. Denkbar ist, daß damit gewiß auch die einmalige Geschichte gemeint ist, in der Abram zu Abraham wurde: zum Vater vieler Völker, daß aber in dieses γενέσθαι eingeschlossen auch die Geschichte aller derer zu denken wäre, die aus ihm – ihrem Vater – »geworden« sind. Jesus setzte sich dann in eine Beziehung zur Abrahamsgeschichte in der ganzen Entfaltung ihres Gottessegens auf alle Abrahamkinder und bis auf den heutigen Tag. In Beziehung auf sie wäre dann zu beachten, daß Jesus von sich nicht ein Zuvor-Gewesensein aussagt, sondern sein »bin ich«: ἐγὼ εἰμί, seine praesentia: »Ehe Abraham ward, *bin* ich.«

Die Formulierung gibt viel zu denken; wir wollen ihre Bedeutung nicht überziehen und lange sinnen darüber, daß dann z. B. Abrahams Geschichte als die eines weit offenen *Werdens*, Jesu Geschichte als die eines immer ursprünglichen *Seins* bewußt benannt sein könnte. Wichtiger erscheint uns der Sinn des πρίν, des »ehe«. Dies ist ein zeitlicher Ausdruck, aber mit sachlichem Gehalt. In Joh 15,27 nennt Jesus seine Jünger deswegen seine Zeugen, »weil ihr von Anfang an bei mir seid«; wer von Anfang an dabei ist, ist befähigt zum Zeugnis für alles, was danach geschieht. In diesem Sinne dürfte auch das »ehe« in Jesu Wort 8,58 zu verstehen sein: Weil Jesus ist, »ehe« Abraham ward, kann er Zeuge für Abraham sein. Uns scheint dies ein wichtiges Moment am Präexistenzgedanken. Natürlich meint er auch konkurrenzierende *Überbietung* der Bedeutung Abrahams – aber nicht in einem exklusiven, sondern in einem inklusiven Sinn; Jesus exmatrikuliert mit seiner Präexistenz Abraham nicht aus der Geschichte des Heils, er spricht für ihn und bezeugt ihn. Weil er ihn aber bezeugt, kann er, was »den Juden« rein technisch unmöglich schien, etwas über Abrahams Verhältnis zu sich aussagen und also auch bezeugen, daß Abraham Jesus, besser: den Tag Jesu mit größter Freude gesehen und für ihn demonstriert hat. Jesus kann also dem Abraham bezeugen, daß er sich von ihm über weite Fernen hinweg erkannt und verstanden gefühlt hat. So haben wir es im letzten Abrahamsabschnitt von Joh 8 mit einer *gegenseitigen* Bezeugung Jesu und Abrahams zu tun: Jesus bezeugt Abraham kraft der Ursprünglichkeit seines Seins, Abraham bezeugt freudig Jesus kraft der Offenheit seines Werdens; man kann auch sagen: Jesus bezeugt Abraham kraft seiner Gottunmittelbarkeit, Abraham bezeugt Jesus kraft seiner Gottesgeschichtlichkeit. Dies Zeugnis auf Gegenseitigkeit ist der zwischen Jesus und Israel, Israel und Jesus bestehende Seinstatbestand.

Eben das ist eigentlich das »eschatologische Ereignis«. Es zerstreut nicht, sondern sammelt, - destruiert nicht, sondern verbindet, - es ist kein Ende, sondern beglückendes, jubelndes, freudenreiches Beginnen. Seine ontologische Qualität besitzt das so aus der Schrift gedeutete »eschatologische Ereignis« darin, daß die österliche Öffnung der Schriften gleichbedeutend mit einer Überwindung aller historischen Abständigkeit, vor allem auch aller Zeitisolation ist. Dem üblichen Verständnis der eschatologischen Realität als eines unfaßbaren Moments »zwischen den Zeiten« gegenüber bezeugen uns die Jesus-Schriften eine *Öffnung der Zeugen verschiedenster Zeiten füreinander*, begründet in der Befreiung Jesu von der Macht des Todes und damit vom zerstörerischen Wesen der Ungleichzeitigkeit.

Das Neue Testament zeichnet den auferweckten Jesus *im Gespräch* mit Abraham, Mose, Jesaja - und sie *im Gespräch* mit ihm. Dies ist über die Zeiten hinweg möglich, weil es nach Jesu Auferweckung sich *in* den Gezeiten der Vergangenheit, Gegenwart und Zukunft ereignen kann. Die Gezeiten haben von Ostern her das Wesen der Ferne verloren und sind mit dem Wesen schlechthinniger Nähe einander erschlossen worden, die die Bedingung ihrer Möglichkeit in dem hat, was geschehen ist mit dem Nahen des Reiches, das gleichbedeutend mit der Sendung des Sohnes ist. Hier ist *Nähe* zur *ontologischen Qualität* geworden, und gute Nachbarschaft zum Wesen eines Seins in der Zeit. »Aufgehoben« ist hier nichts als die Entfernung der Zeiten, Zeugen, Menschen, Dinge voneinander. Sie überholen sich nicht mit der Zeit, verlieren nur die Gestalt ihrer Entfremdung durch die bis dato heillose Zeit und werden selbst neu: nicht dadurch, daß sie »anders« werden, als sie waren, sondern dadurch, daß sie frei werden von den Zügen ihrer Gewesenheit (und des darin sich ereignenden Verwesens) und aus Gestalten der Befremdlichkeit zu Gestalten der Nähe werden.

Wie die Gezeiten in ihrer alten Isolation aufgerissen erscheinen vom Auferweckten, dafür gibt der Schluß von Joh 8 beredtes Zeugnis. Es strotzt von Absurditäten, wenn man es mit vorösterlichen Kategorien mißt, und besitzt seinen Erkenntniswert darin, daß es dies Absurde ausdrücklich benennt. Ein noch nicht Fünfzigjähriger will Abraham gesehen haben: den Erzvater aller Väter. Ein junger Spund will die Vorhand des Lebens verkörpern gegen die Allgewalt des Todes, der selbstverständlich auch Abraham und mit ihm alle Propheten unterworfen waren. Die Ausgangskonstellation ist absurd. Aber diese Absurdität wird zerbrochen. Der noch nicht Fünfzigjährige ist aus Gott so in die Nähe Abrahams versetzt worden, daß er über 1500 Jahre hinweg sein ursprünglicher Zeuge sein kann. Und er kann umgekehrt Zeugnis geben von einer Nähe Abrahams zum Tage Jesu wieder über die Entfernung von 1500 Jahren hinweg. Er hat diesen Tag – nicht: visionär geschaut, sondern: mit seinen eigenen Augen wirklich »gesehen«. Wir sagten schon: Nicht Jesus, sondern den »Tag« Jesu hat er gesehen und die »Stunde« Jesu, das heißt: Jesus in der Weise seiner spezifischen, »eschatologischen« Zeitigung, den »Tag« und die »Stunde« der Verherrlichung Jesu in seinem Tode, der für die ganze prophetisch gedeutete Geschichte Israels so entscheidend wichtigen Gottesrettung aus dem Gericht. Abrahams Befähigung, so weit voraus zu sehen, ist entfesselt von der Kraft des Tages, den er sah. So wie die Kraft Jesu, zu sein, ehe Abraham »ward«, entfesselte Kraft der gleichen Stunde seiner Verherrlichung durch den Vater war. Seine Kraft, Abraham zu präexistieren, ist Lebenskraft von Ostern, und österliche Lebenskraft ist die Befähigung zur Annäherung durch die Zeiten aus dem neuen lebendigen Wesen der Nähe, in dem der Tod nicht mehr ist; jetzt mit der christologischen Spitze ausgesagt: aus dem Wesen Gottes, der in sich zugleich das A ist und das O, »der Herr, der ist und der war und der kommt«, und darin, also in der Aufhebung des Zwangs zum Asynchronen : »der Allmächtige« (Offb 1,8). Der auferweckte Jesus lebt dies Wesen Gottes, denn auch er kann mit Recht sagen, daß in ihm die Gezeiten ihre Abständigkeit verloren haben: »Ich bin das A und das O, der Erste und der Letzte, der Anfang und das Ende« (Offb 22,13).

Aus dieser Einsicht ergeben sich folgende theologische Konsequenzen:

1. Das Bekenntnis zur eschatologischen Zeitigung Jesu verlangt nach einer biblischen Hermeneutik, die strukturell der entspricht, die in den Jesus-Schriften entwickelt und geübt wird. Zwar nicht eine christologische Deutung des Alten Testaments, aber ein alttestamentliches Verstehen Jesu wird zur Aufgabe.

2. Der Oster-Aufriß der Gezeiten öffnet den Christen mit der Schrift die neue Welt in der Bibel mit dem ihr eigenen Seinsverständnis, erst recht die Geschichte Israels zur Beteiligung an ihrem Auf und Ab, am Dienst und an den Leiden des jüdischen Volkes: in letzter ethischer Verbindlichkeit. Seit Ostern ist damit zu rechnen, daß Jesus, der aus Israel kam, auch in Israel lebt und begegnet. Wer Jesus nicht nur predigen und glauben, sondern auch be-gegnen will, soll versuchen, Israel zu begegnen: ihn in der Nähe seiner Andersheit und eben der Treue, in der er sich Jesus verdankt.

3. Jesus ist in biblischem Sinne christo-logisch gedacht, wenn er aus dem Ereignis der füreinander geöffneten Schriften und Zeiten und aus der Nähe der verschiedenen, von Gott zum Zeugnis für die Völker Berufenen zueinander gedacht wird.

4. Das »eschatologische Ereignis« zerstört nicht, sondern heilt, zerstreut nicht - es sammelt.

Mit dem Hinweis auf die zeitverändernde Kraft des Osterereignisses haben wir nur erst die *Bedingung der Möglichkeit* für die eschatologische Botschaft von der Erfüllung der Zeiten vor Augen. Wir sagten: Die Auferweckung Jesu aus dem Tode bricht die asynchrone Gewalt der Zeiten und eröffnet ihm eine ewige Nähe zu Nahen und Fernen, Lebenden und Toten, Gestorbenen und Ungeborenen, vor allem die Nähe eines lebendigen Erkennens und Erkanntwerdenkönnens über den Lauf der Zeiten hinweg.

Die Bibel insgesamt, vor allem die Jesus-Schriften in ihr, sind nun aber als Zeugnisse dafür zu verstehen, daß Jesus von dieser ihm mit Ostern eröffneten Möglichkeit Gebrauch gemacht hat, daß er das ihm eröffnete Wesen der Nähe tatsächlich auch gelebt hat. Das Neue Testament gibt dafür eine Vielzahl von Indizien. Die in Jesus sich ereignende Annäherung des Reiches Gottes wird von den Evangelisten und Aposteln sinnenfällig vor allem an seinem Wirken dargestellt: Er nähert sich über alle gesellschaftlichen, gesetzlichen und religiösen Unterschiede hinweg einem Jeden, Frauen wie Männern, Kindern wie Erwachsenen, Armen wie Reichen, Gojim wie Juden. So können wir sagen: *Unbefangenheit* ist ein Zeichen des Wesens der *Nähe* und ein Merkmal des Jesus, in dem das Reich Gottes sich naht. - Das Wesentliche geht aber noch tiefer: Denn auch Jesu Verhältnis zu Gott und Gottes Verhältnis zu ihm werden im Neuen Testament schlechthin als Verhältnis einer in ihrer Aktualität unvergleichbaren Nähe beschrieben; wie Jesus Gottes Gesetz auslegt (z. B. Mt 5-7), erklärt sich nur aus dem Wesen seiner Gottesnähe; wie er Gottes Willen folgt und Gottes Verfügungen sich beugt, wird uns geschildert als getragen von Kräften einer Nähe zu Gott und Gottes zu ihm, aus Kraft einer *Intimität*, einer schlechthinnigen gegenseitigen Vertrautheit Jesu und Gottes, die im Vertrauen sich spiegelt, mit dem Jesus sich einem jeden Menschen überläßt: seinen Freunden genauso willig wie seinen Feinden. Es ist dies die Nähe dessen, der in der Welt keine Angst mehr hat, weil in seiner Auferweckung das Feindliche der Welt - der Tod - überwunden worden ist (vgl. Joh 16,33). Man wird die Art und Weise, wie bereits Jesu Leben vor seiner Passion in den Evangelien geschildert wird, als erste Auslegung seines von der Macht des Todes über die Zeit befreiten Lebens verstehen müssen. Es ist jene anstößige Todesfreiheit, die ihn sein Leben kostet, aus deren Kraft er aber sein Leben schon von seiner ersten Stunde an geführt hat. Zu verstehen ist die biblische Darstellung des

Wirkens, Lebens und Sterbens Jesu (aus der Kraft der angstbefreiten, vertrauenden Nähe) nur, sofern man Jesu Auferstehungsleben zuvor schon als die Kraft eines jeden richtigen jüdischen Lebens begreifen lernt. Jesus lebt bereits vor seinem Tod aus der Lebenskraft, die nach seinem Tod an ihm offenbar werden wird. Er *kann* sie vor seinem Tode bereits leben, weil sie nicht nur die Kraft seines individuellen Lebens ist, sondern die göttliche Lebenskraft alles menschlichen Lebens, für das stellverstretend Israels Leben steht: die Kraft, die bereits in den Schwachen mächtig ist (2 Kor 12,9), die Lebenskraft jener, denen Gott sein Gesetz gegeben hat, daß sie es tun und darin für immer leben (Dtn 30,16). Das Auferstehungsleben Jesu ist das Israel – und damit allen Menschen – verheißene Gottesleben des Gesetzes des Geistes des Lebens, das mit Jesus Christus auch alle anderen befreit von dem Gesetz der Sünde und des Todes (Röm 8,2). Die *Evangelien* zeichnen Jesu Leben insgesamt als ein jüdisches Leben nach diesem Gesetz des Geistes des Lebens: so wie die Schriften des *Tenach* die Führungen der Wege Israels als Führungen eben dieses gleichen Gesetzes und Geistes vorgezeichnet haben. Die die Theologie lange Zeit bewegende Frage nach dem Verhältnis vom auferweckten Christus zum »historischen« Jesus ist – wie immer sie historisch zu beantworten wäre – dogmatisch zu beantworten mit dem Hinweis auf das Band des Gesetzes des Geistes des Lebens, das deswegen den Auferweckten mit dem Historischen verbinden kann, weil Jesus gestorben und auferstanden ist »nach den Schriften« und weil damit die Bindungskraft, die Jesus in sich selbst bindet in den Stadien seiner Lebenswege, die Kraft des von den Schriften bezeugten Lebensgesetzes Israels ist. Das allenfalls historisch Problematische der Evangelienbildung ist begleitet von dem theologisch Eindeutigen der österlichen Lebenskraft, die schon immer die der Tora Israels war und ist.

Diese systematischen Überlegungen nötigen uns nun, die Botschaft von der »Erfüllung« der Zeiten auszulegen an den die Zeit erfüllenden Tatformen des Wirkens und Lebens Jesu. Wir sagten schon: Das eschatologische Wesen der Nähe wird von den Jesus-Schriften bezeugt in Schilderungen seiner Annäherungen an Gott und Menschen. Was den Zeiten eschatologisch widerfährt, ist an *Zeithandlungen* Jesu zu erkennen.

Unter »Zeithandlungen« verstehen wir nicht die biblische Grundwirklichkeit, daß alles Handeln in der Zeit geschieht und insofern selbst zeitlichen Charakter trägt, wenn es Zeit »erfüllt«. Wir hörten: Das gehört biblisch immer zum Verstehen von Zeit. Was Zeit ist, zeigt seinen Sinn an dem, was in ihr geschieht. In der Bezeugung Jesu haben aber Apostel und Evangelisten das Erfüllende des Wirkens und Lebens Jesu mit besonderen Ausdrücken gekennzeichnet, auf die wir den Ausdruck »Zeithandlungen« anwenden möchten: Sie bezeugen Jesus als einen »Kommenden«, – als einen »Gehenden«, – als einen »Bleibenden«.

Manchmal wird er schlechthin »der Kommende« genannt, wir erinnern dafür nur z. B. an die Frage der Jünger des Täufers Johannes: »Bist du, der da kommen soll, oder sollen wir eines anderen warten?« (Mt 11,3), oder an den letzten Satz des Bekenntnisses, in dem die Kirche sich zu Jesus bekennt: »Von dannen er kommen wird, zu richten die Lebenden und die Toten«.

Auch wird er der »Gehende« genannt, der hingeht, seinen Jüngern eine Stätte zu bereiten; und wohin er gehen wird, dahin wissen die Jünger den Weg, denn Jesus ist selbst der Weg, den er geht (Joh 14,3-6).

Gleichzeitig wird er als ein »Bleibender« verkündigt, der in denen bleibt, die in ihm bleiben (Joh 15,5), und nach dessen Bleiben seine Anhänger rufen, z. B. jene Jünger auf ihrer Wanderung am Osternachmittag nach Emmaus (Lk 24,29).

An den Zeithandlungen des Kommens, Gehens und Bleibens Jesu von Nazareth ist uns zunächst das Handlungsmoment wichtig. Wir sprechen konkreter, wenn wir von Zeithandlungen Jesu sprechen, als wenn wir z. B. den Ausdruck »Heilsgeschehen« für die Zeitstruktur dessen benutzen, was mit Jesus kommt, geht und bleibt. Im Ausdruck »Heilsgeschehen« klingt etwas Prozeßhaftes und darin eine überindividuelle Mächtigkeit der Zeit als solcher mit. Während am Begriff der Zeithandlungen betont sein soll, daß Jesus ein Handelnder ist auch in bezug auf die Zeit, daß er Subjekt und Herr der Zeit ist in seinen Handlungen und daß er handeln kann in der Kraft der ihm widerfahrenen und an ihm offenbar gewordenen Entmachtung der Selbstmächtigkeit der Zeit. Daß Jesus die Zeit »erfüllt«, entläßt ihn nicht aus seinem Wirken, im Gegenteil: Alles Wirken Jesu bezieht seine Kräfte aus seinem Kommen, Gehen und Bleiben, also aus seinen Zeithandlungen. Dieser Begriff ist also komprehensiv zu benutzen: Was immer Jesus im einzelnen tut und was ihm auf Grund seines Tuns im einzelnen alles widerfährt, das tut er im Vollzug seines Kommens, Gehens und Bleibens, anders ausgedrückt: Es hat seinen innersten Zusammenhang und seine über den Augenblick des Tuns und Widerfahrens weit hinausreichende Bedeutung darin, daß es ein Tun seines Kommens, Gehens und Bleibens ist, ein Tun, in dem er die Zeit mit Inhalt füllt und so erfüllt. Jesu spezifische Zeitlichkeit erweist sich also, indem sie im einzelnen ein wirklich zeitliches Tun ist (im Sprechen eines Wortes, im Heilen eines Kranken, im Gehen einer Stadie Wegs in Galiläa), an der Bedeutung, die es für die Zeit im ganzen hat.

Weil uns am Tat- und Handlungscharakter der Zeithandlungen Jesu liegt, erscheint der Gedanke der Erfüllung der Zeit *auseinandergelegt* in die Handlungen, die Jesus für die verschiedenen Gezeiten und unter ihren Bedingungen tut. In seinem »Kommen« handelt er an der Zukunft unter ihren Bedingungen, in seinem »Gehen« an der Vergangenheit unter den ihren, in seinem »Bleiben« aber an der Gegenwart. Sein Handeln in den Gezeiten kann darum Handeln genannt werden, weil der auferweckte Jesus, lebend unter dem Gesetz des Geistes des Lebens, an ihre Eigenmacht nicht mehr verfallen kann. Er ist ihnen gegenüber handlungsfähig, und das heißt auch: Er bleibt sich-selbstidentisches Subjekt zugleich in seinem Kommen, Gehen und Bleiben: Jesus kommt und geht und bleibt. Mit der Folge, daß die Gezeiten zwar nicht versinken und in ihrer Differenz verschwinden oder verschwinden in der Erfüllung der Zeit und aufgehoben werden in eine einzige indifferente Zeit Jesu; aber indem es Jesus ist, der in den Gezeiten kommt, geht und bleibt, erfahren die Gezeiten eine Gleichzeitigkeit, die sich darin äußert, daß z. B. seine Zukunft in präzisem Sinne immer die »Zukunft des Gekommenen« ist,[41] daß seine Gegenwart darin ihren Sinn erfüllt, daß er »auch noch heute kommt«[42], und daß die Bibel mehr als einmal von seiner Vergangenheit im Präsens historicum erzählen muß: »Da kommt Jesus«, als wäre es just hier und jetzt der Augenblick, da er, z. B. in der Nacht von Gethsemane, »kommt und findet« seine Jünger schlafend (Mk 14,37.41) »und sagt«: »Könnt ihr denn nicht eine Stunde mit mir wachen?« (Mt 26,40) – *eine* Stunde, jenen Stundenschlag, der eine Stunde aller Stunden ist.

Damit haben wir ein vorerst letztes Moment an unserem Begriff der Zeithandlungen Jesu zu bestimmen. Neben dem Tat- und Handlungsmoment und dem komprehensiven Moment sind Jesu Kommen, Gehen und Bleiben Zeitigungen des Heils, und zwar darin, daß sie teilgebende und teilnehmende Zeithandlungen sind. Der da kommen soll, ist der, auf den Menschen *warten*; und ihr Warten ist die Weise ihrer Beteiligung am Kommen Jesu. Der da geht, ist der, der die Seinen in einer »kleinen Zeit« *zurückläßt*, »so seht ihr mich nicht mehr« (Joh 15,16) – was bei den Jüngern die bezeichnende Frage erweckt: »Was bedeutet es, was er die ›kurze Zeit‹ nennt? Wir wissen nicht, was er redet« (Joh 15,18); wenn Jesus geht, verstehen die Seinen nicht nur ihre Verlassenheit von ihm und damit ihre soziale Leere, sie verstehen die Zeit nicht mehr. Und ums Bleiben Jesu müssen die Emmaus-Wanderer *flehen*, weil es Abend wird und der Tag sich geneigt hat – dieser einzigartige Tag des Lebens; ohne Jesu Bleiben wird die Nacht um sie Finsternis sein, nicht licht, bleibt er jedoch, dann wäre auch die Finsternis nicht Finsternis für sie, diese Nacht

41. W. Kreck, Die Zukunft des Gekommenen. Grundprobleme der Eschatologie, München 1961.
42. Vgl. H.J. Iwand, Die Gegenwart des Kommenden. Auslegung von Lukas 12, Siegen 1955.

würde leuchten wie der Tag (vgl. Ps 139,11-12). Er kommt: *zu* ihnen, er geht: *von* ihnen, er bleibt: *bei* ihnen. Sein Kommen, Gehen und Bleiben erfüllt nicht nur seine eigene Zeit, auch nicht Zeit schlechthin. In seinen Zeithandlungen erfüllt Jesus die Zeiten der Seinen und damit der Menschen. Und erst darin wird die Erfüllung der Zeit zum Heilsgeschehen, zur Heilszeit.

So ergibt sich die Aufgabe, Jesu Kommen in unserem Warten, sein Gehen in unserem Verlassensein von ihm, sein Bleiben im Trost der Nacht auszulegen und so zu lernen, was es heißen soll: »Die Zeit ist erfüllt. Genaht ist das Gottesreich. Kehrt um und glaubt der frohen Botschaft«.

§ 9 Vom Kommen Jesu

VORSÄTZE *Glaube ist nie im Ziel. Als Christen sind wir uns immer selbst fraglich und offene Wesen, denen noch nicht offenbar ist, was sie sein werden (1 Joh 3,2). Das macht uns angewiesen darauf, etwas zu hoffen zu haben, weckt unser Verständnis dafür, wie wichtig Zukunft sein kann.*

Jesus ist durch und durch der kommende Mensch. Darin ist er wie Gott, der ist, der er ist, indem er verheißt, daß er kommt.

Unableitbar ist, daß sie kommen. Wir können dies weder fordern noch wünschen noch voraussehen. Nur: Jesus hat verheißen: »Siehe, ich komme bald«, und der Name Gottes heißt: »Ich werde mit euch sein, wann immer ich mit euch sein werde«. Dies gibt ihrem Kommen eine unausdenkbare Dringlichkeit.

Nicht unausdenkbar ist, wenn sie kommen. Denn ihr Kommen wird alles Wirkliche so verändern, daß ihr Kommen denkbar sein wird, sogar naturwissenschaftlich.

Wenn Jesus kommt, dann zu richten die Lebenden und die Toten. Er wird dann einem jeden Lebenden und einem jeden Toten zu seinem Recht und so zur Durchsetzung des Gemeinschaftsrechts helfen, in dem endlich auch Gott zu seinem Recht kommen wird. Er kommt aber her von der Rechten Gottes, wo er als Fürsprecher der Menschen Gott schon für das Urteil gewonnen hat: »Es ist nun nichts Verdammliches an denen ...«

Im Gericht bringt er noch einmal seine und unsere gemeinsame Vergangenheit vor. Das wird uns schmerzen, aber auch befreien, weil er nun auf ewig unverwechselbar sein wird, der er ist: der Mensch, der zugleich mit Gott sagen kann: Ich bin.

Dann wird sich auch zeigen, ob und inwiefern er es war, auf den aller Augen warteten, als sie auf Gott warteten.

1. Vielleicht Christ sein

Viele von uns erfahren Christsein als einen Versuch – freilich darum doch nicht als ein Spiel.

Mit einer kleinen Meditation darüber wollen wir uns kurz so etwas wie einen »Sitz im Leben« erschließen für einen Sinn, den Zukunft für den Glauben

»heute« haben könnte – Zukunft, von der die Rede ist, wenn das Evangelium uns sagt, daß Jesus einer ist, »der da kommen soll« (Mt 11,3).

a. Dafür, daß christlich glauben heute wie selten auf Zukunft angewiesen ist, gibt es viele und komplexe Gründe. Sie sind vermutlich alle nicht auf einen Begriff zu bringen. Wir stellen sie in ihrer Komplexität einfach nebeneinander, ohne sie tiefer zu analysieren, und rechnen damit, daß die Phänonene für sich selbst sprechen.

Aus dem Vollen eines gesicherten Wissens, einer unanfechtbaren Überzeugung schöpfen wir ja als Christen nicht. Vergleichen wir uns mit den frühchristlichen Gemeinden, wie sie uns von Paulus oder in der Apostelgeschichte geschildert werden, empfinden wir einen kaum zu überbrückenden Abstand. Uns fehlt offenbar die Erfahrung des Heiligen Geistes, der eine überwältigende Lebenskraft nicht nur des Glaubens, sondern auch tätiger Liebe und Gemeinschaft und einer Berge versetzenden Hoffnung gewesen sein und die frühen Christen von innen durchdrungen und von außen umfangen haben muß. Sie konnten von ihrem »neuen« Leben in einer Weise erzählen, für die wir nichts Vergleichbares haben: als Kirche nicht, aber auch kaum als einzelne Christen. Die frühen Gemeinden stehen uns gegenüber, wie eben der lebendige »Leib Christi« einer heutigen »Kirche« gegenübersteht: Sie erfuhren im Geist nicht nur eine Gegenwart des Auferstandenen in sich und untereinander – sie durften sich offenbar mit Recht als einen Teil dieses Auferstandenen selbst sehen. Er lebte in ihnen und sie in ihm. Sie brauchten eine solche Jesus-Fülle und Jesus-Nähe nicht – wie wir – zu glauben, sie erfuhren sie auch: in einer uns deswegen glaubwürdigen Form, weil nach Auskunft der Paulus-Briefe der Geist auch mit ihrem, uns nur allzu bekannten, »Fleisch« ringen, sie erst überkommen, sich bei ihnen gegen uns nur zu verständliche Widerstände durchsetzen mußte: in denen sie aussahen wie unseresgleichen. Aber gerade dadurch wurden sie, was auch sie zuvor nicht waren: nicht nur von Jesus beleuchtete und erleuchtete Menschen, sondern selber ein strahlendes Licht auf dem Scheffel.

b. Von uns können wir so etwas nicht gut sagen, jedenfalls getrauen wir's uns kaum, das zu tun. Neben dem grundsätzlichen Abstand zwischen den biblischen Zeugen »erster Hand« (Kierkegaard)[1] und uns trennen uns auch geschichtliche Unterschiede von christlichen Generationen, die in gut begründeter und kaum angefochtener Glaubensgewißheit lebten. Denn Glaubenkönnen, so sehr das ein geistliches Ereignis und darum vorzüglich theologisch zu beschreiben ist, steht doch auch unter gesellschaftlichen und damit ständig

1. S. Kierkegaard, Philosophische Brocken. De omnibus dubitandum est, Düsseldorf/Köln 1960, bes. 4. Kapitel: Das Verhältnis des gleichzeitigen Jüngers, 52ff.

wechselnden Bedingungen. Daß z. B. Not beten lehrt, ist ein Erfahrungssatz von Volksweisheit, ehe er zum Grundsatz von Religionskritik geworden ist. Mehr noch hängt Glauben aber vom Zustand der Kirche ab, die das Evangelium predigt, welches den Glauben weckt. Ob aber kirchliche Verkündigung und kirchliches Beispiel die Kraft überwindenden Zeugnisses haben: ob sie den Menschen Lust machen, dabei zu sein, hängt auch zusammen mit der allgemeinen Anerkennung, die eine Kirche sich in der Gesellschaft erringt, mit ihrer öffentlichen Glaubwürdigkeit. .

Damit hatte die Kirche solange keine Schwierigkeiten, solange sie unbestritten zu den gesellschaftlichen Ordnungskräften gehörte. Das war bis in die Zeit der bürgerlichen Revolution der Fall. Da war sie nicht nur ein Element der Konstitution von Öffentlichkeit überhaupt, sondern mit ihrem Wirken deren geistig-seelisches Ferment. Der Glaube, den sie erwecken wollte, war im Grunde immer schon latent oder meist auch offen sichtbar da: in der Prägung der öffentlichen Sitten, in der Feier der Sonntage und Kirchenfeste, in der Bildung der Gewissen durch Schule, Familie und Recht; aber mehr noch durch die Internalisierung sog. christlicher Normen als natürlicher und gesellschaftlicher Werte, nicht zuletzt durch die Geltung der regierenden Fürsten und Magistrate, Lehrherren und Haushaltsvorstände, Richter und Eltern und jeder Art Vorgesetzter als »Obrigkeit«; und »Obrigkeit« war nicht nur ein anderer Name für Regierung, sondern wer »Obrigkeit« sagte, nahm damit gesellschaftliche Stufenbildung als gute Ordnung, will sagen: als hilfreiche, orientierende Platzanweisung und Verhaltensunterrichtung durch Gott selbst hin; »Gott« wurde auf diese Weise nicht nur in gesellschaftlicher Verhaltensorientierung *erfahren*, sondern auch anerkannt. Die Leute konnten gut Christen sein in einer die Ordnungen beachtenden und erfüllenden Lebensführung, und wahrscheinlich ist die Kraft des Christentum zu gesellschaftsgestaltender Praxis mit Grund für eine allgemeine Form christlicher Gewißheit. Theologisch *vertiefter* Glaube, mystische Erfahrung, denkende Reflexion waren Angelegenheit höherer, arbeitsloser Stände (wie ja auch die Philosophen Griechenlands den besitzenden, arbeitslosen Schichten angehörten, die die Zeit zur Besinnung hatten); wer allerdings Mönch wurde, konnte den Stand wechseln, obgleich die verschiedenen Mönchsorden auch verschiedene gesellschaftliche Stände widerspiegelten – wenn nicht im Prinzip, dann doch de facto. Nur ethische Vertiefung, die Rückkehr zu urchristlichem praktischen Radikalismus war vorzüglich – wenn man absieht von Franz von Assisi und seinen frühen Anhängern – Sache populistischer Bewegungen. Bei ihnen auch mischten sich Motive gesellschaftlichen Widerstands mit original-biblischen Anstößen: Die allgemeine religiös-politische Ambivalenz der abendländischen Glaubensgewißheit konnte hier leichter wahrgenommen werden, wohl weil Volksbewegungen weniger Kraft der Synthesis besitzen, die die Gebildeten befähigt, von Hause Disparates (wie politisches und religiöses Motiv) inniger zu verschmelzen, so aber auch das Disparate zu verhüllen. Gerade an populistischen, theologie- und kirchenkritischen christlichen Bewegungen kommt doch nur zum Vorschein, was das allgemeine Gesetz des gesellschaftlich durchgesetzten christlichen Glaubens bis zur Französischen Revolution, d h. bis zur bürgerlichen Revolution und bis zur »kapitalistischen Revolution« (H. Gollwitzer)[2] war. Danach befanden sich Theologie und Kirche beständig unter den Anpassungszwängen einer sich beschleunigenden wirtschaftlichen, technischen und gesellschaftlichen Entwicklung, worüber wir die vorzüglichen Arbeiten von Dieter Schellong und Peter Eicher besitzen.[3] Das brachte natürlich die Glaubensgewißheit der Einzelnen mindestens in die Schwebe, und das Auseinanderhalten von Gesellschaft und Religion, äußerer Gewöhnung und innerer Überzeugung, theologisch geredet: von Gesetz und Evangelium wurde schon seit der Reformation, die ja in die Zeit der frühkapitalistischen Revolution fiel, zum ersten Gebot der Theologie,[4] aber auch zur ersten Differenz im bürgerlich-christlichen Bewußtsein mit verständlichen Folgen für eine Problematisierung der Glaubensgewißheit auch der Einzelnen. Äußere *Gewöhnung* fiel für innere *Vergewisserung* immer mehr aus. Dem geistlichen Selbstverständnis der Christen konnte das nur gut tun; aber gemessen an der früheren äußeren Abstützung des Glaubens, brachte das doch auch innerliche Verunsicherung mit sich. Nur auf Wort und Geist und die innere Evidenz der christlichen Verkündigung gestellt sein, reißt die Einzelnen heraus aus den Selbstverständlichkeiten, die sich aus gemeinsamem Leben und einer objektiven, gesellschaftlich gestützten Werteordnung ergeben, läßt sie zu Selbstverantwortlichen werden, zu Richtern ihrer selbst und ihrer eigenen Gedanken, und läßt sie gegenüber früher hilfloser zurück. Denn Hilfe für ernsthafte Selbstverantwortung erfahren Menschen in dieser Lage nur noch aus dem unsichtbaren Geistigen, aus dem Gewissen, aus einem Jenseits ihrer selbst, das keinen Zuspruch mehr bezieht aus Gegebenheiten und herrschenden Überzeugungen.

Solche Verunsicherung kann größere Ehrlichkeit bewirken. Menschen können nun nicht mehr die Beweislast für den Glauben aufs allgemeine Man schieben, sehen sich vielmehr einer schweren Problematisierung der Glaub-

2. H. Gollwitzer, Die kapitalistische Revolution, München 1974.
3. D. Schellong, Bürgertum und christliche Religion. – P. Eicher, Bürgerliche Religion. Eine theologische Kritik.
4. Vgl. G. Ebeling, Luther. Einführung in sein Denken, Tübingen 1964, bes. 120ff. – M. Luther, WA 3, 12.2–4. – H.J. Iwand, Luthers Theologie. Nachgelassene Werke, V. Bd., München 1974, 76ff.

würdigkeit des Christlichen ausgesetzt, meinen, sie kaum noch geistig-allgemein darstellen zu können,und finden sich darum gebunden, durch eigene persönliche Glaubwürdigkeit zu bezeugen, was im theoretischen Diskurs immer schwerer zu bewahrheiten ist.

c. Am Verständnis von Wahrheit drückt sich das klassisch in Lessings berühmten Wort aus: »Nicht die Wahrheit, in deren Besitz irgend ein Mensch ist oder zu sein vermeint, sondern die aufrichtige Mühe, die er angewandt hat, hinter die Wahrheit zu kommen, macht den Wert des Menschen. Denn nicht durch den Besitz, sondern durch die Nachforschung der Wahrheit erweitern sich seine Kräfte, worin allein seine immer wachsende Vollkommenheit besteht. Der Besitz macht ruhig, träge, stolz.«[5]

Seitdem kennen wir Wahrheit nur noch als Methode, d. h. als Suche nach Wegen zur Wahrheit, von der nicht sicher ist, ob wir sie je werden erreichen können. Am wenigsten hat Theologie sich ihrer Methodologisierung entzogen – nicht zuletzt dies ein von innen kommender Beitrag zur weiteren Erschütterung »einfacher« Glaubensgewißheit, genauer: ein Beitrag dazu, daß die Wahrheit selbst in weitere Ferne vom einzelnen Menschen entrückt. Wo einst die Kirche mitten im Dorf stand und das Sakrament die Kirche erfüllte mit heiliger Gegenwart, gefallen wir uns nun im Symbol der Wanderer *zum* Licht, statt – wie einst Israel – Wanderer im Licht des uns als Fackel vorausleuchtenden Gottes zu sein.

Dieser Sturz aus (gesellschaftlich mitvermittelter) Gewißheit in persönliche Vergewisserungsnot hat sehr wohl vergessene biblische Erfahrungen neu erwecken können. Lessings Wort von 1778 z. B. geht weiter: »Wenn Gott in seiner Rechten alle Wahrheit und in seiner Linken den einzigen immer regen Trieb nach Wahrheit, obschon mit dem Zusatze, mich immer und ewig zu irren, verschlossen hielte und spräche zu mir: ›Wähle!‹ ich fiele ihm mit Demut in seine Linke und sagte: ›Vater, gieb! Die reine Wahrheit ist ja doch nur für dich allein!‹«[6] Daß die Wahrheit allein Gottes ist, in bleibender Überlegenheit über unser Wahrheitsverständnis, ist gegen jede allzu feudale Glaubensgewißheit, gegen jeden Absolutismus eines menschlichen, kirchlichen, religiösen Wahrheitsbesitzes und Wahrheitsanspruchs ein bleibend wichtiges Korrektiv und erinnert an Gottes Freiheit zur Selbstbewahrheitung, also an seine ewige Transzendenz. Das Motiv unseres nie beendeten Unterwegsseins zur Wahrheit ist in der Überlieferung der Wüstenwanderung des jüdischen Volkes unter Gottes noch nicht erfüllter Verheißung eine allerneueste Wiederentdekkung der Christen erst seit den sechziger Jahren. Dennoch fällt es schwer, Les-

5. G.E. Lessing, Eine Duplik, 1778.
6. Ebd.

sings berühmtes Wort aus biblisch-christlichem Geist zu deuten. So sehr die Wahrheit allein Gottes ist, so wenig hat er sie nach biblischem Verständnis sich allein vorbehalten. Sie ist darin gerade seine ureigene göttliche Wahrheit, daß der biblische Gott sie uns Menschen mitteilt (»offenbart«), mehr noch: sie mit uns teilt. Was vom biblischen Gott in Bezug auf Wahrheit zu sagen ist, ist, daß er im Menschen Jesus von Nazareth als Wahrheit unter uns getreten ist und daß Jesus von Nazareth versprochen hat, uns – auch über sein irdisches Ende hinaus – in alle Wahrheit zu leiten (Joh 16,13). Damit verbindet sich in der Tat der biblische Wahrheitsgedanke mit dem des Wanderns, des Weges, der Halacha: eines Nicht-Habens und eines Ausseins-auf. Doch Lessing will das Motiv zur Wanderbewegung von Gott in unsere Brust gelegt haben, als »immer regen Trieb nach Wahrheit«, als Naturkraft Wahrheit; aber das bestätigt die Bibel nicht. Denn der immer rege Trieb nach Wahrheit ist der Trieb von Jesu zu uns gesendetem Geist. Er bewegt uns von innen, doch er wird nicht zu unserem verläßlichen Besitz; denn der Geist weht, wo er will (Joh 3,8), du hörst seine Stimme, aber du weißt nicht, woher er kommt und wohin er fährt: So bleibt er weisungsbedürftig durch den, von dem her er je kommt. Der rege Trieb nach Wahrheit kann christlich nicht ein Konzept von Wahrheit als Methode werden wie bei Lessing; er kann dem wandernden Gottesvolk nur seinen »Sprachgesellen« bringen: »zuhaus und auch auf Reisen« (P. Gerhard, Ein Lämmlein geht und trägt die Schuld: EKG 62,7).

Wie immer. Ob Christen heute sich als neuzeitliche Menschen verstehen, vertrieben aus den Paradiesen des Wahrheitsbesitzes und verloren an die Not unaufhörlichen Suchens nach Wahrheit, oder auch: stolz ermächtigt dazu, – oder ob wir uns – biblischer – im Bilde Abrahams verstehen, den Gott aus gesichertem Vaterhaus herausgerufen und zum wandernden Gottesvolk gemacht hat, das Ziel und Frieden erst noch vor sich hat: Viele von uns verstehen ihr Christsein weniger aus Gewißheit, mehr als einen Versuch, und finden sich unter einer Perspektive »Verheißung« besser aufgehoben als unter einer Perspektive »Erfüllung«.

d. Freilich kann das auch ein Zeichen von Schwäche sein: eine Scheu, Wahrheit zu bejahen, wenn sie sich denn gezeigt hat, – Zurückhaltung, sich zu identifizieren, – Wille, sich noch vorzubehalten und sich noch aufzusparen. Dafür sind uns alle möglichen Rechtfertigungen geläufig, vor allem wieder eine gesellschaftliche: Die Kirchen dürften sich überhaupt noch nie genug klar gemacht haben, welche Gefahr ihrer Verkündigung und Glaubwürdigkeit von einer herrschenden Partei ausgeht, die sich die Bezeichnung und eine Programmatik des Christlichen nicht ausreden läßt, gleichzeitig aber das Gesellschaftskonzept einer pluralistischen Wertordnung vertreten muß. Eine öffentliche Relativierung des Ernstes des Christlichen ist dabei unvermeidlich, sie ist in der Bundesrepublik längst Allgemeingut geworden, und eine ihrer akutesten Erscheinungen ist eine Entscheidungslosigkeit im Christlichen. Sie findet sich kirchenamtlich in der notorischen Kompromißhaftigkeit fast aller öffentlichen Entschließungen mindestens der Evangelischen Kirchen in Deutschland, in der Scheu vor Kirchen- und Lehrzucht; diese aber spiegelt sich wider darin, daß Glaube kaum noch als Entscheidung und Sache des Willens geschildert wird, nachdem er von den Zwanziger bis zu den Fünfziger Jahren (unter dem Einfluß der philosophischen und politischen Strömung des Dezisionismus) bis zum Überdruß gerade als Entscheidung ausgelegt wurde; die heutige Zurückhaltung ist ein Pendelschlag gegen etwas Autoritäres, das in »Entscheidung« immer enthalten ist, denn Entscheidung bricht Reflexion und den offenen Diskurs ab. Aber angesichts kirchlicher und christlicher Entscheidungsscheu verwundert nicht der neue Erfolg von Formen eines »entschiedenen« Christentums, das spürbare Anwachsen evangelikaler und fundamentalistischer Gruppen – mit Einschluß autoritärer Gesinnungen –, und auch von sozialen Bildungen mit lebensverbindlichen, gesetzlichen Akzenten und Zielen. Gegen solche Entwicklungen behält jene Zurückhaltung, auch christlich, hundertmal recht, von der wir hier sprechen. Dennoch ist auch sie ein Zeichen von Schwäche: genau wie die autoritären Bedürfnisse, denn sie können auch unsere Unzuverlässigkeit für den Lauf des Evangeliums signalisieren, wenn wir sie nicht gezielt und darin begrenzter einsetzen, als Protest gegen konservative Reaktion.

e. Aber wahrscheinlich ist das Phänomen persönlicher Zurückhaltung mit unserer bisherigen Skizze noch nicht genügend genau beschrieben. Denn daß viele heute sich nur versuchsweise als Christen verstehen möchten, muß ja nicht ein Vorbehalt gegen das Christsein, es kann auch seine – im besten Sinne – zeitgemäße Ausdrucksform sein. Christsein ist immer ein anfechtbarer Selbstentwurf, heute von außen viel weniger als von innen, und es könnte sein, daß Versuche, Christ zu sein, Ausdrucksweisen des angefochtenen Glaubens sind. Wir sagten: darin zeitgemäß. Es scheint kein Zufall, daß mit Luthers Reformation gerade Anfechtung zu einem Merkmal des evangelischen Glaubens geworden ist; dies dürfte weniger der psychologischen Disposition des Reformators entstammen, als eher wiederum objektiver Ausdruck sein für die Situation des Christseins in der Zeit seit der frühbürgerlichen Revolution. Denn sie hat sämtliche Werte, mit den ökonomischen zusammen auch die geistig-religiösen, ins Tauschwertverhältnis gebracht, alles gegen alles konvertibel werden lassen – nicht zuletzt Gott,von dem Luther bei der totalen Austauschbarkeit der Werte auch nur noch schwer sagen konnte, wie man ihn »treffe« und auf ihn treffe.[7] Es

7. M. Luther, Großer Katechismus. Auslegung des 1. Gebotes: Zuversicht des Herzens, welches den rechten einigen Gott »treffe«: WA 30 I 133.

ist vorstellbar, daß die Rückkehr der Reformation zum vordogmatischen, biblischen Christentum auch damit zu tun hat, daß das Evangelium einst formuliert wurde in der Welt des großen hellenistischen Austauschs zwischen dem Orient und dem Westen, in einer Tauschwertsphäre ohnegleichen, und daß dies auf die Generationen der frühbürgerlichen ökonomischen Umwälzungen viel zeitgemäßer wirkte als die in Dogma, Sitte und Institutionen festgelegte Welt des mittelalterlichen Feudalismus; wir erinnern noch einmal daran, daß der christliche Zentralbegriff »Versöhnung« griechisch καταλλαγή heißt, und das wieder heißt auf deutsch eigentlich: Wechseln, Austauschen – wie denn Luther das Werk Christi als »fröhlichen Wechsel« beschreiben konnte.[8] Wie zum Christwerden Konvertierbarkeit der Existenzen gehört, so zur Sprache der christlichen Verkündigung eine Austauschbarkeit der Worte, Begriffe, Vorstellungen, ohne die Mission und Ausbreitung des Christentums geschichtlich kaum erklärbar wären. So ist es kein Zufall, daß auf dem Boden des für solche Entwicklungen empfänglichen, weil davon mitbedingten Protestantismus die historisch-kritische Bibelauslegung entstand: logisch in einer Gesellschaft zunehmender Werteambivalenz, also von Mehrwertbedeutungen, durch die jeder feste Sinn wandelbar wurde und Theologie ihre alte wert- und normsetzende Bedeutung für die Fakultäten der Universität einbüßte und zur Wissenschaft immer neuer, verzweifelter Wertsetzungen wurde – sich ausdrückend in immer neuen »Ansätzen« sog. theologischer »Entwürfe«, nachdem die Basis des scheinbar Natürlichen am Vorbau Natürlicher Theologie vor alle Wissenschaft sich mehr und mehr auflöste. Daß der Glaube sich in dieser Situation als von innen heraus angefochten verstehen mußte, hat damit – jedenfalls auch – gesellschaftliche Logik. Da, was im 16. Jahrhundert so begonnen hat, seither nicht mehr zum Stillstand kam, hat es auch innere Richtigkeit, wenn heute Christsein vielfach als Versuch erlebt wird.

f. Versuch in Gestalt aller möglicher Vorbehalte, äußerlich und innerlich. Daß z. B. Teilnahme am Gottesdienst und aktive Mitgliedschaft in der Gemeinde innere Notwendigkeit seien für das geistige und gesellschaftliche Bedürfnis, können heute nur die wenigsten von denen, die sich dennoch als Christen verstehen, sagen. Die Sakramente Taufe und Abendmahl meint man für seinen inneren Haushalt so wenig zu »brauchen«, wie man Trauung und christliche Unterweisung der Kinder – gar Angebote christlicher Erwachsenen-Katechese – gebraucht. Der Informationsgehalt eines Wissens um Bibel und Lehre, Geschichte der eigenen Kirche und die Ökumene ist minimal geworden: als Bereich von Lernen und Wissen wird protestantisches Christentum – darin profund verschieden vom Judentum – fast gar nicht aufgefaßt, ge-

8. M. Luther, Von der Freiheit eines Christenmenschen, WA 7 25.

schweige denn als Gebiet, bei dem es auf aktuelle Information, z. B. über Synoden und Konzilien, Gemeindekirchenratsverhandlungen und theologische Publikationen ankäme. *Erfahrungslosigkeit* des Glaubens dürfte vielfach aus *Teilnahmslosigkeit* an der Geschichte und Gegenwart dessen herrühren, was sich im Christentum regt und worum gestritten wird; denn worin man nicht lebt, davon kann man auch keine Erfahrungen machen. Auch Nichtbeteiligung am Gang der Liturgie durch ein Kirchenjahr macht geistlich unerfahren und unwissend, vor allem auch, wenn man sich dem Jahrkreis der Predigten entzieht. Was sich im Christentum sprachlich, gedanklich, politisch bewegt, merkt der sofort, der über längere Zeiträume hinweg Predigt hört: Der Wechsel der Generationen geht rasch und wirkt sich immens schnell auch geistlich aus.

g. Freilich kann eher unbeteiligte Teilnahme am Kirchenleben, in der Haltung des Zuhörers und Zuschauers, Vorbehalte leicht noch vertiefen. Es gibt eine Entfremdung von Christ und Kirche, die fast schon gewöhnlich ist, aber eher zu Lasten der sich vorbehaltenden Christen als »der Kirche« geht. Wir Protestanten haben uns viel zu unkritisch ein katholisches Verständnis »der Kirche« aufschwatzen lassen, demzufolge »die Kirche« immer die anderen sind: Amtsträger, Theologen und Laien-Offizielle. Aber dieser Riß im Kirchenverständnis ist fundamental-katholisch, wo ja die Differenz von Klerus und Laien nach wie vor dogmatisch begründet wird; ein Bild, das die Medien einfachheitshalber auch auf den Protestantismus übertragen, weil die Protestanten, was bei den Katholiken dogmatisch ist, einfach in ihr kirchenentfremdetes Ressentiment aufgenommen haben, darin mit ihrer Kirche ähnlich verfahrend wie mit dem Staat – als wären nicht Evangelischer Kirche und demokratischem Staat vielmehr mit der Parole zu begegnen: Der Staat: bin ich, – die Kirche: bin ich – ich: in meiner gestaltenden Teilnahme an Predigt und Liturgie, Gemeindeführung und Kirchenleitung und dem öffentlichen Bild vom Christentum. Die real-existierende Kirche ist, wie sie ist, weil die Christen sind, wie sie sind – aus kaum einem anderen Grund.

Vorbehalte werden genährt von Idealbildern von Kirche, deren Funktion notorisch falsch verstanden wird. Hieran ist die theologische Lehre von der Kirche mit schuld. Dogmatik prägt normative Bekenntnissätze von der Kirche, die von ihren empirischen Zuständen meist meilenweit entfernt sind. »Ich glaube die eine, heilige, christliche Kirche, Gemeinschaft der Heiligen« angesichts der Empirie einer zerrissenen, an die sie umgebenden Gesellschaften widerstandslos assimilierten und so alles andere als heiligen (nämlich von der Welt unterschiedenen), den Christusnamen oft eher verschleiernden als demonstrierenden Kirche in der Welt. Auch die in Barmen III bekannte Kirche, die eine Gemeinde von Schwestern und Brüdern sein soll, zeigt sich doch eher als die Versammlung anonymer Damen und Herren im Sonntagsstaat, die sich so weit wie möglich hinten im Kirchenraum plazieren: entfernt von der Quelle des Wortes und des Sakraments – und noch dazu so weit es geht voneinander entfernt, um nur ja nicht in Gefahr der Tuchfühlung zu geraten, wenigstens der – von anderen Fühlungen des Geruchs, der Haut, der Stimme, des Atems des angeblich christlichen Nächsten zu schweigen. Das Wesen des Vorbehalts wird hier besonders sinnenfällig: Wir nehmen teil, jedoch auf Abstand. Sitzen symbolisiert und offenbart viel.

h. Tiefere Vorbehalte hegen wir gegen Inhalte christlicher Verkündigung. Fast alle christlichen Hauptworte – wie Gott, Sünde, Gnade, Erwählung, Rechtfertigung – erscheinen systematisch und philologisch zerdacht, bis hin auf unwägbare Nuancen, und vor allem: Sie scheinen seelisch ausgelebt und in psychologisch nur schwer verantwortbare innere Erfahrungen zersetzt. Gerade die Wirkungsgeschichte einer so auf die Worte und das Wort konzentrierten Religion,wie es Christentum und zumal der Protestantismus sind, scheint mehr als einen Vorbehalt zu gebieten aus intellektuellen wie aus Gründen seelischer Gesundheit. Der von Nietzsche gezeichnete »psychologische Typ des Erlösers« und erst recht Nietzsches Existentialanalyse eines Christentums der décadence nach Paulus enthält ebenso unwiderstehliche Einsichten wie S. Freuds »Zukunft einer Illusion«,[9] E. Fromms »Psychoanalyse und Religion«[10] bis hin zu T. Mosers »Gottesvergiftung«.[11] Für Nietzsche ist das Christentum, nicht ganz falsch, der Mutterboden des Nihilismus.[12] Mit Augen der Psychoanalyse gesehen, ist darum ein nur versuchtes Christsein unter Vorbehalt sogar die allein wirklichkeitsgemäße Form nach 2000 Jahren Philologie und seelischer Wirkung der Botschaft. Ohne Wissen um ihre Wirkungsgeschichte kann sie heute nicht mehr verantwortlich weitergegeben werden. Dabei ist es schwer, sie noch zu aktualisieren an ihrer Wirkung vorbei, denn die war im Abendland so intensiv, daß fast jedes biblische Hauptwort unwillkürlich Reflexe aus ihrer Tradition auslöst. Das zu vermeiden, braucht einen Grad von innerer *Teilnahme* an der Welt der Bibel, d. h. an der aus der Bibel gedeuteten Welt, der auch bei Theologen ganz selten geworden ist, die ja an der seelischen Ausgelebtheit der Tradition nicht weniger, an ihrer philologischen und systematischen Zersetzung noch mehr leiden als andere Christen. Ein unangefoch-

9. S. Freud, Die Zukunft einer Illusion, Leipzig/Wien/Zürich ^{2}1928.
10. E. Fromm, Psychoanalyse und Religion, Zürich 1966.
11. T. Moser, Gottesvergiftung, Frankfurt 1976.
12. Fr. Nietzsche, Der Antichrist. Versuch einer Kritik des Christentums, 58: »Nihilist und Christ: das reimt sich, das reimt sich nicht bloß . . .« – Vgl. K. Jaspers, Nietzsche und das Christentum, München 1952, 63: »Bei Nietzsche ist im Vordergrund – zumal in den letzten Schriften – die offenbare Tendenz: der Vernichtungswille gegen das Christentum, um mit diesem zugleich den Nihilismus zu überwinden . . .«

tenes Ja zur Bibel gibt es auch theologisch nicht mehr. Und dennoch bleibt die aus der Bibel ausgelegte Botschaft der einzige Grund.

i. Auf diesen Grund uns beziehend, wissen wir sehr genau, daß wir als Christen eigentlich erlöster aussehen müßten, wie Nietzsche spottend gefordert hat. Den tiefsten Vorbehalt machen wir ja gegen uns selbst als Christen. Viele von uns sind so dran, daß sie mit der Botschaft von Gott und Sünde, von Gnade und Erwählung an sich etwas Sinnvolles verbinden könnten, theoretisch sinnvoll, erst recht utopisch sinnvoll: Ja – wahres Christsein ergäbe Sinn, sogar guten. Nur ich selbst kann mich als wahren Christen nicht vorstellen, möchte es wohl auch nicht; mit dem sehr charakteristischen Zusatz: *noch* nicht, noch nicht jetzt, vielleicht später.

Genau hier rühren wir an das verschämte Geheimnis »unseres« Christseins »heute«. Der Vorbehalt, unter dem Viele Christen sind, wird heimlich als ein *Vorbehalt auf Zukunft* erlebt. Wir versuchen, Christen zu sein, in einer verschwiegenen Hoffnung, eines Tages wahre Christen werden zu können. Was immer wir darunter verstehen möchten – es hat seinen kritischen Punkt im Warten auf einen existentiellen Akt endlich überzeugter Selbstbejahung als Christin und als Christ. Wir spüren: Das könnte etwas Gutes, für uns selbst und andere Wichtiges werden; wir spüren: Darauf möchten wir »eigentlich« hinaus, und darauf müßte »es« mit uns auch hinauslaufen, wenn es eine innere Logik, ein inneres Gefälle, eine innere Notwendigkeit des eigenen Menschseins gäbe, jenen »einzigen immer regen Trieb« Lessings nach Wahrheit und wachsender Vollkommenheit.

Und dieses »eines Tages«, dieses »Vielleicht« des Christseins ist womöglich eine der wichtigsten und tiefsten *Transzendenz*erfahrungen heute. Wenn wir nirgendwo mehr Transzendenz erkennen und denken können: im Vielleicht, im Versuch unseres Christseins, stehen wir uns selbst bevor in einem Ereignis, das wir schon kennen und doch noch nicht erlebt haben. Bezogen auf dies Ereignis, ahnen wir, was es heißen könnte: Jesus ist »der Kommende«, da kann er sich uns erschließen als »der da kommt«.

Ehe wir aber vom Kommen Jesu weiter sprechen, soll diese kleine Meditation über das Vielleicht des Christseins heute noch um drei Gesichtspunkte erweitert und dadurch sachlich eingegrenzt werden.

1. Das Problem existentieller Vergewisserung gehört nicht zum Wesen von Religion überhaupt. Es scheint in der geschilderten Form etwas spezifisch Christliches. »Gesetzesreligionen« kennen es jedenfalls nicht so, daß Anfechtung zum tiefsten Merkmal etwa eines jüdischen oder moslemischen Glaubens gehörte. Dort kann man sich der Glaubwürdigkeit Gottes und seiner selbst vergewissern durch Tun dessen, was geboten ist. Erfüllt man Gottes Gebot, erfüllt man auch sich selbst. Anfechtung gibt es auch dort, aber weniger aus dem Kern der eigenen Sünde, des persönlichen Fundamentalwiderspruchs gegen Gott, denn Erbsünde wollen weder Juden noch Moslems kennen, damit aber auch nicht die letzte Verlorenheit an Selbstgericht und Selbstverantwortung, die den Christen so un-praktisch macht. Anfechtung von außen aber bewältigen Moslems im Islam: im Sich-Ausliefern an Gott, Juden aber in der fides obstinata, der Zähigkeit ihres Volkslebens als einer Kraft, die Gott seinerseits zu leben zwingt. Während Christen Gott nicht im Gesetz glauben, sondern im vom Geist aufgeweckten oder verlassenen Gewissen.

2. Die protestantische Unterscheidung von Gesetz und Evangelium fixiert die Ausgesetztheit des Christseins und beschreibt Christsein als Versuch: nämlich in ständiger Versuchung, Gott doch durch Gesetz zu genügen statt durch Geist, d. h.: durch Hingabe des Daseins ganz. Die Überlieferung dieser Unterscheidungslehre – sie selbst ein System der Differenz im Christsein: zwischen Tun und Sein – hat viel zum systematischen und philologischen Zerdenken der biblischen Hauptworte und zu ihrem fatalen seelischen Ausgelebtwerden beigetragen, denn sie entzieht die Christen der Spontaneität ihres Alltagsdaseins und stellt sie unter Utopie einer Spontaneität des Heiligen Geistes, von der Luther allerdings gleichzeitig einsehen mußte: dafür habe er die Leute nicht. Die Unterscheidungslehre von Gesetz und Evangelium kann nur in dem Sinne weitergegeben werden, daß sie zu einer Rechtfertigung des Christseins hilft, die nicht länger mehr unser Gerechtgesprochenwerden durch das Evangelium und unser Behaftetwerden als Sünder durch »das« Gesetz in der Schwebe hängen läßt. Vielmehr geht es um den auch historisch-psychologisch sichtbar zu machenden Aufbruch aus dem Vorbehalt gegen Gottes Gnade in das Ergreifen der Gnade Gottes, also ins wahre Christsein.

3. Daß die Welt noch nicht erlöst sei, ist der tiefste Einwand des Judentums gegen das Christus-Bekenntnis der Christen. Wir sind darüber nicht erhaben und sollten nicht den Spieß umdrehen und mit Paulus die Juden lächerlich machen als bloß wundersüchtiges Geschlecht (vgl. 1 Kor 1,22), das von der Tiefe der Werke Gottes im Gekreuzigten nichts verstehe. Wie selten zuvor sind wir selbst vom nichterlösten Zustand der Welt angefochten. Unser Vorbehalt gegen uns selbst als Christen hat, wie wir skizzierten, auch mit dem Weltzustand zu tun. Er berührt deswegen die Evidenzfrage des Christseins, weil Gottes Verheißung der ganzen Welt gilt, ehe sie den einzelnen Menschen trifft. Gott hat die Welt geliebt, als er Israel erwählte und Jesus sandte – und mich nur, weil ich zur Welt gehöre, ja in meiner ganzen Prägung Welt bin. Wenn christliche Theologie die Unerlöstheit der Welt Gott zuschiebt mit dem Begriff eines »eschatologischen Vorbehalts«, den Gott dem Weltganzen gegenüber noch macht, dann kann der Vorbehalt im Christsein davon die Konsequenz (wenngleich darum noch nicht gerechtfertigt) sein. Auf jeden Fall aber gehört das persönliche Vielleicht des Christseins gebunden an den eschatologischen Vorbehalt Gottes gegen die Erlösung der Welt, das heißt umgekehrt aber auch: Die Hoffnungskraft des Christen, der sein Christsein versucht, gehört von Hause aus der Erlösung der ganzen Welt, die damit ebenfalls ins Licht jenes positiven Vielleicht tritt, das ihr noch vor uns selber gilt.

2. *Kommen als Seinsweise*

Die Seinsweise Jesu von Nazareth ist die eines ewig Kommenden.

Er hat bis zu seinem Tode das Nahen der Gottesherrschaft gepredigt und durch seine Taten angekündigt. Er hat auch damit gerechnet, daß, während die Leute ahnungslos dahinleben -wie in den Tagen des Noah: heiratend und sich heiraten lassend, wie in den Tagen Lots: essend, trinkend, kaufend und verkaufend, pflanzend und bauend -, der richtende Menschensohn wie ein Blitz vom Himmel unter ihnen auftauchen werde (Lk 17,24.26.28). Er hat einen Zusammenhang gesehen zwischen dem Ja oder Nein der Menschen zu ihm und dem Ja oder Nein, das der Menschensohn vor den Engeln Gottes über eben diese Menschen aussprechen wird (Lk 12,8).

Nach Ostern hat die bekennende Gemeinde diesen merkwürdigen Engschluß des Bekenntnisses der Menschen zu Jesus und des Menschensohns im Himmel zu den Menschen um Jesus herum mit Recht noch enger geschlossen und in Jesus selbst den plötzlichen Blitz vom Himmel, den richterlichen Menschensohn, erkannt und in seinem Kommen die alles entscheidende Funktion gesehen. Es ist wichtig, die biblischen Worte vom Kommen des Reiches, des Menschensohns, der Tage des Gerichts, der neuen Weltzeit nicht als chronologische Daten oder nur als Erzählformen geschichtlichen Berichtens aufzufassen. Das Kommen als solches ist ein Ereignis, es ist sein eigener Inhalt. Neu ist nicht das Reich Gottes, wenn es kommt; neu ist nicht der Menschensohn, sind nicht die Tage des Gerichts, wenn sie kommen. Neu ist: *daß* sie nun kommen. Daß sie kommen, geht die Menschen an, bedeutet Krisis, verändert ihre Lage. Wir müssen uns vorstellen: Die Welt der biblischen Menschen ist voll von Potentialitäten Gottes, sie ist mitsamt jedem einzelnen Leben eine einzige Gelegenheit Gottes: daß er sich an ihr beweise, daß er sie richte und ordne, befreie und verwerfe, erneuere, aber auch kreiere, sie anspreche, aber sich ihr auch entziehe, sie erfülle mit seinem Glänzen, aber sie auch verstoße ins Grau in Grau. Und diese Potentialitäten Gottes werden als Hintergründigkeiten des Daseins in der Welt erfahren: Immerzu kann – erwartet-unerwartet – etwas passieren. Der biblische Mensch, wenn er nicht schläft, wirkt auf uns beneidenswert vital-gespannt, erlebnisbereit, fast erlebnishungrig; aber das liegt nicht nur in seiner orientalischen Natur, sondern an seinem Verständnis Gottes, der wesentlich ein Wesen von Verheißungen ist: »Ich werde bei euch sein, wann immer ich bei euch sein werde« (Ex 3,14): Im Gottesnamen brauen sich solche Blitze zusammen,die dann von einer Gegend unter dem Himmel zur anderen aufblitzen (Lk 17,24). So ist das Kommen als solches das Entscheidende, die Verwandlung der Potentialitäten Gottes in Aktualität. Dann wird plötzlich aus einem einfachen Israeliten ein »Israelit ohne Falsch« (Joh 1,47), – aus einem Juden, der auswendig ein Jude ist, ein Jude, der's inwendig verborgen ist (Röm 2,28f), – aus einem Christen im Versuchsstand einer im Bekenntnisstand. So enthält die biblische Rede vom Kommen des Reiches, des Menschensohnes, des »Tages« ein Existential der Veränderung in sich,beschreibt den Menschen, auf den etwas zukommt; das ist eine eigentümliche Grunderfahrung von Sein: Entsicherung von bekannt-Gewohntem des Lebenslaufs, Ausfall in eine Vorfreude, die nicht mehr an sich halten kann, schwarze Befürchtungen von etwas Unabsehbarem als Grundgestimmtheit, Beklommenheit von schlechthin Ungewissem, schwer erträgliches Gespanntsein. Das macht die biblische Rede vom Kommenden be-deutend.

Sie hat also ontologischen Sinn – wie wir es später auch vom »Gehen« Jesu von Nazareth und dann auch von seinem »Bleiben« werden behaupten müssen. Zunächst ist das noch mit biblischen Worten näher zu skizzieren. Sein ganzes Wirken kann unter dem Titel seines Gekommenseins benannt werden. »Meinet nicht, daß ich gekommen bin, das Gesetz oder die Propheten aufzulösen. Ich bin nicht gekommen aufzulösen, sondern zu erfüllen« (Mt 5,17). »Ich bin gekommen, die Sünder zur Buße zu rufen, nicht Gerechte« (Mt 9,13). »Ich bin nicht gekommen, Frieden zu bringen, sondern das Schwert« (Mt 10,34). »Des Menschen Sohn ist gekommen, selig zu machen, was verloren ist« (Mt18,11) »Des Menschen Sohn ist nicht gekommen, daß er sich dienen lasse, sondern damit er diene und sein Leben gebe als Lösegeld für Viele » (Mt 20,28). »Ein Feuer auf die Erde zu bringen, bin ich gekommen, und wie sehr wünschte ich, es wäre schon entfacht » (Lk 12,49). Wir könnten aus den Worten vom gekommenen Jesus eine ganze Lehre vom Werk Christi entwickeln, und noch dazu eine anstößig-militante und revolutionäre mit Bejahung von Feuer und Schwert, – der Verlorenen, – mit Wegstoßen der Gerechten, – Nein zum faulen Frieden, – mit Konzentration auf Lebenshingabe. So bringt Gemeinde die Bedeutung, die Jesus für sie hat, auf den Punkt. Was sie mit seinem Kommen erfahren hat, ist zugespitzt der Inhalt seiner ganzen Sendung. Dazu und zu nichts anderem ist er gekommen. Die Worte vom Gekommensein summieren seine Sendung. Sind Signale des Ganzen.

Der Johannes-Evangelist hat aus diesen synoptischen Signalworten die Struktur einer Christologie gemacht. Jesus weiß da, woher er kommt, wohin er geht (8,14), – und so sich wissend, kann er auf der Wahrheit seines Zeugnisses bestehen gegen Anzweiflungen. Was weiß er denn von sich: »Ich bin von Gott ausgegangen und gekommen; und nicht von mir aus bin ich ja gekommen, sondern jener hat mich gesandt« (8,42): Sein Kommen beruht auf Sendung. Gekommen ist er »im Namen meines Vaters« – und doch wird er nicht angenommen von den Menschen (5,43). Wozu ist er gekommen? »Ich bin gekommen, damit sie Leben und reiche Fülle haben« (10,10), »ich bin als Licht in die Welt gekommen, damit jeder, der an mich glaubt, nicht in der Finsternis bleibt« (12,46). Daß er als Licht gekommen ist, bedeutet: »Um ein Gericht herbeizuführen, bin ich in diese Welt gekommen, damit die Nichtsehenden sehen und die Sehenden blind werden« (9,39). Ebenso ist Jesus »dazu geboren und dazu in die Welt gekommen, daß ich für die Wahrheit zeuge« (18,37). Auch bei Johannes sprechen die Worte vom Gekommensein Jesu – wie bei den drei ersten Evangelisten – von einer höchst kritischen, die Geister scheidenden, die vorgeblich Sehenden verblendenden Aufgabe Jesu, aber auch von Lebensstiftung und Daseinsfülle.

Doch bei Johannes sagt Kommen noch mehr: Dreimal »kam« Jesus als Auferstandener zu seinen verängstigten Jüngern (20,19),zu Thomas (20,26), zu den fischenden Freunden am See (21,13). Dies Kommen des Auferweckten reicht an das heran, was wir Sich-Offenbaren nannten. Jesus: »Kommend« offenbart er sich lebendig.

Noch einmal wird er kommen (kündigt er seinen Jüngern an): nach seinem Tod und seinem Gehen, wenn er in seines Vaters Hause viele Wohnungen bereitet haben wird (14,3: πάλιν ἔρχομαι). Und wie er gekommen ist in die Welt, weil er vom Vater gesandt wurde, so wird er, wenn er von uns gegangen ist, seinerseits eine Sendung bewirken, und dann wird von ihm der Tröster zu uns kommen, der Heilige Geist (14,15ff; 15,26). Indem der Geist kommt, kommt aber Jesus selbst (14,18.28) noch einmal. Er lebt in ewigem Kommen.

Kein Wunder also, wenn es unter den biblischen Namen Jesu auch einen gibt, nach dem er einfach ὁ ἐρχόμενος heißt, der Kommende. Als dieser wurde er von den Jüngern des Täufers Johannes erfragt: »Bist du, der da kommen soll?« (Mt 11,3).Johannes hatte ja zu ihnen von einem gesprochen, der »nach mir kommt« (Mt 3,11; Mk 1,7; Apg 13,25); und so warteten sie auf einen Kommenden schlechthin. Der Kommende schlechthin freilich ist am Anfang des letzten Buches der Bibel der Name Gottes, »der da ist und der da war καὶ ὁ ἐρχόμενος, und der da kommt«. Damit berühren wir die Tiefe einer Seinsbestimmung Jesu: Er ist schlechthin der Kommende, wie Gott seinem ganzen Wesen nach der Kommende schlechthin ist. Hier wird das Kommen Jesu zu einer ontologischen Bestimmung.

Das gilt es zu meditieren. Die biblischen Texte bezeichnen eine *Vieldimen-*

sionalität des Kommens Jesu. Er war, wie sich eines Tages herausstellte, wirklich der, der da kommen sollte: unendlich und von ferne her erwarteter Mensch. – Dann war er, der gekommen ist: ein Feuer anzuzünden auf Erden ... – Er kommt aber auch noch heute (vgl. Prolegomena § 2, S.36f). Die Jesusschriften kennen (wie wir oben schon andeuteten) die grammatische Form des sog. praesens historicum, in Gegenwartsform wird gesprochen mitten in Erzählung von Vergangenem; das dürfte mehr als Stilmittel sein, hat Kerygmatisches: Die Jesus-Geschichte, die Vergangenheit hat, spielt auch in der Gegenwart, jetzt, hier, mitten in unseren Lebenstagen. »Da kommt Jesus aus Galiläa an den Jordan zu Johannes, um sich von ihm taufen zu lassen« (Mt 3,13) – da schau her, da kommt er. Da, »nach sechs Tagen, nimmt Jesus den Petrus und den Jakobus und dessen Bruder Johannes mit sich und führt sie abseits auf einen hohen Berg« (Mt 17,1 vgl. Mk 9,2) – nimmt sie und führt sie. Vor allem die Gethsemane-Geschichte hat Gegenwart: »Da kommt Jesus mit ihnen in ein Gut, genannt Gethsemane, und sagt zu seinen Jüngern: Setzet euch hier, bis ich dorthin gegangen bin und gebetet habe«. So geschah's. »Und er kommt zu den Jüngern und findet sie schlafend; und sagt zu Petrus: So wenig vermochtet ihr, eine Stunde mit mir zu wachen?« Ging weg ein zweites Mal, ein drittes Mal. »Dann kommt er zu den Jüngern und sagt zu ihnen: Schlafet nur weiter und ruhet! Siehe, die Stunde ist genaht, daß der Sohn des Menschen überliefert wird in die Hände der Gojim« (Mt 26,36ff; Mk 14,32ff): Da kommt Jesus, dreimal kommt er da: *kam* zu Petrus und den beiden Zebedäussöhnen, *kommt* auch noch heute zu ihnen: und *wir* sind's, zu denen er da kommt. Das also eine dritte Dimension seines Kommens. – Und die vierte: Der kommen sollte, der gekommen ist, der auch noch heute kommt, will abermals kommen, wird kommen in der Sendung des Geistes, wird erst recht kommen als der Sohn des Menschen in seiner Herrlichkeit und alle Engel mit ihm, um dann die Völker um sich herum zu versammeln und wie ein Hirt Schafe von Böcken zu scheiden (Mt 25,31). Ein vierdimensionales Kommen also, das ganze Leben und Wirken Jesu von Nazareth umfassend und beschreibend bis in eine praenatale und postmortale Wirklichkeit hinein; auch darum nennen wir die Rede vom Kommen Jesu von Nazareth eine ontologische Bestimmung. *Alles an ihm ist Kommen.*

So dürfte alles an uns, *alles am christlichen Glauben Warten und Erwarten* sein. Diese Perspektive des christlichen Glaubens stellen wir bewußt an die erste Stelle. Für »uns heute« gehört es sich so. Und zwar nicht darum, weil wir es, wie wir bei der Analyse des »Vielleicht« sagten, nicht besser können, als Christen sein nur in Erwartung eines tieferen Christwerdens, sondern weil das Kommen unter allen biblisch bezeugten Zeitigungen Jesu die umfassendste ist. Von einem zweimaligen Kommen hat die Dogmatik immer gesprochen und das eine griechische Wort παρουσία einmal als »Ankunft« des von Gott gesandten Kommenden verstanden, ein andermal das gleiche Wort als »Wiederkunft« Jesu: »... von dannen er kommen wird«. Biblisch ist das nicht korrekt, denn nicht ein einziges Mal wird in den Jesus-Schriften das Wort Parousie auf das geschichtliche Aufreten Jesu angewandt, immer bedeutet es nur sein künftiges Kommen, und so heißt es nur »Ankunft«, nicht »Wiederkunft«. Das gibt seinem künftigen Kommen das ganze Gewicht; daß Jesus *Zukunftswirklichkeit* ist, steht allem anderen voran, von seinem erwarteten Kommen her wird seine ganze Seinsweise zu der des Kommenden. Weil er kommen wird, darum wird es der frühen Gemeinde auch im Blick zurück interessant, von seinem Gekommensein, ja noch weiter zurück: von seinem früheren Erwartetwerden zu sprechen. Das ist vor allem eine historische, traditionsgeschichtliche Aussage: Es war die Gemeinde, die nach seinem Kreuzestod und seiner Erweckung am dritten Tage in heißer Endzeiterwartung seines Kommens lebte, die eines Tages daran ging, ihre von Jesus bewahrten Traditionen unter dem Gesamtgesichtspunkt eines schlechthin Kommenden zu prägen. Unter dem Wort Parousie hat vor allem Paulus von Jesus als Zukunftsereignis gepredigt (1 Thess 2,19; 3,13; 4,15; 5,23; 1 Kor 15,23 u.ö.); nach ihm hat es Matthäus gern gebraucht (24,3.27.37.39). Erst sachlich danach (und vielleicht daraus?) sind die Worte unter der Prägeformel: »Ich bin gekommen« zu verstehen, und dann vor allem jene Rückverlagerung des Verstehens Jesu in die Geschichte Israels und die Worte der Hebräischen Bibel, die ihn als einen seit langem Erwarteten und so als den Kommenden schildern. Der, dessen Kommen erwartet wird, war ein schon eh und je Erwarteter. Aber die traditionsgeschichtliche Reihenfolge von der Erwartung künftiger Parousie zurück zum gekommenen und immer schon erwarteten Jesus hat auch eine theologische Notwendigkeit, der wir uns um so weniger entziehen sollten, als die dogmatische Tradition die Gewichte der Bedeutung genau umgekehrt gesetzt hat: Der Gekommene war ihr wesentlicher als die Zukunft seines Kommens. Diese Umkehrung der biblischen Ordnung hat aber dem theologischen Jesusverständnis – also der Christologie –, wie auch dem Selbstverständnis des christlichen Glaubens eine schwerlich noch festzuhaltende Akzentuierung gegeben: beim Präsens, bei Erfüllung und Heils-Fülle, bei einem Selbstverständnis, ausgedrückt mit den fatalen Kategorien des Habens und des Seins – Werden, Warten, Hoffen dagegen gerieten in den Anhang dogmatischer Besinnung. Doch Christsein ist etwas fundamental anderes, wenn es Warten, als wenn es Wissen, – wenn es Hoffen, als wenn es Haben, – wenn es tätiges Erfüll*en* aller Gerechtigkeit ist, wie es sich gebührt (Mt 3,15), als wenn es Erfül*lung* ist und Vollkommenheit vorgibt zu sein.

Daß die Christenheit Gottes Geschichte zu vollendet, sein Heil zu vollkommen denke, ist ein schwerer und nicht unbegründeter *Vorwurf des Judentums gegen uns:* Ihr wartet nicht mehr, erwartet nichts, und darum kämpft ihr auch zu wenig um die Zukunft der Welt. Grund dafür ist, daß ihr Gott zu exklusiv an Jesus bindet und dann umgekehrt euer Bild von der Bedeutung Jesu unverantwortlich überwuchern laßt von Zügen einer Gottesfülle in ihm. Indem ihr ihn Versöhner, sogar Erlöser nennt, macht ihr ihn zu einer nur zu bequemen Entlastungsfigur für euch und laßt ihn in seinem Werk schon getan haben, was ihr erst noch tun solltet. Glauben an ihn nennt ihr Selbstveränderung und behauptet allen Ernstes: das sei bereits die Zelle, ja: die Substanz der Weltveränderung, von der doch wirklich nichts zu sehen ist. Täuscht ihr euch nicht überhaupt über die weltlichen Bedingtheiten von wirklicher Selbstveränderung hinweg? Mögt ihr mit der Selbstveränderung, die der Christusglaube bewirkt, wirklich in die Wurzeln des Personseins (in der Erkenntnis der Sünde und in der Lossprechung von ihrer Macht) gelangt sein – eure Behauptung, damit sei das Entscheidende für die Weltveränderung getan, bleibt Behauptung, und das zeigt, daß die Welt immer noch so viel Eigenmacht behält, daß sie Auswirkungen der Selbstveränderung auf ihren Zustand verhindern kann. Ist es demgegenüber nicht doch so, daß durchgreifende Selbstveränderung von Weltveränderung abhängt und darum nicht der letzte Schlüssel für sie sein kann: Was meint denn euer johanneischer Jesus mit seinem Wort: »In der Welt habt ihr Angst, aber seid getrost: Ich habe die Welt überwunden« (Joh 16,33)? Nach euren Vorstellungen müßte er gesagt haben: Getrost – ich habe eure inneren Widerstandskräfte, ich habe die in euren Gliedern herrschende Sünde überwunden – und darum: »Tobe, Welt, und springe, ich steh hier und singe in gar sichrer Ruh« (EKG 293,3). Aber euer Jesus will gerade das offenbar nicht sagen. Er spricht in diesem Wort viel jüdischer. Erst Weltüberwindung kann angstfrei machen und erst Angstfreiheit: getrost. Die Welt, wie sie ist, macht Angst. Und darum zielt Gottes Wirken auf die Welt ab; sie liebt er in Christus (Joh 3,16), sie hat er in Christus mit sich versöhnt (2 Kor 5,19) – und indem die Welt: so auch euch. Was mit dem christlichen Versöhnungsgedanken gemeint sein könnte, kann nur die Einberufung in die Hoffnung und also in einen Kampf um die neue Welt sein: Voraussetzung der Erlösung, die allein Gottes, des goel, des Erlösers ist und auch für euch noch aussteht.

So – in unseren Worten – guter jüdischer Widerspruch. Wir müssen ihm nicht Gedanke für Gedanken nachgeben. Aber er sollte eine Norm sein, die es uns schwer macht, die reine Erfüllung und Gegenwart als das spezifisch Christliche zu behaupten, und vor allem eine gebieterische Warnung davor, die Solidarität des Menschseins in der noch nicht erlösten Welt zu verlassen, sie vielmehr, theologisch ungebrochener als bisher, zusammen mit Israel und allen Menschen zu betätigen.

Daß die Christen bisher in ihrem Glauben Seinsbefriedung, Glück des Gerettetseins erfahren haben, ist gut verständlich von der *gojischen* Ausgangslage der meisten von ihnen her. Wer, wie die Gojim, geboren wird als ein Wesen »ohne Christus in der Welt, ferngehalten vom Bürgerrecht Israels und fremd den Bündnissen der Verheißung, ohne eine Hoffnung zu haben und (sogar) ohne Gott in der Welt« (Eph 2,12), für den bedeutet es in der Tat wurzelhafte Seinsveränderung, wenn »der Glaube *kommt*« (Gal 3,23) – nicht nur geistig-seelisch, sondern auch sozial, denn er wird nun aus einem Fremdling und Beisassen zu einem Mitbürger der Heiligen und zu einem Hausgenossen Gottes (Eph 2,19). Für ihn ist die Welt wirklich anders geworden. Nun kann er sich wirklich als ein Geretteter und Geborgener wissen. Aber für unseren Zusammenhang wichtig ist, daß wir die Nuance nicht überhören, nach der der Goj »ohne Hoffnung in der Welt« war, mit der Folge, daß seine Eingemeindung im Volk Israel gleichbedeutend mit Einpflanzung in die Hoffnungsgeschichte dieses Volkes und so: Berufung und Geburt zu lebendiger Hoffnung ist durch die Auferstehung Jesu Christi von den Toten (1 Petr 1,3) – so daß Glaube gerade in Hoffnung besteht. Diese Sicht des Epheserbrief-Apostels brauchen wir nicht als Diffamierung der Heiden zu lesen; er weiß schon auch, daß Hoffen zu jedem Menschen gehört. Nur zählt für die Sicht der frühen Christen nicht Hoffen gleich Hoffen; der Schreiber des 1. Petrusbriefs qualifiziert die Hoffnung, zu der Gojim an Ostern (objektiv) geboren werden, als »lebendige« Hoffnung, was viel heißen kann, nur nicht: leeres, vergebliches Hoffen; der Epheserbrief-Apostel sagt darum, daß Gojim erkennen lernen sollen, was »die Hoffnung eurer Berufung« ist (1,18), das heißt die, die durch den Dienst Christi in die Welt gebracht worden ist, durch sein »Kommen«. Christwerden heißt: in die vom Dienst Jesu von Nazareth qualifizierte Hoffnung versetzt, und das wieder heißt: selbst an ihr beteiligt werden. Bloß Rettung, bloß Befreiung des Goj ist nichts. Rettung in die Hoffnungsgeschichte des Gottes Israels und in die Hoffnungsgemeinschaft des Volkes dieses Gottes hinein, nur das ist Christwerden. Denn nur das entspricht dem Wesen des Gottes Israels, der selbst ein ewig kommender Gott ist.

Wenn Jesu Wirken im Neuen Testament wesentlich als sein »Kommen« beschrieben wird, dann ist das nicht nur eine sog. eschatologische, also: endzeitliche Aussage, sondern auch eine christologische und bestimmt wie sein Verhältnis zu der Welt, in die er »kommt«, so auch sein Verhältnis zu Gott. Denn als »Kommender« teilt er die Wirk- und Seinsweise des Gottes Israels, der selbst ein kommender Gott ist.

Wir dürfen ja nicht vergessen, daß die Worte vom kommenden Reich Gottes immer zugleich Worte vom *Kommen Gottes selbst*[13] sind, der mit seinem Reich über und in die Welt kommt. Die Abfolge der Gebetsanrede und dann der drei ersten Bitte des Unser-Vaters kann uns dies grundsätzlich verdeutlichen. Unseren Vater in den Himmeln bitten wir zuerst darum, daß sein Name geheiligt werde, d. h. daß Er-selbst in seinem Willen, unter uns wie bekannt, so wirksam zu sein (das meint »Name« in der Hebräischen Bibel), respektiert werde. Solchen Respekt vor dem Gemeinschaftswillen Gottes aber bekunden wir, indem wir ihn bitten: »Dein Reich komme«, will sagen: indem wir ihn von uns aus ausdrücklich einladen, in unserer Mitte der allein Regierende und Maßgebende zu werden (Mk 6,9-10). Daß wir ihn so bitten können, entspricht, wie wir in der dritten Bitte bekunden, seinem eigenen Willen. In der Offenbarung seines Namens will er sich ja nicht als Gott-überhaupt kenntlich machen, sondern als Gott-mit-uns, im Verkehr, ja sogar: im Bündnis mit uns, – will nicht nur selbst heilig sein in seinem Namen, sondern von uns geheiligt werden. Und so will er in seinem Namen nicht nur das Wesen dessen sein, was auf uns zukommt und uns darum, ermunternd oder beklemmend, »unbedingt angeht«, sondern er will zu uns kommen. Daß er in seinem Reich selbst kommt – daß Gottes Reich also nicht gedacht werden kann als eine von Gottselbst losgelöste eigenständige Weltveränderungswirklichkeit -, das allein macht die δύναμις aus, in der nach Mk 9,1 Gottes Reich kommt; das Reich Gottes kommt insofern »mit Macht«, als es nicht ohne Gott, sondern nur mit ihm kommt.

Daß aber *Gott ein kommendes Wesen* ist, wissen die neutestamentlichen Zeugen von Hause aus, also aus den Bekundungen der Hebräischen Bibel. Dort hatten sie hören können, wie der Geistbraus Gottes über Sauls Boten geschah (und so »kam«: 1 Sam 19,20), – wie in der Nacht Gottes Rede zu Natan »geschah« (und so »kam«: 2 Sam 7,2), – auch zu Elia (1 Kön 17,2), – wie über Elia Gottes Hand her war (und so »kam«: 1 Kön 18,46). Luthers die Vielfalt biblischen Redens oft zu sehr vereinheitlichende Übersetzung hat in dem einen Wort »Kommen« viele hebräische Worte von einer überfallartigen Plötzlichkeit des Wirkens Gottes an Menschen untergebracht, so daß wir dem überraschend-Plötzlichen in den Worten vom »Kommen« Gottes den Ton lassen müssen, und vor allem so, daß damit von einer Plötzlichkeit Gottes selbst die Rede sein soll, von ihm selbst: auf einen Plotz = Knall und Fall wirkend.

Ein anderes Moment, mit Gottes »Kommen« sich verbindend, klingt kriegerisch und ist so auch gemeint. »Da, euer Gott! da, mein Herr, ER, er kommt als der Starke, sein Arm hat für ihn gewaltet ... » (Jes 40,10). Gott wird oft als

13. R. Bultmann, Das Urchristentum, 207: Gott als der »ständig Kommende«.

Kriegsmann gesehen, und in diesem Zusammenhang ist die Rede vom Kommen Gottes fest verankert. Er »kommt« zur Schlacht und lenkt dort die Kriege der Völker, der Tag der Schlacht ist oft als Gerichtstag Gottes gesehen worden, und speziell vom »Tag« Gottes heißt es, daß dies der Tag sei, an dem Gott selbst zur Schlacht kommt. Im sog. Babel-Lied von Jes 13 haben wir ein Beispiel: ein Lied über den Untergang, den konkurrierende aufstrebende Mächte dem Großreich Babylon bereiten, das sich die führenden Schichten Israels eingefangen hatte. Die Truppen der neuen Mächte »kommen aus fernem Lande«, der Gott Israels hat sie gemustert, und indem sie kommen, kommt Er, Gott, »der Herr, zusammen mit den Werkzeugen seines Zorns«. Dies Kommen der antibabylonischen Heere zusammen mit dem Gott Israels wird auch benannt als das Nahekommen eines Tages des Herrn; »wie Gewalt vom Allgewaltigen kommt dieser Tag« (Jes 13,5-6). Ein enges Geflecht von Zusammen-Kommenden: der Gott Israels zusammen mit antibabylonischen Truppen am kommenden Tag Gottes. Wo immer in beiden Teilen der Bibel vom Nahen des Tages des Gerichts, des Reiches, Gottes geredet wird, ist daran gedacht, daß Gott selbst kommt. So meint »Kommen« Gottes nicht eine metaphysische Bewegung, sondern einerseits ein Kommen in der Zeit, an einem bestimmten Tag – und andererseits ein Zusammenkommen Gottes gemeinsam mit weltgeschichtlichen Kräften und Mächten; so ist Gottes Kommen nichts abstrakt-Göttliches, Geistiges, gar nur etwas Symbol- oder Bildhaftes, sondern weltgeschichtliches Ereignis.

Inhaltlich hat Gottes Kommen an seinem Tag ein Doppelgesicht: Der Tag kann *Gerichtstag* sein, aber auch *Freuden*tag, Gott kann kommen zum »großen und schrecklichen Tag des Herrn« (Joel 3,4), doch auch zu einem Tag, über dessen Kommen sich freuen sollen die Himmel, jauchzen soll das Erdreich, das Meer dröhnen soll und was es füllt; dann soll das Gefild sich ergötzen und alles was darauf ist, dann sollen jubeln alle Bäume des Waldes »vor Seinem Antlitz, da er kommt, da er kommt, das Erdreich zu richten«: liphne adonai *ki va ki va* lischpot ha arez (Ps 96,13): Grund zur Freude gibt Gottes Kommen, weil er die Welt mit Wahrspruch richtet (be zedek), die Völker mit seiner Treue: ve anim be emunato. ki va – ki va: Er kommt, er kommt – das ist Leitwort, und es meint: Gott mischt sich ein in die weltgeschichtlichen Verhältnisse und eilt, Israel zu helfen. In der Rede vom Kommen Gottes drückt sich erfahrene Hilfe aus.

Für das Verstehen ist wichtig die *Struktur des Zusammenkommens* beim Kommen Gottes. Das drückt sich auch darin aus, daß der von Gott verheißene König oder Retter oder Helfer ein Kommender heißt. »Du aber, Bethlechem-Ephrat, gering, um zu sein unter den Tausendschaften Jehudas, aus dir fährt mir einer hervor, in Jißrael Walter zu sein: dessen Ausfahrt ist von urher (umozavtav mikedem),von den Tagen der Frühzeit (mime olam)«: Micha 5,1. »Hervorfahren« ist hier das ekstatische Wort für »Kommen«. Einer aus der Familie Ephrat in Bethlechem wird »mir« hervorfahren, mir = Gott: mir zur Hilfe, mir zu Diensten. Der Messias ist vor allem Helfer Gottes, ehe er auch Helfer Israels sein wird. Und seine Ausfahrt aus Bethlechem ist ein Ereignis mikedem, von fern her, von urher, mime olam: von den Tagen der Frühzeit her, d. h. seit den längst vergangenen Tagen Davids ist dies eine ausgemachte Sache. »Aber für Zion kommt ein Löser (u va le Zion goel): für die in Jaakov, die umkehrten von der Abtrünnigkeit: Sein Erlauten ists.« (Jes 59,20). Dem »li, für mich« im Michawort entspricht hier, im Tritojesajawort, ein »le Zion, für Zion«: also Doppelfunktion des kommenden Messias: Gotteshelfer und Zionshelfer in einer Person und in einem Akt seines Kommens. – Secharja 9,9: »Juble sehr, Tochter Zion, schmettre, Tochter Jerusalem! nun kommt dir (dir!) dein König, ein Erwahrter (zadik) und Befreiter (u nascha) ist er, ein Gebeugter, und reitet auf dem Esel, auf dem Füllen, dem Grautierjungen«: ein bewährter, selbst befreiter Befreier wird kommen, eine bescheidene Gestalt mit der einzigen Staatsequipe eines Esels. Mit den gleichen Worten: »Jauchze, freue dich, Zion« hatte Secharja auch Gott selbst angekündigt: »denn da komme ich, daß ich einwohne dir inmitten, ist Sein Erlauten«: 2,14: ki hinneni-va, wörtlich: Denn Siehe-hier-Ich-Kommender; eine spannungsgeladene Formel: *Siehe-hier-Ich-Kommender;* sie enthält alle Gesichtspunkte für die Bestimmung der Seinsweise Gottes als eines Kommenden: den Aufmerksamkeits-Erreger der Formel hine, griechisch ἰδού, in der Sprache der Bibel immer dann eingesetzt, wenn wir konzentriert aufmerksam gemacht werden sollen auf etwas, was von Gott her geschieht und also den gewöhnlichen Lauf der Dinge unterbricht. Das »Siehe« wird hier aber konzentriert auf das Ich Gottes: Siehe: Ich. Unsere Aufmerksamkeit sollen wir nicht auf irgendetwas konzentrieren, sondern auf dies uns ansprechende Ich. Aber nicht auf ein nacktes Ich, sondern auf das Ich in der seine Personalität charakterisierenden Tätigkeit; und sie ist »Kommen«. Dies ki hinneni-va von Secharja 2,14 ist ontologisch genaueste Bestimmung des Seins des biblischen Gottes. Daß dies Ichkommend in unserem Spruch hinzielt auf ein Einwohnen des Gottes Israels: ve schachanti betochech, verbindet die Seinsweise des Kommens Gottes mit der biblischen Struktur des Einwohnens Gottes inmitten Israels, die wir oben (§ 7.4) als eines der christologischen Elementarteilchen in der Hebräischen Bibel dargestellt haben.

Von der so erkannten ontologischen Kraft des Kommens als Seinsweise Gottes her wird schließlich die Seinsbedeutung verständlich, die Gottes Kommen für das Sein der Welt im ganzen hat. Das drückt sich in den apokalyptischen Sprüchen einerseits vom Kommen Gottes, andererseits vom Kommen seines Helfers aus. Wieder mag uns zunächst – stellvertretend – ein Secharjawort dienen: 14,1-8. »Wohlan, ein Tag kommt für IHN (hine: jom ba l'adonai), da wird deine Beute geteilt dir im Inneren. ›Ich hole alle Weltstämme zusammen wider Jerusalem zum Krieg‹ (ve asaphti et kol ha gojim), die Stadt wird erobert, die Häuser werden geplündert, und die Weiber werden beschlafen, die Hälfte der Stadt zieht in die Verschleppung aus, doch das übrige Volk wird aus der Stadt nicht getilgt. Aber dann zieht ER aus, er kriegt mit jenen Stämmen, wie am Tage seines Kriegens, an dem Tag des Nahkampfs. Seine Füße stehen an jenem Tag auf dem Ölberg, dem vor Jerusalem östlich, der Ölberg spaltet sich, gehälftet, sonnaufgangwärts und meerwärts, zu einer sehr großen Schlucht, nordwärts weicht die Hälfte des Bergs, mittagwärts seine andere Hälfte. In die Bergschlucht werdet ihr fliehen ..., ihr werdet fliehen, wie ihr vor dem Erdbeben floht in den Tagen Usijas Königs von Jehuda. Dann kommt ER, mein Gott (u va adonai elohai), alle Heiligen sind bei dir (kol kedoschim imach)«. Kriegsgeschehen – Erdbebenbilder und das Ausrufen Gottes als eines kommenden Helfers und Kriegers gegen Jerusalems Feinde: das sind Kennzeichen der Figur vom Heiligen Krieg in Israel, die Gerhard von Rad geschildert hat.[14] Die schon apokalyptisch geprägten Bilder vom Heiligen Krieg, in dem Gott selbst unter die Menschen kommt, zeigen hier ihre universale Bedeutung. Bebende Natur und bis in die gesellschaftlichen Grundfesten erschüttertes Jerusalem bilden ein einziges Syndrom; ebenso aber: erschüttertes Jerusalem und Gottes Gericht an allen Weltstämmen: kol ha gojim. Die Interdependenz von Natur und Geschichte und die Interdependenz zwischen Israel und allen Völkern: das ist die Grundstruktur der apokalyptischen Bild- und Gedankenwelt, wenn sie in der Bibel verwendet wird. Das gilt bereits in der Hebräischen Bibel. Wenn E. Käsemann recht haben sollte mit seiner These von der Apokalyptik als »Mutter der christlichen Theologie«,[15] dann wird in diesem Zusammenhang die Bedeutung davon klar: Das christliche Verständnis Jesu von Nazareth wird in derjenigen Erfahrungs- und Bedeutungswelt formuliert, in der wir die gesamte Wirklichkeit sehen sollen im Zeichen von Gottes Kommen, das die Grundfesten von Natur und Geschichte erschüttert und das Gottes Hilfe bringt im hochgespannten Verhältnis, das zwischen Israel auf der einen Seite und den »Weltstämmen« auf der anderen Seite besteht. Hier zeigt sich, warum apokalyptisches Denken angemessen sein kann für den biblischen Messianismus in beiden Testamenten. Das christliche Bekenntnis ortet den primären Bedeutungshorizont Jesu von Nazareth deswegen im Horizont des jüdisch-gojischen Verhältnisses, weil dies der primäre Horizont

14. G. v. Rad, Der heilige Krieg im alten Israel, Göttingen ^{3}1958.
15. E. Käsemann, Die Anfänge christlicher Theologie, in: Exegetische Versuche, II. Bd., 100.

im Wirken des Gottes ist, der wesenhaft ein Gott ist, der »kommt«, um Israel zu helfen. Wird aber die Bedeutung Jesu primär in diesem Horizont verkündigt, dann ist als Ziel einer jeden biblisch orientierten Christologie ausgemacht: Jesus ist ewig wichtig im Bezug auf die Grundstruktur alles Natürlich-Geschichtlichen, also in Bezug auf Hilfe für Israel im Gericht des über die Völker kommenden Gottes.

Wir listen die bisher genannten biblischen Einzelmomente noch einmal auf.

1. Worte vom Gekommensein Jesu bezeichnen, vor allem in den synoptischen Evangelien, formelhaft Summen des revolutionären Wirkens Jesu.

2. Worte vom Kommen Jesu bilden beim vierten Evangelisten eine christologische Struktur und legitimieren Jesus als den von Gott gesandten irdischen, auferweckten und noch einmal in seinem Geist kommenden Menschen

3. »Der Kommende« ist Name Jesu in dem geschichtlichen Kontext, in dem ein Kommender erwartet wird. Es ist dies zugleich ein Name Gottes.

4. So lernen wir in den Jesus-Schriften Jesus kennen in einer Viergestalt des Erwarteten: auf den christliche Hoffnung *ausgerichtet* ist, – der zugleich der noch heute Kommende *ist,* – wie er der Gekommene: und sogar je schon Erwartete und so: im Kommen Begriffene *war.*

5. Die Auslegung des kommenden Jesus ereignet sich im Licht der primären Seinsweise des Gottes Israels, der seinerseits der Kommende heißt und ist.

6. Wenn Jesus das kommende Reich Gottes bezeugt und seinerseits vom christlichen Glauben bezeugt wird im Zusammenhang dieser seiner Botschaft, dann bezeugt er den in seinem Reich selbst kommenden Gott und wird selbst im Zusammenhang des in seinem Reich selbst kommenden Gottes bezeugt.

7. Der am brennenden Dornbusch dem Mose und seinem Volk seinen Namen offenbarende Gott offenbart sich selbst unter der Zukunftsverheißung, daß er dasein werde, wann immer er dasein werde: bei Israel.

8. In Auswirkung seiner in seinem Jhwh-Namen ausgesagten Seinsweise wirkt Gottes Kommen sich aus in Plötzlichkeiten, in denen er von ihm überfallene Menschen überkommt.

9. Der Gott Israels kommt selbst oft zugleich mit Werkzeugen seines Kommens und kommt so in weltgeschichtlicher Wirkungsweise.

10. Wenn er kommt, kommt er Israel zu Hilfe.

11. Er kommt Israel vor allem so zur Hilfe, daß er zwischen Israel und den Gojim richtet.

12. Er ist der ki-hinneni-va: Denn-Siehe-Hier-Ich-Kommender.

13. Die Auslegung Jesu als des »Kommenden« ist im Blick auf die biblische Verkündigung vom kommenden Gott Israels als ein genauer christologischer Tatbestand zu verstehen. Jesus heißt deswegen »Kommender«, weil er zusammen mit Israels kommendem Gott gekommen ist: in der für den Gott Israels charakteristischen Struktur, in der dieser mitsammen weltgeschichtlicher Werkzeuge seines Kommens zu kommen pflegt. Jesus ist ein solches, angesetzt zur Hilfe für Israel, als »Diener der Beschneidung« im Spannungsfeld zwischen Israel und den Gojim (vgl. Röm 15,8-13).

Die Frage stellt sich: Sollen wir diesen biblischen Befund jetzt auch noch dogmatisch-begrifflich vertiefen – wie es klassisch zum Geschäft dogmatischer Arbeit gehört? Sollen wir also die sich hier meldende ontologische Struktur eines Seins »im Kommen« begrifflich näher bestimmen – etwa indem wir es als Derivat eines »ontologisch früheren« Seins »im Werden«[16] analysieren? Aber wären biblische Verkündigung und biblische Erfahrung des kommenden Gottes und seines Messias denn im Ernst als Derivate eines »ontologisch-Früheren« kenntlich zu machen?

Sollen wir ferner das Verhältnis des kommenden Gottes zum kommenden Jesus näher bestimmen, etwa indem wir die Struktur des *Mitsammen* begrifflich näher fassen, in der Gott weltgeschichtlich gebunden kommt, wenn er »kommt«, und sollen wir etwa modi eines solchen Mitsammen bestimmen? Wir können und wollen ja nicht leugnen, daß es für unser Nachdenken nicht dasselbe sein kann, wenn wir hören: Gott »kommt« einerseits »mitsammen« persischer Aufstandskräfte über Babel her, und Gott kommt »mitsammen« seinem Reich seinem Helfer Israel zu Hilfe. Schon die geringste dogmatische Klassifizierung legt hier nahe: ein Mitsammen in der Vorsehung des göttlichen Regierens in der Weltgeschichte zu unterscheiden von einem höchst bestimmten soteriologischen Mitsammen bei der Heraufführung des Gottesreiches und der Hilfe für Israel. Das scheint ja zweierlei. Und doch könnte sich in solchen einfachen dogmatischen Unterscheidungen, die wir den Traditionen des Denkens unserer Wissenschaft schulden, längst auch ein bloßer Schein befestigt haben. Was wir (z. B. in unserem Fall) ganz verschiedenen Kapiteln der Dogmatik zuweisen würden – etwa der Lehre vom concursus divinus innerhalb der Vorsehungslehre die Worte vom Mitsammen zwischen persischen Kriegern und Gottes »Kommen«, und dem ganz anderen Kapitel der Eschatologie jenes Mitsammen von Gottes eigenem Kommen in seinem Reich – wird in der biblischen Sprache doch mit dem gleichen Gedanken, ja dem einen gleichen Wort vom »Kommen« Gottes ausgesprochen; die Verteilung dieser biblischen Verkündigung auf ganz verschiedene Kapitel der Dogmatik, damit ihre verschiedenen Fragehinsichten, heilsgeschichtlichen Zusammenhänge und damit wohl auch: verschiedenen logischen Bedingungen, reißt auseinan-

16. E. Jüngel, Gottes Sein ist im Werden. Verantwortliche Rede vom Sein Gottes bei Karl Barth. Eine Paraphrase, Tübingen 1965.

der, was nach dem Zeugnis biblischer Sprache zusammengehört. Umgekehrt wurde bei solcher dogmatischen Differenzierung bisher nur zu oft die eigentlich wichtige systematische Aufgabe verkannt, die die Gleichheit biblischer Benennungen unserem Nachdenken stellt: z. B. die biblischen Worte vom »Kommen« als Bestimmungen der Seinsweise Gottes zu begreifen, d.h. sein Sein von immer einzelnen konkreten Ereignissen seines Handelns her zu bestimmen: wesentlich von daher, und, wenn es geht, *nur* von daher – ohne Zuhilfenahme einer anderen Systematik, wie z.B. der, die wir aus der griechischen Frage nach dem Sein des Seienden und den Bedingungen seines Erkanntwerdens überkommen haben.

Ein Satz ließe sich bilden: »Gott ist, der er ist, indem er verheißt, daß er kommt«. Gottes Sein wäre darin definiert aus der Offenbarung seines Namens an Mose am brennenden Dornbusch: »Ich werde dasein,als der ich dasein werde« (Ex 3,14): Gott offenbarte sich darin *1.* als Verheißung seines künftigen Mitsammen-Seins mit Israel , zeigte sich *2.* als sich verheißendes Wesen und darin *3.* selbst als verheißungsvolles Wesen. Das ist es wohl, was sich auch ganz allgemein unter so etwas wie »Gott« denken ließe. Was immer sich Menschen unter dem Wort »Gott« im einzelnen vorstellen möchten: daß es sich für sie dabei um etwas Verheißungsvolles handeln sollte, kann als letzte Sinn- und Seinsnotwendigkeit gleicherweise erfahren wie postuliert und sogar gedacht werden. Freilich bringt das biblische Zeugnis eine Konkretheit und Bestimmtheit in das hinein, was an Gott verheißungsvoll ist, die alles Allgemeine überbietet und sprengt. Denn einerseits zeigt der biblische Gott sich nicht nur als verheißungsvolle Wirklichkeit in einem unbestimmt-allgemeinen Sinn, sondern als persönlich verheißender Gott, und dies ferner mit konkreten weltlichen und also begrenzten Inhalten seiner Verheißungen verbunden; sodann verheißt er sich höchst bestimmten Adressaten seines Seins: dem Mose mit Blick auf die Kinder Israels; seine Verheißung ist zugleich Erwählung und darin scheidend und unterscheidend, sie richtet sich nicht gleichmäßig an alle; schließlich verheißt er sich den Adressaten seiner Erwählung als ein zu ihnen »Kommender«, bindet Sich-selbst also an Zukunft, was dem Seinscharakter des Seienden sonst nicht einfach gemäß ist, denn ein am Seienden orientiertes Denken ist für gewöhnlich orientiert an dem, was geworden ist und nun ist, also eher an Vergangenheit und Gegenwart als an Zukunft (so sehr dennoch auch sonst Entzogenheit des Seins vom Seienden – wie es fürs Zukunftsdenken charakteristisch ist – dem klassischen Ontologiemodell zugehören mag). Eine Verlagerung des als Grund gedachten Seins in die Zukunft ist in der Lehre Ernst Blochs[17] doch nur biblisch

17. E. Bloch, Das Prinzip Hoffnung. In fünf Teilen, Frankfurt 1959, bes. 2. Teil (Grundlegung), Das Antizipierende Bewußtsein, Kap. 15; 17; 20.

vermittelt denkbar geworden. Daß nämlich Gott in seinem »Kommen« allem Seienden - der Schöpfung, seinem Volk, der Menschheit - endlich ihren festen Grund zu bringen und von den Schwankungen ihres Daseins zu lösen verspricht, das ist der *ganze* Inhalt *aller* biblischer Erzählungen; sie sind insgesamt noch viel stärker »eschatologisch« ausgerichtet, als die so sehr an Eschatologie interessierte Theologie des 20. Jahrhunderts bisher denkend nachvollzogen hat: sonst hätte sie sich in den dreißiger Jahren und - wie es scheint in neuer Form heute zu Zeiten der militärischen und ökologischen Weltbedrohung - resistenter gegen den Primat der Schöpfungs- und Ordnungstheologien gehalten; denn auch Schöpfung ist wesenhaft Zukunft.[18] Vor allem wäre sie längst weiter vorangekommen in den so bitter nötigen Bemühungen um eine Entpaganisierung des christlichen Gottesgedankens, d.h. um eine Entzerrung von Gott und gegebenem Sein, und hätte sich - wenigstens nach 1945 - dem Judentum darin tiefer genähert, daß sie Gottes Sein grundsätzlich vorwärtsgerichtet, ja kühner noch: Gott als Wesen seiner noch ausstehenden, eigenen Vollendung und Zukünftigkeit gedacht hätte. Diese Kühnheit, den Gott Israels und Vater Jesu als mit sich selbst *noch nicht fertigen Gott* zu denken, ergibt sich notwendig aus der Struktur des Mitsammen, die wir als zugehörig gerade zu den biblischen Aussagen von Gottes Kommen dargetan haben. Wenn Gott - sich verheißend - gebunden Gott ist, Bundesgott , dann heißt dies nicht nur, daß er weltgeschichtlich wirkt, sondern auch, daß er selbst - von denen, an die er sich gebunden hat, *mitbedingte* - Geschichte hat. Dies ist die christologische Grundstruktur am Sein Gottes, daß er sich Israel verheißt als ewiger Helfer und diese Bindung an Israel hervorragend betätigt hat, indem er sich an Jesus von Nazareth band. Israel wie Jesus werden von den biblischen Zeugen im Licht des sein eigenes Kommen in die Welt verheißenden Gottes beschrieben; das hat aber auch die Kehrseite, daß Gottes Kommen - und damit: Er-selbst - bezeugt wird gebunden an Israels und Jesu Wege und Wandlungen, Hoffnungen und Erfüllungen und also: *Offenheiten*. Sofern weder Jesu noch Israels Geschichte vollendet sind, ist auch Gott noch Wesen der Offenheit, offenes Wesen in dem Sinne, daß er auch sich selbst immer noch vor sich hat. Er ist noch längst nicht, was er werden will und sein wird: »Alles in allen« (1 Kor 15,28), weil Israel noch nicht im Frieden der Gojim und die Gojim noch nicht im Frieden mit Israel leben und weil der von Jesus verheißene Geist uns alle noch nicht und noch nicht uns alle in alle Wahrheit geleitet hat (Joh 16,13). Diese Offenheit ist Folge des christologischen

18. Fr. Rosenzweig, Der Stern der Erlösung. 2. Teil. Die Bahn oder die allzeiterneuerte Welt. I. Buch. Schöpfung oder Der immerwährende Grund der Dinge. Im Jahr der Schöpfung 5690, Frankfurt 1930. - E. Bloch, Atheismus im Christentum. Zur Religion des Exodus und des Reiches, Frankfurt 1968, 15: Konträre Prinzipien in der Bibel.

Mitsammen, das zum Kommen Gottes und damit zu ihm selbst gehört. Es bestimmt vor allem Gott selbst – wie überhaupt der entscheidende Gewinn der biblischen Christologie in den Bestimmungen gesucht werden sollte, die *Gott* bestimmen, während eine Konzentration der Christologie hauptsächlich auf nähere Definitionen Jesu von Nazareth am biblisch Bedeutsamen vorbeizielt. Gott kann nicht zur christologischen Näherbestimmung Jesu und Israels herangezogen werden, wenn nicht Israel und Jesus zuvor zur Näherbestimmung Gottes dienen dürfen. Unseres Erachtens gehört Christologie elementar zur Gotteslehre, so aber, daß Gotteslehre letztlich – der Logik der Sache nach – nicht Voraussetzung, sondern Folge christologischer Erkenntnis des Handelns Gottes sein müßte – dies eine methodologische Konsequenz aus der Wesenhaftigkeit des Kommens Gottes für Israel und die Welt, aber eben auch für Gott selbst.

Wir haben die letzten Aussagen konditional formuliert: Von Gott *ließe* sich ein Satz bilden: »Gott ist, der er ist, indem er verheißt, daß er kommt.« Es ließe sich also das biblische Zeugnis vom mitsammen Jesus kommenden Gott dogmatisch näherbestimmen als offene Geschichtlichkeit Gottes in Jesus, – als Diesseitigkeit des Handelns des transzendenten, freien Gottes in Israel und seinem Messias, – als soteriologische Bedeutung des Kommens Gottes, der, indem er Israel auch mit Jesus zu Hilfe eilt, eben damit allem Geschöpf, seinem Volk und den Weltstämmen allen, den Friedensgrund ihres Existierens legt: und damit den wirklichen und allein natürlichen Grund.

Bestimmungen a priori, wie sie jedes Denken gerne anstrebt – letzte Bestimmungen, die erste sind und als solche so etwas genugsam begründen können – lassen sich dafür freilich nicht erreichen, weil nicht ein Grund gefunden werden kann für etwas, was erst wesenhaft noch aussteht und kommt. Aber dies gilt auch für Bestimmungen a posteriori, weil wir auf das Kommen Jesu und Gottes eben nicht zurückblicken können, als wäre es gewesen und erschlösse uns eine ganze Erkenntnis (und so: einen Begriff) aus seiner Fertigkeit. Wohl sehen wir dem Kommen Gottes und Jesu – Gott sei Dank – entgegen als der Zukunft der (schon) Gekommenen; das macht uns nicht ganz begriffslos. Aber was uns ihr Gekommensein bedeutet, begreifen wir doch nur aus der Erwartung des noch ganz offenen Kommenden; Luther hat mit Recht εὐαγγέλιον gleichgesetzt mit promissio[19] und entsprechend Glauben mit fiducia, Vertrauen. *Theologische Begriffe* können darum von vornherein nur als *Hoffnungs- und Vertrauensbegriffe* gebildet werden; die Sprache des Seins und

19. Wir verdanken H.J. Iwand die Erkenntnis, daß Luther den promissio-Begriff als eine »Offenbarungskategorie« erschlossen hat: Rechtfertigungslehre und Christusglaube. Eine Untersuchung zur Systematik der Rechtfertigungslehre Luthers in ihren Anfängern, München 1961, 25; 49; 50ff. – Luthers Theologie, aaO. 84; 277 u.ö.

der wissenschaftlichen Begriffe gibt das mindestens in dem Sinne nicht her, daß sie sich vor Verwechselungen mit Aussagen von Gegebenheit nicht genügend schützen kann; Wissenschaft kennt – zu ihrem Schaden und zum progredierenden Schaden der Menschheit – noch keine Sprache der Hoffnung, weil sie klebt am Sein des Seienden. Und auch die Sprache der (christlichen) Theologie hat immer noch größeren Ehrgeiz zur denkenden *Fixierung* Gottes und seiner Geschichte als zur loslassenden *Öffnung* fürs wesentlich-noch-Kommende. Darum betrachten wir die Sprache der Bibel als die vorerst allein angemessene Sprache für das, wovon sie spricht. Was *wir* theologisch zu denken vermögen, entwickeln wir als Aufgabe und Versuch, uns hineinzudenken in die Hoffnungs- und Vertrauenssprache der Bibel. *Unser* Denkanteil liegt lediglich im Kontext, in dem wir gerade auf diese und diese biblische Aussage hören und unser Denken davon dirigieren lassen.

Die biblischen Worte vom Kommen *Jesu* und vom Kommen *Gottes* verstehen wir also als formal-parallele Aussagen und – indem sie gemeinsam verkündigt werden – als Worte eines *verheißungsvollen Mitsammen*; und dies wieder verstehen wir als eine biblische Sprachstruktur, die Christologie bedeutet. Weil der Gott Israels bezeugt wird als Gott, der mitsammen weltgeschichtlicher Wirklichkeiten Israel zu Hilfe kommt, verstehen wir auch die Worte von Jesu Kommen als weltgeschichtliche Auffüllungen eines solchen Gottes-Mitsammen: in gleichem Sinn und mit gleichem Ziel, wie es die Hebräische Bibel auch sonst vom Kommen Gottes bezeugt. Daß wir aber christologisch nur von *einem* Gottes-Mitsammen sprechen und für Jesus nicht das einzige Mitsammen des kommenden Gottes beanspruchen, ist dem offenen Wesen Gottes geschuldet, an dessen biblische Verkündigung wir uns affirmativ binden. Wir preisen Jesus, indem wir ihn zusammen mit dem *offenen* Kommen Gottes preisen.

3. »Von dannen er kommen wird«

Wir beginnen die nähere Auslegung des Kommens Jesu bei ihrer radikalsten, futurisch-eschatologischen Gestalt. Er war nicht nur einst ein Erwarteter, er ist es auch heute noch, auch für uns; christliche Verkündigung ist auch heute noch: Verheißung, und christlicher Glaube ist auch heute noch wesenhaft Hoffnung und richtet sich darauf, daß Jesus von Nazareth kommen wird.

Diese Hoffnung ist *unableitbar*. Sie läßt sich z. B. nicht *anthropologisch* begründen – etwa aus der offenen, noch nicht festgestellten, in fortschreitender Evolution begriffenen physischen und gesellschaftlich-geistigen Entwicklung des Menschen, die in sich schließen müßte, Gott und Christus für jeden denkbaren weiteren Schritt der Menschwerdung der Menschen in Anspruch zu nehmen und darum auch sie für Wesen mit Zukunft zu erklären; sofern sie uns hier und heute unbedingt angehen, müßten wir nach dieser Logik ihre Bedeutung in die Zukunft hinein verlängern und gerade darin ihren humanen Wert bezeugen. Aber eine solche Ableitung wäre nichts als eine Projektion, noch dazu gebunden an die Gesetzlichkeiten unserer Evolution. Eine so begründete Zukünftigkeit Gottes und Christi beruhte auf unserem Urteil, – wir erklärten Gott in Christo für wert und würdig, Zukunft zu haben, da auch wir uns Zukunft ausrechnen.

In keiner Weise könnte aber diese Begründung über das Postulat einer allgemeinen Zukünftigkeit Jesu und Gottes hinaus die Erwartung von ihrer beider »Kommen« befestigen. Einmal deswegen nicht, weil ja Jesus weder ein Prinzip des Menschseins noch des Gottseins ist, sondern einzelner konkreter historischer Mensch, den Gott zur Gemeinschaft mit sich selbst erwählt hat, und ein einzelner,konkreter Mensch, also eine von Lessing so genannte »zufällige Geschichtswahrheit«, kann nie zum Postulat einer »ewigen Vernunftwahrheit« werden, auch nicht für den anthropologischen Optimismus einer weiteren Evolution des Menschseins.

Überdies kann ein an innerweltliche Gesetzmäßigkeit gebundenes Wesen das nicht erfüllen, was biblisch »Gott« heißt. Denn biblisch ist Gott gerade alles andere als ein Wesen von Gesetzlichkeit und Gesetzmäßigkeit: Wesen der Freiheit von jedem anderen Gesetz als dem, das er sich in freier Selbstbestimmung gegeben und dem er sich – wieder: in freier Selbstbestimmmung – unterworfen hat. Dazu gehört, daß der biblische Gott eine schlechthin sich selbst erfüllende Wirklichkeit zu nennen ist, frei gegenüber jeder Gesetzlichkeit des geschöpflichen und kosmischen Wesens. Die zuletzt im deutschen Idealismus vorgenommene Wesensverbindung von Gott und Gesetz gehört zur verbürgerlichten Geisteswelt, die auf nichts so aus ist, wie in der Hochachtung der Gesetzlichkeit des Daseins und der Naturrealität zugleich eine prinzipielle *Beherrschbarkeit* des Seienden im Ganzen in die Hände zu bekommen: also auch die eines im Zusammenhang mit Gesetz gedachten Gottes. Vor allem erscheint dies exzessiv heidnisch, denn in den Augen der Bibel sind alle Versuche heidnisch, Gott in Natur und Geschichte und erst recht im Wesen des Menschseins eine notwendige Repräsentanz zu unterstellen, denn sie versuchen, den Abstand von Geschöpf und Schöpfer anzugreifen und aufzuheben, und zerstören so zugleich das, was spezifisch menschlich ist (nämlich nicht Gott zu sein und ohne psychologisch-gesetzmäßigen »Gotteskomplex«[20] leben zu können),wie das, was

20. H.E. Richter, Der Gotteskomplex. Die Geburt und die Krise des Glaubens an die Allmacht des Menschen, Reinbek b. Hamburg 1979.

Gott ist (nämlich frei und gerade nicht gesetzmäßig auch als Mensch unter Menschen zu wirken).

Das Bekenntnis »von dannen er kommen wird« ist aber auch im engeren Sinne *theologisch* unableitbar, wenn darunter eine allgemeine Zukünftigkeit verstanden würde, die mit einem allgemeinen Wesen »Gott« als gegeben gedacht würde. Zu den Projektionsverhältnissen bei einem allgemeinen Gottesbegriff (z. B. beim Gott der Philosophen) gehört ja, dem, was man dort ›Gott‹ nennt, im Gegensatz zur menschlichen und weltlichen Endlichkeit »Ewigkeit« zuzudiktieren. Sofern »Ewigkeit« als ein Gegenbegriff zur Zeitlichkeit doch ein auf Erfahrung von Zeitlichkeit angewiesener Begriff ist, bekommt er dann den Charakter unendlicher Künftigkeit, die zum Wesen jedes Gottesaugenblicks gehört. So wird ›Gott‹ gerade als die Kraft gedacht, die sich in keinem je erfahrbaren Moment erschöpft und wesenhaft hinaus ist und uns hinausführt auch aus dem gefülltesten Kairos. Ja, Erfülltheit des göttlichen Augenblicks kann gerade in der Erfahrung unseres Überhobenwerdens von Zeit als »reine« Zukünftig*keit* gedacht werden.[21] Aber auch das ist im heidnischen Abstand von der biblischen Verheißung des Kommens Gottes und Jesu gedacht. Denn »Kommen« ist gerade ein Geschehen der Zeitigung, nicht eines der Überhebung und Aufhebung von Zeit. Darin unterscheidet es sich von Begriffen einer reinen, sich nur vor sich selbst verantwortenden und sich nur aus sich selbst begründenden Vernunft. Von Jesu und Gottes »Kommen« ist nur in den (unreinen) Mischbegriffen geschichtlicher Begrenztheit zu sprechen. So sehr wir vorhin sein »Kommen« als eine für Gott »wesentliche« Handlung bestimmt haben – eine, in der er sich wesenhaft als er-selbst bestimmt –, sowenig dürfen wir daran das begrenzt-Geschichtliche verschwinden lassen, das auch sein künftiges Kommen meint (und so *wirklich,* real geschichtlich sein läßt). Denn auch Gottes und Jesu künftiges Kommen sind mit bestimmten Handlungen gefüllte und darin begrenzte Ereignisse, die nach biblischem Zeugnis vom Geschehen anderer Handlungen und Ereignisse auch wieder ergänzt, jedoch auch überboten werden. Speziell das Kommen Jesu geschieht dazu, »zu richten die Lebenden und die Toten«, während man nicht sagen kann, daß das Gericht das letzte biblisch überhaupt Sagbare wäre. Jesu und Gottes »Kommen« sind *ein* letztes, nicht das schlechthin Letzte, insofern auch noch nicht letztes erfüllendes und vollendendes Geschehen. Mit Jesu und Gottes »Kommen« wird nicht Zukunft »gesetzt«, sondern allererst *eröffnet:* als Zukunft der von Gott und Jesus Gerichteten und so in ihr Gottesrecht

21. ZB. von W. Weischedel, der das Wesen der Zukünftigkeit als »radikale Fraglichkeit« zum Begriff eines Gottes der Philosophen macht: Der Gott der Philosophen. Grundlagen einer philosophischen Theologie im Zeitalter des Nihilismus. II. Bd., Darmstadt 1972, 5. Teil, 184ff.

Gesetzten. Wenn sie kommen, geht alles das los, was uns heute nur erst Zukunft ist. Das »Kommen« Gottes und Jesu ist Bedingung der Möglichkeit für unser aller Leben *in* der Zukunft, nachdem uns der Glaube an den Kommenden *auf* diese Zukunft *hin* zu leben lehrt.

Unableitbar ist – nach dem Vorigen: selbstverständlich – eine Hoffnung auf das Kommen Jesu und Gottes aber auch aus dem christlichen *Glauben* – etwa in seiner anfangs beschriebenen Anfechtung. Es ist wahr: Die biblische Botschaft von Jesu Kommen schließt in sich, daß wir dann auch uns selbst erst offenbar werden in einer uns bisher unerkennbaren Weise. Jetzt ist unser Leben und so das, was jede und jeder einzelne von uns als Menschen und Christen wirklich sind, mit Christus verborgen in Gott (Kol 3,3). Jesu Kommen zum Gericht bedeutet faktisch das Ereignis, in dem wir uns als Menschen und dann auch als Christen selbst begegnen und in dem uns gerade über uns selbst die Augen aufgehen werden; davon wird zu sprechen sein. Aber daß die Rätsel unseres Menschseins und unseres Christseins gelöst werden *müßten,* hat keinerlei innere Notwendigkeit. Zu überwältigend verkündigt uns das Evangelium, daß alles Nötige zur Erkenntnis Gottes, zum befreiten Leben in Gemeinschaft mit ihm, zum Frieden und zur Rechtfertigung von uns Gottlosen, längst vollgültig getan sei. Von Gott her, hören wir, sei alles »vollbracht«, und im Glauben leben ließe sich darum auch mit einem letzten Wort über Jesus: »und er verschied«, – gar mit einem letzten Wort christlichen Vertrauens: »aufgefahren gen Himmel, sitzend zur Rechten Gottes, des allmächtigen Vaters.« Jesus, der welt- und menschenerfahrene Fürsprecher bei Gott, der über uns bei seinem Vater anhaltend Gutes redet und so alle Dinge zum besten zu kehren sich bemüht; und wiederum Jesus, der in Übereinstimmung mit Gott uns den Geist des Lebens sendet: Was eigentlich *bedürfte* der Glaube mehr? Wäre nicht gerade die Kraft des Jenseits des zur Rechten Gottes gerückten Jesus die für uns wichtige und entscheidende Diesseitskräftigung,[22] weil wir ja in der gegebenen Welt, wie sie nun einmal ist (und wie wir selbst in ihr, unter ihren Bedingungen sind), gerade eine Quelle für Gotteskraft nicht finden. Für ein starkes, widerstands- und überwindungsfähiges Leben brauchen wir Motive und Kräfte aus ganz anderen Horizonten als denen unserer geschlossenen Daseinssysteme. Transzendenz ist lebenswichtig. So könnten wir uns wohl ein Credo denken, das im Vertrauen auf Jesus, unseren Fürsprecher bei Gott, gerade seine tiefste Existentialität erreicht. Gestärktwerden in Glaube und Liebe durch ein Vertrauen, daß Gott auf Jesus hört: wäre das nicht wirklich *genug?* Was würden dagegen Restrātsel unseres Lebens noch ausmachen? Läßt sich

22. E. Troeltsch, Die Soziallehren der christlichen Kirchen und Gruppen. Gesammelte Schriften Bd. I, Aalen 1977, 979: »Das Jenseits ist die Kraft des Diesseits«.

aber diese Existentialität durchhalten, wenn sich nun dem »sitzend zur Rechten Gottes« ein doch recht mythologisch wirkendes »von dannen er kommen wird« anschließt?

Unableitbar ist eine christliche Hoffnung auf ein noch bevorstehendes Kommen Jesu schließlich auch aus einer religiösen Auffassung des politischen und gesellschaftlichen und natürlichen *Weltlaufs*. Historisch wollen wir zwar nicht übersehen, daß Sprache und Vorstellungsmaterial, mit deren Hilfe die Jesus-Schriften von Gottes und Jesu Kommen reden, gerade einer solchen religiösen Deutung der Weltläufe zu entstammen scheinen, noch dazu der höchst kritischen, ja pessimistischen Weltgeschichtssicht der apokalyptischen Zeitströmungen in der Wendezeit des Zweiten Tempels. Eine solche Sicht liegt uns auch heute – nach Auschwitz und Hiroshima – nahe. Aber die Erwartung, daß der Lauf der Weltdinge immer noch bergab geht, und die damit stillschweigend verbundene Überzeugung, daß alles so nicht weitergehen *dürfe* und auch noch ganz anders gehen *könnte*, als es jetzt geht, ja: daß es dies *müßte* und: daß es dies schließlich sogar werde, kann ein Neues auch nur postulieren, nicht begründen, und kann auch hier wieder nicht begründen, daß und warum gerade Jesus von Nazareth »der ist«, »der da kommen soll«. Weder gesellschaftlicher Pessimismus noch gesellschaftlicher Optimismus religiöser Zirkel und Denominationen erzwingen Jesu Kommen und: schon gar nicht sein Kommen zum Gericht als der Bedingung der Möglichkeit für ein neues Sein in einer neuen Welt unter einem neuen Himmel. Jesus ist gerade auch unableitbar aus apokalyptischer Kritik und Weltuntergangsgestimmtheit.

So halten wir eine Hoffnung auf Jesu Kommen weder für ableitbar aus Wesen und Erfahrung des Menschseins noch aus einem allgemeinen Gottesbegriff noch aus Anfechtungen des christlichen Glaubens noch aus weltgeschichtlicher Resignation oder ihrer optimistischen Umkehrung. Christen leben in Hoffnung nur, weil Jesus sein Kommen *verheißen* hat.

Es ist vor allem der apokalyptisch geschaute Jesus, aus dessen Munde wir hören, daß er kommen wird. – »Ich komme bald, ἔρχομαι ταχύ, halte fest, was du hast« (Offb 3,11). »Und siehe, ich komme bald. Selig ist, wer die Worte der Weissagung dieses Buches festhält« (Offb 22,7). »Siehe, ich komme bald und mein Lohn mit mir« (Offb 22,12). »Es sagt der, welcher dies bezeugt: Ja, ich komme bald« (Offb 22,20).

Je mehr die christliche Bibel sich ihrer letzten Zeile nähert, um so mehr häufen sich Verheißungen Jesu, daß er kommt. Abgesehen vom allerletzten Gnadengruß – »Die Gnade des Herrn Jesus sei mit allen« – endet der christliche Bibelkanon mit dem Gebet: »Amen, ja komm, Herr Jesus« (Offb 22,20) als Antwort auf Jesu mit kräftigem Ja, ναί, bestärkte Verheißung: ἔρχομαι ταχύ. Das einzige apokalyptische Buch des Neuen Testaments an das Ende des christlichen Kanons zu rücken, ist eine bewußte Entscheidung der Kirche. Ihr Sinn ist, alles Vorangegangene (von der Weltschöpfung bis zur Erzählung von der Kirchengeschichte inmitten der Weltgeschichte) hineinzurelativieren in die Offenheit der Erwartung, daß Jesus bald kommt. Sie kann nur betend praktiziert werden, und die Bibel hat am Ende zu nichts anderem, aber dazu mit Grund angeleitet, daß Christen das Gebet sprechen: »Amen, das ist es werde wahr« und: »Komm, Herr Jesus«. Die Bibel lehrt uns am Ende, daß ihre Bewahrheitung erst noch aussteht, daß wir in keiner anderen Weise praktisch von ihrer Wahrheit überzeugt sein können, als im Gebet um ein künftiges Wahrwerden von allem, was in ihr erzählt worden ist. Wir sollten das richtig verstehen. Die Bibel endet *nicht* mit der Hoffnung, daß ihre »Sache« auch Zukunft habe und nicht untergehe im Vergessen der Zeit. Sie endet mit dem Gebet, daß der kommen möchte, von dessen Gekommensein die ganze christliche Bibel von ihrer ersten bis zu ihrer letzten Zeile erzählt hat. Im Grunde beten wir am Ende darum, daß mit dem Kommen Jesu diese ganze biblische Geschichte allererst auf uns zukommen, zu uns kommen möchte, ja sogar: daß sie nun erst anheben möchte – so als wäre alles bisher Geschehene und von der Bibel Bezeugte nur erst Vorgeschichte zu nennen, deren Erfahrung und Kenntnisnahme die christliche Kirche zu dem Gebet nötigte: es möchte diese ganze Vorgeschichte nun als erfüllte Geschichte mit dem ausstehenden Kommen Jesu allererst anheben. Die Kirche jedenfalls, die den Kanon so geordnet hat, blickte nicht zurück, sondern vorwärts. Allein dies macht uns das Bild der Historiker unwahrscheinlich, demzufolge die Kirche – im Grunde schon mit der zweiten Generation – das eschatologische Feuer verloren und sich letztlich erwartungslos eingerichtet habe im Lauf der Zeiten und der Welt. Das letzte Wort der Bibel und ihr an letzte Stelle gerücktes Buch strafen dies Bild Lügen. Wer die Bibel so mit dem berühmten »eschatologischen Vorbehalt« enden lassen kann, wie die Kirche getan hat, ist nicht nur der biblischen Ontologie treu geblieben, sondern hat gewußt, daß wir alles Entscheidende doch erst noch vor uns haben. Daß es gerade die alten Kirchen griechischer Sprache und griechischen Geistes waren, die im 3. Jahrhundert geradezu einen »Kampf gegen die Apokalypse« begannen,[23] obwohl sie doch eine so gute und alte Überlieferung für sich hatte, daß sie schon im 2. Jahrhundert als apostolisch und inspiriert galt, belegt die Provokation, die dies Buch der Zukunftsrelativierung für die Geister des Habens und des Seins bedeutete. Im 4. Jahrhundert hatte, dem zum Trotz, Athanasius von Alexandria die Johannesoffenbarung auch im Kanon dieser östlichen Kirchen durchgesetzt, aber schon wieder im 5. Jahrhundert wurde sie dort von vielen Theologen und Ge-

23. R. Knopf, Einführung in das Neue Testament, 166f.

meinden verworfen. Erst im 8. Jahrhundert verstummte dann der griechische Widerstand gegen dies Buch, während es in den lateinischen Kirchen des Westens seit dem 2. Jahrhundert unangefochten festen Bestand hatte. Die syrischen Kirchen dagegen haben sie nie akzeptiert – einer der Gründe für die Assimilationsbereitschaft des griechischen und östlichen Christentums an die Mächte des gegebenen Seins, es heiligend, aber eben nicht: es in dem Sinne radikal relativierend, wie das dort geschieht, wo die Offenbarung Johannes das letzte Wort hat: radikal bis zur Selbstrelativierung alles dessen, was wir empfangen haben, auf ein erst künftiges Wahrwerden bei einem erst künftigen Kommen Jesu. Daß unser Martin Luther (und leider auch Johannes Calvin) diese Schrift nicht mochten – »mein Geist kann sich in das Buch nicht schicken«[24] –, hat auch spürbar politische Gründe gehabt (wegen des vermeintlichen Mißbrauchs durch die »Schwärmer«), signalisiert aber doch auch einen theologischen Schaden: In der Rechtfertigungsformel vom peccatus in re – justus in spe hätte doch die spes noch einen bestimmteren Ton bekommen können, wenn die Rechtfertigung im Zeichen des: »Amen, ja komm, Herr Jesu« gedacht worden wäre.

Zweierlei fällt an den Selbstankündigungsworten Jesu in der Johannes-Offenbarung auf. 1. Die Formel der Nähe – Ich komme »bald« – spricht in größter Dringlichkeit. Darin entsprechen am Ende der Jesus-Schriften die Worte von der drängenden Nähe Jesu den Worten, in denen am Anfang der Jesus-Schriften Jesus die drängende Nähe der Gottesherrschaft verkündigt hatte und in der die Evangelien Jesu Wege und Werke selbst verkündigt hatten als drängende Geschehnisse von Nähe.

Das Drängende an der Verkündigung des Kommenden ist wesentlich, aber wir sollten nicht versuchen, es in eine allgemeine, zeitlich unspezifische *Wesensnähe* aufzulösen. Es gab immer wieder Versuche, die Endzeiterwartung der Jesus-Tradition zu entmythologisieren mit dem Gedanken: Wo es um Gott geht, drängt es immer. Alles Göttliche sei etwas, »was uns unbedingt angeht«, bedingungslos und also so, daß sich zwischen uns und das, was uns angeht, nichts Distanzierendes mehr schieben kann. Das Göttliche bedeute immer direkte Konfrontation, ohne räumliche oder zeitliche oder sachliche Vermittlungsglieder dazwischen – und so auch ohne irgendeinen zeitlichen Abstand. Dies sei das Wesen des Heiligen, und so verstünden Dringlichkeit, Aufdringlichkeit, Nähe sich von selbst in aller Religion. Das ist nicht zu bestreiten. Mindestens dort, wo – mit einer Formel Bultmanns – mit dem Gedanken Gottes »ernstgemacht« wird,[25] haben wir es mit solcher Unbedingtheit zu tun; dies gilt auch für die

24. M. Luther, WA Dt B 7, 404.
25. R. Bultmann, Die Frage der natürlichen Offenbarung, in: Glauben und Verstehen II, 100; vgl. auch das dreimalige »nicht ernst genommen«: 96.

Welt der Bibel. Doch würden wir das Biblisch-Besondere verfehlen, wenn wir die Worte vom kommenden Gott und seinem Reich, vom Kommen Jesu und dem kommenden Entscheidungstag nur als Worte dieser wesenhaften Dringlichkeit verstehen wollten. Die biblische Verkündigung meint ein wirkliches »Kommen« , also wieder: Kommen als Zeitigung, Kommen in der Zeit: und zwar dies plötzlich und bald.

Die Frage ist, ob wir so etwas unter den Bedingungen unseres heutigen naturwissenschaftlich abhängigen Bewußtseins erfassen können. Obgleich es sich hier um ein Thema handelt, das in die Eschatologie (also in die Lehre von dem, was wir hoffen dürfen) gehört, müssen wir doch - um des Verständnisses Jesu willen - auch hier kurz darüber nachdenken.

Wir lassen beiseite das *naturwissenschaftliche* Problem von Raum und Zeit, also die Differenzierungen, die seit der Zeit der klassischen Naturwissenschaften speziell am Problem der angenommenen Unendlichkeit von Raum und Zeit vorgenommen worden sind, die eine zeitlich gedachte Eschatologie in sich unmöglich machten.[26] Das naturwissenschaftlich Denkunmögliche betrifft die Theologie nicht in direkter, sondern in indirekter Form, weil die biblische Verkündigung geschehende *Geschichte* ausruft, nicht Kosmologie oder geschehendes Naturgesetz. Aber indirekt sind sowohl Denkbarkeit wie Aussprechbarkeit der biblischen Geschichte auch abhängig von jenen Aspekten einer Realitätsgerechtheit, die speziell die Naturwissenschaftler benennen. An sich müßte eine theologische Verkündigung des Kommens Gottes mitsamt seinem Reich und Gericht, mitsamt seinem Helfer und seinen erwählten Helfershelfern naturwissenschaftlich nichts Anrüchiges haben, - brauchte nämlich kein Angriff auf die Kohärenz von Raum und Zeit zu sein. Denn der biblisch Kommende *geht* auch wieder, d. h. sein Kommen wird biblisch nicht als absolute Aufhebung von Raum und Zeit verkündigt. Das Gegenteil betonen wir immer wieder: Christologie denkt dasjenige Handeln Gottes, in dem sein Wort »Fleisch« wird, in dem er selbst sich also *unter* die Bedingungen von Raum und Zeit erniedrigt. Allerdings ist es theologisch wichtig zu sagen: Er »erniedrigt« sich darunter - heißt aber nicht: Er *unterwirft* sich der Selbstgesetzlichkeit von Raum und Zeit. Von seiner Erniedrigung ist allerdings nur so zu erzählen, daß sein Kommen zumindest begleitet ist von immer neuen Einzelereignissen, in denen er mindestens die *Zwangs*gesetzlichkeiten wie der Gesellschaft, so auch der Natur zeichenhaft unterbricht, aufbricht und in ihrer Zwanghaftigkeit fraglich macht. Die biblische Verkündigung hält auch dies für ein *heilsames* Mittel im Wirken Gottes für uns Menschen. Befreiung von

26. Vgl. C.F. v. Weizsäcker, Die Geschichte der Natur, Göttingen ^{2}1954, V. Unendlichkeit.

Zwangsgesetzlichkeiten der Natur scheint nicht weniger wichtig als gesellschaftliche Befreiung. Darum also: biblische Naturwunder.

Sind sie aber naturwissenschaftlich absurd? Unter Gesichtspunkten eines naturwissenschaftlichen Positivismus vielleicht, d. h. in einer Naturwissenschaft, die ihre Erkenntnisse nicht an den Modellen experimentierenden Erkennens festmacht, sondern exklusiv am Objekt, ohne Rücksicht auf das Experiment der Erkenntnis. Aber solcher Positivismus entspricht schon lange nicht mehr der Situation. Denn auch Naturwissenschaften sind längst an diejenige Problematik gestoßen, die das Unterwerfen der Objekte unters Experiment bedeutet – und zwar keineswegs nur: was das ethisch Fragliche, sondern auch: was das erkenntnistheoretisch Fragliche dabei betrifft. Es ist die Experimentieranordnung, die über das Erkennbare des Objekts entscheidet, und unabhängig davon stellt auch heute kein Naturwissenschaftler mehr Behauptungen auf über die Beschaffenheit seines Objekts. Vor allem von den sog. Naturgesetzen weiß auch ein Naturwissenschaftler, daß jede Aussage über die Gesetzmäßigkeit eines naturgegebenen Gegenstandes nur zusammen mit einer Begründung der Gesetzmäßigkeit, d. h. Wiederholbarkeit der experimentierenden Beobachtung und einer entsprechenden sprachlichen Gesetzlichkeit gemacht werden kann. Der Zusammenhang ist dabei so dicht, daß von einer Gesetzlichkeit des Objekts an sich nicht mehr gesprochen werden kann, weil heute zum Objekt das Modell gehört, innerhalb dessen es beobachtet und bestimmt wird. Überdies erscheinen heute viele – die wichtigsten – naturwissenschaftlichen Objekte überhaupt nicht mehr, ohne daß auf sie vom Wissenschaftler *technisch* eingewirkt wird, sie also zum Erscheinen *gebracht* werden – wodurch, in unserer Sprache ausgedrückt, auch naturwissenschaftliche Gegenstände zu geschichtlichen werden: zwar nicht in ihrer »objektiven« Gegebenheit, aber in ihrer Erkennbarkeit. Der geschichtliche Mensch ist längst nicht mehr nur teilnahmsloser Beobachter, sondern hat auch hier seine Hand im Spiel. Dadurch verringert sich aber methodisch der alte Abstand zwischen Natur- und Geisteswissenschaften: beide müssen ihre Gegenstände »manipulieren«, um ihrer ansichtig zu werden und überprüfbare Aussagen über sie machen zu können. Soviel zum Grundsätzlichen.

Hier ist nicht der Ort, über die volle Geschichtlichkeit der Natur in der biblischen Verkündigung näher zu sprechen. Daß in der Bibel a priori die Natur »zum Menschen hin« gedacht wird (und nie als eine menschlich relationslose Wirklichkeit für sich) dürfte heute längst tiefere Gemeinsamkeiten zwischen Theologie und Naturwissenschaften neu erschließen, als uns noch seit den Zeiten des fast absoluten Gegensatzes von Theologie und Naturwissenschaften (in der Phase des reinen wissenschaftlichen Positivismus) bewußt ist. Was bedeutet das für unser Verständnis der Selbstankündigungsworte Jesu, – was für unser Bekenntnis: »von dannen er kommen wird«?

Es bedeutet schlicht das Überhandnehmen der geschehenden Geschichte über die Resistenz, das Sich-Sperren der Natur gegen Gott, besser gesagt: gegen das, was wir bisher als natürlich für möglich halten. Dazu folgendes. Wenn ich die Entwicklung der Naturwissenschaft richtig verstehe, steht sie methodisch im Zeichen einer sich *beschleunigenden* Vergeschichtlichung ihrer Erkenntnis. Dazu gehört ihre Verbindung mit der rasant sich entwickelnden Technik, dem Instrument der Ausnutzbarkeit von Natur für den Menschen und für die Steigerung und Befriedung seines menschlichen Bedürfnisses. Diese Liierung zu gesellschaftlichem Nutzen hat aber auch eine sich steigernde gegenseitige Abhängigkeit von Wissenschaft und Technik bewirkt: ohne Technik keine weitere Erkenntnis (sofern sie nicht rein mathematisch gewonnen werden kann). Der *produzierende* Mensch knackt mehr und mehr Rätsel des gegebenen Seins, und ein Überhandnehmen der geschehenden Geschichte über die Resistenz der Natur gehört grundsätzlich zur naturwissenschaftlichen Entwicklung: Erkenntnisgewinn, Nutzensteigerung, experimentelle und dann auch künstliche Reproduzierbarkeit der Natur – bis hin zu den biochemischen Baustoffen des Lebens und sogar den Weltprozessen selbst. So dürfte unser theologischer Gedanke der überhandnehmenden Geschichte nicht bloß naturwissenschaftliches Chinesisch sein.

Freilich verstehen wir jene Vergeschichtlichung, die wir im Kommen Gottes und Jesu sehen, nicht als einen weiteren Fall und so als eine Verlängerung jener Prozesse, die sowieso schon laufen. Gott »kommt« nicht, indem er unter den Elementen und Atomen des Natürlichen eines Tages zum Vorschein kommen wird, indem wir weiter experimentierend auf ihn stoßen. Ginge es so zu, wäre es nicht Gott, worauf wir dann stoßen. So ist C.F.v. Weizsäckers herausfordernder Satz theologisch doch noch nicht sofort zu verstehen: daß die Theologen die einzige Wahrheit besitzen, »die tiefer reicht als die Wahrheit der Wissenschaft, auf der das Atomzeitalter beruht«.[27] Der Gedanke der »Tiefe« ist hier mindestens mißverständlich, sofern in unserer geisteswissenschaftlichen Tradition mit diesem Ausdruck weniger eine radikal-bleibende Transzendenz, als eher der Gedanke eines die Wirklichkeit im ganzen »Umfassenden« gemeint war, das wir freilich nie zu fassen bekommen und das sich uns entzieht. Dennoch wurde »Tiefe« häufig als Dimension gedacht, die allem zugrundeliegt und zu dem alles, was ist, sich in einer Grundbeziehung befindet. So daß in Konsequenz von jeder Wissenschaft, die die Frage nach ihrem

27. C.F. v. Weizsäcker, Die Verantwortung der Wissenschaft im Atomzeitalter, Göttingen 1957, 11f.

eigenen Grund radikal aufreißt, angenommen werden könnte, daß sie alle, indem sie nach je ihrem Grund fragen, zugleich nach ihrem *gemeinsamen* Grund (und damit letztlich wohl auch nach Gott) fragen. In diesem Sinne hatte sogar K. Barth bereits am Anfang seiner Kirchlichen Dogmatik die Existenz einer eigenen theologischen Fakultät im Hause der Wissenschaften nur als eine faktische, nicht als eine prinzipielle Notwendigkeit beschrieben, faktisch unvermeidlich nur deswegen, weil die anderen Wissenschaften nicht tun, was sie prinzipiell tun könnten: so radikal nach ihrem eigenen Grund fragen, daß sie eben damit faktisch auch nach Gott fragten. »Es könnte ja sein, daß Philosophie oder Geschichtswissenschaft oder Soziologie oder Psychologie oder Pädagogik oder alle miteinander, im Raume der Kirche arbeitend, jene Aufgabe: das Reden der Kirche von Gott an ihrem Sein als Kirche zu messen, übernehmen und eine besondere Theologie überflüssig machen würden«.[28] »Es könnten alle Wissenschaften ...« – Barth sagt nicht: in der »Tiefe«, sondern: »in ihrer Spitze Theologie sein«. Darum bedeutet die Sonderexistenz der Theologie nur eine »Notmaßnahme«.[29]

Barths Einschränkung scheint wichtig: »im Raum der Kirche arbeitend«. Er meint damit nicht so etwas wie eine kirchliche Universität, in welcher z. B. auch Naturwissenschaften betrieben würden (obgleich so etwas wie die Freie Universität in Amsterdam und ähnlich kirchenbezogene Wissenschaftsbetriebe nie auszuschließen sind). Barth aber will mit seiner Einschränkung eine evangelische Möglichkeit denken gegen ein katholisches, auf Natürliche Theologie als Propädeutikum jedes wissenschaftlichen Forschens und Wissens ausseiendes Verständnis. Er denkt bei seinem Zutrauen zu Wissenschaften, die in ihrer Spitze Theologie sein könnten, nicht an den Gott der Philosophen, sondern an den in der Kirche verkündigten Gott Abrahams, Isaaks und Jakobs und den Vater Jesu Christi; Theologie von *diesem* Gott könnte Sache einer jeden, sich selbst radikal erfragenden Wissenschaft sein. Was die biblische Botschaft verkündet, könnte zugleich der zu erfragende Grund der Wirklichkeit und so aller Wirklichkeit erfragender und erforschender Wissenschaften sein.

Wie sollte man das verstehen können, wenn *nicht* katholisch, also wenn nicht in irgendeinem Sinne natur- und schöpfungstheologisch? Daß Barth es ausdrücklich *nicht* in diesem Sinne gemeint hat, können wir einer Erzählung C.F.v. Weizsäckers entnehmen: »Ich habe zu Karl Barth in dem einzigen, freilich langen Gespräch, das ich, Anfang der 50er Jahre, mit ihm gehabt habe, unter anderem gesagt, ich sehe den geraden Weg von Galilei zur Atombombe

28. K. Barth, KD I,1, 3.
29. K. Barth, aaO. 5.

und sei umgetrieben von der Frage, ob ich in diesem Wissen die von mir so geliebte Physik weiter betreiben dürfe.« Das war eine ethische Frage, aber veranlaßt von der Einsicht in die Kohärenz des Weges der modernen Naturwissenschaft überhaupt, also: von ihrer inneren Logik. »Er antwortete: ›Herr v. Weizsäcker, wenn Sie glauben, was alle Christen bekennen und fast keiner glaubt, daß nämlich Christus wiederkommt, dann dürfen, ja müssen Sie weiter Physik treiben ...‹« Und danach weiter: »›Sonst dürfen Sie es nicht.‹« Also das Kommen Jesu von Nazareth als einziger Bedingungsgrund dafür, an der Logik der Naturwissenschaft festzuhalten. Ehe wir das bedenken, v. Weizsäckers Kommentar dazu: »So mußte er reden. Er sagte mir auch, als wir auf Gogarten zu sprechen kamen: ›Er findet meine Sprechweise wohl zu mythologisch, ich seine zu philosophisch.‹ Ich traute der Wahrheit Barths in Mythologie und habe die Physik nie aufgegeben«.[30] Offensichtlich hat v. Weizsäcker dies Wort Barths in sein politisches und wissenschaftliches Denken integriert. Als er bei anderer Gelegenheit von dieser Begegnung noch einmal erzählte, erläuterte er: »Barth war für mich alles andere als ein Kirchenvater, alles andere als eine gültige Autorität, aber diese Antwort ging mir in die Knochen.«[31] Wenn er danach von den Aufgaben der Kirchen im Atomzeitalter sprach, dann z. B. so: Sie könnten nur mit den alten kirchlichen Worten -ohne Rücksicht auf weitere wissenschaftliche und politische Rezipierbarkeit – erklären: »Wir sollen Gott lieben von ganzem Herzen und unseren Nächsten wie uns selbst. Wir sollen das Evangelium allen Völkern verkündigen und auf die Wiederkunft des Herrn warten.«[32] Gerade dazu dann noch zwei Kommentare: *a.* «... was die Wiederkunft Christi einem modernen Bewußtsein bedeuten sollte, wüßte ich nicht«; *b.* »Das scheint mir auch heute ... nach vielen neuen Erfahrungen (zu gelten): Eine Kirche, die nicht, um das alte Wort noch einmal zu gebrauchen, auf die Wiederkunft des Herrn wartet, hat den Kern ihres Wesens, ihrer Kraft aufgegeben«.[33]

Was mag der Verweis auf das Kommen Jesu in Barths Aussage, was in v. Weizsäckers Denkzusammenhang bedeuten? Darüber können wir natürlich nur Mutmaßungen anstellen.

An Barths Satz ist seine zugleich positive und negative Wendung wichtig: Wenn Sie an die »Wiederkunft Christi« glauben, können Sie auch zwischen

30. C.F. v. Weizsäcker, Gedanken eines Nichttheologen zur theologischen Entwicklung Dietrich Bonhoeffers, in: Der Garten des Menschlichen. Beiträge zur geschichtlichen Anthropologie, Frankfurt 1980, 343.

31. C.F. v. Weizsäcker, Die Aufgabe der Kirche in der kommenden Weltgesellschaft. Festvortrag zum 25. Jahrestag der Ev. Akademie Bad Boll, in: EvKomm 1970, 640.

32. AaO. 638.

33. AaO. 640.

Galilei und der Atombombe Physiker bleiben – ohne dies freilich nicht. Was dies bedeutet, verdeutlichen wir uns, wenn wir uns eine traditionell lutherische Antwort auf v. Weizsäckers Frage vorstellen. Ein Lutheraner hätte vermutlich, von der Rechtfertigungslehre her gedacht, eine Freiheit zur physikalischen Weiterarbeit aus der unanschaulichen Gottesfreiheit des Sünders begründet und so vor allem auf die innere Gerechtigkeit des Motivs bei einer eventuellen naturwissenschaftlichen Weiterarbeit gepocht; Abbruch solcher Arbeit wäre wohl als ungerechtfertigte Vorwegnahme des Gottesurteils über ihre Gerechtigkeit oder Ungerechtigkeit bewertet worden: als unerlaubte Flucht aus dem Stand, in den einer auch als Atomphysiker berufen ist. Nur in aufrichtiger Treue zur Sache und also auch nur in Sachlichkeit des Urteilens sei dieses Problem theologisch-realitätsgerecht zu beantworten. – Nicht so Barth. Er baut ein anderes Feld zur Urteilsfindung auf. Während lutherisch-traditionell das Spannungsfeld zwischen Selbstbeurteilung des Physikers aus dem Kontext seines Arbeitens und dem durch keine Entscheidung vorwegzunehmenden Gottesurteil die Beurteilungsgrundlage bildet, stellt Barth das Problem in das *Licht einer umfassenden Veränderung der Situation* durch das Kommen Jesu; und das meint wohl zugleich eine Weltveränderung, wie *damit* auch eine Veränderung der Bedingungen von Erkenntnis und Arbeiten an den Dingen der Welt. Ein Atomphysiker kann auch im Atomzeitalter dann an der Arbeit bleiben, wenn er sie im Horizont einer vollkommenen, radikalen Veränderung nicht nur der Menschen und ihrer Sichtweisen, sondern der Welt selbst betreibt, – wenn er jene atomaren Veränderungen und Gefährdungen der bisherigen Welt, an denen er mitarbeitet, relativiert sieht durch jene radikalere Veränderung, die das Kommen Jesu bedeuten wird. Jesus kommt zum Gericht über die Welt: Das heißt für Barth immer: zum Scheiden und Unterscheiden der Gott entsprechenden und der ihm widersprechenden Wirklichkeiten voneinander. Diese Unterscheidung wird freilich nicht nur eine Aktion unterscheidenden Bewußtseins sein – was schon viel wäre zum Orientiertwerden in der Welt; Bewußtseinsunterscheidung wird jedoch nur die Folge von Scheidungen in rebus sein, von einschneidenden Vorgängen, die Seinsverwandlung bedeuten: »Der Tod wird nicht mehr sein« (Offb 21,4), wenn der vom Tode erweckte Jesus von Nazareth »kommt«. Nur wenn jene außerordentliche Welt*bedrohung*, die in der Atomforschung implizit enthalten ist, relativiert wird vom Wissen um eine von Gott her andrängende Welt*veränderung*, bleibt Atomphysik möglich. Ohne das jedoch nicht. Denn ohne solche drängende Relativierung bliebe Atomphysik die Gefangene der Illusionen über die Welt, die ist und wie sie ist – *Gefangene der Gegebenheiten* und selbst nur Inbegriff aller Weltveränderung zu besserem Leben oder endgültigem Tod, – wäre also selbst Gott und so: Sünde. Nur wer in Gottes und Jesu Kommen mehr als Urteilsfindung, nämlich das Gericht von Weltveränderung erwartet, muß nicht selbst Gott und d. h. abgöttischer Weltveränderer, schließlich wohl: Weltzerstörer sein. Soweit, wie wir Barths Antwort an v. Weizsäcker verstehen.

Wie hat v. Weizsäcker das aufgenommen? Zunächst noch einmal die vier Momente seiner Reaktion: *a.* »So mußte er reden«. Damit hat v. Weizsäcker eine innere Notwendigkeit in Barths theologischer Antwort erkannt und anerkannt. So »mußte« er vor allem inhaltlich reden. Das christliche Bekenntnis zum kommenden Jesus hat in dem erfragten Zusammenhang wenigstens innere Evidenz. Wer einen Theologen so fragt, *muß* auf solche Antwort eines Theologen gefaßt sein. *b.* Mußte Barth auch in der *Form* so reden: so »mythologisch«? Gogarten (und andere) hätten es so nicht gesagt, sie hätten es philosophischer in der Sprechweise zu sagen versucht; Barth konnte es nicht anders als in der mythologischen Form sagen. Und v. Weizsäcker, der sonst die Theologen sehr auf Sprachveränderung drängt, erfuhr die Evidenz der Barthschen Antwort auch, ja wohl: gerade in dieser Form: »Ich traute der Wahrheit Barths in Mythologie und habe die Physik nie aufgegeben.« *c.* Freilich: Wahrheit »in« Mythologie – das *bleibt* ein Problem. Läßt es sich nicht auch entmythologisiert sagen? »... was die Wiederkunft Christi einem modernen Bewußtsein bedeuten sollte, wüßte ich nicht«. Das kann viel heißen. Etwa: einem modernen Bewußtsein schlicht nichts; es hat dafür keine Kategorien, ist fremde, ja womöglich: entfremdete Rede. Wir Wissenschaftler werden nie aufhören, die Theologen zu fragen, ob man dasselbe nicht ganz anders sagen könne. – Es kann auch heißen: Einem »modernen Bewußtsein« in seiner spezifischen Begrenztheit und Ungebrochenheit der Voraussetzungen, die es bisher nur macht, bedeutet sie nichts. Es könnte aber sein, daß im christlichen Glaubensbekenntnis höchst diskutable Elemente ruhten, die dem modernen Bewußtsein andere Voraussetzungen oder wenigstens andere Einzelmomente vermittelten, die die bisherigen Voraussetzungen modifizieren, relativieren oder erweitern könnten, so daß doch auch ein »modernes« Bewußtsein, ohne aufzuhören, ein solches zu sein, in der »Wiederkunft Christi« etwas Be-deutendes erfahren könnte. Deshalb *d.:* »Das scheint mir heute ... nach vielen neuen Erfahrungen (zu gelten): Eine Kirche, die nicht, um das alte Wort noch einmal zu gebrauchen, auf die Wiederkunft des Herrn wartet, hat den Kern ihres Wesens, ihre Kraft aufgegeben.« Das ist Aufruf zum Widerstand der Kirche gegen jede *Assimilation* ans moderne Bewußtsein; die Kirche soll den Mut haben, den Bedürfnissen des modernen wissenschaftlichen Bewußtseins sogar mit mythologischer Redeweise entgegenzutreten; sie verliert dadurch nicht an Überzeugungskraft, im Gegenteil: Gerade damit dient sie dem Ganzen. Die ungenügende mythologische Form wahrt mit Kern und Wesen der theologischen Sprache zugleich etwas von Kern und Wesen dessen, was gut, wichtig, verheißungsvoll ist für die Menschheit; neben dem Gebot der Gottes- und Nächstenliebe und der Weltmission ist dies für v. Weizsäcker das christliche Warten auf die Wiederkunft des Herrn – drei essentials der biblischen Botschaft, die der Naturwissenschaftler die Kirche beschwört, nicht preiszugeben, sondern zu bewahren und zu bewähren.

Was spricht aus der Botschaft vom Kommen Jesu von Nazareth den Naturwissenschaftler an: Was geht sie ihn an?

Anschließend an v. Weizsäcker hat der Physiker A. M. K. Müller die Frage aufgeworfen: »Kann man, was der Wiederkunft des Herrn entsprechen würde, wenigstens andeutungsweise denken?«[34] – Müller fragt nicht: ob man die Wiederkunft des Herrn mit wissenschaftlichen Mitteln denken könne, sondern ob man als Wissenschaftler denken könne, »was der Wiederkunft des Herrn entspricht.« Und nach etwas Präziserem als einem »wenigstens andeutungsweisen« Denkenkönnen sucht er nicht.

Diese Fragestellung scheint folgendes in sich zu enthalten:

a. Das Mythologische an der Rede vom kommenden Jesus von Nazareth bleibt bestehen. Es kann wissenschaftlich nicht aufgelöst werden. Aber es darf nur deswegen, weil es wissenschaftlich undenkbar ist, auch nicht abgeschafft, »eskamotiert« werden. Es besitzt in mythologischer Form etwas Sprechendes in etwas, was ihm entspricht.

b. Diese Unterscheidung von mythologischer Rede, die als solche wissenschaftlichem Bewußtsein fremd bleiben muß, und von etwas, was ihr »entspricht«, signalisiert diejenige Möglichkeit, mit der allein offenbar heutige Naturwissenschaftler die kirchliche Verkündigung vernehmen können. Von ihnen aus gesehen, ist das eine unauflösbare Doppelkonstellation: Die Kirche darf um Gottes und der Menschen willen dieses Bekenntnis nicht preisgeben nur wegen seiner mythologischen Form. Die Kirche muß aber anders als bisher den modernen Menschen sagen können, was diesem Bekenntnis in alten Worten heute »entspricht«, d. h. was sie daraus hören könnten. Mit Bultmann geredet: Das Mythische soll interpretiert werden.

Bultmann war der Meinung, dem Wissenschaftsanspruch der Theologie dadurch gerechtbleiben zu können, daß er das Mythologische der biblischen Rede in einer ontologischen Konstellation des Menschseins »entsprechen« lassen könnte: Christsein heißt Zukunft bekommen, – Zukunft bekommen heißt: Möglichkeit bekommen, nämlich die, selbst Mensch, eigentlich und Ich zu sein. Diese Entsprechung des mythologisch gedachten Bekenntnisses zum

34. A.M.K. Müller, Die präparierte Zeit. Der Mensch in der Krise seiner eigenen Zielsetzungen, Stuttgart 1972, 172.

kommenden Jesus im Existentiellen hielt Bultmann deswegen für eine wissenschaftlich, d. h. allgemein kommunizierbare Übersetzung, weil er in der Heideggerschen Philosophie ontologische, d.h. allgemein geltende Seinsbedingungen für diese Übersetzung sah. Das Allgemeine des Mythischen wurde zur Entsprechung im Allgemeinen des Ontologischen gebracht.

Moderne Naturwissenschaftler sind inzwischen viel zurückhaltender gegenüber dem Zwang zur Allgemeinheit, als der Theologe Bultmann es noch war; sie sind umgetrieben vom Problem der Ambivalenz, – mit v. Weizsäcker: von der erschreckenden und erschütternden Erfahrung, daß uns jede absolut gesetzte Position ins Gegenteil umschlägt[35]: in Gesellschaft, Politik, und Ethik nicht weniger als in Technik und Naturwissenschaft. Will sagen: Die Relevanz von Theologie entscheidet sich nicht an ihrer Allgemeinverständlichkeit. Im Gegenteil: Für v. Weizsäcker besteht der Sinn des Bekenntnisses zur Wiederkunft Christi darin, daß die Kirche damit gerade *nicht* »der Wirklichkeit mit ihren Ambivalenzen« verfällt.[36] So scheint eine Entsprechung des mythologischen Parousie-Bekenntnisses in der Eindeutigkeit dieser Hoffnung gesucht zu werden, die nicht angekränkelt ist von den Mehrdeutigkeiten der Ambivalenzen des wissenschaftlich Wirklichen. Gerade darin kann Heilkraft und Wahrheit enthalten sein, weil ein Warten auf die Wiederkunft des Herrn signalisiert: »Die Erkenntnis ist ein Weg, sein Ziel ist die Zukunft, es ist heute unbekannt«, und das gilt für alle Erkenntnis, die theologische wie die naturwissenschaftliche.

c. Daß das Ziel des Weges aller Erkenntnis die uns heute unbekannte Zukunft ist, ist das, was A. M. Klaus Müller das »andeutungsweise« Denkbare der Parousie Jesu nennt. Weil sie Zukunft und darin unbekannt ist, kann sie gar nicht anders als andeutungsweise gedacht werden. Gerade das nur Andeutende ist das Wahre. Und es ist hilfreich für die Welt der Wissenschaften, in der alles, was ist und erkannt wird, zugleich identifiziert wird, wenn sie andeutend erinnert wird an etwas Noch-Nicht-Seiendes und Unverfügbares: an den »immer näher rückenden Horizont einer neuen Welt« (v. Weizsäcker)[37].

Klaus Müller hat auf seine Frage zwei Antworten formuliert. *1.* Da die Wiederkunft des Herrn nach biblischer Verheißung die geschichtliche Stunde meint, in der alle Entfremdung aufgehoben sein wird, bedeutet sie auch die »Aufhebung unserer heutigen Weise des Denkens«.[38] C.F.v. Weizsäcker hat für diese Vorstellung aus seiner Jugend eine tiefsinnig-naive Erinnerung bewahrt. Er wußte schon als 15-jähriger, daß »empirisch gefundene Naturgeset-

35. C.F. v. Weizsäcker, Die Aufgabe der Kirche, 641.
36. AaO. 642.
37. AaO. 638.
38. A.M.K. Müller, Die präparierte Zeit, 172.

ze unter bestimmten Versuchsbedingungen gefunden werden«, und folgerte daraus: »in Gegenwart eines vom göttlichen Geist erfüllten Menschen konnten andere Gesetze ins Spiel kommen«.[39] In dieser Vorstellung ist insofern eine christliche Verheißung umgesetzt, als in der Spitze christlicher Eschatologie eine visio beatifica erwartet wird, ein beseligendes Hindurchschauen durch alle Dinge, durch das wir mehr sehen, als wir vorher mit unseren Augen und unserem Geist je wahrgenommen haben, und wo wir das, was wir vorher wahrgenommen haben, noch einmal ganz anders als bisher sehen und verstehen werden. Der junge v. Weizsäcker vermochte,sich diese starke intellektuelle Erwartung christlicher Hoffnung naturwissenschaftlich einzuordnen.

Klaus Müller beschreibt anders, was er bei einer Aufhebung unserer heutigen Weise des Denkens erwartet: Es werde aufgehoben werden »die Monomanie des Verfügenmüssens, des Täter-sein-müssens, die nach Identitäten trachtende Vereinseitigung menschlicher Erkenntnis auf einer neuen Erde unter einem neuen Himmel«.[40] Anders gesagt: Zu erwarten wäre ein anderes Verhältnis zum Objekt – bei grundsätzlicher eschatologischer Bewahrung der Realitätsstruktur eines Subjekt-Objekt-Verhältnisses. »Der Status der Gesetzlichkeit, etwa in Form der Naturgesetze, wäre nicht überwunden, brauchte nicht überwunden zu werden, weil es nur darauf ankäme, daß die Gesetzlichkeit ihren Stachel verlöre«: das »verkrampfte Sicherheitsstreben des Subjekts«,[41] das sich gar nicht nur ethisch, sondern – spätestens seit Descartes – auch erkenntnistheoretisch auswirkt. Müller erklärt: »Das ist die weniger radikale Hoffnung«: nur Veränderung der Weise des Denkens von Wirklichkeit, nicht der Wirklichkeit selbst.

Er neigt darum zu einem zweiten, radikaleren Modell einer Erwartung des Naturwissenschaftlers auf die Wiederkunft des Herrn, in dem das Neue sich nicht nur am Subjekt ereignet. Er erwartet eine Versöhnung von Subjekt und Objekt, derzufolge es »fortan unmöglich sein (muß), überhaupt zu objektivieren – überhaupt ein Bild vom anderen sich zu machen, überhaupt berechnend den eigenen Vorteil zu wahren, überhaupt zu quantifizieren und damit Physik zu treiben«.[42] Müller sieht »bereits in den funktionalen Regelungen, wie sie durch die Naturgesetze vermittelt werden, ein Element von Herrschaft«,[43] – »Herrschaft der Objekte« über die Menschen »kraft ihres gesetzlichen Status, kraft ihrer Funktionalität«.[44] Nur andeutend erläutert Müller,

39. C.F. v. Weizsäcker, Selbstdarstellung, in: Der Garten des Menschlichen, 41.
40. A.M.K. Müller, Die präparierte Zeit, 172.
41. AaO. 173.
42. AaO. 174.
43. Ebd.
44. AaO. 175.

woran er dabei denkt – wenn ich es richtig verstehe: an eine andere Weise des Evidentwerdens von Natur und Realität. Im Subjekt-Objekt-Verhältnis beschränkt sich das Evidentwerden von Realität auf eine »Offenheit in Einsamkeit«; jeder Wissenschaftler muß für sich selbst das erkenntnisstiftende Experiment wiederholen, und wissenschaftliche Objektivität ist unter diesen Umständen entweder nur die Gleichheit der Erfahrungen, die einzelne Wissenschaftler unter gleichen Bedingungen mit dem Objekt machen, oder auch nur die stillschweigende Übereinkunft, nach der ein Wissenschaftler die von einem anderen gemachte Erfahrung, selbst ungeprüft, übernimmt und als Voraussetzung weitergehender eigener Erkenntnisversuche akzeptiert. – Dagegen erwartet Müller, was er eine »Gewißheit in Gemeinsamkeit« nennt, – sagt aber, dies sei nur möglich, wenn der Inhalt von Vernunft, der Gehalt von Rationalität vollständig verwandelt wird. Das aber sei eine Hoffnung, die auf das Ziel des Prozesses »Welt« hinweise, in dem auch ein mögliches künftiges Ende der Physik zu denken wäre, eben: eine Welt auch ohne jene Herrschaft, die im naturwissenschaftlichen Erkenntnismodell herrscht und bereits heute durchschaut werden kann.[45] Von da aus sagt Müller: »Wiederkunft Christi – mit dieser Chiffre ist die Erwartung bezeichnet, daß die Zukunft der Welt in einem Überschuß an Neuem, Erstmaligem beschlossen liegt, das darauf wartet, dem Menschen offenbar zu werden«.[46]

Theologisch scheint Müllers radikalerer Gedanke eine außerordentliche Vision zu sein. Verstehen wir richtig, dann erhofft er mit der Wiederkunft Christi nicht eine Aufhebung der Subjekt-Objekt-Realität, vielmehr nur »ein neues Verhältnis des Subjekts zu seiner Umwelt«: denkbar nur als geschichtliches »Ende der heutigen Objekte wie der heutigen Individuen«;[47] und vielleicht dürften wir seinen Gedanken so auslegen: Eine Wirklichkeit ist vorstellbar, in der nicht nur Gott und Mensch und auch nicht nur Mensch und Mensch, sondern auch Mensch und Natur, Natur und Mensch einander »erkennen«, zueinander offen, einander evident werden ohne gegenseitige Vergewaltigung und Manipulation, so wie sie voneinander »erkannt sind«. Kl. Müller zitiert 1 Kor 13,12 ausdrücklich und hält es offenbar für ein diskutables Erkenntnismodell überhaupt: »Jetzt ist mein Erkennen Stückwerk. Dann aber werde ich völlig erkennen, wie ich auch völlig erkannt worden bin«; von seinem jetzt tot scheinenden, als tot behandelten Objekt als wissenschaftliches Subjekt erkannt werden – Utopie, die nicht nur geistes-, sondern auch naturwissenschaftlich Sinn ergeben könnte? Müller deutet es an, wir lassen es mit einem Fragezeichen stehen.

45. Ebd.
46. AaO. 176.
47. AaO. 175.

Fraglich scheint uns Müllers Bezeichnung der Wiederkunft Christi als »Chiffre« für einen Überschuß an Neuem, Erstmaligem. Wäre der kommende Jesus nur ein Mythologem, ein Anstatt-Inhalt, der dechiffriert werden muß, um sprechen zu können? Erwarten wir nicht ihn, und ihn als neuen Menschen und freilich mit ihm dann auch jenen »Überschuß an Neuem, Erstmaligem«?[48] Der Name Jesu ist *Letzt*wirklichkeit, kann nicht entschlüsselt und ausgelegt werden in etwas anderes als Jesus von Nazareth. Beim Kommen Christi ist etwas »Neues, Erstmaliges«, bisherige Wirklichkeit Überschießendes nur insofern zu erwarten, als es das Neue und Erstmalige und Überschießende bringt, das er ist und mit sich bringt; mit neuen »Sachverhalten« der Zukunft, des Endes des »Prozesses Welt« ist nur zugleich mit dem personalen Geschehnis zu rechnen, das das Kommen Christi, theologisch gedacht, bedeutet.

Aber diese kleine Warnung vor dem Chiffren-Begriff können Theologen nur dann mit Recht anbringen, wenn sie ihrerseits mutig genug sind, das personale Geschehnis des Kommens Jesu in seiner *vollständigen* biblischen Struktur auszulegen, d. h. nicht in einer auf ein nur-Personales reduzierten Form, wie das in theologischer Eschatologie bisher meist geschieht.

Wir hatten von der *Mitsammen-Struktur* in der biblischen Rede vom Kommen Gottes gesprochen. Gott »kommt« nie abstrakt, sondern stets mitsammen weltgeschichtlicher und – nota bene – naturgeschichtlicher Ereignisse. Die Selbstverheißung Jesu, daß er bald kommen wolle, und das christliche Beten um sein Kommen sind selbst nur verständlich als Aussagen, geschöpft aus dem (messianischen) Mitsammen des Kommens Gottes. Wenn er kommt, kommt er »in der Herrlichkeit seines Vaters« (Mk 8,38). Dementsprechend wird auch Jesu Kommen nicht als ein weltlos-abstraktes, überweltliches, allein metaphysisch auszusagendes Geschehnis verkündigt. Auch Jesus kommt, wenn er kommt, mitsammen weltgeschichtlich vermittelter Wirklichkeiten. Er wird (nach 1 Thess 4,16) unter einem Befehlsruf, unter der Stimme eines Erzengels und unter dem Schall der Posaune Gottes vom Himmel herabkommen, d. h.: unter nur mythologisch aussprechbaren Begleiterscheinungen, von denen aber nur zugleich mit ihren ganz unmythologisch, weltlich-gegenständlich gedachten *Folgen* gesprochen werden kann. Jene akustischen Himmelssignale, unter deren Getöse Jesus kommt, sind nämlich gleichbedeutend mit der Wirkung, die sie hervorrufen. »Die Toten in Christus werden zuerst auferstehen, danach werden wir, die Lebenden, die Übrigbleibenden, zugleich mit ihnen entrückt werden in Wolken dem Herrn entgegen in die Lüfte, und so werden wir (ganz und gar unmythologisch gedacht) allezeit bei dem Herrn

48. AaO. 176.

sein« (1 Thess 4,17). Also *keine Himmelsbewegung*, auch keine Bewegung des kommenden Jesus ohne sofort *entsprechende Parallel- und Gegenbewegung von toten und lebendigen Menschen*. Diese Zusammengehörigkeit von Himmels- und Jesus-Bewegung mit irdischer Bewegung gehört zu ältester Aussage, und mag das himmlische Lärmen mythologisch klingen wie immer - indem von ihm nur mitsammen irdischer Reaktion gesprochen wird, hat es seine entmythologisierende Spitze in sich.

Dies gilt genauso für die Worte vom kommenden Menschensohn. Er wird nicht allein kommen, sondern (wir hörten schon) »in der Herrlichkeit des Vaters mit den heiligen Engeln«. Wenn Jesus kommt, dann in der Einheit mit seinem Vater und ferner: mit den himmlischen Helfershelfern. Nach Markus werden das die in Naturfinsternis gestoßenen Menschen dann jedenfalls so »sehen« (Mk 13,26); sie werden nicht anders können, als es so zu sehen: als *ein gott-menschliches Zusammenwirkens-Ereignis*. Der Bewegung »von oben« her »entspricht« eine Bewegung »unten«. Die Aufgabe der Jesu Ankunft begleitenden Helfershelfer ist die Sammlung der Auserwählten »von den vier Winden her« (Mk 13,27). In jene uralte Hoffnung Israels, daß die jüdische Gola doch eines Tages ein Ende haben wird, daß das zerstreute Volk Gottes im Lande Israel wieder zusammengeführt werde, sind nun die von Jesus Hinzuerwählten mit eingeschlossen; jenes »Sammle, großer Menschenhirt, alles, was sich hat verirrt« (EKG 218,3) wird das sein, was der Ankunft Jesu »entspricht«. Jesu Kommen wird als Sammlungsbewegung angekündigt und erhofft: Einsammlung des zerstreuten Judenvolkes, aber - nach christlichem Verständnis - damit zugleich: Völkersammlungsbewegung.

Diese *Sozialstruktur* des Kommens Jesu ist in den neutestamentlichen Apokalypsen eigentümlich verquickt mit der Ankündigung einer kosmischen Verwirrung. »Die Sonne wird sich verfinstern, der Mond seinen Schein nicht geben, die Sterne werden vom Himmel fallen, und die Kräfte in den Himmeln werden erschüttert werden« (Mk 13,24f). D. h.: Die Völkersammlungsbewegung bringt die Daseinsstruktur im ganzen durcheinander - bildhafter Ausdruck nicht nur für ein soziales, sondern für ein ganz neues Sein. Ein Sinn dieses Zusammenhangs ist erkennbar: Das Seiende im ganzen ist nicht mehr gehalten von der geheimnisvollen Achse, die Himmel und Erde zusammenhält, die obere mit der unteren Welt. Jüdisch gedacht, bildet der Tempel in Jerusalem Weltmittelpunkt und Daseinsachse, um die sich die obere und die untere Welt gemeinsam drehen. Daß die neutestamentlichen Apokalypsen mit der *Bedrohung* dieses Tempels beginnen, muß gleichbedeutend mit einer Erschütterung der Daseinsachse verstanden werden, - wankt der Tempel, fällt auch der Himmel. Es bleibt die Welt ohne das, was sie im innersten zusammenhält. Aber *bleibt* die Erde ohne Tempel, ohne Himmel, dann doch in einer vom kommenden Jesus gesammelten Menschheitsform; die gesammelte Menschheit ist von nun an die Achse des Ganzen: aufgehobene Entfremdung von Subjekt und Subjekt und so auch: von Subjekt und dem Objekt der Welt.

Jesus, von dem wir sagten, daß er die Zeit erfüllt, indem er die Gezeiten in sich versammelt, sammelt die zerstreuten Erwählten, wenn er kommt, und gibt damit dem Daseinsganzen einen neuen Halt seines Bestandes, nicht mehr geprägt von funktionalem Nahe- oder Fernesein von Gott und Mensch, Mensch und Mensch, Oben und Unten, Mensch und Natur, sondern nur noch von einer Nähe des Gesammeltseins durch ihn. A. M. Klaus Müller sagte: Es müsse in einer erhofften Zukunft »der Stand der Liebe der einzig mögliche Stand geworden sein« [49]; wir sagen: der Stand der Gesammelten, in dem »alles Getrennte sich wiederfindet« (Fr. Hölderlin), besser noch: der Stand der von der Stimme eines kräftig Rufenden Zusammengerufenen. Und diese gesammelte Menschheit weiß mit Gewalt nichts mehr anzufangen, so nicht einmal mehr mit jener Gewalt, die wissenschaftlich-organisierter Erkenntnis innewohnt; auch Natur wird einer gesammelten Menschheit anders sich zeigen.

Das Dringende an Jesu Ankündigung: ἔρχομαι ταχύ ist das Drängende dieses Geschehens.

Nachdem wir so die Formel drängender Nähe in den Selbstankündigungsworten Jesu erörtert haben, erwägen wir einen zweiten auffallenden Gesichtspunkt. Das ἔρχομαι ταχύ wird ergänzt von *Formeln des Bewahrens*: »Halte fest, was du hast« (Offb 3,11). »Ich komme bald. Selig ist, wer die Worte der Weissagung dieses Buches festhält« (22,7). Damit soll offenbar eine Identität gewährleistet werden zwischen dem, was auf uns zukommt, und dem, was uns schon gegeben ist und was schon schwarz auf weiß zur Verheißung geworden ist.

Auf-Zukunft-geworfen-Werden steht leicht in Gefahr des Chaotischen, der Turbulenzen von Utopie; wir können an unseren Träumen umkommen. Nicht zum wenigsten deswegen haben unsere Reformatoren gegen solche Zukunftschristen gekämpft, die sie »Schwärmer« nannten. »Schwärmer« schienen ihnen Leute, die über Vergangenheit und Gegenwart – die Stützpfeiler harter Wirklichkeit – mit Gedanken, Worten und Werken hinausschwärmen, – schwärmend für Bilder einer Zukunft, die sich mit gewordener und gegebener Realität nicht mehr vermitteln. »Schwärmer« machen große Sprünge über die einbetonierte Wirklichkeit hinweg. Sie müssen sich vorwerfen lassen, aus lauter Verzweiflung über das Leben, wie es nun einmal ist, Gegenwart zu op-

49. AaO. 174.

fern. Sie wollen nicht mehr Wunden verbinden. Sie wollen nicht mehr für Emanzipation kämpfen und leiden. Sie steigen aus, vertiefen ihre gesellschaftlich erzwungene Entfremdung dadurch, daß sie sich von der zwingenden Gesellschaft entfremden und ihr den Rücken kehren. Religiös ist dies die Haltung der Gnostiker in frühchristlicher Zeit. In den utopisch-christlichen Bewegungen des späten Mittelalters, mit denen es die Reformatoren zu tun hatten, haben sie die Potenz der Hoffnungen vor allem in der Hebräischen Bibel gefunden, in den Gerechtigkeits- und Friedensbildern der Propheten. Da aber das Alte Testament zu dieser Zeit längst unter dem Obergedanken des »Gesetzes« gesehen wurde, verbanden sich miteinander die Bilder der *Hoffnung* und das uns verpflichtende *Gesetz.* Die Bilder wurden gesetzlich-verbindlich aufgefaßt und zu direkten Zielen unserer Verwirklichung erklärt. Gegen diese Vergesetzlichung der Hoffnung protestierten die Reformatoren und ließen sich – in dieser Front – dazu hinreißen, die Propheten gegen das Gesetz auszuspielen (wie auch speziell die Lutheraner das Evangelium gegen das Gesetz). Sie wollten verhindern, daß das Chaos der Utopien, das ihnen so schon schlimm genug schien wegen des damit verbundenen Realitätsverlusts, nun auch noch zwanghaft-gesetzlich zu Handlungsprinzipien gemacht würde, denen jeder unterworfen würde, der ernsthaft, entschlossen, radikal Christ sein wollte. Die Verbindung von biblisch bebildeter Hoffnung mit gesetzlicher Handlungsanweisung konnte (und kann) Gott verdrängen und uns Menschen bei weitem überfordern.

Dies ist ein sachliches Problemfeld, auf dessen Hintergrund sich die Festbindung des Kommenden an das, was uns schon verkündigt worden ist, was wir schon gehört haben, was uns zugute schon geschehen ist – was also schon wirklich ist, vielleicht verständlich sein kann. Zukunft soll an die Realität von Vergangenheit und Gegenwart gebunden sein. »Neues« und »Erstmaliges«, das wir in der Tat mit dem Kommen Jesu erwarten dürfen, soll »neu« *im Bezug* auf das Alte, »erstmalig« *im Bezug* auf das längst schon viele Male und auf vielerlei Weise Verkündigte (vgl. Hebr 1,1) und Verheißene sein. Erkenntnis von Zukunft soll relational zu Vergangenheit und Gegenwart gehalten werden. Zukunftserkenntnis soll ein Wiedererkennenkönnen des eigenen erlittenen Lebens sein: nur, daß es jetzt geheilt erfahren wird. Und nicht irgendetwas soll erwartet werden, sondern Jesus – eben der, von dem wir schon so viel gehört haben, eben der, der schon jetzt unser Leben ist. Das »Halte fest, was du hast«, bezeichnet den Kompaß, mit dessen Hilfe wir im Chaos des Neuen Jesus, den Bringer des Neuen, erkennen können. Viele Messiasse, hier einer und da einer, gehören zum Nahen der neuen Welt. Nun geht alles durcheinander, bisherige Werte, Normen, Wegemarken brechen zusammen. Unbestimmt viele neue Möglichkeiten tauchen auf. Wo orientieren wir uns? Nur an dem, den wir im Gewühl der Verwandlungen wiedererkennen können! Darum ist für die Erwartung des kommenden Jesus nötig, seine Erkennungsmerkmale parat zu haben, damit wir uns um ihn sammeln können. Die Worte der Weissagungen des Buches sind dieser Zukunftskompaß zur Findung der Quelle des neuen Seins. Sie sollen wir *halten*.

Wir wenden uns nun einem anderen Aspekt des Bekenntnissatzes zu: Jesus kommt, *zu richten die Lebenden und die Toten*. Gericht ist der terminus ad quem seines Kommens. Also ein *kritisches* Ziel. Der kommende Jesus will und soll das Gottesrecht aufrichten unter Lebenden und Toten. Uns muß alles daran liegen, den Gedanken des Jüngsten Gerichts von seinen seelischen Schreck- und Angstmomenten zu lösen, die er im Laufe der Kirchen- und Theologiegeschichte zum Schaden des Menschseins bekommen hat. Gewiß gehört zum Gericht auch Gerichtetwerden, zum Urteilen ein Verurteiltwerdenkönnen und insofern auch: »Heulen und Zähneklappen« (Mt 8,12; Joh 16,20). Aber das ist weder die Substanz noch das letzte Ziel des Geschehens, das unsere Vorfahren Jüngstes Gericht genannt und gefürchtet haben. Wenn Jesus kommt, »zu richten die Lebenden und die Toten«, ist das durch und durch nur das positive Geschehnis, daß er dann in unserer Mitte das Gottesrecht endgültig aufrichten, zum Zuge bringen, unumstößlich durchsetzen will und wird, – daß er kommt, um alles und alle zu-Recht-zu-bringen.

Die *Bedeutung des Jüngsten Gerichts* werden wir recht erfassen, wenn wir es als die notwendige Erfüllung jener Gottesanfänge in der Geschichte Israels erkennen, die mit dem Bundesschluß vom Sinai und der großen Gabe der Tora an das erwählte Volk gekennzeichnet ist. Gott hat sich mit Israel – und durch Israel mit der ganzen Menschheit – verbündet, indem er seinem Volk eine Lebensordnung gab, in der er – Gott – mit Menschen zusammenleben konnte, ohne daß er durch die üblen Gewohnheiten der menschlichen Lebensart dauernd beleidigt, gekränkt, verachtet und verleugnet würde, oder positiv gesagt: eine Lebensordnung, die es dem Heiligen, gelobt sei Er, möglich macht, mit dem sehr zur Sünde geneigten und von faktischem Sündigen immer schon gezeichneten Menschenvolk zusammenzuleben. Gottes Wille, ein mit Menschen verbündeter Gott zu sein, ist der Grund dafür, daß das biblische Gottesverhältnis viel weniger ein kultisches oder religiöses als primär ein *Rechtsverhältnis* ist. Und zwar ein solches, durch das viel weniger Gottesdienst, heiliger Raum und heilige Zeit geregelt werden als der profane Alltag; er ist der Bereich, in dem Israel den Gottesbund bewährt und betätigt. Von Tag zu Tag kommt es darauf an, daß Gott von unseren Verhaltensweisen nicht beleidigt wird: etwa dadurch, daß wir dort andere Gesetze gelten lassen und anderen Herren dienen als zur Gottesdienstzeit und in seinen feierlichen Stunden.

Daß Gottesbeziehung Rechtsbeziehung ist, gilt für beide Teile der Bibel, nicht etwa nur für die Welt des Alten Testaments. Paulus hat Jesus Christus biblisch ausgelegt, als er seine Verkündigung Jesu konzentrierte auf die δικαιοσύνη θεοῦ, auf die zedaka, die Gerechtigkeit Gottes; auch bei ihm ist das von Jesus gebrachte Heil also mit einem zentralen Begriff des Rechtes benannt worden, und die Frage ist für ihn der Nerv des Christseins: wie sich das Empfangen des Rechtes Gottes und das menschliche Tun des Gerechten zueinander verhalten, – was wir zu *tun* und zu *lassen* haben, um in Gottes Augen recht zu sein, seiner Gemeinschaft würdig: gerade wir, wenn wir nicht Juden, sondern Heiden sind und in einer Welt aufgewachsen, die von der Tora nichts weiß. Paulus kann eben auch das Leben der Gojim nur mit jüdischen Augen sehen, also mit der Frage nach Tora, Recht und Bund.

War der Bund die Erwählung Israels zu Gottes Eigentums-Volk und zum Zeugendienst für Gott unter den Völkern, so war die Gabe der Lebensordnung der Tora das Mittel der »Übereignung« Israels an Gott.[50] Gottes Genosse wurde Israel dadurch, daß Gott es mit seinem Willen zum Recht bekannt und vor dem Forum der Menschheit dafür auch verantwortlich machte. Gott genossenschaftlich zuzugehören, sollte Konsequenzen auf der realen geschichtlichen Ebene haben: nicht nur in Herz und Gemüt. Darum gehört auch immer neue Aktualisierung des Gotteswillens von Generation zu Generation dazu.

Solche ständige Aktualisierung des Gotteswillens ist das eigentliche Werk der Existenz Israels, der permanente Dienst seiner Geschichte. Die Hebräische Bibel steht in allen Teilen – in Geschichtserzählung, Prophetie, Psalmengesang und Weisheitslehre – im Zeichen dieser Aktualisierung des Rechts, und der Talmud setzt dies ebenso fort wie die Kabbala und der Chassidismus und, wenngleich weniger ausdrücklich, auch die aufklärerische Haskala und der Zionismus – und heute: das tief problematische, feindlich-spannungsgeladene Leben im Staate Israel und in der Diaspora: auch dies ist Kampf um heute gültiges Gottesrecht.

Worin besteht die *Notwendigkeit* für dauernde Aktualisierung? Doch wohl darin, daß Altes Testament und Judentum – allem Vorurteil zum Trotz – keine »Gesetzesreligion« sind, d. h. keine solche Gottesbeziehung pflegen, in der durch göttliches Gesetz alles Nötige für immer schon geregelt und entschieden ist und es für Menschen nur darauf ankommt, es zu tun. Der Islam ist eine Gesetzesreligion in diesem Sinne, er kennt keine Aktualisierung, sondern im-

50. G. v. Rad, Theologie des Alten Testaments I, 194.

mer nur die Rückkehr zum voll genügsamen Buch des Koran und seines Gesetzes. Das Gottesrecht vom Sinai aber hat eigentlich nur Wegemarken gesetzt, nur das Äußerste dessen, was für Israel völlig ausgeschlossen ist, wenn es mit Gott im Bunde bleiben will; positive Ausführungsbestimmungen wechseln von Generation zu Generation in immer neuen Prozessen einer Rechtsfindung. Wichtigstes Kriterium des lebendigen Gotteswillens ist allein die Wahrung der Freiheit Israels von allen Verführungen, zu den Fleischtöpfen Ägyptens zurückkehren zu wollen, d. h. sich dem Bedürfnis nach Assimilation und Selbstpreisgabe der Daseinsgrundlage seiner Existenz und so: anderem, fremdem Recht zu überlassen. .

Diese Substanz der Freiheit Israels wahrt seiner von der Tora geregelten Lebensordnung Freiheit – freilich nun auch die Freiheit zum Irrtum, zur Verfehlung, zur Mißdeutung des aktuellen Gotteswillens, zum Verfehlen des Ziels und damit auch: zur Selbstverfehlung. So kann die Gottesgewißheit, der das Recht in Israel dienen soll, schwanken, verdeckt, vergessen werden. Recht kann, wie überall, so auch in Israel, seine soziale Funktion verlieren, dem Leben der Gemeinschaft zu helfen, es zu fördern. Es kann, wie überall, so auch in Israel, zum Selbstzweck verkommen. Und so kann es geschehen und geschieht es leider auch wirklich, daß auch in Gemeinschaften, die auf dem Fundament von Recht gegründet sind, die Rechtsgenossen nicht zu ihrem Recht kommen. Im Gottesbund kommen dann weder Gott noch Israel zu ihrem beschworenen Recht; aber auch die einzelnen Menschengenossen müssen leiden daran, daß ihnen ihr Recht nicht wird. Vor allem Israel und die Gojim finden dann weder ihr eigenes Recht, noch das Recht ihrer Gemeinsamkeit und Gemeinschaft. Voll verwirklichtes Recht – Gerechtigkeit – bleibt, wie überall, so auch hier, ausständig. In keinem Fall ist das etwa schlimm, weil dadurch ein abstraktes Rechtsprinzip seine Erfüllung nicht findet, schlimm ist dies, weil sie alle als Einzelne: Gott, Israel, die Gojim und im Gewimmel der Vielen alle Einzelnen nicht zu ihrem Recht kommen.

Das christliche Glaubensbekenntnis blickt dem aber entgegen, daß deswegen Jesus kommen wird, um Gott und Israel und den Gojim und im Gewimmel der Vielen allen Einzelnen zu je ihrem Recht zu verhelfen. Deswegen »kommt« Jesus: »zu richten die Lebenden und die Toten«.

Frage: Weswegen muß eine endgültige Aufrichtung des Gottesrechts verbunden sein mit dem »Kommen« Jesu? Warum können wir uns z. B. nicht eine Ausgießung des göttlichen Geistes über alles Fleisch vorstellen, die jeden Menschen von innen her so erfüllt, daß er als neugewordener Mensch Gottes Willen aus Spontaneität des Herzens, Erleuchtung eigener freier Vernunft, aus ungestörter Sensibilität für Gott und das Recht des

Nächsten das Gebot erfüllen, den Buchstaben des Gottesgesetzes aus dem Geist Gottes tun und so das neue Leben verwirklichen kann?

So etwa hat sich ja Luther ein gerechtes Zusammenleben im Reiche Gottes denken können. »Die zum Reich Gottes gehören, das sind alle Rechtgläubigen in Christo und unter Christo. Denn Christus ist der König und Herr im Reich Gottes ... Nun siehe, diese Leut bedürfen keines weltlichen Schwerts noch Rechts. Und wenn alle Welt rechte Christen, das ist recht Gläubige wären, so wäre kein Fürst, König, Herr, Schwert noch Recht not oder nütze. Denn wozu *sollts* ihnen, dieweil sie den Heiligen Geist im Herzen haben, der sie lehrt und macht, daß sie niemand Unrecht tun, jedermann lieben, von jedermann gern und fröhlich Unrecht leiden, auch den Tod? ... Gleichwie Paulus sagt 1. Tim. 1,9: ›Dem Gerechten ist kein Gesetz gegeben, sondern den Ungerechten‹. – Warum das? Darum, daß der Gerechte von ihm selbst alles und mehr tut, denn alle Recht fordern ... Ein guter Baum bedarf keiner Lehre noch Rechts, daß er gute Früchte trage, sondern seine Natur gibts, daß er ohn alles Recht und Lehre trägt, wie sein Art ist. ... Also sind alle Christen durch den Geist und Glauben aller Ding genaturt, daß sie wohl und recht tun, mehr denn man sie mit allen Gesetzen lehren kann, und bedürfen für sich selbst keins Gesetzs noch Recht«.[51] Das ist der Reich-Gottes-Anarchismus Luthers; er kann theologisch eine gerechte Gesellschaft ohne Gesetze denken, allein aus der Spontaneität des Geistes. Und er hat so nicht nur für künftige zwischenmenschliche Beziehungen denken können, sondern genauso auch für die Gott-menschlichen Beziehungen, wie sie sich im Gottesdienst ereignen. Es braucht für rechte Christen auch keine Gottesdienst-Ordnung, »sondern diejenigen, so mit Ernst Christen wollen sein und das Evangelion mit Hand und Munde bekennen, müßten mit Namen sich einzeichnen und etwa in einem Hause alleine sich versammeln zum Gebet, zu lesen, zu taufen, das Sakrament zu empfangen und ander christliche Werk zu üben. Hie könnt man auch ein gemeinsames Almosen den Christen auflegen, das man williglich gäbe und austeilete unter die Armen nach dem Exempel S. Pauli 2. Kor. 9,1.2.12. Hie bedürfte es nicht viel und groß Gesänges. Hie könnt man auch eine kurze und feine Weise mit der Taufe und Sakrament halten und alles aufs Wort und Gebet und die Liebe richten.«[52] Wo wirkliche Christen sind, die es von innen sind, brauchts also weder Sozialrecht noch Kirchenrecht, weder Sozialordnung noch Kirchenordnung: Sie verstehen sich und ergeben sich da von selbst. Menschen lebten da nicht *durch* das Recht, sondern sie lebten *im* Recht.

Solche Reich-Gottes-Wirklichkeit hat Luther sich denken können allein

51. M. Luther, Von weltlicher Obrigkeit, wie weit man ihr Gehorsam schuldig sei, WA 8, 250.
52. M. Luther, Deutsche Messe und Ordnung des Gottesdienstes, WA 19, 75.

durch die Sendung des Geistes. Was liegt also an der Verkündigung des Kommens Jesu im Zusammenhang mit der Aufrichtung des göttlichen Rechts?

Die Antwort ist einfach: Gottes Recht, wie es in der Tora zu uns spricht, ist Bundesrecht, Gemeinschaftsrecht. Ohne die reale Gegenwart dessen, in dem der neue Bund geschlossen worden ist, d. h. ohne den, in dem der Israel-Bund so aktualisiert, erweitert und geöffnet worden ist, daß neben den Juden nun auch die Gojim in ihm eingemeindet werden können, kann das Gemeinschaftsrecht sich nicht erfüllen. Geheilte, vollendete, erfüllte Rechtsgemeinschaft im Gottesbund muß jetzt als *Jesus*-Gemeinschaft bestehen können. Vor allem Jesus muß jetzt im Bunde zwischen Gott und Israel und allen Völkern zu seinem Recht kommen, sozusagen zu seiner öffentlich-rechtlichen Anerkennung. Er war es ja, der an der herrschenden Rechtsunsicherheit innerhalb Israels, aber erst recht an der zwischen Israel und den Römern als den Repräsentanten der Völkergemeinschaft bestehenden Unrechtsgemeinschaft unter die Räder gekommen ist. »Wir haben ein Gesetz, und nach dem Gesetz muß er sterben«, läßt der Johannesevangelist die jüdischen Weltkinder seines Evangeliums skandieren (19,7); und den Hohenpriester Kajaphas läßt er hören mit den Worten: Bedenkt, »daß es für euch besser ist, wenn *ein* Mensch für das Volk stirbt und nicht das ganze Volk umkommt«; der Evangelist kommentiert das mit den Worten: Jesus sollte für das Volk sterben, »und nicht für das Volk allein, sondern damit er auch die unter den Völkern zerstreuten Kinder Gottes in eins zusammenbrächte. Von jenem Tage an beratschlagten sie nun, ihn zu töten« (11,52-53). Jesus ist an einer Aufrichtung des Gesetzes gestorben, das »das Volk« und »die zerstreuten Kinder Gottes« noch trennte; vorbei also an seinem Werk der Menscheneinung und darum: vorbei an ihm selbst. Seine Übergabe in den Tod ist Zeichen und Grund dafür, daß die umfassende Rechtsgemeinschaft noch nicht besteht; er kann ausgeschlossen werden, weil noch nicht alle eingeschlossen sind. Seither sucht er nach seinem Recht und nach seiner öffentlichen Anerkennung und dem Recht und der öffentlichen Anerkennung aller anderen Ausgeschlossenen. So muß es einen letzten Akt der Vollendung seines Werkes geben, in dem vor allem er seine öffentlich-rechtliche Anerkennung findet zugunsten aller Ausgeschlossenen, die er repräsentiert. Das geht nur unter den Bedingungen einer aus allen vier Winden zusammengeführten neuen Gemeinschaft, in der zugleich »das« Volk mit den bis dahin »zerstreuten Kindern« Gottes zusammenkommt, ja mehr noch »in Eins zusammengebracht« wird: συναγάγῃ εἰς ἕν (11,52). Zur Durchsetzung dieses Rechtsaktes kündigt er sich an. Er kommt, um den ihm gebührenden Platz in der Gemeinschaft einzuklagen, einzunehmen und zu behaupten. So bedeutet Jesu Kommen zum Jüngsten Gericht nicht so sehr, daß er die Menschen *an*klagt: nach ihren Werken sie fragend und beurteilend und unterscheidend und sie wohl auch wie Schafe und Böcke voneinander scheidend (Mt 25,32). Die Gerichtsperspektive des Menschengruppen voneinander trennenden, sie endgültig auseinanderreißenden Gerichts wird überboten durch die Gerichtsperspektive: συναγάγῃ εἰς ἕν, Sammlung aus allen vier Winden. Nicht uns anzuklagen kommt Jesus, sondern um sich seine Anerkennung, Geltung und Bedeutung - zwischen Israel und die Gojim gestellt - einzuklagen bei den einen wie bei den anderen. Natürlich werden da nicht nur die großen Kollektive - »das« Volk und die Völker - zur Rechenschaft gezogen, sondern jeder einzelne Mensch; aber jeder einzelne doch wesentlich im Hinblick auf die Art und Weise, wie er an jener Bundesgerechtigkeit zwischen Gott und Mensch beteiligt war, die identisch ist mit der Gemeinschaftsgerechtigkeit zwischen Juden und Griechen, und dann auch zwischen Männern und Frauen, Herren und Sklaven; d. h. Jesus fragt uns, ob und wie eine jede und ein jeder von uns die kollektive, die soziale, also die spezifisch biblische Gemeinschaftsgerechtigkeit erfüllt hat.

Die Verheißung des Ruhens der Armen in Abrahams Schoß (Lk 16,22) ist zugleich *Kriterium* dieses Jüngsten Gerichts, genauso wie die *Tischgemeinschaft* mit Abraham, Isaak und Jakob (Lk 13,28-30). Abraham ist nun einmal *das* Kriterium der Gemeinschaftsgerechtigkeit (Gen 15,6), weil er Vater aller Glaubenden ist: Vater seiner »natürlichen« Kinder, des jüdischen Volkes, wie Vater seiner »geistlichen« Kinder, die Nichtjuden und doch Kinder sind, sofern sie mit dem glaubenden Abraham gesegnet worden sind (Gal 3,9). Und ebenso ist Kriterium des Gerichts, was wir getan oder nicht getan haben einem der geringsten Brüder Jesu (Mt 25,40.45). Jesus wird also dort anerkannt, wo wir für die *Tischgemeinschaft* zwischen Gojim und Juden, Reichen und Armen, Gesunden und Kranken, Gefangenen und Freien gelebt haben. Wo wir nicht für diese Tischgemeinschaften und in ihnen gewirkt haben, haben wir für Jesus selbst keinen Platz gehabt. Nicht abstrakt unsere Werke richten uns, auch nicht abstrakt unser Glaube oder Unglaube; unsere Gemeinschaftsverwirklichung, die richtet uns, denn sie zeigt, ob wir Platz für Jesus hatten oder nicht: für ihn selbst und alle die, die er miteinander vermitteln wollte in seinem Leben und Sterben. Heulen und Zähneklappen werden den Solipsisten überkommen, den Gemeinschaftsunfähigen oder -unwilligen: den Goj, der es nicht richtig oder nicht möglich fand, sich an den Rockzipfel eines Juden zu hängen (Sach 8,23) - so fand er es auch nicht richtig oder möglich, wirklich am wirklichen Jesus, dem Sohn des jüdischen Volkes, zu hängen, den es ohne das jüdische Volk gar nicht gibt; er wird in seinem A- oder Antijudaismus zugrundegehen, der gleichbedeutend mit Blindheit für Jesus ist. Heulen und Zähneklappen wird den Juden überkommen, wenn er in seiner jüdischen Einsamkeit, im Getto seiner Geschichte, ohne Freunde und Helfer in der Welt, ganz nur auf sich gestellt, dastehen müßte, wenn Jesus kommt; hier haben wir den Fall, wo vor Gericht nicht nur jeder für sich selbst stehen muß, sondern wo einer für den anderen zu stehen hat; ist Israel für unsere Miterwählung verantwortlich, so wir Nicht-Juden verantwortlich für Israels Verwerfung, wenn es je dazu käme, will sagen: für die ewige Bestätigung seiner Einsamkeit *vor* Gott, *mit* Gott in der Welt; wir wären ihm dann nicht Genossen, gar Freunde geworden, hätten Israel nicht gedankt, was wir ihm zu verdanken haben, wären nicht in Israels Licht gewandelt, das doch Licht für die Völker war, und so würde unsere Apartheid von Israel dies Volk ewig in seiner Einsamkeit verbittern und verkommen lassen: wenn nicht zu guter Letzt unser Bekenntnis zu Jesus zuallererst praktiziert würde in einer Existenz, die ein einziger Glückwunsch für Jerusalem wäre (Ps 122,6).

Genauso stehts im Verhältnis von Männern und Frauen. Auch dies ist als solches – als Mann/Frau- und Frau/Mann-Verhältnis – justitiabel, weil auch es als Verhältnis der Gemeinschafts- und Bundesgerechtigkeit Gottes geschaffen worden ist: also als Verhältnis der Ebenbildlichkeit zu Gott selbst, und zwar nicht nur der Frau als Frau und des Mannes als Mann, sondern sie in ihrer Beziehung zueinander stehen unter der Berufung, als Gottes Ebenbild zu wirken und sich zu bewähren, also: Verbündete zu sein und darin wahre und wirkliche Menschen. Auch hier wäre Einsamkeit, Sich-allein-Lassen,das Verdammte, das, was auch Jesus und Gott-mit-ihm aus dem Leben verdrängt. Denn die Mann/Frau- Beziehung ist nun einmal, wie die Israel/Völker-Beziehung (unableitbar) dazu erwählt worden, den Bündniswillen Gottes innerhalb der Gattung Mensch zu bezeugen. Natürlich nicht als Ehegebot. Doch aber so, daß die Geschlechter sich nicht alleinlassen sollen, nicht uninteressiert aneinander fühlen, denken und handeln sollen, nicht so, daß Männer zuletzt nur Männer, Frauen zuletzt nur Frauen interessant, wichtig, sinnverheißend finden und entsprechend behandeln. Das sagt gar nichts zu der Möglichkeit lesbischer und homosexueller Sinnbeziehung; aber es sagt sehr wohl , daß gegeneinander exklusive Männlichkeit und Weiblichkeit, strikte und totale, prinzipielle Unempfindlichkeit oder Unwilligkeit dem anderen Geschlecht gegenüber Sinnverlust an der Berufung Gottes wäre, der uns in unserer Differenz zu Bundeszeugen und zur Verwirklichung der Gemeinschaftsgerechtigkeit eingeladen hat. Darum ist es so besonders wichtig, statt nur auf Jesus und seine Jünger – auf diese Männergemeinschaft – vor allem auf Jesus und seine Jüngerinnen zu achten. Bleibt diese Beziehung unbeachtet, dann bleibt Jesus selbst unbeachtet und wird jedenfalls nicht dort gesucht, gefunden und anerkannt, wo er zuerst und wo er zuletzt, in seiner ersten und in seiner letzten Stunde ist: Mann unter den Frauen. Darin erfüllt sich, daß Mann und Frau zum Bilde Gottes geschaffen wurden (Gen 1,26- 27) und daß gleicherweise Jesus Ebenbild Gottes heißt und ist (2 Kor 4,4; Kol 1,15); Ebenbild sind wir Menschen alle und ist Jesus darin, daß wir und er Menschen nur mit den anderen zusammen sind, und zwar so, daß wir *geeint* sind in allen Unterschieden und also »kein Grieche noch Jude, keine Beschneidung noch Vorhaut, kein Barbar, Skythe, Sklave, Freier mehr ist, sondern alles und in allen Christus« (Kol 3,10). Ebenbildlichkeit Gottes ist per definitionem bejahte Sozialität, betätigt und bewährt unter allen,die differieren in der Lebenszeit einer Generation.

Heulen und Zähneklappen wird schließlich sein, wenn Jesu Kommen dann auch die große soziale Revolution und Umkehr bringen wird zwischen den jetzt Reichen und den jetzt Armen. Lukas hat Jesus im Gleichnis vom reichen Mann und armen Lazarus davon sprechen lassen: Der Arme, der jetzt vor der Tür des reichen Mannes liegen muß, bettelnd um Brosamen von der Herren Tische, wird dann in Abrahams Schoß geborgen und getröstet werden; der reiche Mann jedoch wird dann die Hölle der Entfremdung, der großen Kluft zwischen Mensch und Mensch am eigenen Leib und eigener Seele zu spüren bekommen, schreien müssen nach einem Tropfen Wasser für seine schmerzenbrennende Zunge, und er wird nicht Klassengegensatz, sondern viel schlimmer: den Gegensatz von Himmel und Hölle erleiden (Lk 16,19- 26). Die Gewaltigen werden dann vom Stuhl gestoßen, die Niedrigen erhöht werden, hat wieder Lukas Jesu Mutter Maria singen hören (Lk 1,52). Auch eine christliche Gemeinde, wie die von Laodicea, kann sich reich fühlen und gar satt und bedürfnislos und wird doch ihre Illusion über sich selbst aufgedeckt bekommen, »daß du (in Wahrheit) der Elende, Bejammernswerte und arm, blind und nackt bist« (Offb 3,17). Und die umfassendste Umkehr der Lage steht denen bevor, die hier hungern, denn sie werden satt werden (Lk 6,21); die Elenden sollen dann essen, daß sie satt werden (Ps 22,27). Auch darin wird Jesus sich dann endlich den ihm gebührenden Platz sichern. Denn er ist das lebendige Brot, vom Himmel gekommen, das Brot des Lebens, und wer zu ihm kommt, »wird nicht hungern« (Joh 6,33-35). Weil er nicht nur Brot *geben* kann, sondern selbst Brot des Lebens *ist*, darum besteht die Aufrichtung des Gottesrechts, wenn er kommt, vor allem auch in der Sättigung der Hungernden.

Wir haben damit verschiedene *Weisen* der Aufrichtung des Gottesrechts kennengelernt. Gericht ist, wenn wir bei Jesu Kommen bleiben müssen, was wir sind: judenferne Gojim, – einsam gelassene und gebliebene Juden; nur an sich selbst interessierte Männer, nur mit sich selbst beschäftigte Frauen. Gericht kann aber auch eine große Umkehrung der bisherigen Verhältnisse sein – und sie steht gerade für die soziale Kluft bevor. Diese Verschiedenheit der Gerichtsformen können wir nicht vereinheitlichen; sie haben ihre Logik, ihre innere Gerechtigkeit allein im Kern dessen, was Jesu Kommen zum Gericht bedeutet: daß ihm sein Recht endlich öffentlich eingeräumt wird. Dann stellt sich heraus, daß schon immer Gojim und Juden zu gegenseitiger Hilfe bestimmt waren statt zu Solipsismus, – daß Männer und Frauen Gott bezeugen nicht, indem sie sich selber leben und sterben, sondern füreinander, und daß schon eh und je Arme und Reiche an einen Tisch gehörten. Mit Jesu Kommen verliert das alles seine Beliebigkeit und Gleichgültigkeit, da wird die Berufung zum kritischen Kriterium. Und Jesus findet seinen Platz darin, daß sich unsere Verfehlungen, unser Einander-Verfehlen, uns selbst richten wird. Das neue Jesus-Recht wird durchgesetzt sein im Zusammenkommen des Getrennten, in der συναγωγή εἰς ἕν: worunter gewiß keine Einheitssynagoge zu verstehen ist von Juden und Heiden, Frauen und Männern, Armen und Reichen, wohl aber – mit Bonhoeffers Formel – unser »gemeinsames Leben«.

Zu dieser συναγωγή εἰς ἕν gehört nun aber auch die Aufrichtung des Rechts in der allerproblematischsten Differenz, die es überhaupt gibt: die viel problematischer, revisionsbedürftiger ist als der jüdisch-christliche Gegensatz, die männlich-frauliche Verlorenheit, die soziale Klassenkluft: die: *zwischen Lebenden und Toten.*

Wir hörten schon: Dem *Kommen* Jesu von oben unter einem Befehlsruf Gottes wird ein *Entgegenkommen* von unten »dem Herrn entgegen« sich ereignen: das Entgegenkommen der Toten zuerst und danach auch der Lebenden. Auch das ein immenser Vereinigungsvorgang zwischen Getrennten: aller Menschen mit dem »Herrn«, aber so auch – weil *aller* Menschen aller Generationen – der Lebenden mit den Toten (1 Thess 5,16-17). Das ist das endgültige Gericht über die Macht des Todes, das schon am Ostermorgen begonnen hatte, sich nun aber überall durchsetzen muß: von dem einen Todesbefreiten her auf alle Toten und Lebenden hin. Daß dies sich vollzieht in einer großartigen Bewegung von Jesu Kommen und einem Entgegenkommen aller Menschheitsgenerationen, das ist die letzte Verwirklichung der österlichen Öffnung der Zeit. Sie ereignet sich jetzt als Öffnung des Himmels und zugleich als Öffnung der Gräber und als das gemeinsame und nun durch keine Macht der Zeit mehr zu bedrohende Zusammensein des Herrn mit allen Menschen. Jesus schafft sich Recht, indem mit seinem Kommen das Recht der letzten Lebensteilhabe und Gemeinschaft aller, der Toten zuerst und auch der Lebenden, durchgesetzt wird. An allen immer zu früh Gestorbenen, sinnlos Gemordeten, hoffnungslos Beerdigten schafft sich Jesus ein Recht genauso wie an dem ja auch gar nicht so blühenden Leben der »Übriggelassenen«. Und hieran wird es besonders deutlich, wie das Recht, das der zum Gericht kommende Jesus für sich reklamiert, zugleich die Aufrichtung des Gottesrechtes nicht nur: *unter* uns, sondern *für* uns alle mit sich bringt. Er ist, wenn er zum Gericht kommt, der, »der Heil und Leben mit sich bringt«. Die Ambivalenz des

Menschseins in der noch nicht erlösten Welt, zwischen dem uns vorgelegten Leben und dem uns vorgelegten Tod, das Elend der Wahl wird dann beendet sein, weil mit Jesus nicht der Tod erschienen ist, sondern das Leben aus dem Tode.

Bei den *Toten* handelt es sich vor allem um die, die sterben mußten, ehe Jesus kam. Ihr Tod war nicht deswegen schmerzlich, weil sie eine leere Zeit gelebt hätten, leer: weil noch nicht erfüllt von der reichen Erfüllung durch Jesu Leben und Wirken und Sterben und Erwecktwerden. Wir kommen hier auf früher entwickelte Erkenntnisse zurück: Für biblische Menschen gibt es keine leere, so auch keine sinnlose Zeit, sondern nur ereignisreiche, voll erlebbare Zeit; darum empfinden biblische Menschen das Sterbenmüssen nicht als eine Katastrophe; man stirbt auf jeden Fall »lebenssatt« (Hiob 42,17). Schmerzlich ist der vorchristlich-gestorbene Tod also nicht wegen versäumter Gelegenheiten. Im Gegenteil: Weil die Menschen vor Christus sich ja in gespanntester Erwartung auf letzte Durchsetzung ihrer Sendung und ihres Auftrags wußten; mehr noch: weil sie (geleitet von der Gegenwart des Auferstandenen) soviel vom erst noch kommenden Jesus schon wußten, daß die Späteren, was sie vom gekommenen Jesus sagen wollten, nur aussagen konnten, wollten und mußten mit den Worten, Erfahrungen, Hoffnungen der Generationen, die Jesus noch nicht gesehen hatten, war ihr vorzeitiges Sterben so bitter und für sie so unrecht. Darum bedeutet Jesu Kommen zuerst für sie, seine jüdischen Mütter und Väter, Schwestern und Brüder, Einsetzung in ihr noch unerfülltes Recht, jetzt mit ihm eine Gemeinschaft von Angesicht zu Angesicht, in gegenseitigem Lob und Dank leben zu können. Ich bin fest überzeugt davon, daß für das jüdische Israel das Jüngste Gericht darin besteht, daß Jesus unendliche Jubel- und Dankpsalmen für sein Volk singen wird, daß sie, die sich nicht zu ihm bekennen konnten, dem ausgesetzt werden, daß Er sich dann um so bewegter und bewegender zu ihnen bekennen wird und daß wir gojischen Menschen dann Zuhörer sein werden der Lobgesänge Jesu für Israel.

Zu den Jesus entgegeneilenden Toten gehören dann, wenn er kommt, zu richten die Lebenden und die Toten, auch die Vielen, Vielen, die in der Trennung der Sünde von ihm gestorben und also im Unfrieden mit ihm und so überhaupt: friedlos gestorben sind. Sie bedürfen ja einer Revision der tiefen Friedlosigkeit ihres Todes und werden um so begieriger (wie der reiche Mann, das gebrannte Kind) Jesus nicht mehr nur zurufen, sondern ihm entgegeneilen, um die Kluft zu schließen, in der sie – getrennt von ihm – gestorben sind. Sie werden die Gemeinschaft suchen, aber auch finden, die sie bis in ihren Tod hinein verworfen haben, und werden in dieser Gemeinschaft endlich zu ihrem Recht finden, das er ihnen aufrichtet gerade darin, daß er nun zu ihnen kommt, die doch früher nicht zu ihm gekommen waren, als er rief: »Kommt her zu mir alle, die ihr mühselig und beladen seid« (Mt 11,28).

Und so: die sinnlos toten Verhungerten, Gemordeten, Kranken; kurz: Jesu Kommen wird zur zedaka, wird zum allgemeinen Menschenrecht werden, und so wird Gott sich durch ihn an der Menschheit erfüllen.

Das aber richtet auf. Daß wir unsere *Häupter erheben* sollen, darum, daß sich unsere Befreiung naht: das ist Wort in Erwartung des Jüngsten Gerichts (Lk 21,28). Denn Jesus kommt zum Gericht, um uns von den Vernichtungs- und Verführungsmächten endgültig zu befreien, die auf uns äußerlich und innerlich wirken: wie Luther sagt, daß uns der jüngste Tag scheide und sondere von der bösen Welt, Teufel, Tod, Sünde etc. ... donec nos in die novissimo prorsus ab hoc pravo saeculo, diabolo, morte, peccatis *liberatos* separat ac segreget.[53] .Oder anders gesagt: »Durch ihn widerfährt uns frohe Befreiung aus den gottlosen Bindungen dieser Welt« (Barmen II) – ein *Gerichts*wort!

Sodann auch Heidelberger Katechismus Frage 52: »Was tröstet dich die Wiederkunft Christi, zu richten die Lebendigen und die Toten? – Daß ich in aller Trübsal und Verfolgung (!) mit aufgerichtetem Haupt eben des Richters, der sich zuvor dem Gerichte Gottes für mich dargestellt und alle Vermaledeiung von mir hinweggenommen hat, aus dem Himmel gewärtig bin, daß er alle seine und meine Feinde in die ewige Verdammnis werfe, mich aber samt allen Auserwählten zu sich nehme in die himmlische Freude und Herrlichkeit« ...: wozu nur zu sagen ist: Sein *ärgster* Feind bin ja ich ihm, und auch mir selbst bin ich selbst meist mein ärgster Feind. Aber gerade angesichts dessen ist die Hoffnung auf Jesu Kommen eine Hoffnung des erhobenen Hauptes.

Und, fügen wir hinzu: des aufrechten *Ganges*. Die Selbstankündigung Jesu: ἔρχομαι ταχύ macht uns zu Wartenden, macht Christsein zum Leben im Wartestand. Doch hier ist noch einmal eine Unterscheidung anzubringen.

Jesus kündigt sein Kommen an. Aber das heißt für uns nicht: abwarten, die Zeit verstreichen lassen, sehen, was kommt und geschieht: *ob* überhaupt etwas kommt und geschieht. Christliches Warten unterscheidet sich profund von der Art Katastrophenerwartung, die uns im Atomzeitalter einmal mehr, einmal weniger bewußt begleitet, lähmt, deprimiert und in Tatenlosigkeit bannt. Christen warten nicht ab, sie warten auf Jesu Kommen und eilen ihm, von Stunde zu Stunde voller Erwartung, entgegen. Karl Barth hat bei den Blumhardts in Bad Boll die Dialektik des christlichen Wartens kennengelernt: Es ist ein Warten, das zugleich ein Eilen ist – kein gelähmtes, sondern ein tätiges und geschäftiges Warten, beschäftigt damit, dem schon jetzt zu entsprechen, der erst noch kommt. Wem aber diese christliche Dialektik von Warten

53. M. Luther, Auslegung des 2. Glaubensartikels im Großen Katechismus, WA 30 I, 187.

und Eilen zu fromm ist, ist ermächtigt dazu, bei den Juden auch ein wenig jüdische Ungeduld zu lernen und mit allen Kräften das Reich zu bestürmen, dem Kommenden den Weg zu bereiten, Widerstände niederzureißen, Unebenheiten zu begradigen und »fein tüchtig« dem zum Einzug zu helfen, der, wenn er kommt, zu loben ist, weil er da im Namen des Herrn kommt.

Wie Jesus im Richten der Lebenden und der Toten ein Ziel, so hat er auch einen terminus a quo seines Kommens: im *Sitzen zur Rechten Gottes.* Wir haben uns nun zu besinnen auf das »Von dannen« seines Kommens.

Die rechte Hand oder der rechte Arm Gottes sind die bildhaften Benennungen für Grunderfahrungen, die Israel mit Gott gemacht hat. Gottes Rechte hilft (Ps 44,4), erhält (Ps 63,9), siegt (Ps 118,15), hält fest (Ps 139,10), pflanzt (Ps 80,16), mit ihr schwört Gott seinem Volk auch Bewahrung vor seinen Feinden (Jes 62,8). Wie in allen Kulturen ist auch in der Kultur Israels die rechte Hand die »gute«, – die »geschickte«, mit deren Hilfe glückt, was man tut, – die »leichte«, mit der man krampflos schaffen kann, – die »starke«, in der konzentriertere Kraft steckt als in der linken. Von daher kommt's, daß wir »zur Rechten« uns leichter Spielraum schaffen können, den wir an dieser Seite auch mehr brauchen als zur Linken, weil wir hier für gewöhnlich zu größeren Bewegungen ausholen. Der Platz zur Rechten ist also zunächst der Radius, dessen wir zur ausholenden Bewegung unserer rechten Hand, des rechten Arms bedürfen. Darum beanspruchen wir rechts von uns auch mehr Raum für uns als zur Linken: als Handlungsraum. Wieder gilt, wie überall, auch in der Kultur Israels der körperliche Raum zur Rechten als bevorzugter Raum, einer von größter Nähe und zur Selbstentfaltung der Person wichtig. So ist vor allem der Platz rechts vom König der, auf den er den ihm Nächsten, für sein Handeln Unentbehrlichsten, Platz zu nehmen einlädt. Wenn Bathseba mit Salomo, ihrem Sohn, ein ernstes Wort reden will, »stellte man auch für die Mutter des Königs einen Thron hin, und sie setzte sich zu seiner Rechten« (1 Kön 2,19-20). Hier zeigt sich die rechte Thronseite als Ehrenseite. Wurde in Jerusalem ein neuer König inthronisiert, so nahm er seinerseits auf einem Sessel Platz rechts neben der Bundeslade, die in Israel immer als Thronsitz des unsichtbaren Gottes aufgefaßt wurde (Ps 110,1). Und im Segen des Mose, mit dem er vor seinem Tode die Söhne Israels segnete, sang er, wie der Herr vom Sinai her kam, aufglänzte von Seir her, aufstrahlte vom Gebirge Paran, nahte von Meribat-Kades, und wie immer, wenn der Herr kam und aufstrahlte und sich nahte, »zu seiner Rechten brennendes Feuer« loderte (Dtn 33,2); jüdisches Bibellesen hat im brennenden Feuer zur Rechten Gottes die Tora erkannt – sie, das Feuer Gottes, das er gekommen ist, anzuzünden auf der Erde; wenn später in den Jesus-Schriften Jesus zur Rechten Gottes gesehen wird, steht er genau dort, wo Israel die Tora flammen sieht: im Raum intimster Nähe zu Gott.

Die Jesus-Schriften bezeugen nun übereinstimmend, daß Jesus nach seinem Tode dorthin, »zur Rechten Gottes« erhöht worden und daß dies ein Werk der kraftvollen Rechten Gottes gewesen sei (Apg 2,33). Dies scheint ältester Bestand des urchristlichen Bekenntnisses zu sein – und konnte doch nur in Erinnerung an die Hebräische Bibel und nur in ihrer Sprache ausgesagt werden: wie alles christologisch Wichtige. »Der Herr Jesus nun, nachdem er zu ihnen geredet hatte (und alles, was er zu sagen hatte, gesagt hatte), wurde ›aufgehoben zum Himmel‹ und er ›setzte sich zur Rechten Gottes‹« (Mk 16,19); wie Elia wurde er in den Himmel »aufgehoben« (2 Kön 2,11), wie der König Israels »setzte er sich« zur Rechten Gottes (Ps 110,1). Stephanus zwar sah, als er gesteinigt wurde, Jesus zur Rechten der Herrlichkeit Gottes »stehen« (Apg 7,55), doch meist bekannte die Gemeinde, daß er dort saß und thronte, rechts neben Gott, mit ihm »gleicher Kraft und gleicher Ehren« (EKG 96,4). »Was tut er dort? Paulus hat in Röm 8,33-34 darüber ein lebhaftes Wissen geäußert – ein hymnisches, lobpreisendes zwar; aber die Form entspricht der Sache, um die es geht – wie sollte Himmelswissen anders als doxologisch in Menschenkopf und Menschenmund kommen können? Er sieht dort den Prozeß bereits im Gange, der über uns Menschen angestrengt wird. Klage wird dort gegen die Auserwählten erhoben (8,33), wer als Kläger auftritt, hören wir nicht (im Lobpreis Gottes hat der Satan keinen Platz). »Etwa Gott – der uns gerecht erklärt? Wer mag verurteilen? Etwa der Christus Jesus – der Gestorbene, vielmehr der Auferstandene, der sogar für uns eintritt? Wer mag uns scheiden von der Liebe Christi?« – so hat Barth diese Verse in seinem zweiten Römerbriefkommentar übersetzt. Aber Gott als Kläger – nicht als Richter? Christus als Kläger – nicht als Verteidiger? In Barths Übersetzung wird eine Absurdität solcher Vorstellung mitausgedrückt: So *kann* es doch gar nicht sein – obgleich kein Mensch so dran ist, daß er nicht wirklich damit rechnen müßte, daß Gott, daß auch Christus »wider uns« sein und als Kläger gegen uns auftreten *könnten*. Ist es etwa so? Nein, so ist es *nicht*. »Wer will Anklage erheben gegen die Auserwählten Gottes? Gott ist da und macht gerecht! Wer will Todesurteil aussprechen: Der Christus Jesus ist da, der gestorben, noch mehr: der auferstanden ist, der zur Rechten Gottes ist, der auch für uns eintritt« – so die Übersetzung in Barths erstem Kommentar zum Römerbrief, dem Wortlaut wohl eher entsprechend. Gott klagt nicht an – er spricht Recht, er ist die Instanz, vor der Anklage erhoben wird. Allerdings – so wie Paulus es hier sieht, muß der Richter zuallererst die Frage öffentlich ausrufen lassen: Gibt es hier irgendwo überhaupt Ankläger gegen die Auserwählten Gottes? Dieser Richter muß Kläger erst suchen lassen. Er tut's freilich: damit es mit rechten Dingen zugehe. Auch eine Nicht-Anklage müßte ja aktenkundig gemacht werden, auch ein Freispruch. Das Pochen auf sein Recht gehört zum biblischen Menschen, er hat darum keine Angst vor Prozessen. Aber auch der Christus Jesus klagt nicht an. Er steht zur Rechten des Richters und wirkt dort als *Verteidiger* der Angeklagten, tritt für sie ein, macht sich zum Fürsprecher für sie.

In diesem Prozeß geht es nicht um Bagatellen, sondern auf Leben und Tod, um Freispruch oder Verdammnis. Gott kann einem Recht schaffen (δικαιῶν), aber auch mit einem rechten (κατακρινῶν) – wir wissen es schon vom Knecht Gottes und seinem Prozeß, an den Paulus hier nach Form und Inhalt (bis in den Wortlaut hinein) erinnert: Jes 50,8-9. Aber auch der Verteidiger hat beide Möglichkeiten gleichsam in sich, war er doch im Prozeß, den man ihm gemacht hatte, zum Tode verurteilt worden und wirklich auch gestorben, aber Gott hatte ihm Recht geschaffen und ihn unter das für immer gerechte Urteil des Lebens gestellt. Weil er beide Möglichkeiten des Gerichts an eigenem Leib erfahren hatte, eignet er sich einzigartig als Verteidiger; er weiß von innen heraus, was für die Angeklagten auf dem Spiele steht.

Der Gang des Prozesses ist nun allerdings so überraschend wie eindeutig. Niemand meldet sich auf den öffentlichen Aufruf hin, Klage zu erheben. Aus guten Gründen nicht, denn niemand *kann* gegen die Auserwählten Gottes Klage erheben.

Warum nicht? Paulus ist nicht befugt zu der Behauptung, daß sie etwa keinen Anlaß zur Klage böten. Es gibt keine sündlosen Lieblinge Gottes. Der Grund liegt anderswo: sowohl im Richter als auch im Verteidiger. E. Käsemann hat 8,33b – philologisch möglich – übersetzt: »Gott sprach gerecht«; noch ehe jemand Anklage erheben konnte, hatte der Richter in diesem Prozeß sich bereits sein Urteil gebildet, es stand fest, schon ehe der Prozeß überhaupt zustande kam; *diese* potentiellen Angeklagten waren schon in ihr Recht gesetzt worden – wir könnten dabei z. B. an ihre ständige Bewahrung in allen Nöten denken, die es wohl in ihrer Schrecklichkeit zur Trennung von der Liebe Christi hätten bringen *können*: »Dennoch: in all dem triumphieren wir aus der Kraft dessen, der uns geliebt hat« (8,35-39; Übersetzung 8,37 von E. Käsemann). In ihren Nöten stehen sie bereits in ständigem Gericht, in ihrer Bewahrung hat Gott ihnen aber schon ihr Recht als seine Auserwählten zukommen lassen; so bedarf es keines Prozesses in zweiter, höherer, himmlischer Instanz mehr.

Statt »Gott *sprach* gerecht« verstehen die meisten Übersetzer jedoch 8,33: »Gott ist es, der gerecht spricht« (E. Michel), oder: »Gott ist da und macht gerecht« (K. Barth im ersten Römerbrief-Kommentar) – will sagen: Weil *Gott* der Richter ist, muß an ihm von vornherein jede Anklage scheitern. Er ist ein parteiischer Richter für seine Auserwählten, Anklagen haben bei ihm keine Chancen auf Gehör. Er ist als Richter so sehr reines Wohlwollen, daß auch dann, wenn es Klagegründe gäbe, sie bei ihm auf taube Ohren stießen. Paulus begreift Gott hier durch und durch jüdisch: Der Bund mit Gottes Erwählten ist auf ewig unkündbar, und Paulus läßt die Christen hier am unkündbaren Bunde Israels partizipieren.

Dies reine Wohlwollen ist der göttliche Richter freilich nicht an und für sich. Paulus macht faktisch die Aussage über Gott 8,33 nur zusammen mit der zweiten in 8,34: also im Blick auf den, der zu Gottes Rechten wirkt und dort bei ihm als Fürsprecher der Anzuklagenden eintritt. Der aber ist, wie es sich für jeden Verteidiger gehört, erst recht Partei: Wer sollte die Anzuklagenden je von seiner Liebe trennen können? (8,35). Indem Gott auf den Verteidiger zu seiner Rechten hört, ergreift er die Partei der Anzuklagenden und macht jede Anklage zu einem vergeblichen Versuch. Im Blick auf ihn brechen auch die kleinsten Einwände, die jemand gegen die Auserwählten erheben könnte, in sich zusammen. Im Blick auf Jesus verstummt in Gott selbst jede auch nur ferne Möglichkeit zu einer Verdammnis. *Eine* Verdammnis ist genug, Jesus hat sie erlitten, darum soll es von nun an nur noch die Rechtfertigung all derer geben, die in Christus Jesus sind: Es ist in ihnen nun »nichts Verdammliches« (8,1).

Man könnte einen mythologischen Vorstellungsgehalt an dieser himmlischen Gerichtsszene beklagen und ihre Übersetzung in uns faßlichere Bedeutung verlangen. Für Paulus ergab sich dies Ungenügen nicht, denn er verband den himmlischen Prozeß mit irdischer Erfahrung der Christen. Das Wohlwollen des ewigen Richters für die Seinen, die Fürsprache des glaubwürdigen Verteidigers zu seiner Rechten, hat das Leben der Gerechten ja nie vor weltlichen und geistlichen Nöten und Leiden bewahrt. Trübsal und Angst, Verfolgung und Hunger, Blöße, Gefahr und Schwert erfahren sie als Gottes Auserwählte »den ganzen Tag« (8,35-36). Das läßt sie auch innerlich nicht unangefochten – im Gegenteil: Sie erfahren sich auch in ihrem Verkehr mit Gott von den Qualen ihrer Märtyrer-Existenz geschwächt und wissen nicht, was sie beten sollen, wie sich's gebührt (8,26). Aber inmitten ihrer Peristasen machen sie immer neu die Erfahrung eines Gehaltenseins, einer Kraft, die ihnen in ihrer Schwachheit zu Hilfe kommt: Der Geist hilft ihrer Schwachheit auf (8,26). Wie der Geist das aber kann und tut, denken sie in genauer Analogie zu dem, was sie vom himmlischen Prozeß zu wissen meinen. Wie dort der Christus Jesus vor Gott für die Anzuklagenden »eintritt«, so spüren sie in den Schmerzenstagen ihres irdischen Weges den Geist »eintreten« für sie und an ihrer Stelle das beten, was sie in ihrer Schwachheit nicht zu bitten vermögen; die Worte, die sie nicht finden, ersetzt er mit »unaussprechlichem Seufzen« (8,26). Die

Erfahrung ist offenbar für Christen der Paulus-Gemeinden so charakteristisch, daß sie darin die primäre Aufgabe des Geistes sehen; grundsätzlich sagen sie: Er tritt für die Heiligen ein, wie es Gott gefällt (8,27), und entsprechen damit im Tiefsten nicht etwa nur dem, was sie selbst von ihm wissen können, sondern vor allem dem, was der, der die Herzen erforscht, vom Trachten des Geistes »weiß« (8,27): Gott. So verbindet den Himmel und die Erwählten Gottes auf Erden untereinander das Ereignis, daß beide – Christus zur Rechten Gottes und der Geist in der irdischen Not der Erwählten, beide darin in innerster Übereinstimmung mit Gott – sich als Vertreter und Fürsprecher für Anzuklagende einsetzen. Die Fürsprache Jesu zur Rechten Gottes und die stärkende Fürsprache des Geistes in den irdischen Nöten der Gemeinden bilden jenen inneren Zusammenhang, den Paulus in Röm 8 herstellt: In ihm »entmythologisiert« die eine Erfahrung und »Vorstellung« die andere: Wer für sich selbst nicht sprechen kann, für den spricht Jesus im Geist.

Eine Fürsprache Jesu und des Geistes bei Gott war urchristliche Grunderfahrung, vor allem wohl in Zeiten von Schwäche und Verfolgung der Gemeinde. Schon vom Jesus der Markus-Apokalypse hörten sie: »Wenn sie euch dann hinführen, um euch zu überliefern, so sorget euch nicht zum voraus darum, was ihr reden sollt, sondern was euch in jener Stunde gegeben wird, das redet. Denn nicht ihr seid es, die reden, sondern der heilige Geist« (Mk 13,11). Daß auch der Prediger des Hebräerbriefs Jesu (hohepriesterliches) Rettungswerk glatt in eins setzte mit seinem Eintreten für die Menschen (Hebr 7,25), haben wir oben schon bedacht (vgl. § 7.6). Eben so finden wir es im 1.Johannesbrief 2,1: »Wenn jemand sündigt, haben wir einen Beistand, einen Parakleten, beim Vater, Jesus Christus, den Gerechten«.(Und auch hier, wie im Hebräerbrief, finden wir das Werk der Fürsprache und des Beistands eng verknüpft damit, daß Jesus »das Sühnopfer für unsere Sünden ist, aber nicht nur für die unseren, sondern auch für die der ganzen Welt«: 2,2; Jesu Opfertod ist von Gott in sich selbst zur ewigen Fürsprache für die Menschen, für *alle* Menschen gemacht worden; sein Blut schreit für alle zum Himmel.)

Diese »Vorstellungen« der Jesus-Schriften sind nun unmittelbar auch zu *dogmatischer* Tradition geworden. Calvin spricht davon, »daß es uns sehr zugutekommt«, wenn Jesus »zur Rechten des Vaters sitzt. Denn ... er tritt jetzt vor dem Angesicht des Vaters immerdar für uns ein als Beistand und Fürsprecher ... Er wendet Gottes Blick auf seine Gerechtigkeit und von unserer Sünde weg. Er versöhnt den Vater mit uns und bahnt uns mit seiner Fürbitte Weg und Zugang zu seinem Thron. Er läßt den Vater gegen uns gnädig und gütig sein, obwohl er sonst dem elenden Sünder nur Schrecken einflößen würde«

(Inst. II 16.16) – in der einfachen Antwort des Heidelberger Katechismus ausgedrückt: »Was nützt uns die Himmelfahrt Christi? Erstlich, daß er im Himmel vor dem Angesicht seines Vaters unser Fürsprecher ist« (Frage 49).

Nun aber machen wir uns unsere eigenen Gedanken dazu. Vom Sitzen zur Rechten Gottes wollten wir ja schon als dem terminus a quo seines Kommens sprechen, im Dienst einer näheren Bestimmung des Inhalts und der Bedeutung, die das Kommen Jesu qualifizieren.

1. Jesu der Welt in Aussicht gestelltes Kommen ist kein Geschehnis aus der Unendlichkeit, weder aus einer kosmologisch-räumlich noch einer im Sinne des ἄπειρον philosophisch gedachten. Es ist kein utopisches Ereignis und wird die Welt nicht ereilen wie ein science-fiction-Überfall aus irgendwelchen Galaxien. Es ist wichtig, Jesus nicht aus der Leere kommen zu sehen: bei der religiösen Anziehungskraft, die Vorstellungen vom unendlichen Raum schon immer, Freiraum-Mythen einer unendlichen Leere heute besonders ausüben. Zu Jesus kann kein Tao gehören, er kommt, wenn er kommt, nicht aus dem Urgrund der Welt und schon gar nicht als eine von dessen Entfaltungen. Er kommt vielmehr her von seinem Platz zur Rechten Gottes, der nur als Gegenteil eines wie immer gedachten Unendlichen angenommen werden kann. Denn Gottes Rechte ist ein »Ort« größter geschichtlicher Bestimmtheit, wozu immer eine fest umrissene Begrenztheit gehört.

Von ihr können wir allerdings nur in einem uneigentlichen Sinn als von einem »Ort« sprechen – in einem eigentlichen Sinn nur dann, wenn wir »Ort« (wie in einem späteren jüdischen Sprachgebrauch) als einen Namen für Gott gebrauchen: makom kann ja in jüdischer Tradition eine Bezeichnung für Gott sein, in der die vergeblichen Versuche einer kosmologischen Ortung Gottes im Raum überwunden werden mit der Auskunft: Der Gott, der keinen Raum in der Welt hat, ist seinerseits der »Ort« (makom) der Welt und Existenzort seiner Gemeinde; die Welt ist an ihm, nicht er an der Welt zu orientieren.

Aber biblisch entsprechender ist es, die Rechte Gottes als eine Beziehung zu beschreiben.

2. Zwischen Gott und dem zu seiner Rechten besteht eine solche Beziehung, wie sie in alten Monarchien zwischen dem König und dem vom Protokoll zu seiner Rechten Plazierten besteht. Dorthin gehören die Königin , der Thronanwärter, der Wesir, freilich auch – wie wir es am Beispiel der Königinmutter Bathseba ablesen können: der Bittsteller, denn auf seinem rechten Ohr hört der König gut. Es erübrigt sich, die Bedeutung der Rechten Gottes noch ausführlicher zu bestimmen; Calvin z. B. hatte neben der Funktion des Fürbitters vor allem die Prinzenfunktion des Teilhabers an der göttlichen Regierungsgewalt dem zur Rechten Gottes sitzenden Jesus zugesprochen und zur Auslegung das Wort des in den Himmel erhöhten Jesus herangezogen: »Mir ist gegeben alle Gewalt im Himmel und auf Erden« (Mt 28,18) – das Wort von der Königsherrschaft Christi –, und leider wurde in der dogmatischen Tradition diese Herrschaftsfunktion stärker herausgestrichen als die Verteidigeraufgabe; genauso in unseren Gesangbuchliedern zur Himmelfahrt. Wie dem aber sei: Zur Rechten Gottes steht oder sitzt Jesus in größter Nähe zu Gott, und sie ist *funktional*, nicht lokal zu bestimmen.

Wenn Jesus »von dannen« kommen wird, heißt das also, daß er aus nächster Vertrautheit mit Gott kommen wird und darum in der Vollmacht einer Erkenntnis, die nur aus dieser unvergleichlichen Gottesnähe stammen kann. Da er, wie wir nachher noch verdeutlichen müssen, diese Nähe aber nicht aufgeben wird, wenn er zu uns kommt, wird sein Kommen eine Annäherung der Nähe, in der Jesus mit Gott lebt, an die Welt bedeuten, ihre Teilgabe an die Welt, und so nicht nur räumliche, sondern vor allem eine sachliche, inhaltliche An-Näherung von Gott und Mensch sein, wie sie in der Beziehung von Jesus zu Gott und Gottes zu Jesus schon jetzt wirklich ist.

»Kommt« Jesus, »zu richten die Lebenden und die Toten«, bedeutet das auch für das Gericht: Es wird, was immer inhaltlich dabei geschehen wird, ein Ereignis von Nähe, nicht von kalter Ferne sein – keines aus dem unendlichen Abstand eines Rechtssubjekts, das teilnahmslos abzurechnen käme. Das Jüngste Gericht – »von dannen« auf uns zukommend – wird ein unendlich beteiligtes, teilnahmsvolles, nicht über uns hinwegsehendes und hinweggehendes Ereignis sein – eines qualitativer Nähe.

3. Denn Jesus wird »kommen« mitten aus dem vollen Betätigen und Auswirken seiner nahen Beziehung zu Gott. Sie ist ja *tätige*, lebendige Beziehung. Das Imperiale an der Vorstellung von einem zur Rechten der »Macht« thronenden Menschensohn (Mt 26,64) sollte uns nicht etwa jene Vorstellung von Beteiligung erwecken, die in feudalistischen Monarchien nur zu bekannt ist: Man wird dort als Zuschauer der Fürstentümer, Mächte und Gewalten beteiligt, als Publikum der Thronenden, das sich die Anschauung der Hierarchien imponieren läßt und in der Exaktheit der Ordnungen von Rechts und Links und Mitten-inne das Abbild seines Lebens begafft und beklatscht. Jesus zur Rechten Gottes nimmt keinen hierarchischen Status ein. Er *wirkt* dort – und wie wir hörten: vorzüglich als Verteidiger der Menschen. Mitten heraus aus diesem Wirken kommt er, wenn er zu uns kommt. Und wieder gilt: Er gibt dies Wirken dann nicht etwa auf. Sondern im Vollzug dieses Wirkens gründet sein Kommen. Die Prozesse, mit denen er zur Rechten Gottes beschäftigt ist, bringt er, wenn er »kommt«, auf Erden zur Durchführung und zu ihrem Ende. *Diesen* Zusammenhang meint die Verknüpfung, die im Glaubensbekenntnis zwischen dem »Sitzend zur Rechten Gottes« und dem »Von dannen er kommen wird« hergestellt worden ist. Der Prozeßtermin wird aus der Verhandlung zwischen Gott, dem Richter, und Jesus, dem Verteidiger, auf die Erde, in unsere Lebenswelt hinein, vertagt. Jesu »Kommen« ist, so gesehen, auch die Entmythisierung seines »Sitzens«.

Für den Glauben entscheidend daran ist, daß die Verknüpfung von himmlischem und irdischem Gericht auch hier inhaltlich zu begreifen ist. Wenn Jesus kommt, zu richten die Lebenden und die Toten, wird dies kein *anderes* Gericht sein als das, das zwischen Gott und ihm in der Höhe ihres Thronens schon verhandelt worden ist. »Von dannen« kommend, wird Jesus in der Vollmacht, im Namen Gottes kommen. Dazu gehört aber, daß er genau als der kommen wird, der er zur Rechten Gottes ist: als die rechte Hand Gottes, als Verteidiger der Menschen also, als der, um dessentwillen das Urteil schon gesprochen ist: »Es ist nun nichts Verdammliches an denen, die in Christo Jesu sind« (Röm 8,1). Das Jüngste Gericht wird die irdische Proklamation und der weltliche Vollzug dieses himmlischen Gerichtsurteils sein. In der christlichen Eschatologie gehört es u. E. zu den Mängeln der Lehre vom Letzten Gericht, daß der Wirkungszusammenhang nicht genug bedacht wird, aus dem heraus Jesus kommen wird. Wird, wie in der Tradition, Christus als Weltrichter erwartet, haben wir den Richter zu erwarten, den Gott längst als unseren Verteidiger – nicht etwa nur: approbiert, dessen Urteil er vielmehr längst zu dem seinen gemacht hat. »Von dannen« steht Christus mit *gutem* Recht zu erwarten.

4. Dieser gute Zusammenhang besteht aber deswegen, weil Jesus, wenn er zu uns »kommt«, seine nahe Beziehung zur Rechten Gottes nicht verläßt und aufgibt, – weil er auch dann jene Tätigkeit nicht beendet, in der er in dieser Beziehung wirkt. Karl Barth hat, dazu angestoßen von Calvin, eindringlich darauf aufmerksam gemacht, daß im Apostolischen Glaubensbekenntnis, nachdem alles irdische Wirken Jesu in der Vergangenheitsform ausgesprochen worden ist, das Sitzen Jesu zur Rechten Gottes – nur dies – in der Gegenwartsform bekannt wird: »Er *sitzt* zur Rechten Gottes, des allmächtigen Vaters«.[54] In seiner Zeitform unterscheidet es sich von allen anderen Inhalten der Werke Jesu. Empfangen vom Heiligen Geist, geboren von Maria, der Jungfrau, gelitten unter Pontius Pilatus, gekreuzigt, gestorben, begraben, hinabgestiegen in das Reich des Todes, am dritten Tage auferstanden von den Toten, aufgefahren in den Himmel – das alles darf (ja muß um seines besonderen geschichtlichen Charakters willen) in der Vergangenheitsform gesagt werden. Und daß er von dannen »kommen« wird, gehört inhaltlich-notwendig (nicht nur chronologisch-formal) in die Zukunftsform. Aber jene Vergangenheiten

54. K. Barth, Das Glaubensbekenntnis der Kirche. Erklärung des Symbolum Apostolicum nach dem Katechismus Clavins, Zürich 1967, 104f.

und diese Zukunft werden zusammengehalten durch das eine Geschehen, das ein ewiges Geschehen ist und von dem darum (wieder inhaltlich-notwendig) im Präsens die Rede sein muß. Dies Präsens ist nämlich die Substanz an allem, was als Vergangenheit und Zukunft von Jesus zu bekennen ist. In allem, was er auf Erden tat und wieder tun wird, wirkte er das eine, das er tut, indem er zur Rechten Gottes sitzt. Jesu Wirken ist *insgesamt* eine einzige ewige Fürsprache bei Gott für unsere Sünden, »aber nicht nur für die unseren, sondern auch für die der ganzen Welt« (1 Joh 2,2). Was er war und was er wird, ist eins und ganz in dem, was er jetzt und ewig ist und – *tut*. Das ist die Kraft, die auch sein »Kommen« mit seinem »Sitzen« zusammenhalten kann. Jesus gibt *nichts* auf, wenn er kommt. Er gibt uns dann teil an dem, was er ewig tut; das ist das Neue, wenn er kommt, die spezifische Qualität seines Kommens.

5. Seinen »eschatologischen Charakter« erhält das Kommen Jesu nach dem Gesagten nicht von seiner futurischen Zeitform, sondern von seinem Inhalt. Weil Jesus, wenn er als Richter kommt, für uns eintreten und nicht »wider uns« sein wird, können wir ihm nur begegnen mit dem baruch habba: »Gelobt sei, der da kommt im Namen des Herrn!« (Mt 23,39). Wir wüßten nichts Höheres über unser Verhältnis zu ihm zu denken als diesen Jubel, mit dem, der kommt, *begrüßt* werden wird von allen.

4. Die Zukunft des Gekommenen

Der kommen wird, war schon da.

Sonst hätten wir bei allem Warten nichts zu hoffen. Wir warten aber mit gutem Grund.

Dies ist der Sinn der Formel von einer »Zukunft des Gekommenen« (W. Kreck), die wir nun entfalten wollen.

Als wir oben das Kommen Jesu als eine Seinsweise, den chronologischen Ausdruck als eine ontologische Aussage beschrieben, hatten wir bereits an die Fülle von Texten in den Jesus-Schriften erinnert, die schon Jesu Wirken bis zu seinem Tode in dem Begriff seines »Kommens« zusammenfaßten. Als er einst da war, in den Tagen der Jahre seines Lebens, Mensch unter Menschen, war er bereits ein Gekommener. Mit den Worten von seinem Gekommensein waren seine Handlungen als Aktionen seiner Sendung durch Gott bezeichnet, aber so, daß nicht nur einzelne Taten, sondern sein wirkendes Dasein in seiner Ganzheit unter der Sendung Gottes aufgefaßt werden sollte, er wirkte insgesamt als Gottes Gesandter, und insofern hieß er: der von Gott her, in dessen Namen und Auftrag Gekommene. Darum wird die Gemeinde, die auf sein künftiges Kommen wartet, das Kommen des Gekommenen erwarten.

Christlicher Sprachgebrauch hat sich daran gewöhnt, Jesu künftiges Kommen als »Wiederkunft« zu bezeichnen. Das kann logischen Sinn machen, wenngleich es sachlich nicht genügend genau ist. Denn einerseits wird Jesu künftiges Kommen nicht eine einfache Wiederholung seines früheren Gekommenseins werden, keine Wiederkehr des Gleichen. Zuviel war ja an Jesus und durch ihn derweil geschehen: sein Tod, sein Begräbnis, seine Erweckung, seine Erhöhung zur Rechten Gottes, sein Wirken dort und von dort her in der Kraft des Geistes; und damit ja: die Welt-Revolution, nämlich die Entmachtung der Todesgewalt als letzten Horizonts von Sein und Zeit der Menschen. Wird Jesus in Zukunft kommen, wird er in eine Welt kommen, die er längst unter *neue* fundamentale Bedingungen ihres Seins gestellt hat, und zu Menschen, die längst nicht mehr sündigen *müssen*, weil mit dem Tod auch der Sünde ihre Zwangs- und Verführungsgewalt bestritten, ja gebrochen worden ist. Der künftig Kommende kommt in eine *andere* Welt, und dies nötigt uns, Inhalt und Qualität dieses Kommens zu unterscheiden von den Zielen, Wirkungen und Leiden seines früheren Gekommenseins. Er wird in eine Welt ohne jene Widerstandskräfte gegen Gott kommen, die sie einst Jesus entgegengesetzt und denen sie ihn unterworfen hat. Die mit dem künftigen Kommen Jesu verbundenen apokalyptischen Bilder bezeugen sein Kommen in eine in ihrem weltlichen Bestand gebrochene Welt. – Überdies ist Jesu Kommen ja wirklich eine Seinsweise und nicht einfach zu unterscheiden in sein früheres Gekommensein und in sein künftiges Wiederkommen. Denn: »Er kommt auch noch heute« (vgl. Prolegomena § 2): in der Begleitung des Geistes, die er seinem Wort auf Erden zuteil werden läßt, auch im Geistesschutz, in dem er mit seinen auf Erden bedrängten Zeugen ist, – auch in Geistwirkungen, in denen er den in der Jetztzeit einander Nahen, aber auch einander Fernen (den Christen mit den Juden,den Christen mit den Nichtchristen) Erfahrungen eines unerwarteten Wiedererkennens und so Vorwehen seines Friedens schenkt: Zeichen seines ständigen Betens zu Gott, »daß sie alle eins seien«. Sein starkes Kommen *heute* wäre übersehen, wenn wir seinem früheren Gekommensein ein einfaches künftiges *Wieder*kommen entgegenstellten.

Sein früheres Gekommensein und künftiges Kommen sind darum als zwei Verwirklichungsformen seines einen Wirkens, der einen Sendung seines Kommens,zu verstehen. Wichtig ist, hier nicht etwa nur von zwei Aspekten oder Modalitäten seines einen Kommens zu sprechen – als handelte es sich dabei nur um Unterschiede unseres Sehens, unserer Erfahrungen oder Standorte dem Geschehen seines Kommens gegenüber. Als wir oben von Jesu Zeithandlungen sprachen, betonten wir, daß alle Zeitbestimmungen im Sinne der Bibel von den je verschiedenen Inhalten her zu begreifen sind, mit denen Jesus seine Gezeiten erfüllt – nicht von unseren formalen Wahrnehmungsmöglichkeiten von Zeit. Anders füllte Jesus seine und unsere Zeit, als er da war, anders wird er sie füllen, wenn er kommen wird.

Nachdem wir die inhaltlich wichtigen Differenzen seines Kommens unterschieden haben, ist nun aber auch möglich und nötig, den Sinn zu beachten, den es hatte, wenn die Jesus-Schriften das inhaltlich Verschiedene mit dem einen Wort von seinem Kommen unter die Leute brachten.

Der kommen wird, war schon da. Der Kommende ist der Gekommene.

1. Formal ist dieser Satz eine Auslegung der Mittelstellung des ὁ αὐτός im Trostruf des Predigers an die Hebräer 13,8, den wir schon auslegten (vgl. oben § 8.2). Die Rede von der Zukunft des bereits Gekommenen dient dem Zeugnis für die *Identität* dessen, der da kommen wird.

Wir sagten: Er kommt in eine Welt und Menschheit, die unter fundamental veränderten Bedingungen ihrer selbst steht, und dies wird die Inhalte seiner Sendung verändern. Aber er ist es selbst, der kommen wird. Auch das mußten wir schon sagen: Nicht nur durch ihn, auch *an* ihm ist derweil viel geschehen. Er hat den Tod geschmeckt, aber auch Leben und unvergängliches Wesen. Aber, und das ist der erste Sinn der Formel von der Zukunft des Gekommenen: Er ist darum und darin kein anderer geworden. Gott hat dafür gesorgt, daß er in allen Widerfahrnissen, die von Menschen und von Gott ihm widerfuhren, sich treu, er selbst bleiben konnte. Gott hat zur Vollendung der Sendung Jesu keinen neuen Menschen vom Himmel gesandt, sonden den alten Menschen aus dem Grabe geholt. Er hat gar nicht daran gedacht, etwa seinen ewigen Sohn anstelle Jesu von Nazareth zu setzen und so eine ewige »Sendung« durchzusetzen ohne Rücksicht auf »Personen«. Die Identität des Auferweckten mit dem Gekreuzigten ist eine ewige Entscheidung Gottes. Sie war und bedeutete keine Zurücknahme oder Überwindung der Menschlichkeit Jesu von Nazareth, auch keine Überlagerung der menschlichen durch die göttliche »Natur« Jesu, auch nicht ihre Vergeistigung oder Durchgeistung, so daß der Fleischesleib des Getöteten durch einen Geistesleib des Erhöhten ersetzt worden wäre – wie Gnostiker aller Zeiten es gerne dachten und denken. Der Auferweckte selbst demonstriert seine Identität an den *Wunden*, die ihm die Menschen schlugen (Joh 20,24-29), er wird sie nie verlieren. Darin ist aber auch begründet, daß der Kommende sich gleich bleibt mit dem Gekommenen. Wir müssen nach Ostern seine bleibende Identität als den Vollzug einer Selbstentscheidung Jesu im Gehorsam gegen den an ihm vollzogenen Willen Gottes begreifen. Er will gar nicht als ein anderer kommen. Dafür zeugt, daß er aus dem vollen Vollzug seines Dienstes der Fürbitte kommen wird – den er seit seiner Erhöhung zur Rechten Gottes ausübt und von dem Paulus nicht beliebig, sondern mit der Notwendigkeit der Osterentscheidung Gottes sagte, daß es der Dienst des Christus Jesus sei, »der gestorben, ja noch mehr, der auferweckt worden ist« (Röm 8,33). So müssen wir sagen: Jesus nimmt sich zusammen, wenn er kommt, läßt nichts von den Widerfahrnissen, die ihm widerfahren sind, hinter sich, vergißt nichts, verbirgt nichts, schämt sich nichts, *er lebt sich aus*, indem er kommt.

2. Daß er, wenn er kommt, der Gekommene ist, heißt: Er weiß, *wohin* er kommt, wenn er kommt, zu richten die Lebenden und die Toten. Er kommt als Richter nicht in die Fremde, sondern in einem bis dahin auch ihm unbekannten Sinne:in sein Eigentum, in die an ihm schon gescheiterte, darum durch ihn veränderte und wieder darum nur um seines Kommens willen noch bestehende Welt. Daß heißt nicht, daß er darum von dieser Welt auch erwartet würde – nicht aller Augen warten auf ihn. Aber Gott erhält nach der Tötung Jesu die Welt um Jesu willen – mit ihr versöhnt -, um sie über ihre schon eingetretene *Veränderung* hinaus auch noch einer kompletten *Erneuerung* entgegenzuführen. Aus den Erfahrungen seines früheren Gekommenseins sieht Jesus auch bei seinem Kommen zwar in ihrer Wirkung schon gebrochenen, aber noch nicht völlig vertriebenen Widerständen der Menschen und in den Menschen entgegen. Darum wird sein Kommen ein wirkliches Gericht sein, wo unterschieden und geschieden, gesammelt und zerstreut, Ja und Nein gesagt werden wird. Nur wird diesmal nicht er es sein, der dem Gericht unterzogen wird, sondern er, der dem Gericht schon ausgesetzt war, der an sich selbst erfahren hat, was es heißt, ein Gerichteter zu sein, wird zum Richten kommen im Wissen darum, wie es zugeht und worum es geht, wenn ein Mensch ins Gericht genommen wird. Er kennt den Schmerz des Erleidens von Gericht und den Triumph des Freispruchs. Er wird richten als im Gerichtetwerden Erfahrener. So weiß er von innen her, was denen bevorsteht, zu denen er als Richter kommt. Aber gerade darum weiß er auch gut, was er hier will und muß, wenn er kommt, zu richten die Lebenden und die Toten. Er *versteht* nicht nur die, zu denen er kommen wird, er weiß vor allem, was er von ihnen will, was er nämlich für sie will. Wie alles sein wird, wenn er zum Letzten Gericht kommt, ist ihm vertraut, und diese Vertrautheit bestimmt das, was er will, wenn er kommt. Es kennt jetzt der Herr die Seinen. Und die anderen auch.

3. Der Kommende ist umgekehrt auch *wiedererkennbar* für die, zu denen er kommt, weil er schon da war.

Gegenüber dem letzten Kommen Jesu kann es nicht mehr jene Unsicherheit geben, die einst die (christologische) Frage nötig machte: »Bist du, der da kommen soll, oder sollen wir eines anderen warten?« (Mt 11,3). Der einst Gekommene hatte die Fragenden damals an ihr eigenes Wahrnehmungs- und Urteilsvermögen zurückverwiesen; was sie selbst sehen und hören, sollte ihr eigenes Urteil begründen (11,4-5). Diese Unsicherheit fällt nun dahin, denn nun wird er sie nicht mehr nach ihrem Urteil über ihn fragen, sondern wird sie sein Urteil über sie hören und sehen lassen. Dabei werden sie sich selbst in bis dahin ungeahnter Weise kennenlernen: aber vor allem unmißverständlich nun auch ihn. Das Gericht wird ja nicht nur über sie an sich und als solche urteilen, sondern über ihr Verhältnis zu Gott, und darum zu ihm. Es wird für sie im Gericht also zugleich mit ihrer Selbsterkenntnis vor allem um seine Erkenntnis gehen. Das Gericht wird in seiner Substanz, seinem tiefsten Sinn, das Ereignis eines Wiedererkennens sein: Den ihr habt kreuzigen lassen – der ist's; der Lukas der Apostelgeschichte hat in den Reden der Apostel, die dort gehalten werden (Apg 2,23-24),die Substanz des Letzten Gerichts schon in jenem Wiedererkennen vorweggenommen, zu dem dort die Hörer der christlichen Predigt gerufen werden. Wozu die Predigt nur rufen konnte, das wird im Jüngsten Gericht das große Ereignis des Wiedererkennens Jesu sein, der bis dahin nicht nur zur Rechten Gottes, sondern im Sinne seiner Sendung, seines Handelns, auch: seiner Person verborgen war.

Unser Ausdruck »Wiedererkennen« scheint jenes Ereignis zu beschränken auf die, die den Kommenden als schon Gekommenen kannten. Aber solche Beschränkung ist nicht gemeint. Auch die, die ihn noch nie gekannt haben und ihm dann zum ersten Mal begegnen werden, werden ihn wiedererkennen. Denn Gott hatte schon immer dafür gesorgt, daß Jesus – wie genau oder ungenau, direkt oder indirekt, namentlich oder auch namenlos-anonym auch immer – erkennbar war: *als* einer aus dem jüdischen Volk, in einem der Hungrigen, Durstigen, Fremden, Nackten, Kranken, Gefangenen, aus deren Not Jesus herausschrie (Mt 25,31-46). Das Gericht wird darin bestehen, daß dies allen aufgehen wird: allen zur Freude – begleitet von wieviel Schrecken über vorherige Blindheit und Unberührtheit von Jesus auch immer. Darin, daß der Kommende der Gekommene ist, wird das Gerichtsereignis im Letzten ein Ereignis von Vertrautheit werden. Zu Ende wird die Hetze sein: Siehe, hier ist der Christus – siehe, dort (Mk 13,21), und wenn er kommt, wird Jesus nicht mehr verwechselbar sein mit vielen, die in seinem Namen auftreten, sich mit seinem Ich schmücken »und sagen: Ich bins«, und »werden viele irreführen« (Mk 13,6). *Das Gericht wird das Ich Jesu unverwechselbar machen*, es für immer klären, es wird ihn endlich identifizieren. So wird das Letzte Gericht auch noch einmal ein Widerfahrnis sein, das *ihm* geschieht: endliche Aufklärung seiner selbst in der Welt, Erkanntwerden und Anerkennung, Gewinnen seines »Ich bins« und damit dann erst öffentliches Bekenntnis zu jener Gemeinschaft, die besteht, wenn Gott sagt: »Ich bin« der Herr, dein Gott, und wenn,im gleichen Atemzug, dann auch Jesus sagen *kann*: »Ich bin« der Weg. Die Formel vom Kommen des Gekommenen benennt das Gericht in diesem Sinne als Identitätsereignis.

4. Die Formel vom Kommen des Gekommenen formuliert als weitere Einsicht: die *Offenheit des Kommenden für* seine und unsere *Vergangenheit.* Wir sagten schon: Er läßt nichts von den Widerfahrnissen hinter sich, die ihm widerfahren sind, vergißt nichts, verbirgt nichts, schämt sich nichts. Wir können auch sagen: Der kommende Jesus erinnert sich seiner selbst. Dies wird gewiß ein Moment, in dem sein Kommen zur Anklage gegen uns werden wird; denn dann erinnert er sich auch dessen, was wir ihm »getan« und »nicht getan« haben (Mt 25,40.45). Wir werden dann der Selbsterinnerung Jesu Rede und Antwort stehen müssen. Aber sein Wille, sich bei seinem Kommen seiner Vergangenheit zu erinnern, kann uns auch entlasten und befreien. Denn damals hat er sich nicht nur den Widerspruch der Menschen antun lassen, er hat ihn auch getragen und starb am Kreuz mit der Bitte an Gott, er möchte denen vergeben, die ihm widerstanden haben (Lk 23,34). Der Gekommene war ja zum Heilandswerk gekommen, die Liebe Gottes für die Welt zu bezeugen, sie aber auch zu leben und von sich ausströmen zu lassen. Wie er als Kommender offen bleibt für die Leiden, die wir dem Gekommenen zugefügt haben, so bleibt er erst recht offen dem *Gottesziel* der Sendung in seinem Gekommensein. In seinem Kommen öffnet er seine *ganze* Vergangenheit noch einmal für die Zukunft der Welt. Er will mit seinem Kommen seine Vergangenheit nicht überholen, sondern gerade sie in die Zukunft der Welt und der Menschheit hinein *bergen.* Dies ist die unverzichtbare innere Notwendigkeit für die Erwartung eines neuerlichen Kommens Jesu (abstrakt: für »futurische Eschatologie«): Die Vergangenheit Jesu soll entbunden werden davon, nur Vergangenheit zu sein, sie soll geborgen werden in die Zukunft.

Nur Jesus ist dazu in der Lage. Nur ihn hat Gott gesegnet mit der Kraft, die Habgier der einzelnen Gezeiten zu brechen, die für sich behalten wollen, was sie haben. Jesus kommt, um den Gewinn seines Gekommenseins die Vergangenheit nicht horten zu lassen, – um selbst mit dem Pfund zu wuchern, das Gott einsetzte, als er Jesus sandte und kommen ließ. In seiner Zukunft will Jesus seine Vergangenheit ausspielen in der Welt. Darum: »Die Zukunft des Gekommenen«.

5. Warten auf Jesus

Wurde er denn erwartet?

Wir rücken unsere Besinnung auf Jesus, den Kommenden, nun einen weiteren Schritt zurück. Fragten wir zuerst nach seinem Kommen, sodann nach seinem Gekommensein (in Hinblick auf sein Kommen), wollen wir jetzt fragen, ob der Gekommene *erwartet* worden ist, so daß man ihn als den schon längst Erwarteten bezeugen kann.

Die christliche Lehre hat dies immer behauptet. Aussagen der Jesus-Schriften von Erfüllung alter biblischer Verheißungen durch Jesus und in ihm wurden durch den Gedanken unterstützt, Jesus sei von den Müttern und Vätern Israels erwartet worden und die Schriften der Hebräischen Bibel bezeugten dies auf zwar geheimnisvolle, in ihrem Inhalt aber – bis auf die Bekanntschaft mit seinem Namen – schon klar umrissene Weise. »Was der alten Väter Schar höchster Wunsch und Sehnen war und was sie geprophezeit, ist erfüllt in Herrlichkeit. Zions Hilf und Abrams Lohn, Jakobs Heil, der Jungfrau Sohn, der wohl zweigestammte Held hat sich treulich eingestellt« (EKG 11,2-3).

Diese Behauptung wurde in der christlichen Theologie in der größten Positivität vertreten, als glatte Tatsache ohne Wenn und Aber, d. h. ohne größere Hemmungen sei es gegenüber einer biblischen Verifizierbarkeit, sei es gegenüber den handgreiflichen Folgen davon. Eine der stärksten antijüdischen Emotionen des christlichen Bewußtseins ist hierin begründet: Die Juden haben »den Herrn Jesus nicht erkannt«, obgleich er sich doch gerade ihnen »erkennbar« gemacht hatte, als er unter ihnen wirkte, mehr noch: obgleich niemand in der Welt so wie sie praedestiniert dazu war, ihn zu erkennen. Denn ihre eigenen Schriften bezeugten ihn, ja ihre Mütter und Väter selbst, vor allem ihre Propheten, hatten ihn angekündigt und erwartet. So ist es Versagen gegenüber ihren eigenen Traditionen, wenn sie ihn nicht erkannten – Schuld, daß sie das nicht taten. Über die Frage, was das denn heißen soll: »Jesus erkennen«, hat das Kirchenvolk kaum näher nachgedacht, und die Theologen kannten dafür zwar differenziertere Problemstellungen, ihre Antworten strebten aber – auf höherem Niveau, versteht sich – ebenfalls eine positivistische Lösung an: im *trinitarischen* Denkzusammenhang. Wir erwähnten oben schon die alte Faustregel beim Lesen der Hebräischen Bibel: Wo Gott – da Christus. Dogmatisch verfeinert, vermittelte sich der Gedanke, daß Jesus in Israel überall erwartet wurde, über die Bindung des Heiligen Geistes wie an Gott den Vater, so auch an den ewigen Sohn Gottes: qui ex patre filioque procedit, der vom Vater und dem Sohn ausgeht (Nicänisches Glaubensbekenntnis). Klar war: Die großen Gotteszeugen Israels – Richter, Könige, Propheten – handelten geführt vom Geist Gottes, dachten und sprachen auch in seinem Geist, und das gab allem, was sie taten, dachten und sagten, Wirkungskräfte über ihre Lebenstage hinaus; kraft des Geistes blieben viele von ihnen gute Vorbilder für die Späteren, ja sogar Idealbilder für kommende, bessere Tage; vielfach wünschte, hoffte man sogar, es möchte doch bald so ein begeisternder, weil vom Geist gesegneter Zeuge abermals in Erscheinung treten und in Israel zu wirken beginnen. Eine Überzeugung von großer Geistesgegenwart

Gottes in Männern wie Mose, Abraham, David, den großen Propheten zumal, war auch jüdisch verbreitet – darum in talmudischer Zeit die so bewegte Klage über das Verschwinden des Geistes und der Prophetie aus Israel. Christen teilten diese Überzeugung mit den Juden. Nur war für sie zwischen Ostern und Pfingsten (schon am pfingstlichen Ostern, spätestens am österlichen Pfingsten) klar, daß »der Herr der Geist« ist (2 Kor 3,17); Christus hatte ihn bei seinem Abschied zu senden versprochen (Joh 16,7); er selbst war »zum Sohne Gottes voll Macht« eingesetzt worden »nach dem Geist der Heiligkeit kraft der Auferstehung von den Toten« (Röm 1,4) – er selbst war ein *Geistereignis.* So verwundert der Gedanke nicht, daß dort, wo die Mütter und Väter Israels vom Geist in ihren Werken und Reden durchdrungen waren, sie – über eigenes Wissen und Verstehen hinaus – geheimnisvoll von Jesus durchdrungen waren: ein bis an den Rand der Zeit historisch-kritischer Bibellektüre nie bezweifelter, in sich evidenter Gedanke. Jesus war, Jahrtausende vor seiner Geburt, dort real präsent,wo Menschen vom Geiste des Gottes Israels getrieben waren. Er war es noch nicht namentlich, nichts desto weniger aber wirklich. Sie *konnten* ihn in den Jahrtausenden zuvor nicht nur kennen, sie kannten ihn auch *wirklich.* Er war ihnen, sie waren ihm heimlich-unwissend vertraut. Wenn auch Martin Bubers berühmter Satz, er kenne Jesus als seinen jüdischen Bruder »von innen«, wie kein Christ ihn kennen könne,[55] aus anderen Vorstellungszusammenhängen herrührt – rührt er dennoch an den Realitätsgehalt, an den die kirchliche Theologie mit ihrer Lehre von der Praeexistenz Jesu in dem Israel begleitenden und führenden Geist Gottes dachte. Israel ist eh und je mit Jesus intim, weil Jesus im Geist Gottes eh und je mit Israel intim war. Sie gehören von ewig her ungeteilt und unteilbar zusammen.

Die kirchliche Dogmatik konnte dies z. B. so ausdrücken, daß sie zunächst – wie im Nicänischen Glaubensbekenntnis – lehrte, der Heilige Geist, die dritte ewige Seinsweise Gottes, habe »durch die Propheten gesprochen«: qui locutus per prophetas. Wir besitzen aber aus früherer Zeit noch aufregendere Zeugnisse. Irenaeus von Lyon z. B. überliefert uns um 190 n. Chr. ein Glaubensbekenntnis, in dessen zweitem Artikel nur gelobt wird: Wir glauben »an den einen Christus Jesus, den Sohn Gottes, der Fleisch ward zu unserem Heil«; erst im dritten Artikel werden alle Heilandswerke Jesu dem Wirken des heiligen Geistes verdankt: Wir glauben »an den heiligen Geist, der durch die Propheten verkündet hat die Heilsveranstaltungen und das Kommen und die Geburt aus einer Jungfrau und das Leiden und die Auferweckung von den Toten und die fleischliche Himmelfahrt des geliebten Christus Jesus, unseres Herrn: und seine Ankunft aus den Himmeln in der Herrlichkeit des Vaters,

55. Vgl. M. Buber, Zwei Glaubensweisen, 11f.

um alles zusammenzufassen und aufzuerwecken jedes Fleisch der ganzen Menschheit, damit er gerechtes Gericht an allen vollziehe«.[56] Jesus in allen seinen Taten wurde vom Geist durch die Propheten verkündet. Die Kirche war aber immer der Meinung, daß dies nicht nur eine teleologisch, d. h. nach vorne, auf Zukunft gerichtete, sondern auch eine ontologische, d. h. gegenwärtigem Berührtsein von Jesus entspringende Prophetie war.

Uns Heutigen ist das Unhistorische an dieser Jahrtausende geltenden Vorstellung unerschwinglich geworden. Dennoch sollten wir aller Kritik zum Trotz das *Motiv der Bezugsintimität*, die dadurch *zwischen Jesus und Israel* behauptet wurde, nicht gering achten. Wenn wir heute, neu denkend, darauf aus sind, Jesus und Israel wieder zusammenzubringen, muß uns jede Tradition recht sein, die uns wenigstens in dieser Absicht Recht gibt; wir sind für eine Erneuerung des christlich-jüdischen Verhältnisses aus den eigenen Wurzeln unseres Glaubens nicht so reich, daß wir auf irgendeine Appellationsinstanz für unser Vorhaben in der Geschichte und Lehre der Kirche verzichten könnten. Gerade, wenn wir uns in dieser Arbeit auch ökumenisch verständlich machen und z. B. die Ostkirchen für unseren Weg gewinnen wollen, in denen etwa das Nicaenum und die altkirchliche Dogmatik überhaupt in ganz anders unbeschädigtem Ansehen als bei uns Westeuropäern stehen, haben wir an sprechender Tradition nichts zu verschenken.

Dies vorausgesetzt, machen wir uns freilich nicht blind für die *antijüdische* Wirkungsgeschichte gerade dieser theologischen Gedanken. Die Projektion einer Realpräsenz Jesu in die Hebräische Bibel und in die Geschichte Israels wurde de facto ein besitzergreifender Feldzug imperialen christlichen Geistes und diente dazu, Israel zu »enterben« (B. Klappert).[57] Alles spricht für uns Christen, wenn Jesus auch im Alten Testament wirkt und spricht. Darum ist es unverständlich, wenn »die Juden« das nicht merken, und unentschuldbar, wenn sie es nicht wahrhaben wollen. Durch ihr Nicht-Begreifen enterben sie sich selbst.

Was ist denn dran an diesem Präexistenz-Denken?

Beobachten wir das von Irenaeus überlieferte Credo, fällt uns folgendes Bemerkenswerte auf: *a.* Die Fleischwerdung des Wortes wird hier *nicht* zu den Werken gezählt, die der heilige Geist durch die Propheten verkündet hat. Sie allein bildet den Inhalt des Zweiten Artikels, – offenbar ist hier noch bewußt, darin etwas spezifisch und nur Christliches zu haben, für das Israel und seine Propheten *nicht* in Anspruch genommen werden können. Natürlich las-

56. Irenäus, c. haer. I, 10.
57. B. Klappert, Israel und die Kirche. Erwägungen zur Israellehre Karl Barths, TEH 207, bes. 14ff.

sen sich auch noch andere Gründe für diese bemerkenswerte Differenzierung denken: In der Fleischwerdung des Wortes geht es um das *Person*geheimnis Christi, während davon seine *Werke* durch ihre Zuweisung zum Dritten Artikel unterschieden werden. Ferner werden auf diese Weise christologische von soteriologischen Aussagen abgesetzt: Christus in Person ist der Grund unseres Heils, dessen Verwirklichung dagegen das Werk des Heiligen Geistes durch ihn ist. – *b.* Für unseren Zusammenhang interessiert uns die kleine Nuance, daß das von den Propheten verkündigte Werk des heiligen Geistes in einer Kette von umfassenderen zu immer detaillierteren Benennungen seines Wirkens ausgesagt wird: Zuerst ist (pauschal) von »Heilsveranstaltungen« im ganzen die Rede, danach vom »Kommen« Jesu, dann von den einzelnen Geschehnissen seines Heilandslebens: der Geburt aus der Jungfrau, dem Leiden, der Auferweckung usw. Das »Kommen« (ἔλευσις) ist hier der erste spezifizierende, aber vor allen *weiteren* Inhalten auch ein zusammenfassender Begriff für das Heilandswirken Jesu; alles, was er uns zugute tut, ist in sich: sein »Kommen«. *c.* Die Unterscheidung in die eine christologische und in die vielen dem heiligen Geist zugeordneten soteriologischen Aussagen bedeutet nun auch, daß der Voraussage der Propheten *die »Werke« Christi, nicht seine »Person« zugeschrieben* werden. Dies entspricht der feinen, doch wohl zubeachtenden Unterscheidung, die auch in der Anfrage der Johannesjünger an Jesus von Bedeutung ist. Ob Jesus »der ist«, »der da kommen soll«, ist eine Frage, die durch das Hörensagen von den »*Werken* Christi« ausgelöst und mit Jesu Hinweis allein auf seine Werke auch beantwortet wird (Mt 11,1-6). Die Werke sind in der Welt Israels das allein Relevante, keine anderen Merkmale. An seinen Werken wird der Mensch »erkannt«. Mit der Folge einer dogmatisch äußerst wichtigen, für die Entwicklung der Christologie nie schon genug beachteten Differenzierung. Der heilige Geist, in dem die Propheten geredet haben, kann von den »Werken Christi« gesprochen haben, nicht von Christus-in-Person. Jesus kann in der Welt Israels verwurzelt über die »Werke« gedacht werden, die zu tun sind und die er dann auch tat. Und sofern im Gottesverhältnis und darum auch in der Geschichte des jüdischen Volkes immer Werke auf ihre Täter warten – es immer Werke gibt, die zum Wohl aller unbedingt getan werden müssen, läßt sich auch der Gedanke denken: *Auch auf Jesus haben in Israel die »Werke des Christus« gewartet,* und insofern er das begriffen und solche Werke getan hat, läßt sich auch der Satz wagen: Jesus war ein dort Erwarteter.

Doch läßt dieser Satz sich nur verantworten mit doppelter Einschränkung. Erstens: *Auch* auf Jesus warteten die unter dem Drängen des Geistes Gottes stehenden Werke Christi – auf ihn, wie auf jeden anderen Juden. Zweitens: Eine Bestimmung Jesu als eines Erwarteten läßt sich nur über die erwarteten Werke vermitteln.

Ehe wir dem Problem nachdenken, das sich mit diesen Einschränkungen stellt, werfen wir einen Blick auf exegetische Sachverhalte in den Jesus-Schriften.

Die sog. *Reflexionszitate* in den synoptischen Evangelien z. B., in denen alttestamentliche Texte gewissermaßen als Legitimationsgründe für zu erzählende Einzelheiten des Lebens Jesu und der Gemeinde angeführt und häufig als Hinweise auf »Erfüllungen« vorhergesehener oder vorhergesagter Geschehnisse verwendet werden, beziehen sich überwiegend auf Ereignisse, Orte, Widerfahrnisse, die Jesus betreffen,und auf seine Handlungen – doch kaum einmal identifizieren sie Jesus-in-Person als Vorhergesagten oder Erwarteten. Der Erkenntniswert dieser Zitate richtet sich auf die Werke des Christus; auch hieran bewahrt sich offenbar ein Wissen um das, was biblisch möglich und nicht möglich ist. Selbstverständlich ist mit eingeschlossen die Absicht, an seinen Werken den Mann erkennbar zu machen. Aber die sprachliche Vorsicht will beachtet sein, es wird ein jüdisches Prinzip darin gewahrt.

Anders scheint es mit den biblischen *Namen* zu stehen, mit denen das christliche Bekenntnis Jesus benennt. Messias, Davidsohn, Menschensohn, Hoherpriester, König, Hirte usw. Aber auch hier scheint uns zweierlei zu beachten: *a.* Dies alles sind Funktionsnamen, sie wollen, wenn sie können, Jesus als Täter der je mit diesen Namen bezeichneten Funktionen benennen. Wir sagen absichtlich: Sie wollen – wenn sie können. Die Vielzahl der Namen Jesu ist nicht nur ein Hinweis auf den Beziehungsreichtum, in dem er den Glaubenden begegnete, doch auch wohl ein bewußt gewähltes Mittel *offener*, nicht festlegender, nur eine oder ein paar wenige Bedeutungen fixierender Benennung. Das aber heißt *b:* Die Anwendung dieser Funktionsbezeichnungen auf Jesus von Nazareth dient vor allem zu dem, wozu Namen zuerst dienen: ihn benennbar, ansprechbar und kommunizierbar zu machen, vor allem jedoch anrufbar in Hinblick auf die in den verschiedenen Namen sich aussprechenden Hoffnungen. Denn allen diesen Namen ist gemeinsam, daß sie in die Geschichte Israels zurückweisen und daß sie dort – im Gang dieser Geschichte – zu Hoffnungsnamen der Erwartungen des jüdischen Volkes an die Zukunft geworden sind (vgl. oben § 2). Wird Jesus mit ihnen benannt, wird er als ansprechbar auf die Hoffnungen Israels bekannt. Uns scheint dieser Gesichtspunkt für das Verständnis der Namen Jesu bisher zu kurz gekommen. Sie wurden als »Hoheitstitel« bezeichnet, und mehr als auf Werke bezogen, legte man sie als Bezeichnungen von *Würden* Jesu aus. Man deutete Jesus damit in hierarchischen Denkmustern, die dem Geist der Bibel nur wenig gemäß sind und aus Erfahrungszusammenhängen feudaler und autoritärer Vorstellungen stammen, wo gesellschaftliche Würden das Wesen einer Person ausmachen.

Dies zusammengenommen heißt folgendes: Wenn Jesus der Erwartete Israels genannt werden soll, ist dies grundsätzlich *a.* auf seine Werke und *b.* auf die Hoffnungen zu beziehen, die er als Träger der großen Hoffnungsnamen Israels erweckt. Jesus mag ein Erwarteter heißen *a.* in Spannung auf das, was er tut – nicht in Anerkennung irgendwelcher Tugenden, sonstiger Person-Merkmale (Naturen) oder Würden, *b.* in Appell an das, was seine Namen versprechen. Beide Bestimmungen kommen darin überein, daß die Rede von Jesus, dem Erwarteten, nicht zu historisieren, auf das alte Israel ante Christum natum zu beschränken ist. Sprechen wir vom Kommenden als Erwarteten, muß auch dies eine Aussage über eine Seinsweise Jesu, nicht über einen historisch begrenzten Umstand sein. Dies gebietet gerade der historische, biblische Grund für diese Rede. Erwartet man ihn in seinen Werken, heißt das *a.* Man erwartet diese Werke von ihm und erwartet sie weiter, denn zum Wesen des Wirkens und der Werke gehört ihre Unabgeschlossenheit und Offenheit. Zu wirken ist ja, solange es Tag ist, die Nacht, in der niemand wirken kann, ist noch nicht hereingebrochen; gerade für Jesus gilt dies (Joh 9,4). *b.* Erst recht gilt dies für die Namen Jesu: Sie sind bezeichnend als Anrufnamen für grundsätzlich nicht abgegoltene Hoffnungen, – Namen, an denen der Glaube, der sie bekennt, notwendig zur Hoffnung wird, weil sie in sich Verheißungen an die Geschichte Israels und von ihr her an die Menschheit sind.

Das bedeutet dogmatisch: Es scheint uns *nicht* möglich, Jesus als Erwarteten des Alten Testaments in irgendeinem Sinne positivistisch zu »setzen«. Einfache Behauptungen dieses Inhalts decken die Jesus-Schriften nicht, weil sie diesen Gedanken viel differenzierter, geschichtlich-offener konturieren als unsere Tradition bisher. Wir können uns, wo wir dies weiter behaupten wollten, die einfache Frage nämlich nicht länger ersparen: *inwiefern* denn alle die großen Namen Israels auf Jesus überhaupt angewendet werden können? Entsprechen denn die von Jesus berichteten »Werke Christi« auch nur von ferne den in den Hoffnungen Israels offenstehenden Werken des Messias, den Davidsohnerwartungen, den Menschensohn-Hoffnungen und – Befürchtungen usw.?

In sonst seltener Gemeinsamkeit haben Dogmatik und historische Kritik sich diese Frage sei es ganz erspart, sei es durch die Behauptung erledigt, durch ihre Anwendung auf Jesus hätten die alten Hoffnungen neuen Sinn bekommen, und zwar nicht nur neue Wirkungs-, Geltungs- und Anwendungsbereiche, sondern auch neue Inhalte. Mit religions- und traditionsgeschichtlichen Nachweisen meint man, längst laufende Prozesse der Inhaltsveränderungen alter Hoffnungen nachweisen zu können. Mag dies gelingen, wie es kann: auch dies besagt ja nichts für die Frage, inwiefern auch die veränderten »Vorstellungen« auf Jesus passen, in seinem Wirken oder auch von seiner Person gedeckt sind?

Antwort auf diese Frage sind wir aber dem Interesse an jener Erkennbarkeit schuldig, an der zu versagen wir »die Juden« beschuldigen. Dabei läßt sich nicht leugnen, daß Juden da Urteilsinstanz sind, wo es um *ihre* Erwartungen geht. Es gibt freilich Juden, die diese Namen angemessen, sinnentsprechend für Jesus finden; ihnen, den Judenchristen, verdanken wir ja diese Benennungen. Ihnen sind Erkenntnisprozesse widerfahren, die sie innerlich nötigten, Jesus nun gerade unter diesen Namen anzurufen und in der Welt auszurufen. Dies geschichtliche Faktum macht unser Nachdenken über die Frage: War es Jesus, der erwartet wurde? unabweisbar; im Blick auf sie ist sie eine notwendige Frage und kein theologisches Allotria oder Glasperlenspiel. Aber daneben wiegt der andere historische Tatbestand nicht weniger, daß die jüdische Mehrheit seit zweitausend Jahren dies Erlebnis nicht hat, in Jesus einen lange Erwarteten wiederzuerkennen. Beides geht uns unbedingt an: das Eingeständnis, daß die Anwendung der Hoffnungsnamen des jüdischen Volkes auf Jesus von Nazareth unableitbar und auch unauflösbar ist (weil historisches Werden von Vorstellungen nichts über ihre Bedeutung im bestimmten Fall besagt) – zugleich die Einsicht in den Namenscharakter dieser Namen, die nicht »Hoheitstitel«, sondern Verheißungen sind, die uns engagieren zur Hoffnung und ins Offene führen. Jesus *ist:* der Erwartete durch und durch. Ob er es *war,* ist nur zu bewahrheiten darin, daß er es ist, daß er Erwartungen weckt, uns in Erwartung versetzt. Das Anzünden von Erwartung wäre für uns schon Erfüllung genug. Sofern wir warten lernen, hat er bereits Erwartungen erfüllt.

Eine skeptische Gegenprobe können wir uns zum Schluß jedoch nicht ersparen. Würden wir die Frage, ob Jesus in Israel erwartet wurde, nach der Analogie unseres Wartens beantworten müssen, wäre nur ein entschiedenes Nein – er war es nicht – möglich. Denn »Prinzip Hoffnung« hin oder her: Mit Ausnahme weniger Gruppen am Rande sehen wir das kirchliche Christentum schon lange nicht mehr warten, und schon gar nicht: auf Jesus. Auch in der Theologie ist nichts so leer geworden wie die Eschatologie, seit Jahrhunderten wartet bei uns nichts auf Jesus, um so mehr auf: Selbsterfüllung. Dies gilt auch im Jahrzehnt ängstlicher apokalyptischer Grundstimmungen in den westlichen Gesellschaften; sie sind eben apokalyptisch, nicht auf Jesus gerichtet und sein Kommen.

Nur um so dankbarer müssen Christen sein, daß es unableitbar und unauflösbar ist, wenn Jesus heute noch mit den Namen der großen Hoffnungen Israels angerufen wird, die immer schon Menschheitshoffnungen in sich bergen. Je mehr uns jeder Erfüllungspositivismus vergeht, um so mehr werden wir Jesus erwarten.

§ 10 Vom Gehen Jesu von Nazareth

VORSÄTZE *Verlieren gehört zum Menschsein, Gott und Jesus Verlieren zum christlichen Glauben.*

Denn um mit Gott zu sein, ist Jesus zeit seines Lebens immer wieder auf Abstand zu den Menschen gegangen: den ihm nächsten ebenso wie zur Öffentlichkeit.

Daß er von uns geht in seinem Tod und wenn Gott ihn zu sich emporreißt bei der Himmelfahrt, erfahren wir als Krise unseres Verlassenseins.

Jesus wird historisch, indem er geht.

Uns bleiben seine Hinterlassenschaften: Arme, die wir allezeit bei uns haben, und den uns befremdlichen »anderen« Tröster, von dem wir uns durchaus noch nicht haben in alle Wahrheit führen lassen.

Jesu Historizität überläßt uns einer Leere, die wir nicht aushalten und für gewöhnlich mit Emanzipation oder Religion ausfüllen: dadurch, daß wir ihn verlassen oder uns die Fragen selber stellen und beantworten, die er uns in seiner Vergangenheit nicht mehr fragen und beantworten kann.

In seiner Entzogenheit bereitet Jesus sich und uns aber auf ein Neues vor, in dem er sich selbst und uns noch einmal ganz neu sein wird.

1. »Wollt etwa auch ihr hinweggehen?« (Joh 6,67)

Es lebt sich nicht ohne Verluste, meist Verschmerzbares, einiges tut für immer weh. Gerade im Seelischen und Geistigen ist das so.

So gibt es auch keinen Glauben ohne Verlassenheitserfahrung. Psalm 22,1: »Mein Gott, mein Gott, warum hast du mich verlassen?«, ist doch nicht erst dadurch, daß Jesus es am Kreuz gebetet hat, ein Symbol gerade für Erfahrungen in der Gottesbeziehung geworden; eher umgekehrt: Jesus hat diesen Psalm Israels gebetet, weil er letzte Erfahrung mit Gott schon in Sprache, Form und Maß gegossen hatte; vielleicht ist es eine gar nicht erlaubte Passions-Dramatisierung, wenn dies Gebet immer als exzentrischer Schrei in Jesu Todesstunde meditiert wird. Es könnte ja auch sein, daß Jesus den Abgrund seiner letzten Stunde fest zusammenhalten wollte mit dem Beten seines Volkes, das Erfahrungen von Gottesverlassenheit schon so anhaltend erleiden mußte, daß es ihnen längst hat Form geben können und darum größte Allgemeinheit und Tragfähigkeit.

Religionskritik meint ja überhaupt, daß Menschen in der Religion den Boden unter ihren Füßen verlieren, – sie kämen der Welt abhanden, gäben ihr womöglich freiwillig Valet. Umgekehrt zeigt Religionswissenschaft, daß Menschen in vielen Religionen auf Reisen gehen, Reisen der Seele voraus in den Tod, ins Nichts, ins Andere – zum Schamanen gehört es wie zum Mystiker: sei es mit, sei es ohne Rückreise aus der Ferne. In Religion gehen wir fort. Wir haben darum im ersten Paragraphen unserer Christologie auch vom Christus peregre proficiscens gesprochen: Jesus außer Landes.

Aber auch, wo Glaube sich anders als auf Reisen erfährt, wo einem, der glaubt, gegönnt ist, bei sich selbst zu sein, kennt er Anfechtungen und Abenteuer des Gehens.

Evangelische Religion hat ihren besonderen Heiligen in jenem Mann aus dem Volk, der seinen epileptischen Jungen zu Jesus brachte in der Hoffnung, er könne ihn heilen: Wenn du das kannst, hab Erbarmen mit uns und hilf uns. Darauf Jesus: »Alles ist möglich dem, der glaubt« – ein Felsen- und Herrenwort. Was kann der Mann aus dem Volk damit anfangen – bewußt ist er gewählt, daß er damit fertig werde? Und nun seine protestantische Heiligenantwort: »Ich glaube, lieber Herr, hilf meinem Unglauben« (Mk 9,14-29; besonders 9,24). Gerade wo ein Glaube bei sich selbst ist, ist er nicht bei sich selbst, – seiner nicht mächtig, – im Gegenteil seiner selbst, – in sich und außer sich zugleich. Das ist theologisch wahr, aber psychologisch auch. Mögen wir im Glauben sein, was wir sind, aber wir haben uns nicht. Gott hat uns dann – doch nicht wir uns selbst. Glaube ist in den Glaubenden von ihrem eigenen Unglauben begleitet. Wo sie glauben, sind sie von ihrem Glauben auch verlassen, und bei den recht Glaubenden ist Unglaube draußen eher wahrzunehmen als Glaube selbst. Wenn Nietzsche wollte, die Christen müßten erlöster aussehen, hat er womöglich solche vor sich gehabt, die im Ernst Christen waren.

Das ist nicht Geschick des Glaubens, sondern sein Wesen. Paulus äußerte durchgehend Lust, abzuscheiden und bei Christus zu sein, »denn das wäre bei weitem das bessere«; doch zugleich lernte er sich fügen: »Im Fleisch zu verbleiben, ist nötiger um euretwillen« (Phil 1,23-24). Ein Christ geht in sich selbst hin und her zwischen dem, was er für das bei weitem bessere hält, und dem, was er als das Nötige erkennt. In solchem Gehen unterscheidet er sich dauernd von sich, unterscheidet so aber auch den Christus hier – im »Besseren« – und dort: im »Nötigen«. Christlich glauben ist nicht so einfach.

Dazu kommen Vergeßlichkeiten, Verluste, Brüche auf den Wegen der Menschen, die an Gott glauben.

Daß Gott mich vergessen haben könnte (z. B. Ps 42,10), ist täglich Brot, meist weil wir eitel sind und gerne seine Augen beständig auf uns gerichtet sähen. Doch gibt es auch tieferen Anlaß zur Klage, daß Gott vergessen haben könnte. Zion in seinen Gefangenschaften hat Grund zu solcher Klage, erlebt aber auch, daß Gott eben doch nicht vergißt (z. B. Jes 49,14-15). Schwerer wiegen »black outs« der Glaubenden, die Gott Grund zur Klage geben. Leicht vergißt sich, was Gott uns Gutes getan hat (Ps 103,2). Es gibt auf lange Zeitstrecken Zustände des Christentums, die von Amnäsie, Verdrängungen der großen Taten Gottes gezeichnet sind. Geglaubt wird dann nicht mehr im Vertrauen auf Gott, aufs Evangelium, sondern nur noch dem eigenen Verpflichtetsein, unseren Engagements, für die Gottes Tun im besten Fall zum Motiv abgesunken ist, zur (schrecklich!) »Motivation«. Das ist kirchengeschichtlich epochal schon Hebr 12,5 dingfest gemacht: »Ihr habt bereits vergessen des Trosts, der zu euch wie zu Söhnen redet« - zu Söhnen, nicht zu: Machern. Es gibt ganze Strukturen christlicher Frömmigkeit, die ein Vergessen Gottes sind - wir, hier und heute, wissen, wovon wir reden. Glaubende verlieren auch. Es gehört zu ihnen. Jesus gibt Verluste geradezu als Gesetz der Nachfolge an. »Wer sein Leben findet, wird es verlieren« - so geht es in der Welt, Bankrottmachen ist Alltag; das meiste, dem ich mich anvertraue, trägt nicht, hält nicht, was es mir verhieß und was ich mir davon versprochen habe. Wo immer ich etwas, mich einsetze, muß ich auf Verlust gefaßt sein. Leben ist Umgang mit Niederlagen. Aber bei Jesus, sagt er, gibt es ein verkehrtes Leben, ein Andersherum-Sein: »Wer sein Leben verliert um meinetwillen, der wird es finden« (Mt 10,39); ausgerechnet an Familienbeziehungen macht er das klar (Mt 10,35-39), dort, wo es sich - über Kulturabstände hinweg - immer noch direkt erfahren läßt. Glaube trennt, verkehrt »Prioritäten«, Werte, - führt auf Abstand, läßt »abirren« (vgl. Prolegomena § 8), - Glaubende gehen weg.

Dies auch, wie wir an Abraham dargetan haben (Prolegomena § 8) in innerlich notwendigem Sinn. Zumal Glaube auf dem Boden der Bibel war immer Emanzipation, Herausfinden aus Irrnis und Wirrnis der haltenden Ordnungen, von Mächten und Gewalten des Himmels und der Erde. Da das, wie die Bibel zeigt und wir auch sonst spüren, nie gelungen ist, gehört das Sich-Wegschleichen der Emanzipation wahrscheinlich zum Glauben, solange er auf dem Wege ist. Wege über das Da und Dort hinaus, in dem wir leben, geht Jesus selbst voran, er zieht uns dann mit zu sich und sonst wohin (Joh 12,32), und wir wollen das auch: »Thomas nun, der Didymus genannt wird, sagte zu den Mitjüngern: Laßt uns mitziehen, damit wir mit ihm sterben« (Joh 11,16).

Manche macht der Glaube aber kühn: nicht ohne Ermutigung durch Jesus. Ihnen, denen er oft gesagt hatte, daß sie dorthin nicht kommen können, wohin er geht (Joh 13,33), und ihnen, denen ihrerseits klar war, daß sie nicht wissen »wohin du gehst«,und darum den »Weg nicht wissen« können (Joh 14,5), erklärt er in bestimmter Stunde dennoch plötzlich: »Und wohin ich gehe, dahin wißt ihr den Weg« (14,4) – und sogar: Ich habe ihn gangbar für euch gemacht (14,2). Nun können sie gehen – und sogar über ihn hinaus, mit Hilfe eines »anderen Beistands«, der sie, anders als er, in Ewigkeit leiten (14,15), und noch dazu »in alle Wahrheit leiten« wird (Joh 16,13). Dieser Johannes hat, ob er wollte oder nicht, auch eine Emanzipation *von* Jesus eingeleitet, genauer müssen wir sogar sagen: Jesus selbst, so wie Johannes ihn verstand, hat eine Emanzipation von Jesus eingeleitet. Der so begriffene Jesus besaß eine immense Kraft, Menschen unabhängig von allen Vermittlungen zu machen, z. B. die Samaritaner vom zuverlässigen und beredten Zeugnis der Frau, die Jesus in Sychar am Jakobsbrunnen getroffen hatte; die Erzählung gipfelt und schließt nach langer Entwicklung mit der Erklärung der Leute von Schomron: »Wir glauben nicht mehr um *deiner* Rede willen, denn wir haben *selbst* gehört und wissen, daß dieser in Wahrheit der Heiland der Welt ist« (Joh 4,5-41; besonders 4,41); das ist Emanzipation innerhalb der Beziehungen zu Jesus. Aber Johannes berichtet ausdrücklich auch von Emanzipationen von Jesus inmitten des Jüngerkreises – solchen, die nicht, wie im berühmten Fall des Judas Ischarioth, Verrat waren. »Von da an zogen sich viele seiner Jünger zurück und wandelten nicht mehr mit ihm«: Viele! »Jesus sprach nun zu den Zwölfen: Wollt etwa auch ihr hinweggehen?« (Joh 6,66-67). Er hält das sogar für den inneren Kreis nicht für ausgeschlossen, für möglich. Er erhält von Petrus darauf eine abschlägige Antwort, aber in einer Form, die eine solche Möglichkeit nicht etwa mit Empörung zurückweist: »Herr, zu wem sollten wir gehen?« (Joh 6,68); wir haben keine andere Möglichkeit. Das ist nicht viel, gerade nur Antwort aus innerer Notwendigkeit: »Wir haben geglaubt und erkannt, daß du der Heilige Gottes bist« (6,69). Aber Jesus hielt es für möglich, er stellte die Frage. Wir wissen nicht, warum er es für möglich hielt. Aber es geschah ja wirklich, und der Evangelist wollte, mußte wohl auch das berichten: Es geschah, Jünger Jesu emanzipierten sich von ihm, gingen weg von ihm. Das ist drin in der Jesus-Beziehung und gehört mit ins Kerygma.

Zu kühn! In späteren Zeiten brachen Menschen mit Gott, und Christen wollten es ihnen gleichtun: »Atheismus im Christentum« (E. Bloch). Ein Spiel zumal unserer Generation, die überall mit dem Ende spielt, so auch mit dem Tod und Ende Gottes. Weggehen ist hier nicht Irritation, wie beim Abirren Abrahams aus Vaterhaus und Freundschaft, sondern Irrtum, der Weg ins Aus. Wir sollen uns aber nicht irren, denn Gott läßt sich nicht spotten (Gal 6,7). Ganz etwas anderes als diese Theologenspekulation sind Wunden derer, die an Gott gestorben sind, Ihm abgestorben – wörtlich. An sie haben wir in den Prolegomena § 3.4 gedacht. Aber das sind andere Zeugnisse als unsere End- und Todes-Spiele im Kopf und bei trinitarischen Linienausziehungen.

Doch auch das gibt es, und wir können es aus der Grunderfahrung von Gott-Verlassenheit nicht heraushalten, die wir in vielfältigen Formen machen: in der Gott uns verläßt, aber auch: wir ihn, – wo er von uns geht und: wir von ihm. Das gehört zur Geschichtlichkeit des Glaubens und viel mehr zu seinen inneren als zu äußeren Geschicken, über die man mit Worten wie »Säkularisation«, »Emanzipation« u. dgl. sich viel zu lange aufhält. Jedenfalls ahnen wir, was es heißt, wenn Jesus geht.

2. *Jesus in Abwesenheit*

Gar nicht selten mußte man ihn suchen, weil er dort nicht war, wo man ihn wähnte – auch meinte, daß er dort hingehöre.

Wir erinnerten schon an die Kindheitserzählung vom Zwölfjährigen. Er war auf der Rückreise von Jerusalem nach Hause den Eltern abhanden gekommen, sie kehrten um und suchten ihn da, wo er nach ihrer Meinung hingehörte: »unter den Verwandten und Bekannten«. Aber dort fanden sie ihn sowenig wie sonstwo. Er war ihnen drei Tage lang ein verlorener Sohn. Dann stießen sie endlich im Tempel auf ihn. Seine Mutter stürzte über ihn her: »Kind, warum hast du uns das angetan?« Der verlorene Jesus ist für die Seinen ein Schlag. »Siehe, dein Vater und ich suchen dich mit Schmerzen«; es tut weh, wenn er sich nicht finden läßt. Er aber reagierte kühl: »Warum habt ihr mich gesucht?« (Lk 2,41-51). Er besteht schon als Jugendlicher auf einem Recht zur Distanz und entzieht sich den Erwartungen gerade der Nächsten mit ihren Platzanweisungen im Ordnungsgefüge. Der verlorene Sohn ist in diesem Augenblick ausgebrochen – was Lukas dadurch unterstreicht, daß Jesus dann doch zu den Eltern zurückkehrt und »ihnen (ordnungsgemäß) untertan« war (2,51). Einen Willen zur Distanz hat er gerade gegenüber der Familie aber durchgehend behauptet (z. B. Lk 8,19-21).

Doch das ist nicht *psychologisch* aufzulösen. Denn so verhielt er sich auch in anderen Beziehungen. Immer wieder erzählen die Evangelisten, daß Jesus ins Abseits geht, sich entzieht. Das findet sich meist in den formgeschichtlich so genannten »Rahmenstücken« der Evangelien, also in textgenetisch vielleicht nachgetragenen Stücken, die ältere überlieferte Erzählungen miteinander verbinden sollten. Nur um so grundsätzlicher ist ihre theologische Bedeutung, wenn dort z. B. stereotyp das Motiv wiederholt wird, Jesus habe sich zurückgezogen: von der Öffentlichkeit, ja auch von seinen Jüngern. Als es wieder einmal geschah, eilte ihm Simon nach samt seinen Begleitern, sie fanden ihn und überfielen ihn vorwurfsvoll mit den Worten: »Jedermann sucht dich« (Mk 1,35-37). Das soll gleicherweise Jesus als Person von öffentlichem Interesse wie von Distanz und Petrus als den Rückvermittler Jesu an die Öffentlichkeit bezeugen, hat darin kerygmatischen Sinn.

Zum Modell dieses Zeugnisses gehört: a. Jesus geht ins Abseits (ὑπεχώρησεν), b. meist allein, aber auch im Kreis seiner Anhänger, wenigstens einzelner von ihnen; c. abseits kann ein Ort wüster Einsamkeit, aber auch nur eine andere Stadt abseits von der Reiseroute sein; d. Ziel ist: beten können, mit Gott allein sein, zurückgezogen; e. er wird vermißt: von der Öffentlichkeit, aber auch von den Seinen; f. ihm wird nachgespürt in oft tagelangen Suchaktionen; g. man findet ihn dann, - und dann kommt es h. meist zu Erzählungen von neuen gemeinsamen Wanderungen, neuer Aktivität: Das Verlorensein ist abrupt verwandelt zu neuer Präsenz.

Das formal Stereotype will sagen: So etwas hat sich oft begeben, es charakterisierte Jesus, gehörte zu ihm, so verhielt er sich, so war er. Wir folgern daraus: Sich-entziehen, ins-Abseits-gehen, darin den eigenen Leuten weh tun, sie auch noch kalt abfahren lassen, wenn sie hinter ihm her sind, ihn sich zurückfordern wollen in die Gefüge ihrer Platzanweisungen - auch dies gehört zu Seinsmerkmalen Jesu, kennzeichnet eine Seinsweise seiner Selbstverwirklichung und Sendung. Wir sprechen vom Jesus-in-Abwesenheit.

Für die dogmatisch-abstrakte Sprache waren diese Erzählungen Materialien, die das dialektische Verhältnis von Offenbarung und Verborgenheit Gottes belegen und begründen sollten. In dieser abstrakten Denkform wird aber zum System, was im Sinne der Jesus-Schriften immer neu erregende Erfahrungen mit Jesus sind. Eine gewisse stereotype Art in den Erzählungen erlaubt u. E. nicht, die formgeschichtliche Beobachtung in einer dialektischen Denkfigur abzubilden, - Geschichte, die aus Erzählung erfahren werden will, zur Logik zu verwandeln, mit der Dasein und Entzogensein Gottes in seinem Verhältnis zur Welt dem Denken einsichtig und überschaubar gemacht werden. Dazu unterscheiden sich die einzelnen Erzählungen in Details denn doch zu sehr voneinander und wahren dadurch das Unkoordinierbare des Geschichtlichen, das wir als solches zu denken haben. Wir entsprechen dem mit dem Satz: Daß Jesus geht, gehört zu ihm - wie, daß er kommt und bleibt. Wenn er geht, geht er ja nicht nur, um zu beten und seinem Vater nahe zu sein. Er hat andere Beweggründe auch. Er entzieht sich, wann immer Menschen ihn in ihre Hand bekommen möchten. Wie er sich denen entwand, die ihn zum König machen wollten, haben wir oben schon bedacht (vgl. § 7. 6). Aber auch solche Situationen wiederholten sich. »Da suchten sie (›die Juden‹ des Johannesevangeliums) wiederum, sich seiner zu bemächtigen. Und er entkam aus ihrer Hand« (Joh 10,39); hier ging er auf Flucht. Noch einmal anders sah sein Gehen aus, als in seiner Heimatstadt Nazareth die Gottesdienstteilnehmer, aufgebracht von seiner Bibelauslegung, ihn aus der Stadt vertrieben mit der Absicht, ihn draußen vom Abhang des Bergs zu stürzen, auf dem ihre Stadt gebaut war – ihre, der Juden, Stadt auf dem Berge (wir sollen *immer* in der Bibel Transparentes mithören). »Er aber schritt mitten durch sie hindurch und ging hinweg« (Lk 4,30). Das ist keine Flucht, sondern ein Entzogenwerden durch Gott. Jesus geht mitten hindurch durch Widerstände, die ihm entgegengesetzt werden, mehr noch: durch seine Widersacher: Durchzug Jesu durch seine Landsleute – seine Rettung. Er geht ins Abseits der Öffentlichkeit, entzieht sich Orten, wo mit seiner Anwesenheit gerechnet wird: gesellschaftlichen, sozialen, moralischen Koordinatensystemen, – reagiert kalt auf Nachstellungen, – flieht alle wohlwollenden und feindlichen Versuche, sich seiner zu bemächtigen, – bricht durch Ausweichen gegen ihn gerichtete Widerstände, – wird von Gott durch sie hindurchgezogen – und betätigt in dem allen eine Distanz seiner Gottzugehörigkeit, Nähe zu Gott. Eine christologische Figur also in Erzählungen von seinem Gehen. Wir sprechen von der Seinsweise seines Gehens oder seiner Abwesenheiten.

3. »Des Menschen Sohn geht zwar dahin ...« (Mt 26,24)

Sprechen wir im Blick auf die Zeithandlungen Jesu von Seinsweisen, dann nicht nur,um sein Sein als Bewegung in den Gezeiten zu bestimmen; uns liegt nicht an einem bloß formal-dogmatisierten Seinsverständnis. Seinsweisen *Jesu* sind sie, weil sie als geschichtliche Krisis wirksam sind und weil von Gott und Jesus Sein nur in kritischem, nicht in affirmativem Sinn auszusagen ist.

»Arme habt ihr allezeit bei euch, mich aber habt ihr nicht allezeit« (Mt 26,11). Die Seinsweise des Gehens Jesu wird zur kritischen Stunde seiner Passion.

Erste Krisis ist, daß Jesus seine Jünger mit einer Zeitgrenze seines Wirkens und ihrer Gemeinschaft vertraut zu machen versucht. Ihr habt mich nicht alle Zeit. Wie alles Dings, so ist auch meines Dings ein End' zu sehen. Mir ist eine Grenze gezogen, ich wirke nur begrenzt. Nur »noch eine kurze Zeit bin ich bei euch«, ließ er Pharisäern und Hohenpriestern durch ihre Diener ausrichten, »und gehe dann hin zu dem, der mich gesandt hat. Ihr werdet mich suchen und nicht finden; und wo ich bin, dahin könnt ihr nicht kommen« (Joh 7,33-37). In diesem Wort denkt Jesus seine Gegenwart unter ihnen als einmalige, unwiederbringliche Chance für »die Juden«, darum wird sein Gehen und die damit verbundene Unerreichbarkeit Krisis für sie bedeuten. Diesmal reagieren sie mit produktivem Mißverständnis und fragen sich, ob er – der noch nicht Fünfzigjährige (Joh 8,57) – etwa in die Diaspora, in die Gola gehen will, zu den Juden, »die unter den Griechen zerstreut leben«, um dort etwa auch

»die Griechen«, Gojim, zu lehren (Joh 7,35). Anders können sie sich sein Wort von seiner baldigen Unauffindbarkeit nicht gut erklären (7,36), sie denken an eine Verlagerung seines Wirkungskreises; so wird christliche Mission als ein Werk des Jesus-in-Abwesenheit gedeutet, des Jesus, der geht. – Der Vorfall wiederholt sich. »Wiederum« sprach er zu ihnen: »Ich gehe hinweg, und ihr werdet mich suchen und werdet in eurer Sünde sterben. Wohin ich gehe, dahin könnt ihr nicht kommen« (Joh 8,21). Wenn er geht, wird ihnen ein Heilmittel gegen die Sünde fehlen. Und wieder – freilich ein anderes – produktives Mißverständnis: »Will er sich etwa selbst töten, – daß er sagt: Wohin ich gehe, dahin könnt ihr nicht kommen?« (8,22); seine Anspielung auf ihren Tod beantworten sie mit einer Anpielung auf seinen (heilbringenden) Tod – den sie sich freilich nur als einen beabsichtigten Selbstmord denken können; gut möglich, daß das jüdische Diskussion nach dem Tode Jesu widerspiegelt: jedenfalls so, wie Christen sich das vorgestellt haben, aber vielleicht ja auch wirklich. Noch einmal – seine Ankündigungen, er werde gehen, scheinen Eindruck gemacht zu haben. Es gab im Volk Leute, die ihm zugetan waren. Sie werden von Jesu Willen zu gehen dogmatisch durcheinandergebracht. »Wir haben aus dem Gesetz gehört, daß der Christus in Ewigkeit *bleibt*«. Das ist Maxime. »Wie kannst du da sagen, der Sohn des Menschen müsse erhöht werden« und gehen? Wenn er geht,wird das Identitätserschütterungen bei seinen Anhängern auslösen. Darum: »Wer ist der Sohn des Menschen:« Ja wer? Jesu Antwort: »Noch kurze Zeit ist das Licht bei euch«, kauft die Zeit aus: »Wandelt, weil ihr das Licht habt, damit euch nicht die Finsternis überfällt« (Joh 12,34-35); er ist ja Licht (12,46) – Menschensohn hin oder her.

Sein Gehen also eine Krisis für »die Juden«. Doch nicht weniger für die, die er »Kinder« nennt, seine Jünger. »Kinder, noch eine kurze Zeit bin ich bei euch. Ihr werdet mich suchen ...« – und nun ausdrücklich Parallelisierung dessen, was er den »Kindern« sagen will, mit dem, was er »den Juden« schon gesagt hat: »... und wie ich zu den Juden gesagt habe: Wohin ich gehe, könnt ihr nicht kommen, so sage ich jetzt auch euch« (Joh 13,33). Er wird für Christen genauso wie für Juden unwiederbringlich, unerreichbar, entzogen sein – ein u. E. auch dogmatisch weit reichendes Wort! – Auch das wiederholte sich: »Eine kurze Zeit, so seht ihr mich nicht mehr . . .«; diesmal rief es eine tief erregte Diskussion im Anhängerkreis hervor: »Was bedeutet das, was er zu uns sagt: Eine kurze Zeit, so seht ihr mich nicht ...?« Sie bemühen sich, es aufs Grundsätzliche zu bringen: »Was bedeutet das, was er ›die kurze Zeit‹ nennt?« Ein Rechenexempel? Sie kriegen es nicht heraus, »wir wissen nicht, was er redet« (Joh 16,6-9). Ein oder gleich einige *jüdische* produktive Mißverständnisse stehen offenbar den *Jüngern* nicht zu Gebote, nichts als ein Fragezeichen. Jesus »merkte das« (16,19). Aber wie legt er es ihnen aus? Als reine Krisis auch für sie! »Ihr werdet weinen und wehklagen, aber die Welt wird sich freuen. Ihr werdet traurig sein ...« (16,20), in Angst (16,21) – so, wie für seine Anhänger ihre Geschichte mit Jesus ja auch wirklich zu Ende ging: Sie gingen hinaus, flohen von der Gruft, in der er nur noch als Leichnam lag, »denn Zittern und Entsetzen hatte sie ergriffen« (Mk 16,8). Das ist Krisis seines Gehens für seine Jünger, das letzte Wort eines Evangeliums.

Zweite Krisis: Sie werden mit Hinterlassenschaften leben lernen müssen. »Arme habt ihr alle Zeit bei euch«, die stehen – wie nach Mt 25 die Hungrigen, Durstigen, Fremden, Nackten, Kranken, Gefangenen – für den gegangenen Jesus ein. In Mt 25 wird das wie von Realpräsenzen Jesu ausgesagt: Was den Brüdern getan oder nicht getan wird, ist ihm getan oder nicht getan. Wenn man schon Sakrament denken will, dann: dies. Was Jesus nach Mt 26,11 sagte, bringt die Stellvertretung des gegangenen Jesus in die Zeitform: Sie habt ihr alle Zeit; da wo das Volk Joh 12,34 die Maxime vom Bleiben des Messias vorbringt, genau da bringt der Jesus von Mt 25 »die Armen« vor. Das rechtfertigt nicht die Ewigkeit von Armut in der Welt, sondern macht den Jüngern die wichtig, die Jesus ihnen als die Wichtigsten hinterläßt, wenn er geht. Er gibt den Armen so etwas wie messianische Qualität, macht sie zum Bewährungsort des verwaisten und erschütterten Glaubens seiner Jünger, zum Nachklang ihres Lebens mit Jesus; den Armen zu gehören, wird nun zur Berufung der Jünger durch den gehenden Jesus.

Hier geht es nicht um Ethik als Restbestand eines einst lebendigeren Verkehrs mit Jesus. Stellvertretung ist gemeint – nicht eine praktische »Konsequenz« aus Glauben, sondern sein Inhalt -, jetzt erfüllt von der Seinsweise des Jesus, der geht. Freilich bedeutet das Krisis für Jesuaner, die aus der Tora anderes lesen möchten, mehr »Bleibendes«, mehr von »Ewigkeits«-Gehalt. Sie müssen lernen, was für Jesus »Ewigkeit« heißt, eben: »Arme habt ihr allezeit bei euch«. Hegel und Marx würden das freilich »schlechte Ewigkeit« nennen, eine, die nur zum Verschwinden bestimmt sein kann, also vorübergehende Ewigkeit. Der Johannesevangelist hätte für solchen Einwand Verständnis.

Denn der Jesus, der geht, sagt zugleich ein Wiedersehen an. »Und wiederum eine kurze Zeit, so werdet ihr mich sehen« (Joh 16,19). »Wenn die Frau gebiert, hat sie Traurigkeit, weil ihre Stunde gekommen ist; wenn sie aber das Kind geboren hat, denkt sie nicht mehr an die Angst um der Freude willen, daß ein Mensch zur Welt geboren ist. Auch ihr habt jetzt Traurigkeit; ich werde euch aber wiedersehen, und euer Herz wird sich freuen, und eure Freude wird niemand von euch nehmen« (16,21-22).

Johannes hat die Hoffnung auf Jesu Kommen anders erwartet als die synoptischen Evangelisten. Er wird statt seiner selbst einen »anderen Beistand« senden: den Geist der Wahrheit (14,16), der die Seinen »in alle Wahrheit leiten« wird (16,13). Das wird einer sein, »der vom Vater ausgeht« (15,26), Jesus wird ihn »senden« (16,7), nachdem er zuvor den Vater darum gebeten haben wird (14,15), und er wird die Kraft haben, die Welt zu überführen a. in bezug auf die Sünde, b. in bezug auf das, was recht ist, c. in bezug auf das Gericht (16,8-11): wozu - fügen wir hinzu - ohne jeden Zweifel die Sünde und das Unrecht gehören, welche Armut in der Welt verschulden, denn das ist der Rocher de bronze der δικαιοσύνη, zedaka, der Gemeinschaftsgerechtigkeit Gottes, die in der Tora gegeben ist. Überführen der Welt: das Werk des Beistands, den Jesus der Kirche hinterläßt.

Auf diese Weise will Jesus sein Versprechen einlösen: »Ich werde euch nicht verwaist zurücklassen« (14,18). Genau das ist aber die schmerzende Situation, die sein Gehen unvermeidlich erzeugt. Erfahrung des Jesus-in-Abwesenheit ist erschütternde Schreckenserfahrung der Kirche. Weil Gehen zu Jesus gehört, gehört solcher Schrecken zu ihr. Metaphysische Angst? Gehaltensein ins Nichts? Gegen ontologische Verwurzelung dieser Erfahrung spricht Jesu Versprechen des Wiedersehens. Nein: Mit seiner Art zu gehen setzt Jesus Christen akuten geschichtlichen Entzugserfahrungen aus, hungert er die Kirche aus und erklärt ihr, dies sei gut für sie: »Es ist gut für euch, daß ich fortgehe« (16,7). Wieso? Sie soll von Fixiertheit entwöhnt werden. Sie soll mit mehr als einer Seinsweise Jesu leben lernen. Sie soll beweglich gehalten, dogmatisch gelockert werden, sie soll gerade in bezug auf Jesus auf mehr gefaßt sein, als sie von ihm bisher weiß. Sie soll ihm außer Vergangenheit und Gegenwart auch Zukunft: sowohl geben wie lassen. Sie soll für möglich halten lernen, daß neben allem »Es ist vollbracht« (Joh 19,30) von Jesus her der Geist uns auch noch etwas Zukünftiges zu verkündigen hat (16,13). Jesus verläßt ein zur festen Burg gewordenes Christentum, z. B. einen Jüngerkreis von der Art, die Judas - nicht der Ischariot - mit seiner Frage repräsentieren muß: »Herr,was ist denn geschehen, daß du dich *uns* offenbaren willst und nicht der Welt?« (Joh 14,22) - uns, den dir Nahen, Wissenden, Bekennenden? Sind denn Jünger noch offenbarungsbedürftig, die Kirche? Jesus sagt: Ja, doch. »Der Beistand, der heilige Geist, den der Vater in meinem Namen senden wird, wird euch alles lehren ...« (14,26), ihr seid durchaus der Lehre bedürftig. Jesus geht, um ihnen das schwer Faßbare klarzumachen. Der Geist gilt Bedürftigen, nicht Habenden. Ihr Mangel zeigt sich daran, daß sie nicht begreifen, warum er gehen will und muß, - daß sie davon traurig werden (Joh 16,5). Woran liegts? Sie lieben ihn nicht und freuen sich darum nicht,daß er zum Vater geht (14,28). Liebe freut sich über alles, was er tut, sagt Ja zu allen seinen Taten, auch wenn sie schmerzen, schrecken und einsam machen. Liebe hofft alles.

Wir betonen das Kritische am Gehen Jesu, um nicht zu banal zu einer einfachen dialektischen Aufhebung des Schmerzes zu kommen, zu der die enge

Verknüpfung zwischen Jesu Gehen und seinem Kommen in der Sendung des Geistes verführen könnte und christliche Religion und Theologie zu sehr verführt hat. Wir halten zu wenig Schmerz der Negation aus, wollen immer gleich aufs Ganze und täuschen uns über die Frage: ob überhaupt Zeit dafür ist. Wir leben nicht mit Jesus so, daß wir wenigstens ab und zu darauf verzichteten, ihn im Griff zu haben. Wir lassen ihm die Zukunft nicht, die er sich und uns gönnen will, – bedrängen die Zeit. Dogmatik, wenn sie nichts Offenes aushalten will, bedrängt die Zeit – aber nicht zum Heil; sie macht uns dann nämlich unempfänglich für das, was Verheißung ist, wenn Jesus geht. Freude lernen wir am Jesus, der geht, weil wir nur so für Verheißung des Geistes empfänglich werden.

Wohin geht er denn? In eine weder von der »Welt« noch von der Kirche einzuholende Entfernung. *In den Tod.* Er geht, um von der Erde erhöht zu werden: »Dies sagte er aber, um anzudeuten, welches Todes er sterben würde« (Joh 12,32). Natürlich will der Sprecher der Jünger, Petrus, gleich hinterher: »Herr, warum kann ich dir jetzt nicht folgen? Mein Leben will ich für dich hingeben«. Darauf Jesus: »Dein Leben willst du für mich hingeben?« – das pro vobis, ὑπὲρ ὑμῶν meines Lebens einfach umdrehen? »Wahrlich, wahrlich, ich sage dir: Der Hahn wird nicht krähen, da hast du mich schon dreimal verleugnet« (Joh 13,37-38). Jesus geht über die Schwelle des Todes, und wie das geschieht und wozu – dafür gibt es keine Nachfolge. Denn das Gesetz seines Todesganges – »für euch« – ist nicht umkehrbar in ein noch so liebendes »für dich« durch einen noch so treuen Jünger; denn den gibt es nicht.

Sodann: Jesus geht *»zum Vater«* (Joh 17,11; 16,5.10.17). Dies ist erst recht Ferne, die kein Mensch aufholen kann. Denn mag einer von uns in den Urgrund seines Seins eingehen können, als Sterbender oder Lebender – Jesus geht »hin zu dem,der mich gesandt hat« (Joh 16,5), mehr noch: zu Gott, »von dem ich ausgegangen bin. Ich bin vom Vater ausgegangen und in die Welt gekommen; hinwiederum verlasse ich die Welt und gehe zum Vater« (16,28), – noch mehr: Er geht in ein Verhältnis zu Gott zurück, von dem nur er allein unter allen Sterblichen sagen kann, »daß ich im Vater bin und der Vater in mir ist« (14,11). Jesus geht, wenn er *fort*geht, in einzigartiger Weise *zurück*, und nicht etwa nur – wie wir es uns erhoffen dürfen – in die Ruhe, sondern in die Einheit Gottes. Überdies wird seine Rückkehr zugleich die *Rückmeldung* von seiner Sendung durch Gott sein, Rechenschaftsablage über die Erfüllung seiner Berufung: daß er »den Menschen deinen Namen geoffenbart« hat (17,6), daß er die »Worte, die du mir gegeben hast, ihnen gegeben (hat), und sie haben sie angenommen« (17,8), mehr noch: »Als ich bei ihnen war, ... habe ich sie behütet,und keiner von ihnen ist verlorengegangen außer dem Sohn des Verderbens« (17,12). Die Summe seiner Rechnungslegung vor Gott heißt: »Ich habe dich verherrlicht auf Erden und habe das Werk vollendet, das du mir übergeben hast, damit ich es tue« (17,4). Mit Blick auf diese Werke darf er Gott bitten: »Und jetzt verherrliche du mich, Vater, bei dir selbst mit der Herrlichkeit, die ich bei dir hatte, ehe ich in der Welt war« (17,5). Wenn Jesus »zum Vater« geht, geht er also in sein eigenes Jüngstes Gericht, das auch für ihn nach den Werken ergeht. Aber keiner wie er darf Gott melden, daß er sein »Werk vollendet« habe, hier herrscht unendlicher qualitativer Unterschied: nicht in bezug aufs Sein an sich, aber in bezug aufs Werk.

Schließlich geht Jesus auch nach dem Zeugnis des Johannesevangeliums derjenigen Frucht seines Todes entgegen, von der wir oben (bei der Besinnung auf sein munus sacerdotale) bereits aus dem Hebräerbrief gehört haben: Er geht auch hier, um *Fürbitte* zu leisten für die, unter denen er gewirkt hat. Sein Tod *ist* diese Fürbitte. »Ich bitte für sie. Nicht für die Welt bitte ich, sondern für die, welche du mir gegeben hast, denn sie sind dein ...« (17,9) – worin er sich dann freilich sogleich noch überbieten wird: »Nicht für diese allein aber, sondern auch für die, welche durch ihr Wort an mich glauben, bitte ich ...« (17,20), also für einen Fortgang des von ihm auf Erden Begonnenen. Inhalt der Intercessio Jesu ist hier dreierlei: 1. »daß alle eins seien ...«; 2. »daß auch sie *in uns* eins seien: damit die Welt glaubt ...« (17,21); 3. eben dafür möge Gott ihnen jenen »anderen Beistand« senden, den er seinen Freunden versprochen hat, damit sie nicht verwaist zurückbleiben und vorwärtskommen: über sein nun vollendetes Werk hinaus »in alle Wahrheit«. Auch in der Fürbitte Jesu waltet unaufholbarer Abstand, denn sie ist Bitte für Bestand und Gang eines vollendeten Werks.

Jesu Gehen, das wir als eine Seinsweise beschreiben, ist also historisch akut in seinem Gang in den Tod. In dieser Historizität hat es seine Kraft der schmerzenden Krisis, darin aber wiederum sein Verheißungsvolles. »Gehen«, »Fortgehen«, »Dahingehen« sind Tätigkeitsworte einer theologia crucis, die Jesu Passion als eine willentliche Aktion seines Wirkens in der Welt beschreiben. Das Verheißungsvolle dieses Gehens läßt sich jedoch nicht im Überwindergeist einer theologia gloriae – sei es überbietend, sei es dialektisch – dem Gang in den Tod anschließen. Denn Jesus *bleibt* gelöst von uns. Er überläßt uns der Welt, aus der er uns nicht nimmt, obwohl er weiß, welche fassungslose Angst es für Jünger bedeutet, ohne ihn in der Welt zu sein (Joh 16,33), – er bittet auch Gott nicht, uns aus der Welt zu nehmen (17,15). Und er hinterläßt uns einen wenig vertrauten »anderen Beistand« – gewiß: einer anderen Wirk- und Begegnungsweise Gottes, auch seiner selbst, aber eben doch einer »anderen«, deren Andersheit vielen Kirchen,zumal den großen, bis heute nicht vertraut geworden ist, die im Gegenteil bis heute kirchliches Mißtrauen erzeugt und dogmatisch immer wieder Domestizierungsbemühungen ausgesetzt worden ist; das zeigt, wie befremdlich, ja entfremdend der »andere« Beistand nach Jesu Abschied von seinem »vollendeten Werk« ist. Das »Es ist vollbracht« war biblisch nie Grund zu Triumph, sondern ein Losgelassenwerden der Anhänger Jesu in eine Entfremdung, die sie bis heute nur schwer aushalten und durch Dämpfen des Geistes mittels Ämtern und Theologien zu bewältigen versuchen. Jesus hat bei seinem Abschied die Zerstreuung seiner Jünger, ja mehr noch: ihre Rückkehr »jeder in seine Heimat« vorausgesehen, ein Ereignis, das seine Substanz darin hat, daß sie ihn damit »allein lassen werden« (Joh 16,32): die Kehrseite davon, daß er sie allein läßt. Es ist fraglich, ob Kirche und Theologie aus der Konsequenz ihrer Verlassenheit von Jesus in ihrem Verlassen Jesu schon heraus sind, das in ihrer jeder Rückkehr in die »Heimat« manifest ist, aus der sie doch schon herausberufen waren: Rückkehr aus der Härte des Trauens ins Alt-Vertraute. Verheißungsvoll ist jedoch nur das Andere des anderen Beistands: heraus aus dem Vertrauten ins Trauen.

Wie in Jesu Todesgang die Krisis seines Gehens historisch akut ist, so wird auch sein Verheißungsvolles *geschichtlich* akut: in seiner *Himmelfahrt.* Sie ist mit dem Tod das andere Trennungswiderfahrnis der Jünger. Jesu »Gehen« ist hier ein Hingenommen-, Emporgehobenwerden durch Gott. Gott selbst ist es, der wie einst den Elia, so jetzt Jesus den Seinen entzieht. Wie bei der theologia crucis des Johannesevangelisten begegnen wir auch hier einer Erhöhung Jesu, nun nicht ans Kreuz, sondern »in den Himmel empor ...« (Lk 24,51). Auch hier gibt es Schmerz der Negation: Jesus »entschwand ihnen«, διέστη ἀπ αὐτῶν, es kommt zu einer Diastase zwischen ihm und ihnen (Lk 24,51). Aber wie Johannes Tod und Fürbitte verknüpft sieht, so hat auch nach Lukas das Ereignis der Distanz Trost in sich. Lukas kann vielleicht noch deutlicher als Johannes zeigen, daß das eine im anderen, das Verheißungsvolle im Trennenden geschieht. Denn er berichtet, daß Jesus von ihnen distanziert wurde in der Doppelbewegung eines einzigen Geschehens: Er wurde von ihnen genommen in einem und dem gleichen Moment, in dem er sie segnete. Ein Erheben seiner Hände zum Segnen und sein Erhobenwerden in den Himmel sind ein und dasselbe Ereignis (Lk 24,50-51). Es bezeugt einen Segen der Distanz, und der wirkt darin, daß sie, die das erfuhren, zurückkehrten nach Jerusalem, in ihren Alltag, aber dies: mit großer Freude. Es versammelt sie aber dies Ereignis der Entfernung Jesu von ihnen ausgerechnet im Tempel, wo sie danach, wie Lukas erfahren haben will, »allezeit« waren (24,53). Im Sinne des Lukas soll das nicht heißen: Wo Jesus verschwindet, gibt es nur den Rückfall ins Judentum. Für Lukas sind der Tempel (und um seinetwillen die Stadt Jerusalem) überhaupt Stätten mit Zukunft, verheißungsvolle Plätze, und so ist ihre Rückkehr vom Gehen Jesu in den Tempel gleich ihrer Einkehr in die Hoffnung und Zukunft Israels. Darum schließt das Lukas-Evangelium mit dem Bericht von ihrem Lobpreis Gottes, – hebt umgekehrt die Apostelgeschichte an mit dem Gebot Jesu, »von Jerusalem nicht zu weichen, sondern auf die Verheißung des Vaters zu warten« (Apg 1,4) Wie beim Johannesevangelisten bringen auch bei Lukas letzte Worte Jesu eine Geistverheißung: »Ihr werdet Kraft empfangen, wenn der heilige Geist über euch kommt, und werdet meine Zeugen sein in Jerusalem und in ganz Judäa und Samarien und bis ans Ende der Erde« (Apg 1,8); auch hier: weit entfernt davon, daß sie ihrerseits aus der Welt genommen würden, im Gegenteil: Nun wird die Welt ihr Feld, und zwar die Welt im Blickwinkel Jerusalems – eine ganz besondere Hinterlassenschaft des lukanischen Jesus bei seinem Gehen. Gewiß, bis ans Ende der Erde werden sie wirken – aber: von Jerusalem aus gedacht und in beharrlicher Treue zu dieser Stadt, ihrem Tempel, ihrem Volk.

Nach Lukas geschah es »vor ihren Augen«, daß Jesus emporgehoben wurde. Da »entschwand er ihren Blicken« , und es dauerte geraume Zeit, in der sie rein nur im Nachsehen verharrten, erstarrten (Apg 1,9-10); sie *hatten* da ihm gegenüber das Nachsehen, der fixierte Blick – das Letzte, was uns Menschen überhaupt verbindet mit denen, die von uns gehen: Sterbenden, Abreisenden. Seine Seinsweise des Gehens begründete ihre eines erstarrenden Nachsehens – wohl sehr vergleichbar der Verhärtung, die Paulus bei Juden Jesus gegenüber vorübergehend wirksam sah (Röm 9,18; 11,25). Es bedarf erst des Weckrufs zweier Engel, sie davon zu lösen (Apg 1,10-11), um sie frei für ihre Rückkehr nach Jerusalem zu machen, was dann auch geschieht.

Wir konzentrieren das Gehörte.

1. Die Zeithandlung des Gehens Jesu ist u. W. dogmatisch bisher nie so geortet worden, wie die in der Eschatologie angesiedelte seines Kommens. Vom Tode Jesu wurde christologisch unter dem Gesichtspunkt des Status seiner Erniedrigung, von der Himmelfahrt unter dem seiner Erhöhung gelehrt und in der Versöhnungslehre unter dem Gesichtspunkt seines priesterlichen Wirkens zur Vergebung der Sünde und seines königlichen Wirkens zur Bewahrung und Regierung der Kirche. Aber als ein Ereignis zur Erfüllung der Zeit kam es doch nur wenig zur Sprache – eine spezifische Zeiterfahrung, die in seinem Tode und seiner Aufnahme in den Himmel gegeben gewesen wäre, wurde nicht vermittelt. Darum bemühen wir uns, indem wir die Zeithandlung des Gehens bedenken, zu verstehen, was Jesu Tod und seine Himmelfahrt zeitlich bedeuten.

Wir folgen dabei neben einzelnen Hinweisen, die sich in den Jesus-Schriften finden, vor allem dem großen Zusammenhang der Kapitel 13 – 17 des Johannesevangeliums. Hier hören wir das Stichwort von Jesu Gehen als ein immer wiederkehrendes theologisches Leitmotiv. Für gewöhnlich orientiert man sich über diese Texte unter dem Titel der »Abschiedsreden« Jesu. Eine Textumstellung, die R. Bultmann vorgeschlagen hat,[1] ergibt ein deutlicheres Bild von der Situation, in der Jesus sein Gehen thematisiert haben könnte: während eines Abschieds-Symposions im Kreise seiner Jünger in der Nacht, da er verraten ward.

Textrekonstruktionen sind meist unbefriedigend, weil sie zwar zuweilen einleuchtendere Sinnzusammenhänge herstellen und Eindrücke von unverbundenen Textsplittern beheben, aber meist nicht erklären können (sich darum auch kaum bemühen), wie es zu den uns so scheinenden Textverwirrungen gekommen sein mag. Ohne dies bleiben aber Rekonstruktionen selten geschützt vor dem Eindruck, es möchten nur Bedürfnisse neuzeitlicher Rationalität einen »besseren« Text erzeugen, und niemand kann sagen, wieviel Sinnwiderstände dabei womöglich umgangen werden, die der Text in seiner uns verwirrt erscheinenden Form wohlweislich in sich hat. So möchten wir für Bultmanns Rekonstruktion auch nicht die Hand ins Feuer legen und geben gerne zu, daß uns das Bild von einem Liebesmahl der letzten Nacht vor der Passion, das anstelle der Abendmahlserzählungen der synoptischen Evangelien steht, einfach nur erfreut.

Dies Symposion beginnt mit der Fußwaschung der Gäste durch den Gastgeber, eine Reinigungszeremonie, in deren Zusammenhang Jesus, »im Geist erregt«, in Judas Ischarioth seinen unreinen Verräter erkennt und benennt, der daraufhin das Gastmahl verläßt (Joh 13,2-30). Dem folgt, wie zu Beginn jeder Mahlzeit, ein Gebet des Gastgebers – groß, ausführlich, zugewandt den Gästen dadurch, daß es eine herzanrührende Fürbitte für sie enthält: ein letztes Gottbefohlen für sie vor dem Gehen Jesu (Joh 17,1-26). Dem folgt eine Anrede an die Gäste (13,33-35; 15 – 16,33). Jesus eröffnet ihnen, daß er nur noch kurze Zeit bei ihnen sein werde, spricht ihnen von einer ihnen bevorstehenden schweren Zukunft ohne ihn, ermahnt sie um so mehr zur Liebesgemeinschaft und Freundesverbundenheit, verspricht ihnen dafür die Sendung des Geistes. Diese Mitteilungen erwecken im Kreis der Gäste eine betroffene Diskussion, in die sich Jesus erst langsam wieder einflicht mit der Zuversicht, daß sie am Ende, an einem ferneren oder näheren Tage, doch einen Umschlag ihrer sie jetzt überkommenden Traurigkeit in Freude erleben werden (16,17ff). Auf die Freunde wirkt das lösend, und nun beginnt einer nach dem anderen je einen eigenen letzten Dialog mit dem Gastgeber: Petrus zuerst, nach ihm Thomas, Philippus, zuletzt Judas – nicht der Ischarioth (Joh 13,36 – 14,41).

Dies Symposion endet mit einem Friedensgruß Jesu, wie erleichtert dar-

1. R. Bultmann, Das Evangelium des Johannes, 350f.

über, daß er seine Freunde jetzt eingeweiht hat in das, was ihm und ihnen auf je verschiedene Weise bevorsteht. Mit den Worten: »Steht auf, laßt uns von hier weggehen« endet das Gastmahl (14,27-31), und die Johannespassion beginnt mit den Worten: »Jesus ging mit seinen Jüngern über den Bach Kidron«, da überschritten sie ihren Rubikon (Joh 18,1ff). Dies Symposion ist in sich ein Ereignis von Abschied; die Szene selbst spiegelt und bestärkt den Sinn ihres Inhalts: Jesus geht, und seine Freunde bleiben zurück. Daß diese Agape bei Johannes dort steht, wo die anderen Evangelisten vom Abendmahl erzählen – sie nur viel kürzer, Johannes viel betonter und ausführlicher -, stützt die Bedeutung. Aber wo dort von der Stiftung eines Gedächtnisses geredet wird, geht es hier um das Gehen eines geliebten Freundes von den Freunden und um ihre Zukunft.

Genug Grund also, das Thema des Gehens und des Abschieds in seinem entscheidenden theologischen Sinn und Gehalt auch dogmatisch zu beachten, es hat biblische Substanz und lehrt den Tod Jesu in der Zeitigung seines Gehens und in der Verlassenheit seiner Jünger verstehen.

2. Nirgendwo ist Jesus so *historisch* wie in seinem Gehen. Er geht in seinen Tod und damit in seine Vergangenheit. Gewiß, um Vergangenheit durch seinen Einzug in sie auch zu »erfüllen«. Aber erfüllen kann er die Gezeiten nur so, daß er sich ihnen überläßt: seiner Zukunft mit der Fraglichkeit dessen, was aus ihm selbst werden mag, wenn er kommt, zu richten die Lebenden und die Toten – *wird* sein »Ich bin's« in der Welt eindeutig identifiziert werden? – ; seiner Vergangenheit aber mit der noch tieferen Fraglichkeit dessen, wer oder was er *gewesen* sein mag: »Wer ist der Sohn des Menschen?« (Joh 12,34) – ja: wer? Wenn er geht, trennt er sich von seinen Freunden, – überläßt sich dem Geschick, zur Tradition zu werden, die immer gleichbedeutend mit Verrat ist, – geht, was womöglich das Wesentliche betrifft: ins Vage des Gedächtnisses, der Erinnerung, doch auch ins Vergessen.

Es gehört zu ihm, auch diesen Gang zu gehen. Der »historische Jesus« ist kein Schicksal der theologischen Wissenschaftsentwicklung unter dem beißenden Geist der Neuzeit. In seinem Gehen hat er schon immer seinen Platz in der Bibel gehabt. Wir meinen nun nur, im Nachdenken über die Zeugnisse von seinem Gehen auch einen dogmatischen Ort für den historischen Jesus zu haben. Als dieser hatte er lange keinen Platz in der Dogmatik. Die ihn entdeckten, spielten ihn sogar aggressiv gegen sein biblisches und kirchlich-dogmatisches Bild aus. Spätere ordneten seine Historizität seiner wahren Menschheit zu, dem vere homo des altkirchlichen Bekenntnisses. Aber das waren Versuche, Jesu Menschlichkeit und Historizität als Seinscharaktere von Naturen und Ständen zu beschreiben, während wir, wenn wir das Gehen Jesu lehren, meinen, daß Sein – aus Handlungen bestimmt – »besser«, weil umfassender, geschichtlicher, bezüglicher und in diesem Sinne: historisch-relativer bestimmbar ist. Zumal den Begriff des Historischen sehen wir angemessener gefaßt, wenn wir ihn nicht primär am ontologisches Wesen von Vergänglichkeit, sondern am Tatwesen des Gehens zu klären versuchen. Denn Geschichte ist nicht nur die Zeitmacht, der wir im Tode erliegen, deren Druck, Pressionen, Verluste, Brüche, Verlassenheiten, Einsamkeiten, Verwirrungen wir erleiden – sie ist immer auch das, was wir »machen« – in der begrenzten Dauer unseres Daseins bewähren, durchhalten, doch auch bewirken, bewahren, eröffnen, beginnen: und so auch *sollen*. Die Aussicht, daß Gott uns zuletzt nach unserem Wirken von Werken fragen will – eine Überzeugung, die auch Paulus, der Prediger einer Rechtfertigung nur aus Glauben, ohne Werke, geteilt hat (Röm 2,13.14-16) – rückt alles menschliche Weltdasein in die Perspektive des Wirkens und der Werke; die um die Rechtfertigungsbotschaft sich zentrierende Evangelische Theologie hat im Laufe ihrer Entwicklung einen allzu blinden Fleck darüber entstehen lassen, und dies hat nicht zuletzt auf einen Begriff des Historischen zurückgeschlagen, in dem Gottheiten der Entwicklung, des Relativismus, des blinden Geschicks sich erkennbar klarer spiegeln durften als der Gott Abrahams, Isaaks und Jakobs und der Vater Jesu Christi, der sein Sein in der Tat existiert und nicht im Vergessen, Vergehen und Verwehen. Einem schicksalsgefärbten Historie-Begriff des Vergehens meinen wir die biblischen Worte vom Gehen entgegengestellt: dem Gehen der Hebräischen Bibel in ihrer Verkündigung der Halacha (vgl. Prologomena § 5), – dem Gehen Jesu als der Zeithandlung, in der er in seine Vergangenheit geht, als der Tat, in der er in seinen Tod geht.

3. Dies Gehen reißt den »garstigen breiten Graben« des historischen Abstands auf, über den Lessing nicht hinwegkam. Unter den Zeugen des gehenden Jesus ist diese Erfahrung auch gemacht worden – freilich nicht als eine des Zeitgrabens, sondern inhaltsreicher. Jesus benennt es: a. »... so werdet ihr mich nicht mehr sehen« (Joh 16,16): Aufhebung der sehenden Beziehung also, Jesus nur noch im Nachsehen haben: Blindheit des Historischen gehört zur Sache; b. »... noch vieles hätte ich euch zu sagen, aber ihr könnt es jetzt nicht tragen« (Joh 16,12) = ertragen, und so fassen: also Unausgesprochenheit des Historischen überhaupt, aber gerade auch des historischen Jesus gehört dazu; er bleibt Wort-Fragment, seine Historizität ist Abbruch, sie behält Ausständiges, und bedingt ist das vom Wesen der Unverstandenheit, das zu allem gehört, was historisch versinkt; im Falle Jesu rührt die spezielle Historizität seines Unverstandenseins daher, daß man ihn nur begreift, wenn man ihn »tragen« kann; Jesus-Erkenntnis ist nur tragfähig von Menschen, die selbst tragen, auch: ertragen können, was er sagt, ja: ist. Dies vor allem ist das Ausständige, historisch Offenbleibende an ihm, wenn er geht, – macht ihn zum Wort-Fragment und darin: herausforderndhistorisch.

Das Fragmentarische am historischen Jesus ist nicht dogmatisch umzulügen, etwa mit Hinweis darauf: Es sei mit Ostern, mit der Sendung des Geistes überholt, der historische Jesus sei eingeholt worden von Gott, – die »kurze Zeit«, in der wir ihn nicht mehr sahen (Joh 16,16), sei beendet worden durch den »Tag« seines Gesehenwerdens. Aber nicht der Tag seines Gesehenwerdens wird seine Vergangenheit erfüllt haben, sondern »jener Tag«, »an dem ihr mich nichts fragen (werdet)« (Joh 16,23). Nur seine Fraglosigkeit könnte seine spezifische Historizität überwinden: als Wort-Fragment. Eine Aufhebung seiner Historizität ist aber auch in der Herrlichkeit des Vaters nicht vorgesehen, es wird ihm und uns keine Überblendung seiner Verwundungen bevorstehen, – das *geschlachtete* Lamm wird auf dem Throne sitzen (Offb 5,6), – es allein wird als würdig gepriesen werden, »zu empfangen die Macht und Reichtum und Weisheit und Stärke und Ehre und Ruhm und Lob« (Offb 5,12-13); das Opfer der Geschichte wird beherrschend und verherrlicht werden. Die Einheit des Auferweckten mit dem Gekreuzigten löscht nicht den Schmerz der Negation, nur getröstet werden wir werden in unserem Schmerz, aber nicht vorzeitig; wir kommen weinend und unter Tränen ins Gericht (Offb 7,17).

4. Die Historizität des Jesus, der die Welt, aber auch die Seinen verläßt, gibt dem Glauben eine Erfahrungsform von *Leere.* Sie rührt nicht nur von der totalen Andersheit Gottes her, an die denkend der frühere K. Barth Glauben glatt als »Hohlraum«, leeren »Einschlagstrichter« des göttlichen Wortes beschrieb[2] – Ausdruck einer Erfahrung, die R. Bultmann mit den Worten formulierte: auch an den eigenen Glauben könne man nur glauben.[3] Solch expressionistischer Offenbarungsausdruck beschreibt, was geschichtlich (und vielleicht auch: psychologisch) vermittelter die erfahren, von denen Jesus geht. Die Welt: als Chancenverlust; sie wird erst später merken, was ihr an Jesus fehlt, – Jesu Jünger aber als schmerzende Verlassenheit, als Gegenwartsentzug, nämlich Entzug des ihnen Wichtigsten, dessen, was ihnen Herz, Vernunft und alle Sinne erfüllt. – Dann aber vor allem: Die von Jesus *Ver*lassenen werden der Welt *über*lassen, die sich freuen wird, wenn und weil er geht: »Ihr werdet weinen und wehklagen, aber die Welt wird sich freuen« (Joh 16,20); sie werden darin ihrerseits nur noch historisch existieren können – ohne Ekstasen ins Andere, Ausreisen ins Ferne –, daß der gehende Jesus sie dem »Fürsten der Welt« (Joh 14,30), damit ihrer Angst in der Welt (Joh 16,33) überläßt, nämlich dem »Haß« der Welt (Joh 15,18) und der Verfolgung durch sie (Joh 16,2). Im

2. Vgl. K. Barth, Der Römerbrief, ²1922, 86; 183 u.ö.
3. R. Bultmann, Karl Barths »Römerbrief« in zweiter Auflage, in: J. Moltmann (Hg.), Anfänge der dialektischen Theologie, Teil I, München 1962, 131.

Gehen Jesu erfährt die Gemeinde seine Historizität darin, daß sie hilflos dem Leiden ihrer eigenen Historizität ausgeliefert wird. Der historische Jesus wird – in einem theologisch da erst genügenden Begriff des Historischen – von den an und in der Welt leidenden Freunden Jesu erkannt, von den von ihm Verlassenen, die die Historie seines Gehens mit ihm teilen. Sie allein ermessen, was es heißt: »historischer« Jesus.

Zu dieser Historizität gehört ebenfalls die befremdende Andersheit des »anderen« Beistands, den Jesus ihnen zu geben verheißt. Das *könnte* in Freiheit erfahren werden. Denn der Geist, den Jesus zu senden geht, kommt aus Gott, ist Geist der Wahrheit, stammt aus jener Fürbitte Jesu für seine Freunde, deren Substanz er darin sieht,daß er ihnen dadurch ihre Stätte bereite, sie in seines Vaters Hause beheimate (Joh 14,2); wo solcher Geist des Herrn ist, da ist Freiheit (2 Kor 3,17). Daß der »andere« Beistand dennoch nicht beheimatend, Verwaisung überwindend wirkt, ist nicht als dogmatischer Satz zu behaupten, es ist gerade nur ein Erfahrungssatz über eine Geistesentfremdung der heutigen Kirchen, – auch über ein Tabu, das Kirchen, vor allem lutherischer Provenienz, über den Geist verhängt haben. – Das Verheißungsvolle, Schützende des Geistes ist noch nicht entdeckt, solche Kirchen verlassen sich statt dessen lieber auf eigene Hilfe ihrer Institutionen und Theologien. Gegen den Geist leben sie im Kleinglauben.

Denn er bedroht das System. Zwar haben die Kirchen gründlich und systematisch das vollendete Werk Jesu verkündigt (Joh 17,4), formelhaft sich an das ἐφ ἅπαξ des Hebräerbriefs (9,26-28), damit an die Unüberholbarkeit Jesu, gehalten. Doch nicht ebenso an die ἐρχόμενα, das Zukünftige, auf das der gehende Jesus ausdrücklich hingewiesen hat (Joh 16,13). Gewiß war gegenüber den sog. Schwärmern besondere Sorgfalt zu beachten, damit Berufungen auf den Heiligen Geist nicht Tendenzen Vorschub leisteten, Jesus zu überholen; schon seit Joachim von Fiore, seit den mittelalterlichen Brüdern vom freien Geist – und wieder bei den klassischen Dichtern und Philosophen des deutschen Idealismus – gab es solche Tendenzen, sie wirkten stark. Aber man brauchte ja in seiner theologischen Ängstlichkeit nicht zu übersehen, daß Jesus selbst den Geist senden und Gott ihn mit Bestimmtheit »im Namen Jesu« wirken lassen, ja ihn zur Verherrlichung Jesu schicken wollte (Joh 14,26): »denn aus dem Meinigen wird ers nehmen und euch verkündigen« (Joh 16,14); das filioque muß nicht gefährdet gesehen werden, wenn dennoch der Geist als eine Kraft erwartet wird, die mehr gibt, als Jesus bisher geben konnte.

Die kirchliche Lehre hat sich so beholfen, daß sie mit besserer, tieferer Belehrung zuerst der Christen und eines Tages aller Menschen durch den Geist rechnete. Aber das ist unsere Frage: ob eine dogmatische Festlegung der Wirkung des Geistes auf die subjektive Wirklichkeit und subjektive Möglichkeit der Offenbarung (K. Barth), also auf seine Wirksamkeit in *uns*, das biblische Geistzeugnis genügend deutet, ob Bindung ans menschliche Subjekt das überströmende Wesen des Geistes nicht doch zu empfindlich beschränkt: kurz, ob der Geist nicht doch auch christologisch Künftiges – Jesus-ἐρχόμενα – verheißt, durch die Jesus gewiß nicht überholt werden, vielmehr im Gegenteil: selbst noch einer volleren Entfaltung seiner selbst entgegengeführt werden soll. Kündigt die Verheißung des Geistes zwar keine Selbstüberholung, aber eine erst künftig zu erwartende, nicht nur uns, sondern auch ihm bevorstehende Selbst*erfüllung* Jesu an?

Er selbst ist ja in urchristlichen Theologien als ein Geistereignis verstanden worden: zum Sohne Gottes eingesetzt voll Macht nach dem Geist der Heiligkeit (Röm 1,4) – ja er selbst: der Herr: der Geist (2 Kor 3,17). Begegnungen mit dem Auferstandenen waren Jesus-Begegnungen in einer Begegnungsweise seiner selbst als Geist. Dabei kommt es nicht auf »Vorstellungen« an, sondern auf die Sache; von ihr ist zu sagen, daß die Gegenständlichkeit des Auferweckten als die Wirkweise des Geistes zu verstehen ist, der ihn leiblich gegenwärtig macht, genauer: kraft dessen er selbst sich nach seinem Tode seinen Jüngern gegenwärtig setzt. Der heilige Geist ist eben nicht nur eine pneumatologische, sondern eine christologische Wirklichkeit; er wird nicht nur vom Christus bestimmt, worauf das Dogma des filioque bedacht war, er bestimmt auch ihn, leitet ihn, führt ihn, ruht aber auch auf ihm und ist so: eins mit ihm. Um diese Einheit geht es hier. Wird Jesus nach seinem Gehen den Jüngern seinen Geist senden, gibt er sich selbst damit noch eine Zukunft, nicht nur den Seinen, – und zwar doch eine, in der er sich selbst in seiner bisherigen Wirkweise überholt.

Wenn die Jesus-Schriften selbst sich zurückhalten, über den Zukunfts-Jesus viel zu sagen, wenn sie seine Neuigkeit in der Hauptsache als das Neue unserer *Erfahrung* Jesu beschreiben, hat das seine sachliche Richtigkeit. Denn Zukunft kann, soll niemand vorwegnehmen. Aber ganz unwissend stellten sich die Zeugen Jesu ja nicht. In Besinnungen zur Erneuerung des christlich-jüdischen Verhältnisses spielt in den letzten Jahren zunehmend 1 Kor 15,28 eine Rolle. Dort sieht Paulus eine Rückgabe aller Werkaufträge Jesu – also: seiner Sendung – an Gott voraus. Er beschreibt sie mit dem Bild von einer letzten Unterwerfung des Sohnes unter den Vater, die geradezu einer Selbstrücknahme Jesu gleichzukommen scheint; jedenfalls wird ihr Ziel mit den Worten projiziert: »auf daß Gott sei alles in allem.« Über den Sinn dieser Worte im Detail brauchen wir hier nicht zu streiten. Zuletzt sagen sie, was wir fassen oder nicht fassen können. Ein Jesus – bar seiner Sendung? Beleuchtete das etwa auch das Wort von dem dem Vater gemeldeten »vollendeten Werk« (Joh 17,4)? Ein Gott »alles in allem« – nach Unterwerfung des Sohnes unter ihn, also ein Gott in Absolutheit, Losgelöstheit, Erhabenheit auch über seinen Sohn? Was hieße das für diesen Sohn? Wer wäre er *dann?* Als wen kennte er sich dann?

Parallele Fragen weckt der Jesus der Abschiedsreden. Er läßt seine Freunde mit Erkenntnismangel zurück, begründet ihn aber nicht nur mit ihrer Schwäche, seine Worte zu fassen und zu »tragen«, sondern auch mit der Unausgesagtheit dessen, was er ihnen noch zu sagen hätte. Ihr Mangel und sein fragmentarisches Wort gehören zusammen, sind zwei Seiten ein und derselben Unerfülltheit, die sein Gehen zu einem schmerzlichen Abbruch machen. Im Vergleich damit wird der »andere Beistand«, den er ihnen zu geben verspricht, etwas Bleibendes haben (Joh 14,15) – im Unterschied zu ihm selbst. »Bleiben« überholt »Gehen«. So sehr also im Geist, der »bleibt«, Jesus dasein wird, zeigt der Jesus, der geht, daß dies etwas »anderes« sein und nicht dialektisch zu einer Identität nivelliert werden soll. Der Jesus, der geht, stört eine allzu dialektische Theologie, sofern deren Dialektik historisch beruhigen statt beunruhigen wollte. Jesus, kommend im Geist, wird ein anderer sein, als Jesus, der geht, obwohl er noch viel zu sagen hätte, das jetzt aber abbrechen muß.

Solche Andeutungen bleiben in den Jesus-Schriften am Rande. Wir geben ihnen darum auch nur eine »grenzbegriffliche« Bedeutung. Sie dienen dazu, uns wach, also im Historischen zu halten bei dem, was wir über Jesus denken und lehren. Jene Lobpreisungen, mit denen wir ihn in den christlichen Gottesdiensten feiern – quasi Deo –, kleiden wir in eine vorwegnehmende Sprache, die einer Hoheit und Erhabenheit Jesu applaudiert vor der Zeit und die die Spuren des Ausständigen, Unerfüllten löscht, die zu Jesus gehören: seine Historizität. Mit Blick darauf, daß gerade Christologie doxologisch, lobpreisend strukturiert ist, ließe sich grundsätzlich fragen, ob denn je Jesu Hoheit und Erhabenheit anders recht gemeint sein können als im Lobpreis seines Ganges von uns fort, anders,als ein Abschieds- und Segenslied für ihn, der zu seinem Vater geht, ausdrücken kann: ein Lied in unserer Verlorenheit und aus ihr. Das vere Deus, unser Lobpreis einer Gottheit Jesu, scheint uns jedenfalls solange eine unzulässige Vorwegnahme des Jubels, solange wir damit Gott das Wesen *seiner* Historizität, Offenheit, Ausständigkeit bestreiten. Das ist die Frage Israels an uns. Sie trifft uns auch als Urteil des gehenden Jesus, der bei uns abbricht, weil wir ihn doch noch nicht »tragen« können, nämlich ihn: in der *Abgründigkeit,* die Gott an ihm bedeuten könnte und die er wirklich auch bedeutet, indem er ihn *uns*: nimmt.

5. Die Leere, in der der historische Jesus uns läßt, ist eine gefährliche Leere. Sie lähmt uns ja nicht lange. Theologie und Kirche haben sich z. B. im 17./18. Jahrhundert verblüffend schnell mit der Historisierung Jesu abgefunden, verständlich: weil sie ja als Werk des eigenen Geistes dem Willen der neuzeitli-

chen Menschen entsprang und entsprach – nicht dem Schmerz des Gehenden, sondern dem Triumph derer, die alle Widerstände des Abständigen zu brechen, Abbrüche aber auch meisterhaft überbrücken gelernt haben. Mit der Folge – die geistesgeschichtlich auch schon eine Voraussetzung war –, daß wir Fragen, die wir an den nicht mehr stellen konnten, der ins Historische, in die Vergangenheit gegangen war, uns nun selbst stellen und dann natürlich auch beantworten mußten. Denn jene von Jesus verheißene Stunde der Fraglosigkeit war mit der Historisierung Jesu nicht eingekehrt. Wir sind da vielleicht historisch schlauer geworden, aber mit unseren Fragen auch einsam.

Wo Jesus geht, werden wir entweder der *Emanzipation* oder der *Religion* überlassen, beides gehört zu seiner Historizität. *Emanzipation* – wir sprachen schon davon – heißt: Wo er von uns geht, gehen wir auch von ihm, lassen ihn allein (Joh 16,32), überlassen ihn sich selbst. Er geht seinen Weg. Wir gehen unserer Wege. Die offenen Fragen stellen wir nicht mehr ihm. Emanzipation ist nur deswegen *möglich*, weil Fragen offengeblieben sind, auf die nun nicht mehr Jesus antworten kann – den Geist haben die Kirchen ja nicht zureichend verkündigt, sein Wirken eher gehindert. Daß Menschen auf ihre eigenen *Antworten* zurückverwiesen werden, hat Jesus oft selbst gewollt und bewirkt. Damit weist er die Menschen ein in die Freiheit, zu der er sie befreit. Die jesuanische Freiheit führt nahe heran an die Schwelle zur Emanzipation von Jesus, welcher Bevormundungen bricht: das Vorsagen und autoritäre Vorwegnehmen von Antworten. Die Schwelle wird jedoch überschritten, wo seine Abwesenheit auch keine Fragen mehr hervortreibt, die er entzündet hätte, die zuletzt er in-Person *ist* - Fragen, wie z. B. die Grundfrage der Christologie: »Bist du, der da kommen soll, oder sollen wir eines anderen warten?« (Mt 11,3). Sein Gehen macht Fragen gegenstands-los, die gegenständliche, inhaltsreiche, wirkliche Fragen nur sein können, wo er da ist. Eine Inflation gegenstandsloser Fragen wirkt in Welt, Kirche und Frömmigkeit wie ein Indiz für das, was es heißt, daß Jesus geht. Wir bleiben nicht nur unser*en* Fragen, vielmehr sogar: unser*em* Fragen überlassen; beliebig wird, was wir noch fragen und ob wir überhaupt noch etwas von Gewicht fragen wollen. Vielmehr wirft uns sein Gehen zurück auf die sog. *religiösen* Fragen – wie sie etwa vom 2. Vatikanischen Konzil als Grundfragen des Menschseins zusammengestellt worden sind: »Die Menschen erwarten von den verschiedenen Religionen Antwort auf die ungelösten Rätsel des menschlichen Daseins, die heute wie von je die Herzen der Menschen im tiefsten bewegen: Was ist der Mensch? Was ist Sinn und Ziel unseres Lebens? Was ist das Gute, was die Sünde? Woher kommt das Leid, und welchen Sinn hat es? Was ist der Weg zum wahren Glück? Was ist der Tod, das Gericht, die Vergeltung nach dem Tode? Und schließlich: Was ist jenes letzte und unsagbare Geheimnis unserer Existenz, aus dem wir kommen und wohin wir gehen?«[4] Lassen wir dahingestellt, ob das wirklich Grundfragen des Menschseins sind, die dann ja von allen zu jeder Zeit an jedem Ort müßten gestellt worden sein oder hätten gestellt werden können. Religionswissenschaft belehrt uns heute darüber, daß beileibe nicht alle Religionen diese oder ähnliche Fragen beantwortet, ja nicht einmal zugelassen haben, daß sie gestellt werden. Und wer will denn sagen, ob die Menschen sie hatten? So, wie sie im Vatikanum formuliert worden sind, sind sie nicht nur der Form, sondern wohl auch dem Inhalt nach sehr beschränkte Fragen unseres begrenzten Kulturkreises, und die dogmatische Verallgemeinerung spiegelt ein Prinzip Katholischer Natürlicher Theologie eher wider als einen psychologischen, anthropologischen oder ethnologischen Tatbestand – ein Denken, das freilich auch dem Protestantismus keineswegs fremd ist und die Faszination der größten Allgemeinheit auch dort ausübt, freilich: nicht einer wirklichen, sondern nur einer behaupteten und beanspruchten.

Wir jedoch sprechen von einem *Rückfall* in diese Art Fragen, nachdem Jesus gegangen ist. Jesus hatte ganz anders interessierte Fragen erweckt, solche, in denen *er* gegenständlich war. Alles menschliche Fragen hatte er auf sich gerichtet, und Gottes Zeugnis für ihn hatte ihn auch ins Zentrum jeder gehaltvollen Antwort gestellt. »Dies ist mein geliebter Sohn, an dem ich Wohlgefallen habe. Den sollt ihr hören« (Mk 9,7); die Verklärung Jesu, bei der das gehört wurde, war gleichbedeutend mit der Erklärung, daß auf nichts anderes mehr sollte zu hören, darum auch: nach nichts anderem sinnvoll mehr sollte zu fragen sein. Und so geschah's: »Und plötzlich, als sie um sich blickten, sahen sie niemand mehr bei sich als Jesus allein« (Mk 9,8). Die Frage des Petrus: »Herr, wohin sollen wir gehen? Du hast Worte des ewigen Lebens« (Joh 6,68), stellt die Frage, die in Jesus zur Ruhe gebracht ist. Dagegen sind die im Vatikanum gesammelten sog. Grundfragen der Menschen solche, die aller Erfahrung nach aus dem Leeren kommen, ins Leere gerichtet werden und ins leere Vergebliche auch versinken. Also die, die wir uns stellen, wenn wir allein sind, wenn in der ganzen Welt uns nichts Besseres zu fragen und zu reflektieren aufhält. – Emanzipation und Religion fallen hier in eins, und es ist vergeblich, wenn die Emanzipierten und die Religiösen mit Grimm und Gram einander ausschließen wollen. Den Emanzipierten holen die ungelösten Fragen, den Religiösen deren Gegenstandslosigkeit ein. Wo aber Jesus käme, erledigten sie sich von selbst, weil da Antwort über alle Fragen hinaus erschiene, und weil sich vor allem zeigte, daß wirkliche, gegenständliche Fragen nicht die sind, die wir stellen, wenn wir allein sind. Sie sind Fragen der Leere, der Verlassenheit von Jesus: Ersatzfragen, Fragenersatz. Diejenigen Emanzipierten

4. J.Chr. Hampe (Hg.), Die Autorität der Freiheit. Bd. III, München 1967, 532.

und Religiösen wissen das, die nicht erst heute, aber heute mit besonderer Leidenschaft in religiösen Reisen, Übungen und Bewegungen nichts so suchen wie das Leere, von der schlechten Gegenständlichkeit der modernen technischen Gesellschaft Lösende. Ex oriente lux meint heute: Sehnsucht nach der Leere des Undeterminierten und jeder historischen, gesellschaftlichen, psychologischen Determination Spottenden.

6. Den christlichen Glauben aber macht das Gehen Jesu zur Hoffnung, die πίστις zur ἐλπίς. Zum theologischen und religiösen Mangel, den lutherische Tradition zu verantworten hat, gehört, daß im protestantischen Glauben nur wenig Hoffnung glüht. Die antischwärmerischen Tabus über Zukunft und Geist und ein zu prinzipielles sola fide hatten zurückhaltend gemacht gegen Liebe und Hoffnung als die anderen Möglichkeiten des Glaubens (1 Kor 13,13): gegen Hoffnung noch mehr als gegen Liebe. Das hat evangelischen Glauben geistig vielfach dürr gemacht und seelisch austrocknen lassen; da flammt zu wenig. Was daran verständlich ist, haben wir schon gesagt: Geist kann an Jesus vorbei in die Zukunft entführen. Darum ist es schon recht, skeptisch zu sein gegen den Zug-Zwang, der von Bildern der Hoffnung ausgehen kann, die nicht im Angesicht Jesu gesehen werden. Hoffnung hat ihren starken Sog, ihr Anziehendes, Magnetisches in den Verheißungen Gottes, aus denen Heil der Welt winkt. Fraglich jedoch ist, ob Verheißungen allein hoffen machen. Es gibt stärkeren Grund der Hoffnung, und zwar einen, der notwendig den Glauben – und nicht vorwegnehmendes Schauen – zur Hoffnung macht: das Gehen Jesu, die Leere, Gefahr und Angst, in der er uns läßt. Wir hoffen nicht nur, weil er unter Verheißungen geht, sondern: weil er *geht*. Hoffnung ist die einzige Weise, in der wir seinem Gehen noch zu folgen vermögen, – sie hält nicht am Versprochenen, sondern am Verlorenen fest; sie ist die ultima ratio, letzter Rest der Gemeinschaft, die zerfällt, wenn er geht – *letzte* Hoffnung. Glauben, sprich: Vertrauen können wir ihm *nur* noch in Hoffnung bekunden. Nach vorne zieht uns der Reichtum der Hoffnung, aber halten in dem, was man nicht sieht (Hebr 11,1), kann uns nur die arme Hoffnung. Gegen ein Prinzip Hoffnung, das einer Ontologie des Noch-nicht-Seins entspringt, muß ein Seufzer aufkommen über den, der nicht mehr bei uns ist: über das Nicht-mehr-Sein Jesu. Hoffnung: Brot der Armen. Hoffnung nur in aufrechtem Gang, ohne Tränen des Vermißten, ist nicht die des Glaubens, sondern eines anderen Grundes. Nur Jesu Gehen läßt Hoffnung.

Das macht: Glaube wird gestreckt, – ist die Weise, sich nach vorne zu strekken (Phil 3,13), – wird wieder mehr Suchen des Reiches Gottes, seiner Gerechtigkeit, – stößt auch Theologie aus jeder kategorialen Verwendung der Gewißheit, des Habens, des »Est«, – führt zurück (statt in Religion oder Emanzipation) in ein Hungern und Dürsten, Flehen und Bitten, und setzt womöglich an die Stelle, die reiche Doxologie in der Christologie hat, das Gebet: jeden Gedanken, jeden Satz unter ein »Amen, das ist: es *werde* wahr« – u. E. die allein mögliche Form der Affirmation.

So aber gehört Hoffnung (wir kehren unsere Gedankenbewegung jetzt um) zur Historie. Nur hoffend entsprechen wir dem historischen Jesus, betätigen wir ein anderes als archivarisches Verhältnis zu ihm. Wer ihm nicht nachseufzt, kennt ihn nicht historisch, – ermißt nicht die Verluste, die seine Historizität bedeuten gegenüber der Zeit, da er mitten unter uns mit uns war. Solch Seufzen ist die historische Umgehensweise mit dem historischen Jesus, dem: der geht.

7. Indem Jesus geht, erfüllt er die Zeit. Wir sagten: Er geht in seine Vergangenheit. Aber er hebt sie dabei nicht auf, sondern bricht sie auf: für sich und für uns.

Wir wollen diesen Aspekt nicht positivistisch setzen und einfach vermitteln durch den Gedanken: Da kommt der Herr der Zeit in die Vergangenheit, und sie muß sich seiner Überlegenheit öffnen. In einem allerletzten Lobpreis wird dieser Gedanke sich als wahr erweisen. Aber als Gedanke, den wir *jetzt* denken und verantworten müssen, scheint er uns zu schwer zu »tragen«.

Seine Historizität, sagten wir, ist die tiefste Weise seiner Distanz: die des Toten uns gegenüber, die wir am Leben sind und unsere Tage fristen: dadurch von ihm geschieden. Daß er diese Distanz aufbricht, erfahren wir darin, daß sein Gehen uns *unwiderstehbar* Angst, Schmerz und Traurigkeit auflädt. Unsere Seufzer, das ängstliche Harren der Kreatur (Röm 8,19), die wir sind, verhindern, daß er sich unter uns vergißt. Er erfüllt die Zeit der Vergangenheit, seine Historizität, darin, daß wir ihm nachtrauern, aber so, daß dies aus Hoffnung geschieht, – daß diese Trauer – weit davon entfernt, Selbstbemitleidung von Verlassenen zu sein – die Glaubensweise ist, in der wir an ihm hängen bleiben und ihn nicht lassen, er segne uns denn. Dies aber geschieht auch. Es gibt die Erfahrung, daß er uns aus den Ängsten reißt – nicht kraft unendlicher Überlegenheit über seinen Tod, sondern kraft seiner Angst und Pein (EKG 63,9). Welche Erfahrung ist das? Die Zeit erfüllende, die uns in unserer Trauer nicht ersticken, sondern: ihm leben läßt, die Vergangenheit offen hält und uns dafür willig: »bis daß er kommt«.

Zuletzt geschieht dies freilich in der Kraft des Geistes, den zu senden er versprochen hat. Er ist die Kraft, die uns traurig hält und trauernd fest an ihm. Nichts kann uns scheiden von der Liebe Gottes – und gerade nicht: Jesu Tod, in den er ging, als er ging.

§ 11 Vom Bleiben Jesu von Nazareth

VORSÄTZE *»Das Bleibende« ist für gewöhnlich die Domäne der Konservativen, »Religion im Erbe« neuerdings auch ein Stolz der Fortschrittlichen, schon immer aber die Sehnsucht der Dichter. In ihren Händen kann die christliche Botschaft leicht zu einem »Schutt des Endes« (E. Bloch) werden.*

Für eine Beständigkeit Jesu in allem seinem Kommen und Gehen müssen wir darum anders als sie über sein Bleiben denken.

Will Jesus bleiben, so ist auch dies sein immer neuer freier Entschluß. In seiner Treue will er bei und in seinen Freunden, aber vor allem in seinem Vater »bleiben« - wie dieser in ihm.

Jesus erhält eine Kraft zu bleiben aus einer Einung mit Gott, der ewig bleiben will und bleibt, der er ist.

Von der bleibenden Gemeinschaft zwischen Gott und Jesus, »Vater« und »Sohn«, können wir nicht teilnahmslos sprechen, sondern nur so, daß wir unsererseits treu zu bleiben versuchen der Verheißung der Untrennbarkeit von Gott und Jesus. Also suchen wir Gott nicht anderswo als in seiner ewigen Gemeinschaft mit Jesus, und wir bemühen uns, Jesus nicht anders nachzufolgen als in der Nachfolge Gottes.

Das ewige Zusammensein von Vater und Sohn will von uns gelobt sein durch unser Beharren in ihrer beider Gemeinschaft und will gedacht sein als eine offene, ihrer Erfüllung (»Evidenz«) erst noch entgegengehende Wirklichkeit: als eine Zeithandlung der Majestät und Entscheidung Gottes: »Gott in Christus« zu sein.

Die Erweckung des in den Tod gegangenen Jesus aus dem Grabe des Joseph von Arimathia ist das Ereignis der Entscheidung Gottes, Jesus »bleiben« zu lassen. In ihm gibt Gott Jesus teil an seinem unkündbaren Entschluß, der Gott Israels und darin auf ewig auch der Vater Jesu zu sein, sich auf ewig von diesem Menschen bewegen zu lassen und ihm teilzugeben an den Bewegungen seines ewigen Lebens.

Jesus beteiligt sich an dieser Entscheidung Gottes vor allem durch die Bleibe-Verhandlungen, die er mit seinem Vater führt: die Bitte um die Sendung des Geistes an die verwaisten Freunde Jesu in der Welt. Indem der Vater diese Bitte ewig erfüllt, erfüllt er an und durch Jesus seinen Willen, »Immanuel« zu sein: Gott-mit-uns.

Jesus bleibt nicht als das, was ein konservatives Christentum als sein »Bleibendes« feiert. Er »bleibt« ein Trost für Angefochtene, Ermüdete und für die armen Seelen.

Das Zeitzeichen für das Bleiben Jesu aber ist die Bewahrung Israels auf seinem Weg durch die Zeiten, derer sich auch die Kirche getrösten kann in der Hoffnung, »daß allezeit müsse eine heilige christliche Kirche sein und bleiben«.

1. *Religion als Erbe?*

Weil besonders der Protestantismus in Deutschland zu lange aus geistlicher Schwäche und theologischer Überzeugung ein »Bündnis der Kirche mit den das Alte und Herkömmliche konservierenden Mächten« gesucht hat,[1] wollen wir nicht viel Worte über das Konservative machen. Es hat ein biblisches Recht.

»Halte, was du hast, damit niemand deine Krone nehme«, soll der Engel der Gemeinde an die Christen in Philadelphia schreiben (Offb 3,11). Ihre Beharrlichkeit im Hoffen auf Jesus soll beantwortet werden damit, daß sie ihrerseits vor einer Stunde der Versuchung bewahrt werden (Offb 3,10). Das ist ein Konservatismus des Kämpfens und der Verschonung.

Er unterscheidet sich von Mentalitäten, die sich in der europäischen Geistesgeschichte des Konservativen herausgebildet haben. Konservative pflegen Sinn und Geschmack für das Bleibende. Sie sind stark in ihrem Wertebewußtsein, aber schwach in fast ökonomischer Fixierung an Wertbeständiges, das doch eher eine Qualität des Marktes als des Geistes ist. Zudem setzen sie das Bleibende für gewöhnlich in eins mit dem Ererbten, – selten offen für Schöpferisches, aus dem ja auch Bleibendes entspringen könnte; Bleibendes suchen sie vorzüglich an Restbeständen des Überkommenen – sie kämpfen darum in Traurigkeit, daß nur noch wenig bleibt; sie wollen helfen, daß noch glimmender Docht nicht ausgetreten wird. Wunsch, zu bewahren, verwirklicht sich dabei allerdings oft nur als Sparen. Ererbtes wird rar und kostbar gemacht, aber nicht als Pfund eingesetzt zum Wuchern – nicht aus-gesetzt. So wird doch nur der Tauschwert gesteigert und damit die fressende Gewalt anerkannt – die Austauschbarkeit –, die doch eigentlich der ärgste Feind des Wertbeständigen ist.

Wird Christentum zum Menschheits-»Erbe«, ist es schon so gut wie tot. Dies steht mit der »Religion im Erbe« (E. Bloch) nicht besser. Zwar liegt das Erbe da im Blickwinkel der unruhigen Töchter und Söhne, die es endlich herausfordern, um damit selbständig ihrer Wege ziehen zu können – wenns beliebt: es

1. Wort des Bruderrats der Evangelischen Kirche in Deutschland zum politischen Weg unseres Volkes, in: K. Kupisch (Hg.), Quellen zur Geschichte des deutschen Protestantismus von 1945 bis zur Gegenwart. 1. Teil Hamburg 1971, These III, 58ff.

auch zu verschleudern, revolutionär. Doch wo wäre Religion billiger, als wenn sie als Erbmasse zum Verprassen ertrotzt und hergegeben würde. Alle, die vom »Erbe des Christentums« sprechen, meinen damit ein Schatzaneignungsverhältnis, und wenn sie im Sinn haben sollten, Erbe zu mehren (statt zu verschleudern),dann denken sie es wie ein Kapital mit guten Zinsen. Kein schlimmeres Wort in der Judenerklärung des an sich so gut noch vorne denkenden 2. Vatikanischen Konzils (vgl. Prolegomena § 7.) als das von dem Christen und Juden gemeinsamen geistlichen »Erbe«, das »so reich ist«[2] - gut gemeint, und doch mehr als ein lapsus linguae: eine Mentalität, die sich dem verschließt, daß alles, was uns bleibt, je nur Verschonung und Rettung ist aus unserer Zerstörungswut. Bleibendes bleibt nicht kraft innerer Wertbeständigkeit, nur: aus den Feueröfen; auch da ist sehr die Frage, ob Bewahrtes auch immer Bewährtes ist, es gibt auch »Schutt des Endes« (E. Bloch), wertlose Rückstände.

Eine der in unseren Augen größten Verführungen unserer Tage ist, unsere Traditionen gerettet zu sehen in christlicher Kultur - verteidigt in einer festen Burg des christlichen Abendlandes, verwurzelt in sog. christlichen Völkern. Die real-existierenden Kirchen - auch des Protestantismus - suchen in der Illusion dieser Hinterlassenschaften nach wie vor ihre öffentliche Legitimation, lassen sich von christlichen und anderen Parteien für die Pflege solcher Illusionen gebrauchen und dotieren: als Kulturfaktoren und als Alibi anders nicht sinnenfällig zu machender gesellschaftlicher Identität (denn eine Kultur revolutionärer Überlieferungen z. B. wurde in der Bundesrepublik - trotz des Bundespräsidenten Gustav Heinemann - nicht gefördert). Und nun haben wir auch wieder (wie im 19. Jahrhundert schon einmal) Theologien des »Christentums«, die in christlicher Kultur dem Evangelium seine Allgemeinheit sichern, sie gar als Mutterboden hegen, auf dem wir - gut genährt - dem Ende zureifen können.

Doch was bleibt, sagte Hölderlin, stiften die Dichter. Aber ja nur, sofern sie voraussehen - über den Augenblick jetzt hinweg. Doch wer hat Zukunft und könnte, wenn auch dichtend, dorthin dringen? Immerhin: Was bleibt, wird in dieser Zeile nach vorne gedacht, nicht nach rückwärts. Da ist freilich noch die Sucht des antiken Helden nach Nachruhm wirksam; er sucht den Zweig um die Stirn und hofft, einstens noch erinnert zu werden. Das Bleibende ist da nicht Rückstand, sondern Trumpf auf die zerfallende Zeit. Der Engel der Gemeinde von Philadelphia war nicht so engelrein, daß er davon unangefochten gewesen wäre; er hat es seiner Gemeinde gewünscht wie der Dichter. Wie immer: der Dichter kennt das Wort und wünschte sich, daß es bleiben könnte. Da hofft er gut. Nur daß auch unsere Worte Bleibendes nicht in sich haben. Sprachenverwirrung, Sprachzerstörung ist das gewöhnliche. Selbst wer sich selbst versteht

2. J.Chr. Hampe (Hg.), Die Autorität der Freiheit, 497.

und in seinem dummen Geschwätz von gestern noch irgendwie wiedererkennt – weiß er denn, daß er verstanden wird? Wenn ein Wort Zukunft gewährt, dann auch nur im Augenblick – und wer weiß: ob auch noch morgen? Auch die Stiftung des Dichters ist schnell ausgezahlt.

2. *»Wer in der Liebe bleibt, der bleibt in Gott und Gott in ihm«* (1 Joh 4,16)

Wir sprechen also nicht vom Bleibenden, sondern vom ihm, der bleibt.

Vom Bleiben Jesu lassen die Schriften längst nicht so viel hören wie von seinem Kommen und Gehen.

Wir kennen schon die Maxime, mit der das Volk darauf reagiert hatte, daß er gehen wollte: »Wir haben aus dem Gesetz gehört, daß der Christus in Ewigkeit bleibt« (Joh 12,34): Ihr müßte Jesus sich fügen, wenn er dieser in den Augen des Volkes sein wollte. Aber er erklärt, nur noch »kurze Zeit« als Licht »bei euch« sein zu wollen – zu können (12,35), und weist damit die Maxime als für ihn nicht bindend zurück. Er bleibt nicht, jedenfalls nicht so,wie die Maxime es offenbar fordert: ein Bleiben eines, der bleibt – eines Bleibenden, der dadurch dem Volk verfügbar, es sichernd, würde. Die Maxime verlangt im Grunde ein Bleiben Jesu, das aus ihm etwas Bleibendes, Unwiderrufliches machte, ein Bleiben von Dauer, so daß es – verdinglicht – nicht mehr Ereignis, Zeitigung und Entscheidung wäre, sondern ein Zustand. Aber Jesus erfüllt die Zeit nicht so, daß er in ihr zum Zustand würde – und wäre es der höchste eines ewigen Augenblicks, jenes von Mystikern so bejahten Nunc aeternum – oder jenes von neuzeitlichen Theologen als »entweltlichend« gedachten eschatologischen Präsens. Auch Jesu Bleiben ist als eine Zeithandlung zu denken – Akt seines Willens -, also auch begrenzt von seinem Willen, wie bleiben, so auch kommen und gehen zu wollen.

Anders steht es mit einer anderen Maxime, die wir ebenfalls aus dem Johannesevangelium kennenlernen, 8,35: »Der Knecht bleibt nicht für immer im Haus; der Sohn bleibt für immer.« So war das in früheren Gesellschaften allgemein. Ein Sklave gehört zum Haus nur auf Zeit – längstens bis er stirbt, wenn's gut geht: bis zur Befreiung. Anders der Sohn des Hauses; er ist da zu Haus, wird es womöglich erben und weitervererben über seine Tage hinaus. Wer Sohn ist, bleibt, – wer Sklave: nicht. Jesus spricht dies Wort im Streit mit den jüdischen Abrahamskindern: Wer sündigt,wird aus einem Sohn zu einem Knecht und Sklaven der Sünde und kann nicht mehr mit einem dauernd festen Platz im Hause rechnen. Doch nicht der Sklave interessiert uns hier, sondern die Maxime vom Sohn: Er »bleibt für immer« (Johannes sagt sogar: εἰς τὸν αἰῶνα = bis in alle Weltzeit). In Joh 8 ist dies nicht auf Jesus gemünzt. Aber als Maxime schlösse es ihn ein, wenn er »Sohn« im Haus wäre; auch für ihn müßte dann die gefestigte Stellung gelten, und er bliebe »bis in Ewigkeit«. Geschichtlich bleibt auch das; es ist nicht so patriarchalisch-feudal-sicher, wie es klingt; der Sohn kann seine Stellung ja verspielen, – zum Sklaven werden; die gesellschaftliche Rolle allein kann ihn seines Bleibens nicht sicher machen. Aber *ist* er Sohn, dann »bleibt« er.

Im Gleichnis, in dem Jesus – auch dies nach Johannes – sich mit einem Weinstock, seine Anhänger mit Reben vergleicht, steht dann auch die Verheißung: »Ich bleibe in euch«. Mit dieser Verheißung stärkt Jesus die Ermunterung an seine Jünger: »Bleibet in mir« – ebenso, wie auch ich in euch bleiben will (Joh 15,4). Solch Bei- und Ineinanderbleiben erklärt er für fruchtbar (15,5). Es vermittelt sich nicht im mystischen Liebesakt, sondern durch Jesu Wort: Bleibt ihr in mir und meine *Worte* in euch, dann ist euch alles, was ihr mich bitten wollt, schon erhört (15,7); ihr Zusammenbleiben ist in den Worten Jesu gestiftet. Er und die Seinen bleiben sich gegenseitig präsent, aber es ist möglich dadurch, daß Jesus ihnen sein Bleiben zuspricht. Sie werden, indem er bei ihnen zu bleiben verspricht, dann in seiner *Liebe* bleiben (15,10) – auch in seiner, d.h. in der von ihm ausströmenden und geweckten *Freude* (15,11).

Das christologisch reichste Wort vom bleibenden Jesus finden wir jedoch nicht im vierten Evangelium, sondern im zweiten Timotheusbrief 2,13, denn dort hören wir, daß er »treu bleibt, auch wenn wir untreu werden«, »denn er kann sich selbst nicht verleugnen«. Er bleibt uns treu auch ohne Gegenseitigkeit, in Gegensatz und Überwindung unserer Untreue; sein treues Bleiben ist in diesem Gegensatz Krisis unserer Untreue – Krisis, die Barmherzigkeit immer bedeuten kann. Innersten Grund hat seine Treue in ihm selbst. Er kann sich selbst nicht untreu werden, – mögen wir ihn verleugnen, er kann und will sich selbst nicht verleugnen und darum auch nicht uns. Er reagiert nicht, wenn er treu bleibt, auf uns, sondern lebt sich aus. Er kann und will nichts anderes als er selbst sein, als in Treue zu uns. In dieser Beharrlichkeit bleibt er bei uns, indem er bleibt, der er ist. Hier ist seine Entscheidung, mit uns zu bleiben, die Aktualität seiner selbst – sein Bleiben also eine Seinsweise Jesu.

Woher aber diese innere Kraft der Beständigkeit?

Hier nun müssen wir vom Verhältnis Gottes zu Jesus und Jesu zu Gott sprechen – traditionell: dem »eigentlichen« Thema der Christologie. Wir haben es so lange aufgespart, bis wir vom Bleiben Jesu sprechen und diese Zeithandlung als den Ort angeben konnten, an dem von Gottes Gemeinschaft mit Jesus und Jesu Gemeinschaft mit Gott geredet werden muß.

Im letzten Zwiegespräch während des Abschieds-Symposions Jesu war es

Philippus, der die Sprache auf Gott brachte. Wohin will denn Jesus, wenn er sagt, jetzt wolle er sich aufmachen und zum Vater gehen? Philippus versteht kein Wort. Besonders unverständlich scheint ihm diese Ankündigung, weil Jesus ja gerade noch eben – an Thomas gewandt – erklärt hatte, der Vater werde an ihm erkennbar (Joh 14,7). Wenn Jesus und der Vater einander so nahe, ja gar miteinander eins sind (Joh 10,30) – was hat es denn dann für einen Sinn, zum Vater gehen zu wollen? Ist dann doch noch Distanz zwischen ihnen, und sie wäre erst noch zu überbrücken? Wenn wir des Vaters doch in dir *nicht* so direkt ansichtig werden, wie wir nach deinen früheren Worten annehmen konnten, – wenn du, wer immer du seist, nicht selbst die Präsenz des Vaters bist, dann: »Zeige uns den Vater!« (14,9).

Jesus reagiert mit der Rückfrage: »Glaubst du nicht, daß ich im Vater bin und der Vater in mir ist?« (14,10).

Johannes verwendet hier das volle Wort für christliches Glauben: πιστεύειν; wir müssen es hören, wie es in der Bibel immer gemeint ist: nicht als die Anerkennung dogmatischer Sachverhalte oder Sätze, sondern als persönliches Vertrauen. »Kannst du kein Vertrauen haben in die zwischen Gott und mir gelebte engste Beziehung?« Mit einer Vertrauensfrage antwortet Jesus also auf die Frage seines Freundes. – Das will bemerkt und bedacht sein. *a.* Jesus antwortet auf die Frage nach seinem Gottesverhältnis seinerseits in Gestalt einer Frage, die er an den Fragenden richtet. Über sein Zusammensein mit Gott und Gottes mit ihm redet er nicht behauptend, thetisch. Er antwortet so, daß er selbst die Antwort, die er geben kann und will, nur in fragender Gestalt, nur in der Weise von Fraglichkeit, gibt. So verschärft er die Fraglichkeit, indem er die Frage zwar beantwortet, aber die Antwort sofort als Frage dem Freund zurückgibt. Feiner als in diesem Wortwechsel kann einem theologischen und dogmatischen Positivismus nicht begegnet werden, der nirgendwo so falsch wäre wie in einer platten Ja-Nein-Rede über die mysteria divinitatis und Jesu (Ph. Melanchthon). *b.* Die Rückfrage stellt Jesus als *Vertrauensfrage.* Damit will er gewiß nicht ausweichen vor dem, was wir theologische Sachfragen nennen. Nur daß über die ›Sache‹, die hier in Frage steht, nur im Vertrauen geredet werden kann. Über eine gegenseitige Nähe von Gott und Jesus lassen sich nicht teilnahmslose Behauptungen in die Kirche und in die Welt setzen. Wer dazu redet, muß seine eigene Hand ins Feuer legen. Er soll erklären können, wie sehr ihm alles, was er hier sagen wollte, von Jesus selbst noch einmal fraglich gemacht worden ist, nachdem der Ursprung der eigenen Frage schon darin lag, daß man Jesu Worte mit Jesu Werken und Handlungen nicht glatt, widerspruchslos zusammenbringen konnte: Er will zum Vater gehen, nachdem er gerade erklärt hatte, mit ihm eins zu sein?

Aber inwiefern geht es bei der Frage nach dem Gott-Mensch-Verhältnis in Jesus um eine Vertrauensfrage an uns? Davon spricht Jesus sofort, nachdem er

Philippus seine Frage zurückgegeben hat. »Die Worte, die ich euch sage, rede ich nicht von mir aus; der Vater aber tut seine Werke, indem er bleibend in mir ist. Glaubet mir, daß ich im Vater bin und der Vater in mir ist; wo nicht, so glaubet es doch um der Werke willen« (14,10-11). Vertrauensfrage ist zunächst, ob wir Jesus glauben, was er sagt – genauer: ob es uns möglich ist, das, was Jesus sagt, nicht einfach als sein Menschenwort zu hören und so zu relativieren, wie wir es mit Menschenworten zu Recht zu tun pflegen, – ob wir es nicht vielmehr als Gottes Wort (»wie es das in Wahrheit ist«: 1 Thess 2,13) aufnehmen können, da Jesus seine Worte ja eben nicht von sich aus redet. Menschenwort als Wort Gottes aufnehmen – dazu kann kein Mensch sich überreden, es ist nicht Willenssache. Ist es uns überhaupt »möglich«, dann nur in einer viel tieferen Beteiligung an Jesu Wort, als Vernunft und Wille allein, für sich genommen, es vermöchten. »Möglich« ist dies nur in tiefem Vertrauen zu dem, der redet. Das aber meint viel. Man kann dann trauen, von dem nicht betrogen und hinters Licht, sondern ins Licht geführt zu werden; trauen, daß, was er sagt, uns zugute, nicht zum Schaden gesagt wird, will sagen: daß es wichtig für uns ist, – viel mehr als Informationen gibt, die bloß Wissen erweitern; wir getrauen uns dann, nicht nur das zu hören, was er sagt, sondern das, was aus ihm, durch ihn zu uns spricht; dies können wohl auch Sachen und Sachverhalte sein, z. B. solche, die »uns unbedingt angehen« – aber zuletzt doch auch noch mehr als Sachen: Stimme des letzten für uns überhaupt Sprechenden.

Wir können den Sinn der Vertrauensfrage auch noch anders umschreiben: Von einer inneren Gemeinschaft zwischen Gott und Jesus können nur die reden, die sich getrauen, sich auf eben diese Gemeinschaft einzulassen, – sich in sie hineinziehen zu lassen, – selbst nicht mehr in anderer Gemeinschaft als dieser, gar ohne diese Gemeinschaft zu leben. Dies ist gemeint, wenn Jesus im Zeugnis des Johannesevangelisten von dem Einssein Gottes mit ihm und seinem Einssein mit Gott nur so spricht, daß er diese Einheit weitergibt an die Menschen, – sie also nicht als eine exklusive, nur Gott und ihn berührende Lebensgemeinschaft lehrt, sondern sie nur gleichsam als Urzelle der Einung Gottes mit allen Menschen – ja mehr noch: aller Menschen untereinander ansieht und: lebt. Wie Gott in ihm, er in Gott lebt und bleibt, genauso sollen seine Freunde in Jesus, will er in ihnen bleiben (kraft des Geistes) – mehr noch: sollen sie untereinander in der Liebe bleiben; Johannes gebraucht das Wort vom Bleiben viel öfter im Verhältnis zwischen Jesus und den Menschen als im Verhältnis zwischen sich und Gott. Die christologische Bestimmung hat gerade in diesem Fall nur Sinn als eine soteriologische. Wer nicht sagen kann, zu welchem Vertrauen, in welche Gemeinschaft und Liebe ihn selbst das Bekenntnis zum vere Deus, zum »Gott war in Christo« überwindet, unterlasse dergleichen christologische und trinitätstheologische Behauptungen. Ohne eine Ekstase des Vertrauens, der Freundschaft, der Liebe läßt sich das Dogma nicht lehren. Und das meint keine innere, religiöse Erregtheit, sondern die sehr berührende, oft auch nur anekelnde Gemeinschaft mit irgendwelchen Menschen. Christologie hat ihren Sitz im Leben nicht im Kopf, nicht in der singenden Kehle bei der Doxologie allein. Das Geheimnis aller Gottesgemeinschaft, auch der zwischen Gott und Jesus gelebten, erreicht uns, holt uns heim im Fremden, Abstoßenden mit uns. Damit reden wir keiner »Ethisierung« des Bekenntnisses das Wort, sondern folgen nur Jesus, der die Frage nach Gott und ihm zu einer Vertrauens-, also Gemeinschaftsfrage an uns gemacht und ihr damit einen Sitz mitten in unserem Leben angewiesen hat.

Dies freilich macht uns die Gott-Jesus-Gemeinschaft erst recht fraglich, und Jesus sieht im Wort an seinen Freund Philippus voraus, daß wir solchen Vertrauens nicht fähig sind. Darum gibt er noch einen anderen Zugang, die Fraglichkeit seiner Einheit mit Gott zu bewähren: Nicht die Worte, sondern die Werke Jesu (14,11b) sollen ihn uns vertrauenswürdig machen. Zwar hat R. Bultmann die »Worte« und »Werke« Jesu im Johannesevangelium miteinander identisch gesehen, so daß die »Werke« auch »nur« die »Worte« Jesu meinen.[3] Aber in der Abfolge Joh 14,10-11 läßt sich diese Identifizierung nicht halten. Das Vertrauen, das wir seinen Worten gegenüber nicht aufbringen können, mag uns seinen Werken gegenüber leichter fallen. Johannes läßt Jesus hier gut jüdisch reden und urteilen. »Ich will dir aus meinen Werken den Glauben zeigen«: den Grund meines Vertrauens (Jak 2,18); so kann man auch als Christ denken, und der Jesus des Johannesevangeliums lehrt uns, so zu tun (vgl. Prolegomena § 5c). Wenn wir uns auf den Vater nicht in der Person Jesu einlassen können, dann in Teilnahme an den Werken, die er in Jesus tut. Denn auch das zwischen Gott und Jesus gelebte Verhältnis ist nicht nur ein (»personales«) Wort-Verhältnis, sondern eine Werkbund-Beziehung; und auch sie leben sie beide nicht etwa nur exklusiv aufeinander und miteinander wirkend, sondern auch in sie holen sie Menschen als Mittäter ein; auch die im Wirken sich vermittelnde Gott-Jesus-Gemeinschaft wird uns mitgeteilt und bezieht uns ein. Darum antwortet Jesus dem Philippus weiter: »Wahrlich, wahrlich, ich sage euch: Wer an mich glaubt, der wird die Werke, die ich tue, auch tun und wird größere als diese tun, denn ich gehe zum Vater« (14,12). Der Vater tut seine Werke in den Werken, die Jesus tut; die Freunde Jesu tun die Werke, die er tut; ihre Werke werden sogar die seinen noch bei weitem überragen, wenn er gegangen sein wird. So sehr besteht Werkgemeinschaft zwischen Himmel und Erde,daß sie Jesus sogar überdauern, ja »überragen« werden – was immer dies heißen wird. Jedenfalls begegnen wir in Jesu Zwiesprache mit Philippus neben einer Christologie der Wort-Gemein-

3. R. Bultmann, Das Evangelium des Johannes, z.St.

schaft zwischen Gott und Jesus und den Menschen auch einer ausdrücklich alternativ (»wo nicht«: 14,11) daneben gestellten Werkbund-Christologie. Beides sind Christologien, die uns beteiligen und so die Rede von einer zwischen Gott und Jesus bestehenden Gemeinschaft, ja Einheit zur reinen Vertrauenssache machen, in der wir selbst für die Wahrheit des Bekenntnisses einstehen müssen dadurch, daß wir uns in diese Gemeinschaft hineinziehen lassen.

Wichtig scheint uns nun,das Verhältnis von »christologischen«, d. h. das Gott-Jesus-Verhältnis aussprechenden, und »soteriologischen«, d. h. uns einbeziehenden, Aussagen *nicht* im Schematismus von »Voraussetzung« und »Folge« festzulegen: Das Gott-Jesus-Verhältnis sei die Voraussetzung für unsere Teilnahme daran. Das Wort von den »größeren Werken«, die wir tun werden, als Jesus sie getan hat, und auch das, daß die Werke, die Jesus tut, auch wir tun, stört solche Schematismen. Sie wären gar nicht jüdisch. Vielmehr ist angebracht, die Lockerheit der biblischen Sprache als zur Sache gehörig hinzunehmen. Was vom gegenseitigen Bleiben von Jesus und dem Vater ineinander gesagt wird, kann auch – ohne Blick auf den Vater – vom gegenseitigen Bleiben von Jesus und den Seinen ineinander, aber auch – ohne Blick auf Jesus – von einem direkten Zusammensein Gottes mit den Menschen und ihrer mit Gott gesagt werden. Das Bedürfnis, da Vor- und Nach-Ordnung hineinzubringen, ist in unserem Kulturkreis verständlich, aber nicht sachgemäß. Die christologischen Aussagen sind grundsätzlich in soteriologischen implizit, wie umgekehrt auch. Es *gibt* keine Gott-Jesus-Beziehung, die nicht in sich selbst in größter Allgemeinheit Gott-Mensch-Beziehung wäre; und das gilt – jedenfalls für den Gott, der in Bezug auf Jesus allein in Frage kommt – auch umgekehrt: In jeder Gemeinschaft von Menschen mit *diesem* Gott ereignet sich, was in dessen Beziehung zu Jesus real ist. Es handelt sich nicht nur um vergleichbare, sondern um substantiell gleiche Beziehungen. »Es gibt« – dogmatisch gesprochen – keine ewige Vater-Sohn-Beziehung, die nicht von Ewigkeit her und in alle Ewigkeit bereits in sich selbst ihrer beider geschichtliche Beziehung zu ihren Töchtern, Söhnen und Freunden wäre. Und keine menschliche Beziehung zu diesem Gott könnte je etwas anderes sein als die zwischen Gott und Jesus gelebte. Die Dogmatik fragt freilich weiter: auch nicht etwas anderes als die durch Jesus *vermittelte*?

Dies scheint uns eine Frage zuviel – nämlich: *zu früh*. Denn noch »ist nicht erschienen«, daß Jesus je schon das Geheimnis aller menschlicher Gottesbeziehung war – der »Mittler« schlechthin. Noch können wir darum nicht wissen, was wir sagen, wenn wir dies sagen wollten. Noch ist nicht vollendet, daß Jesu Eintreten *für* alle Menschen umgekehrt auch ein Leben aller Menschen *durch* ihn war und ist. Wir könnten dies nur behaupten. Uns fehlt dafür aber das beistimmende Zeugnis aller Menschen. – Ob wir es als *Hoffnungs*sätze sagen könnten, deren Evidenz nirgendwo anders als in der Zukunft zu suchen wäre?

Ob wir dies können, hängt davon ab, ob wir es müssen. So fragen wir uns jetzt: Was nötigte uns zu solcher Behauptung – und wenn nicht zu solcher Behauptung: dann zu solcher Hoffnung?

Argumente von Denknotwendigkeiten, Gedankenkonsequenz möchten wir nicht gering einschätzen, aber für diese Frage nicht gelten lassen. Schon zuviel theologische Logik wurde, als wäre sie Gottes eigener Dreschschlitten (Jes 41,15), über Menschen gezogen und hat sie in den Erdboden untergepflügt. Immer wurde Jesu Wort, er sei Weg, Wahrheit und Leben – niemand komme zum Vater denn durch ihn (Joh 14,6) – statt als eine Verheißung, als eine Bedingung ausgelegt: noch dazu als eine solche, die man Menschen abverlangen könne und müsse; wer nicht an Jesus glaube, werde zum Vater nie kommen und sei in Vaterlosigkeit verloren. Nichtchristlich-Glaubende galten dann – logisch – als Gottlose, und wo das Christentum dazu die Macht hatte, behandelte man sie danach.

Wenn nicht die theologische *Logik* Menschen vergewaltigte, dann die christliche *Hoffnung*, die über die »armen« Heiden, Juden und Gottlosen sich etwas dachte, wünschte, hoffte: von oben herab und hinter ihrem Rücken – eine heilige Besserwisserei, in der viel Selbstsucht wirkte, Sucht nach Selbstbestätigung der eigenen Glaubensweise. Da man solche Hoffnungen nicht für sich behielt, sie nicht in sich verschloß »bis auf den Tag« ihrer Bewahrheitung, sondern sie laut aussprach, predigte, lehrte, – prägte sie Alltagseinstellungen und wirkte sich in Überlegenheitsgesten gegen die aus, die man besser zu verstehen meinte als diese sich selbst, – wirkte sprachlich, im psychologischen Habitus: Ich weiß etwas von dir, was du nicht weißt. Das sind vergewaltigende Logik und vergiftende Hoffnung. Daß es beides *gibt* - nicht der Logik gemäß, nicht der Hoffnung gemäß, von denen beiden wir eigentlich etwas Befreiendes und Verbindendes erwarten – , nötigt uns zu größerer Sorgfalt. Nicht alles, was sich – »sachlich« – denken läßt, soll auch gedacht werden. Wenigstens Theologie kann sich nicht mit dem Wissenschaftsgebot »reiner« Sachlichkeit begnügen: Was muß wie und warum gedacht werden? Wenigstens sie soll den anderen Wissenschaften vorangehen mit der Frage, was ihr Denken anrichten könnte, – darum (positiv) mit der Frage: *wem* sie ihre Gedanken zudenkt.

So fragen wir jetzt: Was macht den Gedanken einer Jesus-Vermittlung aller wahren Gottesbeziehung: nicht logisch, sondern: praktisch notwendig? Müssen wir ihn um Gottes willen denken – um unseretwillen?

Wir selbst stehen als Christen unter der necessitas praecepti. Wir haben keine Wahl, Gott anders zu verkündigen als lebendig in Jesus. Wir können dies nicht begründen. Die Notwendigkeit, unter der wir stehen, ist für uns Widerfahrnis der Gnade und des Gebotes. Wir in unserer Gottesbeziehung stehen und fallen damit. Wollten wir hier anderes für möglich halten, stünden wir in gar keiner

Beziehung zu Gott mehr. Denn was uns als »Gott« aufgegangen ist, ist uns in diesem Widerfahrnis aufgegangen, und dies in der ganzen Exklusivität, die alles, was wirklich ist, an sich hat: Was wirklich ist, ist so und *nicht* anders. Hielten wir Gott für möglich außer Jesus, könnten wir ihn nicht wirklich für Gott, als Gott nicht für wirklich halten – »wirklich«: nämlich so wirkend, wirksam, wie wir ihn in Jesus kennengelernt haben als bezeichnend für alles, was je »Gott« heißen kann.

Es ist nun aber dieser »Gott in Christus«, der sich und uns viel mehr angewiesen gemacht hat auf *Zukunft,* als die christliche Glaubensweise wahrhaben wollte. Was *für* uns Perfektum ist: Er hat für uns »genug getan« – das ist *durch* uns in seiner Perfektion schweren Erschütterungen und Zweifeln ausgesetzt. Wir unsererseits haben keineswegs genug getan, Gottes in Jesus vollzogenes »Es ist vollbracht« uns selbst und in der Welt so zu bezeugen, daß das Wort des gekreuzigten Jesus wirklich das letzte werden konnte, das *Gott* zu sprechen hat. Jesu Gehen von uns ist – nach seinem Gekommensein – auch die Bewegung einer Not, die wir mit verschulden, – Gehen eines von uns nicht Aufgenommenen. Jesus geht auch so, daß er dort den Staub von seinen Füßen schütteln muß, wo er ein Haus mit seinem Friedensgruß betritt, ihm aber nicht mit Schalom erwidert wird (Mt 10,14). Seine die Zeit erfüllenden Handlungen sind die großen Aufbruchswerke des Auferweckten, aber sie wirken immer unter unseren Zeiterfahrungen – darum immer auch unter dem, womit wir unsere Tage füllen; wenn Jesus »geht«, weicht er auch den Widerständen, die wir ihm entgegensetzen: und auch »kommen« muß er, weil er da – seinem Gekommensein zur Schande – an uns noch viel richten muß. Gott ist nicht fertig mit uns – und darum auch nicht mit der Welt. Er ist in den Augen der Welt – trotz der christlichen Predigt – mit Jesus noch nicht identisch geworden. Und nun heißt die Frage, ob wir *trotzdem* lehren sollen, wie die Kirche es tat und tut, daß er es in sich selbst, in alle Ewigkeit schon *sei.* Wir können auch so fragen: Ist es angemessen, notwendig, Gott aus Ursprungsverhältnissen statt aus seinen Zielen, – aus Wesenhaftem statt aus Geschichtlichem zu denken? Ist es angemessen, notwendig, im Blick auf Jesus eine ewige Geburt eines ewigen Sohnes aus dem ewigen Vater zu denken und in Geburts- und also Ursprungsworten das Offene, Werdende im Gott-Jesus-Verhältnis auszudrücken – statt in Worten der geschichtlichen Ziele und Handlungen Gottes, die der Bibel viel gemäßer sind?

Ein Offenes, Werdendes in der Beziehung zwischen Gott und Jesus wollte ja auch das altkirchliche Dogma lehren. Wenn es formulierte, der Sohn sei »allein vom Vater her« (Filius a patre solo est), – er sei weder »gemacht« (non factus) noch »geschaffen« (nec creatus), »sondern geboren« (sed genitus: Symbolum Athanasii 21), wollte es ja sagen: Jesus ist nicht so fertig wie ein Werkstück, das ein Handwerker »gemacht«, hergestellt hat, – auch nicht so in sich geschlossen und gesetzt wie ein Geschöpf, das Gott geschaffen, aus sich heraus- und frei sich gegenübergesetzt hat; vielmehr ist Jesus genitus: in jenem offenen Prozeß, in dem die Menschwerdung des Menschen zu denken ist – im Geburtsakt begriffen mit allem, was schon geschehen ist, wenn es zur Geburt kommt: Zeugung und Heranreifen der Frucht im Mutterleibe, aber auch mit dem, was noch aussteht: dem gefährlichsten Augenblick vor dem ersten eigenen Atemzug in freier Luft, der über Leben und Tod entscheidet. Es wäre mithin der christlichen Dogmatik durchaus möglich gewesen, ein Offenes, Unfertiges, Noch-Ausstehendes zu lehren: *nicht* nur (»eschatologisch«) hinsichtlich der weltlichen Erkenntnis des Gottesgeheimnisses in Jesus, sondern erst recht (»christologisch«) im Verhältnis zwischen Gott und Jesus selbst. Jesus ist kein vollendetes Werk der Hände Gottes, nicht sein »Machwerk«, und auch kein solches Geschöpf Gottes, über das Gott sein besiegelndes tov meod, »sehr gut«, schon sprechen könnte, um dann zu *ruhen*. Der antike Gedanke ewiger Geburt des Sohnes aus dem Vater war mißverstanden, wo das ewig sich ereignende Geborenwerden des Sohnes mit einem historischen Perfekt statt mit jener Geschichtserfahrung der Apokalyptiker ausgelegt wurde, die sich mit allem, was sie in ihrer Beziehung zu Gott und Jesus durchmachten, in »Geburtswehen der Endzeit« verstanden. Gerade in Jesus ist Gott noch offen, zukunftsträchtig; das meinte auch das antike Dogma mit seinem Bild vom ewig aus Gott geboren werdenden Sohn.

Vielleicht hat das mittelalterliche westliche Christentum schon zu viel an Naturnähe und Sinn fürs Frauenleben verloren, als daß es mit den biologischen Bildern des Geborenwerdens, Reifens, Sich-Öffnens und Noch-Verschlossenseins eines Mutterleibes noch das Notwendige verbinden konnte – auch mit der dazu gehörenden Not: denn Gebären macht Frauen immer Schmerzen und Not, während Männer doch immer nur am factum und creatum beteiligt sind; es ist viril, wenn das ewige *genitum* nur im homo *factus* est gedeutet wurde; hier bleiben wir dem Orient das Verstehen schuldig. Dagegen scheint uns ein Denken geschichtlicher Offenheit im Verhältnis nicht nur zwischen Gott und uns, sondern auch zwischen Gott und Jesus der Bibel ontologisch entsprechender. Und ob wir es nun orientalisch-naturhaft im Bild der gefährlichen Geburt oder geschichtlich im Selbstverständnis der schmerzenden Wehen der Endzeit denken: Zwischen Gott und Jesus ist das Letzte noch unabsehbar, und das sollte unser theologisches Denken beschneiden auf das, was wir *jetzt* sagen können. Das Verborgene aber laßt uns zurückgeben dem Ewigen, unserem Gott. Hier reden wir einer grundsätzlichen Rejudaisierung das Wort – nicht unseres Glaubens, aber unserer Theologie: um Gottes willen, der noch nicht so weit ist, – um der Menschen willen, die wir mit zu frühen Perfekta zu früh aufgeben.

Müssen wir es nicht dennoch um unseretwillen so sagen? Müssen wir uns nicht auch in der Theologie bekennen zu dem, was verheißen ist – und können theologische Sätze grundsätzlich je etwas anderes sein als Bekenntnisse zu Verheißungen? Selbst wenn wir sagen würden, theologisch notwendig ist, auszusagen, wofür wir Gott loben, wofür wir ihm auch zu danken haben: Gelten Lob und Dank denn nur dem, was schon ist – nicht viel mehr auch dem, der kommen soll? Das ist der Sinn der Regel, die Luther für Theologie aufgestellt hatte: Sie kann nur affirmative reden; er meinte damit: nicht selbstschöpferisch, sondern nur zustimmend und das bejahend, was uns das Wort Gottes vorsagt. In gewissem Sinne sind affirmative Sätze der Theologie Mittel, mit denen wir – denkend und sprechend – Gott zu Hilfe eilen gerade dort, wo er sich noch nicht durchsetzen, seine Worte und Werke noch nicht zu einer Selbstevidenz in der allgemeinen Menschenvernunft führen konnte. Aber freilich ist das auch allzu kühn, denn es ist nur möglich in Vorwegnahme von Verheißenem; das macht ja das Wesen des Affirmativen aus, es ist – abstrakt geredet: proleptisch. Vorwegnehmendes Denken kann aber auch Gott stürmendes, gewalttätiges sein, – Vorwegnehmen kann auch Verfügen sein. Das ist das Doppelgesicht des Affirmativen: So können wir hilfsbereit denken für Gott, – aber so können wir ihn uns auch unterwerfen. Leider sind wir Kinder einer kirchlichen und theologischen Tradition, die im Affirmativen mehr geherrscht als geholfen hat, – die Bescheidenheit, Zurückhaltung des Helfenwollens nicht genügend übte; zu sehr wußte die rechte Hand immer, was die linke tat – Theologie koordinierte mehr, als daß sie half. Darum betrachten wir es als ein Stück Selbstkritik christlicher Theologie im Zusammenhang unserer Tradition, den Mund auch dann nicht übergehen zu lassen, wenn unser Herz voll sein sollte von der Hoffnung, daß Jesus schon überall da wirkt, wo der Gott Abrahams, Isaaks und Jakobs auch ohne ihn gepriesen wird.

Doch was wäre dann Hoffnung? »Erbarmen mit den Juden« und Gojim und Gottlosen, weil für sie anderes nicht wirklich gut sein kann als das, was gut ist für uns? Wissen, daß Gottes Wille zur Jesus-Gemeinschaft in ihrer universalen Tragweite ohne Zweifel fest besteht und sich zeigen wird, – und niemand ist berechtigt in unserer hoffnungsarmen Welt, auch nur Funken von Hoffnung, die einer hat, der Menschheit vorzuenthalten und verlöschen zu lassen?

Aber dagegen steht eine Fraglichkeit Jesu, sein jedenfalls in uns nicht aufgehobenes »Messiasgeheimnis«, sein Kommen und Gehen neben seinem Bleiben. Wir können nur das ungelöste Geheimnis bewahren. Es ist das Geheimnis seines Lebens jetzt – darin das, was uns bewegt. Theologie soll das Geheimnis nicht zum Rätsel verfälschen, um es dann für gelöst zu erklären. Wir können auch sagen: Theologie soll Christen im Beten stärken und darin für letzte Instanz und Antwort freihalten; darauf kommen wir nachher noch zurück.

Warten wir's also ab – das sei eine Regel für unseren Umgang mit dem Bekenntnis zum vere Deus in Jesus. Wir drücken dies bewußt banal aus; denn nichts geht so sehr die Triebstruktur des gläubigen Alltags- und Sonntagsbewußtseins an wie die Kritik angemaßter Macht über Gott und Menschen. Gerade wo erfüllte Zeit verkündigt wird, kann es ein *zu früh* geben: was schlimmer ist als das zu Unrecht oft so sehr befürchtete »Zu spät« vor dem Richterstuhl Gottes. Unser Versuch, den Ruf: »Die Zeit ist erfüllt« als Jesu Öffnung der Zeiten zu verstehen, dient dazu, uns besser in den Zeiten orientieren zu können als bisher. Dazu gehört gerade alles, was wir zu früh wollen, besonders in der Theologie. Zu früh aber wäre, wenn wir von Jesus behaupten wollten, was noch nicht erschienen ist.

Wir beantworten jetzt die Frage, die uns zu dieser Besinnung geführt hat. Sie hieß: Woher die innere Kraft in der Beständigkeit Jesu? Wir können jetzt nur sagen: aus seiner Entscheidung, nicht nur zu kommen und zu gehen, sondern auch: zu bleiben.

Zu dieser *Entscheidung* ist er freilich nur fähig in der Kraft seiner einzigartigen, jeder anderen Beständigkeit überlegenen Gemeinschaft mit Gott. Mag uns beschieden sein, die Werke zu tun, die er tut, ja noch »größere« als er, wenn er gegangen ist. Uns ist nicht beschieden zu »bleiben«, wie er bleibt.

Denn nur *Gott »bleibt«*, indem er kommt und geht.

Es gibt in der Luther-Bibel Worte vom »Bleiben« Gottes, in denen leider der deutsche dem hebräischen Mann wieder zu sehr übers Maul gefahren ist (vgl. oben § 4.). Luther spricht gleichmacherisch von Gottes »Bleiben«, wo die Bibel vielfältiger von einem »Thronen« und »Sitzen«, »Bestehen« und »Erhabensein« Gottes redet. Wo Luther übersetzt: »Der Herr aber bleibt ewiglich«, sagt die Zürcher Übersetzung besser: »Aber der Herr thront ewiglich«, noch viel besser aber Buber: »Er aber sitzt für die Zeit« (Ps 9,8). Oder Ps 29,10: »Der Herr bleibt ein König in Ewigkeit« (Luther), – besser Buber: »Als König thront er in Weltzeit«. Oder Ps 33,11: »Der Ratschluß des Herrn bleibt ewiglich«, – besser: »Sein Rat, in die Zeiten besteht er« usw. Luther ist bei seinen gleichmacherischen Übersetzungen schon abhängig von seinen Textvorlagen. Bereits in der Septuaginta, der griechischen Übersetzung der Hebräischen Bibel, wird die Vielfalt, Anschaulichkeit, Sinnlichkeit dessen, was Gott tut in seiner Beständigkeit, vereinerleit und ins abstrakte »Bleiben« zusammengezogen. Während eine Vielzahl einzelner Handlungen die Beharrlichkeit des hebräisch bezeugten Gottes beschreibt, wird das in der griechischen Welt zur Konsistenz einer einzigen Seinsweise des Beharrens. Daß Gottes Beharrlichkeit sich in immer neuen und verschiedenen Zeithandlungen verwirklicht, und daß übrigens diese Beharrlichkeit mit den Ausdrücken von »Zeit«, »Weltzeit« statt mit dem einen der »Ewigkeit« beschrieben wird, geht auf griechisch, lateinisch und leider auch in Luthers Deutsch verloren: So zwanghaft bedrückt das heidnische Philosophieren die Sprache der Bibel. Denn nun werden die Zeithandlungen der unerschütterten Treue Gottes assimiliert an das griechische Sein, dem spätestens seit Parmenides eine Beharrlichkeit zugesprochen wird, die weit erhaben über alles Kommen und Gehen, griechisch gedacht: »Werden« und »Vergehen« ist. »Als ein Selbiges, und im Selbigen verharrend, ruht es in sich und wird so fest auf der Stelle verharren. Denn die mächtige Notwendigkeit hält es in den Fesseln der Grenze, die es rings umschließt« (Fr. 8,29-31). »Und unbeweglich in den Grenzen mächtiger Fesseln *ist* es anfanglos, endelos, da Werden und Vergehen in weite Ferne verschlagen sind: verstoßen hat sie die wahre Gewißheit« (Fr. 8,26-28). »Wie aber könnte dann Seiendes vergehen? Wie könnte es werden:« (Fr. 8,19). »So ist Werden ausgelöscht und verschollen der Untergang« (Fr. 8,21). Schon Parmenides hat die Beharrlichkeit des Seins ein μένον, ein Bleibendes, genannt. Es ist anarchisch, anfanglos (ἄναρχος), – es ist endelos, ruhelos (ἄπαυστον); Kommendes denkt er ursprungsmythisch allein als γένεσις = Werden, – Gehen aber geradezu als Verderben (ὄλεθρος). Diesem Seinsgedanken wird der Gott Israels angenähert, wenn die vielen Akte seiner Treue zu einer An-Wesenheit seines bewegungslosen Bleibens kondensiert werden. Sein Bleiben wird dadurch dem konservativen Bleibenden ähnlich und verwechselbar gemacht, über das wir darum oben meditierten.

Aber die Bibel kennt kein ruhendes, nur ein tätiges Bleiben Gottes – eine Zeithandlung, die er immer wieder neu unternimmt und unternehmen muß, weil er nicht festgelegt, nicht – wie das Sein des Parmenides – daran »gefesselt« ist, immer nur bleiben zu müssen. Er kann und will auch kommen und gehen, und das gefährdet nicht, wie es dem Philosophen scheinen will, sein »Selbiges«, sondern darin bleibt er sich treu, daß er er selbst ist in den Gezeiten: Er, wenn er kommt, – Er, wenn er geht, – Er auch, wenn er bleibt.

Die Zeithandlungen seines Bleibens werden als Handlungen seiner *Majestät* erfahren. Hier herrscht er als König, – thront, – faßt Ratschlüsse und Pläne, die er, auf den Thron sich setzend, proklamiert (Ps 33,11), – hier festigt und verteidigt er seinen Stuhl (Ps 9,10), – hier steht er zu seiner Rede und besteht darauf, daß sie gehört wird (Ps 119,89; Jes 40,8) In diesen Zeithandlungen *unterscheidet* Gott sich von den Geschlechtern der Menschen, ja von der Welt. Erde und Himmel sind Werke der Hände Gottes: »die werden schwinden«, aber »du, du wirst bestehen« (Ps 102,26-27). Gras ist das Volk, verdorrt ist das Gras, »aber für Weltzeit besteht die Rede unseres Gottes« (Jes 40,8). Wie jede ordentliche Majestät ist erst recht die Erhabenheit des Gottes Israels *Hilfe* für die Menschen. »Er aber sitzt für die Zeit, festet seinen Stuhl zum Gericht . . . So wird Er ein steiler Horst für den Geduckten, ein Horst für die Stunden der Drangsal. An dir wissen sich sicher, die deinen Namen kennen, denn die dich suchen, verlässest Du nicht« (Ps 9,10); *das* ist das »Bleiben« Gottes. Darin ist er unvergleichlich, unnachahmlich, überlegen, darin: ganz Gott.

Wenn nun in den Jesus-Schriften von Jesus gesprochen wird, der bleibt, sollten wir dies in erster Linie als eine *Entscheidung Gottes* verstehen. Er ist es, der Jesus nach all seinem Kommen und Gehen auch bleiben läßt. Das Ereignis, in dem er fürs Bleiben Jesu entscheidet, ist *Jesu Erweckung aus dem Tode.* Gott läßt ihn nicht im Tode bleiben, denn er will ihm seine Bleibe im Leben schaffen. Ostern ist dasjenige Geschehnis, in dem Jesu Gehen in den Tod nicht durch sein Vergehen im Tode, also nicht durch Vergangenheit besiegelt wird; da bewirkt und zeigt Gott vielmehr, daß Jesu Gehen nicht seine letzte oder gar einzige Zeithandlung sein sollte. Zwar wird Jesu österliches Kommen und sein Bleiben während der vierzig Tage nach seiner Erweckung nicht eine Aufhebung seines Gehens bedeuten. Daß er bleiben möge, müssen seine Jünger gerade den auferweckten Jesus bitten (Lk 24,29), und er wird nach vierzig Tagen seines Bleibens auch wieder von ihnen gehen. Aber dies wird dann ein Gehen sein, in dem Gottes Entschluß, ihn im Leben bleiben zu lassen, eingeschlossen ist. Spätestens nach Ostern ist Jesus der Kommende und Gehende, der bleibt – wie freilich auch der Bleibende, der lebt: dem es darum eigen ist, bleibend kommen und gehen zu können.

Dies sind nicht Gedankenspiele, sondern Auslegung des einen Zeitzeugnisses, das die Jesus-Schriften uns von der Erfüllung der Zeit geben. Alle Versuche der biblischen Wissenschaft, eine Anschauung von einem vorösterlichen historischen Jesus zu gewinnen, haben darin ihren dogmatischen Sinn, daß sie uns einen Blick öffnen dafür, wie die Evangelien alles, was sie von Jesu Tun und Lassen, Kommen und Gehen erzählen können, als das Kommen und Gehen des Auferweckten weitergeben, über dessen unzerstörbares Bleiben im Leben Gott mit Jesu Erweckung entschieden hat. Sie sehen Jesu vorösterliches Kommen und Gehen in seiner historischen Begrenztheit *zugleich* im Licht des einmaligen Gehens und Kommens dessen, über den Gott verfügt hat, daß er bleibt. Wie sie Jesu Wege und Wandel nach rückwärts als Wiederholungen von Wegen und Wandel Israels sehen, so sehen sie sie nach vorwärts als Wege und Wandel des Bleibenden.

Dies bedeutet nicht eine Symbolisierung der Historizität Jesu. Es ist ja kein bloßer Zufall, daß die Jesus-Schriften Spuren des historischen Jesus so zurückgelassen haben, daß sie eines Tages notwendig die Frage nach dieser Gestalt seines Seins weckten. Das Historische sollte am ewigen Leben Jesu erkennbar bleiben, ja mehr noch: es sollte begreiflich werden, daß sein ewiges Kommen und Gehen sich historisch ereignete. Das Bleiben Jesu, das Gottes Entscheidung über ihn ist, sollte nicht neben, sondern in den Bewegungsformen seines historischen Lebens sich zeitigen. So sind die Daten, die wir vom historischen Jesus gewinnen können, Zeichen dafür, daß sein Bleiben sich zeitigt in der Historizität seines Kommens und Gehens, – daß freilich die historischen Daten umgekehrt auch nichts »zeigen«, wenn sie nicht auf den zeigen, den Gott bleiben zu lassen beschlossen hat.

Wir müssen diese Entscheidung Gottes als ein *Teilgabe-Ereignis* beschreiben. Denn *Gott* ist, der bleibt. Im Bleiben betätigt und verwirklicht er sich als Gott Israels. Wenn er mit Ostern Jesus ins Bleiben ruft, dann gibt er ihm teil an sich selbst, – läßt an Jesus sich ereignen, was ihm zu eigen ist. Gott ist ja der Erste und der Letzte (Jes 41,4; 44,6; 48,12), als solcher der Lebendige (Ps 42,3; Jer 10,10; Mt 16,16 u.ö.); aber nun läßt er Jesus in der Gestalt eines Menschensohnes – als den Ersten und Letzten und Lebendigen – proklamieren: »Ich war tot, und siehe, ich bin lebendig in alle Ewigkeit« (Offb 1,18; 2,8) und läßt ihn dadurch teilnehmen an den Zeitigungen seines eigenen Gotteslebens.

Das kirchliche Dogma hat das Ereignis, in dem Gott Jesus an seinem Leben teilgibt, in die ewige Vorzeitlichkeit zurückgelegt, in der der ewige Vater mit dem ewigen Sohn in der Einheit des Geistes ursprünglich ein Herz und eine Seele sind; sie leben eh und je in bewegter Teilnahme aneinander. Wenn es mit der Auferweckung auch zu der Zeitigung einer göttlichen Lebens*teilgabe* an Jesus kommt, sollte dies nur als Aktualisierung jener ab initio längst geübten Lebens*teilnahme* Gottes an Jesus, Jesu an Gott verstanden werden. Doch wäre es ein Mißverständnis der Denkweisen des alten Dogma, wollte jemand die ewige Lebensteilnahme gegen die Zeitigung der Lebensteilgabe ausspielen. Das alte trinitarische Denken, mit dem wir es hier zu tun haben, ist ein anti-heidnischer Protest – bezeugt gegen Parmenides und eine von ihm geprägte öffentliche Meinung in der heidnischen Antike, daß Gott eben nicht ins Unbewegliche gefesseltes Sein, sondern bewegtes Leben ist – und zwar bereits in sich selbst: Der ewige Gott existiert in Lebensteilnahme an Jesus, dem Juden. Daß Jesus von Nazareth mit dem Denkbild des »ewigen Sohnes«, der »zweiten Person« der Trinität, bezeugt wurde, hatte in der Hauptsache den Sinn, vom Leben dieses Juden aussagen zu können, daß es Gott in seinem tiefsten Inneren, ihn in sich selbst, berührt, betrifft, bewegt, angeht – wie es umgekehrt sagen wollte: Dieser Jude lebt von Hause aus in seinem tiefsten Inneren berührt, betroffen, bewegt, angezogen von dem Gott Israels. Das trinitarische Bekenntnis der Kirche verstehen wir also als den Nachvollzug der biblischen Erwählungsverkündigung in den Denkbildern des Heidentums. Von *daher,* nach Lage der antiken Dinge: *nur* von daher konnten die frühen Christen eine Geschichtlichkeit Gottes denken, *in* der er erhaben ist, – *über* die er aber, anders als die Gottheiten der Heiden, nicht erhaben sein wollte. Dazu gehört aber, daß das Bild von einem ewig-in-sich-selbst bewegten Gott »sagt«, daß das Leben Jesu von Nazareth eben ihn, den Ewigen, so bewegt, wie er, der Ewige, das Leben Jesu von Nazareth bewegt, und zwar: beharrlich, beständig und »ewig«. Den ewigen Lebensaustausch zwischen Gott und dem »Sohn« im Geist haben die antiken Christen aber als Ereignisse, nicht als starre Wesensbeziehungen aufgefaßt. Nicht mit Hilfe von festsetzenden *Hilfs*zeitworten sprachen sie davon, sondern mit wirklichen Zeitworten; an die Bedeutung des genitus erinnerten wir schon, und mindestens so deutlich spricht das Zeitwort vom Tun des Geistes in der ewigen Beziehung: Er geht beständig hervor vom Vater und dem Sohne, prozediert (sed procedens: Symbolum Athanasii 22). Diese Zeitworte wollen sachlich begriffen werden: Sie sprechen von Zeitigungen schon im ewigen Verhältnis Gottes zu sich selbst; Zeit ist demnach nicht nur Form der Beziehung Gottes zur Welt und der Welt zu Gott, sondern *weil sie dies ist*, auch im inneren Leben Gottes. Er läßt, was er in Weltzeit wirkt, sich angehen, nimmt es in sich auf. Die Bubersche Übersetzung von »Ewigkeit« als »Weltzeit« drückt aus, daß Zeit in ihrer Ganzheit Gott in seiner Ganzheit unbedingt angeht und daß Gott nicht anders »lebendiger« Gott ist als darin, daß alles, was er auch im Verhältnis zu sich selbst tut, Zeitigungen sind. – Die ewigen Zeitigungen des trinitarisch gedachten Gottes stehen *analog* zu Gottes Zeitigungen in der Welt. Sie vollziehen im Himmel nach oder vor, was Gott auf Erden vor- oder nachvollzogen hat. Solche Analogiebildung ist, in geistesgeschichtlichen Termini gesagt: gesamt-antik, gerade auch dem Judentum nicht nur nicht fremd, sondern (etwa im Verhältnis des irdischen zum himmlischen Jerusalem) geschichtlich »ewig« wichtig, weil die himmlischen Orte und Geschichten auf ewig Platzhalter und Verheißungen für die irdischen sind; im Himmel behält Grund und Festigkeit, was auf Erden wankt, – in Gott ist der Grund für das, was er auf Erden zeitigt. Die Trinitätslehre ist heidnisch, wenn sie Gott spaltet; sie ist aber antiheidnisch, wenn sie den Bündnissen seiner Erwählung und Liebe in ihm selbst Grund gibt. Und »Bündnisse« – das sind ja Geschichten. – So müssen wir sagen: Die österliche Teil*gabe* von Gottesleben an den toten Jesus ist weltliche Zeitigung jener ewigen Zeitigung, die in der inneren Lebens*teilnahme* von Gott und Jesus aneinander ihren Grund hat – verwirklicht auf Erden, was im Himmel längst wirklich ist. Die Teilgabe bezeugt die Teilnahme. Jesu Tod ging Gott ans Herz, wie Gottes Leben Jesus in die Knochen fuhr.

Aber nun ist die Kraft des Bleibens Jesu damit noch nicht zureichend beschrieben, daß wir sie als Entscheidung Gottes bestimmen. Zu bleiben ist auch *Jesu eigene Entscheidung*. Sie aber vollzieht er darin, daß er dem Vater die Sendung des Geistes abbittet. Wie die Entscheidung des Vaters bewirkt, daß Jesus nicht im Tode bleibt, sondern seine Bleibe im Leben aus dem Tode bekommt, so besteht die Entscheidung Jesu darin, »bei euch bleiben« zu wollen »bis ans Ende der Welt« (Mt 28,20), – seine Freunde nicht sich selbst, »verwaist«, zu überlassen, sondern ihnen nahe, mit-ihnen zu bleiben, auch,wenn sie ihn nicht mehr sehen (Joh 16,10).

Die Worte, die der vierte Evangelist davon berichten kann, sind wieder von lockerer Freiheit gekennzeichnet. Der Geist geht vom Vater aus (15,26). Aber es heißt auch: Jesus wird ihn senden (16,7). Oder: Der Vater wird ihn im Namen Jesu senden (14,26). Oder: Jesus wird ihn senden vom Vater her (15,26). Man versteht an solchen Worten die Entscheidung der Synode von Toledo, die im Jahre 589 die Lehre verabschiedete, daß der Geist nicht nur vom Vater, sondern auch vom Sohne ausgehe, sie gemeinsam ihn sendeten. Der Johannesevangelist sieht aber diese Gemeinsamkeit genauer so vonstatten gehen, daß Jesus als erste Bitte seines fürbittenden Wirkens dem Vater die Sendung des Geistes abbittet; während des Abschiedssymposions kündigt Jesus nämlich an: »Ich werde den Vater bitten, und er wird euch einen anderen Beistand geben, damit er in Ewigkeit bei euch sei« (14,16). In dieser Grundbitte alles fürbittenden Wirkens Jesu sahen wir seine Entscheidung, mit Hilfe des anderen Beistandes bei seinen Freunden zu bleiben.

Oben haben wir schon die Andersheit des anderen Beistands im Verhältnis zu Jesus bedacht. Hier nun gehört unsere Aufmerksamkeit der Verheißung, daß bei aller Andersheit des Geistes der Vater diesen doch an den »Namen« Jesu gebunden hat und daß Aufgabe des Geistes ist, Jesus zu »verherrlichen« (16,14), d. h.: ihm unter den Menschen die Ehre und Anerkennung zu verschaffen, die ihm gebührt. Er hat sie in der Welt, die ihn »nicht aufgenommen« hatte (Joh 1,10-11), noch nicht empfangen und auch unter seinen Freunden doch nur in wankender, noch in vielen Zweifeln zurückhaltender Weise - wie nicht zuletzt wir selbst nur allzu gut verstehen können. Denn die Ehre, die ihm gebührt, ist, so wie der vierte Evangelist es sieht, »gleicher Ehre« mit der Ehre Gottes. Wie die Gojim Israel segnen lernen sollen über Gottes Hilfe und Schutz auf allen seinen Wegen, so sollen die Weltmenschen Jesus segnen lernen über Gottes Gemeinschaft mit ihm. Dieses Ehren und Segnen aber erweckt Jesus dadurch, daß er den Vater bittet, in Geistes-Gegenwart für alle Weltzeit μεθ᾽ ὑμῶν, in ihrer Mitte, bleiben zu dürfen. Dies aber ist Jesu Bitte um die Seinskraft und Beständigkeit des Immanuel, des sich mit Israel und über dies Volk mit allen Völkern verbindenden und verbündenden Gottes, die Kraft des Gott-mit-uns. Wo immer Gott diese Bitte Jesu erfüllt, da »bleibt« Jesus in der Kraft des Immanuel. Die Kraft und Bundestreue Gottes ist also die Kraft des Bleibens Jesu, nach der wir fragten.

Nun nehmen wir auch hier noch einmal unsere Gedanken zusammen.

1. Eine kleine Bemerkung zuerst. Wir haben vom Kommen, Gehen und Bleiben Jesu von Nazareth unter gewissen Zuordnungen älterer christologischer Entscheidungen der Kirche zu sprechen versucht. Vom *Kommen* Jesu im Blick auf die *Einheit* dessen, der sich dem Widerstand der Menschen ausgesetzt und daran und für sie das Gericht Gottes erlitten hat, – der es aber zugleich in seiner Fürbitte für alle dahin brachte, daß Gott nun nichts Verdammliches mehr an denen finden will, die in Christus Jesus sind, – und der nun heraus aus seinem fürbittenden Wirken als Richter und Befreier noch einmal zu uns kommen will, um aus der Einheit seiner Erfahrung und seines Handelns die Menschen – Alle – mit Gott und untereinander zu einen. – Vom *Gehen* Jesu haben wir im Blick auf sein darin sich zeigendes *wahres Menschsein* gesprochen, und vom *Bleiben* nun in Erinnerung an die kirchliche Entscheidung, von Jesus auch *wahres Gottsein* auszusagen. Mit solchen Zuordnungen wollten wir die Geschichtlichkeit Jesu stärker verdeutlichen, als es die von Seins- und Standesaussagen geprägte Sprache früherer Theologie für unsere verstopften Ohren heute noch kann. Wir haben einige Male darauf hingewiesen, daß die alte Sprache nicht weniger geschichtlich reden wollte als wir, – daß wir darum auch in ihrem Sinne zu sprechen hofften. Aber die Veränderungen der sprachlichen Verständigung erlauben jedenfalls auch einen »Paradigmenwechsel«. Obgleich die nun gewählten Verben des Kommens, Gehens und Bleibens starke biblische Zusammenhänge besitzen – besonders im vierten Evangelium, doch keineswegs nur dort –, haben wir uns bemüht, banale Alltäglichkeit nicht zu unterdrücken, wie sie in der Alltagsfloskel vom »Kommen und Gehen« z. B. vieler Menschen in einer Versammlung, von wechselnden Moden und Dingen usw. sich ausdrückt. Der Ton des Hinfälligen, mitsamt leicht resignierten Untertönen daran, ist uns dabei gerade willkommen. Denn wo wir vom Hohen reden müssen, sollen wir die Macht der hohen Sprache, soviel uns möglich ist, zurückzunehmen versuchen, denn sie hat eine fatale Neigung, sich selbständig zu machen und ihren gehobenen Ton, ihr Pathos vor das zu schieben, was wir sagen wollen und sollen – vor allem: dabei mehr zu sagen, als gut ist und uns zusteht. Denn: *Sagen* läßt sich leicht etwas, *zu* leicht. So hoffen wir z. B., die Herausforderung des Dogmas, in Blick auf Jesus auch vom wahren Gott zu sprechen, angenommen zu haben, auch wenn wir das u. E. zu frühe identifizierende »ist« dabei mieden.

Aber nötig ist nun doch die Erklärung, daß wir selbst nicht der Meinung sind, mit dem Gesagten dem Anspruch des christologischen Dogma etwa genug getan zu haben. Abgesehen von der Bescheidenheitsfloskel: Wer könnte das schon? (die ja auch viel Unbescheidenheit in sich enthält), bleiben weitere christologische Erwägungen, die wir für nötig halten, offen. Offen nämlich: für die Darstellung und Entfaltung der *Eschatologie.* Nach unseren Überlegungen ist der dogmatische Ort, von Gott zu sprechen, in das Nachdenken über das Reich Gottes und seine Gerechtigkeit zu verlagern. In seinem Reich wird Gott sich in der Ganzheit seines Gottseins verwirklichen, so, daß er sich unser aller armes Lob auf Erden schaffen und dann erst eingehen wird in seine Ruhe: wenn abgewischt sein werden alle Tränen und aller Augen, die jetzt nur auf den Herrn warten, klaren Blick für ihn haben werden. Gott wird erst so Gott sein, wie er Gott zu sein geschworen hat, wenn Israel befriedet leben wird inmitten der Völker und Jesu Wirken dafür zum Ziel gebracht ist. So sehen wir das Reich Gottes nicht nur als Ziel für uns, sondern vor allem für Gott. Darum wollen wir von Gott erst sprechen, wenn wir von ihm im Blick auf sein eigenes Ziel sprechen können. Entscheiden wir über die Anordnung unserer Denkwege aber so, dann bekommt von daher alles zuvor zu Sagende die Perspektive der Offenheit, die zu entwickeln wir uns in dieser Christologie bemüht haben (gegen ihre Tradition).

Für die Auslegung der im engeren Sinne christologischen Formeln des Wahren am Menschen Jesus (vere homo) und des Wahren an Gott in Jesus (vere Deus) genügt also noch nicht, was wir bisher gesagt haben. Das Wahre am Menschen Jesus ist noch nicht und nicht nur seine Historizität, die wir bisher betont haben. Und das Wahre an Gott in Jesus ist noch nicht jene immer nur offene Geschichtlichkeit, die sein Wesen allein zur Verheißung macht. Wo Verheißung wirkt, ist mehr als Intention auf Erfüllung auszusagen. Gott will Alles in Allem werden (1 Kor 15,28), und das verändert – in welchem Sinne auch immer – alte, zu unbewußt gewordene Selbstverständlichkeiten der Christologie. Dies aber mag *das* erklären, was ihr jetzt in unserer Darstellung noch oder überhaupt *fehlt*: eine Reflexion über das Offene hinaus in ein letztes *Wahres*.

2. Wir haben das Sein Jesu in der Besinnung auf seine Zeithandlungen bedacht. Sie sind Weisen seines Wirkens, in denen er, unter uns wirkend, auch sich selbst verwirklicht. Beide Aspekte haben wir nach Möglichkeit in der Darstellung immer schon berücksichtigt. Das erübrigt jedoch nicht, uns nun auch noch auf die Wirkungen, die das Bleiben Jesu bei uns hat, eigens zu besinnen.

Sein Kommen, sagten wir, wirkt unter Furcht und Zittern Hoffnung. Sein Gehen: die Traurigkeit des Historischen, – des Verlassenseins und Vergessens mit seinen Ausflüchten in Ersatzbefriedigungen. Sein Bleiben aber *tröstet*.

Wirkliche Zeithandlung ist sein Bleiben darin, daß auch es dem Zwielicht alles Zeitlichen ausgesetzt ist. Wir betonen den Trost des Bleibens Jesu mit offenen Augen dafür, daß es konservativ verfälscht und als Triumph über die Zeit mißbraucht werden kann. Die Kirche hat als Agentur der Herrschaft über die Zeit Mißbrauch mit dem Bleiben Jesu getrieben, sich selbst von Jesu Entscheidung sakramentale Ewigkeit abgesaugt als Nährstoff für eigenen character indelebilis. Seinem Bleiben wurde die Zeit geraubt, – er zum Erbe, zu Bleibendem erniedrigt in Händen der Kirche. Der revolutionäre, umwandelnde, kritische, verändernde Angriff, den Jesus lebt und wirkt, wurde dadurch verleugnet.

Demgegenüber nennen wir das wirkende Bleiben Jesu den Trost der Armen, Angefochtenen, Kämpfenden, Ermüdeten, – derer, die unter den widergöttlichen Zeitmächten zu dulden haben, denen es nicht gelingt, zu halten, was sie haben: und wäre es nur, weil sie gesellschaftlich zu denen gehören, die traditionslos leben müssen, da sie von nichts als der Hand in den Mund zu leben haben. Jesu Bleiben hat in dieser primären Beziehung *kritischen* Sinn. Es stützt, was fallen will, – richtet auf die müde gewordenen Knie, – facht nur noch glimmenden Docht zu neuem Feuer an. In Anfechtung ist sein Bleiben einziges Unterpfand für die Sterbenden, selbst am Leben bleiben zu können. Wer stille bleibt, nichts zu sagen hat, dem wird geholfen (Jes 30,5), – wer nicht gläubt, bleibt nicht (Luther), – wer vertraut dagegen, bleibt betreut (Buber): Jes 7,9. »Bleib du bei uns, so hats nicht Not, du bist das rechte Lebensbrot« (EKG 372,3). Jesu Bleiben ist als Exorzismus der Nöte und der Not am besten beschrieben.

3. Für sein Bleiben hat Jesus Zeitzeichen gesetzt, die die volle Historizität gerade desjenigen Zeithandelns zeigen, das wir uns einzig aus der Lebensgemeinschaft Gottes mit Jesus und Jesu mit Gott erklären konnten.

Alles, was Gott tut – Alles! – tut er ja in jener göttlichen Verbindlichkeit, die uns in der Predigt von seiner inneren und ewigen Verbindung mit *Israel* verkündigt wird, – aus seiner Selbsterwählung zum Bund mit diesem Volk. Gottesgehalt dieses Bundes ist seine Unkündbarkeit. Sie aber hat Gott mit dem Zeitzeichen der beharrlichen Lebensdauer des jüdischen Volkes versehen. Nur dadurch, daß sie auch weltlich in Erscheinung tritt, kann sie jenes missionarische Zeugnis für die Freiheit und Treue des Gottes Israels unter den Völkern entfalten, dem sie – allen zugute – dient. Es ist nicht nackter historischer Zufall, daß das jüdische Volk lebt von der Stunde seiner Befreiung aus dem Sklavenhause Ägypten an über alle anderen Stunden seiner Unterdrückung, Ausrottung und Befreiung, – des Todes und der Erweckung eines immer neuen Rests aus dem Tode: bis zum heutigen Tage. In der Setzung des Zeitzeichens der Lebensdauer Israels bezeugt der Gott Israels sich selbst, seine Treue, sein Bleiben. Es ist Setzung aus innerer Notwendigkeit seiner selbst, aus: Identität Gottes.

Das Bleiben Jesu wiederholt dies Zeitzeichen des ungekündigten Bundes und hält es unter den *Völkern* in Bewegung. Ohne daß Jesus bliebe, fehlte der Dauer des jüdischen Volkes eine sprechende Stimme unter den Gojim; sie müßte denn aus einer Selbstevidenz wirken, die sie ja wirklich hat – aber wer erkennte allein an der Dauer dieses Volkes die Identität seines Gottes, – vernähme daran eine Verheißung für Alle? Der Gott, der Israel treu ist, ist überhaupt treu. Und Jesus bezeugt es in den Bekenntnissen, die er unter Juden und Nichtjuden zu seiner Mission erweckt. Wer Gottes Treue zu *Israel* loben kann, darf sich auch *selbst* des treuen Gottes getrösten.

Um dies zu gewährleisten, hat Jesus neben dies große Zeitzeichen Gottes ein eigenes kleines zweites gesetzt: sein Versprechen der Unüberwindbarkeit der Schar seiner Freunde – der *Kirche* also – durch die Pforten des Totenreiches (Mt 16,18). Daß »alle Zeit müsse eine heilige christliche Kirche sein und bleiben« (CA VII), verstehen wir nicht etwa als eine Konsequenz und historische Folgeerscheinung einer Beerbung Israels durch die christliche Kirche. Leider wurde es so aufgefaßt. Aber Gott hat uns durch sein Festhalten an Israel auch in der Hölle der Shoah die Augen dafür geöffnet, daß wir es anders sehen müssen. Die versprochene Unüberwindbarkeit der Kirche ist dasjenige Werk Jesu, mit dessen Hilfe er Gottes ungekündigtem Israel-Bund einen *Helfershelfer unter den Völkern* schafft. Das kleine Zeitzeichen der bleibenden Kirche dient dem größeren Zeitzeichen der in der Dauer Israels sich bezeugenden Bundestreue Gottes.

Daß es dieses Doppelzeichens bedarf, macht uns zuletzt aber klar, daß Gottes und Jesu Bleiben niemals zu etwas Inhaerentem von religiösen Beziehungen werden will (und also als Wesen aller Religion gedeutet werden könnte, die ja überall Suche ist nach etwas, was »bleibt«). Gott und Jesus »bleiben«, indem sie nicht aufhören, um die Menschheit zu kämpfen. Ihr Kampf um die Menschheit ist aber ein Kampf für Israel, und wie Israels Dauer – als Aus-Wirkung der Verheißung: »Ich lebe, und ihr sollt auch leben« (Joh 14,19) – ein Mittel dieses Kampfes ist, so die versprochene Dauer der Kirche das dazu gehörende andere. Aufgabe Israels ist in diesem Kampf – um Gottes willen – seine Selbstbehauptung. Aufgabe der Kirche, die Völker zu gewinnen zur Freude am Bleiben Israels und darum: zu dessen Sicherung.

Dafür bleibt Jesus.

§ 12 »Amen, das ist: Es werde wahr«

VORSÄTZE *Noch steht die letzte Wahrheit des christlichen Bekenntnisses zu Jesus von Nazereth aus.*
Israels Nein widersteht ihr.
Dieses Nein nehmen wir als wahr, indem wir selbst uns – auch denkend – nicht anders zu Jesus verhalten, als indem wir nach seinem Kommen rufen, sein Gehen erbitten, sein tröstendes Bleiben erflehen.

Wir beschließen diese Christologie mit einer Gegenprobe. Sie ist nur kurz, aber sachlich so wichtig, daß wir ihr einen letzten eigenen Paragraphen zuweisen.

Christologie nannten wir die Auslegung des christlichen Bekenntnisses zu Jesus, dem Juden. Wir sahen ihn zu Hause in der Welt der Bibel. Wir erkannten die Bedeutung, die er für uns darin hat, daß er uns als ein geborener Jude begegnet. Wir hörten zuletzt auf die Botschaft von der Erfüllung der Zeit, die er selbst als eine Erfüllung durch Gott, – seine Zeugen nach seiner Auferwekkung von den Toten aber zugleich als eine Erfüllung durch ihn bekundeten. Dabei lernten wir im Blick auf das Gesamtzeugnis unserer Bibel die Erfüllung der Zeit als eine Öffnung ihrer Gezeiten füreinander zu verstehen. Der auferweckte Jesus zieht ein in die Vergangenheit, in die Gegenwart, in die Zukunft. Er zerbricht ihre Unterwerfung unter das Nichtige, – ihre Erstarrungen in sich selbst, in denen sie sich gegeneinander verschließen, – Menschen und Dinge so in sich einschließen, daß die Toten nicht mehr, – die Künftigen noch nicht und die Gegenwärtigen wesenlos in jedem Augenblick ihres Verfalls an ihre Vergangenheit, – auch in jedem Augenblick ihres Verzehrs der Zukunft dahinleben müssen. Jesus öffnet die Gezeiten und nimmt ihnen dadurch die ihn und uns erniedrigende Macht der Trennung. In den Zeithandlungen seines Kommens, Gehens und Bleibens macht er Zukunft, Vergangenheit und Gegenwart zu Feldern seines Wirkens und dadurch zu offenen Wirklichkeiten. Was war, wird empfänglich für das, was ist, – was kommt, kommt zur Freude und Erhebung dessen, was ist und war. Nichts und Niemand muß jetzt mehr grundsätzlich überholt, gar »erledigt« sein, ins Schattendasein der Scheol gebannt – nichts ein hoffnungslos, d. h.: ort-los Utopisches, – kein Tag ein Sankt-Nimmerleinstag, – kein Heim ein Wolkenkuckucksheim. Jesus schafft Luft zum Atmen in den Zeiten, indem Gott ihn streiten läßt gegen die Barbareien des

Todes, der sich die Gezeiten des Lebens unterwerfen wollte. Akten, die wir für längst geschlossen hielten, – noch nie entsiegelte Bücher werden eröffnet. Was wir längst begraben hatten – das Lebenszeugnis Israels -, der Stein, den 2000 Jahre lang christliche Bauleute verworfen hatten, wird zum Eckstein. Und was die frömmsten Christen erst für die Ferne der Zukunft für möglich hielten, geschieht jetzt: Israel und Jesus, Jesus und sein Volk haben einander im Auge. So sind uns Zeichen der neu geöffneten Zeiten geschenkt, und Jesus nimmt uns in die Schule, sie lesen zu lernen.

Diese Öffnungen lassen uns aber zum Schluß nach dem *Seinscharakter* der geöffneten und so erfüllten Zeit fragen.

Die Offenheiten, in die Jesus uns z. B. dadurch, daß er uns die Schriften öffnet, hineinzieht, sind noch nicht Offenbarungen. Jesus ist *darin nicht so offenbar, daß jedes Auge sehen, jedes Ohr hören könnte, was geschieht. Seine »eschatologischen« Handlungen sind durch und durch Zeit*handlungen, – nicht solche der aufgehobenen, beendeten Zeit, sondern solche, die am und im Lauf der Zeiten wirken. Es kommt immer noch zu Nein und Ja in unserem Verhältnis zur erfüllten Zeit. Immer noch begraben Tote ihre Toten, z. B. Christen die Juden, – immer noch verstecken Lebende sich in eine unbestimmte Zukunft ihres Christseins, – in den Mythos ihres Vielleicht, – in die Feier eines heidnischen Prinzips ihres eigenen Noch-Nicht-Seins, – ins reaktionäre Erbwesen eines Bleibenden am Christentum. Die erfüllte Zeit ist wohl erfüllt in Jesus, aber wir kaufen sie noch nicht aus.

So bleibt die Grundbotschaft Jesu und die Grundbotschaft seiner Zeugen – »Die Zeit ist erfüllt«! – im Zwielicht des Historischen, – doch wir müssen mehr sagen: in der Ambivalenz, Doppelwertigkeit, die wie allem Zeitlichen, so auch den Zeithandlungen Jesu eignet.

Das jüdische Nein zu Jesus hütet die historische Zeitlichkeit des Kommens, Gehens und Bleibens Jesu von Nazareth vor jedem Symbolismus. Nein: Er ist *nicht* Messias, nicht Davidsohn, Menschensohn, Gottessohn, König, Priester, Prophet. Wenn Christen das alles sagen, müssen sie sich begrenzen lassen im Wahrheitsanspruch ihrer Bekenntnisse und sich rein logisch über den bloßen Behauptungscharakter darauf bauender Theologien klaren Wein einschenken lassen. Und Christen müssen sich plagen lassen von der Anfechtung durch dieses jüdische Nein. Könnte es nicht recht haben? Womöglich viel mehr, als Juden sagen? Denn wenn sie sagen: Die Welt müßte erlöster aussehen, so sagen sie uns nichts Neues. Wir wissen uns als Christen in der »noch nicht erlösten Welt« und wissen vor allem selbst, daß Gottes Verheißungen mehr in Aussicht stellen. Apologetische Hinweise, was in der Zeit des Christentums in der Welt doch schon besser geworden sei, werden wir lieber unterlassen angesichts dessen, was in der gleichen Zeit nicht nur schlechter, sondern zu Übel,

Verbrechen, Tod und von uns ungehinderter Vernichtung geworden ist; Apologie überzeugt uns selbst nicht mehr. So wenig, daß das jüdische Nein uns womöglich eine noch viel tiefere Wahrheit bezeugt: die, daß *Gott* noch nicht am Ende ist. Im doppelten Sinne nicht: Nicht vollendet hat er alle seine Werke, die zu tun er beschlossen hat. So hat er aber auch sich selbst noch nicht vollendet, – kann nicht einkehren zu seiner Ruhe, – nicht mit sich selbst schon fertig und im Reinen, – nicht schon Er-selbst-Alles-in-Allem sein. Denn wer wird er sein, – als wen wird er sich kennen und haben, wenn ihm »alles« gelungen sein wird? Wir können dies nicht wissen, und das jüdische Nein bremst uns, darüber mehr zu sagen, als wir können. Es hält unser Bekenntnis zu Jesus und alles, was wir über dessen Bedeutung denken und sagen, fest in der Schwäche alles Zeitlichen, lehrt uns den *Schmerz* der erfüllten Zeit: Sie läßt das Letzte, Wesentliche offen. Dagegen bejahen Christen die Offenheit der Zeit als Lebensgabe ohnegleichen, die dem Tode trotzt: dem »letzten Feind« (1 Kor 15,26) – dem Barbaren, der die Zeiten frißt, als Chronos sie zermalmt. So meinen Christen, sich bewegen zu können im Vollen einer erschlossenen Zeit: Sie *lesen* ihre Bibel im Zusammenhang, in lectio continua – vorwärts und rückwärts hin und her, - *bemühen* sich, die Verwundungen zu heilen, die die historische Perikopen-Schneiderei dem Zeitganzen zugefügt hat, – *wandern* ein in die neue Welt in der Bibel. Und *bestehen* so auf einem Seinscharakter der durch die Zeithandlungen Jesu geöffneten Zeit, bestehen auf einem *Sein* des Neuen gegen allen *Schein*.

Aber wie können sie das: angesichts des Illusionsverdachtes, der ihnen im jüdischen Nein nahetritt – näher als jedes andere denkbare Nein: das Nietzsches etwa oder der Atheismen oder gar der Religionen? Im jüdischen Nein stehen sie ja unter der Kritik des Gottes, dem sie trauen und zu dem sie sich bekennen. Das jüdische Nein begegnet ihnen ja nicht nur als ein historischer, sondern als ein theologischer, mehr noch: als Gotteswiderspruch, – Widerspruch des Gottes Abrahams, Isaaks und Jakobs womöglich gegen den Vater Jesu Christi? Unmöglich! Und doch wirklich? Sie, die Juden, sind dem Evangelium feind: um unseretwillen (Röm 11,28). Das ist ihre Aufgabe an uns. Wie setzen wir uns der Mission Israels an uns aus?

So, daß wir das *Sein* an den Zeithandlungen Jesu *herbeirufen* und anders nicht als im Rufen die Gewißheit bezeugen, daß auch »ist«, was Gott in Jesus tut. Behaupten können wir das nicht, nur herbeirufen.

Es gehört zur Sache, daß die Jesus-Schriften uns ihre Zeugnisse für die Zeithandlungen Jesu zugleich mit Rufen nach ihnen übergeben, – mit *Gebeten* ums Kommen, Gehen und Bleiben Jesu von Nazareth.

Wir erwogen schon einmal, daß die Jesus-Schriften insgesamt beschlossen werden mit dem Ruf: »Amen, ja komm, Herr Jesus!« (Offb 22,20) Paulus hat uns dies Gebet der frühen Christen wohlweislich auch im »hebräischen Idiom« der Bibel, im aramäischen Ruf »Marana tha« erhalten (1 Kor 16,22) – ein Stoßseufzer, mit dem die Gemeinde Jesus ins Sein seines Kommens rief, – danach, daß er wirklich nun komme, daß er sein Versprechen nun einlöse, seine und Gottes Verheißung erfülle. Was aussteht, soll zu Stand und Wesen gebracht werden.

Auch ein Gebet ums Gehen Jesu lernen wir kennen: von Simon Petrus in der Stunde, da Jesus mit ihm beginnen, ihn von seinen Fischnetzen berufen will. Es ist für Petrus die Stunde der Wahrheit. Ihm gehen, da Jesus ihn ruft, die Augen auf über sich selbst. Wie ein berufener Prophet in Israel Gott, so wehrt Petrus Jesus ab, – treibt ihn, von ihm zu lassen, – beschwört ihn: zu gehen. »Herr, gehe von mir hinaus, denn ich bin ein sündiger Mensch« (Lk 5,8). Petrus liegt vor Jesus auf den Knien, wenn er das ruft, – mutet seiner *Hoheit* zu, zu gehen. Wer weiß, ob der Lukas-Evangelist darin nur den Abstand des Sünders zum Heiligen sich aussprechen lassen wollte. Vielleicht sah er Petrus hier schon als den *Felsen* einer Kirche, die mit einem gehenden Jesus mehr anfangen kann als mit einem, der kommt und bleibt. Doch wie dem sei: Jesus wird gehen, läßt sich erbitten zu gehen; aber er wird nur mit ihm zusammen den Ort verlassen, nachdem er und seine Genossen »die Schiffe ans Land« gebracht hatten (5,11). Sie gemeinsam werden gehen und im Gehen, Wandern ihr neues Werk des Menschenfangs tun (5,10). Auch ums Gehen kann Jesus gebeten werden, wenn es die vermeintliche Wohltat, ihn so loswerden zu können, – aber auch die wirkliche Wohltat, von ihm mitgenommen zu werden auf seine Wege, bedeutet.

Schließlich neigt sich der Tag des Gekreuzigten über zwei Jünger Jesu auf dem sechzig Stadien weiten Weg von Jerusalem nach Emmaus. Sie erreichen das Dorf, – ein fremder Mann, ihr unterwegs dazugestoßener Wandergenosse, macht Anstalten weiterzuziehen, fort: über das Ziel dieses Tages hinaus in die Nacht hinein. Doch sie laden ihn ein, mit ihnen zu übernachten, und bitten ihn: »Bleibe bei uns, denn es will Abend werden, und der Tag hat sich geneigt« (Lk 24,29). Er läßt sich dafür gewinnen – »und ging hinein, um mit ihnen zu bleiben: τοῦ μεῖναι σὺν αὐτοῖς.« Daß er bleibt, auch das will erbeten sein. Jesu Zeithandlungen, sein Kommen, Gehen und Bleiben werden wirklich darin, daß danach gerufen wird. Sie haben ihren Seinscharakter im Hervorgerufenwerden – nicht durch magischen Zauber, aber aus Tiefen, in denen die Rufenden sich angewiesen erkennen auf Jesu Zeitigungen. Er kommt, geht und bleibt zum Trost in der Not. Daß er aber solche Rufe *erfüllt*, – die Bereitschaft, sich rufen zu lassen, das ist erfüllte Zeit in erfüllendem Sein Jesu. Im Anrufen Jesu bezeugt sich die notvolle Offenheit seines Seins – in seinem Hören auf den Ruf; darin, daß er sich rufen läßt, offenbart er sein Sein.

Nichts davon berechtigt zu triumphieren. Nichts läßt sich lehrhaft logifizieren unter einer Kategorie des Habens. Im Anrufen dessen, was er uns noch nicht zeigt, bekennen wir uns zu dem, was er uns zeigt und ist, zu ihm: Jesus – dem Juden.

Nachwort

Vor nicht langem wurde ich einem renommierten Neutestamentler vorgestellt, dessen Arbeiten zu frühjüdischen Themen mir gut bekannt waren, den ich aber persönlich noch nicht gesehen hatte. Im Laufe des Gesprächs kamen wir auch auf das vorliegende Christologieprojekt zu sprechen. Als mein Unterredner den Titel hörte – »Das christliche Bekenntnis zu Jesus, dem Juden« –, reagierte er ohne zu zögern mit der Frage: »Wann lassen Sie sich beschneiden?«

Schon an dieser Überschrift hatte er erkannt, worauf es in der Tat hinausläuft: »Christus« soll hier versuchsweise einmal als Kenn-Name von Jesus gelöst und als Nenn-Name unserem Bekenntnis zugeordnet werden. Generationen von Neutestamentlern wetteiferten um den Nachweis, Jesus habe kein »messianisches Selbstbewußtsein« besessen, und der Messias-»Titel« sei ihm erst von der bekennenden Gemeinde »nach Ostern beigelegt« worden, wer weiß wie? Wenn auch neuere Wissenschaft hier viel zurückhaltender urteilt, ist es dennoch offenbar eines, historische Behauptungen aufzustellen, ein anderes, daraus in der christlichen Lehre Konsequenzen zu ziehen.

Aber das Mißtrauen meines Unterredners zielte wohl weniger auf das Historische im Dogmatischen, als eher darauf, daß die Lösung des Christus-Namens von Jesus statt irgendeines allgemeinen »Menschen« nun eben einen Juden als das rein Historische an Jesus zurückgelassen hat. Und dann wohl auch darauf, daß nach meiner Überzeugung in allem Jüdischen das Historische und das Theologische, das Faktische und seine Bedeutung zusammenfallen und eben darin einen christologischen Tatbestand bilden. Im Grunde wurde mit dem »historischen Jesus« oft ähnlich verfahren; mit Hilfe einer – meist aus einer mehr oder weniger »natürlichen« Theologie gewonnenen – Anthropologie wurde der »Mensch« Jesus ohne Umstände theologisch gedeutet. Wenn wir Ähnliches nun Jesus, dem Juden, widerfahren lassen, meinen wir dabei historisch einerseits der Bibel, andererseits dem jüdischen Selbstverständnis und in beidem zusammen: Jesus näher zu sein. Wie auch immer: Die Formel von Jesus, »dem Juden« könnte nebenbei auch helfen, den leidigen Abstand zwischen einem »historischen Jesus«, dem Produkt der Wissenschaft, und einem Jesus, zu dem Christen sich bekennen, auch auf der rein historischen Ebene zu lockern.

Aber muß man deswegen gleich Jude werden? »Judaisieren«, als ein Vorwurf gebraucht, funktioniert in Theologenkreisen heute noch so ungebrochen wie zur Reformationszeit. Ich war nicht schlagfertig genug, in jenem Gespräch auf den groben Klotz – »Wann lassen Sie sich beschneiden?« – einen ebenso groben Keil zu setzen: »Ich bin es schon: im Herzen und – geb's Gott – im Geist.« Dem Vorwurf, das Lernen nicht nur historischer Forschung, sondern auch christlicher Lehre beim Judentum führe vom christlichen Bekenntnis ab, läßt sich nur mit der Bekundung antworten, wieviel Dank einer dem Gott *Israels* schuldet dafür, daß er sich überhaupt noch als Christ bekennen und dafür nach Gründen suchen darf. Am Christsein versteht sich nichts mehr von selbst, vor Menschen nicht und vor Gott erst recht nicht; jedenfalls bleibt die vorliegende Christologie im Zeichen des Elends und der Heimsuchung der Theologie, von dem in den Prolegomena ausführlich die Rede war.

Von diesem Einsatz unserer Dogmatik hat ein Kritiker sinngemäß geurteilt: Wie immer man im einzelnen zu diesen Prolegomena stehen mag – solche zur Dogmatik seien es jedenfalls nicht, denn in diesem Fach könne es immer nur um die Entfaltung einer kirchlich allgemein anerkannten christlichen Lehre gehen, nicht aber um solche freihändigen Denkversuche und Problemstellungen, wie in den vorliegenden Bänden. Entsprechend höre ich soeben, daß in der Bibliothek einer unserer großen Theologischen Fakultäten diese Bände nicht in den Regalen des Faches Dogmatik, sondern bei den Arbeiten zur Religionsphilosophie eingestellt worden seien. Die repressive Scholastik blüht. Nun könnte man mir mit der Nomenklatur Religionsphilosophie keinen Tort antun, zumal ich als evangelischer Theologe nicht nur gerne, sondern auch bewußt innerhalb eines Fachbereichs Philosophie und Sozialwissenschaften arbeite. Dennoch möchte ich darauf bestehen, hier eine Dogmatik zu bieten und nicht irgend etwas sonst. Über die Begrenzung bei der Auswahl der klassischen Loci habe ich mich schon im Vorwort zu den Prolegomena geäußert, möchte jetzt nur darauf verweisen, daß alle in letzter Zeit erschienenen Dogmatiken gegenüber der Lehrtradition thematisch begrenzt sind, nicht nur die hier vorliegende. Was aber das übereinstimmend Kirchliche betrifft, so hat kürzlich ein katholischer Kollege in den Benediktinischen Monatsheften meine Behauptung (Prolegomena 396) bestätigt, bei der Erneuerung des christlich-jüdischen Verhältnisses seien die christlichen Kirchen durch vielfältige Lehrerklärungen zu dieser Sache in der Regel »weiter« als die Zunft der Theologen; gerade mit ihnen darf ich mich, was die Richtung und Gesinnung betrifft, in Übereinstimmung wissen. Meine Dogmatik beteiligt sich so bereits am Werdeprozeß eines kirchlichen Bekenntnisses der Zukunft und verläßt dabei – unvermeidlich – den geschützten Bereich der immerwährenden Selbstwiederholung der Dogmatik bloß aus dem Stoff ihrer eigenen Geschichte. Wer dürfte verbieten, dies Dogmatik zu nennen?

Daß und in welchem Sinne ich die vorliegenden Bände auch im klassischen Sinne als rechte Dogmatik verstehe, wird der aufmerksamke Leser den Lied-Zitaten entnehmen, die ich den Büchern voranstelle. Ich meine sie nicht als ästhetische Schnörkel, sondern möchte damit erinnern daran, daß alles Dogma zur Doxologie und so für mein Gefühl auch dogmatisches Denken zum Atem des gemeindlichen Singens gehört. Für diesmal habe ich kein Gesangbuchlied, sondern den Tenor-Einsatz aus der Fuge des 1. Satzes der Bach-Motette »Singet dem Herrn ein neues Lied« (BWV 225) gewählt – die Tenor-Stimme deswegen, weil sie »die Kinder« Zions um einen Ton höher springen läßt, als es die anderen Stimmen dürfen; während diese im Quartsprung beginnen, darf der Tenor die Quinte singen: Einem von den vielen Kindern, die »fröhlich sein« dürfen »über ihren König«, weist Bach einen ein wenig weiteren Sing- und Bewegungsraum zu als den anderen; ich werde mich hüten zu sagen, an welches ich dabei denke; wer Ohren hat zu hören und Augen, dieses Buch zu lesen, wird es merken.

Dringend zu korrigieren ist ein Fauxpas, der in Band 1, S. 121, auf mein Konto geht. Dort habe ich den Kaiser Augustus schon im Jahre 4 vor Christus sterben lassen, während er doch erst anno 14 unserer Zeitrechnung starb, wohingegen der König Herodes es war, der im Jahre 4 v. Chr. das Zeitliche segnete. – S. 146 hat der Drucker den Vers *11* von Lk 24 verlorengehen lassen, S. 266 (in der vorletzten Zeile) den 2. Samuel; und natürlich hat Jesus nach Hebr 13,12 draußen vor dem »Tor« gelitten, nicht draußen vor dem »Tod« (S. 197); daß auf S. 57 vom Jesus der »Philosophen« die Rede sein sollte statt von einem der »Philopen«, wird hoffentlich trotz des Druckfehlers klar geworden sein.

Wieder hat Frau Ilk Eva Jobatey das Manuskript auch zu diesem 2. Band geschrieben und sich dadurch meinen Dank verdient.

Derweil die Christologie nun hinausgeht, ist die Eschatologie im Entstehen begriffen, mit der dieses Dogmatik-Projekt abschließen soll. Wo von Christus so unter »eschatologischem Vorbehalt« gedacht worden ist wie in diesem Buch, versteht sich eine Notwendigkeit *dieser* Fortsetzung von selbst. Sie wird das in den Prolegomena ausgegebene Stichwort einer Evangelischen Halacha verdeutlichen und vertiefen und soll mit dem Kapitel einer Lehre von Gott enden, das unter dem Titel der Bach-Kantate stehen wird: »Lobet Gott in seinen Reichen«. Mit der Zuordnung der Theologie im engeren Sinne zur Eschatologie meine ich 1 Kor 15,28 am ehesten entsprechen zu können: einem Rocher de bronze bei der Begegnung von Juden und Christen.

F.-W. M.

Verzeichnis der Bibel-, Talmud und Koranstellen

(I = Bd.1, II = Bd. 2)